新民事诉讼法理解与适用丛书

XIN MINSHISUSONGFA LIJIE YU SHIYONG CONGSHU

新民事诉讼法实务精答

主　编　奚晓明

副主编　刘　璐　王美舒　张星磊
　　　　王加松　刘　启　李素年

人民法院出版社

图书在版编目（CIP）数据

新民事诉讼法实务精答 /奚晓明主编. -2 版.-北京：人民法院出版社，2010.10

（新民事诉讼法理解与适用丛书）

ISBN 978-7-80217-599-0

Ⅰ.①新… Ⅱ.①奚… Ⅲ.①民事诉讼法-中国-问答 Ⅳ.①D925.105

中国版本图书馆CIP数据核字（2010）第189144号

新民事诉讼法实务精答

主编　奚晓明

责任编辑　于新年　文严
出版发行　人民法院出版社
地　　址　北京市东城区东交民巷27号（100745）
电　　话　（010）67550579（责任编辑）　67550516（出版部）
　　　　　　67550558　67550559（发行部）
网　　址　http：// courtpress.chinacourt.org
E - mail　courtpress@sohu.com
印　　刷　保定市恒艺印务公司
经　　销　新华书店

开　　本　890×1240毫米　A5
字　　数　762千字
印　　张　27.375
版　　次　2010年10月第2版　2010年10月第1次印刷
书　　号　ISBN 978-7-80217-599-0
定　　价　62.00元

出版前言

2007年10月28日，第十届全国人民代表大会常务委员会第三十次会议表决通过了《全国人民代表大会常务委员会关于修改〈中华人民共和国民事诉讼法〉的决定》，对施行了16年的民事诉讼法进行了一系列重大修改，并于2008年4月1日起施行。

针对“申诉难”问题，修改决定进一步将再审事由具体化，把民事诉讼法规定的再审事由从5项情形具体化为13项情形，增强可操作性，减少随意性，避免应当再审的不予再审，切实保障当事人申请再审的权利；为了避免由原审人民法院自己纠错较为困难，当事人不信任原审人民法院会公正处理再审申请的问题，修改决定明确规定当事人可以向上一级人民法院申请再审，同时明确人民法院应当自收到再审申请书之日起3个月内审查，及时裁定再审或裁定驳回申请。此次修改还完善了检察机关法律监督的规定，将抗诉事由从现行法律规定的4项情形进一步具体化为5项情形，并明确规定接受抗诉的人民法院应当在30日内作出再审的裁定。修改决定针对特殊情形适当延长了当事人申请再审的期间，规定当事人申请再审，应当在判决、裁定发生法律效力后2年内提出，而2年后据以作出原判决、裁定的法律文书被撤销或者变更，以及发现审判人员在审理该案件时有贪污受贿，徇私舞弊，枉法裁判行为的，自知道或者应当知道之日起3个月内提出。这样更利于保护当事人的权利。

针对“执行难”问题，修改决定对被执行人未履行法律义务的处罚增加了部分条款，明确规定：被执行人不履行法律文书确定的义务的，人民法院可以对其采取或者通知有关单位协助采取限制出境，在征信系统记录、通过媒体公布不履行义务信息以及法律规定的其他措施。被执行人转移、隐匿财产以逃避债务，是造成“执行难”的原因之一。修改决定规定，被执行人不履行法律文书确定的义务，并有可能隐匿、转移财产的，执行员可以立即采取强制执行措施。修改决定还规定，被执行人未按执行通知履行法律文书确定的义务，应当报告当前以及收到执行通知之日前一年的财产情况。被执行人拒绝报告或者虚假报告的，人民法院可以根据情节轻重对被执行人或者其法定代理人、有关单位的主要负责人或者直接责任人员予以罚款、拘留。根据现行民事诉讼法，基层人民法院和中级人民法院根据需要可设立执行机构。从实际工作考虑，最高人民法院和高级人民法院也需要设立执行机构，对执行工作予以指导和管理。据此，修改决定规定，人民法院根据需要可以设立执行机构。针对实际工作中异地执行面临的困难，修改决定还规定：“发生法律效力的民事判决、裁定，以及刑事判决、裁定中的财产部分，由第一审人民法院或者与第一审人民法院同级的被执行的财产所在地人民法院执行。法律规定由人民法院执行的其他法律文书，由被执行人住所地或者被执行的财产所在地人民法院执行。”

上述修改决定施行以来，最高人民法院根据新民事诉讼法的规定，制定并发布了一系列的新的配套司法解释，如《最高人民法院关于适用〈中华人民共和国民事诉讼法〉审判监督程序若干问题的解释》、《最高人民法院关于适用〈中华人民共和国民事诉讼法〉执行程序若干问题的解释》、《最高人民法院关于审理民事级别管辖异议案件若干问题的规定》、《最高人民法院关于调整司法解释等文件中引用〈中华人民共和国民事诉讼法〉条文序号的决定》、《最高人民法院关于人民法院委托评估、拍卖、变卖工作的若干规定》、《最高人民法院关于限制被执行人高消费的若干规定》等等，其他相关部门也发布了许多规范性文件。

为了帮助广大读者能够与时俱进地学习与把握新民事诉讼法及其最新配套司法解释和相关规定，我社约请最高人民法院及有关院校、司法机关、行政机关的专家、学者共同编写了《新民事诉讼法理解与适用丛书》。

本套丛书以新民事诉讼法和现行有效的其他法律及其配套行政法规、司法解释等为基础，依法律条文的顺序，全面反映新民事诉讼法的主要内容及其在司法实践的适用情况，尤其关注最新配套司法解释的理解与适用。本套丛书以准确反映新民事诉讼法的立法宗旨和司法实践为基本要求，力求做到准确、全面、权威。

《新民事诉讼法实务精答》系本套丛书的一种，以新民事诉讼法和配套司法解释为根据，结合司法实践中的新情况新问题，以问题解答的形式全面系统地反映了新民事诉讼法的立法原意和诉讼实务中的具体适用，具有很强的针对性和可操作性。

我们相信，本套丛书的出版，对于广大读者学习、理解与适用新民事诉讼法及其最新配套司法解释和相关规定，将会提供有益的帮助。

人民法院出版社

二〇一〇年十月

目　录

第一章　主管与管辖

第一节　主　　管

第二节 级别管辖

第三节　地域管辖

第四节　专属管辖

第五节　指定管辖、移送管辖与管辖权的转移

第六节　管辖权异议

第二章　审判组织和回避

第一节　审判组织与审判人员

第二节　回　避

第三章　诉讼参加人

第一节　原告与被告

第三节　第三人

第四节　诉讼代理人

第四章 证 据

第一节 证据的种类与举证责任

第二节　举证责任的分配

第三节　法院调取证据

第四节　证据的审查、判断和核实与质证

第五节 证据保全

第五章 调 解

第六章 财产保全和先予执行

第一节 诉讼财产保全与诉前财产保全

第二节 先予执行

第七章 期间、送达、强制措施

第一节 期 间

第二节　送　　达

第三节　强制措施

第八章 诉讼费用

第九章　第一审程序

第一节　起诉与受理

第二节　审理前的准备工作

第三节　开庭审理

第四节 简易程序

第十章 第二审程序

第十一章 特别程序

第一节 特别程序的特别规定

第二节 选民资格案件

第三节 宣告失踪、宣告死亡案件

第七节　公示催告程序

第十二章 审判监督程序

第一节 人民法院提起再审

第二节 当事人申请再审

第三节　人民检察院提起抗诉

第四节　再审案件的审理

第十三章 执行程序

第一节 执行的申请和移送

第二节 执行异议

第三节 委托执行与协助执行

第四节 执行和解与执行担保

第五节 执行变更与执行回转

第六节 调解书、仲裁裁决书、公证债权文书的执行

第七节 执行措施

第八节　执行中止与执行终结

第十四章　涉外民事诉讼程序的特别规定

第一节　一般原则

第二节 管 辖

第三节 送达与期间

第四节 财产保全

第五节　仲　　裁

第六节　司法协助

第一章　主管与管辖

第一节　主　　管

○ 人民法院受理哪些民事案件？

根据《民事诉讼法》第3条规定，公民、法人或者其他组织这些平等的民事主体之间因财产关系和人身关系向人民法院提起民事诉讼，人民法院应受理此类案件，应适用《民事诉讼法》的规定。

平等主体，要求两个以上民事主体在民事活动中的地位是平等的，在从事这种活动时有自己独立的意志自由。地位平等，强调任何一方都不得凌驾于另一方之上，把自己的意志强加于另一方，即使他们之间存在着行政隶属关系、尊卑血亲关系、经济实力强弱关系等，都不能改变他们在民事活动中的平等地位。意志自由，强调民事主体在民事活动中是自愿的，既可以不受非正当行使的国家权力的干预，也可以不受来自其他民事主体的非法干预。任何个人，不论其在行政关系中是不是领导人，在民事关系中都是一个普通的人；任何组织，不论其在行政关系中是否是领导机关，在民事关系中都是一个普通的法人。

平等主体之间的财产关系，是不具有行政隶属性质的横向财产关系，具体指财产所有、财产流转、财产继承等横向的经济关系。

平等主体之间的人身关系不具有政治性质和行政隶属性质，相互之间没有依赖关系的基础，并且是不可剥夺的。它包括两个方面的内容：一是人格权关系。人格权关系是指与每一个民事主体的人格尊严相联系而产生的权利关系。人格权是法律赋予公民和法人直接享有的、作为民事权利主体的资格不受侵犯的权利，主要包括公民的生命权、健康权、姓名权、名誉权、荣誉权、肖像权、婚姻自主权等和法人的名称权、名誉权、荣誉权等。公民一出生即依法获得人格权；法人依法成立即取得人格权。二是身份权关系。它是指与公民或法人特定的身份相联系而产生的权利关系，身份权是法律赋予具有特定身份利益的公民或者法人对他的身份利益的排他性的独占权利，包括著作权、发明权、发现权、专利权、商标权等。

根据《民事诉讼法》和司法解释的规定以及审判实践经验，人民法院依照《民事诉讼法》审理的民事案件，有以下几部分：

1. 由民法调整的财产关系以及人身关系

由财产关系发生的案件，包括买卖、运输、租赁、借贷等因所有权与债权纠纷所引起的案件。由人身关系发生的案件，包括著作权、专利权、损害名誉权、姓名权、肖像权等案件。

2. 由婚姻法调整的婚姻家庭关系所发生的案件

这类案件具有明确的人身关系，如离婚、收养、赡养、抚育等案件。这些案件，有时也有财产内容，但它主要是由人身关系引起的，具有严格的人身性质。

3. 由经济法、劳动法调整的经济关系、劳动关系所发生的部分案件

因为法律规定这部分案件归人民法院主管，也适用《民事诉讼法》规定的原则、制度和程序进行审理，也就是说《民事诉讼法》对这些属于经济关系、劳动关系性质的案件，也是有效的。例如，根据《劳动争议调解仲裁法》的规定，不服劳动争议仲裁委员会裁决，在法定期限内向人民法院起诉的案件，人民法院有权受理，《民事诉讼法》对之有效。

4. 法律规定依照《民事诉讼法》程序审理的其他案件

例如,《全国人民代表大会和地方各级人民代表大会选举法》第25条规定:“对于公布的选民名单有不同意见的,可以向选举委员会提出申请。申诉人对选举委员会处理决定不服的,可以向人民法院起诉。”

○ 当事人对合同纠纷自愿达成书面仲裁协议的,人民法院能否受理该案件?

仲裁协议是双方当事人自愿达成的,应当给予尊重,而且仲裁是解决合同纠纷的重要途径,既然协议纠纷通过仲裁解决,就不应再由一方当事人向法院起诉。人民法院应当告知当事人向仲裁机构申请仲裁。

这里的仲裁协议既包括当事人在签订合同时签订的仲裁条款,也包括单独存在的书面仲裁协议。但是当事人签订的仲裁条款、仲裁协议依照法律规定无效、失效或者因内容不明确而无法执行的,以及当事人选择的仲裁机构不存在、选择的仲裁事项超越仲裁机构受理的权限的,人民法院有权受理当事人的起诉。如果被告一方对人民法院受理这类案件的管辖权提出异议的,受诉的人民法院应当首先就管辖权作出裁定。当事人一方向人民法院起诉时未声明其合同中有仲裁协议,人民法院受理以后,对方又应诉进行答辩的,视为该人民法院对该案有管辖权。对方当事人在应诉后又以有仲裁协议为由,主张人民法院不能受理的,不影响人民法院对该案的管辖权。

○ 对判决裁定已经发生法律效力的案件,当事人又起诉的,人民法院是否受理?

判决、裁定是人民法院行使审判权作出的认定,发生法律效力后,任何人都必须遵守。如又起诉的,人民法院不予受理,当事人又起诉，实质上是要求法院再审，因此，只能按审判监督程序的有关规定处理。人民法院应当告知当事人可以提出申请再审，至于是否进行再审，由受诉人民法院依法决定。如果超过申请期限仍认为原判决裁定，确有错误的，还可向人民法院或检察院提出申诉。

至于法院准许撤诉的裁定则不同。当事人申请撤诉或人民法院按撤诉处理的案件，其以同一诉讼请求再次起诉的，人民法院应予受理。由于撤诉只是从程序上结束了对案件的审理，当事人之间实体民事权益纠纷并未得到解决，因此，对于法院准许撤诉的裁定，只要该案未超过法律规定的诉讼时效，当事人可以再行起诉。

裁定不予受理、驳回起诉的案件，原告再次起诉的，若符合起诉条件，人民法院应予受理。此外，追索赡养费、扶养费、抚育费等案件的裁判发生法律效力后，一方当事人以新的情况和新的理由再次起诉要求增加或者减少费用的，也应当作为新案件受理。

○ 女方怀孕期间和分娩后一年内，男方提出离婚的，人民法院是否受理？

《婚姻法》第27条规定："女方在怀孕期间或分娩后一年内，男方不得提出离婚。"因此，女方怀孕期间和分娩后一年内，为离婚案件男方不得起诉的期限，这是为保护妇女、儿童利益而规定的。当事人在法律规定不得起诉的期限内提出诉讼的，人民法院不予受理。但是，女方提出离婚的，或者法院认为确有必要受理男方离婚请求的，则不受此限制。

○ 哪些离婚案件和收养案件，人民法院不予受理？

根据《民事诉讼法》第114条规定，判决不准离婚和调解和好的离婚案件，判决、调解维持收养关系的案件，没有新情况、新理由，原告在6个月内又起诉的，人民法院不予受理。离婚案件和收养案件都涉及到人身关系，而婚姻关系和收养关系能否继续存在以及法院是否判决离婚和判决解除收养关系，主要取决于夫妻之间的感情以及收养人与被收养人之间的感情。判决不准离婚和调解和好的离婚案件、判决和调解维持收养关系的案件，在一定期限内感情可能会有所变化，因此，如果有新情况、新理由，原告和被告可随时起诉，法院亦应受理。但是，对于感情无甚变化，没有新情况、新理由的，则不能允许原告无时间限制、无次数限制地起诉。新情况、新理由以及6个月期限的限制都是针对原告而言的，被告起诉不受此限制。

○ 当事人超过诉讼时效期间起诉的，人民法院是否受理？

对当事人超过诉讼时效期间而提起的诉讼，人民法院应当予以受理，不能因为超过诉讼时效就不予受理当事人的起诉。受理后，经过审理查明当事人的诉讼时效具有中止、中断、延长等法定事由的，应当进行实体审理；如果不具有中止、中断、延长等法定事由的，应当以判决的形式驳回其诉讼请求，这时则不能用裁定驳回当事人的起诉，因为超过诉讼时效以后，当事人丧失的是胜诉权而不是起诉权。

○ 对于医疗事故纠纷，人民法院是否受理？

医疗事故技术鉴定委员会所作的医疗事故鉴定结论，系卫生行政部门认定和处理医疗事故的依据。病员及其亲属如果对医疗事故鉴定结论有异议，可以向上一级医疗事故技术鉴定委员会申请重新鉴定，如因对鉴定结论有异议向人民法院起诉的，人民法院不予受理。如果当事人对卫生行政机关做出的医疗事故处理决定不服依法向人民法院提起行政诉讼的，人民法院应当作为行政案件受理。

当事人对医疗事故鉴定结论虽有异议，但不申请重新鉴定，而以要求医疗单位赔偿经济损失为由向人民法院起诉的，如符合起诉条件，人民法院应作为民事案件受理。

○ 行政机关对土地争议的处理决定生效后，一方不履行另一方向法院起诉的，应如何处理？

行政机关对土地争议的处理决定生效后，一方当事人不履行的，对方当事人以民事侵权案向法院起诉的，人民法院不予受理。可以告知当事人向行政机关提出申请执行，该行政机关依照《行政诉讼法》第66条的规定，可以申请人民法院强制执行，或依法强制执行。

○ 企业经营者依企业承包经营合同要求保护其合法权益的起诉，人民法院是否受理？

根据《全民所有制工业企业承包经营责任制暂行条例》的规定，承包经营合同的发包方是人民政府指定的有关部门，承包方是实行承包经营的企业。企业经营者通过公开招标或者国家规定的其他方式确定之后，即成为企业的厂长（经理）、企业的法定代表人，对企业全面负责。企业经营者因政府有关部门免去或变更其厂长（经理）职务而向人民法院起诉，要求继续担任厂长（经理）的，属于人事任免争议，人民法院不予受理；企业经营者为请求兑现承包经营合同规定的收入而向人民法院起诉的，属于合同纠纷，人民法院应予受理。

○ 因科技拨款有偿使用合同纠纷提起的诉讼，人民法院是否受理？

根据国务院发布的《关于科学技术拨款管理的暂行规定》，国家重大科技项目普遍实行合同制。用于这些项目的科技三项费用（中间试验、新产品试制、重大科研项目补助费）在有偿使用的情况下，科研开发单位与委托单位（主持项目的部门）之间是合同关系。当事人因此发生的纠纷属于平等主体之间的民事争议。对于符合《中华人民共和国民事诉讼法》第108条规定的起诉条件的，人民法院应予受理。受理后依据有关的法律、法规，公正保护双方的合法权益。

○ 合作化运动中的遗留问题，是否由人民法院作为民事案件受理？

双方讼争的法律关系，如系合作化运动中的遗留问题，应由政府部门处理，不属人民法院主管范围。

○ 对房地产主管部门对争执房屋的确权行为不服提起的诉讼，人民法院是否受理？

公民、法人和其他组织对人民政府或者其主管部门就有关土地的所有权或者使用权归属的处理决定不服，或对人民政府或者其主管部门就房地产问题作出的行政处罚决定不服，应当依法向人民法院提起的行政诉讼，由房地产所在地人民法院的行政审判庭依法受理。人民法院不能作为民事案件予以受理。

○ 单位内部建房、分房而引起的占房、腾房纠纷，法院是否受理？

单位内部因建房、分房而引起的占房、腾房等纠纷，包括单位因建房需拆除职工居住的单位自管房屋，但职工不同意拆除而引起的占房纠纷，因单位分房，职工对单位的分房方案（包括职工对所分配房屋位置、面积、楼层等）不服而引起的占房、腾房纠纷等，这类纠纷属典型的单位内部房地产纠纷，单位与职工之间不是平等主体间的民事法律关系，而是不平等主体间的行政管理关系。首先主体不平等，在该纠纷中，一方是在建房、分房中拥有绝对决定权的行政管理者，单位在建房、分房中，一旦作出决定或决议，包括经多数职工讨论通过的建房、分房方案，则不以个别职工或部分职工是否同意为前提，也不需要与职工达成协议，单位即可强制实施。职工不服从，单位可采取扣发工资、作出处理决定等内部强制措施执行。职工在该纠纷中是被管理者，对单位分房方案等不服，可以向单位或主管部门反映意见，但在单位决定未变更之前，必须无条件服从，不能因不合自己意愿就拒绝执行，也不能以与单位未达成分房协议就拒绝执行，不能因单位将楼层好、面积大的房子分给了别人，而认为自己符合条件应分给自己，就强行占房。单位完全有权依据自己的规矩作出决定，职工必须无条件服从。在该类纠纷中，一方是单位，一方是单位隶属并管辖之下的职工，双方身份地位不平等，不属平等主体间的纠纷。其次该类纠纷从内容上看，也不属因人身或财产权益发生的民事权益纠纷。职工对住房并不享有所有权或使用权，而是因对建房、分房方案不服引起的占房、腾房纠纷，而职工在分房中所享有的权益（包括居住楼层、面积等）是与其工龄、级别等联系的，是依据政策而享有的住房福利，因此而发生纠纷，纯属单位内部纠纷，应由单位内部或其主管部门解决，而不能向法院起诉。凡向法院起诉的，法院应以不符合《民事诉讼法》规定裁定不予受理或驳回起诉。

○ 单位实行住房制度改革和机构改革而卖房引起的纠纷，人民法院是否受理？

对于这类纠纷，单位与职工之间实质上是房屋买卖民事法律关系，不是单位内部房地产纠纷，法院应予受理。从表面上看，该类纠纷属于单位内部房地产纠纷，从诉讼主体的身份上看，一方是单位，一方是职工，双方不是平等主体；从纠纷产生的原因看，是因机构改革和住房制度改革引起的，带有政策因素，发生纠纷应找政府部门解决；从纠纷的内容上看，职工居住的房屋包括很多福利在内，不属法院审查范围。以上因素是许多同志主张该类纠纷属单位内部房产纠纷，不属法院受理范围的理由。我们不同意以上观点及理由。看该类纠纷是否属法院受理范围，应从该纠纷的实质去审查。该类纠纷从表面上看，诉讼主体仍为不平等主体。实则不然。在该类房屋买卖纠纷中，双方已从工作隶属关系中的不平等主体转化为普通房屋买卖关系中的平等民事主体。说他们之间主体不平等，是针对工作关系而言，在工作关系中，他们不平等，一方是管理者单位，另一方是被管理者职工。说他们之间主体平等，是指在房屋买卖纠纷中针对特定的房屋买卖民事法律关系而言。我们不能因为职工与单位之间有工作关系，就认定职工与单位在任何纠纷中都是工作关系，职工都得服从单位管理。单位与职工在该类房屋买卖纠纷中照样属于平等主体，单位给职工无偿居住房屋，实行房改后，将房屋又出卖给职工，虽然是依据政策进行，也是职工应享有的福利待遇，但同时单位作为房屋的产权人依法对房屋享有所有权，有占有、使用、收益、处分的权能，在房屋的物权关系中双方是平等民事主体的民事法律关系，并不能因为职工对单位房屋享有福利就否决单位对房屋的所有权，变成职工无理占住单位房屋，单位反而不能起诉。职工与单位仅因房屋福利政策发生争议，不应由法院受理，应通过行政途径解决。但如因房屋买卖发生纠纷，完全属于普通民事权益纠纷，法院应依法受理。这类纠纷虽然是因体制改革或住房制度改革引起，但这只是这类纠纷发生的原因，并不能因此改变该纠纷的民事性质。当一类纠纷应由法院处理并在现行法律规定下由法院处理比其他部门处理更符合法律依据的情况下，法院不受理，并认为应由其他部门解决时，则有义务指明具体解决部门。单位与职工之间发生的房屋买卖纠纷，现行法律并未赋予其他部门解决，所以，法院应依法受理。

○ 职工调离单位后引起的占房、腾房纠纷，人民法院是否受理？

这类纠纷实质上是职工调离单位后发生的原物返还民事法律关系。首先职工调离单位后，双方已解除工作关系，不再是管理与被管理的不平等关系，而是平等的民事法律关系主体。其次，职工在调离单位时，应将其占有、使用的单位房屋返还给单位，否则单位作为房屋所有权人完全可以起诉职工返还房屋。该类纠纷应属法院受理范围，不应不予受理或驳回起诉。

○ 职工在配偶单位另购住房后引起的占房、腾房纠纷，人民法院是否受理？

这类纠纷属于职工违反政策而引起的房屋侵权民事法律关系。按照房改政策，职工只能在自己或配偶单位享受一次福利买房，如在配偶单位购买了住房，则要将所住的本单位房屋退还单位。对该类纠纷，有人认为，法院不应受理，应由房地产行政主管部门以行政途径解决，房地产部门可以注销其已购买房屋产权证。表面上该观点似有道理，实际上即使采取以上措施，部分职工仍占住房屋不退，该类纠纷亦无法解决。该类纠纷中，在诉讼主体上双方是平等主体，理由同第二类纠纷，在内容上是因职工违反政策而引起的房屋侵权关系。单位按照政策应落实职工住房，但并不等于职工可以对房屋福利政策重复享受。当职工违反政策时，单位作为房屋所有权人有权要求职工腾退多占的住房。单位为此向法院起诉，属于房屋侵权纠纷，职工违反政策是判断侵权的依据，并不是决定案件性质的依据，法院应依法受理。

○ 单位与职工因租房而引起的纠纷，人民法院是否受理？

这类纠纷纯属租赁合同关系，法院应依法受理。首先单位与职工在房屋租赁关系中是平等民事主体，双方在自愿平等的基础上签订租房协议。其次双方完全是因履行租房合同而发生的纠纷，双方是合同关系，是租赁民事法律关系，因此发生纠纷，法院应依法予以受理。

○ 财政扶贫办等非金融行政机构借款合同纠纷，人民法院是否受理？

财政、扶贫办等非金融行政机构根据国家有关规定，为扶持企业和农户发展生产，通过签订借款合同，发放支农款、扶贫金等，实行有偿使用，定期归还。这类合同带有一定的行政管理性质，如果发生纠纷，由有关行政部门解决为宜。但合同双方当事人的法律地位是平等的，且合同双方约定如发生纠纷可以到人民法院起诉。因此，如行政部门未能解决而起诉到人民法院，或一方当事人直接向人民法院起诉的，人民法院依法应予受理，并根据案件实际情况，做好工作，妥善处理。

○ 经乡（镇）人民政府调处的民间纠纷，人民法院是否受理？

第一，民间纠纷未经司法助理员调解或者乡（镇）人民政府调处，当事人直接向人民法院起诉的，人民法院应当依法受理，不得以未经调处为由拒绝受理。

第二，民间纠纷经司法助理员调解，当事人未达成协议或者达成协议后又反悔，如果一方直接向人民法院起诉，或者先请求乡（镇）人民政府处理但不服调处决定而就原争议标的向人民法院起诉的，人民法院应当依法受理，以原纠纷的双方为案件当事人。

第三，人民法院对经司法助理员和乡（镇）人民政府调处的民间纠纷，经审理后应当依法作出判决、裁定或者制作调解书。法律文书的内容不应涉及是否维持、变更或者撤销原调处意见，但如果原来所作处理有违背法律、法规的情况，应当依法予以纠正。

第四，民间纠纷经司法助理员调解达成的协议或者经乡（镇）人民政府所作的调处决定，当事人向人民法院申请强制执行的，人民法院不予执行。

○ 涉及农村合作基金会的民事纠纷，人民法院是否受理？

农村合作基金会是由乡村集体经济组织和农户等会员组成，并经县级农业行政部门批准设立的，为社区内农业、农民服务的资金互助组织。农村合作基金会具有一定的组织机构，其权力机关是会员大会、会员代表大会，理事会是会员大会、会员代表大会闭会期间的执行机构。其资金来源是吸收乡村集体经济组织及农户资金入股，并将该资金投放于农业生产。根据《民事诉讼法》第49条、《合同法》第2条的规定，农村合作基金会与其他经济组织或个人发生的民事纠纷，人民法院应予受理。

○ 对因政府调整划转企业国有资产引起的纠纷，人民法院是否受理？

第一，因政府及其所属主管部门在对企业国有资产调整、划转过程中引起相关国有企业之间的纠纷，应由政府或所属国有资产管理部门处理。国有企业作为当事人向人民法院提起民事诉讼的，人民法院不予受理。

第二，当事人不服政府及其所属主管部门依据有关行政法规作出的调整、划转企业国有资产决定，向人民法院提起行政诉讼，凡符合法定起诉条件的，人民法院应予受理。

○ 哪些知识产权纠纷人民法院予以受理？

人民法院应当依法受理以下各类知识产权民事纠纷案件：(1)关于知识产权的权利归属纠纷案件；(2) 关于侵犯专利权、商标权、著作权和邻接权、科技成果权等纠纷案件；(3) 不正当竞争纠纷案件，即依照《中华人民共和国反不正当竞争法》第5条、第9条、第10条、第14条的规定受理的案件；(4) 知识产权合同纠纷案件；(5) 其他知识产权纠纷案件。知识产权民事纠纷案件的起诉人，可以是合同当事人、权利人和利害关系人。利害关系人包括独占、排他许可合同的被许可人、依照法律规定已经继承或正在发生继承的知识产权中财产权利的继承人等。

○ 有关机关和组织编印的仅供领导部门内部参阅的刊物、资料等刊登来信或者文章引起的名誉权纠纷，以及机关、社会团体、学术机构、企事业单位分发本单位、本系统或者其他一定范围内的一般内部刊物和内部资料所载内容引起的名誉权纠纷，人民法院是否受理？

有关机关和组织编印的仅供领导部门内部参阅的刊物、资料等刊登的来信或者文章，当事人以其内容侵害名誉权向人民法院提起诉讼的，人民法院不予受理。

机关、社会团体、学术机构、企事业单位分发本单位、本系统或者其他一定范围内的内部刊物和内部资料，所载内容引起名誉权纠纷的，人民法院应当受理。

○ 新闻媒介和出版机构转载作品，当事人以转载者侵害其名誉权向人民法院提起诉讼的，人民法院是否受理？

新闻媒介和出版机构转载作品，当事人以转载者侵害其名誉权向人民法院提起诉讼的，人民法院应当受理。

○ 国家机关、社会团体、企事业单位等部门对其管理的人员作出的结论或者处理决定，当事人以其侵害名誉权向人民法院提起诉讼的，人民法院是否受理？

国家机关、社会团体、企事业单位等部门对其管理的人员作出的结论或者处理决定，当事人以其侵害名誉权向人民法院提起诉讼的，人民法院不予受理。

○ 因检举、控告引起的名誉权纠纷，人民法院是否受理？

公民依法向有关部门检举、控告他人的违法违纪行为，他人以检举、控告侵害其名誉权向人民法院提起诉讼的，人民法院不予受理。如果借检举、控告之名侮辱、诽谤他人，造成他人名誉损害，当事人以其名誉权受到侵害向人民法院提起诉讼的，人民法院应当受理。

○ 因邮电部门电报稽延引起的纠纷，人民法院是否受理？

因邮电部门电报稽延发生的纠纷，当事人向人民法院起诉的，只要符合《民事诉讼法》第108条的规定，人民法院应当受理。

○ 银行储蓄卡密码被泄露导致存款被他人骗取引起的储蓄合同纠纷应否作为民事案件受理？

根据《最高人民法院关于银行储蓄卡密码被泄露导致存款被他人骗取引起的储蓄存款合同纠纷应否作为民事案件受理问题的批复》的规定，因银行储蓄卡密码被泄露，他人伪造银行储蓄卡骗取存款人银行存款，存款人依其与银行订立的储蓄合同提起民事诉讼的，人民法院应当依法受理。

○ 当事人达不成拆迁补偿安置协议就补偿安置争议提起民事诉讼人民法院应否受理？

根据《最高人民法院关于当事人达不成拆迁补偿安置协议就补偿安置争议提起民事诉讼人民法院应否受理问题的批复》的规定，拆迁人与被拆迁人或者拆迁人、被拆迁人与房屋承租人达不成拆迁补偿安置协议，就补偿安置争议向人民法院提起民事诉讼的，人民法院不予受理，并告知当事人可以按照《城市房屋拆迁管理条例》第16条的规定向有关部门申请裁决。

○ 哪些植物新品种纠纷案件人民法院应予以受理?

人民法院受理的植物新品种纠纷案件，主要包括以下几类：

1. 授予品种权的植物新品种更名的纠纷案件
2. 实施强制许可的纠纷案件
3. 实施强制许可使用费的纠纷案件
4. 植物新品种申请权纠纷案件
5. 植物新品种权权利归属纠纷案件
6. 转让植物新品种申请权和转让植物新品种权的纠纷案件
7. 侵犯植物新品种权的纠纷案件

○ 起诉请求赔偿精神损害的案件，人民法院是否受理?

《最高人民法院确定民事侵权精神损害赔偿责任若干问题的解释》(法释〔2001〕7号)对人民法院受理该类案件的问题作出了规定。根据该规定，自然人因下列人格权利遭受非法侵害，向人民法院起诉请求赔偿精神损害的，人民法院应当依法予以受理：(1)生命权、健康权、身体权；(2)姓名权、肖像权、名誉权、荣誉权；(3)人格尊严权、人身自由权。违反社会公共利益、社会公德侵害他人隐私或者其他人格利益，受害人以侵权为由向人民法院起诉请求赔偿精神损害的，人民法院应当依法予以受理。

非法使被监护人脱离监护，导致亲子关系或者近亲属间的亲属关系遭受严重损害，监护人向人民法院起诉请求赔偿精神损害的，人民法院应当依法予以受理。

自然人死亡后，其近亲属因下列侵权行为遭受精神痛苦，向人民法院起诉请求赔偿精神损害的，人民法院应当依法予以受理：(1)

以侮辱、诽谤、贬损、丑化或者违反社会公共利益、社会公德的其他方式，侵害死者姓名、肖像、名誉、荣誉；（2）非法披露、利用死者隐私，或者以违反社会公共利益、社会公德的其他方式侵害死者隐私；（3）非法利用、损害遗体、遗骨，或者以违反社会公共利益、社会公德的其他方式侵害遗体、遗骨。

具有人格象征意义的特定纪念物品，因侵权行为而永久性灭失或者毁损，物品所有人以侵权为由，向人民法院起诉请求赔偿精神损害的，人民法院应当依法予以受理。

法人或者其他组织以人格权利遭受侵害为由，向人民法院起诉请求赔偿精神损害的，人民法院不予受理。

当事人在侵权诉讼中没有提出赔偿精神损害的诉讼请求，诉讼终结后又基于同一侵权事实另行起诉请求赔偿精神损害的，人民法院不予受理。自然人因侵权行为致死，或者自然人死亡后其人格或者遗体遭受侵害，死者的配偶、父母和子女向人民法院起诉请求赔偿精神损害的，列其配偶、父母和子女为原告；没有配偶、父母和子女的，可以由其他近亲属提起诉讼，列其他近亲属为原告。

○ 哪些劳动争议案件人民法院予以受理？

《最高人民法院关于审理劳动争议案件适用法律若干问题的解释》（法释〔2001〕14号）规定，劳动者与用人单位之间发生的下列纠纷，属于《劳动法》第2条规定的劳动争议，当事人不服劳动争议仲裁委员会作出的裁决，依法向人民法院起诉的，人民法院应当受理：（1）劳动者与用人单位在履行劳动合同过程中发生的纠纷；（2）劳动者与用人单位之间没有订立书面劳动合同，但已形成劳动关系后发生的纠纷；（3）劳动者退休后，与尚未参加社会保险统筹的原用人单位因追索养老金、医疗费、工伤保险待遇和其他社会保险费而发生的纠纷。

根据《劳动争议调解仲裁法》的规定，中华人民共和国境内的用人单位与劳动者发生的下列劳动争议：(1) 因确认劳动关系发生的争议；(2) 因订立、履行、变更、解除和终止劳动合同发生的争议；(3) 因除名、辞退和辞职、离职发生的争议；(4) 因工作时间、休息休假、社会保险、福利、培训以及劳动保护发生的争议；(5) 因劳动报酬、工伤医疗费、经济补偿或者赔偿金等发生的争议；(6) 法律、法规规定的其他劳动争议。当事人不愿调解、调解不成或者达成调解协议后不履行的，可以向劳动争议仲裁委员会申请仲裁；对仲裁裁决不服的，除本法另有规定的外，可以向人民法院提起诉讼。

劳动争议仲裁委员会以当事人申请仲裁的事项不属于劳动争议为由，作出不予受理的书面裁决、决定或者通知，当事人不服，依法向人民法院起诉的，人民法院应当分别情况予以处理：(1) 属于劳动争议案件的，应当受理；(2) 虽不属于劳动争议案件，但属于人民法院主管的其他案件，应当依法受理。

劳动争议仲裁委员会根据《劳动法》第82条之规定，以当事人的仲裁申请超过60日期限为由，作出不予受理的书面裁决、决定或者通知，当事人不服，依法向人民法院起诉的，人民法院应当受理；对确已超过仲裁申请期限，又无不可抗力或者其他正当理由的，依法驳回其诉讼请求。

劳动争议仲裁委员会以申请仲裁的主体不适格为由，作出不予受理的书面裁决、决定或者通知，当事人不服，依法向人民法院起诉的，经审查，确属主体不适格的，裁定不予受理或者驳回起诉。

劳动争议仲裁委员会为纠正原仲裁裁决错误重新作出裁决，当事人不服，依法向人民法院起诉的，人民法院应当受理。

人民法院受理劳动争议案件后，当事人增加诉讼请求的，如该诉讼请求与讼争的劳动争议具有不可分性，应当合并审理；如属独立的劳动争议，应当告知当事人向劳动争议仲裁委员会申请仲裁。劳动争议仲裁委员会仲裁的事项不属于人民法院受理的案件范围，当事人不服，依法向人民法院起诉的，裁定不予受理或者驳回起诉。

根据《劳动争议调解仲裁法》的规定，仲裁庭裁决劳动争议案件，应当自劳动争议仲裁委员会受理仲裁申请之日起45日内结束。案情复杂需要延期的，经劳动争议仲裁委员会主任批准，可以延期并书面通知当事人，但是延长期限不得超过15日。逾期未作出仲裁裁决的，当事人可以就该劳动争议事项向人民法院提起诉讼。

劳动者对下列劳动争议：(1) 追索劳动报酬、工伤医疗费、经济补偿或者赔偿金，不超过当地月最低工资标准12个月金额的争议；(2) 因执行国家的劳动标准在工作时间、休息休假、社会保险等方面发生的争议的仲裁裁决不服的，可以自收到仲裁裁决书之日起15日内向人民法院提起诉讼。除这两种情形外，其他仲裁裁决为终局裁决，裁决书自作出之日起发生法律效力，当事人不得向人民法院起诉。

○ 人民法院受理哪些专利民事纠纷？

根据《最高人民法院关于审理专利纠纷案件适用法律问题的若干规定》(法释〔2001〕21号) 的规定，人民法院受理下列专利民事纠纷案件：(1) 专利申请权纠纷案件；(2) 专利权权属纠纷案件；(3) 专利权、专利申请权转让合同纠纷案件；(4) 侵犯专利权纠纷案件；(5) 假冒他人专利纠纷案件；(6) 发明专利申请公布后、专利权授予前使用费纠纷案件；(7) 职务发明创造发明人、设计人奖励、报酬纠纷案件；(8) 诉前申请停止侵权、财产保全案件；(9) 发明人、设计人资格纠纷案件；(10) 其他专利纠纷案件。

○ 涉及计算机网络域名民事纠纷，人民法院是否受理？

对于涉及计算机网络域名注册、使用等行为的民事纠纷，当事人向人民法院提起诉讼，经审查符合本法第108条规定的，人民法院应当受理。

域名纠纷案件的案由，根据双方当事人争议的法律关系的性质确定，并在其前冠以计算机网络域名；争议的法律关系的性质难以确定的，可以通称为计算机网络域名纠纷案件。

○ 涉及集成电路布图设计的案件，人民法院是否受理？

根据国务院《集成电路布图设计保护条例》（自2001年10月1日起施行）的规定，人民法院受理符合《民事诉讼法》第108条规定的起诉条件的下列涉及布图设计的案件：（1）布图设计专有权权属纠纷案件；（2）布图设计专有权转让合同纠纷案件；（3）侵犯布图设计专有权纠纷案件；（4）诉前申请停止侵权、财产保全案件。

上述案件，由各省、自治区、直辖市人民政府所在地，经济特区所在地和大连、青岛、温州、佛山、烟台市的中级人民法院作为第一审人民法院审理。

○ 对证券市场因虚假陈述引发的民事侵权纠纷，人民法院是否受理？

根据《最高人民法院关于受理证券市场因虚假陈述引发的民事侵权纠纷案件有关问题的通知》的规定，人民法院对证券市场因虚假陈述引发的民事侵权赔偿纠纷案件（以下简称虚假陈述民事赔偿案件），凡符合《民事诉讼法》规定受理条件的，应予以受理。

虚假陈述民事赔偿案件，是指证券市场上证券信息披露义务人违反《证券法》规定的信息披露义务，在提交或公布的信息披露文件中作出违背事实真相的陈述或记载，侵犯了投资者合法权益而发生的民事侵权索赔案件。

人民法院受理的虚假陈述民事赔偿案件，其虚假陈述行为，须经中国证券监督管理委员会及其派出机构调查并作出生效处罚决定。当事人依据查处结果作为提起民事诉讼事实依据的，人民法院方予依法受理。

虚假陈述民事赔偿案件的诉讼时效为2年，从中国证券监督管理委员会及其派出机构对虚假陈述行为作出处罚决定之日起计算。

对于虚假陈述民事赔偿案件，人民法院应当采取单独或者共同诉讼的形式予以受理，不宜以集团诉讼的形式受理。

○ 哪些商标民事案件人民法院予以受理？

根据《最高人民法院关于审理商标案件有关管辖和法律适用范围问题的解释》（法释〔2002〕1号）的规定，人民法院受理以下商标民事案件：（1）商标专用权权属纠纷案件；（2）侵犯商标专用权纠纷案件；（3）商标专用权转让合同纠纷案件；（4）商标许可使用合同纠纷案件；（5）申请诉前停止侵犯商标专用权案件；（6）申请诉前财产保全案件；（7）申请诉前证据保全案件；（8）其他商标案件。

商标注册人或者利害关系人向工商行政管理部门就侵犯商标专用权行为请求处理，又向人民法院提起侵犯商标专用权诉讼请求损害赔偿的，人民法院应当受理。商标评审委员会在商标法修改决定施行前受理的案件，于该决定施行后作出复审决定或裁定，当事人对复审决定或裁定不服向人民法院起诉的，人民法院应当受理。

对商标法修改决定施行前发生的侵犯商标专用权行为，商标注册人或者利害关系人于该决定施行后在起诉前向人民法院提出申请采取责令停止侵权行为或者保全证据措施的，适用修改后《商标法》第57条、第58条的规定。

对商标法修改决定施行前发生的侵犯商标专用权行为起诉的案件，人民法院于该决定施行时尚未作出生效判决的，参照修改后《商标法》第56条的规定处理。

除另行规定外，商标法修改决定施行后人民法院受理的商标民事纠纷案件，涉及该决定施行前发生的民事行为的，适用修改前商标法的规定；涉及该决定施行后发生的民事行为的，适用修改后商标法的规定；涉及该决定施行前发生，持续到该决定施行后的民事行为的，分别适用修改前、后商标法的规定。

人民法院受理的侵犯商标专用权纠纷案件，已经过工商行政管理部门处理的，人民法院仍应当就当事人民事争议的事实进行审查。

○ 人民法院受理哪些仲裁案件？

当事人达成仲裁协议，一方向人民法院起诉的，人民法院不予受理，但仲裁协议无效的除外。根据《最高人民法院关于适用〈仲裁法〉若干问题的解释》的规定，当事人在仲裁庭首次开庭前没有对仲裁协议的效力提出异议，而后向人民法院申请确认仲裁协议无效的，人民法院不予受理。仲裁机构对仲裁协议的效力作出决定后，当事人向人民法院申请确认仲裁协议效力或者申请撤销仲裁机构的决定的，人民法院不予受理。当事人提出证据证明裁决有下列情形之一的，可以向仲裁委员会所在地的中级人民法院申请撤销裁决：(1）没有仲裁协议的；(2）裁决的事项不属于仲裁协议的范围或者仲裁委员会无权仲裁的；(3）仲裁庭的组成或者仲裁的程序违反法定程序的；(4）裁决所根据的证据是伪造的；(5）对方当事人隐瞒了足以影响公正裁决的证据的；(6）仲裁员在仲裁该案时有索贿受贿，徇私舞弊，枉法裁决行为的。人民法院经组成合议庭审查核实裁决有前款规定情形之一的，应当裁定撤销。人民法院认定该裁决违背社会公共利益的，应当裁定撤销。

第二节 级别管辖

○我国各地基层人民法院管辖哪些第一审民事案件？

根据《人民法院组织法》的规定，基层人民法院包括：县、自治县人民法院，不设区的市、市辖区人民法院。基层人民法院由院长一人，副院长和审判员若干人组成，设刑事审判庭、民事审判庭和行政审判庭。各庭设庭长、副庭长。基层人民法院根据地区、人口和案件情况可以设立若干人民法庭。人民法庭是基层人民法院的组成部分，它的判决和裁定就是基层人民法院的判决和裁定。

《民事诉讼法》第18条规定："基层人民法院管辖第一审民事案件，但本法另有规定的除外。"这一规定实际上是明确了绝大多数民事案件都由基层人民法院管辖，具体而言是指由基层人民法院的民事审判庭管辖。根据最高人民法院有关司法解释的精神，基层人民法院是我国法院组织系统中最基层的单位，它是与我国的基层行政辖区相一致的，不仅数量多，而且是当事人住所地、纠纷发生地、法律事实所在地和争议财产所在地。由基层人民法院管辖第一审民事案件，符合便利群众诉讼，便利人民法院办案的管辖原则。因此，绝大多数第一审民事案件均由基层人民法院管辖。所谓"本法另有规定"的除外，是指《民事诉讼法》明确规定，由中级人民法院、高级人民法院和最高人民法院管辖的第一审民事案件不由基层人民法院管辖，除此之外，其余一切第一审民事案件均由基层人民法院管辖。

根据最高人民法院印发的《基层人民法院管辖第一审知识产权民事案件标准》（法发〔2010〕6号）的规定，基层人民法院管辖第一审知识产权民事案件标准如下：

北京市东城区人民法院、西城区人民法院、朝阳区人民法院、海淀区人民法院、丰台区人民法院、石景山区人民法院、昌平区人民法院管辖诉讼标的额在500万元以下的第一审一般知识产权民事案件以及诉讼标的额在500万元以上1000万元以下且当事人住所地均在北京市高级人民法院辖区的第一审一般知识产权民事案件。

天津市和平区人民法院管辖诉讼标的额在100万元以下的第一审一般知识产权民事案件；经济技术开发区人民法院管辖诉讼标的额在50万元以下的第一审一般知识产权民事案件。

辽宁省大连市西岗区人民法院管辖诉讼标的额在500万元以下的第一审一般知识产权民事案件。

上海市浦东新区人民法院、卢湾区人民法院、杨浦区人民法院、黄浦区人民法院管辖诉讼标的额在200万元以下的第一审一般知识产权民事案件。

江苏省南京市宣武区人民法院、鼓楼区人民法院、江宁区人民法院管辖诉讼标的额在200万元以下的第一审一般知识产权民事案件；苏州市虎丘区人民法院、昆山市人民法院、太仓市人民法院、常熟市人民法院、工业园区人民法院管辖诉讼标的额在200万元以下的第一审一般知识产权民事案件；无锡市滨湖区人民法院、江阴市人民法院、宜兴市人民法院管辖诉讼标的额在200万元以下的第一审一般知识产权民事案件；常州市武进区人民法院、天宁区人民法院、常州高新技术产业开发区人民法院管辖诉讼标的额在100万元以下的第一审一般知识产权民事案件；镇江市镇江经济开发区人民法院管辖诉讼标的额在100万元以下的第一审一般知识产权民事案件；南通市通州区人民法院管辖诉讼标的额在100万元以下的第一审一般知识产权民事案件。

浙江省杭州市西湖区人民法院、滨江区人民法院、余杭区人民法院、萧山区人民法院管辖诉讼标的额在500万元以下的第一审一般知识产权民事案件；宁波市北仑区人民法院、鄞州区人民法院、余姚市人民法院、慈溪市人民法院管辖诉讼标的额在500万元以下的第一审一般知识产权民事案件；温州市鹿城区人民法院、瓯海区人民法院、乐清市人民法院、瑞安市人民法院管辖诉讼标的额在500万元以下的第一审一般知识产权民事案件；嘉兴市南湖区人民法院、海宁市人民法院管辖诉讼标的额在500万元以下的第一审一般知识产权民事案件；绍兴市绍兴县人民法院管辖诉讼标的额在500万元以下的第一审一般知识产权民事案件；金华市婺城区人民法院、义乌市人民法院管辖诉讼标的额在500万元以下的第一审一般知识产权民事案件（义乌市人民法院同时管辖诉讼标的额在500万元以下的第一审实用新型和外观设计专利纠纷案件）；台州市玉环县人民法院管辖诉讼标的额在500万元以下的第一审一般知识产权民事案件。

安徽省合肥市高新技术产业开发区人民法院管辖诉讼标的额在5万元以下的第一审一般知识产权民事案件。

福建省福州市鼓楼区人民法院、厦门市思明区人民法院、泉州市晋江市人民法院管辖诉讼标的额在50万元以下的第一审一般知识产权民事案件。

江西省南昌市南昌高新技术产业开发区人民法院、南昌经济技术开发区人民法院管辖诉讼标的额在100万元以下的第一审一般知识产权民事案件。

山东省济南市历下区人民法院、青岛市市南区人民法院管辖诉讼标的额在50万元以下的第一审一般知识产权民事案件以及诉讼标的额在50万元以上100万元以下且当事人住所地均在其所属中级人民法院辖区的第一审一般知识产权民事案件。

湖北省武汉市江岸区人民法院管辖诉讼标的额在300万元以下的第一审一般知识产权民事案件以及诉讼标的额在300万元以上800万元以下且当事人住所地均在武汉市中级人民法院辖区的第一审一般知识产权民事案件。

湖南省长沙市天心区人民法院、岳麓区人民法院管辖诉讼标的的额在300万元以下的第一审一般知识产权民事案件；株洲市天元区人民法院管辖诉讼标的额在300万元以下的第一审一般知识产权民事案件。

广东省广州市越秀区人民法院、海珠区人民法院、天河区人民法院、白云区人民法院、萝岗区人民法院、南沙区人民法院管辖诉讼标的额在200万元以下的第一审一般知识产权民事案件；深圳市罗湖区人民法院、福田区人民法院、南山区人民法院、盐田区人民法院、龙岗区人民法院、宝安区人民法院管辖诉讼标的额在200万元以下的第一审一般知识产权民事案件；佛山市南海区人民法院、禅城区人民法院、顺德区人民法院管辖诉讼标的额在200万元以下的第一审一般知识产权民事案件；汕头市龙湖区人民法院管辖诉讼标的额在200万元以下的第一审一般知识产权民事案件；江门市蓬江区人民法院、新会区人民法院管辖诉讼标的额在200万元以下的第一审一般知识产权民事案件；东莞市第一人民法院管辖诉讼标的额在200万元以下的第一审一般知识产权民事案件；中山市人民法院管辖诉讼标的额在200万元以下的第一审一般知识产权民事案件。

广西壮族自治区南宁市青秀区人民法院管辖诉讼标的额在80万元以下的第一审一般知识产权民事案件以及诉讼标的额在80万元以上150万元以下且当事人住所地均在南宁市中级人民法院辖区的第一审一般知识产权民事案件。

四川省成都市高新区人民法院、武侯区人民法院、锦江区人民法院管辖诉讼标的额在50万元以下的第一审一般知识产权民事案件。

重庆市渝中区人民法院、沙坪坝区人民法院管辖诉讼标的额在300万元以下的第一审一般知识产权民事案件。

甘肃省兰州市城关区人民法院、天水市秦州区人民法院管辖诉讼标的额在30万元以下的第一审一般知识产权民事案件。

新疆生产建设兵团农十二师乌鲁木齐垦区人民法院管辖诉讼标的额在100万元以下的第一审一般知识产权民事案件以及诉讼标的额在100万元以上300万元以下且当事人住所地均在农十二师中级

人民法院辖区的第一审一般知识产权民事案件；农六师五家渠市人民法院管辖诉讼标的额在100万元以下的第一审一般知识产权民事案件以及诉讼标的额在100万元以上200万元以下且当事人住所地均在农六师中级人民法院辖区的第一审一般知识产权民事案件。

就基层人民法院管辖的其他第一审民商事案件标准，参见中级人民法院的级别管辖标准。

○ 涉外案件由哪级人民法院管辖？

涉外案件指的是当事人一方或双方是外国人、无国籍人、外国企业或组织，或者当事人之间民事法律关系的设立、变更、终止的法律事实发生在外国，或者诉讼标的物在外国的案件，简言之，即是当事人、诉讼标的或诉讼标的物等具有涉外因素。但在改革开放中，为引进外资、引进技术兴建的许多从事生产经营的外国独资企业、中外合资企业和中外合作企业，因其注册为中国法人，即属于中国企业，不属于外国企业，因此不构成涉外因素。涉及到港、澳、台同胞及企业、组织的案件，也不是涉外案件。

根据《民事诉讼法》第19条规定，只有重大涉外案件才由中级人民法院作为第一审法院，一般涉外案件由基层人民法院作为第一审法院。

根据《最高人民法院关于涉外民商案件诉讼管辖若干问题的规定》的规定，下列案件：(1) 涉外合同和侵权纠纷案件；(2) 信用证纠纷案件；(3) 申请撤销、承认与强制执行国际仲裁裁决的案件；(4) 审查有关涉外民商事仲裁条款效力的案件；(5) 申请承认和强制执行外国法院民商事判决、裁定的案件，由下列人民法院管辖：(1) 国务院批准设立的经济技术开发区人民法院；(2) 省会、自治区首府、直辖市所在地的中级人民法院；(3) 经济特区、计划单列市中级人民法院；(4) 最高人民法院指定的其他中级人民法院；(5) 高级人民法院。上述中级人民法院的区域管辖范围由所在地的高级人民法院确定。这一规定是为了集中管辖涉外案件，适用我国加入WTO之后的实际情况。

上述规定不适用于发生在与外国接壤的边境省份的边境贸易纠纷案件，涉外房地产案件和涉外知识产权案件。涉及香港、澳门特别行政区和台湾地区当事人的民商事纠纷案件的管辖，参照上述规定处理。

高级人民法院应当对涉外民商事案件的管辖实施监督，凡越权受理涉外民商事案件的，应当通知或者裁定将案件移送有管辖权的人民法院审理。

○ 哪些在本辖区内有重大影响的案件由中级人民法院管辖？

所谓本辖区，是中级人民法院所辖的地区，即中级人民法院民事审判权可及的地域范围。有重大影响，则指案件本身在本辖区范围内涉及面大以及在政治和经济上影响大。很显然，有重大影响的案件，其涉及的范围，一定要超过某一个或某几个基层法院的辖区范围，因此，其影响也必然扩展至中级人民法院所辖的区域范围的大部分。对此类案件，应定性为在中级人民法院辖区内有重大影响的案件，由中级人民法院管辖。不过，在具体认定上，还需要各地法院根据实际情况来具体把握。审判实践中，判断案件是否具有重大影响时考虑的因素主要有：（1）案情的繁简程度；（2）诉讼标的的金额大小；（3）在该地区的影响等情况。

根据最高人民法院2008年3月31日公布的《全国各省、自治区、直辖市高级人民法院和中级人民法院管辖第一审民商事案件标准》，中级人民法院管辖的第一审民商事案件标准如下：

1. 北京市

中级人民法院、北京铁路运输中级法院管辖诉讼标的额在5000万元以上的第一审民商事案件，以及诉讼标的额在2000万元以上且当事人一方住所地不在本辖区或者涉外、涉港澳台的第一审民商事案件。

2. 上海市

中级人民法院管辖诉讼标的额在5000万元以上的第一审民商事案件，以及诉讼标的额在2000万元以上且当事人一方住所地不在本辖区的第一审民商事案件或者涉外、涉港澳台的第一审民事案件。

3. 广东省

中级人民法院管辖下列第一审民商事案件：

广州、深圳、佛山、东莞市中级人民法院管辖诉讼标的额在3亿元以下5000万元以上的第一审民商事案件，以及诉讼标的额在2亿元以下4000万元以上且当事人一方住所地不在本辖区或者涉外、涉港澳台的第一审民商事案件；

珠海、中山、江门、惠州市中级人民法院管辖诉讼标的额在3亿元以下3000万元以上的第一审民商事案件，以及诉讼标的额在2亿元以下2000万元以上且当事人一方住所地不在本辖区或者涉外、涉港澳台的第一审民商事案件；

汕头、潮州、揭阳、汕尾、梅州、河源、韶关、清远、肇庆、云浮、阳江、茂名、湛江市中级人民法院管辖诉讼标的额在3亿元以下2000万元以上的第一审民商事案件，以及诉讼标的额在2亿元以下1000万元以上且当事人一方住所地不在本辖区或者涉外、涉港澳台的第一审民商事案件。

4. 江苏省

中级人民法院管辖下列第一审民商事案件：

南京、苏州、无锡市中级人民法院管辖诉讼标的额在3000万元以上，以及诉讼标的额在1000万元以上且当事人一方住所地不在本辖区或者涉外、涉港澳台的第一审民商事案件；

扬州、南通、泰州、镇江、常州市中级人民法院管辖诉讼标的额在800万元以上，以及诉讼标的额在300万元以上且当事人一方住所地不在本辖区或者涉外、涉港澳台的第一审民商事案件；

连云港、盐城、徐州、淮安市中级人民法院管辖诉讼标的额在500万元以上，以及诉讼标的额在200万元以上且当事人一方住所地不在本辖区或者涉外、涉港澳台的第一审民商事案件；

宿迁市中级人民法院管辖诉讼标的额在300万元以上，以及诉讼标的额在200万元以上且当事人一方住所地不在本辖区或者涉外、涉港澳台的第一审民商事案件。

5. 浙江省

中级人民法院管辖下列第一审民商事案件：

杭州市、宁波市中级人民法院管辖诉讼标的额在3000万元以上的第一审民商事案件，以及诉讼标的额在1000万元以上且当事人一方住所地不在本辖区或者涉外、涉港澳台的第一审民商事案件；

温州市、嘉兴市、绍兴市、台州市、金华市中级人民法院管辖诉讼标的额在1000万元以上的第一审民商事案件，以及诉讼标的额在500万元以上且当事人一方住所地不在本辖区或者涉外、涉港澳台的第一审民商事案件；

其他中级人民法院管辖诉讼标的额在500万元以上的第一审民商事案件，以及诉讼标的额在200万元以上且当事人一方住所地不在本辖区或者涉外、涉港澳台的第一审民商事案件。

6. 天津市

中级人民法院管辖诉讼标的额在800万元以上的第一审民商事案件，以及诉讼标的额在500万元以上且当事人一方住所地不在本辖区或者涉外、涉港澳台的第一审民商事案件。

7. 重庆市

第一、第五中级人民法院管辖诉讼标的额在800万元以上的第一审民商事案件，以及诉讼标的额在300万元以上且当事人一方住所地不在本辖区或者涉外以上、涉港澳台的第一审民商事案件。

第二、三、四中级人民法院管辖诉讼标的额在500万元以上的第一审民商事案件，以及诉讼标的额在200万元以上且当事人一方住所地不在本辖区或者涉外、涉港澳台的第一审民商事案件。

8. 山东省

中级人民法院管辖下列第一审民商事案件：

济南、青岛市中级人民法院管辖诉讼标的额在1000万元以上的第一审民商事案件，以及诉讼标的额在500万元以上且当事人一方住所地不在本辖区或者涉外、涉港澳台的第一审民商事案件；

烟台、临沂、淄博、潍坊市中级人民法院管辖诉讼标的额在500万元以上的第一审民商事案件，以及诉讼标的额在200万元以上且当事人一方住所地不在本辖区或者涉外、涉港澳台的第一审民商事案件；

济宁、威海、泰安、滨州、日照、东营市中级人民法院管辖诉讼标的额在300万元以上的第一审民商事案件，以及诉讼标的额在200万元以上且当事人一方住所地不在本辖区或者涉外、涉港澳台的第一审民商事案件；

德州、聊城、枣庄、菏泽、莱芜市中级人民法院管辖诉讼标的额在300万元以上的第一审民商事案件，以及诉讼标的额在200万元以上且当事人一方住所地不在本辖区的第一审国内民商事案件；

济南铁路运输中级法院依照专门管辖规定，管辖诉讼标的额在300万元以上的第一审民商事案件。青岛海事法院管辖第一审海事纠纷和海商纠纷案件，不受争议金额限制。

9. 福建省

中级人民法院管辖下列第一审民商事案件：

福州、厦门、泉州市中级人民法院管辖除省高级人民法院管辖以外的、诉讼标的额在800万元以上的第一审民商事案件，以及诉讼标的额在300万元以上且当事人一方住所地不在本辖区或者涉外、涉港澳台的第一审民商事案件；

漳州、莆田、三明、南平、龙岩、宁德市中级人民法院管辖除省高级人民法院管辖以外的、诉讼标的额在500万元以上的第一审民商事案件，以及诉讼标的额在200万元以上且当事人一方住所地不在本辖区的第一审民商事案件或者涉外、涉港澳台的第一审民商事案件。

10. 湖北省

中级人民法院管辖下列第一审民商事案件：

武汉、汉江中级人民法院管辖诉讼标的额在800万元以上的第一审民商事案件，以及诉讼标的额在300万元以上且当事人一方住所地不在本辖区的民商事案件；

其他中级人民法院管辖诉讼标的额在500万元以上的第一审民商事案件，以及诉讼标的额在200万元以上且当事人一方住所地不在本辖区的第一审民商事案件；

在本辖区有重大影响的案件；

一方当事人为县（市、市辖区）人民政府的案件；

上级人民法院指定本院管辖的案件。

11. 湖南省

中级人民法院管辖下列第一审民商事案件

长沙市中级人民法院管辖诉讼标的额在800万元以上1亿元以下的第一审民商事案件，以及诉讼标的额在300万元以上5000万元以下且当事人一方住所地不在本辖区或者涉外、涉港澳台的第一审民商事案件；

岳阳市、湘潭市、株洲市、衡阳市、郴州市、常德市中级人民法院管辖诉讼标的额在400万元以上1亿元以下的第一审民商事案件，以及诉讼标的额在200万元以上5000万元以下且当事人一方住所地不在本辖区或者涉外、涉港澳台的第一审民商事案件；

益阳市、邵阳市、永州市、娄底市、怀化市、张家界市中级人民法院管辖诉讼标的额在300万元以上1亿元以下的第一审民商事案件，以及诉讼标的额在200万元以上5000万元以下且当事人一方住所地不在本辖区或者涉外、涉港澳台的第一审民商事案件；

湘西土家族苗族自治州中级人民法院管辖诉讼标的额在200万元以上1亿元以下的第一审民商事案件，以及诉讼标的额在150万元以上5000万元以下且当事人一方住所地不在本辖区或者涉外、涉港澳台的第一审民商事案件；

根据法律规定提审的案件；

上级人民法院指定管辖、根据本法第39条指令管辖（交办）或其他人民法院依法移送的民商事案件。

12. 河南省

中级人民法院管辖下列第一审民商事案件：

郑州市中级人民法院管辖诉讼标的额在800万元以上1亿元以下的第一审民商事案件，以及诉讼标的额在500万元以上且当事人一方住所地不在本辖区的第一审民商事案件；

洛阳市、新乡市、安阳市、焦作市、平顶山市、南阳市中级人民法院管辖诉讼标的额在500万元以上1亿元以下的第一审民商事案件，以及诉讼标的额在300万元以上且当事人一方住所地不在本辖区的第一审民商事案件；

其他中级人民法院管辖诉讼标的额在300万元以上1亿元以下的第一审民商事案件，以及诉讼标的额在200万元以上且当事人一方住所地不在本辖区的第一审民商事案件。

13. 辽宁省

中级人民法院管辖下列第一审民商事案件：

沈阳、大连中级人民法院管辖诉讼标的额在800万元以上的第一审民商事案件，以及诉讼标的额在300万元以上且当事人一方住所地不在本辖区或者涉外、涉港澳台的第一审民商事案件；

鞍山、抚顺、本溪、丹东、锦州、营口、辽阳、葫芦岛中级人民法院管辖诉讼标的额在500万元以上的第一审民商事案件，以及诉讼标的额在200万元以上且当事人一方住所地不在本辖区或者涉外、涉港澳台的第一审民商事案件；

其他中级人民法院管辖诉讼标的额在300万元以上的第一审民商事案件，以及诉讼标的额在100万元以上且当事人一方住所地不在本辖区或者涉外、涉港澳台的第一审民商事案件。

14. 吉林省

中级人民法院管辖下列第一审民商事案件：

长春市中级人民法院管辖诉讼标的额在800万元以上的第一审民商事案件，以及诉讼标的额在300万元以上且当事人一方住所地不在本辖区的第一审民商事案件；

吉林市中级人民法院管辖诉讼标的额在500万元以上的第一审民商事案件，以及诉讼标的额在200万元以上且当事人一方住所地不在本辖区的第一审民商事案件；

延边州中级人民法院、四平市、通化市、松原市、白山市、白城市、辽源市中级人民法院以及吉林市中级人民法院分院、延边州中级人民法院分院管辖诉讼标的额在300万元以上的第一审民商事案件，以及诉讼标的额在100万元以上且当事人一方住所地不在本辖区的第一审民商事案件。

15. 黑龙江省

中级人民法院管辖下列第一审民商事案件：

哈尔滨市中级人民法院管辖诉讼标的额在800万元以上的第一审民商事案件，以及诉讼标的额在300万元以上且当事人一方住所地不在本辖区或者涉外、涉港澳台的第一审民商事案件；

齐齐哈尔市、牡丹江市、佳木斯市、大庆市中级人民法院管辖诉讼标的额在500万元以上的第一审民商事案件，以及诉讼标的额在200万元以上且当事人一方住所地不在本辖区或者涉外、涉港澳台的第一审民商事案件；

绥化、鸡西、伊春、鹤岗、七台河、双鸭山、黑河、大兴安岭、黑龙江省农垦、哈尔滨铁路、黑龙江省林区中级人民法院管辖诉讼标的额在300万元以上的第一审民商事案件，以及诉讼标的额在100万元以上且当事人一方住所地不在本辖区或者涉外、涉港澳台的第一审民商事案件。

16. 广西壮族自治区

中级人民法院管辖下列第一审民商事案件：

南宁市中级人民法院管辖诉讼标的额在800万元以上的第一审

民商事案件，以及诉讼标的额在300万元以上且当事人一方住所地不在本辖区或者涉外、涉港澳台的第一审民商事案件；柳州、桂林、北海、梧州市中级人民法院管辖诉讼标的额在500万元以上的第一审民商事案件，以及诉讼标的额在200万元以上且当事人一方住所地不在本辖区或者涉外、涉港澳台的第一审民商事案件；

玉林、贵港、钦州、防城港市中级人民法院管辖诉讼标的额在300万元以上的第一审民商事案件，以及诉讼标的额在200万元以上且当事人一方住所地不在本辖区或者涉外、涉港澳台的第一审民商事案件；

百色、河池、崇左、来宾、贺州市中级人民法院和南宁铁路运输中级法院管辖诉讼标的额在150万元以上的第一审民商事案件，以及诉讼标的额在100万元以上且当事人一方住所地不在本辖区或者涉外、涉港澳台的第一审民商事案件。

17. 安徽省

中级人民法院管辖下列第一审民商事案件：

合肥市中级人民法院管辖诉讼标的额在800万元以上1亿元以下的第一审民商事案件，以及诉讼标的额在300万元以上5000万元以下且当事人一方住所地不在本辖区或者涉外、涉港澳台的第一审民商事案件；

芜湖市、马鞍山市、铜陵市中级人民法院管辖诉讼标的额在300万元以上1亿元以下的第一审民商事案件，以及诉讼标的额在200万元以上5000万元以下且当事人一方住所地不在本辖区或者涉外、涉港澳台的第一审民商事案件；

其他中级人民法院管辖诉讼标的额在150万元以上1亿元以下的第一审民商事案件，以及诉讼标的额在80万元以上5000万元以下且当事人一方住所地不在本辖区或者涉外、涉港澳台的第一审民商事案件。

18. 江西省

南昌市中级人民法院管辖诉讼标的额在500万元以上的第一审

民商事案件，以及诉讼标的额在200万元以上且当事人一方住所地不在本辖区或者涉外、涉港澳台的第一审民商事案件。其他中级人民法院管辖诉讼标的额在300万元以上的第一审民商事案件，以及诉讼标的额在200万元以上且当事人一方住所地不在本辖区或者涉外、涉港澳台的第一审民商事案件。

19. 四川省

中级人民法院管辖下列第一审民事案件：

成都市中级人民法院管辖诉讼标的额在800万元以上1亿元以下的第一审民事案件，以及诉讼标的额在300万元以上5000万元以下且当事人一方住所地不在本辖区的第一审民事案件；

甘孜、阿坝、凉山州中级人民法院管辖诉讼标的额在100万元以上1亿元以下的第一审民事案件，以及诉讼标的额在50万元以上5000万元以下且当事人一方住所地不在本辖区的第一审民事案件；

其他中级人民法院管辖诉讼标的额在500万元以上1亿元以下的第一审民商事案件，以及诉讼标的额在200万元以上5000万元以下且当事人一方住所地不在本辖区的第一审民事案件；

根据最高人民法院的规定和指定，管辖涉外、涉港澳台第一审民事案件；

在本辖区内有重大影响的其他第一审民事案件；

高级人民法院指定中级人民法院审理的第一审民事案件或者中级法院认为应当由自己审理的属于基层法院管辖的第一审民事案件；

法律、司法解释明确规定由中级法院管辖的第一审民事案件。

20. 陕西省

中级人民法院管辖下列第一审民商事案件：

西安市中级人民法院管辖诉讼标的额在800万元以上的第一审民商事案件，以及诉讼标的额在300万元以上且当事人一方住所地不在本辖区或者涉外、涉港澳台的第一审民商事案件；宝鸡、咸阳、铜川、延安、榆林、渭南、汉中市中级人民法院、西安铁路运输中级法院管辖诉讼标的额在500万元以上的第一审民商事案件，以及诉讼标的额在200万元以上且当事人一方住所地不在本辖区或者涉外、涉港澳台的第一审民商事案件；

安康、商洛中级人民法院管辖诉讼标的额在300万元以上的第一审民商事案件，以及诉讼标的额在100万元以上且当事人一方住所地不在本辖区或者涉外、涉港澳台的第一审民商事案件。

21．河北省

中级人民法院管辖下列第一审民商事案件：

石家庄、唐山市中级人民法院管辖诉讼标的额在800万元以上的第一审民商事案件，以及诉讼标的额在300万元以上且当事人一方住所地不在本辖区或者涉外、涉港澳台的第一审民商事案件；

保定、秦皇岛、廊坊、邢台、邯郸、沧州、衡水市中级人民法院管辖诉讼标的额在500万元以上的第一审民商事案件，以及诉讼标的额在200万元以上且当事人一方住所地不在本辖区或者涉外、涉港澳台的第一审民商事案件；

张家口、承德市中级人民法院管辖诉讼标的额在300万元以上的第一审民商事案件，以及诉讼标的额在100万元以上且当事人一方住所地不在本辖区或者涉外、涉港澳台的第一审民商事案件。

22．山西省

中级人民法院管辖下列第一审民商事案件：

太原市中级人民法院管辖诉讼标的额在800万元以上1亿元以下的第一审民商事案件，以及诉讼标的额在300万元以上且当事人一方住所地不在本辖区或者涉外、涉港澳台的第一审民商事案件；其他中级人民法院管辖诉讼标的额在500万元以上1亿元以下的第一审民商事案件，以及诉讼标的额在200万元以上且当事人一方住所地不在本辖区或者涉外、涉港澳台的第一审民商事案件。

23．海南省

中级人民法院管辖下列第一审民商事案件：

诉讼标的额在800万元以上1亿元以下的第一审民商事案件；

诉讼标的额在500万元以上5000万元以下且当事人一方住所地不在本辖区或者涉外、涉港澳台的第一审民商事案件。

24．甘肃省

中级人民法院管辖下列第一审民事案件：

兰州市中级人民法院管辖诉讼标的额在300万元以上的第一审民事案件，以及诉讼标的额在200万元以上且当事人一方住所地不在本辖区或者涉外、涉港澳台的第一审民事案件；

白银、金昌、庆阳、平凉、天水、酒泉、张掖、武威中级人民法院管辖诉讼标的额在200万元以上的第一审民事案件，以及诉讼标的额在100万元以上且当事人一方住所地不在本辖区或者涉外、涉港澳台的第一审民事案件；

陇南、定西、甘南、临夏中级人民法院管辖诉讼标的额在100万元以上的第一审民事案件，以及诉讼标的额在50万元以上且当事人一方住所地不在本辖区或者涉外、涉港澳台的第一审民事案件；

嘉峪关市人民法院、甘肃矿区人民法院管辖诉讼标的额在5000万元以下的第一审民事案件，以及诉讼标的额在2000万元以下且当事人一方住所地不在本辖区或者涉外、涉港澳台的第一审民事案件；

兰州铁路运输中级法院、陇南市中级人民法院分院管辖诉讼标的额在200万元以上的第一审民事案件，以及诉讼标的额在100万元以上且当事人一方住所地不在本辖区的第一审民事案件。

25．贵州省

中级人民法院管辖下列第一审民事案件：

贵阳市中级人民法院管辖诉讼标的额在300万元以上的第一审民事案件，以及诉讼标的额在200万元以上且当事人一方住所地不在本辖区或者涉外、涉港澳台的第一审民事案件；

遵义市、六盘水市中级人民法院管辖诉讼标的额在200万元以上的第一审民事案件，以及诉讼标的额在100万元以上且当事人一方住所地不在本辖区或者涉外、涉港澳台的第一审民事案件；

其他中级人民法院管辖诉讼标的额在100万元以上的第一审民

事案件。

26．新疆维吾尔自治区

中级人民法院管辖下列第一审民商事案件：

乌鲁木齐市中级人民法院管辖诉讼标的额在300万元以上5000万元以下的第一审民商事案件，以及诉讼标的额在200万元以上2000万元以下且当事人一方住所地不在本辖区的第一审民商事案件；

和田地区、克孜勒苏柯尔克孜自治州、博尔塔拉蒙古自治州中级人民法院管辖诉讼标的额在150万元以上5000万元以下的第一审民商事案件，以及诉讼标的额在100万元以上2000万元以下且当事人一方住所地不在本辖区的第一审民商事案件；

其他中级人民法院和乌鲁木齐铁路运输中级法院管辖诉讼标的额在200万元以上5000万元以下的第一审民商事案件，以及诉讼标的额在100万元以上2000万元以下且当事人一方住所地不在本辖区的第一审民商事案件；

诉讼标的额在200万元以上2000万元以下的涉外、涉港澳台民商事案件；

乌鲁木齐市中级人民法院管辖诉讼标的额在2000万元以下的涉外、涉港澳台实行集中管辖的五类民商事案件。

伊犁哈萨克自治州中级人民法院管辖下列第一审民商事案件：

塔城、阿勒泰地区中级人民法院管辖诉讼标的额在200万元以上5000万元以下的第一审民商事案件，以及诉讼标的额在100万元以上2000万元以下且当事人一方住所地不在本辖区或者涉外、涉港澳台的民商事案件；

高级人民法院伊犁哈萨克自治州分院管辖发生于奎屯市、伊宁市等二市八县辖区内，依本规定应由中级人民法院管辖的诉讼标的额在200万元以上5000万元以下以及诉讼标的额在100万元以上2000万元以下的当事人一方住所地不在本辖区或者涉外、涉港澳台的第一审民商事案件。

27. 内蒙古自治区

中级人民法院管辖下列第一审民商事案件：

呼和浩特市、包头市中级人民法院管辖诉讼标的额在300万元以上5000万元以下的第一审民商事案件，以及诉讼标的额在200万元以上2000万元以下且当事人一方住所地不在本辖区或者涉外、涉港澳台的第一审民商事案件；

呼伦贝尔市、兴安盟、通辽市、赤峰市、锡林郭勒盟、乌兰察布市、鄂尔多斯市、巴彦淖尔市、乌海市、阿拉善盟中级人民法院和呼和浩特铁路运输中级法院管辖诉讼标的额在200万元以上5000万元以下的第一审民商事案件，以及诉讼标的额在100万元以上2000万元以下且当事人一方住所地不在本辖区或者涉外、涉港澳台的第一审民商事案件。

28. 云南省

中级人民法院管辖下列第一审民商事案件：

昆明市中级人民法院管辖诉讼标的额在400万元以上的第一审民商事案件，以及诉讼标的额在200万元以上且当事人一方住所地不在本辖区的第一审民商事案件；

红河州、文山州、西双版纳州、德宏州、大理州、楚雄州、曲靖市、昭通市、玉溪市、普洱市、临沧市、保山市中级人民法院管辖诉讼标的额在200万元以上的第一审民商事案件，以及诉讼标的额在100万元以上且当事人一方住所地不在本辖区的第一审民商事案件；

丽江市、迪庆州、怒江州中级人民法院管辖诉讼标的额在100万元以上的第一审民商事案件，以及诉讼标的额在100万元以上且当事人一方住所地不在本辖区的第一审民商事案件；

昆明市、红河州、文山州、西双版纳州、德宏州、怒江州、普洱市、临沧市、保山市中级人民法院管辖诉讼标的额在5000万元以下的涉外、涉港澳台第一审民商事案件；

继续执行各州、市中级人民法院管辖在法律适用上具有普遍意义的新类型民、商事案件和在辖区内有重大影响的民、商事案件的规定。

29. 新疆维吾尔自治区

农一师、农二师、农四师、农六师、农七师、农八师中级人民法院管辖诉讼标的额在200万元以上的第一审民商事案件，以及诉讼标的额在100万元以上且当事人一方住所地不在本辖区或者涉外、涉港澳台的第一审民商事案件。

其他农业师中级人民法院管辖诉讼标的额在150万元以上的第一审民商事案件，以及诉讼标的额在100万元以上且当事人一方住所地不在本辖区或者涉外、涉港澳台的第一审民商事案件。

30. 青海省

中级人民法院管辖下列第一审民商事案件：

西宁市中级人民法院管辖全市、海西州中级人民法院管辖格尔木市诉讼标的额在100万元以上2000万元以下的第一审民商事案件，以及诉讼标的额在50万元以上且当事人一方住所地不在本辖区的第一审民商事案件；

海东地区、海南、海北、黄南、海西州中级人民法院管辖（除格尔木市）诉讼标的额在60万元以上2000万元以下的第一审民商事案件，以及诉讼标的额在50万元以上且当事人一方住所地不在本辖区的第一审民商事案件；

果洛、玉树州中级人民法院管辖诉讼标的额在50万元以上2000万元以下的第一审民商事案件，以及诉讼标的额在30万元以上且当事人一方住所地不在本辖区的第一审民商事案件；

上级人民法院指定管辖的案件。

31. 宁夏回族自治区

中级人民法院管辖下列第一审民商事案件：

银川市中级人民法院管辖诉讼标的额在200万元以上的第一审民商事案件，以及诉讼标的额在100万元以上且当事人一方住所地不在本辖区的第一审民商事案件；

依照法释（2002）5号司法解释第1条、第3条、第5条的规定，银川市中级人民法院集中管辖本省区争议金额在1000万元以下的第一审涉外、涉港澳台民商事案件；

石嘴山、吴忠、中卫、固原市中级人民法院管辖诉讼标的额在100万元以上的第一审民商事案件，以及诉讼标的额在80万元以上且当事人一方住所地不在本辖区的民商事案件。

32. 西藏自治区

中级人民法院管辖下列第一审民商事案件：

拉萨市中级人民法院管辖拉萨城区诉讼标的额在200万元以上、所辖各县诉讼标的额在100万元以上的第一审民商事案件；

其他各地区中级人民法院管辖地区行署所在地诉讼标的额在150万元以上、所辖各县范围内诉讼标的额在100万元以上的第一审民商事案件；

诉讼标的额在500万元以下的涉外、涉港澳台的第一审民商事案件，均由各地方中级人民法院管辖。

○ 专利民事纠纷案件由哪一级人民法院管辖？

根据《最高人民法院关于审理专利纠纷案件适用法律问题的若干规定》的规定，专利纠纷案件，由各省、自治区、直辖市人民政府所在地的中级人民法院和最高人民法院指定的中级人民法院管辖，基层人民法院不能审理此类案件。将专利案件集中在一些具备审判实力并切实需要的中级法院审理，有利于总结和积累审判经验，相对固定审判队伍，保持知识产权执法标准的统一。十多年来的审判实践证明，将专利案件集中在一些法院审理，便于最高人民法院开展专业培训和指导，使我国知识产权法官的业务素质和审判水平不断提高，从而保证专利案件的审判质量，保护专利权人的合法利益。

最高人民法院在指定某一中院是否能作为专利案件的一审法院

时，一般考虑以下因素：(1) 当地专利纠纷的多少；(2) 是否设有专利管理机关；(3) 是否已经所在地的高级人民法院的同意等。

截至2001年7月1日止，目前全国共有43个中级人民法院作为专利纠纷案件的一审法院。具体包括：

第一，各省、自治区、直辖市人民政府所在地的中级人民法院，除香港、澳门和台湾外，有31个省、自治区和直辖市中级人民法院，省会的中级人民法院有34个。北京、上海、天津市各有2个中级人民法院。

第二，各经济特区中级人民法院，我国经济特区的中级人民法院有4个：深圳、珠海、厦门和汕头市中级人民法院。

第三，最高法院同意指定的中级人民法院，经最高人民法院同意，由高级人民法院根据需要指定的中级人民法院有4个：重庆、大连、温州和佛山市中级人民法院。重庆市后来又组建为直辖市，其第一中级人民法院作为直辖市政府所在地的中级法院仍对其余各类专利纠纷案件有管辖权。

专利纠纷案件由知识产权审判庭审理。我国法院系统自1993年在最高人民法院的指导下，先后在北京、上海、天津、江苏等大多数省、直辖市和沿海特区的中级人民法院设立了专门审判知识产权案件的专门审判庭。1996年10月最高人民法院也成立了专门审判知识产权案件的专门审判庭。这些专门审判庭称为知识产权审判庭。2000年8月最高人民法院经过机构改革形成“大民事审判格局”，知识产权审判庭改为民事审判第三庭。少数未设立知识产权庭的法院由经济审判庭的专门法官小组审判。

○ 我国各海事法院的管辖区域如何划分？

海事法院是国家审判机关的组成部分，它与普通中级人民法院同级。海事法院的院长、副院长、庭长、副庭长、审判员和审判委员会委员，一律由海事法院所在地的市人民代表大会常务委员会任免。海事法院对所在地的市人民代表人会常务委员会负责并报告工作。

海事法院内一般设三庭两室：海事审判庭、海商审判庭、执行庭、研究室和办公室。海事法院没有基层法院，但可根据审判工作的需要，在自己管辖区域内的港口设立派出法庭。海事法院直接管辖第一审海事、海商和执行案件，不受理刑事、民事、经济和行政案件。海事法院属于中级法院建制审判业务接受所在地的省高级人民法院监督。对海事法院的判决和裁定不服的上诉案件，由海事法院所在地的省高级人民法院管辖。

海事法院管辖区域,不受陆地行政区划的限制。我国的海域、海上岛屿和沿海港口,分别划归几个主要港口城市的海事法院管辖。根据最高人民法院规定，各海事法院的具体管辖区域是：

第一，海口海事法院设在海口市。管辖包括海南省所属港口的水域，及东沙、西沙、中沙、南沙、黄岩岛等岛屿的水域。

第二，广州海事法院设在广州市。管辖西自广西壮族自治区与越南交界的延伸海域，东至福建省与广东省交界处的延伸海域和珠江口至广州港一段水域，其中包括南海、南澳岛和防城、湛江、黄埔、广州、蛇口、汕头等主要港口。

第三，厦门海事法院设在厦门市。管辖南自福建省与广东省交界处，北至福建省与浙江省交界处的延伸海域，其中包括东海南部、台湾省、海上岛屿和福建省所属港口。

第四，宁波海事法院设在宁波市。管辖南自浙江省与福建省交界处，北至浙江省与上海市交界处的延伸海域，其中包括温州、椒江、镇海、宁波、杭州等主要港口和通海的内河水域。

第五，上海海事法院设在上海市。管辖南自上海市与浙江省交界处，北至江苏省与山东省交界处的延伸海域和长江口至江苏浏河口一段水域，其中包括黄海南部、海上岛屿和上海、连云港等主要港口。

第六，青岛海事法院设在青岛市。管辖南自山东省与江苏省交界处，北至山东省与河北省交界处的延伸海域，其中包括黄海一部分、渤海一部分、海上岛屿和石臼所、青岛、威海、烟台等主要港口。

第七，天津海事法院设在天津市。管辖南自河北省与山东省交界处，北至河北省与辽宁省交界处的延伸海域，其中包括黄海一部分、渤海一部分、海上岛屿和天津、秦皇岛等主要港口。

第八，大连海事法院设在大连市。管辖南自辽宁省与河北省交界处，东至鸭绿江水域，其中包括黄河一部分、渤海一部分、海上岛屿和大连、营口等港口。

第九，武汉海事法院设在武汉市，管辖西自四川省兰家沱，东至江苏省浏河口的长江干线，其中包括重庆、涪陵、万县、宜昌、枝江、沙市、城陵矶、武汉、黄石、九江、安庆、铜陵、芜湖、马鞍山、南京、镇江、江阴、张家港、南通等主要港口。

第十，北海海事法院设在北海市。管辖广西壮族自治区所属港口和水域以及北部湾海域及其岛屿和水域内发生的一审海事、海商案件，与广州海事法院的管辖区域以英罗湾河道中心线为界，河道中心线及其延伸海域以东由广州海事法院管辖，河道中心线及其延伸海域以西，包括乌泥岛、涠洲岛、斜阳岛，属北海海事法院管辖，北海海事法院于1999年7月1日开始正式对外办公，受理案件。1997年7月1日以后，广州海事法院不再受理上述管辖范围内的海事、海商案件。在此之前已受理的案件不再移送，其上诉案件仍由广东省高级人民法院审理。

○ 海事法院受理哪些案件？

《最高人民法院关于适用〈中华人民共和国民事诉讼法〉若干问题的意见》第2条规定，海事海商案件，由海事法院管辖。根据最高人民法院《关于海事法院受理案件范围的若干规定》（法释〔2001〕27号）的规定，海事法院受理下列案件：

1. 海事侵权纠纷案件

(1) 船舶碰撞损害赔偿案件，包括浪损等间接碰撞的损害赔偿纠纷案件。(2) 船舶触碰海上、通海水域、港口及其岸上的设施或者其他财产的损害赔偿纠纷案件，其中包括船舶触碰码头、防波堤、栈桥、船闸、桥梁以及触碰航标等助航设施和其他海上设施的损害赔偿纠纷案件。(3) 船舶损坏在空中架设或者在海底、通海水域水下敷设的设施或者其他财产的损害赔偿纠纷案件。(4) 船舶排放、泄漏、倾倒油类、污水或者其他有害物质，造成水域污染或者他船、货物及其他财产损失的损害赔偿纠纷案件。(5) 海上或者通海水域的航运、生产、作业或者船舶建造、修理、拆解或者港口作业、建设，造成水域污染、滩涂污染或者他船、货物及其他财产损失的损害赔偿纠纷案件。(6) 船舶的航行或者作业损害捕捞、养殖设施、水产养殖物的赔偿纠纷案件。(7) 航道中的沉船沉物及其残骸、废弃物，海上或者通海水域的临时或者永久性设施装置不当，影响船舶航行，造成船舶、货物及其他财产损失的损害赔偿纠纷案件。(8) 船舶在海上或者通海水域进行航运、作业，或者港口作业过程中的人身伤亡事故引起的损害赔偿纠纷案件。(9) 非法留置船舶、船载货物和船舶物料、备品纠纷案件。(10) 其他海事侵权纠纷案件。

2. 海商合同纠纷案件

(1) 海上、通海水域货物运输合同纠纷案件，其中包括远洋运输、含有海运区段的国际多式联运、沿海和内河运输，以及水水联运、水陆联运等水上货物运输合同纠纷案件。(2) 海上、通海水域旅客和行李运输合同纠纷案件。(3) 船舶经营管理合同纠纷案件。(4) 船舶的建造、买卖、修理、改建和拆解合同纠纷案件。(5) 船舶抵押合同纠纷案件。(6) 船舶租用合同纠纷案件，其中包括光船租赁（含租购）、定期租船、航次租船合同纠纷案件。(7) 船舶融资租赁合同纠纷案件。(8) 沿海、通海水域的运输船舶的承包合同纠纷案件。(9) 渔船承包合同纠纷案件。(10) 船舶属具和海运集装箱租赁、保管合同纠纷案件。(11) 港口货物保管合同纠纷案件。

(12) 船舶代理合同纠纷案件。(13) 与海上或者通海水域的船舶运输有关的货运代理合同纠纷案件。(14) 船舶物料、备品供应合同纠纷案件。(15) 船员劳务合同纠纷案件。(16) 海难救助、海上打捞合同纠纷案件。(17) 拖航合同纠纷案件。(18) 海上保险、保赔合同纠纷案件，其中包括水运货物保险、船舶保险、油污和其他保赔责任险、人身保险、海上设施保险、集装箱保险等合同纠纷案件。(19) 海上、通海水域运输联营合同纠纷案件。(20) 与船舶营运有关的借款合同纠纷案件。(21) 海事担保合同纠纷案件。(22) 其他海商合同纠纷案件。

3. 其他海事海商纠纷案件

(1) 在海上或者通海水域、港口的运输、作业(含捕捞作业)中发生的重大责任事故引起的赔偿纠纷案件。(2) 港口作业纠纷案件。(3) 共同海损纠纷案件。(4) 海洋开发利用纠纷案件，其中包括对大陆架的开发和利用(如海洋石油、天然气的开采)、海水淡化和综合利用、海洋水下工程、海洋科学考察等纠纷案件。(5) 从事海上或者通海水域运输、渔业生产的船舶共有人之间的经营、收益、分配和财产分割纠纷案件。(6) 船舶所有权、占有权、使用权、抵押权、留置权和优先权的纠纷案件。(7) 海运欺诈纠纷案件。(8) 海事行政案件。(9) 海事行政赔偿案件。(10) 申请认定海事仲裁协议效力的案件。(11) 申请撤销海事仲裁裁决案件。(12) 申请认定海上或者通海水域财产无主的案件。(13) 申请无因管理海上、通海水域财产的案件。(14) 申请因海事事故宣告死亡的案件。(15) 海事请求保全案件，包括海事请求权人为保障其海事请求权的实现，在诉讼前申请扣押船舶、船载货物、船用物料及备品、船用燃油的案件，以及在诉讼前申请冻结、查封财产的案件。(16) 因申请海事请求保全错误或者请求担保数额过高引起的损害赔偿纠纷案件。(17) 海事强制令案件。(18) 海事证据保全案件。(19) 因错误申请海事强制令、海事证据保全引起的损害赔偿纠纷案件。(20) 海事支付令案件。(21) 海事公示催告案件。(22) 设立海事赔偿责任限制基金案件。（23）海事债权登记、受偿案件。（24）与海事债权登记相关的确权诉讼案件。（25）船舶优先权催告案件。（26）法律规定由海事法院受理的和上级人民法院交办的其他案件。

4. 海事执行案件

（1）申请执行海事法院及其上诉审高级人民法院和最高人民法院就海事请求作出的生效法律文书的案件。（2）海洋、通海水域行政主管机关依法申请强制执行的案件。（3）依据1958年《承认及执行外国仲裁裁决公约》的规定，申请承认、执行外国仲裁机构海事仲裁裁决的案件。（4）申请执行公证机关确认的与船舶和船舶营运有关的债权文书的案件。（5）依照我国与外国签订的司法协助协定，或者按照互惠原则申请承认和协助执行外国法院裁决的海事海商案件。

○ 商标纠纷案件由哪一级人民法院管辖？

根据《最高人民法院关于审理商标案件有关管辖和法律适用范围问题的解释》（法释〔2002〕1号）之规定，下列商标民事纠纷第一审案件，由中级以上人民法院管辖：（1）商标专用权权属纠纷案件；（2）侵犯商标专用权纠纷案件；（3）商标专用权转让合同纠纷案件；（4）商标许可使用合同纠纷案件；（5）申请诉前停止侵犯商标专用权案件；（6）申请诉前财产保全案件；（7）申请诉前证据保全案件；（8）其他商标案件。

各高级人民法院根据本辖区的实际情况，经最高人民法院批准，可以在较大城市确定1至2个基层人民法院受理第一审商标民事纠纷案件。

○ 植物新品种纠纷案件由哪一级人民法院管辖？

根据《最高人民法院关于审理植物新品种纠纷案件若干问题的解释》（法释〔2001〕5号）的规定，下列案件由北京市第二中级人民法院管辖：（1）是否应当授予植物新品种权纠纷案件；（2）宣告授予的植物新品种权无效或者维持植物新品种权的纠纷案件；(3)授予品种权的植物新品种更名的纠纷案件；（4）实施强制许可的纠纷案件；（5）实施强制许可使用费的纠纷案件。

下列案件由各省、自治区、直辖市人民政府所在地和最高人民法院指定的中级人民法院管辖：(1) 植物新品种申请权利纠纷案件；（2）植物新品种权权利归属纠纷案件；（3）转让植物新品种申请权和转让植物新品种权的纠纷案件；（4）侵犯植物新品种权的纠纷案件。

○ 集成电路布图设计案件由哪一级人民法院管辖？

根据《最高人民法院关于开展涉及集成电路布图设计案件审判工作的通知》的规定，下列案件由各省、自治区、直辖市人民政府所在地、经济特区所在地和大连、青岛、温州、佛山、烟台市的中级人民法院作为第一审人民法院审理：（1）布图设计专有权权属纠纷案件；（2）布图设计专有权转让合同纠纷案件；（3）侵犯布图设计专有权纠纷案件；(4) 诉前申请停止侵权、财产保全案件；(5) 其他涉及布图设计的案件。

○ 证券市场因虚假陈述引发的民事侵权案件，由哪个人民法院管辖？

各直辖市、省会市、计划单列市或经济特区中级人民法院为一审管辖法院；地域管辖采用原告就被告原则，统一规定为：

第一，对凡含有上市公司在内的被告提起的民事诉讼，由上市公司所在直辖市、省会市、计划单列市或经济特区中级人民法院管辖。

第二，对以机构（指作出虚假陈述的证券公司、中介服务机构等，下同）和自然人为共同被告提起的民事诉讼，由机构所在直辖市、省会市、计划单列市或经济特区中级人民法院管辖。

第三，对以数个机构为共同被告提起的民事诉讼，原告可以选择向其中一个机构所在直辖市、省会市、计划单列市或经济特区中级人民法院提起民事诉讼。原告向两个以上中级人民法院提起民事诉讼的，由最先立案的中级人民法院管辖。

有关中级人民法院受理此类案件后，应在3日内将受理情况逐级上报至最高人民法院。

○ 当事人对仲裁协议有异议请求法院裁定的，由哪个人民法院管辖？

根据《最高人民法院关于适用〈仲裁法〉若干问题的解释》的规定，当事人向人民法院申请确认仲裁协议效力的案件，由仲裁协议约定的仲裁机构所在地的中级人民法院管辖；仲裁协议约定的仲裁机构不明确的，由仲裁协议签订地或者被申请人住所地的中级人民法院管辖。

申请确认涉外仲裁协议效力的案件，由仲裁协议约定的仲裁机构所在地、仲裁协议签订地、申请人或者被申请人住所地的中级人民法院管辖。

涉及海事海商纠纷仲裁协议效力的案件，由仲裁协议约定的仲裁机构所在地、仲裁协议签订地、申请人或者被申请人住所地的海事法院管辖；上述地点没有海事法院的，由就近的海事法院管辖。

○ 我国各高级人民法院分别管辖哪些第一审民事案件？

根据《人民法院组织法》规定，高级人民法院包括：省、自治区、直辖市高级人民法院。高级人民法院由院长一人、副院长、庭长、副庭长和审判员若干人组成。高级人民法院设刑事审判庭、民事审判庭、行政审判庭，此外，根据需要可以设其他审判庭。

根据法律规定高级人民法院的主要职权是：(1) 审判法律规定由它管辖的各种第一审案件；(2) 审判下级人民法院移送审判的第一审案件；(3) 审判对下级人民法院判决和裁定的上诉案件和抗诉案件；(4) 审判人民检察院按照审判监督程序提出的抗诉案件；(5) 监督其下级人民法院的审判工作。

《民事诉讼法》第20条规定："高级人民法院管辖在本辖区有重大影响的第一审民事案件。"这一规定实际上是《民事诉讼法》确定管辖原则的具体体现。这里所指本辖区，即全省、自治区和直辖市所辖地区。只有在此辖区有重大影响的案件，才能由高级人民法院为第一审案件管辖法院。可见，高级人民法院管辖的第一审民事案件是较少的。因为绝大多数第一审民事案件由基层人民法院和中级人民法院管辖，高级人民法院没有必要也没有可能管辖大量的第一审民事案件。这是由高级人民法院的工作职能所决定的。依据法律规定，高级人民法院的主要任务是对不服中级人民法院裁判的上诉案件进行审理，并对其辖区内的中级人民法院和基层人民法院的审判工作进行指导和监督，而由其审理第一审民事案件并不是最主要的任务。只有在本辖区有重大影响的案件，才由其管辖。主要是在省、自治区、直辖市有重大影响的案件，如诉讼标的特别大，跨多个地区，或者在政治上有重大影响等。

《最高人民法院关于适用〈中华人民共和国民事诉讼法〉若干问题的意见》第3条授权各省、自治区、直辖市高级人民法院从本地实际情况出发，根据案情繁简、诉讼标的金额大小、在当地的影响等情况，对本辖区内一审案件的级别管辖提出意见，报最高人民法院批准。

根据最高人民法院2008年3月31日公布的《全国各省、自治区、直辖市高级人民法院和中级人民法院管辖第一审民商事案件标准》，各高级人民法院管辖的第一审民商事案件标准如下：

1. 北京市高级人民法院管辖诉讼标的额在2亿元以上的第一审民商事案件，以及诉讼标的额在1亿元以上且当事人一方住所地不在本辖区或者涉外、涉港澳台的第一审民商事案件。

2. 上海市高级人民法院管辖诉讼标的额在2亿元以上的第一审民商事案件，以及诉讼标的额在1亿元以上且当事人一方住所地不在本辖区的第一审民商事案件或者涉外、涉港澳台的第一审民事案件。

3. 广东省高级人民法院管辖下列第一审民商事案件：(1) 诉讼标的额在3亿元以上的案件，以及诉讼标的额在2亿元以上且当事人一方住所地不在本辖区或者涉外、涉港澳台的案件；(2) 在全省有重大影响的案件；(3) 认为应由本院受理的案件。

4. 江苏省高级人民法院管辖诉讼标的额在2亿元以上的第一审民商事案件，以及诉讼标的额在1亿元以上且当事人一方住所地不在本辖区或者涉外、涉港澳台的第一审民商事案件。

5. 浙江省高级人民法院管辖诉讼标的额在2亿元以上的第一审民商事案件，以及诉讼标的额在1亿元以上且当事人一方住所地不在本辖区或者涉外、涉港澳台的第一审民商事案件。

6. 天津市高级人民法院管辖诉讼标的额在1亿元以上的第一审民商事案件，以及诉讼标的额在5000万元以上且当事人一方住所地不在本辖区或者涉外、涉港澳台的第一审民商事案件。

7. 重庆市高级人民法院管辖诉讼标的额在1亿元以上的第一审民商事案件，以及诉讼标的额在5000万元以上且当事人一方住所地不在本辖区或者涉外、涉港澳台的第一审民商事案件。

8. 山东省高级人民法院管辖诉讼标的额在1亿元以上的民商事案件，以及诉讼标的额在5000万元以上且当事人一方住所地不在本辖区或者涉外、涉港澳台的第一审民商事案件。

9. 福建省高级人民法院管辖诉讼标的额在1亿元以上的第一审民商事案件，以及诉讼标的额在5000万元以上且当事人一方住所地不在本辖区或者涉外、涉港澳台的第一审民商事案件。

10. 湖北省高级人民法院管辖下列案件：(1)诉讼标的额在1亿元以上，以及诉讼标的额在5000万元以上且当事人一方住所地不在本辖区的第一审民商事案件。(2)上级人民法院指定管辖的案件。

11. 湖南省高级人民法院管辖下列第一审民商事案件：(1)诉讼标的额在1亿元以上的案件；(2)当事人一方住所地不在本辖区，诉讼标的额在5000万元以上的案件；(3)在本辖区内有重大影响的案件；(4)根据法律规定提审的案件；(5)最高人民法院指定管辖、根据民事诉讼法第39条指令管辖（交办）的案件或其他人民法院依法移送的民商事案件。

12. 河南省高级人民法院管辖诉讼标的额在1亿元以上的第一审民商事案件，以及诉讼标的额在5000万元以上且当事人一方住所地不在本辖区的案件。

13. 辽宁省高级人民法院管辖诉讼标的额在1亿元以上的第一审民商事案件，以及诉讼标的额在5000万元以上且当事人一方住所地不在本辖区或者涉外、涉港澳台的第一审民商事案件。

14. 吉林省高级人民法院管辖诉讼标的额在1亿元以上的第一审民商事案件，以及诉讼标的额在5000万元以上且当事人一方住所地不在本辖区或者涉外、涉港澳台的第一审民商事案件。

15. 黑龙江省高级人民法院管辖诉讼标的额在1亿元以上的第

一审民商事案件，以及诉讼标的额在5000万元以上且当事人一方住所地不在本辖区或者涉外、涉港澳台的第一审民商事案件。

16. 广西壮族自治区高级人民法院管辖诉讼标的额在1亿元以上的第一审民商事案件，以及诉讼标的额在5000万元以上且当事人一方住所地不在本辖区或者涉外、涉港澳台的第一审民商事案件。

17. 安徽省高级人民法院管辖诉讼标的额在1亿元以上的第一审民商事案件，以及诉讼标的额在5000万元以上且当事人一方住所地不在本辖区或者涉外、涉港澳台的第一审民商事案件。

18. 江西省高级人民法院管辖诉讼标的额在1亿元以上的第一审民商事案件，以及诉讼标的额在5000万元以上且当事人一方住所地不在本辖区或者涉外、涉港澳台的第一审民商事案件。

19. 四川省高级人民法院管辖下列第一审民事案件：(1)诉讼标的额在1亿元以上的第一审民商事案件，以及诉讼标的额在5000万元以上且当事人一方住所地不在本辖区或者涉外、涉港澳台的第一审民事案件；(2)最高人民法院指定高级人民法院审理或者高级人民法院认为应当由自己审理的属于中级人民法院管辖的其他第一审民事案件。

20. 陕西省高级人民法院管辖诉讼标的额在1亿元以上的第一审民商事案件，以及诉讼标的额在5000万元以上且当事人一方住所地不在本辖区或者涉外、涉港澳台的第一审民商事案件。

21. 河北省高级人民法院管辖诉讼标的额在1亿元以上的第一审民商事案件，以及诉讼标的额在5000万元以上且当事人一方住所地不在本辖区或者涉外、涉港澳台的第一审民商事案件。

22. 山西省高级人民法院管辖诉讼标的额在1亿元以上的第一审民商事案件，以及诉讼标的额在5000万元以上且当事人一方住所地不在本辖区或者涉外、涉港澳台的第一审民商事案件。

23. 海南省高级人民法院管辖下列第一审民商事案件：(1)诉讼标的额在1亿元以上的第一审民商事案件；(2)诉讼标的额在5000万元以上且当事人一方住所地不在本辖区或者涉外、涉港澳台的第一审民商事案件。

24. 甘肃省高级人民法院管辖诉讼标的额在5000万元以上的第一审民事案件，以及诉讼标的额在2000万元以上且当事人一方住所地不在本辖区或者涉外、涉港澳台的第一审民事案件。

25. 贵州省高级人民法院管辖标的额在5000万元以上的第一审民事案件，以及诉讼标的额在2000万元以上且当事人一方住所地不在本辖区或者涉外、涉港澳台的第一审民事案件。

26. 新疆维吾尔自治区高级人民法院管辖下列第一审民商事案件：(1) 诉讼标的额在5000万元以上的第一审民商事案件；(2) 诉讼标的额在2000万元以上且当事人一方住所地不在本辖区或者涉外、涉港澳台的第一审民商事案件。

高级人民法院伊犁哈萨克自治州分院管辖下列第一审民商事案件：(1) 高级人民法院伊犁哈萨克自治州分院在其辖区内管辖与高级人民法院同等标的的民商事案件及当事人一方住所地不在本辖区或者涉外、涉港澳台的第一审民商事案件；(2) 管辖诉讼标的额在2000万元以下的涉外、涉港澳台实行集中管辖的五类民商事案件。

27. 内蒙古自治区高级人民法院管辖下列第一审民商事案件：(1) 诉讼标的额在5000万元以上的第一审民商事案件，以及诉讼标的额在2000万元以上且当事人一方住所地不在本辖区或者涉外、涉港澳台的第一审民商事案件；(2) 在全区范围内有重大影响的民商事案件。

28. 云南省高级人民法院管辖下列第一审民商事案件：(1) 诉讼标的额在1亿元以上的第一审民商事案件；(2) 诉讼标的额在5000万元以上且涉外、涉港澳台第一审民商事案件；(3) 诉讼标的额在5000万元以上的当事人一方住所地不在本辖区的第一审民商事案件；(4) 继续执行管辖在全省范围内有重大影响的民商事案件的规定。

29. 新疆维吾尔自治区高级人民法院生产建设兵团分院管辖诉讼标的额在5000万元以上的第一审民商事案件，以及诉讼标的额在

2000万元以上且当事人一方住所地不在本辖区或者涉外、涉港澳台的第一审民商事案件。

30. 青海省高级人民法院管辖下列第一审民商事案件：(1)诉讼标的额在2000万元以上的第一审民商事案件，以及诉讼标的额在1000万元以上且当事人一方住所地不在本辖区或者涉外、涉港澳台的第一审民商事案件；(2)最高人民法院指定由高级人民法院管辖的案件；(3)在全省范围内有重大影响的案件。

31. 宁夏回族自治区高级人民法院管辖诉讼标的额在2000万元以上的第一审民商事案件，以及诉讼标的额在1000万元以上且当事人一方住所地不在本辖区或者涉外、涉港澳台的第一审民商事案件。

32. 西藏自治区高级人民法院管辖诉讼标的额在2000万元以上的第一审民商事案件，以及诉讼标的额在500万元以上且当事人一方住所地不在本辖区或者涉外、涉港澳台的第一审民商事案件。

此外高级人民法院管辖诉讼标的额在2亿元以上的第一审知识产权民事案件，以及诉讼标的额在1亿元以上且当事人一方住所地不在其辖区或者涉外、涉港澳台的第一审知识产权民事案件。

○ 最高人民法院的职责是什么？

最高人民法院是国家最高审判机关，依法独立行使审判权，对全国人民代表大会及其常务委员会负责并报告工作。其主要职责是：(1)审判法律规定由最高人民法院管辖的和其认为应当由自己审判的刑事、民事、经济、行政、海事等第一审案件。(2)审判法律规定由最高人民法院审理的刑事、民事、经济、行政、海事等第二审案件。(3)核准死刑案件和类推适用法律的判决。(4)受理不服地方各级人民法院和专门人民法院判决、裁定的各类申诉和申请再审，对其中确有错误的已发生法律效力的判决、裁定，提审或指令下级人民法院再审。(5)审判由最高人民检察院按照审判监督程序提出的抗诉案件。(6)对下级人民法院管辖不明的案件指定管辖。(7)监督各级人民法院和专门人民法院的审判工作。(8) 对审判过程中如何具体适用法律的问题作司法解释。(9) 依法行使司法执行权和司法决定权。(10) 依法决定国家赔偿。(11) 组织各级人民法院办理国际司法协助事项。(12) 对法律、法规、规章等草案提出意见；针对案件审理中发现的问题提出司法建议。(13) 组织我国人民法院同外国司法界、国际组织之间的司法交流活动。(14) 指导全国各级人民法院思想政治、教育培训工作；按照权限管理法官、执行员、书记员、司法警察、司法鉴定人员及司法行政人员；协同主管部门管理人民法院的机构设置、人员编制工作。领导最高人民法院直属事业单位和社团工作；审批直属事业单位的内设机构、工作计划、发展规划并分类管理其干部。(15) 领导人民法院的监察工作。(16) 管理人民法院的有关经费和物资装备。(17) 在业务工作中宣传法制，教育公民忠于社会主义祖国，自觉地遵守宪法、法律和社会公德。(18) 承办其他应由最高人民法院负责的工作。

○ 最高人民法院管辖哪些第一审民事案件？

最高人民法院主要任务是对地方各级人民法院和专门法院的审判工作进行指导和监督；根据审判的需要制作如何具体适用法律、法规的司法解释；对不服高级人民法院一审裁判上诉案件的审理。此外，还审理极少的具有特殊性的第一审民事案件。根据《民事诉讼法》第 21 条规定，最高人民法院管辖下列第一审民事案件：

1. 在全国有重大影响的案件

因为此类案件处理的结果关系重大，不仅对全社会有重大影响，而且对于全国各级人民法院的审判工作也必然起到指导作用。同时，根据最高人民法院自身的条件和素质，适宜审理在全国有重大影响的案件，以保证审判质量。

2. 认为应当由本院审理的案件

这是法律赋予国家最高审判机关在管辖上的特殊权力，只要最高人民法院认为某个案件应当由自己审判，不论法律有明确规定与否，或者是否属于在全国范围内有重大影响的案件，它即享有对该案的管辖权，进行审理并作出裁判。法律这样规定，可以使具有代表性的典型案件，通过其审判取得经验，以便指导地方各级人民法院和专门法院的审判工作。同时，也可以防止地方保护主义和来自其他方面对地方法院审判工作的干扰，从而保证案件的审判质量，维护法律尊严。

○ 最高人民法院立案庭负责处理哪些民事案件？

第一，对最高人民法院办理的各类案件进行立案。其中，对最高人民法院受理的各类第一、二审案件，以及请示案件，最高人民检察院按照审判监督程序提出的抗诉案件，领导和领导机关批办转办的各类申诉、申请再审案件，不服高级人民法院裁判的知识产权、海事、执行、赔偿申诉和申请再审的案件登记立案后转有关庭（办）处理。

第二，审查不服最高人民法院生效裁判的各类申诉和申请再审案件，审查不服高级人民法院复查驳回、再审改判的刑事、民事（不含知识产权、海事等）申诉和申请再审案件，认为申诉无理的，予以驳回；符合立案条件的，移送审判监督庭审查处理。

第三，审查处理未经高级人民法院复查、再审的不服基层人民法院、中级人民法院、高级人民法院的民事（不含知识产权、海事等）申诉和申请再审的案件。对其中少数符合立案条件的，移送审判监督庭处理。

第四，审查处理未经高级人民法院复查、再审的不服基层人民法院、中级人民法院知识产权、海事、执行、赔偿申诉和申请再审的案件。对其中符合立案条件的，移送有关庭（办）处理。

第五，处理非诉来信、来访。

第六，审理管辖争议案件。

第七，处理司法救助申请事宜。

第八，对最高人民法院审理的各类案件进行审限流程管理。

○ 最高人民法院民事审判第一庭负责审理哪些民事案件？

第一，审判第一、二审有关婚姻家庭、劳动争议、不当得利、无因管理等传统民事案件，房地产案件（包括房屋买卖、租赁、预售、按揭、开发合同案件，土地使用权出让、转让合同案件，建筑工程承包合同等案件）；不动产相邻关系案件，邻地利用权案件以及其他不动产案件（包括山林、水利、草原、滩涂、铁路、机场、公路、桥梁、港口、堤坝等不动产引起的案件。涉及以房地产及其他不动产为抵押的合同，其性质以主合同性质确定）；农村承包合同案件；自然人之间、自然人与法人、其他组织之间的合同、侵权案件。

第二，审理申请撤销相关仲裁的案件。

第三，审理适用特别程序的案件。

第四，办理相关的申请复议案件。

第五，审批高级人民法院相关案件延长审限的申请。

第六，指导人民法院工作。

○ 最高人民法院民事审判第二庭负责审理哪些案件？

第一，审判第一、二审国内法人之间、法人与其他组织之间的合同纠纷和侵权纠纷案件，审判第一、二审国内证券、期货、票据、公司、破产等案件。

第二，审理申请撤销国内仲裁的案件。

第三，办理相关的申请复议案件。

第四，审批高级人民法院相关案件延长审限的申请。

○ 最高人民法院民事审判第三庭负责审理哪些案件？

第一，审判第一、二审著作权（包括计算机软件）、商标权、专利权、技术合同、不正当竞争以及科技成果权、植物新品种权等知识产权案件。

第二，审查处理不服高级人民法院生效裁判的知识产权申请再审案件以及少数立案庭移送的不服基层人民法院、中级人民法院生效裁判的知识产权申请再审案件。

第三，办理知识产权申请复议案件。

第四，审批高级人民法院知识产权案件延长审限的申请。

○ 最高人民法院民事审判第四庭负责审理哪些案件？

第一，审判第一、二审海事案件。

第二，审判第一、二审法人之间、法人与其他组织之间的合同和侵权涉外、涉港、澳、台案件；审判第一、二审证券、期货、票据、公司、破产等涉外、涉港、澳、台案件；审判第一、二审信用证案件。

第三，审查申请撤销、承认和强制执行国际仲裁裁决、外国法院判决的案件。

第四，审查有关涉外仲裁条款效力的案件。

第五，审查处理不服高级人民法院生效裁判的海事申请再审的案件及少数立案庭移送的不服中级人民法院和海事法院生效裁判的海事申请再审的案件、海事行政案件和有关海事扣船执行案件。

第六，审批高级人民法院相关案件延长审限的申请。

○ 最高人民法院审判监督庭负责审理哪些案件？

第一，审判最高人民检察院按照审判监督程序对下级人民法院作出的民事（不含知识产权、海事等）生效裁判提出抗诉的案件；审判最高人民检察院按照审判监督程序对本院各类生效裁判提出抗诉的案件。

第二，审查处理本院已经发生法律效力、经立案庭审查认为符合立案条件的各类案件；审查处理经高级人民法院复查驳回或者再审改判，仍继续向本院申诉、申请再审，经立案庭审查认为符合立案条件的民事（不含知识产权、海事等）案件；审查处理虽未经高级人民法院复查，但立案庭认为原审裁判符合立案条件的民事（不含知识产权、海事等）案件。

第三，审查处理院领导、领导机关交办的，不服本院生效裁判的各类案件，以及下级人民法院生效裁判的民事（不含知识产权、海事等）案件。

第四，审批高级人民法院民事再审案件延长审限的申请。

○ 最高人民法院执行局负责处理哪些案件？

最高人民法院执行局是最高人民法院内设的执行机构，其具体职责为：

1. 执行最高人民法院第一审的生效判决、裁定及调解协议中关于财产的决定；

2. 执行法律规定由最高人民法院执行的其他法律文书；

3. 承办依法监督和指导地方各级人民法院执行工作的有关事项；

4. 协调解决跨省、自治区、直辖市的民事、行政、海事以及刑事附带民事案件判决、裁定中的执行争议；

5. 参与起草有关司法解释。

第三节　地域管辖

○ 对公民提起的民事诉讼，由哪个人民法院管辖？

《民事诉讼法》第22条第1款规定："对公民提起的民事诉讼，由被告住所地人民法院管辖；被告住所地与经常居住地不一致的，由经常居住地人民法院管辖。"这里被告的住所地，根据《民法通则》第15条的规定，是指公民的户籍所在地。这里的户籍，应以向户籍管理机关登记的正式户口为准，是指长期户口，而不是临时户口。长期户口登记在什么地方，什么地方就是公民的住所地。因而，当公民的住所地与其经常居住地一致时，只有被告的住所地人民法院才对案件有管辖权。但是，随着市场经济的日益发展，公民流动越来越频繁，不少公民长期离开住所地，其主要活动地点并不在住所地。对此，《民法通则》第15条规定其经常居住地视为住所。因而被告住所地与经常居住地不一致时，由经常居住地人民法院管辖。

根据《最高人民法院关于适用〈中华人民共和国民事诉讼法〉若干问题的意见》第5条之规定，公民的经常居住地是指公民离开住所地至起诉时已连续居住1年以上的地方。经常居住地与住所不是同一地方，而必须是住所地以外的另一个地方；住所地如果与经常居住地相重合，为同一个地方，则称为住所地，不能称为经常居住地。其次，公民在另一地方必须居住1年以上，时间的起止期限，是从离开住所地开始，至起诉时止。不足1年的，不属于经常居住地。再次，居住1年以上的时间，必须是连续居住，如果在一个地方居住不到1

年，到另外一个地方居住也不到1年，加起来，虽然离开住所地超过1年，但由于不是在一个地方连续居住1年以上，因此也不能算作经常居住地，如果在一个地方居住，经常因为工作等事由去外地出差，或者去外地旅游、探亲等，这种情况属于连续居住。最后，公民的经常居住地是公民起诉时仍然居住的地方。如果一个人在住所地以外的某地居住超过1年，但在起诉前又搬到另一地居住，且不满1年的，则该地不是经常居住地。有的公民长期在外就医，虽然在一个地方连续就医1年以上，这属于特殊情况，不应将住院就医的地方视为病人的经常居住地，而仍应以其户籍所在地为住所地。

此外，《最高人民法院关于适用〈中华人民共和国民事诉讼法〉若干问题的意见》对“原告就被告”的原则作了以下补充规定：

第一，双方均被注销城镇户口的，由被告居住地的人民法院管辖。

第二，当事人的户籍迁出后尚未落户，有经常居住地的，由该地人民法院管辖。没有经常居住地，户籍迁出不足1年的，由其原户籍所在地人民法院管辖；超过1年的，由其居住地人民法院管辖。

第三，双方当事人都被监禁或被劳动教养，由被告原住所地人民法院管辖。被告被监禁或被劳动教养1年以上的，由被告被监禁地或被劳动教养地人民法院管辖。

○ 对法人或其他组织提起的民事诉讼由哪个人民法院管辖？

《民事诉讼法》第22条第2款规定：“对法人或者其他组织提起的民事诉讼，由被告住所地人民法院管辖。”这里的法人的住所地是法人的主要营业地或者主要办事机构所在地。当事人是法人或其他组织的，根据《民法通则》第39条的规定，法人以它的主要办事机构所在地为住所，其主要营业地或其主要办事机构所在地为该法人或组织的住所。主要营业地，是指法人主要营业的处所。如果该法人只有一个营业地，那么该地就是该法人的住所地；如果该法人有多处营业地，其中最大的营业地，或者经营额最多的营业地，为主要营业地。主要办事机构所在地，是法人首脑机构或最大的办事机构所在地。如果该法人只有一个办事机构，该办事机构的所在地，就是该法人的主要办事机构所在地；如果该法人有数个办事机构，则应以其首脑机构所在地，或者最大的办事机构作为主要办事机构所在地。主要营业地和主要办事机构所在地都是法人的住所地，当一个法人的主要营业地和主要办事机构所在地不是在同一地域时，这些地区的人民法院都可以依法人住所地在本辖区而实施管辖权。

○ 以个体工商户、个人合伙为被告起诉的，由哪个人民法院管辖？

个体工商户、个人合伙属于公民的范畴，当他们在生产经营活动中发生纠纷，被作为被告起诉的，如该个体工商户、个人合伙有固定经营场所或办事机构的，应由其经营场所或办事机构所在地人民法院管辖。如果被起诉时，个体工商户或个人合伙已经歇业的，仍由被告单位所在地人民法院管辖。

○ 因联营合同发生的纠纷如何确定管辖？

按照《最高人民法院关于审理联营合同纠纷若干问题的意见》的规定，联营各方发生纠纷，若属法人型联营，由联营体主要办事机构所在地的人民法院管辖；若属合伙型联营，由合伙型联营体注册登记地人民法院管辖；若属合同型联营，由被告住所地人民法院管辖。

对没有办事机构的公民合伙、合伙型联营体提起的诉讼，由被告注册登记地人民法院管辖。没有注册登记，几个被告又不在同一辖区的，各被告住所地的人民法院都有管辖权。

如果被告不是一人，同一诉讼的几个被告住所地、经常居住地在两个以上人民法院辖区，各该人民法院都有管辖权，原告可以选择其中一个人民法院起诉。

○ 同一诉讼的几个被告住所地在两个以上人民法院辖区的，如何处理？

根据《民事诉讼法》第22条第3款规定，同一诉讼的几个被告住所地、经常居住地在两个以上人民法院辖区的，各该人民法院都有管辖权。也就是说，公民、法人或者其他组织，属于同一诉讼中的几个被告，其住所地、经常居住地又不在同一人民法院辖区的，上述各人民法院对该案均有管辖权，当事人可以选择其中一个人民法院起诉，由最先立案的人民法院管辖。这在民事诉讼理论上又称共同管辖。

○ 哪些第一审民事案件由原告住所地人民法院管辖？

一般地域管辖原则，是原告就被告。但是，在特殊情况下，由原告住所地人民法院管辖；原告的住所地与经常居住地不一致的，由经常居住地人民法院管辖，即被告就原告。根据《民事诉讼法》第23条规定，下列五种案件，由原告住所地人民法院管辖。

1. 对不在中华人民共和国领域内居住的人提起有关身份的诉讼

所谓身份关系，是个人之间发生的与人身有关的法律关系。如因婚姻、血缘等产生的夫妻关系、亲子关系等。身份关系具有严格的人身属性不可替代，不能转让。对不在中华人民共和国领域内居住的人提起身份关系的诉讼由原告住所地人民法院管辖，必须具备两个条件：一是只能就有关身份关系提起的诉讼，二是必须是对不在中华人民共和国领域内居住的人提起的诉讼，只有同时具备了这两个条件，才由原告住所地人民法院管辖。如果对不在我国领域内居住的人提起有关身份关系的诉讼适用原告就被告原则，这不仅事实上是行不通的，而且即使勉强确定了管辖，判决也难以执行或无法执行。

2. 对宣告失踪的人提起的有关身份的诉讼

根据《民法通则》规定，公民下落不明，即无人知其去向、杳无音信，满2年的，其利害关系人，即父母、养父母、配偶子女和债权人等，可依法向人民法院申请宣告该公民失踪。由于被申请人失踪前的经常居住地申请人无法掌握，因此，由原告即申请人住所地人民法院管辖，当住所地与经常居住地不一致时，由经常居住地人民法院管辖。这里必须明确，这一项只适用于因身份关系提起诉讼，如离婚诉讼、解除收养关系的诉讼等身份关系方面的诉讼，不能扩大到财产权益诉讼和侵权方面的诉讼。下落不明已经满2年，但原告只要求离婚，不要求宣告失踪，可以只解决离婚问题，而不宣告失踪，宣告失踪并不是离婚的必经程序。

3. 对被劳动教养的人提起的诉讼

对于违反治安管理处罚条例受到行政处罚正在劳动教养的人其人身自由受到一定的限制，劳动教养的场所又不固定，原告人很难查找他们确切的地址，即使知道，也不便于原告人进行诉讼，为了保护原告人的合法权益，这类案件由原告住所地人民法院管辖。

4. 对被监禁的人提起的诉讼

正在被监禁的人，是指在监狱、看守所或者劳动改造场所被关押失去人身自由的人。包括已捕未决人员、已判刑人员和正在劳动改造的人。这些人的人身自由已被依法剥夺，对上述人提起的诉讼，原告很难知道他们的地址，无法或者不便向被告住所地人民法院起诉，因此，对于这类案件由原告住所地人民法院管辖。

此外，《最高人民法院关于适用〈中华人民共和国民事诉讼法〉若干问题的意见》对下列特殊情况作了补充规定：

（1）追索赡养费案件的几个被告住所地不在同一辖区的，可以由原告住所地人民法院管辖。

（2）不服指定监护或者变更监护关系的案件，由被监护人住所地人民法院管辖。

（3）非军人对军人提起的离婚诉讼，如果军人一方为非专职军人，由原告住所地人民法院管辖；离婚诉讼双方当事人都为军人的，由被告住所地或者被告所在地的团级以上单位驻地的人民法院管辖。

（4）夫妻一方离开住所地超过1年，另一方起诉离婚的案件，由原告住所地人民法院管辖。夫妻双方离开住所地超过1年，一方起诉离婚的案件，由被告经常居住地人民法院管辖，没有经常居住地的，由原告起诉时居住地的人民法院管辖。

（5）．在国内结婚并定居国外的华侨，如定居国法院以离婚诉讼须由婚姻缔结地法院管辖为由不予受理，当事人向人民法院提出离婚诉讼的，由婚姻缔结地或一方在国内的最后居住地人民法院管辖。

（6）在国外结婚并定居国外的华侨，如定居国法院以离婚诉讼须由国籍所属国法院管辖为由不予受理，当事人向人民法院提出离婚诉讼的，由一方原住所地或在国内最后居住地人民法院管辖。

（7）中国公民一方居住在国外，一方居住在国内，不论哪一方向人民法院提起离婚诉讼，国内一方住所地人民法院都有管辖权。如国外一方在居住国法院起诉，国内一方向人民法院起诉，受诉人民法院有管辖权。

（8）中国公民双方在国外但未定居，一方向人民法院起诉离婚的，应由原告或者被告原住所地人民法院管辖。

○ 因合同纠纷提起的诉讼由哪个法院管辖？

《民事诉讼法》第24条规定，因合同纠纷提起的诉讼，由被告住所地或者合同履行地人民法院管辖。被告是公民的，其住所地是指其户籍所在地或者经常居住地；被告是法人或其他组织的，其住所地是指其主要办事机构或主要营业地。所谓合同履行地，是指履行合同特征义务的地点。所谓特征义务，是指决定合同类别的义务，除借款合同等外，一般是指非给付金钱义务。

根据我国《合同法》的规定，履行地点是合同一般应当具备的条款之一，当事人可以在合同中约定履行地点。当事人在合同中约定了履行地点的，除了法律和司法解释有特别规定之外（即双方未实际履行合同且均不在合同约定的履行地点的），应以合同中约定的履行地确定合同的履行地。但，履行地点并非合同的必备条款，亦即，当事人是否在合同中约定合同的履行地点并不影响合同的效力。根据我国《合同法》第61条的规定，当事人就履行地点没有约定或者约定不明确的，可以协议补充；不能达成补充协议的，按照合同有关条款或者交易习惯确定，此时，以协议补充的履行地或确定的履行地点作为合同的履行地。根据《合同法》第62条的规定，依上述方法仍不能确定的，给付货币的，在接受货币一方所在地履行；交付不动产的，在不动产所在地履行；其他标的，在履行义务一方所在地履行。由此规定可以看出，履行地点约定不明的，一般情况下都以履行义务一方所在地作为合同履行地，但有两个例外，一是货币给付，二是不动产交付。前者以接受履行的一方所在地为合同履行地，后者以不动产所在地为合同履行地。

1. 借款合同的履行地

根据最高人民法院1993年11月17日法复〔1993〕10号《关于如何确定借款合同履行地问题的批复》中指出，借款方与贷款方均应按照合同约定分别承担贷出款项与偿还贷款及利息的义务，贷款方与借款方所在地都是履行合同约定义务的地点。依照借款合同的约定，贷款方应先将借款划出，从而履行了贷款方所应承担的义务。所以，除当事人另有约定外，应确定贷款方所在地为合同履行地。

2. 买卖合同的履行地

根据《最高人民法院关于在确定经济纠纷案件管辖中如何确定

购销合同履行地的规定》（法发〔1996〕28 号）的规定，当事人在合同中明确约定履行地点的，以约定的履行地点为合同履行地。当事人在合同中未明确约定履行地点的，以约定的交货地点为合同履行地。合同中约定的货物到达地、到站地、验收地、安装调试地等，均不应视为合同履行地。当事人在合同中明确约定了履行地点或交货地点，但在实际履行中以书面方式或双方当事人一致认可的其他方式变更约定的，以变更后的约定确定合同履行地。当事人未以上述方式变更原约定，或者变更原合同而未涉及履行地问题的，仍以原合同的约定确定履行地。当事人在合同中对履行地点、交货地点未作约定或约定不明确的，或者虽有约定但未实际交付货物，且当事人双方住所地均不在合同约定的履行地，以及口头购销合同纠纷案件，均不依履行地确定案件管辖。

3. 建设工程合同的履行地

建设工程合同的履行地是承包方完成工程项目的施工地，而施工地又往往是工程项目的所在地。

4. 承揽合同的履行地

《最高人民法院关于适用〈中华人民共和国民事诉讼法〉若干问题的意见》第20 条明确规定，加工行为地为加工承揽合同的履行地。

5. 租赁合同和融资租赁合同的履行地

租赁合同和融资租赁合同以租赁物使用地为合同履行地。

6. 补偿贸易合同的履行地

补偿贸易合同以接受投资一方义务的履行地点为合同履行地，如果其履行义务的地点不在同一地点的，以其主要义务的履行地为补偿贸易合同的履行地。

7. 技术合同的履行地

按照《合同法》的规定，技术合同包括技术开发、技术转让、技术咨询、技术服务合同。这四种合同当事人的权利义务不同，履行方式不同，合同的履行地点也不同。技术开发合同以研究开发地为合同履行地。技术转让合同以技术实施地或受让人住所地为合同履行地。技术咨询合同多以受托人住所地为合同履行地。技术服务合同完成主要技术服务项目的地点即为合同的履行地。

8. 证券回购合同的履行地

根据《最高人民法院关于如何确定证券回购合同履行地问题的批复》（法复〔1996〕9号）的规定，鉴于我国证券回购业务事实上存在着场内和场外交易的两种情况，因此，确定证券回购合同履行地应区分不同情况予以处理：

（1）凡在交易场所内进行的证券回购业务，交易场所所在地应为合同履行地。

（2）在上述交易场所之外进行的证券回购业务，最初付款一方（返售方）所在地应为合同履行地。

○ 存单纠纷案件如何确定管辖？

根据《最高人民法院关于审理存单纠纷案件的若干规定》（法释〔1997〕8号）的规定，存单纠纷案件由被告住所地人民法院或出具存单、进账单、对账单或与当事人签订存款合同的金融机构住所地人民法院管辖。住所地与经常居住地不一致的，由经常居住地人民法院管辖。

○ 农业承包合同纠纷案件如何确定管辖法院？

根据《最高人民法院关于审理农业承包合同纠纷案件若干问题的规定（试行）》（法释〔1999〕15号）的规定，农业承包合同纠纷案件，由承包合同履行地或者被告住所地人民法院管辖。

○ 国内海商合同纠纷由哪个人民法院管辖？

国内海商合同纠纷，由被告住所地或合同履行地人民法院管辖。

《海事诉讼特别程序法》规定了几种海商合同的管辖法院：

第一，因海船租用合同纠纷提起的诉讼，由交船港、还船港、船籍港所在地、被告住所地海事法院管辖；

第二，因海上保赔合同纠纷提起的诉讼，由保赔标的物所在地、事故发生地、被告住所地海事法院管辖；

第三，因海船的船员劳务合同纠纷提起的诉讼，由原告住所地、合同签订地、船员登船港或者离船港所在地、被告住所地海事法院管辖；

第四，因海事担保纠纷提起的诉讼，由担保物所在地、被告住所地海事法院管辖；因船舶抵押纠纷提起的诉讼，还可以由船籍港所在地海事法院管辖；

第五，因海船的船舶所有权、占有权、使用权、优先权纠纷提起的诉讼，由船舶所在地、船籍港所在地、被告住所地海事法院管辖。

○ 劳动争议案件由哪个法院管辖？

劳动争议案件由用人单位所在地或者劳动合同履行地的基层人民法院管辖。

劳动合同履行地不明确的，由用人单位所在地的基层人民法院管辖。

当事人双方不服劳动争议仲裁委员会作出的同一仲裁裁决，均向同一人民法院起诉的，先起诉的一方当事人为原告，但对双方的诉讼请求，人民法院应当一并作出裁决。

当事人双方就同一仲裁裁决分别向有管辖权的人民法院起诉的，后受理的人民法院应当将案件移送给先受理的人民法院。

○ 涉及网络域名的案件由哪个法院管辖？

涉及网络域名的侵权纠纷案件，由侵权行为地或者被告住所地的中级人民法院管辖。对难以确定侵权行为地和被告住所地的，原告发现该域名的计算机终端等设备所在地可以视为侵权行为地。涉外域名纠纷案件包括当事人一方或者双方是外国人、无国籍人、外国企业或组织、国际组织，或者域名注册地在外国的域名纠纷案件。在中华人民共和国领域内发生的涉外域名纠纷案件，依照本法第四编的规定确定管辖。

○ 请求人民法院确认解除合同效力的案件应如何确定管辖权？

《合同法》第96条规定，合同一方在一定的法定条件成就时，可以用通知的形式主张解除合同，合同自通知到达对方时解除。对方有异议的，可以请求人民法院或仲裁机构确认解除合同的效力。

当事人依据《合同法》第96条第1款的规定，请求人民法院确认解除合同的效力的案件，属于“因合同纠纷提起的诉讼。”《民事诉讼法》第24条规定：“因合同纠纷提起的诉讼，由被告住所地或者合同履行地人民法院管辖。”因而，被告住所地或者合同履行地的人民法院对此类案件均享有管辖权。

○ 当事人双方如何协议选择管辖法院？

协议管辖是指当事人在纠纷发生之前或者纠纷发生之后，可以在书面合同中以协议的方式选择管辖法院或者协商选择管辖法院。由双方当事人协议选择管辖法院不仅可以避免当事人对管辖法院的争议，又可以抑制和克服某些法院因受地方保护主义思想的影响而争管辖权的现象。有效的管辖协议必须具备以下几个条件：

第一，协议管辖的范围仅限于因合同纠纷提起的诉讼。因其他民事纠纷提起的诉讼，不能用协议选择管辖法院。

第二，协议选择的管辖法院，必须与合同有实际联系，不能选择与当事人和合同毫无关系的人民法院管辖。与合同有实际联系，就是《民事诉讼法》第25条所列举的五种情况，即被告住所地、合同履行地、合同签订地、原告住所地、标的物所在地人民法院。当事人只能在这五类中选择一个管辖法院。如果合同的双方当事人选择管辖的协议不明确或者选择《民事诉讼法》规定的人民法院中的两个以上人民法院管辖的，应确认选择管辖的协议无效，依照《民事诉讼法》第24条的规定确定管辖。例如当事人选择合同签订地的人民法院管辖，但合同中又未注明合同签订的具体地点且双方又有争议的，或者当事人既选择原告住所地同时又选择合同签订地人民法院管辖的，均应确认协议管辖无效。

第三，当事人只能对第一审民事案件协议管辖法院，对二审和再审民事案件等则不适用。

第四，协议管辖不能违反《民事诉讼法》关于级别管辖和专属管辖的规定。举例来说，不能把《民事诉讼法》级别管辖中规定由中级人民法院作为第一审的案件，约定选择最高人民法院；也不能把最高人民法院确定由某些中级人民法院管辖的案件，约定选择其他地方法院。属于专属管辖的案件，即因不动产提起的诉讼，港口作业中发生的诉讼，继承遗产发生的诉讼，都不能由当事人约定选择其他管辖法院，这就是协议管辖不能改变专属管辖。在涉外民事诉讼程序的特别规定中，还有协议管辖的规定，同样也不能违反级别管辖和专属管辖的规定。这是国际上多数国家《民事诉讼法》明文规定的一个通例。但是涉外民事诉讼程序中的专属管辖是指因在中华人民共和国履行的中外合资经营企业合同、中外合作经营企业合同、中外合作勘探开发自然资源合同发生纠纷提起的诉讼，由中华人民共和国人民法院管辖。总之，不论是国内诉讼的专属管辖，还是涉外诉讼的专属管辖，都不得违反。

5. 协议管辖，双方当事人必须达成一致的书面协议。书面协议是指合同中的协议管辖条款或者诉讼前达成的选择管辖的协议。合同无效并不影响协议管辖条款的效力。协议管辖的人民法院在行使管辖权以后，也不能以合同被确认无效为理由而将案件移送到其他人民法院处理。

○ 当事人协议约定发生纠纷各自可向所在地法院起诉的，如何确定管辖？

根据《最高人民法院关于合同双方当事人协议约定发生纠纷各自可向所在地人民法院起诉如何确定管辖的复函》(法经〔1994〕307号）的规定，合同双方当事人约定：发生纠纷各自可向所在地人民法院起诉。该约定可认为是选择由原告住所地人民法院管辖，如不违反有关级别管辖和专属管辖的规定，则该约定应为有效。若当事人已分别向所在地人民法院提起诉讼，则应由先立案的人民法院管辖；若立案时间难于分清先后，则应由两地人民法院协商解决；协商解决不了的，由它们的共同上级人民法院指定管辖。

○ 因保险合同纠纷提起的诉讼，由哪个法院管辖？

根据《民事诉讼法》第26条规定，因保险合同纠纷提起的诉讼，由被告住所地或者保险标的物所在地人民法院管辖。因保险合同纠纷提起的诉讼，由被告住所地人民法院管辖。保险合同纠纷的被告可以是被保险人或单位即投保人也可以是保险人。所谓保险人是指与投保人订立保险合同，并承担赔偿或者给付保险金责任的保险公司、组织。如我国的中国人民保险公司、中国保险公司、太平洋保险公司和各省、自治区直辖市所设的保险分公司等，都是保险人；或者由保险标的物所在地人民法院管辖，所谓保险标的物是指保险人与投保人订立保险合同，收取保险费用所指向的对象，如财产或人寿保险。

因保险合同纠纷提起的诉讼，当事人既可以到被告住所地人民法院起诉，也可以到保险标的物所在地人民法院起诉，上述两个人民法院均有管辖权，当事人一旦向一个法院起诉后，另一个法院便丧失了管辖权。如当事人同时向两个人民法院起诉的，最先立案的人民法院有管辖权。

○ 因票据纠纷提起的诉讼，由哪个法院管辖？

根据《民事诉讼法》第27条的规定，因票据纠纷发生的诉讼，由被告住所地人民法院或者票据支付地人民法院管辖。

根据我国《票据法》的规定，票据的支付地为相对应记载事项，由当事人在票据上明确记载。但未记载并不影响票据的效力。根据我国《票据法》的规定，汇票上未载明付款地的，付款人的营业场所、住所或者经常居住地为付款地；本票上未记载付款地的，出票人的营业场所为付款地；支票上未记载付款地的，付款人的营业场所为付款地。《民事诉讼法》和《最高人民法院关于适用〈中华人民共和国民事诉讼法〉若干问题的意见》颁布时，《票据法》尚未颁布。《票据法》生效后，对付款地的确定应以该法为准，即以票据付款人或代理付款人的住所地为票据支付地，如果付款人或代理付款人为机构的，则以其主营业所所在地为票据支付地，据此确定本纠纷是否应由该法院行使管辖权。

根据《最高人民法院关于审理票据纠纷案件若干问题的决定》（法释〔2000〕32号）的规定，票据支付地是指票据上载明的付款地，票据上未载明付款地的，汇票付款人或者代理付款人的营业场所、住所或者经常居住地，本票出票人的营业场所，支票付款人或者代理付款人的营业场所所在地为票据付款地。代理付款人即付款人的委托代理人，是指根据付款人的委托代为支付票据金额的银行、信用合作社等金融机构。

○ 持票人为行使利益返还请求权而提起诉讼，应如何确定管辖法院？

我国《票据法》第18条规定，持票人因超过票据权利时效或者因票据记载事项欠缺而丧失票据权利的，仍享有民事权利。对持票人为行使利益返还请求权而提起诉讼时管辖法院的确定，有两种不同意见：一种意见认为，根据《民事诉讼法》第27条规定，因票据纠纷提起的诉讼由票据支付地或者被告所在地人民法院管辖。另一种意见认为，因持票人行使利益返还请求权而产生的纠纷是非票据关系所产生的纠纷，属于一般民事纠纷，应当按照《民事诉讼法》第22条规定的普通地域管辖的原则，由被告所在地人民法院管辖；被告为公民（自然人)，其住所地与经常居住地不一致的，由经常居住地人民法院管辖。

我们认为，《民事诉讼法》第27条有关票据纠纷的管辖规定，是针对因票据权利的确认和行使而发生的票据纠纷，并不包括票据法上的非票据关系所产生的纠纷。持票人为行使利益返还请求权而与义务人发生的纠纷，属于一般民事纠纷，并非票据纠纷，故不应依据《民事诉讼法》第27条的规定确定管辖法院，而应根据《民事诉讼法》第27条规定的普通地域管辖的原则，由被告住所地人民法院管辖；被告为公民（自然人），其住所地与经常居住地不一致的，由经常居住地人民法院管辖。

○ 因铁路、公路、水上、航空运输和联合运输合同纠纷提起的诉讼，由哪个法院管辖？

依《民事诉讼法》第28条规定，因铁路、公路、水上、航空运输和联合运输合同纠纷提起的诉讼，由运输始发地、目的地或者被告住所地人民法院管辖。因铁路、公路、水上、航空运输和联合运输合同纠纷中的被告，一般为承运主体，即铁路、公路、水上、航空运输和联合运输部门。对于铁路、公路、水上、航空运输和联合运输合同纠纷，各运输管理部门都设立有负责查处这些纠纷的机构。根据有关交通运输法律、法规的规定，上述纠纷一般应当先由负责查处纠纷的管理机构处理；当事人对处理不服的，可以再向人民法院起诉。因此，由被告住所地人民法院管辖，既便于有关管理机构查处与人民法院审理的衔接和联系，也便于人民法院调查核定证据，查明案情，正确解决纠纷。

为了保护当事人的诉权，除被告住所地人民法院外，此类纠纷可以向与运输合同和运输活动有密切联系的人民法院起诉，包括：运输始发地、运输目的地的人民法院。运输始发地，是指货物或旅客运输最初出发的地方；目的地是指货物或旅客最终到达的地方。

根据《海事诉讼特别程序法》第6条之规定，因海上运输合同提起的诉讼，除了依《民事诉讼法》第28条规定，由运输始发地、目的地或者被告住所地人民法院管辖外，还可以由转运港所在地海事法院管辖。

因铁路、公路、水上、航空运输和联合运输合同发生的诉讼，当事人既可以到该合同运输始发地和目的地所在地人民法院起诉，也可以到该合同被告住所地人民法院起诉。上述三个人民法院都有管辖权，当事人可以根据案件的具体情况选择其中一个有管辖权的人民法院起诉，当事人向两个以上有管辖权的人民法院起诉的，由最先立案的人民法院管辖。

○ 哪些案件由铁路运输法院管辖？

根据《最高人民法院关于适用〈中华人民共和国民事诉讼法〉若干问题的意见》第30条之规定，铁路运输合同纠纷及与铁路运输有关的侵权纠纷，由铁路运输法院管辖。

为了明确铁路运输法院与地方人民法院对案件管辖的分工，及时审理与铁路运输有关的经济合同和侵权纠纷案件，最高人民法院于1990年6月16日印发了《关于铁路运输法院对经济纠纷案件管辖范围的规定》，规定铁路运输法院受理下列案件：

1. 铁路货物运输合同纠纷案件
2. 铁路旅客和行李、包裹运输合同纠纷案件
3. 由铁路处理的多式联运合同纠纷案件
4. 国际铁路联运合同纠纷案件
5. 铁路货物运输保险合同纠纷案件
6. 代办托运、包装整理、仓储保管、接取送达等铁路运输延伸服务合同纠纷案件
7. 国家铁路与地方铁路、专用铁路、专用线在修建、管理和运输方面发生的合同纠纷案件
8. 铁路在装卸作业、线路维修等方面发生的涉外劳务合同纠纷案件
9. 铁路系统内部的经济纠纷案件
10. 违反铁路安全保护法律、法规，对铁路造成损害的侵权纠纷案件
11. 铁路作业、调车作业造成人身、财产损害，当事人向铁路运输法院起诉的侵权纠纷案件
12. 上级人民法院指定铁路运输法院受理的其他经济纠纷案件

○ 侵权纠纷由哪个法院管辖？

侵权行为是一种违法行为，是指由于行为人的故意和过失侵犯了国家、集体或他人的民事权益的行为，既包括侵犯他人人身权利也包括侵犯他人财产权益的行为。《民事诉讼法》第29条规定：“因侵权行为提起的诉讼，由侵权行为地或者被告住所地人民法院管

辖。”侵权行为地，包括侵权行为实施地和侵权结果发生地。在一般情况下，侵权行为是一次完成的，侵权行为实施地和损害结果发生地是一致的。但是在有些情况下，侵权行为与损害结果发生地不一致。有时一个行为不是一次完成的，而是连续实施的，损害后果非常广泛。

侵权行为实施地，是指侵权行为从开始实施直至实施终了的地区。在侵权行为中，行为的实施，有的是一次性完成的；有的是连续或继续完成的。从时间上看，侵权行为可以持续一定的期间；从空间上看，侵权行为也会扩展到较大的地区。如果侵权行为扩展的地区涉及到几个行政辖区的，其侵权行为实施地就不止一个地区，从侵权行为开始实施到实施终了的地区，都是侵权行为实施地。

侵权结果发生地，是侵权行为致使受害人权利受到侵害的损害事实发生地。侵权行为造成损害结果，可能是一个结果，也可能有几个结果。不论几个结果，如果发生在数个行政辖区中，这些地区就都是侵权结果发生地。

侵权行为实施地和侵权结果发生地及被告（侵权行为人）住所地有时在同一个法院管辖区内，该案件就由此法院管辖。当侵权行为地、结果发生地和被告住所地三者不在同一个人民法院辖区内，三者所在地人民法院均有管辖权。当事人可以选择其中一个人民法院起诉，由最先受理案件的人民法院管辖。这一规定，有利于人民法院调查收集证据，及时保护审判权，正确解决纠纷，同时也便于当事人进行诉讼，行使自己的合法权益。

○ 名誉权案件的管辖法院如何确定？

1993 年 8 月 7 日最高人民法院颁发的《关于审理名誉权案件若干问题的解答》规定，名誉权案件，适用《民事诉讼法》第29 条的规定，由侵权行为地或者被告住所地人民法院管辖。侵权行为地包括侵权行为实施地和侵权结果发生地。1998 年8 月31 日最高人民法院颁发的《关于审理名誉权案件若干问题的解释》进一步指出，名誉权案件，受侵权的公民、法人和其他组织的住所地，可以认定为侵权结果发生地。

○ 专利侵权案件如何确定管辖法院？

根据《最高人民法院关于审理专利纠纷案件适用法律问题的若干规定》（法释〔2001〕21 号）的规定，因侵犯专利权行为提起的诉讼，由侵权行为地或者被告住所地人民法院管辖。

侵权行为地包括：被控侵犯发明、实用新型专利权的产品的制造、使用、许诺销售、销售、进口等行为的实施地；专利方法使用行为的实施地，依照该专利方法直接获得的产品的使用、许诺销售、销售、进口等行为的实施地；外观设计专利产品的制造、销售、进口等行为的实施地；假冒他人专利的行为实施地；上述侵权行为的侵权结果发生地。

原告仅对侵权产品制造者提起诉讼，未起诉销售者，侵权产品制造地与销售地不一致的，制造地人民法院有管辖权；以制造者与销售者为共同被告起诉的，销售地人民法院有管辖权。

销售者是制造者分支机构，原告在销售地起诉侵权产品制造者制造、销售行为的，销售地人民法院有管辖权。

原告根据1993 年1 月1 日以前提起的专利申请和根据该申请授予的方法发明专利权提起的侵权诉讼，参照上述规定确定管辖。

○ 因产品质量引起的损害赔偿案件由哪个法院管辖？

我国《民法通则》第122 条规定：“因产品质量不合格造成他人财产、人身损害的，产品制造者、销售者应当依法承担民事责任。”《产品质量法》第31 条规定：“因产品存在缺陷造成人身、他人财产损害的，受害人可以向产品的生产者要求赔偿，也可以向产品的销售者要求赔偿。”《民事诉讼法》第29条规定：“因侵权行为提起的诉讼，由侵权行为地或者被告住所地人民法院管辖。”由于产品责任侵权行为诉讼的特殊性，《最高人民法院关于适用〈中华人民共和国民事诉讼法〉若干问题的意见》第29条规定：“因产品质量不合格造成他人财产、人身损害提起的诉讼，产品制造地、产品销售地、侵权行为地和被告住所地的人民法院都有管辖权。”因产品质量引起的损害赔偿案件，受害人既可以向损害事故发生地的人民法院起诉，也可以向产品制造地、产品销售地和被告住所地的人民法院起诉。

与一般侵权行为诉讼的特殊地域管辖相比，产品责任侵权诉讼的管辖，多规定由产品制造地和产品销售地人民法院共同管辖。这是因为，因产品质量不合格而致人损害的产品责任侵权案件，其不合格的产品即有缺陷的产品都是由制造者生产出来，由销售者销售的。将产品制造地、产品销售地人民法院作为产品责任侵权案件的共同管辖法院，有利于对案件的审理。

○ 计算机网络著作权侵权案件，如何确定管辖法院？

根据《最高人民法院关于审理涉及计算机网络著作权纠纷案件适用法律若干问题的解释》（法释〔2000〕48号）的规定，网络著作权侵权纠纷案件由侵权行为地或者被告住所地人民法院管辖。侵权行为地包括实施被诉侵权行为的网络服务器、计算机终端等设备所在地。对难以确定侵权行为地和被告住所地的，原告发现侵权内容的计算机终端等设备所在地可以视为侵权行为地。

○ 侵犯植物新品种权的案件由哪个法院管辖？

根据《最高人民法院关于审理植物新品种纠纷案件若干问题的

解释》的规定，以侵权行为地确定人民法院管辖的侵犯植物新品种权的民事案件，其所称的侵权行为地，是指未经品种所有人许可，以商业目的生产、销售该授权植物新品种的繁殖材料的所在地，或者将该授权品种的繁殖材料重复使用于生产另一品种的繁殖材料的所在地。

○ 因诉前财产保全引起的损害赔偿案件如何确定管辖法院？

《民事诉讼法》第93条规定：“利害关系人因情况紧急，不立即申请财产保全将会使其合法权益受到难以弥补的损害的，可以在起诉前向人民法院申请采取财产保全措施。”由于诉前保全是必须立即采取的紧急措施，必须是被申请人有财产可供保全的，因此，诉前财产保全，当事人应当向被申请人财产所在地的人民法院申请。为便于案件审结后的执行，在人民法院采取诉前财产保全措施后，申请人起诉的，可以向采取该项诉前保全措施的人民法院提出，也可以向其他有管辖权的人民法院提出。因诉前财产保全不当给被申请人造成损失的，被申请人可以请求受理申请人起诉的人民法院一并处理，如果申请人在人民法院采取诉前保全措施后15日内不起诉，因而给被申请人造成财产损失引起诉讼的，由采取该财产保全措施的人民法院管辖。

○ 海事侵权案件由哪个法院管辖？

根据《海事诉讼特别程序法》的规定，因海事侵权行为提起的诉讼除由侵权行为地或被告住所地人民法院管辖外，还可以由船籍港所在地海事法院管辖。

○ 铁路、公路、水上和航空事故损害赔偿案件由哪个法院管辖？

因铁路、公路、水上和航空事故追索赔偿的诉讼，由事故发生地或者车辆、船舶最先到达地、航空器最先降落地人民法院管辖。事故发生地，即指车辆、船舶、航空器侵权行为发生的地方，可以是事故发生的具体地点，如某路、某村等，也可以指某一范围之内，如某市某区。车辆、船舶最先到达地，即指该受害车辆、船舶首先到达的地点；航空器最先降落地，即指航空事故发生后，航空器初次降落的地方，既包括航空器正常降落地，也包括航空器受损后的残骸降落地。

因铁路、公路、水上和航空事故请求损害赔偿提起的诉讼，与《民事诉讼法》第28条所定因铁路、公路、水上、航空运输和联合运输合同纠纷提起的诉讼，是两种不同性质的诉讼。后者是基于各类运输合同产生的，而前者则是由火车、汽车、船舶、航空器在运行或飞行中发生的侵权行为而引起的。因此，对两种诉讼的管辖也应作出不同规定。同时，铁路、公路、水上和航空事故造成损害是一种特殊的侵权行为，不能作为《民事诉讼法》第29条所定的一般侵权行为来确定该类诉讼的管辖法院。

由事故发生地法院管辖，是为了便于人民法院查明事故情况，及早弄清案情；交通工具最先到达地或降落地，有时可能是损害发生地，对查明案情有重要意义，而且此地法院管辖，有利于实施对交通工具的扣押等保全行为，尤其在涉外诉讼中，这一点更具有突出意义，使得将来裁判的执行有了保障。总之，上述地域与案件有密切的联系，可以作为该类诉讼的管辖地。

上述地方的人民法院对该案件均有管辖权，当事人可以根据实际情况，选择其中一个人民法院起诉，如果向上述有管辖权的人民法院同时起诉的，由最先受理的人民法院管辖。根据《海事诉讼特别程序法》的规定，因海事事故请求损害赔偿提起的诉讼，除依上述规定确定管辖外，还可以由船籍港所在地海事法院管辖。

○ 因铁路运输人身损害赔偿而引起的纠纷由哪个法院管辖？

根据《最高人民法院关于审理铁路运输人身损害赔偿纠纷案件适用法律若干问题的解释》的规定，铁路运输人身损害的受害人、依法由受害人承担扶养义务的被扶养人以及死亡受害人的近亲属为赔偿权利人，有权请求赔偿。赔偿权利人要求对方当事人承担侵权责任的，由事故发生地、列车最先到达地或者被告住所地铁路运输法院管辖；赔偿权利人依照合同法要求承运人承担违约责任予以人身损害赔偿的，由运输始发地、目的地或者被告住所地铁路运输法院管辖。

○ 船舶碰撞或其他海事损害事故损害赔偿案件如何确定管辖法院？

船舶碰撞，是海上运输中经常发生的事故之一。我国《海商法》第165条规定，船舶碰撞，是指船舶在海上或者与海相通的可航水域发生接触造成损害的事故。该条所称船舶，包括与我国《海商法》第3条所指船舶碰撞的任何其他非用于军事的或者政府公务的船艇。

船舶碰撞，属于海损事故的一种。所谓海损事故，是指船舶在航行中因发生特定事故造成财产和营业损失或人身伤亡。除船舶碰撞外，海损事故还包括：(1) 触礁、触岸或搁浅；(2) 浪损；(3) 失火或爆炸；(4) 影响适航性的机件或重要属具的损坏和灭失；(5) 遭遇自然灾害；(6) 造成水上或水下建筑物或设备的损害；(7) 沉没或失踪；(8) 其他事故。

根据《民事诉讼法》第31条的规定，因船舶碰撞或者其他海事损害事故的追索损害赔偿的诉讼，由碰撞发生地、碰撞船舶最先到达地、加害船舶扣留地或者被告住所地人民法院管辖。碰撞发生地即指船舶碰撞侵权行为最初出现的地方；受害船舶最先到达地，即指船舶碰撞事故发生后，被碰撞的船舶首先到达的码头所在地；加害船舶被扣留地，即指船舶发生碰撞事故后，被有关机关对加害船舶的扣留地；被告住所地，即指加害船舶船籍港所在地，亦即船舶登记注册取得航行权的地方。

因船舶碰撞或者其他海事损害事故追索损害赔偿的诉讼，上述所在地的人民法院都有管辖权，当事人可以选择其中一个人民法院起诉，如同时向几个有管辖权的人民法院起诉的，由最先受理的人民法院管辖。

我国《民事诉讼法》对上述案件管辖的规定，既便于当事人进行诉讼及时行使诉权，又便于人民法院调查收集证据，进行勘验，采取财产保全措施，正确解决争议，保护当事人的合法权益。

○ 海难救助费用纠纷，如何确定管辖法院？

海难救助，是指无救助义务的人，在海上或者与海相通的可航水域，对遇险的船舶和其他财产进行的救助，救助取得效果，救助人有权获得救助报酬；对构成环境污染损害危险的船舶或者船上货物进行的救助，即使救助未取得效果，救助人也有权获得特别补偿。

根据《民事诉讼法》第32条的规定，因追索海难救助费用纠纷引起的诉讼，由救助地或者被救助船舶最先到达地人民法院管辖。救助地，即救助船舶或者专业组织实施营救遇难船舶和运载的货物所在地。救助地，既包括实行救助行为地，也包括救助结果发生的地点。法律规定救助地法院管辖，便于查清实施救助的实际情况，确定报酬数额。

被救助船舶最先到达地，是经营救，被救助船舶脱离险情，最初到达的地方。这是因为有些海难救助是发生在公海上，不属于任何国家领域范围内，因此没有任何国家的法院可依救助地这一标准对案件行使管辖权。为了防止当事人规避法律，法律授权被救助船舶最先到达地的法院对案件进行管辖。同时，如此规定，还有利于法院对被救助船舶采取保全措施，保证案件判决的执行。

上述地方的人民法院，对该案均有管辖权，当事人可以选择其中一个人民法院起诉，如当事人向两个有管辖权的人民法院同时起诉的，由最先受理的人民法院管辖。这样规定，便于人民法院查清实施救助的情况，根据案情的需要采取财产保全措施和裁判后的执行。同时，也有利于我国人民法院对于救助行为地发生在公海上的案件行使管辖权，维护国家主权和人民的重大经济利益。

○ 因共同海损提起的诉讼，由哪个法院管辖？

根据我国《海商法》第193条第1款规定，共同海损，是指在同一海上航程中，船舶、货物和其他财产遭遇共同危险，为了共同安全，有意地合理地采取措施所直接造成的特殊牺牲、支付的特殊费用。

共同海损和海难救助一样，目的都是为了保障海上人命和财产的安全。海难救助主要突出对外来救助的鼓励；而共同海损，既鼓励外来救助，更鼓励用本船的设备和货物等自身力量进行自救，克服消极待救行为。

共同海损理算，是指确定共同海损牺牲和费用的数额，确定共同海损分摊价值，以及计算共同海损分摊金额和编制共同海损理算书等一系列工作。共同海损理算专业性很强，往往需要由专业理算师或理算机构进行。这些专门从事共同海损理算工作的人员或机构，统称为理算人。中国国际贸易促进委员会早在1969年就设立了海损理算处，开始自己办理共同海损理算工作。

根据《民事诉讼法》第33条的规定，因共同海损提起的诉讼，由船舶最先到达地、共同海损理算地或者航程终止地人民法院管辖。

1. 船舶最先到达地

由船舶最先到达地法院管辖，有以下优点：船舶已脱离危险，到达安全港；此时、此地距离海损发生时间和距离都比较近，便于及早对海损情况进行调查，防止海损情况随时间推移发生较大变化而不利于法院查明事实。

2. 共同海损理算地

按照国际通行惯例，一般是指船舶的目的港或约定的其他地方。对共同海损的理算，目前国际上通用的是1974年的“约克·安特卫普规则。”我国则适用1975年1月1日颁布实施的《中国国际贸易促进委员会海损理算暂行规则》(简称《北京理算规则》)。依照该规则，如果共同海损当事人约定在我国对共同海损进行理算，则必须依照本规则进行，并且只能在北京进行理算，而不能选择其他理算地。我国共同海损理算机构只有一个，即中国国际贸易促进委员会。

3. 航程终止地

航程终止地，是指船舶本次航程的最终目的港。

上述所在地人民法院对这类案件都有管辖权，当事人根据案件的具体情况可以任意选择一个人民法院起诉，如果向有管辖权的几个人民法院同时递交起诉状的，由最先受理的人民法院管辖。

第四节 专属管辖

○ 因不动产纠纷提起的诉讼，由哪个法院管辖？

根据《民事诉讼法》第34条第1项规定，因不动产纠纷提起的诉讼，由不动产所在地人民法院管辖。

不动产是指不能够移动或者勉强移动后即影响或者丧失其使用

价值的财物。如土地、山林、草原以及土地上的建筑物等。因不动产提起的诉讼，是指因不动产所有权或相邻权及地界的划分等引起纠纷而提起的诉讼，包括不动产所有权的确认、买卖、互易、侵权损害等行为发生的诉讼。根据《民事诉讼法》第34条规定，因不动产纠纷提起的诉讼，实行专属管辖，由不动产所在地人民法院管辖。这是因为不动产通常都由其所在地的有关部门进行登记、管理，诉讼过程中人民法院对不动产一般都需勘验，证人也往往同时居住在不动产所在地，不动产纠纷由不动产所在地人民法院管辖亦为人民法院的调查、收集证据提供了便利条件，同时也有利于裁判生效后的执行工作。所谓不动产所在地，即指不动产存在的地方。如甲住所地为北京市西城区，乙住所地为北京市东城区，双方因坐落在北京市海淀区一房屋所有权发生争议，若诉之法院，海淀区人民法院即为该不动产所在地管辖法院。

○ 港口作业纠纷，如何确定管辖法院？

根据《民事诉讼法》第34条第2项规定，因港口作业中发生纠纷提起的诉讼，由港口所在地人民法院管辖。

所谓港口，是指拥有专门设施以便于上下客货的内河、湖泊及海岸线上的地点。港口作业，主要是指港口装卸、驳运、仓储、理货等业务性的活动。在港口作业中有时发生财物毁损或者人身伤亡等而产生的损害赔偿纠纷，称之为港口作业中的纠纷。这种纠纷大致可分为两类：一类是与港口相联系的货物装卸、保管等纠纷；另一类是港口作业中发生的侵权行为引起的损害赔偿纠纷，如船舶进出港口损坏港口设施、污染港口等。因港口作业中发生纠纷的诉讼，由港口所在地人民法院管辖。港口所在地，即港口管理机构所在地。这类诉讼由于发生在港口作业中，与港口有紧密联系，因此由港口所在地人民法院管辖，便于人民法院调查取证、采取保全措施，及时作出正确裁判。因港口作业中发生的纠纷一般属于海事法院的管辖范围，但如果发生纠纷的港口不在海事法院的辖区的，由港口作业地的地方人民法院管辖。

○ 哪些案件由海事法院专属管辖？

《海事诉讼特别程序法》第7条明确规定下列案件由海事法院专属管辖：

第一，因沿海港口作业纠纷提起的诉讼，由港口所在地海事法院管辖；

第二，因船舶排放、泄漏、倾倒油类或者其他有害物质，海上生产、作业或者拆船、修船作业造成海域污染损害提起的诉讼，由污染发生地、损害结果地或者采取预防污染措施地海事法院管辖；

第三，因在中华人民共和国领域和有管辖权的海域履行的海洋勘探开发合同纠纷提起的诉讼，由合同履行地海事法院管辖。

○ 继承遗产纠纷，如何确定管辖法院？

根据《民事诉讼法》第34条第3项之规定，继承遗产的诉讼，由被继承人死亡时住所地或者主要遗产所在地人民法院管辖。

遗产，是公民死亡时遗留下来的个人的合法财产，如房屋、储蓄、生活用品，公民的著作权、专利权中的财产权利等。遗产继承包括法定继承和遗嘱继承。遗产继承纠纷往往是因有无遗产继承权或者遗产继承的顺序、份额的分配发生争议。因继承遗产纠纷提起的诉讼，为继承遗产的纠纷，由被继承人死亡时住所地或者主要遗产所在地人民法院管辖。被继承人死亡时住所地，即指被继承人生前户籍所在地与居住地相一致的地方。在实践中被继承人往往在多处地方留有遗产，如在两处以上所在地留有遗产的，以遗产金额大的地方为主要遗产所在地。主要遗产所在地法院管辖，便于确定遗产的范围、清理和分配的方式等问题；被继承人死亡时住所地，主要是便于确定继承人和被继承人之间的身份关系，以及确定继承开始的时间，即继承法律关系发生的地点和时间。

遗产继承诉讼专属管辖的效力应排除不动产诉讼专属管辖的效力，因为尽管不动产涉及各种关系较为复杂，但是在继承案件中则应视不同情况而定，若不动产为主要遗产，则不动产所在地即主要遗产所在地，适用主要遗产所在地（若其与被继承人死亡时的最后住所地不一致时），若遗产中动产数额较大，而不动产为非主要遗产时，涉及不动产之关系就未必比涉及动产之关系复杂（尽管两者有重合之处），在这种情况下，若仍坚持适用不动产之专属管辖就可能反不利于查清案情（若不动产与主要遗产所在地不属同一法院辖区的话）。因此，在继承案件中适用遗产继承地更有利于查清案情、明确关系，更有利于保护当事人的合法权益。

上述两个地方的人民法院对该案件都有管辖权，当事人根据案件具体情况可以选择一个人民法院起诉。专属管辖的案件一般只规定一个法院有权管辖，这是国际惯例，而我国《民事诉讼法》对继承遗产诉讼的管辖，法律确定了两个管辖法院，这是从我国实际情况出发的，其目的是为了扩大这类案件的管辖范围，特别是对于涉外案件有利于维护国家主权和人民的重大经济利益。

第五节　指定管辖、移送管辖与管辖权的转移

○ 两个以上人民法院对同一案件都有管辖权的，应如何处理？

依照法律规定，两个以上的人民法院对同一案件都有管辖权的，即为共同管辖。共同管辖可以分为两种情况：一是因诉讼主体的牵连关系发生的共同管辖。如同一诉讼的几个被告住所地、经常居住

地在两个以上人民法院辖区内，各该人民法院都有管辖权。二是因诉讼客体的牵连关系发生的共同管辖。如同一案件的标的物分散在两个以上法院辖区或者侵权行为地跨越两个以上法院辖区的，各该人民法院都有管辖权。

根据《民事诉讼法》第35条规定，两个以上人民法院都有管辖权的诉讼，原告可以向其中一个人民法院起诉；原告向两个以上有管辖权的人民法院起诉的，由最先立案的人民法院管辖。根据《最高人民法院关于适用〈中华人民共和国民事诉讼法〉若干问题的意见》的规定，两个以上人民法院都有管辖权的诉讼，先立案的人民法院不得将案件移送给另一个有管辖权的人民法院。人民法院在立案前发现其他有管辖权的人民法院已先立案的，不得重复立案；立案后发现其他有管辖权的人民法院已先立案的，裁定将案件移送给先立案的人民法院。这些规定既方便了原告行使诉讼权利，也可有效避免人民法院之间争管辖权或互相推诿，对及时解决纠纷非常有利。

应该注意的是，如果原告向其中一个有管辖权的人民法院起诉后又撤诉，又向另一个有管辖权的人民法院起诉的，只要符合起诉条件，另一个人民法院应当受理。因为撤诉是原告对其诉讼权利的处分行为，原告撤诉或由人民法院按撤诉处理并不影响原告实体权利的存在，起诉撤回后，视同未起诉。

○ 人民法院发现受理的案件不属于本院管辖的，应如何处理？

一般而言，依《民事诉讼法》所规定的级别管辖和地域管辖基本可以使某一案件的管辖法院确定下来，但司法实践中常出现人民法院立案后认为自己没有管辖权和人民法院之间对管辖权发生争议以及有管辖权的法院不便受理的情况，这种情况下，应当适用移送管辖。

所谓移送管辖，是指某一人民法院受理案件后，发现自己对该案件没有管辖权，而将案件移送给有管辖权的人民法院审理。移送管辖就其实质而言，是对案件的移送，而不是对案件管辖权的移送。它是对管辖发生错误所采用的一种纠正措施。移送管辖通常发生在同级人民法院之间，但也不排除在上、下级人民法院之间适用。《民事诉讼法》第36条规定："人民法院发现受理的案件不属于本院管辖的，应当移送有管辖权的人民法院，受移送的人民法院应当受理。受移送的人民法院认为受移送的案件依照规定不属于本院管辖的，应当报请上级人民法院指定管辖，不得再自行移送。"根据这一规定，人民法院受理了本院没有管辖权的案件后，应将案件立即移送给有管辖权的人民法院处理。移送管辖既不以当事人是否提出管辖异议为前提，也不受审判阶段的限制，在做出判决前的任何阶段都应移送管辖，不能将错就错，继续案件的审理，以维护法律的严肃性和权威性。移送案件时，移送的人民法院应先作出裁定，连同案件材料一并移送有管辖权的人民法院。

适用移送管辖应当具备以下条件：

第一，人民法院已经受理的案件。若尚未受理的案件，经审查不归本法院管辖的，不存在移送管辖问题，应告知当事人向有管辖权的人民法院起诉。

第二，受理案件的人民法院对该案无管辖权。依法享有管辖权的人民法院才有权行使审判权，因此无管辖权的人民法院无权审理案件。

第三，接受移送案件的人民法院依法享有管辖权。这是对移送案件法院的要求，即不得随意移送，只能向有管辖权的人民法院移送。

受移送的人民法院认为本院无管辖权的，应当报请上级人民法院指定管辖，不得再自行移送。所谓不得再自行移送，是指移送案件的人民法院所作出的移送案件裁定，对接受移送案件的人民法院具有约束力。即受移送案件的法院必须受理，不得以任何理由再自行移送。如受移送案件的人民法院认为该院依法确无管辖权时，应报请上级人民法院指定管辖。这样规定，既可以避免法院之间相互推诿或者争夺管辖权，又可以防止拖延诉讼，及时保护当事人合法权益。

为了防止和避免有的人民法院互相推诿，把有管辖权的案件推出不管，或者争管辖权，《最高人民法院关于适用〈中华人民共和国民事诉讼法〉若干问题的意见》对移送管辖作了一些限制性规定：

第一，两个以上人民法院都有管辖权的诉讼，先立案的人民法院不得以各种借口将案件移送给另一个有管辖权的人民法院。人民法院如果在立案前已经发现其他有管辖权的人民法院已先立案的，不得重复立案，告知当事人到已经立案的人民法院参加诉讼。如果在立案前不知道其他有管辖权的人民法院已先立案的，裁定将案件移送先立案的人民法院。

第二，案件受理后，如果当事人的住所地、经常居住地发生变更，人民法院的管辖权不受影响，当事人和其他人不得以当事人住所地变更为理由请求受理案件的人民法院把案件移送其他人民法院，受诉的人民法院也不能以当事人住所地变更为理由将案件推出不管。

第三，有管辖权的人民法院受理案件后，不受行政区域变更的影响，仍由原来受理案件的人民法院继续审理，不能以行政区域变更为理由将案件移送给行政区域变更后有管辖权的人民法院。判决后的上诉案件和依审判监督程序提审的案件，由原来审理本案的上级人民法院进行审判；第二审人民法院发回重审或者上级人民法院指令再审的案件，由原来审理本案的人民法院重审或者再审，不应由行政区域变更后有管辖权的人民法院另行审理。例如，甲乡有两个农民因宅基地发生纠纷起诉到甲方所在的乙县人民法院，人民法院立案后，因行政区域变更，甲方划归丙市管辖。该案仍由乙县人民法院继续审理。判决后当事人不服提出上诉或将来依审判监督程序提审，应由乙县法院的上级人民法院审理，而不是由丙市法院的上级人民法院审理；乙县法院的上级法院发回重审或者上级人民法院指令再审，仍由乙县人民法院重审或者再审。

根据《最高人民法院关于在经济审判工作中严格执行〈民事诉讼法〉的若干规定》(1994年12月22日，法发〔1994〕29号）的规定，两个以上人民法院对同一案件都有管辖权并已分别立案的，后立案的人民法院得知有关法院先立案的情况后，应当在7日内裁定将案件移送先立案的人民法院。对为争管辖权而将立案日期提前的，该院或者其上级人民法院应当予以纠正。

○ 有管辖权的人民法院有特殊原因不能行使管辖权，怎么办？

有管辖权的人民法院由于特殊原因，不能行使管辖权的，由上级人民法院指定管辖。足以使有管辖权的人民法院不能够行使审判权的相关因素均属特殊原因，特殊原因既包括某些法律上的原因，如审判人员全部被当事人申请回避，也包括某些事实上的原因，如发生不可抗拒的事件、战争、水灾、通信长期中断等使该地区的人民法院无法行使管辖权。出现上述情况时，上级人民法院就可以根据下级人民法院的申请，指定其他人民法院行使管辖权。被指定的人民法院既可以是原来对案件就有管辖权的法院，也可以是邻近的法院。当事人对上级人民法院指定管辖不得提出异议，必须到被指定的人民法院参加诉讼活动。

○ 人民法院之间发生管辖权争议的，应如何解决？

《民事诉讼法》第37条第2款规定：“人民法院之间因管辖权发生争议，由争议双方协商解决；协商解决不了的，报请它们的共同上级人民法院指定管辖。”审判实践中，人民法院之间因管辖权发生争议，一般有两种情况，一种是争抢某一案件的管辖权，一种是两个有管辖权的人民法院互相推诿，都不愿具体行使管辖权。当然，产生管辖权争议的原因很多，有主观方面的，如受地方保护主义的影响或受诉讼标的额的影响等，也有客观方面的，如因管辖区界限不明或对管辖的规定产生了不同的理解等。但不论属于什么原因造成的，争议的双方均应尽快协商或及时报请上级人民法院指定管辖，以使当事人的合法权益得到及时保护。这里，我们应当把它和两个有管辖权的人民法院都立案的情况区分开来。对某一经济案件，如果两个以上有管辖权的人民法院都立案，应根据最高人民法院司法解释的规定由先立案的人民法院行使管辖权。其他有管辖权的人民法院均不能再行使管辖权，即不能再争抢管辖权。先立案的人民法院也不能擅自将案件移送给后立案或其他有管辖权的人民法院，以免造成扯皮。这两种做法，不论哪一种都是违法的，不能视为发生了管辖争议。

因管辖权发生争议的，首先应由争议的两个人民法院进行协商，协商不成的应报请他们的共同上级人民法院指定管辖。所谓“共同的上级人民法院指定管辖”，依照《民事诉讼法》若干意见的规定，如双方为隶属一个地区、市的基层人民法院，由该地区、市的中级人民法院及时指定管辖；同属于一个省、自治区、直辖市的跨地区、市的两个人民法院，由该省、自治区、直辖市的高级人民法院及时指定管辖；如双方为跨省、自治区、直辖市的人民法院，高级人民法院协商不成的，由最高人民法院及时指定管辖。报请上级人民法院指定管辖时，应当逐级进行。另外，上级人民法院指定管辖时，应书面通知报送的人民法院和被指定的人民法院。报送的人民法院接到通知后，应及时告知当事人。

为了防止和避免有的人民法院互相推诿，把有管辖权的案件推出不管，或者争管辖权，《最高人民法院关于在经济审判工作中严格执行〈中华人民共和国民事诉讼法〉若干规定》规定：

第一，两个以上人民法院之间对地域管辖有争议的案件，有关人民法院按关于适用民事诉讼法的意见第36条的规定解决管辖争议。协商不成报请共同上级人民法院指定管辖的，上级人民法院应当在收到下级人民法院报告之日起30日内，作出指定管辖的决定。

第二，两个以上人民法院如对管辖有争议，在争议未解决前，任何一方人民法院均不得对案件作出判决。对抢先作出判决的，上级人民法院应当以违反程序为由撤销其判决，并将案件移送或者指定其他人民法院审理，或者由自己提审。

○ 下级人民法院在什么情况下将本院管辖的第一审民事案件移至上级人民法院审理？

根据《民事诉讼法》第39条的规定，上级人民法院有权审理下级人民法院管辖的第一审民事案件。管辖权由下级人民法院向上转移。向上转移有两种情况：一是指上级法院认为下级法院管辖的一审案件应当由自己审理时，有权决定把案件调上来自己审理；二是下级法院认为自己管辖的一审案件需要由上级法院审理时，报请上级法院审理。在第一种情况下，上级法院作出决定后管辖权即发生转移，在第二种情况下，必须经过上级法院同意后管辖权才能发生转移。

司法实践中，需要管辖权向上转移的情形有：一是下级人民法院受案后，因一方当事人在当地社会影响大，有关部门或领导出面干预，致使法院难以下判或下判后会有不良影响的；二是下级人民法院受案后，发现案情错综复杂，该案的处理须以上级法院处理的某件案件为基础，案中有案，或者调查取证难度大，或者下判后难以执行的等等。遇有上述情况，上级人民法院可以主动调案，下级人民法院也可以报请审理。因而，管辖权向上转移的目的是为了保证有管辖权的人民法院及时审案，以保护当事人的合法权益。

○ 上级人民法院什么情况下把自己管辖的第一审民事案件交由下级人民法院审理？

根据《民事诉讼法》第39条的规定，上级人民法院有权将自己管辖的第一审民事案件交给下级法院审理。

一般认为，管辖权向下转移应发生在上级法院受理案件后。上级法院对案件作初步审查后，认为案情简单，由下级法院审理更便于当事人参与诉讼和便于法院调查案情，故将管辖权转移给下级法院。但诉讼实务中还有一种发生在上级法院受理案件前的转移，即下级法院受理了本应由上级法院管辖的一审案件，然后打报告要求上级法院将管辖权下放给它，上级法院则作出同意的决定。

○ 管辖权的转移与移送管辖有何不同？

管辖权转移与移送管辖虽然都属裁定管辖，但具有本质上的区别，具体而言，它们之间的不同表现在三个方面：首先是性质不同，管辖权转移是案件的管辖权发生了移位，而移送管辖移送的仅仅是案件而非管辖权。其次是作用不同，管辖权转移是对级别管辖的变通和微调，是为了使级别管辖有一定的柔性，以更好地适应复杂的案件情况。移送管辖是为了纠正移送法院受理案件的错误，尤其是在地域管辖上的错误，使《民事诉讼法》关于管辖的规定得到正确执行。最后是程序不同。管辖权转移包括因上级法院的单方决定而转移和因下级法院报请与上级法院同意双方行为而转移两种情况。移送管辖则仅表现为单方行为，移送法院作出移送裁定，无须经过受移送法院的同意。

第六节　管辖权异议

○当事人对法院的管辖权有不同意见，是否可以提出异议？

我国《民事诉讼法》赋予当事人对法院管辖权提出异议的权利。所谓管辖权异议，是指人民法院受理案件以后，当事人以该院对本案没有管辖权为由，提出将该案移送有管辖权的人民法院审理的请求。这是法律赋予当事人的一项重要诉讼权利。管辖权是人民法院对具体民事案件行使审判权的具体落实，只有对案件有管辖权的人民法院才能对案件进行审判。尽管各人民法院审理案件时都必须以事实为根据，以法律为准绳，审判结果应当是一致的，但不同的人民法院行使审判权，对当事人来说存在是否方便诉讼的差异。司法实践中，管辖权异议的产生不可避免。

当事人要提出有效的管辖权异议，应具备以下条件：

1. 当事人是提出管辖权异议的合格主体

狭义上的当事人是指原告和被告，广义上的当事人是指原告、被告和第三人。一般来说，管辖权异议是被告提出来的，原告不能提出管辖权异议，这是因为受诉法院是原告选定的，如果原告认为该院没有管辖权，他可以选择有管辖权的人民法院。再就从管辖权异议提出的时间是“应当在提交答辩状期间提出”来看，显然，答辩状是被告提出来的（原告提出的是起诉状），故被告可以提出管辖权异议，而原告却不能享有此项权利。对于第三人能否提出管辖权异议问题，应对个案具体分析。最高人民法院法（经）复〔1990〕9号《关于第三人能否对管辖权提出异议的批复》中指出：“一、有独立请求权的第三人主动参加他人已开始的诉讼，应视为承认和接受了受诉法院的管辖，因而不发生对管辖权提出异议的问题；如果是受诉法院依职权通知他参加诉讼，则他有权选择是以有独立请求权的第三人身份参加诉讼，还是以原告的身份向其他有管辖权的法院另行起诉。二、无独立请求权的第三人参加他人已开始的诉讼，是通过支持一方当事人的主张，维护自己的权益。由于他的诉讼中始终辅助一方当事人，并以一方当事人的主张为转移，所以，他无权对受诉法院的管辖权提出异议。”

2. 提出管辖异议的时间应当在提交答辩状期间提出

当事人并不是在任何时候都可以提出管辖权异议的。最高人民法院1990年8月5日法（经）复〔1990〕10号《关于经济纠纷案件当事人向受诉法院提出管辖权异议的期限问题的批复》指出：“一、人民法院受理的第一审经济纠纷案件，当事人在法律规定的答辩期限内对法院的管辖权提出异议的，法院应当先就本院对该案有无管辖权问题进行审议；逾期提出的，法院不予审议。二、当事人在法律规定的答辩期限内对法院的管辖权提出了异议，但在法院就有无管辖权问题作出裁定前，又以书面或口头形式（须经法院记录在案并经本人签字）表示接受受诉法院管辖的，视为当事人自动放弃了异议。以后，当事人在诉讼中再行提出管辖权异议的，法院不再审议。”根据上述批复和有关法律规定，当事人对管辖权有异议的，应当在提交答辩状期间提出。因此，当事人对管辖权异议提出的时间应为收到起诉状副本之日起15日内。如果当事人在答辩期内对法院的管辖权提出了异议，但在法院就有无管辖权问题作出裁定前，又以书面或口头形式表示接受受诉法院管辖的，视为当事人自动放弃了异议。以后当事人在诉讼中再次提出管辖权异议，法院不再审议。当事人在答辩期满前未提出管辖权异议的，那可视为无管辖权异议或者放弃管辖权异议的权利行使。

○ 对发回重审的民事纠纷案件在重审时可否提出管辖权异议？

审判实践中，曾遇到发回重审的经济纠纷案件在重审时被告对管辖权提出异议的问题，对此有两种不同认识。有人认为，在原一审时被告没有对管辖权提出异议，也就视为接受管辖，重审时不能提出管辖权异议。也有人认为，既然是发回重审的案件，就应该依照《民事诉讼法》规定的一审程序审理，准予被告在重审时对管辖权提出异议。

关于当事人对案件的管辖权提出异议的期间，《民事诉讼法》第38条已作出了明确规定，即“人民法院受理案件后，当事人对管辖权有异议的，应当在提交答辩状期间提出。”也就是说，当事人对案件管辖权提出异议应在提交答辩状的15天内行使。被告在原一审时没有对管辖权提出异议，说明该被告已接受该法院的管辖；对上级法院发回重审的经济纠纷案件，原审法院在重审时，当事人不得再提出管辖权异议。

○ 对当事人提出的管辖权异议，法院应如何处理？

当事人在法定期间提出管辖权异议的，人民法院应当审查，待确定管辖权后，再进入实体审理。不能对当事人提出的管辖权异议置之不理。经审查，如果受诉法院确实没有管辖权，异议成立，应当裁定将案件移送有管辖权的法院管辖。如果当事人提出的异议不能成立，受诉法院有管辖权，应当裁定驳回。人民法院应当在15日内作出管辖权异议是否成立的书面裁定，当事人对此裁定不服的，可以在裁定书送达后10日内向上一级人民法院提起上诉，第二审人民法院应当作出书面裁定。当事人在第二审人民法院确定该案件的管辖权后，或对一审裁定逾期未上诉的，应按照人民法院的通知参加诉讼。为了维护当事人的诉讼权利，人民法院对当事人提出的管辖权异议，未经审查或审查后尚未作出裁定的，不得进入对该案的实体审理。

一、二审法院驳回管辖权异议的裁定发生法律效力后，当事人就法院的管辖权问题申诉的，不影响法院对案件进行实体审理。法院对案件进行实体审理作出的判决发生法律效力后，如果当事人对驳回管辖权异议的裁定和判决一并申诉的，法院经过复查，发现管辖虽有错误，但判决正确的，应当不再变动，以减轻当事人的讼累；如果认为裁定和判决均有错误，应按审判监督程序处理。经过再审或提审，原判决和裁定均被撤销的，应将案件移送有管辖权的人民法院审理。

根据《最高人民法院关于当事人就级别管辖提出异议应如何处理问题的函》的有关规定，当事人就级别管辖权提出管辖异议的，受诉法院应认真审查，确无管辖权的，应将案件移送有管辖权的法院，并告知当事人，但不作裁定。若受诉法院拒不移送，当事人可向其上级法院反映情况并就此提出异议的，上级法院应当调查了解，认真研究，并作出相应的决定，如情况属实确有移送必要的，应当通知下级法院将案件移送有管辖权的法院；对下级法院拒不移送，作出实体判决的，上级法院应当以程序违法为由撤销下级法院的判决，并将案件移送有管辖权的法院，同时还应以违反审判纪律对有关人员作出严肃处理。

○ 当事人对级别管辖提出异议的，人民法院应如何处理？

《最高人民法院关于审理民事级别管辖异议案件若干问题的规定》的规定，被告在提交答辩状期间提出管辖权异议，认为受诉人民法院违反级别管辖规定，案件应当由上级人民法院或者下级人民法院管辖的，受诉人民法院应当审查，并在受理异议之日起15日内作出裁定：(1) 异议不成立的，裁定驳回；(2) 异议成立的，裁定移送有管辖权的人民法院。

在管辖权异议裁定作出前，原告申请撤回起诉，受诉人民法院作出准予撤回起诉裁定的，对管辖权异议不再审查，并在裁定书中一并写明。

提交答辩状期间届满后，原告增加诉讼请求金额致使案件标的额超过受诉人民法院级别管辖标准，被告提出管辖权异议，请求由上级人民法院管辖的，人民法院应当按照本规定第一条审查并作出裁定。

上级人民法院根据《民事诉讼法》第39条第1款的规定，将其管辖的第一审民事案件交由下级人民法院审理的，应当作出裁定。当事人对裁定不服提起上诉的，第二审人民法院应当依法审理并作出裁定。对于应由上级人民法院管辖的第一审民事案件，下级人民法院不得报请上级人民法院交其审理。

被告以受诉人民法院同时违反级别管辖和地域管辖规定为由提出管辖权异议的，受诉人民法院应当一并作出裁定。当事人未依法提出管辖权异议，但受诉人民法院发现其没有级别管辖权的，应当将案件移送有管辖权的人民法院审理。

对人民法院就级别管辖异议作出的裁定，当事人不服提起上诉的，第二审人民法院应当依法审理并作出裁定。对于将案件移送上级人民法院管辖的裁定，当事人未提出上诉，但受移送的上级人民法院认为确有错误的，可以依职权裁定撤销。

经最高人民法院批准的第一审民事案件级别管辖标准的规定，应当作为审理民事级别管辖异议案件的依据。

第二章　审判组织和回避

第一节　审判组织与审判人员

○人民法院审理第一审民事案件，如何组成合议庭？

合议制法庭简称合议庭，是人民法院审理民事案件的基本审判组织形式。除基层人民法院和它派出的法庭审理简单民事案件和一般非讼案件适用独任制法庭形式外，对其他案件的审理，一律采取合议制法庭形式。在不同的审级中，人民法院合议制法庭的组成人员有所区别。

《民事诉讼法》第40条规定："人民法院审理第一审民事案件，由审判员、陪审员共同组成合议庭或者由审判员组成合议庭。合议庭的成员人数，必须是单数。"按照这一规定，无论是哪一级人民法院审理第一审民事案件，其合议庭的组成有两种方式：

1．由审判员与陪审员共同组成合议庭

陪审员在执行陪审职务时，与审判员有同等的权利义务。至于审判员与陪审员在合议庭中的人数比例，《民事诉讼法》没有作明确规定，只要合议庭人数为单数即可。

2．由审判员组成合议庭

合议庭由人民法院专职审判员组成。依照普通程序审理的民事案件，有些案件可以由审判员和陪审员组成合议庭，有些由人民法院审判员组成的合议庭审理；但是人民法院依照特别程序审理选民资格案件或者重大、疑难的非讼案件，必须由审判员组成合议庭审理。

上述规定表明，第一审合议庭既可以由审判员和陪审员组成，也可以由审判员组成，具体适用哪一种组织形式，由人民法院根据具体案情和人民法院审判人员的情况，本着既有利于审理活动，又防止流于形式的原则来确定。

不论是哪种审判组织形式，合议庭的成员必须是单数，不能是偶数。至于具体合议庭组成的人数，《民事诉讼法》未作具体规定。在审判实践中，多数合议庭由3人组成，重大复杂的案件可由5人或者7人组成。

○ 什么情况下由审判员一人审理案件？

独任制法庭是指由审判员一人组成的审理和裁判案件的法庭。《民事诉讼法》第40条第2款规定："适用简易程序审理的民事案件，由审判员一人独任审理。"《民事诉讼法》第161条规定，依照特别程序审理的案件，实行一审终审。选民资格案件或者重大、疑难的非讼案件，由审判员组成合议庭审理；其他案件由审判员一人独任审理。

根据上述规定，独任制审判组织由一名审判员独任审理案件，其适用范围如下：

1. 适用的案件

独任制审判组织只能用于审理简单民事案件及一般非讼案件。根据《民事诉讼法》第142条的规定，简单民事案件是指事实清楚、权利义务关系明确、争议不大的民事案件。重大、复杂的民事案件则不能适用独任制审理。

2. 适用的法庭

独任制审判组织只能由基层人民法院及其派出法庭适用。中级人民法院、高级人民法院和最高人民法院，均不得采取独任制审理案件。

3. 适用的审级

独任制只适用于审理一审民事案件。我国实行两审终审制，二审所作的裁判为终审裁判，当事人不得再行上诉，因此，二审的审判对民事案件关系重大，为慎重起见，二审案件不得采用独任制审理。

4. 适用独任制组织形式，只能由人民法院的专职审判人员独任审判

也就是说，陪审员不能担任独任法庭的审判人员。陪审员不是专职审判人员，法律只赋予其与审判员共同组成合议庭审理案件的权利，他们不具备独自代表人民法院行使审判权的资格。

○ 什么情况下审判组织由独任制转换成合议庭？

独任制法庭形式适用与否，取决于案件的性质、承审人民法院的级别。因此，当适用独任制法庭形式的条件发生变化时，审判组织形式也应当随之改变，即案件的审判组织形式由独任制法庭转换为合议制法庭。这种转换在以下四种情形下将会发生：

第一，在采用独任制法庭审理简单民事案件的过程中，人民法院发现所审案件并非简单的民事案件，或已明显地表现为重大、复杂的民事案件或一般的民事案件，在这种情况下，应将审判组织形式由独任制法庭转换为合议制法庭。

第二，基层人民法院或它派出的法庭在采取独任制法庭形式审理简单的民事案件时，对案件的管辖权发生上调性转移时，上级人民法院同意后，应当适用合议制审理。

第三，基层人民法院或它派出的法庭采取独任法庭的形式已经审结的案件，被第二审人民法院发回重审，或经审判监督程序决定再审时，不得再适用独任制法庭审理，必须实行合议制法庭审理；原独任审判员也不能参加新组成的合议法庭。

第四，基层人民法院在按照特别程序适用独任制法庭形式审理一般非讼案件的过程中，发现本案属于民事权益争议的，应当裁定终结特别程序，并告知利害关系人另行起诉。利害关系人向人民法院起诉的案件，只要是不属于简单的民事案件，就应排除独任制法庭的适用，而应由合议制法庭审理。

○ 合议庭为什么要陪审员参加？

审判机关吸收非职业法官参加审判，为社会分享审判权力提供途径，并因此使公众对司法的监督作用得以充分发挥；人民陪审员通过与审判员组成合议庭，参加人民法院的民事审判活动，是人民群众参与国家管理活动的一种形式，是社会主义民主的具体体现。民事案件涉及范围很广，牵扯到各行各业，许多案件具有很强的专业性和技术性，因此根据案情的需要，邀请熟悉业务，具有专业知识和经验的专家、学者、科技工作者和业务人员担任陪审员，直接参与审判工作，不仅有助于查明案情，提高办事效率，而且对于使审判建立在科学基础上，增强裁判的说服力和保证处理的正确性都有不言而喻的重要作用。但是，民事案件的审判工作是一项专业性很强的工作，既要求审判人员熟悉法律的规定和审判业务，又要求审判人员具有广博的知识，善于做人的工作。因此，《民事诉讼法》对于陪审员的规定比较灵活，即人民法院审理第一审民事案件，合议庭可以由审判员和陪审员组成，也可以由审判员组成。这样，人民法院就可以根据实际审判工作的需要，确定合议庭的组成。也就是说陪审制只适用于第一审案件，但法律并未把陪审员参加案件的审理作为审判组织的一项基本制度，不要求第一审合议庭中必须有陪审员参加。而且在审判员、陪审员共同组成的合议庭中，对二者的比例，没有作限制性规定。

陪审员虽然不是人民法院的专业审判人员，但是在参加审判活动时，和审判员一样是合议庭的组成人员。为了保证陪审员能够在审判活动中充分地发挥作用。陪审员在执行陪审职务时，和审判员有同等的权利义务。在审判活动中，人民法院和合议庭中的审判员应当尊重陪审员，注意发挥陪审员的作用。

人民陪审员在审判中与合议庭的审判员一起共同认定事实，适用法律。但我国的陪审制与英美诉讼中的陪审制完全不同。英美诉讼中的陪审员与法官有明确的分工：陪审员只认定事实，不适用法律；法官根据陪审团认定的事实适用法律。实际上我国的陪审制与大陆法系国家的参审制相同。参审制侧重于借助参审员的专门知识，解决案件审理中专业性比较强的问题；陪审制的出发点在于公民对司法的民主参与，其指导思想是民主司法。参审制与陪审制各有利弊。

○ 陪审员如何参加审判活动？

根据《最高人民法院关于人民陪审员参加审判活动若干问题的规定》（法释〔2010〕2 号）的规定，人民法院审判第一审民事案件，属于下列情形之一的，由陪审员和法官共同组成合议庭进行，适用简易程序审理的案件和法律另有规定的案件除外：涉及群体利益的；涉及公共利益的；人民群众广泛关注的；其他社会影响较大的。第一审民事案件原告或者被告申请由陪审员参加合议庭审判的，由人民陪审员和法官共同组成合议庭进行。人民法院征得上述当事人同意由陪审员和法官共同组成合议庭审判案件的，视为申请。

人民法院应当在开庭 7 日前采取电脑生成等方式，从陪审员名单中随机抽取确定人民陪审员。特殊案件需要具有特定专业知识的陪审员参加审判的，人民法院可以在具有相应专业知识的陪审员范围内随机抽取。

陪审员确有正当理由不能参加审判活动，或者当事人申请其回避的理由经审查成立的，人民法院应当及时重新确定其他人选。

陪审员参加合议庭评议案件时，有权对事实认定、法律适用独立发表意见，并独立行使表决权。陪审员评议案件时应当围绕事实认定、法律适用充分发表意见并说明理由。合议庭评议案件时，先由承办法官介绍案件涉及的相关法律、审查判断证据的有关规则，后由陪审员及合议庭其他成员充分发表意见，审判长最后发表意见并总结合议庭意见。陪审员同合议庭其他组成人员意见分歧，要求合议庭将案件提请院长决定是否提交审判委员会讨论决定的，应当说明理由；陪审员提出的要求及理由应当写入评议笔录。陪审员应当认真阅读评议笔录，确认无误后签名；发现评议笔录与评议内容不一致的，应当要求更正后签名。陪审员应当审核裁判文书文稿并签名。

○ 独任庭、合议庭与院长、庭长之间是什么关系？

人民法院独立行使审判权，是宪法赋予人民法院的职权。然而，独立审判不是以合议庭的名义进行的，更不是以审判人员个人的名义进行的。无论是独任庭还是合议庭，它们只能以人民法院的名义行使这一特有职权，在法院院长、审判庭庭长的领导下进行审理活动。因而，院长、庭长与独任法庭、合议庭之间是领导与被领导的关系。具体表现在院长、庭长有权指定合议庭组成人员或独任法庭的独任审判员；对独任法庭、合议庭审理的案件有权进行审核；院长、庭长如果认为独任法庭或者合议庭在认定事实或者适用法律上确有错误，可以由院长提交审判委员会讨论决定。

○ 合议庭与审判委员会之间是什么关系？

审判委员会是人民法院的最高审判组织，在总结审判经验，审理疑难、复杂、重大案件中具有重要的作用。各级人民法院审判委员会除由院长、副院长、庭长担任审判委员会委员外，还应当配备若干名不担任领导职务，政治素质好、审判经验丰富、法学理论水平较高、具有法律专业高等学历的资深法官委员。审判委员会以会议决议的方式履行对审判工作的监督、管理、指导职责。中级以上人民法院可以设立审判委员会日常办事机构，基层人民法院可以设审判委员会专职工作人员。审判委员会日常办事机构负责处理审判委员会的日常事务，负责督促、检查和落实审判委员会的决定，承担审判委员会交办的其他事项。人民法院审判委员会制度是中国特色社会主义司法制度的重要组成部分。几十年来，各级人民法院审判委员会在总结审判经验，指导审判工作，审理疑难、复杂、重大案件等方面发挥了重要作用。

合议庭与审判委员会的关系主要体现在：合议庭对重大、疑难案件的处理，由院长提交审判委员会讨论决定；合议庭已经审结的案件，如果发现已经发生法律效力的判决、裁定或调解书确有错误，由院长提请审判委员会再审；审判委员会有权决定诉讼当事人及其法定代理人请求对本院院长担任审判长的回避问题，讨论、通过助理审判员临时代行审判员职务问题，讨论、决定其他有关审判工作事项。

《最高人民法院关于人民法院合议庭工作的若干规定》第12条规定：“合议庭应当依照规定的权限，及时对评议意见一致或者形成多数意见的案件直接作出判决或者裁定。但是对于下列案件，合议庭应当提请院长决定提交审判委员会讨论决定：（一）拟判处死刑的；（二）疑难、复杂、重大或者新类型的案件，合议庭认为有必要提交审判委员会讨论决定的；（三）合议庭在适用法律方面有重大意见分歧的；（四）合议庭认为需要提请审判委员会讨论决定的其他案件，或者本院审判委员会确定的应当由审判委员会讨论决定的案件。”第13条规定：“合议庭对审判委员会的决定有异议，可以提请院长决定提交审判委员会复议一次。”

根据《最高人民法院关于人民法院合议庭工作的若干规定》的规定，院长、庭长可以对合议庭的评议意见和制作的裁判文书进行审核，但是不得改变合议庭的评议结论。院长、庭长在审核合议庭的评议意见和裁判文书过程中，对评议结论有异议的，可以建议合议庭复议，同时应当对要求复议的问题及理由提出书面意见。合议庭复议后，庭长仍有异议的，可以将案件提请院长审核，院长可以提交审判委员会讨论决定。

根据《最高人民法院关于改革和完善人民法院审判委员会制度的实施意见》（法发〔2010〕3号）的规定，最高人民法院审判委员会履行审理案件和监督、管理、指导审判工作的职责：讨论疑难、复杂、重大案件；总结审判工作经验；制定司法解释和规范性文件；听取审判业务部门的工作汇报；讨论决定对审判工作具有指导性意义的典型案例；讨论其他有关审判工作的重大问题。最高人民法院审理的下列案件应当提交审判委员会讨论决定：本院已经发生法律效力的判决、裁定确有错误需要再审的案件；最高人民检察院依照审判监督程序提出抗诉的刑事案件。

地方各级人民法院审判委员会履行审理案件和监督、管理、指导审判工作的职责：讨论疑难、复杂、重大案件；结合本地区和本院实际，总结审判工作经验；听取审判业务部门的工作汇报；讨论决定对本院或者本辖区的审判工作具有参考意义的案例；讨论其他有关审判工作的重大问题。高级人民法院和中级人民法院审理的下列案件应当提交审判委员会讨论决定：本院已经发生法律效力的判决、裁定确有错误需要再审的案件；同级人民检察院依照审判监督程序提出抗诉的刑事案件；拟判处死刑立即执行的案件；拟在法定刑以下判处刑罚或者免于刑事处罚的案件；拟宣告被告人无罪的案件；拟就法律适用问题向上级人民法院请示的案件；认为案情重大、复杂，需要报请移送上级人民法院审理的案件。基层人民法院审理的下列案件应当提交审判委员会讨论决定：本院已经发生法律效力的判决、裁定确有错误需要再审的案件；拟在法定刑以下判处刑罚或者免于刑事处罚的案件；拟宣告被告人无罪的案件；拟就法律适用问题向上级人民法院请示的案件；认为应当判处无期徒刑、死刑，需要报请移送中级人民法院审理的刑事案件；认为案情重大、复杂，需要报请移送上级人民法院审理的案件。

人民法院审判工作中的重大问题和疑难、复杂、重大案件以及合议庭难以作出裁决的案件，应当由审判委员会讨论或者审理后作出决定。案件或者议题是否提交审判委员会讨论，由院长或者主管副院长决定。人民法院审理下列案件时，合议庭可以提请院长决定提交审判委员会讨论：合议庭意见有重大分歧、难以作出决定的案件；法律规定不明确，存在法律适用疑难问题的案件；案件处理结果可能产生重大社会影响的案件；对审判工作具有指导意义的新类型案件；其他需要提交审判委员会讨论的疑难、复杂、重大案件。合议庭没有建议提请审判委员会讨论的案件，院长、主管副院长或者庭长认为有必要的，得提请审判委员会讨论。需要提交审判委员会讨论的案件，由合议庭层报庭长、主管副院长提请院长决定。院长、主管副院长或者庭长认为不需要提交审判委员会的，可以要求合议庭复议。审判委员会讨论案件，合议庭应当提交案件审理报告。案件审理报告应当符合规范要求，客观、全面反映案件事实、证据以及双方当事人或控辩双方的意见，说明合议庭争议的焦点、分歧意见和拟作出裁判的内容。案件审理报告应当提前发送审判委员会委员。

审判委员会讨论案件时，合议庭全体成员及审判业务部门负责人应当列席会议。对本院审结的已发生法律效力的案件提起再审的，原审合议庭成员及审判业务部门负责人也应当列席会议。院长或者受院长委托主持会议的副院长可以决定其他有必要列席的人员。审判委员会讨论案件，同级人民检察院检察长或者受检察长委托的副检察长可以列席。

审判委员会会议由院长主持。院长因故不能主持会议时，可以委托副院长主持。审判委员会讨论案件按照听取汇报、询问、发表意见、表决的顺序进行。案件由承办人汇报，合议庭其他成员补充。审判委员会委员在听取汇报、进行询问和发表意见后，其他列席人员经主持人同意可以发表意见。审判委员会讨论案件实行民主集中制。审判委员会委员发表意见的顺序，一般应当按照职级高的委员后发言的原则进行，主持人最后发表意见。审判委员会应当充分、全面地对案件进行讨论。审判委员会委员应当客观、公正、独立、平等地发表意见，审判委员会委员发表意见不受追究，并应当记录在卷。审判委员会委员发表意见后，主持人应当归纳委员的意见，按多数意见拟出决议，付诸表决。审判委员会的决议应当按照全体委员 1/2 以上多数意见作出。

○ 合议庭组成人员中应有几名人民陪审员？

《人民法院组织法》第38条和《民事诉讼法》第40条均没有规定人民陪审员在合议庭中的具体人数，对合议庭组成人员中人民陪审员的人数问题，一直存有争议。第一种意见认为：人民陪审员在合议庭三人中应保持两人，不能是一人陪审；第二种意见则认为：在合议庭中有一名人民陪审员就是合法的，无需两名。

我们认为，《人民法院组织法》第10条规定，人民法院适用普通程序审判第一审案件，由审判员组成合议庭，或者由审判员和人民陪审员组成合议庭。根据上述规定，基层人民法院、中级人民法院适用普通程序审判第一审案件，在由审判员和人民陪审员共三人组成合议庭的情况下，除审判长依法必须由审判员或者临时代行审判员职务的助理审判员担任外，合议庭其他两名组成人员可以均为人民陪审员，也可以只有一名人民陪审员。

○人民法院审理第二审民事案件如何组成合议庭？

《民事诉讼法》第41条第1款规定："人民法院审理第二审民事案件，由审判员组成合议庭。合议庭的成员人数，必须是单数。"第二审民事案件，是指民事诉讼的当事人不服地方各级人民法院未生效的第一审判决、裁定，在法定期限内提起上诉，由第一审人民法院的上一级人民法院按照第二审程序进行审判的民事案件。人民法院审判第二审民事案件，只由审判员若干人组成合议庭，没有陪审员参加，这是与第一审合议庭组成的不同之处，这种不同是由第二审程序的任务、特点所决定的。第二审人民法院对上诉案件的审判是在原审人民法院审理的基础上进行的，它要按照法定程序查明原审人民法院认定的事实是否清楚，适用法律是否正确，不仅关系当事人的合法权益，而且具有对下级人民法院的审判进行监督的性质。第二审人民法院负有同时实施审判职能和审判监督职能的双重任务，客观上要求第二审合议庭只能由审判员组成。

《民事诉讼法》对第二审合议庭的成员人数未作具体规定，在总人数是单数的惟一前提下，第二审人民法院可以根据案件的需要，自行确定合议庭的成员人数。

○人民法院审理重审案件如何组成合议庭？

《民事诉讼法》第41条第2款规定："发回重审的案件，原审人民法院应当按照第一审程序另行组成合议庭。"第二审人民法院发回原审人民法院重审的案件，是指第二审人民法院在审判第二审民事案件的过程中，认为第一审原判决认定事实不清、证据不足，或者由于违反法定程序可能影响案件正确判决的，裁定撤销原判决，发回原审人民法院重新进行审判的民事案件。

对于发回重审案件必须组成合议庭审理，并且应当依照第一审程序另行组成合议庭，即原来参加合议庭的审判员或陪审员不得再进入重审合议庭，以避免先入为主，使错误得不到纠正。

○ 人民法院审理再审案件如何组成合议庭？

再审案件是指人民法院对已经发生法律效力的判决、裁定，发现确有错误，根据审判监督程序的规定，决定再行审判的案件，或者根据人民检察院的抗诉，再行审判的案件。

再审案件既可能是第一审法院审结的，也可能是第二审法院审结的。根据《民事诉讼法》的规定，对案件的再审原则上由原审法院进行，即第一审法院审结的，由第一审法院再审，第二审法院审结的，由第二审法院再审。上级法院对再审案件决定提审的，提审的法院就是案件的再审法院。因此，再审案件采用何种审判组织形式取决于再审案件适用的程序。

《民事诉讼法》第41条第3款规定："审理再审案件，原来是第一审的，按照第一审程序另行组成合议庭；原来是第二审的或者是上级人民法院提审的，按照第二审程序另行组成合议庭。"依据这一规定，按照第一审程序再审的，可以由审判员、陪审员共同组成合议庭，或者由审判员组成合议庭；按照第二审程序再审的，由审判员组成合议庭；上级法院提审的案件，由提审法院的审判员组成合议庭。应当注意的是，再审案件无论由哪一级法院承审，其合议庭必须另行组成，原来审判该案的独任审判员和合议庭成员，一律不得参加新的合议庭。这样规定，是因为再审合议庭的任务在于通过对案件的再行审理，发现和纠正原来裁判的错误；为了避免原来承审该案的审判人员已经形成的思维定势而影响案件再审的正确处理，再审合议庭应由未曾介入该案审理活动的审判人员组成。另行组成的新的合议庭审理该案件时，不受原来的判决或裁定的约束。

应当指出，不论是第二审民事案件、第二审人民法院发回重审的案件还是再审案件，其审判组织形式都只能是合议制，不适用独任制。

○ 合议庭有哪些职责？

根据《最高人民法院关于人民法院合议庭工作的若干规定》的规定，合议庭承担下列职责：(1)根据当事人的申请或者案件的具体情况，可以作出财产保全、证据保全、先予执行等裁定；(2)确定案件委托评估、委托鉴定等事项；(3)依法开庭审理第一审、第二审和再审案件；(4)评议案件；(5)提请院长决定将案件提交审判委员会讨论决定；(6)按照权限对案件及其有关程序性事项作出裁判或者提出裁判意见；(7)制作裁判文书；(8)执行审判委员会决定；(9)办理有关审判的其他事项。

○ 审判长如何产生？

合议庭作为审判组织，在诉讼过程中代表人民法院与当事人之间发生诉讼法律关系，合议庭的审判活动需要由审判长统一组织和指挥。根据《人民法院组织法》和《民事诉讼法》第42条的规定，合议庭的审判长一般由院长或庭长指定一名审判员担任。优秀的助理审判员被选为审判长的，应当依法提请任命为审判员。院长、副院长、审判委员会委员、庭长、副庭长参加合议庭审理案件时，依照法律规定担任审判长。陪审员不能担任审判长。《最高人民法院关于人民法院合议庭工作的若干规定》进一步指出："合议庭的审判长由符合审判长任职条件的法官担任。院长或者庭长参加合议庭审判案件的时候，自己担任审判长。"

根据《人民法院审判长选任办法》(试行)(2000年7月28日最高人民法院发布)的规定，担任审判长，应当具备以下条件：(1)遵守宪法和法律，严守审判纪律，秉公执法，清正廉洁，有良好的职业道德。(2) 身体健康，能够胜任审判工作。(3) 最高人民法院、高级人民法院的审判长应当具有高等院校法律本科以上学历；中级人民法院的审判长一般应当具有高等院校法律本科以上学历；基层人民法院的审判长应当具有高等院校法律专科以上学历。(4) 最高人民法院和高级人民法院的审判长必须担任法官职务从事审判工作5年以上；中级人民法院的审判长必须担任法官职务从事审判工作4年以上；基层人民法院的审判长必须担任法官职务从事审判工作3年以上。(5) 有比较丰富的审判实践经验，能够运用所掌握的法律专业知识解决审判工作中的实际问题；能够熟练主持庭审活动；有较强的语言表达能力和文字表达能力，能够规范、熟练制作诉讼文书。经济、文化欠发达地区的人民法院，经本院审判委员会研究决定并报上一级人民法院批准，可以适当放宽审判长的学历条件和从事审判工作年限。

选任审判长，遵循以下程序：(1) 公布待任审判长名额及要求；(2) 由符合条件的法官提出书面申请或由庭长、主管院长从符合条件的法官中推荐人选；(3) 根据选任条件对自荐和推荐人员进行资格初审，确定预选人员名单，并予以公示；(4) 对预选人员进行审判业务考试、考核；(5) 审判委员会综合考虑选任条件和考试、考核结果，确定任用名单并由院长公布。

○ 审判长有哪些职责？

根据《最高人民法院关于人民法院合议庭工作的若干规定》的规定，审判长履行下列职责：(1) 指导和安排审判辅助人员做好庭前调解、庭前准备及其他审判业务辅助性工作；(2) 确定案件审理方案、庭审提纲、协调合议庭成员的庭审分工以及做好其他必要的庭审准备工作；(3) 主持庭审活动；(4) 主持合议庭对案件进行评议；(5) 依照有关规定，提请院长决定将案件提交审判委员会讨论决定；(6) 制作裁判文书，审核合议庭其他成员制作的裁判文书；(7) 依照规定权限签发法律文书；(8) 根据院长或者庭长的建议主持合议庭对案件复议；(9) 对合议庭遵守案件审理期限制度的情况负责；(10) 办理有关审判的其他事项。

根据《人民法院审判长选任办法》的规定，审判长在任职期间有下列情形之一的，应当免去审判长职务：(1) 违法审判的；(2) 受党纪、政纪处分的；(3) 因身体状况难以继续担任审判长的；(4) 本人提出辞职并被批准的；(5) 调离审判工作岗位的；(6) 依法被免除法官职务的；(7) 其他不宜担任审判长的。审判长由于违法审判被免去职务的，应当根据《人民法院审判人员违法审判责任追究办法（试行)》、《人民法院审判纪律处分办法（试行)》追究责任。免去审判长职务，由庭长报请院长提请审判委员会作出决定并由院长公布。

○ 合议庭如何进行评议？

从审判权行使的角度来说，合议庭成员在审理案件和对案件进行评议时，有同等的权利，对审判过程中出现的问题以及对案件作出裁定、判决时，合议庭成员都有权发表自己的意见。根据《最高人民法院关于进一步加强合议庭职责的若干规定》(法释〔2010〕1号）的规定，合议庭由审判员、助理审判员或者人民陪审员随机组成。合议庭成员相对固定的，应当定期交流。人民陪审员参加合议庭的，应当从人民陪审员名单中随机抽取确定。合议庭全体成员均应当参加案件评议。评议案件时，合议庭成员应当针对案件的证据采信、事实认定、法律适用、裁判结果以及诉讼程序等问题充分发表意见。必要时，合议庭成员还可提交书面评议意见。合议庭成员评议时发表意见不受追究。

全体审判人员应在法庭调查和法庭辩论的基础上，正确适用法律，客观、全面地分析、判断案件事实和证据，共同讨论、协商，力求作出正确结论。根据《最高人民法院关于人民法院合议庭工作的若干规定》的规定，合议庭评议案件应当在庭审结束后5个工作日内进行。合议庭评议案件时，先由承办法官对认定案件事实、证据是否确实、充分以及适用法律等发表意见，审判长最后发表意见；审判长作为承办法官的，由审判长最后发表意见。对案件的裁判结果进行评议时，由审判长最后发表意见。审判长应当根据评议情况总结合议庭评议的结论性意见。合议庭成员进行评议的时候，应当认真负责，充分陈述意见，独立行使表决权，不得拒绝陈述意见或者仅作同意与否的简单表态。同意他人意见的，也应当提出事实根据和法律依据，进行分析论证。合议庭成员对评议结果的表决，以口头表决的形式进行。合议庭进行评议的时候，如果意见分歧，应当按多数人的意见作出决定，但是少数人的意见应当写入笔录。评议笔录由书记员制作，由合议庭的组成人员签名。合议庭应当依照规定的权限，及时对评议意见一致或者形成多数意见的案件直接作出判决或者裁定。

根据《最高人民法院关于进一步加强合议庭职责的若干规定》（法释〔2010〕1号）的规定，承办法官履行下列职责：主持或者指导审判辅助人员进行庭前调解、证据交换等庭前准备工作；拟定庭审提纲，制作阅卷笔录；协助审判长组织法庭审理活动；在规定期限内及时制作审理报告；案件需要提交审判委员会讨论的，受审判长指派向审判委员会汇报案件；制作裁判文书提交合议庭审核；办理有关审判的其他事项。

开庭审理时，合议庭全体成员应当共同参加，不得缺席、中途退庭或者从事与该庭审无关的活动。合议庭成员未参加庭审、中途退庭或者从事与该庭审无关的活动，当事人提出异议的，应当纠正。合议庭仍不纠正的，当事人可以要求休庭，并将有关情况记入庭审笔录。

除提交审判委员会讨论的案件外，合议庭对评议意见一致或者形成多数意见的案件，依法作出判决或者裁定。下列案件可以由审判长提请院长或者庭长决定组织相关审判人员共同讨论，合议庭成员应当参加：重大、疑难、复杂或者新类型的案件；合议庭在事实认定或法律适用上有重大分歧的案件；合议庭意见与本院或上级法院以往同类型案件的裁判有可能不一致的案件；当事人反映强烈的群体性纠纷案件；经审判长提请且院长或者庭长认为确有必要讨论的其他案件。上述案件的讨论意见供合议庭参考，不影响合议庭依法作出裁判。

不一致的，以本规定为准。

○ 审判人员应当遵守哪些职业道德？

《中华人民共和国法官职业道德基本准则》明确提出法官的职业道德要求，这些要求不仅适用于法官，也适用于人民陪审员、人民法院的行政人员和法警。

1. 保障司法公正

(1) 法官在履行职责时，应当切实做到实体公正和程序公正，并通过自己在法庭内外的言行体现出公正，避免公众对司法公正产生合理的怀疑。

(2) 法官在履行职责时，应当忠实于宪法和法律，坚持和维护审判独立的原则，不受任何行政机关、社会团体和个人的干涉，不受来自法律规定之外的影响。

(3) 法官在审判活动中，除了应当自觉遵守法定回避制度外，如果认为自己审理某案件时可能引起公众对该案件公正裁判产生合理怀疑的，应当提出不宜审理该案件的请求。

(4) 法官应当抵制当事人及其代理人、辩护人或者案外人利用各种社会关系的说情，并按照有关规定处理。

(5) 法官不得违背当事人的意愿，以不正当的手段迫使当事人撤诉或者接受调解。

(6) 法官应当公开并且客观地审理案件，自觉接受公众监督。但是，法律规定不公开或者可以不公开审理的除外。

（7）法官在审判活动中，应当独立思考、自主判断，敢于坚持正确的意见。

（8）法官在审判活动中，不得私自单独会见一方当事人及其代理人。

（9）法官在审判活动中，应当避免主观偏见、滥用职权和忽视法律等情形的发生。

（10）法官在履行职责时，应当平等对待当事人和其他诉讼参与人，不得以其言语和行为表现出任何歧视，并有义务制止和纠正诉讼参与人和其他人员的任何歧视性言行。

法官应当充分注意到由于当事人和其他诉讼参与人的民族、种族、性别、职业、宗教信仰、教育程度、健康状况和居住地等因素而可能产生的差别，保障诉讼各方平等、充分地行使诉讼权利和实体权利。

（11）法官审理案件应当保持中立。

法官在宣判前，不得通过言语、表情或者行为流露自己对裁判结果的观点或者态度。

法官调解案件应当依法进行，并注意言行审慎，避免当事人和其他诉讼参与人对其公正性产生合理的怀疑。

（12）法官对与当事人实体权利和诉讼权利有关的措施和裁判应当依法说明理由，避免主观、片面地作出结论或者采取措施。

（13）法官应当尊重其他法官对审判职权的独立行使，并做到：①除非基于履行审判职责或者通过适当的程序，不得对其他法官正在审理的案件发表评论，不得对与自己有利害关系的案件提出处理建议和意见；②不得擅自过问或者干预下级人民法院正在审理的案件；③不得向上级人民法院就二审案件提出个人的处理建议和意见。

（14）法官除履行审判职责或者管理职责外，不得探询其他法官承办案件的审理情况和有关信息。

法官不得向当事人或者其代理人、辩护人泄露或者提供有关案件的审理情况、承办案件法官的联系方式和其他有关信息；不得为当事人或者其代理人、辩护人联系和介绍承办案件的法官。

(15) 法官在审理案件的过程中，应当避免受到新闻媒体和公众舆论的不当影响。

(16) 法官在公众场合和新闻媒体上，不得发表有损生效裁判的严肃性和权威性的评论。如果认为生效裁判或者审判工作中存在问题的，可以向本院院长报告或者向有关法院反映。

(17) 法官根据获得的情况确信，其他法官有可能或已经违反法官职业道德，或者其他法律工作者有可能或已违反职业道德，影响司法公正的，应当采取适当的措施向有关部门或者有关机关反映。

2. 提高司法效率

(1) 法官应当勤勉敬业，全身心地致力于履行职责，不得因个人的事务、日程安排或者其他行为影响职责的正常履行。

(2) 法官应当遵守法律规定的诉讼期限，在法定期限内尽快地立案、审理、判决。

(3) 法官必须杜绝粗心大意、无故拖延、贻误工作的行为，认真、及时、有效地完成本职工作，并做到：①合理安排各项审判事务，提高诉讼效率；②对于各项司法职责的履行都给予足够的重视，对于所承办的案件都给予同样审慎的关注，并且投入合理的、足够的时间；③在保证审判质量的前提下，注意节省当事人及其代理人、辩护人的时间，注重与其他法官和其他工作人员共事的有效性。

(4) 法官在审判活动中应当监督当事人遵守诉讼程序和各种时限规定，避免因诉讼参与人的原因导致不合理或者不必要的延误。

(5) 法官在执行生效法律文书时，应当依法采取有效措施，尽快予以执结。

3. 保持清正廉洁

(1) 法官在履行职责时，不得直接或者间接地利用职务和地位谋取任何不当利益。

(2) 法官不得接受当事人及其代理人、辩护人的款待、财物和其他利益。

（3）法官不得参与可能导致公众对其廉洁形象产生不信任感的商业活动或者其他经济活动。

（4）法官应当妥善处理个人事务，不得为了获得特殊照顾而有意披露自己的法官身份；不得利用法官的声誉和影响为自己、亲属或者他人谋取私人利益。

（5）法官及其家庭成员的生活方式和水准，应当与他们的职位和收入相符。

（6）法官不得兼任律师、企事业单位或者个人的法律顾问等职务；不得就未决案件给当事人及其代理人、辩护人提供咨询意见和法律意见。

（7）法官应当按照国家有关规定如实申报财产。

（8）法官必须向其家庭成员告知法官行为守则和职业道德的要求，并督促其家庭成员不得违反有关规定。

4. 遵守司法礼仪

（1）法官应当严格遵守各项司法礼仪，保持良好的仪表和文明的举止，维护人民法院的尊严和法官的良好形象。

（2）法官应当尊重当事人和其他诉讼参与人的人格尊严，并做到：①认真、耐心地听取当事人和其他诉讼参与人发表意见；除非因维护法庭秩序和庭审的需要，开庭时不得随意打断或者制止当事人和其他诉讼参与人的发言；②使用规范、准确、文明的语言，不得对当事人或其他诉讼参与人有任何不公的训诫和不恰当的言辞。

（3）法官开庭时应当遵守法庭规则，并监督法庭内所有人员遵守法庭规则，保持法庭的庄严，并做到：①按照有关规定穿着法官袍或者法官制服、佩带徽章，并保持整洁；②准时出庭，不缺席、迟到、早退，不随意出进；③集中精力，专注庭审，不做与审判活动无关的事。

5. 加强自身修养

（1）法官应当加强修养，具备良好的政治、业务素质和良好的品行，忠实地执行宪法和法律，全心全意为人民服务。

（2）法官应当具有丰富的社会经验和对社会现实的深刻理解。法官应当具备忠于职守、秉公办案、刚正不阿、不徇私情的理念，惩恶扬善、弘扬正义的良知，正直善良、谦虚谨慎的品格，享有良好的个人声誉。

（3）法官有权利并有义务接受教育培训，树立良好的学风，精研法理，汲取新知识，提高驾驭庭审、判断证据、制作裁判文书等各项司法技能，具备审判工作所必需的知识和专业能力。

（4）法官在日常生活中，应当严格自律，行为检点，培养高尚的道德操守，成为遵守社会公德和家庭美德的楷模。

6．约束业外活动

（1）法官从事各种职务外活动，应当避免使公众对法官的公正司法和清正廉洁产生合理怀疑，避免影响法官职责的正常履行，避免对人民法院的公信力产生不良影响。

（2）法官必须杜绝与公共利益、公共秩序、社会公德和良好习惯相违背的，可能影响法官形象和公正履行职责的不良嗜好和行为。

（3）法官应当谨慎出入社交场合，谨慎交友，慎重对待与当事人、律师以及可能影响法官形象的人员的接触和交往，以免给公众造成不公正或者不廉洁的印象，并避免在履行职责时可能产生的困扰和尴尬。

（4）法官不得参加带有邪教性质的组织。

（5）法官在职务外活动中，不得披露或者使用非公开的审判信息和在审判过程中获得的商业秘密、个人隐私以及其他非公开的信息。

（6）法官不得参加营利性社团组织或者可能借法官影响力营利的社团组织。

（7）法官可以参加有助于法制建设和司法改革的学术研究和其他社会活动。但是，这些活动应当以符合法律规定、不妨碍公正司法和维护司法权威、不影响审判工作为前提。

（8）法官发表文章或者接受媒体采访时，应当保持谨慎的态度，不得针对具体案件和当事人进行不适当的评论，避免因言语不当使公众对司法公正产生合理的怀疑。

(9) 法官退休后应当继续保持自身的良好形象，避免因其不当言行而使公众对司法公正产生合理的怀疑。

○ 审判人员违法审判的，如何确定责任人？

第一，独任审判员违法审判的，由独任审判员承担责任。

第二，合议庭成员评议案件时，故意违反法律规定或者歪曲事实、曲解法律，导致评议结论错误的，由导致错误结论的人员承担责任。

第三，审判委员会委员讨论案件时，故意违反法律规定或者歪曲事实、曲解法律，导致决定错误的，由导致错误决定的人员承担责任。审判委员会主持人违反民主集中制原则导致审判委员会决定错误的，由主持人承担责任。

第四，院长、庭长故意违反法律规定或者严重不负责任，对独任审判员或者合议庭的错误不按照法定程序纠正，导致违法裁判的，院长、庭长、独任审判员或者合议庭有关人员均应当承担相应责任。

○ 由谁对审判人员的违法审判责任进行确认和追究？

第一，人民法院的判决、裁定、决定是否错误，应当由人民法院审判组织确认。

第二，各级人民法院监察部门是违法审判责任追究工作的职能部门，负责违法审判线索的收集、对违法审判责任进行调查以及对责任人员依照有关规定进行处理。

第三，监察部门应当从二审、审判监督中发现审判人员违法审判的线索。人民法院各审判组织和审判人员应当配合监察部门的工作，及时将在审判工作中发现的违法审判线索通知监察部门，并提供有关材料。

第四，对涉及上级人民法院监察部门监察对象的违法审判线索，监察部门应当将有关材料报送上级人民法院监察部门处理。

第五，上级人民法院监察部门认为下级人民法院应当追究有关审判人员责任而没有追究的，报告院长决定，责令下级人民法院追究责任，必要时可以直接调查处理。

第六，对责任人的追究，应当根据违法行为的具体情况确定：(1) 情节轻微的，责令有关责任人作出检查或者通报批评；(2) 情节较重，应当给予纪律处分的，依照《人民法院审判纪律处分办法(试行)》给予相应的纪律处分；(3) 有犯罪嫌疑的，移送有关司法部门依法处理。

第七，违法审判责任案件的立案、调查、处理、申诉，依照《人民法院监察部门调查处理案件暂行办法》规定的程序进行。

○ 人民法院院长、副院长在什么情况下应当引咎辞职？

根据《最高人民法院地方各级人民法院及专门人民法院院长、副院长引咎辞职规定（试行)》的规定，引咎辞职是指在其直接管辖的范围内，因不履行或者不正确履行职责，导致工作发生重大失误或者造成严重后果，负有直接领导责任的院长、副院长，主动辞去现任职务的行为。

院长、副院长在其直接管辖范围内，具有下列情形之一的，应当主动提出辞职：(1) 本院发生严重枉法裁判案件，致使国家利益、公共利益和人民群众生命财产遭受重大损失或造成恶劣影响的；(2) 本院发生其他重大违纪违法案件隐瞒不报或拒不查处，造成严重后果或恶劣影响的；(3) 本院在装备、行政管理工作中疏于监管，发生重大事故或造成重大经济损失的；(4)不宜继续担任院长、副院长职务的其他情形。

院长、副院长引咎辞职应向有干部管理权限的党委和上级人民法院提交辞职申请书，经党委商上级人民法院同意后，依照法定程序办理。

符合上述情形之一的院长、副院长，本人不提出辞职的，按照干部管理权限，由党委商上级人民法院同意后建议人大或人大常委会依照法定程序罢免、撤换或免除其职务。

院长、副院长辞去职务后，可根据其辞职原由及其个人情况另行安排工作，并确定其职级待遇。已决定撤职或已构成撤职以上处分的院长、副院长不适用该规定。引咎辞职的院长、副院长，需要给予撤职以下（不含撤职）党纪政纪处分的，按照有关规定和干部管理权限办理。

○ 如何对审判人员进行纪律处分？

所谓审判人员的纪律处分，是指审判人员违反与审判工作有关的法律、法规、规章制度，影响审判工作的正常进行，或者侵犯诉讼参与人或其他人员的合法权益的行为，人民法院对其所作的行政上的处理。这里所说的审判人员是指各级人民法院审判员、助理审判员，也包括执行员、书记员、司法警察、司法鉴定人员。

1. 处分的种类

处分的种类为：警告、记过、记大过、降级、撤职、开除。受处分的期间为：警告，6 个月；记过，12 个月；记大过，18 个月；降级、撤职，24 个月。

受处分期间不得晋升职务、级别，其中，受记过、记大过、降级、撤职处分的，不得晋升工资档次；受撤职处分的，应当按照规定降低级别。受开除处分的，自处分决定生效之日起，解除与人民法院的人事关系，不得再担任公务员职务。

2. 处分的适用

给予人民法院工作人员处分，应当坚持以下原则：实事求是，客观公正；纪律面前人人平等；处分与违纪行为相适应；惩处与教育相结合。

同时有两种以上需要给予处分的行为的，应当分别确定其处分种类。应当给予的处分种类不同的，执行其中最重的处分；应当给予撤职以下多个相同种类处分的，执行该处分，并在一个处分期以上、多个处分期之和以下，决定应当执行的处分期。在受处分期间受到新的处分的，其处分期为原处分期尚未执行的期限与新处分期限之和。处分期最长不超过48个月。

二人以上共同违纪违法，需要给予处分的，根据各自应当承担的纪律责任分别给予处分。人民法院领导班子、有关机构或者审判组织集体作出违纪违法决定或者实施违纪违法行为，依照前款规定处理。

有下列情形之一的，应当在规定的处分幅度以内从重处分：在共同违纪违法行为中起主要作用的；隐匿、伪造、销毁证据的；串供或者阻止他人揭发检举、提供证据材料的；包庇同案人员的；法律、法规和该条例分则中规定的其他从重情节。

有下列情形之一的，应当在规定的处分幅度以内从轻处分：主动交待违纪违法行为的；主动采取措施，有效避免或者挽回损失的；检举他人重大违纪违法行为，情况属实的；法律、法规和该条例分则中规定的其他从轻情节。

主动交待违纪违法行为，并主动采取措施有效避免或者挽回损失的，应当在该条例分则规定的处分幅度以外降低一个档次给予减轻处分。应当给予警告处分，又有减轻处分情形的，免予处分。

违纪违法行为情节轻微，经过批评教育后改正的，可以免予处分。

在人民法院作出处分决定前，已经被依法判处刑罚、罢免、免职或者已经辞去领导职务，依照该条例需要给予处分的，应当根据其违纪违法事实给予处分。被依法判处刑罚的，一律给予开除处分。

人民法院工作人员退休之后违纪违法，或者在任职期间违纪违法、在处分决定作出前已经退休的，不再给予纪律处分；但是，应当给予降级、撤职、开除处分的，应当按照规定相应降低或者取消其享受的待遇。

对违纪违法取得的财物和用于违纪违法的财物，应当没收、追缴或者责令退赔。没收、追缴的财物，一律上缴国库。对违纪违法获得的职务、职称、学历、学位、奖励、资格等，应当建议有关单位、部门按规定予以纠正或者撤销。

3. 处分的解除、变更和撤销

受开除以外处分的，在受处分期间有悔改表现，并且没有再发生违纪违法行为的，处分期满后应当解除处分。解除处分后，晋升工资档次、级别、职务不再受原处分的影响。但是，解除降级、撤职处分的，不视为恢复原级别、原职务。

有下列情形之一的，应当变更或者撤销处分决定：适用法律、法规或者该条例规定错误的；对违纪违法行为的事实、情节认定有误的；处分所依据的违纪违法事实证据不足的；调查处理违反法定程序，影响案件公正处理的；作出处分决定超越职权或者滥用职权的；有其他处分不当情形的。

处分决定被变更，需要调整被处分人员的职务、级别或者工资档次的，应当按照规定予以调整；处分决定被撤销的，应当恢复其级别、工资档次，按照原职务安排相应的职务，并在适当范围内为其恢复名誉。因变更而减轻处分或者被撤销处分人员的工资福利受到损失的，应当予以补偿。

4. 违反办案纪律处分的具体适用

违反规定，擅自对应当受理的案件不予受理，或者对不应当受理的案件违法受理的，给予警告、记过或者记大过处分；情节较重的，给予降级或者撤职处分；情节严重的，给予开除处分。

违反规定应当回避而不回避，造成不良后果的，给予警告、记过或者记大过处分；情节较重的，给予降级或者撤职处分；情节严重的，给予开除处分。明知诉讼代理人不符合担任代理人的规定，仍准许其担任代理人，造成不良后果的，给予警告、记过或者记大过处分；情节较重的，给予降级处分；情节严重的，给予撤职处分。

违反规定会见案件当事人及其代理人、请托人的，给予警告处分；造成不良后果的，给予记过或者记大过处分。违反规定为案件当事人推荐、介绍律师或者代理人，或者为律师或者其他人员介绍案件的，给予警告处分；造成不良后果的，给予记过或者记大过处分。

违反规定插手、干预、过问案件，或者为案件当事人通风报信、说情打招呼的，给予警告、记过或者记大过处分；情节较重的，给予降级或者撤职处分；情节严重的，给予开除处分。依照规定应当调查收集相关证据而故意不予收集，造成不良后果的，给予警告、记过或者记大过处分；情节较重的，给予降级或者撤职处分；情节严重的，给予开除处分。

依照规定应当采取鉴定、勘验、证据保全等措施而故意不采取，造成不良后果的，给予警告、记过或者记大过处分；情节较重的，给予降级或者撤职处分；情节严重的，给予开除处分。

依照规定应当采取财产保全措施或者执行措施而故意不采取，或者依法应当委托有关机构审计、鉴定、评估、拍卖而故意不委托，造成不良后果的，给予警告、记过或者记大过处分；情节较重的，给予降级或者撤职处分；情节严重的，给予开除处分。

违反规定采取或者解除财产保全措施，造成不良后果的，给予警告、记过或者记大过处分；情节较重的，给予降级或者撤职处分；情节严重的，给予开除处分。

故意违反规定选定审计、鉴定、评估、拍卖等中介机构，或者串通、指使相关中介机构在审计、鉴定、评估、拍卖等活动中徇私舞弊、弄虚作假的，给予警告、记过或者记大过处分；情节较重的，给予降级或者撤职处分；情节严重的，给予开除处分。

故意违反规定采取强制措施的，给予警告、记过或者记大过处分；情节较重的，给予降级或者撤职处分；情节严重的，给予开除处分。

故意毁弃、篡改、隐匿、伪造、偷换证据或者其他诉讼材料的，给予记大过处分；情节较重的，给予降级或者撤职处分；情节严重的，给予开除处分。指使、帮助他人作伪证或者阻止他人作证的，给予降级或者撤职处分；情节严重的，给予开除处分。

故意向合议庭、审判委员会隐瞒主要证据、重要情节或者提供虚假情况的，给予警告、记过或者记大过处分；情节较重的，给予降级或者撤职处分；情节严重的，给予开除处分。

故意泄露合议庭、审判委员会评议、讨论案件的具体情况或者其他审判执行工作秘密的，给予记过或者记大过处分；情节较重的，给予降级或者撤职处分；情节严重的，给予开除处分。

故意违背事实和法律枉法裁判的，给予降级或者撤职处分；情节严重的，给予开除处分。

因徇私而违反规定迫使当事人违背真实意愿撤诉、接受调解、达成执行和解协议并损害其利益的，给予警告、记过或者记大过处分；情节较重的，给予降级或者撤职处分；情节严重的，给予开除处分。

故意违反规定采取执行措施，造成案件当事人、案外人或者第三人财产损失的，给予记大过处分；情节较重的，给予降级或者撤职处分；情节严重的，给予开除处分。

故意违反规定对具备执行条件的案件暂缓执行、中止执行、终结执行或者不依法恢复执行，造成不良后果的，给予记大过处分；情节较重的，给予降级或者撤职处分；情节严重的，给予开除处分。

故意违反规定拖延办案的，给予警告、记过或者记大过处分；情节较重的，给予降级或者撤职处分；情节严重的，给予开除处分。

故意拖延或者拒不执行合议庭决议、审判委员会决定以及上级人民法院判决、裁定、决定、命令的，给予警告、记过或者记大过处分；情节较重的，给予降级或者撤职处分；情节严重的，给予开除处分。

违反规定私自办理案件的，给予警告、记过或者记大过处分；情节较重的，给予降级或者撤职处分；情节严重的，给予开除处分。内外勾结制造假案的，给予降级、撤职或者开除处分。

伪造诉讼、执行文书，或者故意违背合议庭决议、审判委员会决定制作诉讼、执行文书的，给予记大过处分；情节较重的，给予降级或者撤职处分；情节严重的，给予开除处分。送达诉讼、执行文书故意不依照规定，造成不良后果的，给予警告、记过或者记大过处分。

违反规定将案卷或者其他诉讼材料借给他人的，给予警告处分；造成不良后果的，给予记过或者记大过处分。

对外地人民法院依法委托的事项拒不办理或者故意拖延办理，造成不良后果的，给予警告、记过或者记大过处分；情节严重的，给予降级或者撤职处分。阻挠、干扰外地人民法院依法在本地调查取证或者采取相关财产保全措施、执行措施、强制措施的，给予警告、记过或者记大过处分；情节较重的，给予降级或者撤职处分；情节严重的，给予开除处分。

有其他违反办案纪律行为的，给予警告、记过或者记大过处分；情节较重的，给予降级或者撤职处分；情节严重的，给予开除处分。

5. 违反廉政纪律处分的具体适用

利用职务便利，采取侵吞、窃取、骗取等手段非法占有诉讼费、执行款物、罚没款物、案件暂存款、赃款赃物及其孳息等涉案财物或者其他公共财物的，给予记大过处分；情节较重的，给予降级或者撤职处分；情节严重的，给予开除处分。

利用司法职权或者其他职务便利，索取他人财物及其他财产性利益的，或者非法收受他人财物及其他财产性利益，为他人谋取利益的，给予记大过处分；情节较重的，给予降级或者撤职处分；情节严重的，给予开除处分。利用司法职权或者其他职务便利为他人谋取利益，以低价购买、高价出售、收受干股、合作投资、委托理财、赌博等形式非法收受他人财物，或者以特定关系人“挂名”领取薪酬或者收受财物等形式，非法收受他人财物，或者违反规定收受各种名义的回扣、手续费归个人所有的，依照上述规定处分。

行贿或者介绍贿赂的，给予记过或者记大过处分；情节较重的，给予降级或者撤职处分；情节严重的，给予开除处分。向审判、执行人员行贿或者介绍贿赂的，依照上述规定从重处分。

挪用诉讼费、执行款物、罚没款物、案件暂存款、赃款赃物及其孳息等涉案财物或者其他公共财物的，给予记过或者记大过处分；情节较重的，给予降级或者撤职处分；情节严重的，给予开除处分。

接受案件当事人、相关中介机构及其委托人的财物、宴请或者其他利益的，给予警告、记过或者记大过处分；情节较重的，给予降级或者撤职处分；情节严重的，给予开除处分。违反规定向案件当事人、相关中介机构及其委托人借钱、借物的，给予警告、记过或者记大过处分。

以单位名义集体截留、使用、私分诉讼费、执行款物、罚没款物、案件暂存款、赃款赃物及其孳息等涉案财物或者其他公共财物的，给予警告、记过或者记大过处分；情节较重的，给予降级或者撤职处分；情节严重的，给予开除处分。

利用司法职权，以单位名义向公民、法人或者其他组织索要赞助或者摊派、收取财物的，给予记过或者记大过处分；情节较重的，给予降级或者撤职处分；情节严重的，给予开除处分。

故意违反规定设置收费项目、扩大收费范围、提高收费标准的，给予警告、记过或者记大过处分；情节较重的，给予降级或者撤职处分；情节严重的，给予开除处分。

违反规定从事或者参与营利性活动，在企业或者其他营利性组织中兼职的，给予记过或者记大过处分；情节较重的，给予降级或者撤职处分；情节严重的，给予开除处分。

利用司法职权或者其他职务便利，为特定关系人谋取不正当利益，或者放任其特定关系人、身边工作人员利用本人职权谋取不正当利益的，给予记过或者记大过处分；情节较重的，给予降级或者撤职处分；情节严重的，给予开除处分。

有其他违反廉政纪律行为的，给予警告、记过或者记大过处分；情节较重的，给予降级或者撤职处分；情节严重的，给予开除处分。

6. 失职行为的认定与纪律处分

因过失导致依法应当受理的案件未予受理，或者不应当受理的案件被违法受理，造成不良后果的，给予警告、记过或者记大过处分。

因过失导致错误裁判、错误采取财产保全措施、强制措施、执行措施，或者应当采取财产保全措施、强制措施、执行措施而未采取，造成不良后果的，给予警告、记过或者记大过处分；造成严重后果的，给予降级、撤职或者开除处分。

因过失导致所办案件严重超出规定办理期限，造成严重后果的，给予警告、记过或者记大过处分。

因过失导致被羁押人员脱逃、自伤、自杀或者行凶伤人的，给予记过或者记大过处分；造成严重后果的，给予降级、撤职或者开除处分。

因过失导致诉讼、执行文书内容错误，造成严重后果的，给予警告、记过或者记大过处分。因过失导致国家秘密、审判执行工作秘密及其他工作秘密、履行职务掌握的商业秘密或者个人隐私被泄露，造成不良后果的，给予警告、记过或者记大过处分；情节较重的，给予降级或者撤职处分；情节严重的，给予开除处分。

因过失导致案卷或者证据材料损毁、丢失的，给予警告、记过或者记大过处分；造成严重后果的，给予降级或者撤职处分。

因过失导致职责范围内发生刑事案件、重大治安案件、重大社会群体性事件或者重大人员伤亡事故的，使公共财产、国家和人民利益遭受重大损失的，给予记过或者记大过处分；情节较重的，给予降级或者撤职处分；情节严重的，给予开除处分。

有其他失职行为造成不良后果的，给予警告、记过或者记大过处分；情节较重的，给予降级或者撤职处分；情节严重的，给予开除处分。

第二节 回 避

○ 哪些人适用回避?

根据《民事诉讼法》第45条的规定，回避适用于审判人员、书记员、翻译人员、鉴定人和勘验人。审判人员包括承办本案的审判员、助理审判员、陪审员，他们是处理案件的决定者。书记员、翻译人员、鉴定人、勘验人都是参与本案协助审判人员进行工作的有关人员。书记员负责记录本案的全部内容；翻译人员充当法庭语言的媒介；鉴定人作出的鉴定结论使科学原理、案件事实与法律规定之间建立了有机的联系，成为办案的证据；勘验人是进行勘验的人。

○ 回避应当具备什么条件?

根据《民事诉讼法》第45条第1款和《最高人民法院关于审判人员严格执行回避制度的若干规定》的规定，审判人员、书记员、翻译人员、鉴定人和勘验人有下列情形之一的，必须回避：

1. 是本案的当事人或者是当事人、诉讼代理人的近亲属

当事人是诉讼活动的直接参加者，诉讼代理人在诉讼中代表其受托的当事人切身利益，为委托当事人主张权利。如果当事人或诉讼代理人是本案审判人员或参与本案工作的其他人员的近亲属，就有可能使他们以权谋私、偏袒被代理的一方当事人，而损害对方当事人的合法权益，就有可能影响案件的公正审理，所以必须回避。最高人民法院的司法解释将本项近亲属作了具体界定，即“与当事人有直系血亲、三代以内旁系血亲及姻亲关系”、“与本案的诉讼代理

人有夫妻、父母、子女或者同胞兄弟姐妹关系。”

2. 本人或者其近亲属与本案有利害关系

与本案有利害关系是指与案件的处理结果有法律上的利害关系。

3. 担任过本案的证人、鉴定人、勘验人、辩护人、诉讼代理人的

4. 与本案当事人有其他关系，可能影响对案件的公正审理

这里说的“其他关系”，是指上述两种关系以外的其他比较亲近或密切的关系。如上述近亲属以外的其他远亲、邻居、感情较深的老部下、老同学、老朋友等等。应当明确的是，不是所有这种关系都应当回避，必须足以能够影响到案件的公正处理才应回避。能否影响到案件的公正处理，应实事求是地进行分析、认定，而不能凭主观判断和推测，或者不加分析地一律回避。

根据《最高人民法院关于审判人员严格执行回避制度的若干规定》的规定，审判人员具有下列情形之一的，当事人及其法定代理人有权要求回避，但应当提供相关证据材料：(1) 未经批准，私下会见本案一方当事人及其代理人、辩护人的；(2) 为本案当事人推荐、介绍代理人、辩护人，或者为律师、其他人员介绍办理该案件的；(3) 接受本案当事人及其委托的人的财物、其他利益，或者要求当事人及其委托的人报销费用的；(4) 接受本案当事人及其委托的人的宴请，或者参加由其支付费用的各项活动的；(5) 向本案当事人及其委托的人借款、借用交通工具、通讯工具或者其他物品，或者接受当事人及其委托的人在购买商品、装修住房以及其他方面给予的好处的。

○ 回避的方式有哪些？

审判人员有法定情形之一者，必须回避，当事人有权申请他们回避。由此可见，回避的方式有两种：

1. 申请回避

申请回避是指当事人认为审判人员或其他人员符合法定回避条

件，用口头或书面形式申请他们不参与案件审理等活动的行为。申请回避是法律赋予当事人的一项诉讼权利，它意味着当事人有权依法选择审判人员或其他人员，人民法院对当事人这一重要诉讼权利必须切实加以保护。

2. 自行回避

自行回避是指审判人员或其他人员认为自己符合法定回避条件，主动提出不参与案件审理等活动的行为。

○ 当事人如何提出回避申请？

申请回避是当事人的一项重要的诉讼权利。根据《民事诉讼法》第45条的规定，当事人提出回避申请时应注意以下问题：

1. 当事人申请回避必须说明理由

当事人提出回避申请，必须说明需要回避的具体人员、回避的事由、证据及证据线索等。

2. 申请回避的权利必须在法律规定的期间内行使

《民事诉讼法》第46条规定，当事人提出回避申请应当在案件开始审理时提出，回避事由在案件开始审理后才知道的也可以在法庭辩论终结前提出。至于在诉讼进行中陆续参加诉讼活动中的有关人员，如翻译人员、鉴定人员、勘验人员、执行员等，也应在得知回避事由后及时提出申请，以免拖延诉讼，影响审判工作的正常进行。

○ 当事人申请回避后，被申请回避人是否退出案件审理？

回避申请请求一旦提出，就产生了相应的法律后果。根据《民事诉讼法》第46条第2款的规定，被申请回避的人员在人民法院作出是否回避的决定前，应当暂停参与本案的工作，但案件需要采取紧急措施的除外。如必须立即对诉讼标的物采取财产保全措施，或者急需扣押和查封当事人可能转移的财产及可能毁灭的证据等，被申请回避的人员在上述情况下可以不停止参与本案的工作，以保证案件的顺利审理或裁判的顺利执行。但是，对人民法院驳回回避申请而当事人申请复议的，在复议期间，被申请回避的人员不停止参与本案的工作。

○ 回避决定由谁作出?

对审判人员和参与本案工作的其他人员提请的自行回避，或者当事人提出的回避申请是否准许，需要经过一定的审批手续，以保证正确地执行回避制度的规定。根据被申请回避人员的不同职务，审批回避的权限不同：

第一，院长担任审判长参加案件审理时，是否回避由审判委员会决定。这里的院长包括人民法院的现职正、副院长。

第二，对审判人员的回避应由院长决定。这里的审判人员包括参加本案审理的正、副庭长及审判员、助理审判员和人民陪审员。(3) 其他人员的回避由审判长决定。其他人员包括书记员、翻译人员、鉴定人员、勘验人员等。

○ 审判委员会讨论案件是否执行回避制度?

对于人民法院审判委员会讨论案件是否执行回避制度，司法实践中有两种不同意见：一种意见认为，不应执行回避制度。理由是：我国《民事诉讼法》规定了当事人提出回避申请的期间为案件开始审理时至法庭辩论终结前，换言之，法庭辩论终结后，当事人就丧失了申请回避的权利。另一种意见认为，应执行回避制度。理由是：审判委员会讨论案件，不能排除委员与所讨论的案件有利害关系或其他关系，可能影响案件的公正审理，故应执行回避制度。

我们认为，根据我国有关诉讼法的规定，人民法院审理案件的基本审判组织是合议庭，依法适用简易程序的民事案件由审判员独任审理；对于审理案件的审判人员，有法定实行回避情形的，必须回避。根据《人民法院组织法》的规定，审判委员会的职责之一是讨论重大、疑难、复杂案件，对于审判委员会的决定，合议庭应当执行。审判委员会讨论案件，实行民主集中制原则，审判委员会委员作为审判人员，在讨论有关案件时，同样适用法律规定的回避制度。至于案件是否经由审判委员会讨论决定，当事人并不知晓，故只存在审判委员会委员主动提出回避的情况，不会有当事人申请审判委员会委员回避的情形。

○ 回避决定应在什么时间作出？

根据《民事诉讼法》第46条的规定，人民法院对当事人提出的回避申请，应当在申请提出的3日之内做出决定，并通知当事人。如果当事人在开庭审理时，提出回避申请，人民法院对申请回避比较容易做出决定，应尽量当庭做出是否准予回避申请的决定，或在短暂休庭后，及时开庭宣布决定的内容。如果当庭不能作出答复，应宣布延期审理，待3日之内做出决定后再通知当事人。

○ 当事人对回避决定不服的，是否可以提出复议？

人民法院的决定一经作出就立即产生法律效力，被申请回避的审判人员和参与本案工作的其他人员可以恢复参与本案的工作，或者终止参与本案的工作。

申请人对人民法院作出驳回申请的决定不服时，可以在接到决定时申请复议一次，人民法院对当事人的复议申请，也应在3日内作出决定，并以口头或书面形式通知申请人。复议期间，本案的审理工作继续进行，被申请回避的审判人员或其他人员不停止参与本案工作。

第三章 诉讼参加人

第一节 原告与被告

○ 什么是民事诉讼中的当事人？

民事诉讼中的当事人，是指以自己的名义请求法院保护民事权益，并由此引起民事诉讼程序发生、变更和消灭的人及其相对人，这就是《民事诉讼法》中的原告和被告。

1. 当事人是民事诉讼的主体

民事诉讼的主体，是指能够通过自己的诉讼行为使民事诉讼程序发生、变更和消灭的人。

2. 当事人以自己的名义为诉讼行为

在民事诉讼中，凡是以自己的名义起诉、应诉，并由此引起民事诉讼程序发生、变更和消灭的人，不论其是否为发生争议的民事法律关系的主体，均为当事人。反之，虽为发生争议的民事法律关系的主体，但未以自己的名义进行诉讼活动的人，则不是当事人。

3. 当事人为诉讼行为的目的是保护自己的民事权益

4. 民事诉讼因民事权益受到侵害或者发生争议而发生

原告向人民法院起诉，旨在保护民事权益；被告对原告的起诉进行反驳、抗辩，也是为了保护民事权益。

无论在立法上，还是在实践中，当事人这一概念都有广义、狭义之分。狭义的当事人，是指诉讼中直接对抗的双方，即提起诉讼的原告和原告诉称的被告。而广义上的当事人还包括了对抗双方以外的、也与案件有直接的法律上的利害关系的有独立请求权的第三人。至于无独立请求权的第三人是否是诉讼当事人，理论界尚有争论。

○ 当事人在不同诉讼程序中有哪些称谓？

在民事诉讼的不同程序中，当事人有不同的称谓。在第一审普通程序和简易程序中，称为原告和被告。在第二审程序中，称为上诉人和被上诉人。在审判监督程序中，如果适用第一审程序，称为原审原告和原审被告；如果适用第二审程序，称为原审上诉人和原审被上诉人。在特别程序中，除选民资格案件称起诉人外，其他案件均称为申请人。在督促程序中，称为申请人和被申请人。在公示催告程序中，称为申请人和利害关系人。在企业法人破产还债程序中，称为申请人和被申请人。在执行程序中，称为申请执行人和被申请执行人（被执行人）。

当事人的称谓，不只是表面上的称呼问题而是直接反映出他们在诉讼中所处的地位，进而确定了他们所享有的诉讼权利和诉讼义务。例如原告、上诉人享有撤回起诉或上诉的权利，负有提交诉状的义务，申请执行人享有撤回申请的权利，负有提交执行文书的义务。而被告、被上诉人、被申请执行人，则享有答辩、反诉或反驳对方请求的权利，同时也承担应诉等义务。不难看出，当事人称谓的不同，直接体现着他们诉讼权利义务的不同。

○ 什么是原告？什么是被告？

民事诉讼中的原告，是指认为自己的民事权益或者受其管理支配的民事权益受到侵害，或者与他人发生争议，为维护其合法权益而向人民法院提起诉讼，引起诉讼程序发生的人。

民事诉讼中的被告，是指被诉称侵犯原告民事权益或与原告发生民事权益争议，被人民法院传唤应诉的人。

在一般情况下，原告一方和被告一方都是一人，即单一的原告、被告。这在《民事诉讼法》学理论研究中称为狭义的当事人。广义的当事人，除单一的原告、被告外，还包括共同诉讼人、诉讼代表人、第三人。

原告和被告都是民事诉讼的当事人，是最基本的诉讼主体，诉讼当事人的特征在其身上有最充分的体现。原告和被告都以自己的名义参加诉讼，与案件有法律上的利害关系，为保护自己的民事权益进行诉讼，受人民法院裁判的拘束。原告和被告除具有一切诉讼当事人所共有的特征外，还具有以下特征：

1. 原告是引起诉讼程序发生的人

民事诉讼程序的发生，必须有原告向人民法院提起诉讼。没有人向人民法院起诉，人民法院就没有案件可审判。有原告起诉，人民法院对原告的起诉经过审查，决定予以立案，诉讼程序即开始。这是原告区别于被告、第三人的根本之点。

2. 被告是被人民法院传唤应诉的人

被告参加诉讼，是由于原告诉称其侵犯了他的民事权益或者与原告对某一民事权益发生了争议。人民法院通知被告应诉，被告的诉讼地位即确定。被告是被起诉的一方当事人。

3. 原告与被告处于相对的地位

民事诉讼的进行，必须有双方当事人存在。原告与被告在民事诉讼中处于相对的地位，彼此互相依存，没有原告就没有被告，没有被告也就没有原告。原告与被告在诉讼中地位不同，所享有的诉讼权利和应承担的诉讼义务也就不相同，但彼此对等。

在民事诉讼中，原告诉称被告侵犯了自己的民事权益，或者与自己对某一民事权益发生争议，都只是一种假定。原告不一定就是实体权益的享有者，被告也不一定就是应对原告承担义务的人。因为有的案件，原告起诉所指的被告不是真正的被告；有的案件并不是被告侵犯了原告的权益，相反是原告侵犯了被告的权益。原告与被告之间的民事权利义务关系到底如何，有待人民法院将案件审理完后才能得出结论。

根据《最高人民法院关于适用〈中华人民共和国民事诉讼法〉若干问题的意见》的规定，应针对不同情形分别确定当事人：

第一，个体工商户、农村承包经营户、合伙组织雇佣的人员在进行雇佣合同规定的生产经营活动中造成他人损害的，其雇主是当事人。

第二，个体工商户以营业执照上登记的业主为当事人，有字号的，应在法律文书中注明登记的字号。

第三，当事人之间的纠纷经仲裁机构仲裁或者经人民调解委员会调解，当事人不服仲裁或调解向人民法院起诉的，应以对方当事人为被告。

第四，法人或者其他组织应登记而未登记即以法人或者其他组织名义进行民事活动，或者他人冒用法人、其他组织名义进行民事活动，或者法人或者其他组织依法终止后仍以其名义进行民事活动的，以直接责任人为当事人。

第五，因保证合同发生纠纷提起的诉讼，债权人仅起诉被保证人的，可只列被保证人为被告。

第六，法人非依法设立的分支机构，或者虽依法设立，但没有领取营业执照的分支机构，以设立该分支机构的法人为当事人。

第七，法人的工作人员因职务行为或者授权行为发生的诉讼，该法人为当事人。

第八，企业法人合并的，因合并前的民事活动发生的纠纷，以合并后的企业为当事人。

第九，企业法人未经清算即被撤销，有清算组织的，以该清算组织为当事人，没有清算组织的，以作出撤销决定的机构为当事人。

○ 什么是诉讼权利能力？

诉讼权利能力，又称当事人能力，指享有民事诉讼权利，承担民事诉讼义务的能力。换句话说，诉讼权利能力就是作为民事诉讼当事人的资格。有诉讼权利能力，意味着民事权益受到侵害或者发生争议时，有资格以自己的名义起诉、应诉，成为民事诉讼的当事人。

诉讼权利能力与民事权利能力有密切联系。通常情况下，诉讼权利能力以民事权利能力为基础，有民事权利能力，同时也有诉讼权利能力；没有民事权利能力，也没有诉讼权利能力。这是因为民事诉讼是保护民事主体合法权益的手段，法律在赋予某一主体民事权利能力的同时，也必然赋予它诉讼权利能力，以便其在民事权益受到侵犯或者发生争议时，能够以自己的名义起诉、应诉，求得司法保护。但诉讼权利能力毕竟不是民事权利能力。前者是程序上的权利能力，是作为诉讼主体的资格；后者是实体上的权利能力，是作为民事主体的资格。

○ 公民如何进行民事诉讼？

公民，亦称自然人，是我国《民法通则》确认的民事主体之一。根据我国宪法规定，凡具有中华人民共和国国籍的自然人，都是中华人民共和国公民。中华人民共和国公民从出生时起到死亡时止，具有民事权利能力，可以成为民事法律关系的主体。公民作为主体的民事法律关系发生争议，可以以自己的名义起诉、应诉，成为民事诉讼的当事人。

居住在我国领域内的外国人和无国籍人虽然不是中华人民共和国公民，但也可以依法进行民事活动，成为民事法律关系的主体。当该民事法律关系发生争议时，外国人和无国籍人也可以以自己的名义起诉、应诉，成为民事诉讼当事人。

公民的诉讼权利能力与民事权利能力相一致，始于出生终于死亡。

○ 法人如何进行民事诉讼？

法人，即具有法律人格的社会组织，是我国《民法通则》确认的另一民事主体。法人从成立时起到终止时止，具有民事权利能力，可以依法进行民事活动，成为民事法律关系的主体。法人作为主体的民事法律关系发生争议，可以以自己的名义起诉、应诉，成为民事诉讼的当事人。法人作为民事诉讼当事人，由其法定代表人进行诉讼。法人的法定代表人，指法人的正职负责人。没有正职负责人的，由主持工作的副职负责人担任法定代表人。设有董事会的法人，以董事长为法定代表人；没有董事长的法人，经董事会授权的负责人可以作为法人的法定代表人。

法人的诉讼权利能力始于成立终于消灭，如破产、撤销、合并、分立。

○ 其他组织是否可以成为当事人？

其他组织，指依法成立，有一定的组织机构和财产，但又不具备法人资格的社会组织。我国《民法通则》虽未明确使用“其他组织”这一法律术语，但规定了不具备法人资格的合伙、联营组织的法律地位，可以认为在我国民法中承认了其他组织的民事主体地位。再从我国实际情况看，除合伙组织和联营组织外，其他组织大量存在，他们在一定范围内进行各种经济活动，在社会经济生活中发挥着重要作用。在商品经济活动中，他们有权以自己的名义设定权利和义务，因而成为公民、法人之外的独立民事主体。他们的合法权益受到侵害或发生争议时，也应赋予其保护自己合法权益的手段，其中重要的手段就是赋予其诉讼法上的主体资格，成为民事诉讼当事人，能够以自己的名义向人民法院起诉或应诉，独立行使诉讼权利，履行诉讼义务。再从法律理论看，民事权利主体和民事诉讼主体应该是一致的，具有民事主体资格也必然要具有诉讼主体资格。因此，我国《民事诉讼法》规定其他组织可以成为民事诉讼当事人既符合我国目前实际，也同民事实体法相适应，是我国民事诉讼制度的完善和发展。其他组织具有以下法律特征：

1. 必须合法成立

其他组织必须是依照法律规定的程序和条件成立，法律予以认可的组织。比如，应当履行登记手续的，履行了登记手续；应当领取营业执照的，领取了营业执照等。如果未经依法成立，则不具有其他组织的资格，应由直接责任人承担民事责任，在民事诉讼中，直接责任人即为当事人。

2. 必须具有一定的组织机构

即有能够保证该组织正常活动的机构，比如，有自己的名称、场所，有自己的负责人和一定的职能部门和工作人员等。如果仅有一块招牌，一个名称，既无一定的场所，也无一定的组织机构和人员的，则不能成为其他组织，在民事活动中发生纠纷时，应以直接责任人为当事人，需要承担民事责任的，要由直接责任人承担民事责任。

3. 必须有一定的财产

其他组织必须具有能够单独支配的，与其经营规模和业务活动的内容和范围相适应的财产。这种财产既可能是上级单位的拨款，也可以是其他合法来源的财产。强调其他组织必须有一定财产的目的，是保证其他组织能够独立进行民事活动，能够在其业务活动范围内享有民事权利，承担民事义务。如果根本没有自己能够支配的财产，就不属于其他组织，也就不能成为民事诉讼当事人，应由直接责任人参加诉讼并承担民事责任。

4. 不具有法人资格

是指其他组织不具备法人的条件，在法律上没有取得法人资格。其他组织不具有法人资格的一个重要原因是不能以自己的财产独立承担民事责任。不能独立承担民事责任，并不是说其没有独立的财产承担民事责任，而是说，在法律上它承担的民事责任并不以其所有的财产为限；当其财产不能承担责任时，应由对其负责的公民或法人来承担，这是其他组织和法人的一个重要区别。

《最高人民法院关于适用〈中华人民共和国民事诉讼法〉若干问题的意见》规定，以下几种组织属于其他组织：（1）依法登记领取营业执照的个人独资企业、合伙企业；（2）依法登记领取营业执照的合伙型联营企业；（3）依法登记领取我国营业执照的中外合作经营企业、外资企业；（4）经民政部门核准登记领取社会团体登记证的社会团体；（5）法人依法设立并领取营业执照的分支机构；（6）中国人民银行、各专业银行设在各地的分支机构；（7）中国人民保险公司设在各地的分支机构；（8）经核准登记领取营业执照的乡镇、街道、村办企业；（9）符合规定条件的其他组织。

其他组织作为当事人，应当由其主要负责人作为代表人进行诉讼。其他组织的诉讼权利能力与法人的诉讼权利能力一样，都是始于成立，终于终止。

○ 个体工商户、农村承包经营户和个人合伙是否可以成为当事人？

个体工商户、农村承包经营户和个人合伙，是我国《民法通则》规定的公民作为民事主体的特殊形式，他们虽然以户和合伙的形式从事生产、经营活动，但根据《最高人民法院关于适用〈中华人民共和国民事诉讼法〉若干问题的意见》，在民事诉讼中，仍以公民为当事人。例如，个体工商户以业主为当事人，个人合伙以全体合伙人为当事人。

○居委会、村委会、街道办事处可以成为当事人吗？

依法成立的基层群众自治组织和城市居民委员会、农村村民委员会以及国家机关依法派出的机构如行政公署、区公所、街道办事处等不属于民事诉讼中的其他组织，而是独立的法人。我国《民法通则》第50条规定，有独立经费的机关从成立之日起，具有法人资格。具备法人条件的事业单位、社会团体，依法不需要办理法人登记的，从成立之日起，具有法人资格；依法需要办理法人登记的，经核准登记，取得法人资格。根据这一规定，城市居民委员会、农村村民委员会都是依照法律规定成立的，不需要有关部门核准登记，也不需要领取营业执照，因而，可以认为自成立之日起即具有法人资格，不属于民事诉讼中的其他组织。国家机关依法派出的行政公署、区公所和街道办事处作为一级国家机关，是依照法律规定成立的，有国家固定的拨款，不需要核准登记和领取营业执照，他们自设立之日起即具有法人资格，也不属于其他组织。在民事诉讼中，这些主体均可以以法人的名义参加诉讼。

○哪些人不能亲自进行诉讼活动？

有诉讼权利能力但无诉讼行为能力的人不能亲自进行诉讼活动。诉讼行为能力，指以自己的行为行使诉讼权利，履行诉讼义务的能力。换句话说，诉讼行为能力就是亲自进行诉讼活动的能力。有无诉讼行为能力是决定当事人能否亲自进行诉讼活动的惟一条件。根据我国《民事诉讼法》的规定，有诉讼权利能力者可以作为民事诉讼的当事人，但要亲自进行诉讼活动，还必须同时具有诉讼行为能力。没有诉讼行为能力的人，虽然也可以作为民事诉讼的当事人，但必须由其法定代理人代为诉讼行为。

依照《民法通则》的有关规定，不满10周岁的未成年人和完全不能辨认自己行为的精神病人属于无民事行为能力人；10周岁以上不满18周岁的公民是限制民事行为能力人（16周岁以上不满18周岁的公民以自己的劳动收入为主要生活来源的除外）；不能完全辨认自己行为的精神病人也属于限制民事行为能力人。无论是无行为能力人还是限制民事行为能力人，在民事诉讼中均属无诉讼行为能力人。因此，法律设立了诉讼代理制度，无诉讼行为能力人由他的监护人作为法定代理人代为诉讼，以保护他们的合法权益。但这种情况，在当事人的列项上，应将无诉讼行为能力人列为当事人，其父母等法定代理人只能列为诉讼代理人。

法人的诉讼行为能力与它的诉讼权利能力一样，都是自依法成立时产生，于撤销、合并、宣告破产等情况时消灭。依法成立的其他组织，其诉讼行为能力与法人相类似。他们的诉讼行为能力，由法定代表人或主要负责人具体实现。

○ 如何确定代表法人进行诉讼的法定代表人？

法定代表人是指依照法律或法人章程规定，代表法人行使职权的人。在我国经济生活中，法人是重要的民事主体，能够依法进行民事活动，独立承担民事责任，其民事权益受到侵害或发生争议时，能够以自己的名义起诉或应诉，成为民事诉讼当事人。但法人毕竟不同于自然人，不能亲自进行民事活动和民事诉讼活动，只能由其法定代表人代其进行上述活动。因此，《民事诉讼法》第49条规定：“公民、法人和其他组织可以作为民事诉讼的当事人。法人由其法定代表人进行诉讼。其他组织由其主要负责人进行诉讼。”根据《最高人民法院关于适用〈中华人民共和国民事诉讼法〉若干问题的意见》的规定，法人的正职负责人是法人的法定代表人。没有正职负责人的，由主持工作的副职负责人担任法定代表人。设有董事会的法人，以董事长为法定代表人；没有董事长的法人，经董事会授权的负责人可作为法人的法定代表人。

在法定代表人参加诉讼的问题上，实践中应注意以下几个问题：

首先，法定代表人参加诉讼时，法人必须出具书面证明，证明法定代表人的职务和具有法定代表人的资格，证明应加盖法人单位印章。

其次，法定代表人在诉讼中的活动就是法人的活动，也是法人意志的体现，其行为所产生的权利和义务都要由法人承担。法定代表人的更换，只是执行职务的具体人的更换，不是当事人的更换，原法定代表人所为的诉讼行为对更换后的法定代表人具有约束力。实践中，有些法人单位的厂长、经理更换后，新的法定代表人借口法定代表人的更换而拒不承认其行为的效力，是不符合法律规定的。

第三，法定代表人可以委托代理人进行诉讼活动，既可以委托法人内部工作人员，也可以委托法人外部人员，但必须提交授权委托书，写明代理权限。

第四，在制作法律文书时，必须先写法人的名称、地址等，然后再写法定代表人的姓名、职务等，在法律文书上，只能写法定代表人的行政职务，而不能写其他职务。

○ 法人代表是否就是法定代表人？

“法人代表”与“法定代表人”是两个不同的法律用语，有以下几点主要区别：

第一，《最高人民法院关于贯彻执行〈中华人民共和国民法通则〉若干问题的意见（试行）》第58条规定：“企业法人的法定代表人和其他工作人员，以法人名义从事经营活动，给他人造成经济损失的，企业法人应当承担民事责任。”同时，第152条规定：“国家机关工作人员在执行职务中，给公民、法人的合法权益造成损害的，国家机关应当承担民事责任。”其他规范性文件，如《民事诉讼法》等也有相应规定，《行政诉讼法》第2条、第68条等也有类似规定。从这些规定中，我们可以认为“法人代表”即是以法人名义，在法人的授权下或依岗位职责按法律或者法人组织章程规定工作的人，其行为是以法人名义进行的，后果直接由法人承担。

第二，一个法人不可能同时有多个法定代表人，且其更换也应符合法律或者法人组织章程的规定。而法人代表则可同时有多个，各司其职，其更换常常是依法定代表人的安排，也不必公告。

第三，两者地位不同。法定代表人是法人的行政首长、主要负责人，对法人的每一个行为负责，而又不必由法定代表人完成法人的每一个行为。法人代表则大都各司其职，只从事一项或一方面的具体工作，一般只对自己经手的行为负责，是自己经手的行为的直接责任人。

第四，两者产生的方式不同。法定代表人是依照法律或法人组织章程的规定选举或任命的代表法人的负责人，法人代表的产生则简易得多。例如，可根据法定代表人的临时安排、授权委托等行为产生。

○ 起诉的原告或应诉的被告不符合条件的，应如何处理？

在诉讼过程中，人民法院发现起诉或应诉的人不符合当事人条件的，应当通知符合条件的当事人参加诉讼，让不符合条件的当事人退出诉讼，此即当事人的更换制度。

《民事诉讼法》未规定当事人的更换，但当事人的更换在民事诉讼中常有发生，既有更换原告的情形，也有更换被告的情形，还有原告、被告双方都不符合当事人条件，都应予以更换的情形。当原告不符合当事人的条件，人民法院通知更换原告，原告不愿退出诉讼的，裁定驳回起诉；符合条件的原告不愿参加诉讼的，终结案件的审理。被告不符合当事人的条件，人民法院通知更换，原告不同意更换被告的，裁定驳回起诉；更换被告，符合条件的被告应当参加诉讼，如经人民法院两次传票传唤，无正当理由拒不到庭的，可以依法予以拘传或缺席判决。

○ 诉讼中发现必须共同进行诉讼的当事人没有参加诉讼，应如何处理？

人民法院受理案件后，在诉讼过程中，发现有必须共同进行诉讼的当事人没有参加诉讼的，人民法院应当通知其参加诉讼，此即当事人的追加。

在诉讼开始以后，人民法院发现有与本案的诉讼标的有直接利害关系的人没有参加到诉讼中来，而这些人不参加诉讼又不利于查明案件事实和纠纷的解决的，人民法院应当通知其参加诉讼，追加为当事人。当事人本人也可以向人民法院提出申请，要求参加诉讼。人民法院对申请参加诉讼的，应进行审查。经审查认为不符合当事人条件，申请无理的，裁定予以驳回；申请有理的，应当及时书面通知其参加诉讼。

追加的当事人，可能参加到原告一边而成为共同原告，也可能参加到被告一边而成为共同被告。人民法院追加共同诉讼的当事人时，应当通知其他当事人。应追加的原告，已明确表示放弃实体权利的，可不予追加；既不愿意参加诉讼，又不放弃实体权利的，仍追加为共同原告，如其不参加诉讼，不影响人民法院对案件的审理和依法作出判决。追加的当事人如果是必须参加诉讼的共同被告，人民法院可以依当事人的申请追加，也可依职权主动追加。被通知参加诉讼活动的被告，必须按人民法院的通知参加诉讼活动。

追加当事人可以在第一审程序中进行，也可以在第二审程序中进行。在第二审程序中追加当事人时，如不能以调解方式结案的，应将案件发回原第一审法院重审，以保证追加的当事人能充分行使诉讼权利。

○ 原告、被告在诉讼中享有哪些诉讼权利?

民事诉讼当事人在民事诉讼中享有广泛的诉讼权利。由于当事人参加诉讼的目的不同，他们在诉讼中的地位不同，因此，有些诉讼权利为双方当事人所共同享有，有些诉讼权利则为一方当事人享有。

1. 原告享有的诉讼权利

(1) 请求司法保护，是民事诉讼中的原告享有的一项最基本的诉讼权利，凡是符合起诉条件的人，都有权向人民法院提起诉讼；

(2) 处分实体权利的诉讼权利，原告享有提出、撤销、变更和放弃诉讼请求的权利。

2. 被告享有的诉讼权利

(1) 有提起答辩和反诉的权利，请求人民法院保护自己的合法民事权益；

(2) 有承认和反驳原告诉讼请求的权利。

3. 原告、被告共同享有的诉讼权利

(1) 委托代理人进行诉讼。每个当事人都可以委托1至2人代理其进行诉讼。

(2) 申请回避。为了保证案件的公正审理，当事人有权要求人民法院更换与本案有利害关系的审判人员和其他人员。

(3) 收集、提供证据。为了维护自己的合法权益，使人民法院作出有利于自己的判决，任何一方当事人均有权收集证据，向人民法院提供证据，证明自己的主张是真实的，应当受到法律保护的。

(4) 进行辩论。在法庭上，当事人有权陈述自己的意见，论证自己的主张，反驳对方当事人提出的意见和主张，同时也可以通过书面方式行使这一权利。

(5) 请求调解。原告起诉后，双方当事人都有权请求人民法院用调解方式审理民事案件，解决民事纠纷。

（6）双方当事人可以自行和解。对于已经诉诸法院的民事纠纷，当事人仍然可以互相协商、达成和解。和解后，当事人应及时通知人民法院。人民法院经审查认为确属双方自愿，和解协议的内容又不违反国家法律，不损害国家利益、社会利益和他人民事权益的，应当及时批准。至于诉讼程序，则可以通过原告撤回起诉来终结。

（7）当事人有权申请财产保全、证据保全和先予执行。

（8）对法庭上出示的证据，有权要求重新调查、鉴定或者勘验。

（9）提起上诉。对于未生效的第一审裁判，双方当事人均有权提起上诉，请求上一级人民法院通过复审加以变更。

（10）申请执行。判决生效后，如果义务人拒不履行义务，权利人有权向人民法院申请强制执行，以实现自己的民事权益。

（11）对发生法律效力的法律文书，认为确有错误的，有权申请再审。

（12）有权使用本民族的语言文字进行诉讼等。

（13）可以查阅本案有关材料，并可以复制与本案有关的材料和法律文书。当事人认为庭审笔录有错误的，有权要求补正。

当事人的上述诉讼权利可以分成两类。一类是带有处分实体权利性质的，包括承认、放弃、变更诉讼请求，进行和解，提起反诉或者上诉等。另一类不带有处分实体权利的性质，属于纯诉讼上的权利，如委托代理人进行诉讼、收集提供证据、申请回避、请求调解、进行辩论等。当事人委托他人代为诉讼时，如果对前一类诉讼权利也进行授权，必须在授权委托书中予以特别说明。

○ 当事人可以查阅、复制哪些案卷材料？

《民事诉讼法》第50条第2款规定："当事人可以查阅本案有关材料，并可以复制本案有关材料和法律文书。查阅、复制本案有关材料的范围和办法由最高人民法院规定。"这里需要明确，最高人民法院对查阅、复制范围和办法的规定，不是对其有无查阅、复制这种材料的权利，因为权利是法律所赋予的，不是最高人民法院规定的。这里所指的范围是指哪些案卷材料可以查阅、复制，哪些案卷材料不能查阅、复制，以及采取什么方法查阅。当事人查阅案件材料的范围限于审判卷和执行卷的正卷，不可查阅案件副卷的内容。

按照《人民法院诉讼文书立卷归档办法》的规定，正卷分民事一审、民事二审等。例如，民事案件一审案件正卷诉讼文书材料包括：(1) 起诉状或口头起诉笔录；(2) 立案（受理）通知书；(3) 缴纳诉讼费收据或减、缓、免交诉讼费用的手续；(4) 应诉通知书回执；(5) 答辩状及附件；(6) 原、被告诉讼代理人、法定代表人授权委托书、鉴定委托书及法定代表人身份证明；(7) 原、被告举证材料；(8) 询问、调查取证材料；(9) 调解笔录及调解材料；(10) 开庭通知、传票及开庭公告底稿；(11) 开庭审判笔录；(12) 判决书、调解书、裁定书正本；(13) 宣判笔录；(14) 判决书、调解书、裁定书送达回证；(15) 上诉案件移送函存根；(16) 上级法院退卷函；(17) 上级法院判决书、调解书、裁定书正本；(18) 证物处理手续；(19) 执行手续材料等等。

副卷中的诉讼文书材料包括：(1) 阅卷笔录；(2) 案件承办人的审查报告；(3) 承办人与有关部门内容交换意见的材料或笔录；(4) 有关本案的内部请示及批复；(5) 合议庭评议案件笔录；(6) 审判庭研究、汇报案件记录；(7) 审判委员会讨论记录；(8) 案情综合报告原、正本；(9) 判决书、裁定书原本；(10) 审判监督表或发回重审意见书；(11) 其他不宜对外公开的材料等。副卷的存在是我国现行司法体制的必然结果，但其中的一些内容并非都不宜向当事人或其诉讼代理人公开。不过，随着司法体制改革的深入和审判公开化和透明化程度的增加，副卷中的有些材料的内容，如合议庭不同组成人员的意见会写在法律文书中；有些材料可能会归入审判正卷。

○ 当事人在诉讼中应履行哪些诉讼义务？

根据我国《民事诉讼法》的规定，当事人在民事诉讼中必须承担以下诉讼义务：

1. 依法行使诉讼权利

诉讼权利是用来保护民事权利的，如果滥用，不仅起不到保护民事权利的作用，还会损害对方当事人的合法权益，影响人民法院正确行使审判权。因此，《民事诉讼法》在赋予当事人广泛诉讼权利的同时，又要求他们必须依法行使，不得滥用。

2. 遵守诉讼秩序

良好的诉讼秩序是人民法院行使审判权，当事人行使诉权的保障。当事人进行民事诉讼，必须遵守诉讼秩序，服从法庭指挥，既尊重人民法院的审判权，也尊重对方当事人的诉讼权利。

3. 履行发生法律效力的判决书、裁定书和调解书等法律文书

依法不准上诉或者超过上诉期没有上诉的一审判决书、裁定书，最高人民法院的判决书、裁定书，二审判决书、裁定书，都属于发生法律效力的判决书、裁定书。调解书经双方当事人签收后即具有法律效力。发生法律效力的判决书、裁定书和调解书，是人民法院行使国家审判权所作出的裁决，它以国家强制力为后盾，当事人必须履行。拒不履行的，须承担一定的法律后果。依照《民事诉讼法》第102条的规定，当事人拒不履行已经发生法律效力的判决、裁定的，人民法院可以对其采取强制措施，处以罚款或者拘留；构成犯罪的，依法追究刑事责任。依照《民事诉讼法》第216条的规定，当事人在法定期限内拒绝履行发生法律效力的民事判决、裁定的，对方当事人可以向人民法院申请强制执行，人民法院也可以主动执行。

○ 在何种情况下当事人的诉讼权利、义务应转移给案外人?

诉讼进行过程中，由于某种特定原因的出现，当事人的诉讼权利、义务转移给案外人，由其承担原当事人的诉讼权利、义务，这又称为诉讼权利义务的承担。

诉讼权利、义务的承担，是基于民事权利、义务的转移而发生的。如果没有民事权利、义务的转移，也就不会有诉讼权利、义务的转移，也就不会有诉讼权利、义务的承担。根据最高人民法院的司法解释和审判实践，诉讼权利、义务承担的情形包括：

1. 一方当事人死亡

根据《最高人民法院关于适用〈中华人民共和国民事诉讼法〉若干问题的意见》第44条的规定："在诉讼中，一方当事人死亡，有继承人的，裁定中止诉讼。人民法院应及时通知继承人作为当事人承担诉讼，被继承人已经进行的诉讼行为对承担诉讼的继承人有效。"这里的"继承人作为当事人承担诉讼"，也就是承担被继承人（原当事人）所应承担的诉讼权利、义务。

2. 法人或其他组织合并

法人或其他组织作为诉讼当事人，在诉讼过程中与另一法人或其他组织合并，设立了新的法人或其他组织，原法人或其他组织的民事权利、义务转移给了合并后的法人或其他组织，合并后的法人或其他组织作为当事人继续进行诉讼，就要承担原法人或其他组织所应承担的诉讼权利、义务。企业法人破产，由清算组织负责破产财产的保管、清理、估价、处理和分配，清算组织还可以依法进行必要的民事活动。因此，清算组织在诉讼中应是该破产企业的诉讼权利义务承担者。

诉讼权利、义务的承担，在第一审程序、第二审程序和再审程序中都可能发生。在民事诉讼中，不论何时发生承担诉讼权利、义务，都是新的当事人继续原当事人已经开始的诉讼，诉讼程序是继续进行，而不是重新开始。原当事人所实施的一切诉讼行为，对承担诉讼的新当事人有拘束力。

○ 诉讼过程中，双方当事人是否可以自行和解？

在民事诉讼过程中，双方当事人有权在法律规定的范围内，根据自己的意愿处分自己的民事权利和诉讼权利。这是当事人享有的一种处分权。具体表现在，当事人的民事权益受到侵害时，他有权向人民法院提起诉讼，也有权不提起诉讼或起诉后撤回诉讼，还可以与对方当事人自行和解，达成和解协议，从而解决纠纷。所谓自行和解，是双方当事人在法庭外进行的活动，是双方当事人自主进行的，没有其他组织或个人参与。

诉讼上和解又称诉讼中和解，它作为一种民事诉讼制度，首先应区别于诉讼外和解。后者是旨在通过双方当事人的相互协商和妥协，达成变更实体权利的约定，从而使纠纷得以消除的行为。因此，诉讼外的和解本质上属于当事人的契约或契约变更，对当事人产生合同上的约束力，受民事法律规范调整。而诉讼上的和解则是指当事人在诉讼过程中，经协商和让步而达成的以终结诉讼为目的合意。

诉讼上和解在功能上至少有三个要素，即：(1) 案件属于司法解决范畴，实际上已经进入诉讼程序和法院的管辖范围；(2) 当事人之间的合意，即属于当事人行使处分权的行为，往往是双方或一方让步、妥协的结果；(3) 终结诉讼，即和解的结果意味着纠纷的解决和诉讼的终结。

根据和解达成的时间和地点，及其与法院即诉讼程序的关联，诉讼上和解又分为：(1) 法庭上和解，即经法官调解而在法庭上达成的和解，一般通过合意判决、和解协议、调解书或法院笔录等多种形式加以体现；(2) 法庭下和解，即在诉讼过程中，当事人双方未经法院调解，而在庭下自行达成的终结诉讼的和解，一般以原告接受被告的条件而撤诉，经法院审查后予以同意，或根据当事人申请制成调解书或合意判决等形式结案。

○ 原告是否可以放弃、变更自己提出的诉讼请求？

原告放弃或变更诉讼请求，是法律规定当事人享有民事处分权的具体表现。处分权是指民事诉讼当事人在法律规定的范围内，有权处分自己的民事权利和诉讼权利。

当事人提起诉讼的目的旨在请求法院保护其实体权益，当事人正是以诉讼请求的方式将自己提起诉讼和进行诉讼所要达到的实体效果表现出来,诉讼请求集中反映了当事人诉讼上的利益和请求。任何一个诉都必须具备诉讼请求这一要素，否则诉讼不成立，诉讼也无法进行。

诉讼请求的放弃，是指在诉讼过程中，当事人放弃向对方当事人提出的实体权利请求。放弃诉讼请求是当事人的诉讼权利，它派生于当事人的处分权。

诉讼请求的变更，是指在诉讼过程中，当事人以新的诉讼请求替代原诉讼请求的行为。诉讼请求的变更是放弃原诉讼请求与提出新诉讼请求两方面行为的结合，其放弃诉讼请求有别于单纯的放弃诉讼请求，而是以提出新的诉讼请求为条件的。

当事人可以变更诉讼请求的一部,也可以变更全部诉讼请求。无论属于哪一种变更，当事人都不能直接地、完全地更换诉讼请求所依据的实体权利义务关系，即不能变更诉的标的。当事人若要求改变诉的标的，人民法院应当告知其另案起诉。

第二节　共同诉讼与代表人诉讼

○ 什么是共同诉讼？

民事诉讼以双方当事人对立为原则。对立的双方当事人中，通常情况下是一个原告对一个被告，但也可以是一个原告对几个被告或者几个原告对一个被告，还可以是几个原告对几个被告。一个原告对一个被告的，称为简单民事诉讼。原告一方或者被告一方在2人以上，以及原、被告双方都在2人以上的，称为共同诉讼。原告一方在2人以上的，称为共同原告，被告一方在2人以上的，称为共同被告。共同原告和共同被告，在民事诉讼中统称共同诉讼人。

共同诉讼人与单一的原告、被告相比，有以下两个显著特征：

1．诉讼主体人数2人以上

作为诉讼主体的共同诉讼人可以是原告，也可以是被告，或者双方均在2人以上，但最少有一方在2人以上，这是与单一原告、被告在数额上的区别。

2．诉讼标的是共同的，或者是同一种类

共同诉讼人与对方之间必须存在一个共有法律关系，共同诉讼人在这一法律关系中要么共同享有权利，要么共同负有义务，即诉讼标的共同，才能有2人以上的当事人共同参加诉讼。诉讼标的同一种类的只有人民法院认为可以合并审理，当事人也同意合并审理，人民法院予以合并审理的才能形成共同诉讼人共同参加诉讼。共同诉讼人之间存在着共有法律关系或同种类的法律关系，是共同诉讼的前提和基础，也是共同诉讼的本质属性，是与单一的原告、被告的质的区别。

只有在共同诉讼中才能产生共同诉讼人。共同诉讼，从诉的角度来讲，是诉的合并的形式之一，是诉的主体的合并，即当事人的合并。它是依据2人以上当事人与诉讼标的的关系来确认的一种诉讼制度。共同诉讼人则是从诉讼主体资格的角度来讲的，共同诉讼中的当事人也不一定都是共同诉讼人。例如，原告一方为3人，被告一方为1人的诉讼，则只有原告一方是共同诉讼人，被告一方仍是单一的被告。

○ 什么是必要的共同诉讼？

《民事诉讼法》第53条第1款规定："当事人一方或者双方为二人以上，其诉讼标的是共同的，或者诉讼标的是同一种类、人民法院认为可以合并审理并经当事人同意的，为共同诉讼。"所谓必要共同诉讼，是指当事人一方或者双方为2人以上，其诉讼标的是共同的，人民法院必须合并审理的诉讼。必须共同进行诉讼的共同原告和共同被告，称为必要的共同诉讼人。根据《民事诉讼法》第53条的规定，必要共同诉讼必须符合以下要件：

1. 诉讼标的是共同的

诉讼标的，指双方当事人发生争议的、请求人民法院予以解决的民事权利义务关系。诉讼标的是共同的，是指共同诉讼人对诉讼标的有共同的利害关系，或者共同享有权利，或者共同承担义务。当事人的诉讼标的是共同的，表明他们对诉讼标的具有共同的权利义务，是一种不可分之诉，因此，必要的共同诉讼必须合并审理。

所谓诉讼标的是共同的，可分为两种情况：(1) 一方当事人之间原来就有共同的权利义务关系；(2) 一方当事人之间本来没有共同的权利义务，而是基于同一事实和法律上的原因，才使他们产生共同的权利义务。

2. 人民法院必须予以合并审理

必要的共同诉讼，是一种不可分之诉。共同诉讼人一方，无论是共同原告还是共同被告，都必须共同参加诉讼。人民法院对其民事权利义务关系进行裁判时，所有的共同诉讼人都必须以自己的名义参加诉讼，人民法院对他们所主张的权利或应履行的义务必须合一进行审理，一并作出判决。必要共同诉讼人未参加诉讼的，人民法院可依职权通知其参加诉讼。

○ 必要共同诉讼有哪些情形？

在下列情形下，当事人应当作为共同诉讼人参加诉讼：

第一，财产共有权以及数人共有的知识产权受到他人侵害，部分共有权人起诉的，其他共有权人应当列为共同诉讼人。

第二，在继承遗产的诉讼中，部分继承人起诉的，人民法院应通知其他继承人作为共同原告参加诉讼；被通知的继承人不愿意参加诉讼又未明确表示放弃实体权利的，人民法院仍应把其列为共同原告。至于侵权的继承人，均列为共同被告。

第三，被代理人和代理人承担连带责任的，为共同诉讼人。

第四，因保证合同纠纷提起的诉讼，债权人向保证人和被保证人一并主张权利的，人民法院应当将保证人和被保证人列为共同被告；债权人仅起诉保证人的，除保证合同明确约定保证人承担连带责任的外，人民法院应当通知被保证人作为共同被告参加诉讼。

第五，借用业务介绍信、合同专用章、盖章的空白合同书或者银行账户的，出借单位和借用人为共同诉讼人。

第六，企业法人分立的，因分立前的民事活动发生的纠纷，以分立后的企业为共同诉讼人。

第七，个人合伙的全体合伙人在诉讼中为共同诉讼人。个人合伙有依法核准登记的字号的，应在法律文书中注明登记的字号。全体合伙人可以推选代表人；被推选的代表人，应由全体合伙人出具推选书。

第八，在诉讼中，个体工商户以营业执照上登记的业主为当事人。有字号的，应在法律文书中注明登记的字号。营业执照上登记的业主与实践经营者不一致的，以业主和实际经营者为共同诉讼人。

第九，个体工商户、个人合伙或私营企业挂靠集体企业并以集体企业的名义从事生产经营活动的，在诉讼中，该个体工商户、个人合伙或私营企业与其挂靠的集体企业为共同诉讼人。

○ 必要共同诉讼人之间的关系如何？

必要的共同诉讼人共同进行诉讼，存在着以下两方面的法律关系：

1. 共同诉讼人与对方当事人之间的关系

这是指原告和被告之间争议的民事权利义务关系，是请求人民法院裁判的对象，是共同诉讼人的外部关系。

2. 共同诉讼人之间的关系

这是指共同诉讼人相互之间的关系，即共同原告或者共同被告内部的关系。根据《民事诉讼法》第53条第2款的规定："共同诉讼的一方当事人对诉讼标的有共同权利义务的，其中一人的诉讼行为经其他共同诉讼人承认，对其他共同诉讼人发生效力。"这就是说，必要共同诉讼人之间采用协商的原则，协商一致的诉讼行为对全体有效。共同诉讼人中一人的诉讼行为不能取得其他共同诉讼人承认的，这一诉讼行为只对实施行为的本人有效。例如，共同原告中的一人放弃诉讼请求，变更诉讼请求，经共同原告全体承认的，对全体有效；共同被告中一人承认对方提出的诉讼请求，或者提起反诉，经共同被告全体承认的，对全体有效。这里的承认可以是书面承认，也可以是口头承认，但口头承认必须记入笔录，并经全体共同诉讼人签名或者盖章。由于每一个共同诉讼人都是独立的诉讼主体，都有权独立实施诉讼行为，彼此具有独立性，任何一个共同诉讼人都有权处分自己的民事权利和诉讼权利。

○什么是普通的共同诉讼？

当事人一方或者双方为2人以上，其诉讼标的属于同一种类，人民法院认为可以合并审理，并经当事人同意的诉讼，称为普通的共同诉讼。普通共同诉讼中的共同原告和共同被告，称为普通的共同诉讼人。

普通共同诉讼是若干简单民事诉讼的合并形态，且无必须共同进行诉讼和必须合一判决的必要。因此，是否采用共同诉讼的形式，取决于是否符合以下几个条件：

1. 诉讼标的属于同一种类

合并审理的若干简单民事诉讼，原本彼此独立，完全可以单独进行审理，只因诉讼经济和为避免裁判上出现矛盾现象，才将其合并起来，统一审理和解决这些事实上有关联的民事纠纷。事实上的关联中，最根本的一点是诉讼标的属于同一种类。即发生争议的民事法律关系属于同一种类。例如，甲、乙、丙三个房客拖欠房租引起的房屋租赁纠纷，三个房客是分别与房主订立租赁契约并发生租赁关系的，三个房屋租赁关系彼此独立，但又属于同一种类，只因有这个基本的共同点，才为合并审理提供了前提。因而，普通的共同诉讼是一种可分之诉，共同诉讼人对诉讼标的没有共同权利和义务。

2. 人民法院认为可以合并审理

诉讼标的属于同一种类的几个简单民事诉讼，在客观上具有合并审理的可能性。但是，如果人民法院认为合并审理会增加案件的难度，拖延诉讼，也不可能成为共同诉讼。

3. 经当事人同意

当事人是民事诉讼的主体，在诉讼中享有广泛的诉讼权利。如果当事人认为将他的案件与别人的案件合并起来审理，会妨碍其行使诉讼权利，不同意合并审理，人民法院应当尊重当事人的意见。

4. 属同一诉讼程序，归同一人民法院管辖

多数当事人之间同一种类的诉讼，都必须属人民法院受理民事诉讼的范围、归同一人民法院管辖、适用同一诉讼程序，人民法院才能予以合并审理。

5. 必须符合合并审理的目的

《民事诉讼法》设立普通共同诉讼制度，目的在于简化诉讼程序，节省时间、费用，避免法院对同类性质的纠纷作出相互矛盾的判决。人民法院对普通共同诉讼人的诉讼决定合并审理，必须符合这一目的。

只有符合以上条件的，人民法院才能予以合并审理。如果普通的共同诉讼人对诉讼标的没有共同的权利义务关系，则此类案件既可以合并审理，也可以分开审理。即使合并审理，也要分别查明各当事人发生纠纷的事实，在判决书或调解书中把事实分别叙述清楚，分别确定当事人的权利义务。

○ 普通共同诉讼人之间的关系如何？

《民事诉讼法》第53条第2款末段规定，共同诉讼的一方当事人对诉讼标的没有共同权利义务的，其中一人的诉讼行为对其他共同诉讼人不发生法律效力。普通共同诉讼是一种可分之诉。因此，在普通的共同诉讼中，每一个共同诉讼人都是独立的诉讼主体，虽然他们同在一个诉讼程序中进行诉讼，但在法律上无任何牵连关系，其诉讼权利和义务与独立进行诉讼时是一样的。普通共同诉讼人的这种独立性，表现在以下几个方面：

第一，共同原告可以共同起诉，也可以分别起诉，是否符合起诉条件，应当分别审定。

第二，共同诉讼人中一人的诉讼行为，只对其一人有效，对其他共同诉讼人则无效。例如，共同原告中一人申请撤诉，经人民法院批准，只发生其一人退出诉讼的效力。

第三，一方当事人针对共同诉讼人中一人的诉讼行为，只对其一人有效，对其他共同诉讼人则无效。例如，被告对共同原告中一人提起反诉，经人民法院受理，反诉在被告与该原告中进行，与其他原告无关。

第四，人民法院对共同诉讼人的裁判，可以合并作出，也可以分别作出。如果合并作出，共同诉讼人中一人上诉的，只对其一人有效，对其他共同诉讼人则无效。一方当事人对共同诉讼人中一人提出上诉的，只对其一人有效，对其他共同诉讼人则无效。

第五，共同诉讼人中一人发生诉讼中止或诉讼终结的情形，不影响其他共同诉讼人继续进行诉讼。

共同诉讼人独立是普通共同诉讼的原则，但如果彻底、严格实行，必然会导致共同诉讼制度所追求的诉讼经济和避免裁判相矛盾的目的落空。因此，我们认为，在适用共同诉讼人独立原则的同时，还应当考虑以下几个问题：

第一，共同诉讼人中一人提出的主张，如果对其他共同诉讼人有利，而其他共同诉讼人又不反对的，其效力及于其他共同诉讼人。

第二，共同诉讼人中一人收集提出的证据，如果不是仅对其个人有利的，对整个共同诉讼有效。也就是说，该证据属于全体共同诉讼人共用的证据。

○ 什么是代表人诉讼？

当事人一方或者双方人数众多，由其中数人作为代表进行诉讼，其他的当事人则不参加诉讼程序，但人民法院作出的判决仍然及于全体的诉讼，叫代表人诉讼。在代表人诉讼中，代表全体进行诉讼的当事人，称为诉讼代表人。

诉讼代表人制度，就其性质而言，实质上是共同诉讼人与诉讼代理两项制度相结合的一种诉讼形式，是在共同诉讼基础上，吸收代理诉讼制度的某些特征而设立的，解决众多当事人纠纷的一种制度。它体现了两种诉讼制度各自功能的互补和伸展，既不同于共同诉讼人诉讼，也不同于诉讼代理人诉讼。

代表人诉讼的构成要件是：

1. 当事人一方或者双方人数众多

所谓人数众多，根据《最高人民法院关于适用〈中华人民共和国民事诉讼法〉的意见》，是指当事人在10人以上。当事人一方或者双方人数众多的民事诉讼，如果每个人都亲自参加诉讼活动，将给人民法院的审判工作造成一定困难，甚至无法进行审理。例如，广西邕宁县2371户农民诉邕宁县种子公司、浙江金华市婺城区种子公司和婺城区种子公司经营部承包人施寿堂假稻种侵权案，原告方为2371户农民，邕宁县人民法院无论如何也容纳不了这么多当事人参加诉讼。

2. 众多当事人之间有着共同的利害关系

代表人诉讼的众多当事人中，每一个人都是独立的民事主体，起诉到法院之前，彼此之间往往没有任何联系，不属于非法人团体。但是，众多当事人却基于同一事实和法律问题与对方当事人发生了民事纠纷，诉讼标的可能是共同的，也可能是同一种类的，从而使他们形成了一个处于相同地位、具有共同利益的庞大群体。

3. 由诉讼代表人进行诉讼

代表人诉讼由于一方或者双方当事人人数众多，不可能每个人都直接参加诉讼，只能由诉讼代表人进行诉讼。诉讼代表人是一种独立的诉讼主体，既不同于法定代表人，也不同于诉讼代理人。在代表人诉讼中，诉讼代表人以自己的名义进行诉讼，其诉讼行为不仅对自己有效，同时也对他们所代表的当事人有效。

4. 人民法院的判决对众多当事人均具有约束力

人民法院就代表人诉讼作出的裁判，不仅对诉讼代表人有效，而且对未参加诉讼的群体成员也有效。

○代表人诉讼主要适用于哪些案件？

关于代表人诉讼适用的案件范围，可归纳为如下几种：

第一，因产品责任引起的损害赔偿纠纷。按照我国《民法通则》、《产品质量法》以及《消费者权益保护法》的规定，因产品质量不合格造成他人的财产、人身损害的，产品制售者依法对广大消费者承担返还货款、赔偿损失的责任。由此发生的纠纷，适用于代表人诉讼。

第二，因污染环境引起的损害赔偿纠纷。这种纠纷主要表现在：一些厂矿企业超过国家规定标准排放工业“三废”或者其他有害物质，造成大气、水质或噪音污染，导致众多受害者提起公害诉讼，要求消除公害、赔偿损失。

第三，农村承包合同或农副产品收购合同，因一方不履行或片面撕毁、变更合同引起的群体性纠纷。

第四，不具备法人条件的起字号的联营组织或者合伙组织中众多的联营方或合伙人与他人之间发生的经济纠纷。

第五，企业发行债券不能按期兑现引起的企业与众多债券持有者之间的纠纷。

第六，股份公司经营者由于实施欺骗行为引起的股票持有者与经营者之间的纠纷。

第七，因虚假广告引起的诉讼。如某些单位或个人借开班办学之名，骗取广大学员钱财，或者伪称出版某种书刊，骗取广大订户预付订金引起的纠纷等。

第八，企业行政与职工之间发生的，职工一方人数众多，并且具有共同理由的集体劳动争议。

○ 诉讼代表人是否就是诉讼代理人？

诉讼代表人不同于诉讼代理人。他们的主要区别是：

第一，诉讼代表人是本案当事人，与本案诉讼标的有法律上的利害关系，以自己的名义进行诉讼；而诉讼代理人不是本案当事人，与本案诉讼标的没有法律上的利害关系，以被代理人的名义进行诉讼。

第二，诉讼代表人参加诉讼的目的，是既保护自己的民事权益，也保护被代表的其他当事人的民事权益；而诉讼代理人参加诉讼的目的则是保护被代理人的民事权益。

第三，诉讼代表人参加诉讼，只须经过众多当事人的推选，而不必另行授权；诉讼代理人参加诉讼，则必须经过委托人的授权。

第四，诉讼代表人受人民法院裁判的约束，而诉讼代理人则不受人民法院裁判的约束。

另外，根据《最高人民法院关于适用〈中华人民共和国民事诉讼法〉若干问题的意见》第62条的规定，代表人诉讼中的诉讼代表人，其人数为2至5人，每位代表人可以委托1至2人作为诉讼代理人。

○ 什么是人数确定的代表人诉讼？

《民事诉讼法》第54条规定："当事人一方人数众多的共同诉讼，可以由当事人推选代表人进行诉讼。代表人的诉讼行为对其所代表的当事人发生效力，但代表人变更、放弃诉讼请求或者承认对方当事人的诉讼请求，进行和解，必须经被代表的当事人同意。"根据这一规定，人数确定的代表人诉讼，指共同诉讼的一方当事人人数众多，为方便诉讼，由众多当事人推选其中数人作为代表起诉、应诉，人民法院作出的判决，其效力及于全体的诉讼制度。

构成人数确定的代表人诉讼有以下几个条件：

第一，共同诉讼的一方当事人人数众多，如果全部参加诉讼，在审理上多有不便或者根本不可能。

第二，众多当事人对诉讼标的有共同权利义务，或者诉讼标的属于同一种类，众多当事人处于相同地位、有共同利害关系。也就是说，案件属于当事人一方人数众多的必要共同诉讼或者普通共同诉讼。

第三，人数众多的一方当事人的人数是确定的，他们的住所地一般来说也比较集中。

第四，诉讼代表人由共同诉讼人推选产生，而不能由人民法院指定。

○ 人数确定的代表人诉讼中，当事人如何推选诉讼代表人？

人数确定的代表人诉讼，其诉讼代表人可以由全体当事人共同推选产生，也可以由部分当事人推选自己这一部分的代表人参加诉讼。推选不出代表人的当事人，在必要的共同诉讼中可以自己参加诉讼，在普通的共同诉讼中可以另行起诉。

根据《最高人民法院关于适用〈中华人民共和国民事诉讼法〉若干问题的意见》的规定，诉讼代表人为2至5人。推选的诉讼代表人应当具备以下条件：

1. 与所代表的一方当事人必须有相同的利益

诉讼代表人只能从一方共同诉讼人中产生，与被代表的一方全体成员有共同的权利义务关系。不是本案的当事人，与本案没有利害关系的人不能选为诉讼代表人。

2. 具有相应的诉讼能力

诉讼代表人应当是被代表的一方当事人中智力水平、文化知识、法律水平较高，有一定诉讼经验、威望和地位的人。但是，不能从当事人以外的乡村干部、行政领导或律师中推选诉讼代表人。

3. 能乐于为维护所代表的全体成员的利益服务

诉讼代表人应是能为全体成员的利益而不辞辛劳，敢于同各种违法行为作斗争，与对方当事人没有共同利益，能正确行使诉讼权利、履行诉讼义务，善于维护本方当事人利益的人。

○ 人数确定的代表人诉讼中，诉讼代表人有哪些权限？

诉讼代表人被推选出来以后，代表推选他的群体一方在人民法院进行诉讼，诉讼代表人的诉讼行为对被代表的当事人发生效力。但是，诉讼代表人本身也是当事人，享有当事人的一切诉讼权利。为了防止诉讼代表人利用其享有的广泛诉讼权利损害被代表的当事人的合法权益，我国《民事诉讼法》明确规定，诉讼代表人变更、放弃诉讼请求或者承认对方当事人的诉讼请求，进行和解，必须经被代表的当事人同意。

代表人产生后，一般可以作为代表人进行诉讼至诉讼终结，但如出现特殊情况，则需更换代表人，特殊情况包括代表人死亡或丧失行为能力，代表人因不尽职责或与对方当事人恶意通谋，损害了被代表人利益，被代表人要求更换。在需要更换代表人时，人民法院应裁定中止诉讼，然后由法院召集全体被代表人，以推选、协商等方式重新确定诉讼代表人，新的代表人产生后，再恢复诉讼。

○ 什么是人数不确定的代表人诉讼？

《民事诉讼法》第55条规定：“诉讼标的是同一种类、当事人一方人数众多在起诉时人数尚未确定的，人民法院可以发出公告，说明案件情况和诉讼请求，通知权利人在一定期间向人民法院登记。向人民法院登记的权利人可以推选代表人进行诉讼；推选不出代表人的，人民法院可以与参加登记的权利人商定代表人。代表人的诉讼行为对其所代表的当事人发生效力，但代表人变更、放弃诉讼请求或者承认对方当事人的诉讼请求，进行和解，必须经被代表的当事人同意。人民法院作出的判决、裁定，对参加登记的全体权利人发生效力。未参加登记的权利人在诉讼时效期间提起诉讼的，适用该判决、裁定。”根据这一规定，人数不确定的代表人诉讼，指诉讼标的属于同一种类，一方当事人人数众多，且在起诉时尚未确定，由其中数人作为代表人进行诉讼，人民法院作出的裁判，其效力及于全体的诉讼制度。

人数不确定的代表人诉讼，类似于英美国家的集团诉讼，其构成要件是：

1. 当事人一方人数众多，而且起诉时人数尚未确定

人数确定的代表人诉讼和人数不确定的代表人诉讼，相同点都是当事人一方人数众多，不同点是人数确定的代表人诉讼人数在起诉时是确定的，而人数不确定的代表人诉讼人数是不确定的。

2. 诉讼标的属于同一种类

这就是说，众多当事人对诉讼标的没有共同权利义务，但由于相同的事实问题和法律问题，使他们处于相同地位，有相同的利害关系，可以共同进行诉讼。人数确定的代表人诉讼，诉讼标的既可以是同一种类的，也可以是共同的，而人数不确定的代表人诉讼，诉讼标的只能是同一种类的。

3. 必须由代表人进行诉讼

人数不确定的代表人诉讼与人数确定的代表人诉讼相比，往往人数更多，如果每个人都参加诉讼，审判工作根本无法进行。

4. 人民法院的裁判，其效力具有扩张性

人民法院对人数不确定的代表人诉讼作出的裁判，不仅对所有向人民法院登记的权利人有效，而且对那些虽然没有向人民法院登记，但在诉讼时效期间内向人民法院起诉的其他权利人也有效。

○ 人数不确定的代表人诉讼如何确定管辖法院？

当事人人数不确定的代表人诉讼往往由侵权行为引起，应当由侵权行为地或者被告住所地人民法院行使管辖权。由于代表人诉讼案件的当事人人数众多，侵权行为地分散在众多人民法院管辖区之内，因此，代表人诉讼的管辖可以由被告住所地人民法院管辖。

○ 人数不确定的代表人诉讼，如何交纳诉讼费用？

人民法院接到当事人的起诉状以后，经审查认为符合当事人人数不确定的代表人诉讼的构成要件和起诉条件的，应当作为代表人诉讼立案受理。

由于当事人人数不确定的代表人诉讼，起诉时人数尚不能确定，无法确定案件受理费，因而可不预交诉讼费用，结案后按照诉讼标的额由败诉人负担。未参加登记的权利人向人民法院申请执行的，按规定交纳申请执行费。

○ 人数不确定的代表人诉讼中，法院是否发出公告通知权利人？

在人数不确定的代表人诉讼中，向法院提起诉讼的有时只是具有同种类法律上利益的人中的少数人，为了利用同一诉讼程序尽可能多地解决同种类纠纷，人民法院在受理案件后，可根据《民事诉讼法》的规定，发出公告，在公告中说明案件情况和诉讼请求，通知尚未起诉的权利人在规定期间内来法院登记。

这里是可以发出公告，而不是必须发生公告，这就是说，人民法院受理案件后，可以发出公告，也可以不发出公告，直接根据当事人的起诉进行审理和判决，这两种方式都是允许的。关于公告期间，《最高人民法院关于适用〈中华人民共和国民事诉讼法〉若干问题的意见》规定人民法院应根据不同案件的具体情况确定公告期间，但最少不得少于30日。因为，此类案件在起诉时当事人尚不确定，当事人有多少，分布如何也难查明，因而规定较长的公告期间，便于当事人了解诉讼的发生，并向人民法院申报权利，进行登记。但公告期间也不易过长，过长不利于督促当事人及时向人民法院登记主张权利，不利于诉讼的及时进行。公告期间，究竟多长为宜，应由人民法院根据具体案件来确定。公告可以在人民法院公告栏张贴，也可以在有关报刊杂志登载。为了便于当事人知悉公告内容，应选择便于当事人了解公告内容的方式和地点公告。

○ 人数不确定的代表人诉讼中，未起诉的权利人如何向法院登记权利？

登记是指人民法院对见到公告后前来参加诉讼的权利人进行登记。人民法院发出公告的目的，就是表明人民法院已经受理该项诉讼，告知和督促权利人及时申报权利，从而使处于相同地位的权利人得到同等保护，同时简化诉讼程序。登记对后续诉讼的意义主要表现在两个方面：其一是为权利人推选诉讼代表人做好准备；其二是为确定裁判的效力范围做好准备。

在公告期内，与已提起的诉讼具有同种类法律上利益（一般是指同种类侵权行为或违约行为的受害人）的人可以去人民法院办理登记，表明愿意作为当事人参与诉讼。权利人向法院登记时，应证明自己与对方当事人的法律关系和所受到的损失，证明不了的，不予登记。这说明权利人申请登记有条件限制，惟一条件是自己受到了损害并能证明这种损害的发生。这里所说的证明，仅仅是要求当事人有一定的证据证明自己的权利受到损害的事实，至于这种受到损害的事实是否确定，证据是不是真实的，其权利能否得到保护，需要人民法院在案件审理终结时才能确定。在当事人申请登记时，人民法院不应苛求，否则也不利于对权利人的保护。权利人未在公告期内向人民法院登记，仅表明他不作为本次代表人诉讼的当事人，对其实体权利无任何不利影响。权利人虽去登记但因提供相应证明而被拒绝登记的，实体权利也不受影响，他们都可以另行提起诉讼。

○ 人数不确定的代表人诉讼中，当事人如何推选代表人？

《民事诉讼法》第55条第2款规定："向人民法院登记的权利人可以推选代表人进行诉讼；推选不出代表人的，人民法院可以与参加登记的权利人商定代表人。"《最高人民法院关于适用〈中华人民共和国民事诉讼法〉若干问题的意见》第61条规定："依照民事诉讼法第五十五条规定，当事人一方人数众多在起诉时不确定的，由当事人推选代表人，当事人推选不出的，可以由人民法院提出人选与当事人协商，协商不成的，也可以由人民法院在起诉的当事人中指定代表人。"因而，在人数不确定的代表人诉讼中，代表人的产生有三种方式：一是当事人选定；二是由人民法院提出人选与当事人和参加登记的权利人商定代表人；三是人民法院指定。由于当事人人数众多，具体人数也不能确定，当事人全部参加起诉不可能，同时，未登记的处于相同情况的权利人也需要得到保护，此类案件必须要由代表人代表诉讼，才能保证诉讼的顺利进行，才能保护所有权利人的合法权益。人民法院有权指定诉讼代表人。但在审判实践中，人民法院应当争取由当事人推选代表人或者人民法院提出人选与当事人协商，尽量不要采取指定的办法。但不指定产生不了代表人的，人民法院应有权指定。一经指定，当事人和参加登记的权利人必须服从，不得提出异议。

当事人推选代表人和人民法院指定代表人一般应当从参加诉讼

的当事人和参加登记的权利人中指定。

代表人人数不宜太多或太少，以2至5人为宜，如果代表人人数太少，不利于保护当事人的合法权益，如果太多，可能不利于诉讼的顺利进行。如果当事人或权利人能够推选出共同的代表人的，其人数可以掌握到5人，如果不同部分的当事人推选自己的代表人，一般应掌握在5人以下。诉讼代表人还有权委托诉讼代理人，每位代表人可以委托1至2人作为诉讼代理人。

○ 人数不确定的代表人诉讼中，代表人有哪些权限？

代表人诉讼制度，就是为了便于当事人诉讼，更好地保护当事人的合法权益，因此，为了防止诉讼代表人与他人恶意串通损害当事人的合法权益，应当对诉讼代表人的权利进行限制和约束，以免诉讼代表人利用诉讼权利损害其他当事人的合法权益。诉讼代表人可以行使当事人的一般诉讼权利，比如提供证据、请求调解、参加诉讼、提出上诉等。但诉讼代表人变更、放弃诉讼请求或者承认当事人的诉讼请求、进行和解，要经被代表的当事人同意，否则不得对被代表的当事人发生效力。

诉讼代表人在诉讼中如果不能履行职责，应当予以更换。例如，诉讼代表人在诉讼中丧失诉讼行为能力或者死亡，应及时另行确定诉讼代表人。诉讼代表人不尽职责，不能维护被代表人合法权益，或者与对方当事人合谋，损害被代表人利益，被代表人要求更换的，也应及时予以更换。更换诉讼代表人可由当事人推选，也可以由人民法院提出人选与当事人商定。更换后的新的诉讼代表人继续原诉讼代表人的职责，原诉讼代表人的诉讼行为，对新的诉讼代表人有拘束力。

○ 人数不确定的代表人诉讼如何进行审理和裁判？

人民法院审理诉讼标的同一种类，当事人一方人数众多，起诉时人数尚不确定的案件，应当公开审理。被代表的当事人应允许到庭旁听，有权监督诉讼代表人是否在为维护被代表的合法权益而进行诉讼。

判决、裁定生效后，对参加登记的全体权利人发生效力。参加登记的全体权利人必须按照生效裁判确定的内容行使权利，承担义务，不得再行起诉。人民法院制作的法律文书，对人数众多的一方当事人，可以只写明诉讼代表人，其他当事人列入法律文书所附的登记名单中。法律文书除送达登记的人外，还应当公告，以便未登记的权利人知晓诉讼已结束。

人民法院审理人数不确定的代表人诉讼，如果人数众多的当事人一方胜诉，判决生效后，由诉讼代表人行使申请执行权。执行该判决得到的财产，扣除应当由大家共同负担的各种费用，由诉讼代表人根据每个权利人的具体情况制作分配方案，报人民法院批准后，进行分配。

○ 未参加登记的权利人如何向法院主张权利？

未参加登记的权利人在诉讼时效期间内向人民法院提起诉讼，人民法院认定其请求成立的，可以不对案件进行实体审理，直接裁定适用人民法院已作出的判决、裁定，即按该生效判决、裁定所确定的权利义务执行。这就是说，人民法院作出的裁判不仅对参加登记的权利人适用，对未参加登记但在诉讼时效内直接起诉的权利人也适用。即未参加登记但在诉讼时效内起诉的权利人可以根据人民法院的裁判享有权利，也应受该裁判的约束。因为，法律设定诉讼代表人制度的目的就是为了平等保护所有权利人的合法权益，因而规定人民法院可以公告，要求权利人申报权利。但有时有的权利人不知道诉讼已经开始，也不知道人民法院的公告，因而没有在公告期间内登记，当其得知自己的合法权益受到侵害时当然有权向人民法院起诉，如果其未在公告期间申请登记，又不允许其向人民法院起诉，显然不利于保护其合法权益。因而，未参加登记的权利人起诉的，如果其起诉是在诉讼时效期间内提出，又符合起诉条件的，人民法院应作出裁定，裁定起诉的权利人享有人民法院生效判决所确定的权利，权利人有权要求按照人民法院生效裁判确定的标准执行。

超过诉讼时效期间起诉的，人民法院受理案件后可以用判决驳回诉讼请求，但义务人愿按生效裁判履行的，人民法院不干预。

所谓诉讼时效期间，就是公民、法人或其他组织的民事权利受到侵害，有权向人民法院提起诉讼的法定期间。诉讼时效制度，各国一般都由民事实体法作出规定。超过诉讼时效期间，权利人就丧失了提起诉讼的权利。《民法通则》第七章规定，向人民法院请求保护民事权利的诉讼时效期间为2年，法律另有规定的除外。2年是关于诉讼时效期间的一般规定。该法同时又规定了短期时效期间和最长时效期间。短期诉讼时效期间为1年，适用于下列诉讼：(1)身体受到伤害要求赔偿的；(2)出售质量不合格的商品未声明的；(3)延付或者拒付租金的；(4)寄存财物被丢失或者损毁的。上述诉讼时效期间从知道或者应当知道权利被侵害时起计算。最长时效期间为20年，即不论被侵权人何时知道权利被侵害，从权利被侵害之日起超过20年的，人民法院即不予保护。

第三节 第三人

○ 什么是民事诉讼中的第三人?

有利益要求相对立的双方，才会有诉讼，因此，最基本的诉讼格局是两方对抗。但有时诉讼会直接或间接地涉及到第三方的利益。实际生活中有这样的情况存在，有人对原被告间的诉讼标的提出独立的主张，认为原被告正在争执的权益属于自己，于是形成了实体利益上的三方鼎立的局面；或者还有一种情形，第三方与原被告之间的诉讼标的无关,但却与其中某一方当事人有另外的法律关系,一旦这方当事人败诉，有可能发生连锁反应，导致败诉责任部分或全部地转嫁于该第三人。所以，他不仅关心诉讼结果，还希望能参加到诉讼中，帮助与他有关的那方当事人进行诉讼，防患于未然。上述两种情况下，诉讼直接或间接地影响到了第三人的权益。为保护他们的合法权益，在一次诉讼中彻底解决纠纷，诉讼上便设立了与这些情况相适应的第三人制度。

民事诉讼中的第三人，是指对他人之间的诉讼标的主张独立权利，提出独立请求，或者虽然不主张独立权利，但由于与案件处理结果有法律上的利害关系，因而参加到已经开始的诉讼中来的第三方当事人。成为第三人须具有以下条件：

1. 参加他人正在进行的诉讼

第三人是相对于本诉的当事人而言的，相对于本诉讼的原告和被告，参加诉讼的当事人为第三人。因此，如果不是参加到他人已开始的诉讼中去，就不会发生第三人的问题。

2. 与正在进行的诉讼有法律上的利害关系

这种利害关系有两种情形：一种是原、被告争执的诉讼标的侵害了第三人的民事权益；另一种是法院对诉讼的处理结果影响到第三人与一方诉讼当事人的法律关系，给第三人带来不利或有利的影响。利害关系的存在，是第三人参加诉讼的前提与依据。

3. 在诉讼中具有独立的地位

第三人参加诉讼后，具有独立的诉讼地位，他们或者作为第三方当事人，与本诉的双方当事人进行诉讼，或者加入到其中一方当事人，辅助该当事人与另一方当事人进行诉讼。即使辅助一方进行诉讼，其目的也是为维护自身的利益。其诉讼行为也具有相当的独立性。这一特征使第三人区别于共同诉讼人。

根据第三人与案件诉讼标的的关系，第三人可以分成两类：

第一，与案件诉讼标的有直接的利害关系，对原被告之间的诉讼标的提出了独立的请求权，这是有独立请求权的第三人。

第二，与案件的诉讼标的无直接利害关系，但案件的处理结果可能与他有法律上的利害关系，为避免承担责任而参加诉讼的，是无独立请求权的第三人。

○ 有独立请求权的第三人参加诉讼应具备什么条件？

有独立请求权的第三人，是指对他人之间的诉讼标的，主张独立的请求权，而参加到原、被告之间正在进行的诉讼的人。

有独立请求权的第三人是以起诉方式参加诉讼的，他的起诉，除必须具备《民事诉讼法》第108条规定的起诉条件外，还必须具备以下条件：

1. 对本诉原、被告争议的诉讼标的主张独立的请求权

这是指第三人对本诉的诉讼标的，提出实体权利主张，请求法院将原被告争执的民事权益，判决自己所有。就是说他认为原被告所争执的实体法律关系，涉及到了自己的权利或义务，他既不同意原告的主张，也不同意被告的主张，认为无论是原告胜诉，还是被

告胜诉，都将侵犯自己的利益。因此，他在诉讼中提出自己的要求，以维护自己的利益。

第三人主张独立的请求权有两种情形：一种是主张全部的实体权利，即主张双方当事人争执的民事权益，既不归原告所有，又不归被告所有，而是全部归自己所有。例如，王某与张某就两间房屋的所有权发生纠纷，而刘某认为无论原告王某还是被告张某，都不是房屋的所有人，自己才对两间房屋享有所有权。另一种是仅主张部分实体权利。例如，某画家遗有两幅名画，其前妻之子甲与其后妻乙为争夺对这两幅画的继承权而发生讼争。画家的朋友丙闻讯后，向法院提起诉讼，主张其中的一幅画，画家已经遗赠于自己，于是丙成为有独立请求权的第三人。在这两个例子中，丙和刘某都是参加到他人之间已开始的诉讼中，对他人之间的诉讼标的提出独立的主张。其中，丙是对诉讼标的享有部分独立请求权的第三人，刘某是对诉讼标的享有全部独立请求权的第三人。对本诉的诉讼标的主张全部或部分独立的请求权，是作为有独立请求权第三人参加诉讼的依据，能否作为有独立请求权第三人参加诉讼，关键在于是否提出了独立的诉讼请求。提出独立的请求是程序性质的要件，与提出者是否真正享有所主张的实体权利无关，因此，只要案外人对本诉的诉讼标的提出了独立的诉讼请求，就满足了作为有独立请求权第三人的条件，法院既无须审查请求权能否成立，也不得以第三人不享有所主张的权利为由拒绝其参加诉讼。

2. 本诉正在进行中

这就是说，有独立请求权的第三人必须在他人之间的诉讼已经开始，但人民法院尚未作出生效判决前提起诉讼。如果他人之间的诉讼尚未开始就对他们有所主张，只能进行一般的起诉，不发生参加他人之间诉讼的问题。如果他人之间的诉讼已经结束才发现他们的诉讼侵犯了自己的民事权益，则只能由人民法院通过审判监督程序撤销生效判决。

3. 以提出诉讼的方式参加

第三人对本诉的双方当事人提出了独立的诉讼请求，提出了与本诉的诉讼标的有紧密关联的新的诉，所以应当以起诉方式参加诉讼。第三人提起的诉讼必须符合《民事诉讼法》关于起诉和受理条件的规定，审理本诉的法院才能够受理。

4. 必须以本诉讼的原、被告为共同被告

有独立请求权的第三人的起诉，应当针对本诉讼的原、被告双方。如果仅以本诉讼的一方当事人为被告，则为一个独立的民事诉讼，不会使自己成为有独立请求权的第三人。

5. 必须向管辖本诉的人民法院提出

有独立请求权的第三人提起的诉讼，应当与原、被告之间的本诉合并审理，否则，不能成为有独立请求权的第三人。从这个意义上说，有独立请求权的第三人只能向审理本诉的人民法院起诉。至于审级，我们认为有独立请求权的第三人应当向第一审人民法院起诉。如果本诉已经进入第二审程序，第三人才发现原、被告之间的诉讼侵犯了他的民事权益，可以申请参加诉讼，并由第二审人民法院进行调解。调解不成的，第二审人民法院应当发回重审。发回重审后，由于案件又回到第一审程序，有独立请求权的第三人再以起诉方式参加诉讼。

○ 有独立请求权第三人在诉讼中处于什么样的诉讼地位？

有独立请求权的第三人提出的诉讼请求，可以是原、被告之间诉讼标的中的全部权利，也可以是部分权利。即使主张部分权利，有独立请求权的第三人也不会与原告或者被告成为共同诉讼人。因为在他看来，原、被告之间的诉讼侵犯了他的民事权益，他既不同意原告的主张，也不同意被告的主张，认为不论原告胜诉，还是被告胜诉，都将侵犯他的利益。也就是说，他是把原告和被告作为共同被告对待的。

有独立请求权的第三人参加诉讼后，在原、被告的对抗中又增加了原、被告与第三人之间的对抗，形成所谓三方诉讼。三方诉讼的实质是两个诉的合并审理，其一是原、被告之间的诉讼，其二是第三人与原、被告之间的诉讼。前者称为本诉讼，也称本诉，后者称为参加诉讼，也称参加之诉。有独立请求权的第三人是参加诉讼的原告，本诉讼的原、被告是参加诉讼的被告。至于本诉讼的原、被告在参加诉讼中是不是共同被告，理论界尚有不同看法。一种观点认为，有独立请求权的第三人是基于把原、被告之间的诉讼看成是对他的共同侵权，以原、被告双方作为共同被告起诉的。因此，他们当然就是共同被告。另一种观点则认为，共同被告的利益应当是一致的，但本诉讼的原、被告利害关系相反，在有独立请求权的第三人参加诉讼后，所形成的是三方当事人互相对立的格局，因此不能把本诉讼的双方当事人看成参加诉讼的共同被告。

我们认为，后一种观点更符合案件的实际情况。有独立请求权的第三人参加诉讼后，既反对原告的主张，也反对被告的主张，与原、被告双方的关系都是对立的。但是，这种对立无法改变本诉讼中原告和被告的对立。尽管本诉讼的原告和被告都反对有独立请求权的第三人的主张，但他们之间不会因这种一致而从根本上一致起来。

假设A与B发生所有权纠纷，C以有独立请求权的第三人的身份参加到诉讼中，而同时，D与E也各自声称对该争议物有所有权。如果说A与B是C提起的参加之诉中的共同被告，那么在D提起的参加之诉中，A、B、C就应当是共同被告了，而反过来，在C提起的参加之诉中，D也和A、B一样成了共同被告人。依此类推，C以A、B、D、E为共同被告，D以A、B、C、E为共同被告，E以A、B、C、D为共同被告，结果C、D、E互为被告人，又同时是共同被告人，由此造成法律关系上的混乱。所以，共同被告说不可取，对案件的审理无任何积极意义。而上述局面恰恰说明了另一点，就是必须认识到在有独立请求权第三人参加的诉讼里，各个当事人的主张是互不相容的，彼此对立，各居一方，形成诉讼中多方对立的诉讼格局。在该例子中，C、D、E 都是有独立请求权的第三人。

当然，第三人的请求权是否成立，只有到诉讼终结之时才能确定。人民法院在审理这种案件的时候，不仅要对有独立请求权的第三人的请求，而且要对原、被告之间的争议作出裁判。

○ 有独立请求权的第三人如何参加诉讼？

第一，参加方式。有独立请求权的第三人参加诉讼的方式是起诉，如果他对原、被告之间的诉讼一无所知，而人民法院在审理中又发现了原、被告之间的诉讼侵犯了他的民事权益，应当将原、被告之间的诉讼告知第三人。第三人不起诉的，根据处分原则，人民法院不能依职权追加。

第二，参加时间。第三人的请求是针对本诉讼的诉讼标的的，因此对他的请求权不应有时间限制，也就是说第三人可以在第一审或第二审或再审的任何时候参加到诉讼中来。第三人在一审中加入诉讼，不会有任何麻烦；但他直接加入到二审或适用二审程序的再审中，所作的判决是终审判决，第三人失去了法定的上诉权。在这种情况下，由二审法院对案件进行调解，能达成协议的，以调解协议方式结案；达不成协议的，作出裁定，撤销一审判决，发回重审。

第三，有独立请求权的第三人是参加诉讼的原告，享有原告的诉讼权利，承担原告的诉讼义务。诉讼中，如果经人民法院传票传唤，无正当理由拒不到庭，或者未经法庭许可中途退庭，可以比照《民事诉讼法》第 129 条的规定，按撤诉处理。

第四，有独立请求权的第三人参加诉讼后，如果原告申请撤诉，人民法院裁定准予撤诉的，有独立请求权的第三人作为另案原告，原案的原、被告作为另案被告，诉讼另行进行。

○ 有独立请求权的第三人不参加诉讼，法院应如何处理？

对于有独立请求权的第三人，法院可以通知该第三人参加诉讼。如果该第三人同意参加诉讼，将以原告的身份向被告主张自己的所有权，法院应予支持。但如果该第三人不同意参加诉讼，因其身份不同于无独立请求权的第三人，法院不能强行要求其出庭，只能驳回本诉双方的诉讼请求，因为双方均不是诉争标的物的真实所有权人。

○ 如何区分有独立请求权的第三人和必要共同诉讼人？

审判实践中，常有人把有独立请求权的第三人与必要的共同诉讼人混为一谈，以致出现该列为有独立请求权的第三人时，列成了必要的共同诉讼人；该列为必要的共同诉讼人时，又列成了有独立请求权的第三人。有独立请求权的第三人与必要的共同诉讼人之间有严格的界限，其主要区别是：

1. 与诉讼标的的关系不同

必要的共同诉讼人参加的诉讼只存在一个诉讼标的，即原、被告之间发生争议的民事法律关系。必要的共同诉讼人是该民事法律关系的一方主体，或者享有共同权利，或者承担共同义务。而有独立请求权的第三人参加的诉讼是两个诉的合并审理，有两个诉讼标的。有独立请求权的第三人与本诉讼的任何一方当事人都不存在共同权利或义务。

2. 诉的分离不同

必要的共同诉讼是一种不可分之诉，不论当事人的人数有多少，都不能分开审理。如果起诉或者应诉时有遗漏当事人的情况，只能追加为共同诉讼人，不得另行起诉。而有独立请求权的第三人提起的诉讼，尽管与本诉讼有密切联系，毕竟可以分开。即有独立请求权的第三人可以参加已经开始的本诉讼，也可以另行起诉。

3. 对立方不同

必要的共同诉讼人之间有共同的利害关系，在诉讼中他们只能与对方当事人对立；而有独立请求权的第三人与本诉讼中双方当事人的利益都是对立的。

4. 诉讼地位不同

必要的共同诉讼人可以是原告，也可以是被告；而有独立请求权的第三人只能是原告。

5. 参诉时间不同

必要的共同诉讼人可以在起诉的同时参加诉讼，也可以在诉讼程序开始后再追加进来；而有独立请求权的第三人只能在本诉讼开始后参加进来。

6. 诉讼行为的效力不同

必要的共同诉讼人中的一人的诉讼行为，经共同原告或共同被告全体承认，才能对全体发生效力，有独立请求权的第三人是独立行使诉讼权利，承担诉讼义务的主体，他的诉讼行为对本诉的双方当事人不发生效力。

○ 无独立请求权的第三人参加诉讼应具备什么条件？

无独立请求权的第三人，是指对他人之间的诉讼标的没有独立请求权，但由于案件处理结果与他有法律上的利害关系，因而参加到诉讼中来，保护自己民事权益的第三方当事人。

作为无独立请求权的第三人参加诉讼，必须符合以下条件：

1. 与案件处理结果有法律上的利害关系

衡量第三人能否作为无独立请求权的第三人参加诉讼的主要标

准是第三人与案件处理结果有无法律上的利害关系。法律上的利害关系是指民事实体法上的权利义务关系。第三人同他人之间的诉讼结果有法律上的利害关系，通常是由于第三人与诉讼当事人之间存在着某种法律关系，而该法律关系又与发生争议的法律关系有密切的联系，法院对后一法律关系的裁判，直接影响到前一法律关系中双方当事人的权利义务。

第三人与案件处理结果具有的法律上的利害关系，包括两种类型：其一是义务性关系。如甲公司从乙公司处购进一批组装的电脑后，发现质量不合格，对乙提起诉讼，要求退货和赔偿，而乙公司的电脑散件是从丙公司买来的，假如法院判决电脑质量不合格，乙公司败诉后就会向丙公司提出索赔要求，丙公司将因此而承担赔偿的义务。其二是权利义务性关系，即一方当事人败诉会使第三人享有一定的权利和承担一定的义务。例如，根据《最高人民法院关于审理农业承包合同纠纷案件若干问题的规定(试行)》第2条的规定，当发包方所属的半数以上村民以签订承包合同时违反土地管理法和村民委员会组织法等法律规定的民主议定原则，或其所签的合同内容违背多数村民意志，损害集体和村民利益为由，以发包方为被告，要求确认承包合同的效力提起诉讼时，人民法院受理后应当通知承包方作为第三人参加诉讼。这类案件的处理结果与承包方的利害关系就是权利义务性关系。因为如果发包方败诉，一方面会使承包方失去承包经营权，另一方面也会使承包方负担交还所承包的土地等标的物的义务和享有要求发包方赔偿损失的权利。

在这两种类型的法律上的利害关系中，审判实务中最常见的是义务性利害关系。第三人往往是为避免被告败诉而使自己承担义务，才参加被告一方进行诉讼。

应当注意，法律上的利害关系与事实上的利害关系不同。法律上的利害关系，是指依某法律关系而享有权利或承担义务。而事实上的利害关系则不然，它意味着在情感上、经济上或声誉上等，会受到直接或间接的影响，但从法律上来讲，并不必要承担义务或享有权利。如甲因侵权致人损害而被判赔偿，那么与甲生活在一起的妻子、子女在经济、情感上都会受到影响，但他们与案件的这种关系仅为事实上的利害关系，从法律关系上来讲，他们并不负赔偿责任。因此，仅与案件有事实上利害关系的人，不能作为无独立请求权的第三人。

例如，甲与乙订立购销钢材合同，甲付款后，乙未交货，甲以乙违约为由向人民法院起诉，要求乙履行合同并赔偿损失。诉讼中，乙称，他与丙之间也有一个购销钢材合同，由于丙没有向他供货，致使他无货向甲供应。于是，法院将丙追加为无独立请求权的第三人，责令其参加诉讼。我们认为，丙与甲、乙之间的诉讼没有法律上的利害关系，不论乙胜诉，还是乙败诉，丙都有义务向乙供货并承担违约责任，把丙追加为无独立请求权的第三人是错误的。有人说，由于丙没有向乙供货，才导致乙没有向甲供货，这是一种牵连关系。我们认为，这种牵连关系，充其量是一种事实上的牵连关系。因为乙的违约责任来源于乙与甲之间的合同关系，丙的违约责任来源于丙与乙之间的合同关系，丙不因乙未履行与甲的合同而产生履行义务，也不因乙履行了与甲的合同而免除履行义务。也就是说，丙的民事责任并非来自甲和乙之间的诉讼，与甲和乙之间的诉讼结果没有任何关系。如果把这种事实上的牵连关系也作为追加无独立请求权的第三人的根据，势必将无限扩大无独立请求权的第三人的适用范围，造成诉讼关系上的混乱，损害第三人的利益。

2. 在法院受理诉讼后作出裁判前参加诉讼

他人之间的诉讼正在进行，第三人以案件处理结果与自己有法律上利害关系为由要求参加诉讼，时间须在法院受理诉讼后作出裁判前，一般也应在第一审程序中参加诉讼。这与成为有独立请求权的第三人相同。

○ 无独立请求权的第三人在民事诉讼中处于何种诉讼地位？

关于无独立请求权的第三人诉讼地位问题，是一个存有争议的问题，我们认为，无独立请求权的第三人参加诉讼后，形成两个诉的合并审理。其一是原告和被告之间的本诉讼，其二是无独立请求权的第三人与一方当事人之间的参加诉讼。在本诉讼中，无独立请求权的第三人不是当事人。在参加的诉中，无独立请求权的第三人是当事人。

无独立请求权的第三人参加诉讼后，站在与他有民事法律关系的当事人一边，支持该当事人的主张，反对另一方当事人的主张。但是，无独立请求权的第三人与他支持的那一方当事人并不是共同诉讼人，因为他们不是同一法律关系的一方主体，对本诉讼的诉讼标的来说，他们没有共同权利和义务，对参加诉讼的诉讼标的来说，他们是利害关系相反的双方当事人。无独立请求权的第三人之所以在诉讼中采取这一种做法，归根结蒂是为了维护自己的民事权益，防止原、被告之间的诉讼给他带来不利后果。由此可见，无独立请求权的第三人符合民事诉讼当事人的条件，是民事诉讼的当事人。因而，无独立请求权的第三人对于本诉而言是案外人，与本诉法律关系具有间接利害关系。在诉讼权利和诉讼义务方面也与本诉当事人不尽相同，因而无独立请求权的第三人属于广义当事人。

无独立请求权的第三人属于广义当事人，既非原告，也非被告，是一种诉讼地位特殊的诉讼参加人。在一定情况下，相当于原告或被告。

无独立请求权的第三人参加诉讼（或申请参诉或通知参诉）是因为本诉处理结果可能同他有法律上的利害关系。在他参加诉讼之时，这种利害关系只是一种可能性而非现实性。即他有可能享有某种实体权利，可能要承担某种实体义务。当本诉处理结果表明无独立请求权的第三人享有权利或承担义务时，利害关系才由可能性变为现实性。此时，若该第三人由于本诉处理结果而享有一定的实体权利，可以认为其诉讼地位相当于原告；若该第三人由于本诉处理结果而承担一定的实体义务，可以认为其诉讼地位相当于被告。

关于无独立请求权的第三人的诉讼地位是独立性的，还是完全依附性的，也有争执。

我们认为无独立请求权的第三人诉讼地位既具有一定的依附性，又具有相对独立性。一方面，无独立请求权的第三人参加诉讼是因为本诉的处理结果同他有法律上的利害关系，其诉讼地位对于本诉而言具有一定的依附性和从属性。另一方面，无独立请求权的第三人在诉讼中，或完全支持辅助一方当事人，反对另一方当事人，或反对一方当事人，但和其辅助的一方当事人之间也有冲突。但是不论哪种情况，无独立请求权的第三人参加诉讼都是为了维护自己的利益，其诉讼地位对于本诉而言又有一定的相对独立性。

○ 无独立请求权的第三人有哪些诉讼权利和诉讼义务？

诉讼地位和诉讼权利义务紧密相连，有什么样的诉讼地位就有什么样的诉讼权利及诉讼义务。无独立请求权的第三人属于广义当事人，因而在诉讼权利义务上和狭义当事人有一些共同之处，但也有很大差异。具体地说，无独立请求权的第三人有权了解原告起诉、被告应诉的事实和理由，有权充分陈述自己的意见，提供证据，进行辩论，等等。但是由于该第三人对本诉的诉讼标的没有独立的请求权，涉及到本诉的一些诉讼权利，无独立请求权的第三人无权行使。例如，无独立请求权的第三人在一审程序中无权对案件的管辖权提出异议。

无权放弃、变更本诉讼的诉讼请求或者申请撤回本诉讼。至于对第一审人民法院作出的判决能否提起上诉，则取决于判决的内容。

判令其承担民事责任的，有权提起上诉；反之，则无权提起上诉。无独立请求权的第三人经人民法院传票传唤，无正当理由拒不到庭，或者未经法庭许可中途退庭的，根据《最高人民法院关于适用〈中华人民共和国民事诉讼法〉若干问题的意见》，这种情况“不影响案件的审理。”

在一定情况下，无独立请求权的第三人还可以取得与被参加诉讼的当事人完全相同的诉讼地位，即“人民法院判决承担民事责任的第三人，有当事人的诉讼权利义务。”然而，如果仅从字面上理解《民事诉讼法》的这一规定，是存在疑问的，因为是否判决第三人承担民事责任，要到审理终结前才能确定，而第三人的诉讼地位，则是在他参与诉讼时就应解决的问题。因此，对《民事诉讼法》这一规定的正确解释应当是，当法院根据被告的申请或依职权通知第三人为支持被告一方参加诉讼，其目的在于确定第三人是否应当承担民事责任时，就应当依法使该第三人从参加诉讼之时起就具有当事人的诉讼权利和义务，使该第三人有权承认诉讼请求，有权进行和解或申请调解，有权提出反诉。

○ 无独立请求权的第三人如何参加诉讼？

1. 参加诉讼的方式

《民事诉讼法》第56条第2款规定：“对当事人双方的诉讼标的，第三人虽然没有独立请求权，但案件处理结果同他有法律上的利害关系的，可以申请参加诉讼，或者由人民法院通知他参加诉讼。……”根据这一规定，在我国民事诉讼中，无独立请求权的第三人参加诉讼的方式有两种，其一是自己申请参加，其二是人民法院依职权通知其参加。

为防止一些法院在审判实务中不适当地扩大无独立请求权的第三人的范围，最高人民法院于1994年12月颁发了《关于在经济审判工作中严格执行〈中华人民共和国民事诉讼法〉的若干规定》，该规定对无独立请求权的第三人的范围作了限定，明确规定不得将下列人员作为无独立请求权的第三人通知其参加诉讼：（1）与原、被告双方争议的诉讼标的无直接牵连和不负有返还或者赔偿义务的人；（2）与原告或被告约定仲裁或有约定管辖的案外人，或者专属管辖案件的一方当事人；（3）产品质量纠纷案件中原、被告法律关系之外的下列人员：其一是证据已证明已经提供了合同约定或者符合法律规定的产品的；其二是案件中的当事人未在规定的质量异议期内向其提出异议的人；其三是案件中的收货方已经认可向其提供产品的质量的；（4）已经履行其义务，或者依法取得了一方当事人的财产，并支付了相应对价的原、被告之间法律关系以外的人。

2. 参加时间

无独立请求权的第三人可以在诉讼开始以后、一审结束之前参加诉讼。因为无独立请求权的第三人参加的参加诉讼与原被告之间的本诉讼并非不可分之诉，参加之诉完全可以另案进行。如果允许无独立请求权的第三人在二审中参加诉讼，反而会造成对本诉讼审理上的拖延；若二审判决第三人承担实体义务，还会造成该第三人上诉权的丧失，而考虑到本诉讼的效益，又不宜于将整个案件发回重审。总之，无独立请求权的第三人可以在一审结束之前参加诉讼。

○ 有独立请求权的第三人和无独立请求权的第三人有何区别？

有独立请求权的第三人和无独立请求权的第三人虽然都是作为第三人参加他人之间正在进行的诉讼，但他们之间存在着以下区别：

1. 参加诉讼的根据不同

有独立请求权的第三人参加诉讼的根据，是对原、被告双方争议的诉讼标的主张独立请求权；无独立请求权的第三人参加诉讼的根据，是对原、被告争议的诉讼标的没有独立请求权，但案件处理结果与他有法律上的利害关系。

2. 诉讼地位不同

有独立请求权的第三人在诉讼中处于原告地位；无独立请求权的第三人既不是原告，也不是被告，而是和本诉讼的一方当事人站在一起，但又有独立诉讼地位的参加人。

3. 享有的诉讼权利不同

有独立请求权的第三人是原告，享有原告的一切诉讼权利；无独立请求权的第三人既不是原告，也不是被告，而是一种有独立地位的参加人，因此，其诉讼权利也比较特殊。无独立请求权的当事人原则上享有当事人的诉讼权利，但不能对案件的管辖权提出异议；不能放弃、变更诉讼请求或者撤回诉讼请求；如果第一审法院的判决没有判令其承担民事责任，无权提起上诉。

4. 参加诉讼的方式不同

有独立请求权的第三人以起诉方式参加诉讼，如果不愿参加诉讼，人民法院不能强制；无独立请求权的第三人可以自己申请参加诉讼，也可以由人民法院通知其参加诉讼。

○ 债务人应以何种身份参加代位权诉讼？

《合同法》第73条规定了债权人的代位权。代位权是当债务人怠于行使其对第三人享有的到期债权而损害债权人的债权时，债权人为保全自己的债权，可以向人民法院请求以自己的名义代位行使债务人对第三人的债权的权利。《最高人民法院关于适用〈中华人民共和国合同法〉若干问题的解释（一）》第16条规定：“债权人以次债务人为被告向人民法院提起代位权诉讼，未将债务人列为第三人的，人民法院可以追加债务人为第三人。”

可见，债务人在代位权诉讼中的法律地位可以因案而异，有时可以不将其列为诉讼参加人。因为债权人行使代位权是直接向次债务人主张权利，无需征得债务人的同意，代位权诉讼无债务人的参加也可以发生、进行和完成，故债务人不是当然的诉讼法律关系主体。

当然，债务人也可以被列为代位权诉讼中的第三人。债权人未将债务人列为第三人的，人民法院可以将其追加为第三人。但对债务人以何种身份参加诉讼则存在两种意见：一种意见认为，由于债务人被代位行使了原告的权利，又与原告之间不存在所诉争的债权债务关系，所以既不是原告也不是被告，但他实际上却是诉争债权的真正原告，又必须参与实体的审理，故应将其列为有独立请求权的第三人。另一种意见认为，代位权是债权人代位行使债务人对第三人权利的强制介入权，如债务人以原告身份出现，则代位权的意义将失去，而他又是第三者的债权人，与第三者没有共同的义务，不能以共同被告身份参与诉讼，故应将债务人列为无独立请求权的第三人。

○ 法院是否有权将第三人变更为被告？

民事诉讼中的被告，是指作为原告的公民、法人和其他组织在起诉书中请求人民法院判令承担民事责任的公民、法人和其他组织。这种请求必须是原告的明确、真实的意思表示。不告不理、依法处分民事权利和义务，是我国《民事诉讼法》确定的一项基本原则。如果在某一案件中，原告没有将本应作为被告的当事人列为被告，只是将其列为第三人；或者该案的被告认为应将该第三人列为共同被告的，人民法院不应将其列为共同被告。即使是人民法院在审理过程中认为已经列为第三人的某公民、法人或者其他组织应当作为本案的被告，也不能将其直接变更为被告。在以谁为被告的问题上，必须由原告自己提出主张才具有法律上的效力。

○ 原告申请列第三人未获准许的，人民法院应否作出裁定？

司法实践中，有的原告在起诉状中列有第三人，或者在审理过程中申请列第三人，法院认为不当的，对是否应当作出裁定存在两种意见。一种意见认为，法院应当作出裁定，且当事人可以上诉。理由是依照《最高人民法院关于适用〈中华人民共和国民事诉讼法〉若干问题的意见》第57条，以及《民事诉讼法》第140条第2款的规定，人民法院对当事人提出的申请，应当进行审查，认为申请无理的，裁定驳回。当事人对裁定不服的，可以上诉。另一种意见认为，《最高人民法院关于适用〈中华人民共和国民事诉讼法〉若干问题的意见》第57条所指的"必须共同进行诉讼的当事人"仅指共同原告、共同被告，不包括第三人。案件审理中是否列第三人，应由人民法院依据《民事诉讼法》第56条的规定确定，对原告的不当申请，不需裁定驳回，更不存在上诉一事。

由于当事人一方或者双方为两人以上的诉讼是共同诉讼。在共同诉讼中，共同起诉或共同应诉的当事人为共同诉讼人，包括共同原告和共同被告。《最高人民法院关于适用〈中华人民共和国民事诉讼法〉若干问题的意见》第57条规定的"必须共同进行诉讼的当事人"即指共同诉讼人，不包括第三人。有关第三人的确定问题，《民事诉讼法》第56条已有明确规定。依此规定，有独立请求权的第三人有权起诉，成为当事人；无独立请求权的第三人则可以申请或由人民法院通知参加诉讼。如原告申请列××为第三人，人民法院审查后认为不当的，不必裁定驳回，也就无所谓能否上诉的问题，只需告知原告更换起诉状，不应列××为第三人。

第四节 诉讼代理人

○ 什么是诉讼代理人？

诉讼代理人，是指根据法律规定或者当事人的授权，以被代理人的名义，为保护被代理人的民事权益，代替或者帮助被代理人实施诉讼行为的人。

诉讼代理制度，是《民事诉讼法》的组成部分，具有重要意义。一方面，它为具有诉讼权利能力而无诉讼行为能力的当事人，提供了进行诉讼维护权利的手段；为那些能自己进行诉讼，但缺乏法律知识的人，提供了诉讼上的帮助，有利于更好地维护其合法权益。另一方面，诉讼代理人代理当事人进行诉讼行为，有利于法院及时审理民事案件，解决当事人的民事权益纠纷。

○ 哪些人需由法定诉讼代理人代为诉讼？

法定诉讼代理人，是指依照法律规定代理无诉讼行为能力的当事人进行民事诉讼的人。

《民事诉讼法》第57条规定：“无诉讼行为能力人由他的监护人作为法定代理人代为诉讼。”无诉讼行为能力人，是指我国《民法通则》规定的无民事行为能力和限制民事行为能力人。18周岁以上的公民是成年人，具有完全民事诉讼行为能力，是完全民事诉讼行为能力人。16周岁以上不满18周岁的公民，以自己的劳动收入为主要生活来源的，视为完全民事诉讼行为能力人。10周岁以上的未成年人以及不能完全辨认自己行为的精神病人是限制民事行为能力人，不满10周岁的未成年人和不能辨认自己行为的精神病人是无民事行为能力人，限制民事行为能力人及无民事行为能力人均为无诉讼行为能力人。可见，法定代理是为了保护未成年人和精神病人的民事实体权益和诉讼权利而设立的一种代理制度。

法定诉讼代理，是专为无诉讼行为能力的当事人进行诉讼而设立的代理制度。法定代理人的代理权的产生，既不是基于当事人的意思表示，也不是基于代理人的意思表示，而是由法律加以规定的。这是因为，法定代理中的被代理人，由于其民事行为能力的欠缺，不能独立进行法律行为，不具有对代理关系的发生表达个人意志的能力。为了保护无行为能力人和社会的利益，法律规定一定的人作为无行为能力人的法定代理人，不但赋予他以代理权利，而且要求他承担代理的义务。这种义务，不仅是法定代理人对被代理人的义务，也是法定代理人对社会应尽的义务。正因为如此，法定代理人应该主动代理当事人进行诉讼，代为行使诉讼权利，承担诉讼义务，维护当事人的合法权益。

○ 哪些人可以担任法定诉讼代理人？

根据《最高人民法院关于适用〈中华人民共和国民事诉讼法〉若干问题的意见》规定，无民事行为能力人、限制民事行为能力人的监护人是他的法定代理人。可见，法定代理人的范围，亦即监护人的范围。

根据《民法通则》第16条规定："未成年人的父母是未成年人的监护人。"父母双亡或者父母没有监护能力的，由下列人员中有监护能力者担任监护人："（一）祖父母、外祖父母；（二）兄、姐；（三）关系密切的其他亲属、朋友愿意承担监护责任，经未成年人父母的所在单位或者未成年人住所地的居民委员会、村民委员会同意的。"没有上述监护人的，"由未成年人的父、母的所在单位或者未成年人所在地的居民委员会、村民委员会或者民政部门担任监护人。"

根据《民法通则》第17条规定："无民事行为能力或者限制民事行为能力的精神病人，由下列人员担任监护人：(一)配偶；(二)父母；(三)成年子女；(四)其他近亲属；(五)关系密切的其他亲属、朋友愿意承担监护责任，经精神病人的所在单位或者住所地的居民委员会、村民委员会同意的。""没有第一款规定的监护人的，由精神病人的所在单位或者住所地的居民委员会、村民委员会或者民政部门担任监护人。"

上述监护人，均可作为无民事行为能力人的法定代理人代为诉讼。如果公民事先没有确定监护人而现实又需要法定诉讼代理人的，可以由有监护资格的人协商确定，协商不成的，由人民法院从他们中间指定法定代理人。《民事诉讼法》第57条也明确规定："法定代理人之间互相推诿代理责任的，由人民法院指定其中一人代为诉讼。"人民法院在指定代理人时，可参照上述监护人的顺序进行指定。被指定的代理人仍然属于法定代理人的范畴。因为，在这种情况下，人民法院不是基于自己的意志决定代理人，而是基于他们都是法定代理人，都有责任代理当事人进行诉讼，从而根据具体情况指定其中一人代为诉讼。这种指定不同于指定代理，人民法院是在法定代理人中指定，而不是指定法定代理人以外的人担任诉讼代理人。这种指定，并没有改变代理权的性质，它仍然是法定代理，法院不过是在执行法律的规定而已。

○ 法定诉讼代理人的代理权限有哪些？

由于法定代理人是基于亲权或监护权而进行诉讼代理，法定代理人的被代理人是未成年人或精神病人，这些人因年龄或生理上的原因而不能正确辨认和主宰自己的行为，必须由法定代理人来维护其正当权益。因此，法定代理是一种全权代理。法定代理人有权代理当事人为一切诉讼行为，不仅有权代为处分当事人的诉讼权利，如起诉、反诉、上诉等，而且有权处分当事人的实体权利，如放弃诉讼请求、承认诉讼请求以及达成调解协议等。

法定代理人在民事诉讼中居于与当事人类似的诉讼地位，其代为进行的一切诉讼行为，均视为当事人的行为，与当事人在诉讼上的行为一样，具有同等的法律效力。但是，法定代理人毕竟不是当事人，他不是实体权利的直接享有者和实体义务的直接承担者。因此，法定代理人代为诉讼行为所产生的一切法律后果，仍直接由被代理的当事人承担。也正是由于法定代理人不是当事人，所以，当他在诉讼进行中若死亡或因故不能行使诉讼代理权，而又没有其他法定代理人代为继续诉讼时，人民法院只能中止诉讼，而不能终结诉讼。

○ 法定诉讼代理权在什么情况下消灭?

在民事诉讼进行中，法定代理人的诉讼代理权因一定情况的出现而消灭。具体而言，导致法定代理权消灭的情况有如下三种：

第一，法定诉讼代理人死亡或丧失诉讼行为能力。法定代理人在诉讼中死亡，其法定代理权自然归于消灭。法定代理人在诉讼中丧失诉讼行为能力，已无法代理当事人实施诉讼行为，其法定代理权也即行消灭。

第二，被代理的当事人取得或恢复诉讼行为能力。法定代理人是由于当事人无诉讼行为能力而代为诉讼的。在诉讼进行中，如果未成年的当事人达到成年而取得诉讼行为能力；患精神病的当事人痊愈而恢复诉讼行为能力，他们便可以亲自进行诉讼活动，法定代理权因此而消灭。

第三，法定代理人失去对当事人的亲权或监护权。法定代理权是以亲权或监护权为基础而产生的代理权，当法定代理人在诉讼进行中失去亲权或监护权，其法定代理权就随之消灭。例如，如果法定代理人是作为未成年当事人的养父或养母代为诉讼，其法定代理权在诉讼中随收养关系的解除而消灭。又如，法定代理人在诉讼中因不履行监护职责或者侵害被监护人的合法权益，而被人民法院撤销其监护人资格时，其法定代理权便因监护权的丧失而随之消灭。

第四，被代理人死亡。

第五，诉讼结束。

○ 什么是委托诉讼代理人？

委托诉讼代理人，是指接受当事人、法定代表人、法定诉讼代理人的委托，以当事人的名义，在当事人授权范围内代为诉讼行为的人。

委托代理，是为诉讼当事人提供方便、维护其合法权益的一种代理制度，也是民事诉讼中普遍运用的代理制度。在实际生活中，一些当事人，或者由于某些原因难以亲自进行诉讼，或者因缺乏法律知识和诉讼经验而希望在诉讼中获得他人的法律帮助。这就需要设立委托代理制度，使当事人能够委托诉讼代理人代其进行诉讼，充分地行使其诉讼权利和履行诉讼义务，更好地维护其合法权益。

○ 委托诉讼代理人和法定诉讼代理人有何不同？

委托诉讼代理人不同于法定诉讼代理人：

1. 代理权来源不同

委托诉讼代理人的代理权来源于当事人或其法定代理人的授权委托行为，而法定诉讼代理人的代理权来源于法律的直接规定。

2. 代理权限不同

委托诉讼代理人代理权的大小取决于当事人、法定代理人的授权委托，因而不同的诉讼代理人有代理权大小之别，而法定诉讼代理人都具有相当于当事人的诉讼权利，他们之间的代理权限是相同的，无大小之别。

3. 证明代理权的方式不同

委托诉讼代理人证明其代理权的方式是向法院提交由被代理人签署的授权委托书，法定诉讼代理人证明代理权的方式则是出具证明其为监护人身份的证件或文书。

4. 诉讼代理人的情况不同

在诉讼实务中，委托诉讼代理人通常由律师担任，而法定诉讼代理人则通常由被监护人的父母、配偶及其他近亲属担任。

○ 哪些人可以接受委托成为诉讼代理人？

为了保护被代理人的利益和保证诉讼的顺利进行，《民事诉讼法》第58条规定，委托诉讼代理人包括：

1. 律师

律师是为社会提供法律服务的执业人员。律师执业，须取得律师资格和执业证书。接受民事案件当事人的委托，作为代理人参加诉讼，是律师的业务之一，也是律师为社会提供法律服务的一种主要方式。当前，我国的律师队伍已逐步壮大，加之律师具有法律专业知识和诉讼技能、经验的优势，因此律师已成为我国委托诉讼代理人的主体部分。

2. 当事人的近亲属

当事人的配偶、父母、成年子女、同胞兄弟姐妹为其近亲属。信赖是委托代理关系的前提和基础，当事人是基于对代理人的信赖才委托其进行诉讼的。近亲属同当事人关系亲密，容易得到信赖。并且，由他们作为诉讼代理人通常能够更好地维护当事人的权益。

3. 社会团体推荐的人

我国社会生活中存在着许多社会团体，如工会、商会、妇联、残联、文联、消费者协会等，这些社会团体一般都专门设有法律事务部，对其成员承担着某种保护责任。当发生涉及其成员重大利益的案件时，这些社会团体往往会推荐法律事务部的工作人员或其他有关人员作为涉讼成员的诉讼代理人参加诉讼。

4. 当事人单位推荐的人

我国的干部和职工与所在的单位有十分紧密的关系，当单位成员涉讼时，单位出于对职工利益的关心，在征得当事人同意后，可以向法院推荐能够胜任诉讼的人作为诉讼代理人。

5. 经法院允许的其他公民

除上述人员外，其他公民经法院许可，也可以作为诉讼代理人。法律规定当事人委托其他公民担任诉讼代理人时须经法院的许可，主要是为了保护当事人的利益和保障诉讼的顺利进行，防止缺乏陈述和辩论能力，不能胜任诉讼的人及其他可能损害当事人利益的人作为诉讼代理人。

○ 哪些人不能担任委托诉讼代理人？

根据《最高人民法院关于适用〈中华人民共和国民事诉讼法〉若干问题的意见》第68条之规定，无民事行为能力人、限制民事行为能力人或者可能损害被代理人利益的人以及人民法院认为不宜作诉讼代理人的人，不能作为诉讼代理人。

根据《最高人民法院关于审判人员严格执行回避制度的若干规定》的规定，审判人员及法院其他工作人员离任（包括离休、退休、调动、辞职、辞退、开除等情形）2年内，担任诉讼代理人的，人民法院不予准许；审判人员及法院其他工作人员离任2年后，担任原任职法院审理案件的诉讼代理人，对方当事人认为可能影响公正审判而提出异议的，人民法院应当支持，不予准许本院离任人员担任诉讼代理人。但是作为当事人的近亲属或者监护人代理诉讼的除外。审判人员及法院其他工作人员的配偶、子女或者父母，担任其所在法院审理案件的诉讼代理人的，人民法院不予准许。

○ 人民陪审员可否担任案件的诉讼代理人？

《人民法院组织法》第38条第2款规定：“人民陪审员在人民法院执行职务期间，是他所参加的审判庭的组成人员，同审判员有同等权利。”也就是说，人民陪审员不在人民法院执行职务期间、不参加案件的审理就不享有审判员同等的权利。因此，人民陪审员不在人民法院执行职务期间，可以担任与本院或者其他法院未曾参与审理的案件的当事人的诉讼代理人。

○ 一名当事人、法定代理人可以委托几名委托诉讼代理人？

《民事诉讼法》第58条第1款规定当事人、法定代理人可以委托1至2人作为诉讼代理人。对当事人可以委托多少诉讼代理人，作限制性规定，由当事人根据案件的具体情况和自己的财力来决定。如委托2人作为诉讼代理人，各自的代理事项和代理权限应当在授权委托书中分别载明。当然，立法和司法实践都鼓励和提倡当事人委托律师做自己的诉讼代理人，因为律师经过专业训练，具有较系统的法律知识和诉讼经验，能更好地维护当事人的权益，保障诉讼的顺利进行。尽管如此，法律并未强制性要求当事人必须委托律师，而且无论当事人委托的诉讼代理人是否为律师，他们在进行代理活动时，享有同样的诉讼权利，即均有权调查收集证据，可以查阅案件的有关材料。

○ 委托诉讼代理人是否可以再委托他人代为诉讼？

委托诉讼代理人接受了当事人的委托之后，能否再委托他人代为诉讼，《民事诉讼法》未作明文规定。从理论上来讲，委托代理关系建立在被代理人和代理人相互信任和自愿的基础上，具有人身性质，因此不经被代理人的同意，代理人不得擅自再委托他人。只有经过被代理人同意的转委托，才有效。转委托诉讼代理人的诉讼行为后果，仍由被代理人承担。

○ 委托代理人是否必须向法院提交授权委托书？

委托诉讼代理人的代理权产生于当事人、法定代理人的授权委托行为。从形式上看，民事诉讼中的授权委托不同于民法中的授权委托。民法中的委托代理除法律规定用书面形式的外，可以用书面形式，也可以用口头形式。为了保证授权行为的确定性和代理权限的明晰性，民事诉讼中的授权委托必须以书面方式进行。《民事诉讼法》第59条第1款规定："委托他人代为诉讼，必须向人民法院提交由委托人签名或者盖章的授权委托书。"

授权委托书是指委托人制作的，证明诉讼代理人有代理权并指明权限范围的法律文书，是授予代理权的凭证，其真实与否，直接关系到代理权的有无和大小。授权委托书记明委托事项和权限，授权委托书经人民法院审查认可后，受托人即取得诉讼代理权，成为诉讼代理人，可以开始诉讼代理活动。

为保证来自国外的授权委托书的真实性，侨居在国外的我国公民从外国寄交或托交的授权委托书，须经我国驻该国的使领馆证明；没有使领馆的，由与我国有外交关系的第三国驻该国的使领馆证明，再转由我国驻该第三国使领馆证明，或者由当地的爱国华侨团体证明。

○ 委托代理人的代理权限如何确定？

由于委托诉讼代理人的代理权来自于委托人的授予，所以代理权限的范围取决于授权委托书中写明的授权事项和范围。代理人只能在当事人、法定诉讼代理人、法定代表人所授权的权限范围内进行代理，代理人在代理权限内所为的诉讼行为，对被代理人发生法律效力。代理人超越代理权限实施的诉讼行为，属越权代理，除非得到被代理人事后的追认，否则便属于无效诉讼行为，不对被代理人发生法律效力。由于越权代理给被代理人和其他人造成损害的，代理人还要承担相应的法律责任。因而委托诉讼代理人代理权限的大小，取决于被代理人的授权，当事人、法定代理人授予他多大的权利，他就具有多大代理权。

当事人在民事诉讼中的权利大体可分为两大类：一类是纯程序性质的或者与实体权利关系不那么密切的诉讼权利，如申请回避、提出管辖权异议、申请复议、陈述案情、提供证据、进行质证和辩论等；另一类是实体权利或与实体权利紧密相关的诉讼权利，如代为承认、变更、放弃诉讼请求，进行和解，提起反诉或者上诉。这两类权利在性质上有很大区别。当事人在授予代理权时，可以只授予第一类权利而保留第二类权利，这称为一般授权。也可以在授予第一类权利的同时，将第二类权利中的部分或全部授予诉讼代理人。这称为特别授权。第二类权利对当事人的利益关系重大，因此《民事诉讼法》对这类权利持特别慎重的态度，明确规定诉讼代理人除非经过委托人的特别授权，不得在诉讼中实施这类行为。

对需要特别授权的事项，当事人在授权委托书中必须一一写明，否则，代理人不得代为处分。根据《民事诉讼法》第59条第2款的规定："……诉讼代理人代为承认、放弃、变更诉讼请求，进行和解，提起反诉或者上诉，必须有委托人的特别授权。"有的当事人为图省事方便，在授权委托书代理权限一项中只概括地写上"全权代理。"对这种不规范的授权，《最高人民法院关于适用〈中华人民共和国民事诉讼法〉若干问题的意见》明确规定："授权委托书仅写'全权代理'而无具体授权的，诉讼代理人无权代为承认、放弃、变更诉讼请求，进行和解，提出反诉或者上诉。"

○ 什么情况下委托诉讼代理权发生变更？

委托诉讼代理权的变更，是指委托诉讼代理人取得诉讼代理权后，在诉讼过程中，委托人基于一定原因，扩大原来的诉讼代理权或缩小原来的诉讼代理权。

委托代理关系在诉讼过程中可能会发生变化，由于这样或者那样的原因，诉讼代理人可能会辞去委托，委托人也可能变更代理权限的范围或者取消委托。是否变更代理权，是当事人的权利，可以由当事人单方面作出决定，但当事人在作出变更或解除代理权的决定后，必须用书面形式告知法院，并由法院通知对方当事人。否则，诉讼代理权的变更对人民法院和对方当事人不发生效力。诉讼代理人在代理权变更或解除前实施的诉讼行为，其效力不受代理权变更或解除的影响。

○ 什么情况下委托诉讼代理权解除？

委托诉讼代理权的解除，是指在委托诉讼代理关系成立后，因一定事由的发生而中止双方诉讼的诉讼代理关系。

委托诉讼代理权因下列原因之一而消灭：

1．诉讼结束

当事人是针对特定的审级委托代理人进行诉讼的，因而代理人的任务仅限于该审级，该审级终结，代理权便因诉讼任务的完成而消灭。如当事人委托代理人代理某一案件的第一审诉讼，代理权在第一审终结时便消灭。案件进入第二审后，当事人如要原来的诉讼代理人继续代理，须另行授权委托。

2．代理人死亡或者丧失诉讼行为能力

3．代理人辞去委托或被代理人取消委托

辞去委托和取消委托均是单方的行为，无须征得对方同意。代理人辞去委托应及时通知被代理人，以便被代理人重新委托代理人或自己参加诉讼。在新代理人或当事人本人接替诉讼之前，对具有紧迫性的诉讼行为,诉讼代理人仍然应当为了当事人的利益而实施。

在诉讼的进行中发生了委托诉讼代理的解除时，当事人也须书面告知人民法院，由法院通知对方当事人。否则，诉讼代理权的解除对人民法院和对方当事人不发生效力。在诉讼代理权未解除前,委托诉讼代理人已经实施的诉讼代理行为仍然有效。

○ 诉讼代理人是否可以调查收集证据?

《民事诉讼法》第61条规定:“代理诉讼的律师和其他诉讼代理人有权调查收集证据。”我国目前的庭审方式由纠问式诉讼转变为抗辩式诉讼。抗辩式诉讼强调当事人的举证责任，这实际上加重了律师和其他诉讼代理人调查收集证据的任务。因此，依法赋予诉讼代理人调查取证的权利,对于保障诉讼代理人从事有关的业务活动,维护好当事人的合法权益具有重要的意义。

向有关单位和个人调查、取证，是诉讼代理人的一项诉讼权利，也是代理工作的一项重要内容。诉讼代理人调查取证的目的有二:一是通过调查取证，协助当事人履行举证责任，弥补委托方当事人向法院提供证据之不足；二是通过调查、取证，了解和熟悉案情，为发表代理意见奠定事实和证据基础。

诉讼代理人调查取证，侧重点在于收集和掌握有利于委托方当事人的事实和证据，但对于不利于委托方当事人的事实和证据，也应给予足够的重视，这样能够形成正确的令人信服的代理意见，真正起到维护委托方当事人合法权益的目的。诉讼代理人对于在调查中了解到的不利于委托方当事人的事实和证据,不应向法院提供,只可作为自己发表代理意见时的参考材料。

代理律师在调查、取证时，要坚持实事求是的原则，不得通过威胁、利诱、暗示等非法方法向知情人调查。对于收集到的实物证据，要注明出处、来源或提供者的姓名；对于证人口述案件事实的，要通过调查笔录的形式予以固定，调查笔录应让被调查人签名盖章。

○ 诉讼代理人可以查阅哪些案卷材料?

到法院查阅本案卷宗材料，是《律师法》及《民事诉讼法》赋予诉讼代理人的一项诉讼权利，任何机关或个人不得阻止。案卷材料是法院掌握的关于本案的各项材料，其来源有三个方面：一是原告方当事人及其代理人提供的；二是被告方当事人及其代理人提供的；三是法院通过自行调查活动收集到的。案卷材料包含了当事人制作并提交法院的各项诉讼文书以及各种证据材料，能够比较客观、全面地反映案件事实以及当事人双方的诉讼请求或主张。查阅案卷材料能做到知己、知彼，对代理工作有很重大的意义。

民事诉讼中的案卷材料是逐步积累起来的，法院的判决、裁定作出前，当事人双方都有可能提出新的证据和诉讼请求，法院也可能通过调查活动收集到新的证据。因而，诉讼代理人查阅案卷材料，决不能只是一次性的，而可能连续多次，只有多次查阅案卷材料，才能及时掌握新情况，全面、准确地了解案件事实。

《民事诉讼法》第61条规定："代理诉讼的律师和其他诉讼代理人有权调查收集证据，可以查阅本案有关材料。查阅本案有关材料的范围和办法由最高人民法院规定。"诉讼代理人为了全面、详细地了解案情，有权查阅案卷材料。《律师法》第30条规定，律师参加诉讼活动，依照诉讼法律的规定，可以查阅与本案有关的材料。

诉讼代理人查阅案件材料的范围限于审判卷和执行卷的正卷，具体范围见本书"当事人可以查阅、复制哪些案卷材料?"

○ 诉讼代理人查阅案件材料的程序是怎样的?

诉讼代理人在诉讼过程中查阅案件材料，应当提前与该案的书记员或者承办案件的审判人员联系;查阅已经审理终结的案件材料，如果案卷已经归档，与法院档案管理部门联系，如果案卷尚未归档，则与该案的书记员或者审判人员联系。只有提前联系，才能不至于与其他人阅卷或者审判人员的既定工作产生冲突。

为便利阅卷，各法院应当为当事人及其诉讼代理人安排适当的阅卷场所和合理的阅卷时间。诉讼代理人只能在法院规定的阅卷时间和专门的阅卷场所阅卷，不得将案件材料携出阅卷场所。这样规定的主要考虑是为了保证案件材料的完整无缺和诉讼活动的顺利进行。为保持阅卷场所秩序和维护卷宗的安全，必要时，该案的书记员或者法院其他工作人员应当在场。

查阅案件材料，律师应当出示律师证，其他诉讼代理人应当出示身份证或者其他有效证件，以表明阅卷人的身份。查阅案件材料还应当填写阅卷单。《最高人民法院关于诉讼代理人查阅民事案件材料的规定》对阅卷单的规定是一项新的内容。阅卷单，既是当事人及其诉讼代理人行使阅卷权利的体现，又是法院对卷宗管理的一种形式。当案卷归档后，通过阅卷单还可以方便档案管理人员查找案卷。因而，法院工作人员、当事人及其诉讼代理人都应当认真填写阅卷单，法院工作人员还应当将阅卷单附卷。《最高人民法院关于诉讼代理人查阅民事案件材料的规定》附有阅卷单的样式，各级人民法院可以根据这个样式自行制作。阅卷单的内容包括：阅卷人（填写阅卷人的姓名)、证件名称及其编号（表明阅卷人的身份：诉讼代理人或者当事人)、案件名称、案由、案号、借阅册数、归还册数、阅卷时间、法院工作人员签注（姓名、案件卷宗归还时的状况等)。

○ 诉讼代理人查阅案件材料的方式有哪些?

根据《民事诉讼法》的规定，当事人及其诉讼代理人查阅案件材料时除可以阅览外，还可以摘抄、复制。案件材料通常以纸质形式存在，因而复制这种材料的方式就是复印。如果以电子文档等非纸质形式存在，可以复制。对于复印的案件材料，当事人及其诉讼代理人可以要求案卷管理部门盖章确认其真实性和权威性，方便当事人或诉讼代理人对案件材料的利用。在审判过程中，当事人复印案件材料时可否要求审判人员签字或盖章，《最高人民法院关于诉讼代理人查阅民事案件材料的规定》没有提及。这主要考虑到，当事人及其诉讼代理人复印案件有关材料用于本案的诉讼活动需要。当然，如果当事人提交的证据材料为原始材料且只有一份，但该证据还需用于其他事由，当事人要求审判人员在复印件签字或盖章，可以比照该规定第7条第2款的规定办理。

○ 诉讼代理人查阅案件材料的责任有哪些？

当事人及其诉讼代理人查阅案件材料时，应当保持案件材料的完整性，不得涂改或以其他方式修改、损毁、抽取案件材料。否则，人民法院可以依照《民事诉讼法》第102条第（1）项对“伪造、毁灭重要证据，妨碍人民法院审理案件的”行为的处罚措施予以处罚。另外，案件材料中涉及国家秘密、商业秘密和个人隐私的内容，当事人及其诉讼代理人应当依法保密。

○ 有诉讼代理人的，当事人是否可以不出庭？

委托代理人在当事人授权范围内，代理当事人行使诉讼权利，承担诉讼义务，代为诉讼行为。因此，当事人有代理人的，一般民事案件当事人可以不出庭，这是当事人委托代理人原因之一，也是法律上确定代理制度的原因之一。

但是，离婚案件涉及身份关系，具有与其他案件不同的特点，调解是处理离婚案件的法定程序，离婚或者不离婚，取决于双方感情是否彻底破裂，以及有无和好的可能，破裂与否的事实，和好是否有望等，不是代理人所能决定和表达的。因而，《民事诉讼法》第62

条规定："离婚案件有诉讼代理人的，本人除不能表达意志的以外，仍应出庭；确因特殊情况无法出庭的，必须向人民法院提交书面意见。"但是为了适应客观事实中的特殊情况，有两种情况例外：

第一，离婚当事人不能表达自己的意志的，该种当事人参加审理已无任何意义，在有代理人参加下，可不亲自出庭。所谓不能表达意志的，是指精神病患者，或者因患其他疾病，神志不清的。

第二，确因特殊情况无法出席法庭的，如当事人不在国内、重病等等。但此种情况下，必须向人民法院提交书面意见，写明自己对婚姻关系、子女抚养和财产分割等问题的意见。所谓特殊情况，是指当事人有身在国外、瘫痪、被监禁以及其他确实无法出庭的情况。

○ 法定代表人无故未出庭，只委托其诉讼代理人（一般代理）到庭，应如何处理？

根据《民事诉讼法》的规定，公民、法人和其他组织可以作为民事诉讼的当事人，法人由其法定代表人进行诉讼。当事人依法可以委托1至2人作为诉讼代理人。诉讼代理人是以被代理人的名义、为被代理人的利益、在代理权限范围内实施诉讼行为的人。设立诉讼代理人是为了便于当事人进行诉讼活动。诉讼代理人的权限范围由当事人在提交给法院的授权委托书中记明。诉讼代理人代为承认、放弃、变更诉讼请求，进行和解，提起撤诉或上诉，必须有委托人的特别授权，否则为一般代理。如果原告的法定代表人因故不能到庭参加诉讼，依法可以委托其诉讼代理人出庭。人民法院不应以不符合开庭的诉讼主体资格为由另行确定开庭，也不应裁定按撤诉处理，而应当根据开庭查明的事实依法作出判决。

第四章 证 据

第一节 证据的种类与举证责任

○ 什么是证据？什么是证据材料？

证据制度是民事诉讼制度中的核心。从起诉到裁判，乃至执行，一切诉讼活动都围绕着证据的提供、收集和审查判断展开。当事人提供证据进行证明，请求法院确认其主张，法院则凭借证据查明案情，适用法律，正确裁判。可以说，离开诉讼证据，就没有民事诉讼，所以，证据制度是民事诉讼中极为重要的制度。

那些能够证明案件真实情况的事实材料，就是诉讼证据。证据是内容与形式的统一体，其内容是与案件事实相关联、对案件事实具有证明作用的各种事实，其形式表现为书证、物证、视听资料、证人证言、当事人陈述、鉴定结论、勘验笔录。证据总是以这七种形式中的某一种作为载体而进入诉讼的。

证据与证据材料，是既有联系又有区别的两个概念，证据，是指能够证明民事案件真实情况的各种事实，也是人民法院认定有争议的案件事实的根据。证据材料，是指民事诉讼中当事人向人民法院提供的或者人民法院依职权收集的用以证明案件事实的各种材料。

证据与证据材料的联系表现为，证据来源于证据材料，证据材料是证据的初始形态，离开了诉讼中出现的各种证据材料，证据便成为无源之水，无本之木。它们之间的区别表现为：首先，证据材料只是为了证明目的而提出的各种材料，这些材料中有的符合证据的条件，能够成为人民法院认定案件事实的根据，有的不具备证据条件，不能作为证据使用。证据材料成为诉讼证据，还需经过质证，还要经过法庭的审核和认定。其次，证据材料出现在诉讼中较早的阶段，在起诉与答辩时或者在法庭审理初期，当事人便向法庭提出各种证据材料，而证据则形成于诉讼中较后的阶段，至法庭调查终结或法庭评议阶段，才能确定哪些证据材料可以作为本案的证据。

○ 证据材料具备什么条件才能成为证据？

证据材料必须具备一定的条件，才能够成为民事诉讼证据。这些条件是：

1. 客观性

客观性是指这些事实材料必须是客观存在的事实材料。民事法律关系的发生、变更或消灭，纠纷的产生和发展，不可避免地以各种形式在客观外界留下一定的痕迹和记录，这些痕迹和记录能重新展现民事法律关系以及纠纷的过程和状态，因而成为诉讼证据。它们是客观存在的，不以任何人的意志为转移，任何出于人们的主观推测、臆想甚至捏造的情况，都不具有客观性。

2. 关联性

关联性是指事实材料必须与待证的案件事实有内在的联系。并非一切具备客观性的事实材料都能成为证据，只有其中那些能证明本案的待证事实的真与假，是与否的事实材料，才能作为诉讼证据。而与案件事实无关的事实材料，虽本身是客观真实的，但却不可能成为证明该案情况的证据。

证据的关联性一般表现为两种情况：一是作为证据的事实材料

能够直接证明待证事实，如合同书直接证明当事人之间的合同关系；另一种情况是虽不能直接证明待证事实，但对证明待证事实有提供线索或间接确证的作用，如当事人日程表上预定某一时间将同对方当事人签订合同，该日程表不能证明合同关系的存在，但却可以为此提供线索和辅证。

3. 合法性

合法性是指证据必须按照法定程序收集和提供，必须符合法律规定的条件，才能够作为诉讼证据。诉讼活动是一种严格的依法定程序和要求进行的活动，在这种活动中不能允许或认可任何不符合法律要求的甚至是非法的行为或事实。

合法性包括以下三个方面的内容：

（1）收集证据的合法性。这主要是指当事人、诉讼代理人和人民法院在收集证据时应符合法律的要求，不得违反法律的规定。《最高人民法院关于民事诉讼证据的若干规定》第68条规定："以侵害他人合法权益或者违反法律禁止性规定的方法取得的证据，不能作为认定案件事实的依据。"人民法院调查收集证据，应由两人以上共同进行，不得由一名审判员或书记员前去调查，也不得由具有法定应当回避情形而未回避的审判人员去调查。

（2）证据形式的合法性。这包含两层意思：其一是证据的形式应当符合法律的要求，必须以法律规定的存在形式表现出来。如单位向人民法院提交的证明文书，应由单位负责人签名或盖章，并加盖单位印章；其二是当法律规定某些事实或法律行为须用特定形式的证据来证明时，应当使用特定形式的证据。例如，婚姻状况需要用结婚证、离婚证来证明，土地使用权要用土地使用权证来证明，保证合同、抵押合同等，需要用书面形式的合同来证明。

（3）证据材料转化为诉讼证据的合法性。这是指证据材料成为证据必须经过法律规定的质证程序，未经质证，无论是当事人提供的证据材料，还是人民法院依职权调查收集的证据材料，都不得作为人民法院认定事实的根据。人民法院如果在裁判中使用了未经质证的证据材料，在运用证据上就违反了合法性的要求。

○ 什么是举证责任？

《民事诉讼法》第64条第1款规定："当事人对自己提出的主张，有责任提供证据。"一般认为，本条规定的是举证责任。从立法本意上讲，举证责任，是指当事人对自己主张的事实，有提出证据加以证明的责任。更进一步讲，是指当作为裁判基础的法律要件事实在诉讼中处于真伪不明状态时，当事人一方因人民法院不能认定这一事实而承受的不利裁判的危险。

要理解举证责任的含义，需掌握以下几方面：

第一，举证责任与作为裁判基础的法律要件事实（以下简称要件事实）处于真伪不明状态具有紧密联系，是要件事实处于真伪不明状态时引起的诉讼上的风险。当事人负担举证责任，实际上是负担这一诉讼上风险。有争议的要件事实经过证明活动后会呈现出三种状态：其一是该事实已被证明为真；其二是该事实被证明为假；其三是该事实真伪均未获得证明。前两种状态均与举证责任无关，因为人民法院是依据已查明的事实作出裁判的。惟有第三种状态，才涉及举证责任问题。在现代诉讼中，即使当事人主张的要件事实在诉讼终结前仍处于真伪的不明状态，为了实现解决纠纷的目的，人民法院也不得因此而拒绝不裁判。在要件事实真伪不明时，人民法院必须作出非此即彼的判决，将真伪不明引起的不利诉讼结果判归对该要件事实负举证责任的一方当事人。

第二，举证责任是在作为裁判基础的法律要件事实处于真伪的不明状态时发挥裁判依据的作用的。诉讼证明涉及的事实包括作为裁判基础的要件事实（又称主要事实）和用来帮助澄清和确定要件事实的间接事实和辅助性事实。举证责任发生的原因是要件事实真伪不明而不是间接事实、辅助事实真伪不明。尽管在有些情况下，要件事实真伪不明是由于间接事实、辅助事实未被证明而引起的，但间接事实、辅助事实未被证明不是发生证明责任的直接原因。

第三，举证责任只能由一方当事人负担，而不能由双方当事人对同一事实负担举证责任。举证责任的主要作用是在事实真伪不明时引导人民法院对案件作出裁判，只有当事实的举证责任确定由一方当事人负担时，举证责任的这一作用才能够发挥，如果某事实的举证责任让双方当事人共同负担，在该事实处于真伪不明时，人民法院就无从根据举证责任作出裁判。当我们说民事诉讼中的双方当事人都负担证明责任时，是指他们对不同的案件事实负有证明责任，即原告对一些事实负有举证责任，被告对另一些事实负有举证责任。

此外，人民法院在诉讼中是不承担举证责任的。尽管人民法院在例外情形下也要依职权调查收集证据和运用自己收集的证据，但由于举证责任不是指收集和提供证据的行为，因而不能据此认为人民法院也承担举证责任。在遇到要件事实真伪不明时，人民法院并不承担因此而引起的不利诉讼后果，人民法院只是依据举证责任分担的规则，将由此产生的不利诉讼结果判归一方当事人负担。

第四，证据主要由当事人收集和提供，但人民法院在法律规定的特定情况下仍然会依职权调查收集证据。在此情形下，当事人对自己主张的事实未能充分举证不一定会败诉，但是，如果人民法院也未收集到证据，该事实仍处于真伪不明状态，人民法院最终还是要依据举证责任作出裁判，负举证责任的当事人还是要承担不利的诉讼结果。

○ 当事人需对哪些事实举证证明？

在民事诉讼中，法院最终要适用法律作出裁判，而在适用法律之前，必须查明案件的有关事实。法院所要查明的事实也正是需要当事人举证证明的事实。这些有待于用证据证明的案件事实，称为待证事实。

并不是所有与案件有关的事实，都属于待证事实。只有那些根据实体法的规定是引起所争议的法律关系发生、变更、消灭的要件事实，才是法庭判决时所必须依据的事实。此外，某些影响诉讼法律关系发生、变更、消灭的事实，对诉讼程序的顺利进行，甚为关键，在诉讼中也成为待证事实。根据待证事实的性质，可以把民事诉讼中的待证事实分为以下三类：

1. 当事人主张的具有实体法意义的事实

根据实体法的有关规定，这类法律事实直接影响到所争议法律关系的存在与否以及存在状态，因此在以解决纠纷为目的的民事诉讼中，这类事实是最主要的待证事实。根据对法律关系状态的不同作用，这些事实还可以分为五种：

（1）产生权利义务的法律事实。在实体法上，数项要件事实构成一种法律关系的产生。如在合同是否有效的纠纷诉讼中，合同有效的要件事实：主体合格、内容合法、合同双方意思表示一致、形式合法等，都是待证事实。

（2）变更权利义务的法律事实。这些事实一旦成立，法律关系即发生变更，产生另一种法律关系。如合同双方以新的协议变更了原合同的内容等。

（3）消灭权利义务的法律事实。这些事实使原本存在的法律关系，不再存在。如履行合同这一事实使合同双方间的合同法律关系结束；声明放弃继承权这一事实，使继承权消灭。

（4）妨碍权利义务发生的事实。这是指产生权利义务关系的要件事实存在缺陷的事实。如使合同无效的各种事实：当事人无民事行为能力、合同内容违反法律规定、存在欺诈行为等。

（5）发生纠纷的事实。指当事人之间发生权益纷争的事实。纠纷的起因、纠纷的过程、纠纷所产生的后果等，都是案件事实的重要组成部分，只有这些事实明了化，法院才能根据法律的规定，判定谁是谁非，各自应承担什么责任。因此，这部分事实也是待证事实。

2. 当事人主张的具有程序法意义的事实

这类事实是指诉讼法上规定的、能够引起诉讼法律关系发生、变更或消灭的法律事实。它们虽然不直接涉及实体问题，但对诉讼程序进行的顺利、公正、合法影响重大，最终关系到审判的有效性和合法性，所以也属于必须证明和查明的事实。如，有关是否已过诉讼时效的事实，是否存在着回避情形的事实，当事人是否正当的事实等。

3. 外国法律和地方性法规、习惯

审判人员应当知悉本国的法律，因此本国法律不应成为诉讼中的证明对象，但外国法律不属于审判人员职务上应当知悉的范围。地方性法规数量多、变化快，本地的审判人员往往不了解外地制定的地方性法规。存于某一地方的习惯一般只为本地人所知悉，审理案件的审判人员并不清楚。所以，在当事人主张适用外国法、地方性法规或要求从习惯时，它们也成为证明的对象。

○ 众所周知的事实是否需要当事人举证？

众所周知的事实，是指一定区域内具有通常知识经验的一般人都知道的事实。例如重大历史事件、地理上名山大川、省县乡镇的位置及其距离、铁路公路等交通状况、重大财经事实（如世界上的黄金价格、币值及其兑换率）、日常生活常识（如饥食、渴饮、晴干、雨湿、海水咸、河水淡、火能灼肤、水往下流）、当地风俗习惯（如结婚、丧葬仪式）、战争等自然事件、生活经验和社会事件。事实是否众所周知，应从具体的社会生活是否依其通常知识经验所知悉而定，但某事实仅为具有特定职业、地位等人所知悉，而非一般人所知晓的，不属于众所周知的事实；如某事实并非显著，或尚有争执的，也与众所周知事实的性质不相符合，仍应作为证明的对象。众所周知的事实不必证明，是各国诉讼法的通例。

为保证人民法院在裁判中认定的事实与事实的真实情况相一致，并且防止法院滥用权力认定事实和误认事实，由法院直接认定众所周知的事实，同时因该事实被认定而处于不利地位的一方当事人在法庭辩论时有权提出不同意见、提出相反证据，该方当事人提出相反主张，并要求当事人以反证证明。

○ 自然规律及定理是否需要当事人举证？

在诉讼中，当事人向法庭陈述的事实有时会涉及到自然规律或科学定理，如四季更替、农作物栽种的一般时令、成熟收获季节、河流是否适航、万有引力、生物有机体的新陈代谢、阿基米德定律、能量守恒与转换定律、作用与反作用定律、三角形三个内角之和为180度等。这些自然规律与定理，有的广为人知，成为众所周知的事实的一部分，因而不必举证证明。有的虽然不具有共知性，但已经过实践的反复检验，其客观实在性及真实性不致有误，所以同样不必证明。

○ 推定的事实是否需要当事人举证？

推定，是指依照法律规定或者由法院按照经验法则，从已知的某一事实推断未知的另一事实存在，并允许当事人提出反证推翻的一种证据法则。前一事实称为前提事实，后一事实称为推定事实，一旦前提事实得到证明，法院可以径直根据前提事实认定推定的事实，无需再对推定事实加以证明。因为这种推定是建立在严密的逻辑推理和人们日常生活经验的基础之上的。可见，推定反映的是已知事实和未知事实、前提事实和推定事实之间的关系；推定的发生依据包括法律规定和经验法则，依法律规定进行的推定称为法律推定，依经验法则进行的推定称为事实推定；推定的救济方法是反证，当事人可以提出反证推翻推定事实，从而使推定规则失去效用。

推定事实是无须证明的事实，有两点需要说明：第一，当作为推定事实的前提事实处于不明状态时，主张推定事实存在的当事人虽然不必证明推定事实，但需要对前提事实的存在进行证明；第二，推定事实并非都是不可争议的事实，在法律允许当事人提出相反的证据推翻推定事实的情况下，当事人提出反证后，推定事实将重新成为证明的对象。

○ 已为其他生效判决所确认的事实是否还需要当事人在民事诉讼中举证？

已为发生法律效力的裁判所确认的事实是法院的确定裁判预决的事实。确定裁判预决的事实不必当事人在民事诉讼中证明，归根结底取决于生效裁判的既判力。既判力的作用在于终局地确定当事人之间的实体权利或法律关系，并禁止就确定判决的既判事项为相异主张或矛盾判决。生效判决分为刑事判决、民事判决与行政判决，因而预决关系可分为刑事判决对民事诉讼的预决关系、民事判决对后一民事诉讼的预决关系和行政判决对民事诉讼的预决关系。

1. 刑事判决对民事诉讼的预决关系

我们认为，刑事判决对民事诉讼的预决关系，应具体分析，不宜一概而论。刑事判决可分为有罪判决和无罪判决，人民法院在有罪判决中认定被告实施了伤害、诽谤等犯罪行为，受害人如今后单独对犯罪人提起民事诉讼，民事被告人是否对原告实施了伤害、诽谤行为因刑事判决的存在可以不必再证明。人民法院作出的判决如果是无罪判决，无罪判决对今后的民事诉讼是否具有预决效力则需要做进一步的分析。人民法院作出无罪判决有两种情形：一种是指控的犯罪事实已被否定，人民法院在诉讼中已查明犯罪行为并非被告人所为；另一种是由于案件事实不清、证据不足，不能认定被告人有罪，而作出证据不足，指控犯罪不能成立的无罪判决。第一种情形的无罪判决对民事诉讼应具有预决效力，被告否认实施侵权行为，并提出无罪判决的刑事判决书副本的，审理民事侵权纠纷的人民法院应当据此认定被告人未实施伤害、诽谤等侵害人身权的行为。

第二种情形的无罪判决对民事诉讼不应具有预决效力，因为这种无罪判决是建立在证据不足，不能认定被告人有罪的基础上的。由于民事诉讼实行与刑事诉讼不同的证明标准，民事诉讼的证明标准可低于刑事诉讼，在证据相同的情况下，被告人在刑事诉讼中因证据不足被认定为无罪，不等于在民事诉讼中也一定被认定为侵权行为不能成立而无责。

2. 民事判决对民事诉讼的预决关系

人民法院在生效民事判决中认定的事实对今后涉及该事实的其他诉讼有无预决效力，该事实是否可以因此而成为无须证明的事实，是民事审判实务中遇到的实际问题。我们认为，民事判决的预决效力，一般应限于判决主文中认定的事实，而不应扩大到作为判决理由的事实。例如，人民法院前一判决的主文为准许离婚和子女归女方抚养，理由是男方常酗酒和赌博造成夫妻感情破裂。前一判决在夫妻关系消灭和子女的监护人的确定上有预决效力，但对离婚理由的判断一般不应具有预决效力。

3. 行政判决对民事诉讼的预决关系

生效行政判决对民事诉讼的预决关系，与生效民事判决对民事诉讼的预决关系基本相同。

承认判决具有预决效力具有两方面意义：其一是可以避免对已为人民法院生效判决所认定的事实再次进行证明；其二是可以防止人民法院在判决中对事实作出相互矛盾的认定。

在实际诉讼中，如果审理案件的审判人员不知道具有预决效力的判决存在，主张存在这种判决的当事人应提出判决书或其副本予以证明，法院有权对自己已了解的预决事实进行司法认知。判决书或副本提出后，法院就不必再对该事实进行调查，主张该事实存在的当事人便免去了举证责任。如果当事人或有关部门请求法院出具判决书法律效力证明，法院可根据案件的实际需要出具证明，并加盖院印（参见《最高人民法院关于人民法院如何出具判决书法律效力证明问题的函》）。

○ 仲裁裁决确认的事实在民事诉讼中是否需要当事人举证？

仲裁裁决预决的事实，是指仲裁机构依法作出的生效仲裁裁决所确认的事实。仲裁裁决书虽非法院作出的裁判，但与确定的判决有同一效力，也具有既判力，当事人不得就仲裁裁决的内容另行起诉，若在其他诉讼或仲裁中用作攻击或防御方法，不得为相异的主张，法院或者仲裁机构也不得作出与生效仲裁裁决书所确认的事实相反的判断。从仲裁裁决书的制作来看，一般应包括“案情和争议问题（或双方主张）”、“仲裁庭的意见”以及“裁决”三个部分。仲裁裁决书详细地记载案件事实、当事人争执焦点、双方主张以及仲裁庭对事实认定和裁决。因此，仲裁裁决预决的事实，不需当事人举证证明，可以依据仲裁裁决书的内容加以确定。

在司法实践中，如果审理案件的法官或仲裁员不知道具有预决效力的仲裁裁决存在，主张存在这种判决的当事人应提出仲裁书予以证明。

○ 公证证明的事实是否需要当事人举证？

各国的法律都赋予经公证证明的法律行为、法律事实和文书很强的证据效力。《民事诉讼法》第67条规定：“经过法定程序公证证明的法律行为、法律事实和文书，人民法院应当作为认定事实的根据。但有相反证据足以推翻公证证明的除外。”公证行为属国家的证明行为，公证机关对事实的确认是依法定程序，经过严格的审查之后作出的，具有真实、合法性，因此，当事人主张的事实如经过公证证明，便成为无须证明的事实。

经公证证明的事实无须证明不是绝对的，当事人可以提出反证对该事实进行争议，公证证明的事实一旦被反证推翻，主张该事实的当事人仍要承担证明责任。

○一方当事人对另一方当事人陈述的事实表示承认在什么情况下构成诉讼上的自认？

自认，即对事实的承认，是与认诺（即对诉讼请求的承认）相对的一个概念。依事实承认时间的不同，可分为诉讼上自认与诉讼外自认。诉讼上自认是指当事人在诉讼过程中向法庭承认对方所主张的不利于己的事实。当事人可根据实际情况，全部承认或部分承认。自认也可发生在诉讼过程之外。如被告诉讼前给原告的信件中曾承认向原告借款，或者被告曾向第三人承认向原告借款，或者被告诉讼前曾同意归还欠款。尽管都是承认对自己不利的事实，但诉讼外承认与诉讼上承认在效力上差别很大，理论和实践中都否定诉讼外承认具有免除举证责任的效力,但可以作为一种证据材料使用。

诉讼上的自认应具备以下要件：

1. 诉讼上的自认必须来源于当事人对案件事实的陈述

诉讼上自认是当事人陈述的内容之一，或者说是后陈述的一方所作的与先前一方当事人的陈述相同内容的陈述部分。自认通常是在对方当事人主张该事实后才作出。如果当事人对不利于自己的事实自认在先，对方主张在后，也不妨碍构成自认，因为这仍然具有双方对该事实陈述一致这一自认的本质。作出自认的通常是当事人本人。当事人双方因利害关系对立，所陈述的案件事实往往不尽一致，但也不乏内容相同的部分，在某些情况下可能完全相同。其相同的案件事实陈述，可以作为后陈述方对先陈述一方陈述事实的自认。

在内容上，诉讼上自认的对象永远是事实，是对方当事人主张的具体事实。至于法律或经验法则是否存在、法律规范的解释适用、对于事实的法律评价以及其他法律上的问题，即使双方当事人的陈述一致，也不产生自认问题。

2. 诉讼上的自认必须发生于诉讼过程中

诉讼上的自认是当事人在诉讼过程中向独任审判员或合议庭的审判员、陪审员承认对方所主张的事实（尤其是不利于自己的事实）。作出自认的时间，可以在开庭审理前的准备阶段，如被告在提交的答辩状中作出自认，或者是在回答审判人员庭审前的询问时表示自认；也可以在开庭审理的过程中作出，如在法庭调查的陈述中或是在法庭辩论阶段作出。而且，自认必须发生于诉讼过程中，还包含有自认必须是在法官或法庭面前作出才为有效之意。

3. 必须与对方当事人的事实陈述一致

即自认的事实与对方当事人陈述的事实没有矛盾。

4. 诉讼上自认的表示应当是明确的

所谓“明确表示”，是指当事人以口头或书面方式对于对方当事人陈述的事实明白、确定、无误地加以承认，或者对于不利于自己的事实明白、确定、无误地先行自认，不能有模棱两可、含糊其辞的现象，比如，不能在自认时使用“可能”、“大概”、“估计”、“大约”等语言，也不能简单地将既不承认也不否认对方当事人的陈述的行为当作自认。关于书面表示的自认，是指当事人在起诉状、答辩状、陈述及其委托代理人的代理词中承认的对己方不利的事实。

诉讼上自认不同于对诉讼请求的承认。尽管对诉讼请求的承认也会发生作为诉讼请求根据的事实无须证明的效果，但二者在对象上和法律后果上还是存在区别的。前者的对象为诉讼请求或反驳诉讼请求所依据的事实，后者为诉讼请求本身，前者未必导致作出自认的一方当事人败诉，因为在自认的同时往往会提出新的事实进行抗辩，后者可直接导致人民法院根据承认作出被告败诉的判决。

诉讼上自认也不同于附加理由的否认。在附加理由的否认中，一方当事人虽然也承认对方主张的部分事实，但却提出另一个法律关系来否定对方主张的法律关系，例如原告主张曾将一幅名画交给被告保管，要求被告返还，被告虽然承认收到画，但主张原告已将画卖给他。附加理由的否认其实质为否认对方的主张，因而对方当事人仍应就所主张的事实负证明责任。

○ 一方当事人诉讼上自认的事实是否需要当事人举证？

由于当事人的自认在多数情况下符合案件事实的真实情况。这一点，使对方当事人就诉讼上自认的事实负举证责任以证明该事实的必要性归于落空。因而，《最高人民法院关于民事诉讼证据的若干规定》第8条规定：“诉讼过程中，一方当事人对另一方当事人陈述的案件事实明确表示承认的，另一方当事人无需举证。但涉及身份关系的案件除外。”这表明，诉讼上的自认一般具有免除对方当事人举证责任的作用，自认的事实有拘束法院的效力，法院应以自认的事实为裁判基础，不必进行审查，不得做相反的认定。对于对方主张的事实，当事人根据实际情况，可以全部予以承认，也可以只承认其中的一部分，而对另一部分予以否认。如为全部自认，则全部免除对方当事人关于该事实的举证责任；如为部分自认，则举证责任的免除仅限于被自认部分，未被自认部分仍应由对方当事人负举证责任。例如，原告主张曾将3000元定期存款单和1000元国库券交与被告保管，被告承认保管存款单而否认有国库券。于是，原告不必再对存款单举证，但对有争执的1000元国库券仍负有举证责任。

但诉讼上的自认存在例外，即“身份关系的案件”不适用自认。这里所谓“身份关系的案件”，其范围包括婚姻关系案件和亲子关系案件两类。其中，婚姻关系案件包括：离婚之诉、宣告婚姻无效之诉、撤销婚姻之诉、确认婚姻成立或不成立之诉、夫妻同居之诉；亲子关系案件主要包括：收养无效之诉、撤销收养之诉、终止收养关系之诉、认领子女之诉、认领子女无效之诉、撤销认领之诉、否认子女之诉等案件类型。这里的身份关系案件，不但涉及当事人双方的私人利益，更涉及多数关系人的利益，甚至影响社会秩序和国家的利益。因此，身份关系案件应慎重对待，法院不受辩论原则和处分原则的限制，对于当事人没有提出的事实可以进行斟酌或者进行职权调查。

○ 对一方当事人陈述的事实，另一方当事人既未承认，亦未否认的，如何确定其意思？

拟制的自认也称默示自认，是指对一方当事人主张的不利于自己的事实，另一方当事人在诉讼的各个阶段均未表示承认，也没有表示否认，此时，法律上就拟制地认为当事人已经自认了该事实。拟制的自认具有与诉讼上自认相同的效力。《最高人民法院关于民事诉讼证据的若干规定》第8条第2款规定："对一方当事人陈述的事实，另一方当事人既未表示承认也未否认，经审判人员充分说明并询问后，其仍不明确表示肯定或者否定的，视为对该项事实的承认。"

当事人有对于他方主张的事实进行陈述的诉讼权利，如对方主张了于已不利的事实，则一个正常的、有理性的人就会起而争执，不可能保持沉默而不予反驳。因此，于此情形，应推论其承认不利于自已的事实的存在。不过，当事人对于他方主张的事实，虽未积极争执，但可从其他陈述中看出争执的意思时，就不得视为自认。例如，在原告请求被告给付买卖标的物及因迟延给付的违约金案件中，被告如果仅仅提出买卖合同不成立的抗辩，虽该抗辩没有直接涉及违约金部分，但迟延给付的违约金既然源于买卖标的物之给付，被告对买卖合同成立提出了争执，当然对于违约金部分也有争执的意思，故此，不能把合同不成立抗辩看做是对违约金部分的自认。

○ 委托代理人对事实的承认是否等于当事人承认了事实？

《最高人民法院关于民事诉讼证据的若干规定》第8条第3款规定："当事人委托代理人参加诉讼的，代理人的承认视为当事人的承认。但未经特别授权的代理人对事实的承认直接导致承认对方诉讼请求的除外；当事人在场但对其代理人的承认不作否认表示的，视为当事人的承认。”

1. 当事人不在场时委托代理人承认的效力

在民事诉讼中，有相当一部分案件是委托代理人与当事人一同出庭参加诉讼的，有的案件是由代理人尤其获得特别授权的诉讼代理人单独出庭的。委托代理人在陈述过程中，也可能会明确地承认对方主张的于被代理人不利的事实。如果委托代理人仅仅承认对方主张的一项或几项事实，而对其余的事实提出争执，或者在承认对方主张的事实的同时，又提出新的事实来反驳对方的诉讼主张，这时，委托代理人的承认与当事人诉讼上自认有相同的效力。这是因为，委托代理人代为当事人实施的行为是承认某一不利于当事人的事实，代为承认案件事实的行为对于任何诉讼代理人来说都有权实施，并不需要当事人的特别授权。况且，诉讼代理人在单独出庭前已经比较清楚地了解案件的基本事实，其在诉讼中代为承认某一事实仍然出于保护被代理人合法权益的需要。

但是“未经特别授权的代理人对事实的承认直接导致承认对方诉讼请求的”，代理人的承认不产生当事人自认的效力。此时须符合两个条件：一个是委托代理人对案件事实的承认将会直接导致承认对方的诉讼请求；另一个是委托代理人没有取得当事人的特别授权。只有同时满足上述两个条件，代理人的承认才不能视为当事人自认。这是因为，代理人实施涉及实体权利的诉讼权利，如承认、放弃、变更诉讼请求，进行和解，提起反诉或者上诉等行为，必须由当事人特别授权，并在授权委托书中写明。只有经过被代理人的特别授权，委托代理人才能代为承认某一直接导致承认对方诉讼请求的事实。

2. 当事人在场时委托代理人承认的效力

当事人在场但对其代理人的承认不作否认表示的，视为当事人的承认。委托代理人有权实施包括承认对方主张的事实在内的诉讼行为，当事人在场时没有撤销或者更正、否认委托代理人作出的承认这一事实足以表明当事人是同意或者不反对这一承认的，因而赋予承认以当事人自认的效力。

○ 当事人已承认对方陈述的事实，是否可以再反悔？

诉讼上的自认，一经作出，对法院和当事人都产生相应的拘束力。对法院而言，依辩论原则，自认实际上排除了法院对自认事实的认定权，法院的判决须受到当事人自认事实的约束。对当事人而言，依诚实信用（禁反言）原则，作出自认的当事人不得随意撤回自认或再作相反的主张。自认只能在例外情况下撤回，撤回诉讼上自认有两种情形：

1. 经对方当事人同意，一方当事人在法庭辩论终结前撤回自认

诉讼上自认对自认人的约束力在于维护对方当事人对自认行为的信赖。自认人作出诉讼上自认后，对方当事人的举证责任因此被免除，对方也就不会基于举证责任的压力而全力收集和注意保存已有的证据资料。如允许当事人任意撤回自认，将给对方当事人造成损害，也违反了禁反言原则。但如果对方当事人同意自认人撤回，并且自认人在法庭辩论终结前撤回诉讼上自认的，才允许其撤回。

2. 有充分证据证明其承认行为是在受胁迫或者重大误解情况下作出且与事实真实情况不符的情况下，可以撤回自认

所谓“受胁迫”作出自认，是指一方当事人以即将发生的物质性强制或精神性强制为要挟，迫使对方在违背自己真实意思表示的情况下所作的自认。胁迫也可以是胁迫者通过实施某种不法行为，给当事人及其亲友的精神和财产造成损害（如实施殴打、拘禁等暴力行为，或散布谣言、毁人名誉等）而迫使当事人自认。所谓因重大误解而作出自认，是指单方误解，即当事人对于事实的性质、对方当事人特定身份等认识错误所作的承认。所谓“与事实不符”，是指当事人自认的事实不符合本案的真实情况，或者不符合法官已获心

证的事实，或者明显与本案其他证据证明的事实相悖。

根据《最高人民法院关于民事诉讼证据的若干规定》第8条第5款之规定，当事人在法庭辩论终结前撤回承认并经对方当事人同意，或者有充分证据证明其承认行为是在受胁迫或者重大误解情况下作出且与事实不符的，不能免除对方当事人的举证责任。

第二节　举证责任的分配

○ 举证责任分配的一般规则是什么？

举证责任的分配，是指按照一定的标准，将事实真伪不明的风险，在双方当事人之间进行分配，使原告负担一些事实真伪不明的风险，被告负担另一些事实真伪不明的风险。

当事人举证责任的分配原则，在各国的法律史上经历过许多变化，最终，各国普遍采用了“谁主张、谁举证”的原则。《民事诉讼法》第64条第1款规定：“当事人对自己提出的主张，有责任提供证据”，事实上也是采用了这一原则。

在对举证责任分配的问题上一般认为是要件事实分类原则。要件事实分类原则，即对当事人需要用证据证明的法律事实进行分类，以此为出发点来合理分配举证证明义务。从理论上讲，实体法对作为证明对象的法律事实，依据它们引起的法律后果不同，可以分为以下四类：(1) 产生民事权利义务关系的事实；(2) 变更民事权利义务关系的事实；(3) 消灭民事权利义务关系的事实；(4) 阻碍民事权利义务关系产生、变更、消灭的各种事实。在运用该原则分配举证时，应以实体法对法律事实的分类为基础。分配原则应该是：

第一，主张权利义务关系成立者，应就权利义务关系成立各要件事实进行举证，不必对妨碍权利义务关系发生的事实进行举证，对妨碍权利义务关系发生的事实则由对方当事人举证；

第二，主张权利义务关系发生变更或消灭者，应就权利义务关系变更或消灭的各要件事实进行举证，而对于妨碍权利义务变更或消灭的事实由对方当事人举证。例如，在侵权损害赔偿领域，原告若请求对方赔偿其损害，主张赔偿请求权，则须对实体法上所规定的构成侵权损害赔偿的各主观要件和客观要件事实负举证证明义务，即须对以下几个方面举证：损害事实，被告行为的违法性，被告是否有行为能力及其主观上是否有过错，被告的违法行为与损害结果之间存在的因果关系。无需对妨碍侵权损害事实发生的法律事实如紧急避险，正当防卫，不可抗力等举证，对这方面的法律事实由被告承担举证。

《最高人民法院关于民事诉讼证据的若干规定》中规定了两类案件的举证责任分担，同时第7条规定：“在法律没有具体规定，依本规定及其他司法解释无法确定举证责任承担时，人民法院可以根据公平原则和诚实信用原则，综合当事人举证能力等因素确定举证责任的承担。”

○ 合同法律关系中的双方当事人如何承担举证责任？

根据《最高人民法院关于民事诉讼证据的若干规定》第5条第1款的规定：“在合同纠纷案件中，主张合同关系成立并生效的一方当事人对合同订立和生效的事实承担举证责任；主张合同关系变更、解除、终止、撤销的一方当事人对引起合同关系变动的事实承担举证责任。”该规定设定了对同一合同法律关系的双方当事人，在诉讼上就提出有关诉讼请求所依据的事实主张应当适用的举证责任分配规则。

第一，在合同纠纷案件中，凡主张合同关系成立并生效的一方当事人，就应当对合同的订立和生效的事实承担举证责任。可以说，这种举证责任是由法律要件分类说中的基本规范所决定的。所谓基本规范主要是指，当事人在诉讼上所请求的这种权利，必须以实体法为根据，而这种实体法根据是一种法律逻辑上的大前提，它在诉讼上所产生的一种应然效果，即凡主张合同关系成立并生效的一方当事人，应当对合同的订立和生效的事实负担举证责任。这种举证责任本身也是因为当事人对合同关系的成立并生效具有某种归属性，即具有利益性所决定的。

第二，凡主张合同关系变更、解除、终止、撤销的一方当事人，应当对引起合同关系发生变动的事实承担举证责任。这些“变动的事实”是相对于为一方当事人所主张的合同关系成立并生效之后，发生了变更、解除、终止、撤销的事实。这些变动的事实在法律要件分类上，就是相对于基本规范的一种对立规范。所谓对立规范，顾名思义，指的是旨在导致一方当事人（通常指原告）所主张的根据实体法所产生的权利受到妨害、制约甚至消灭的那些规范。例如，合同的解除在法律上主要有三种情形：其一，单方解除合同；其二，双方协商解除合同；其三，由人民法院判决或因仲裁机构的仲裁而解除合同。如果一方当事人主张合同关系已被其单方解除时，该方当事人应当就产生这种合同关系变动的事实，比如对方严重违反合同以致严重影响该方订立合同时所期待的利益致使合同的履行成为不必要的事实，负担举证责任。如果一方当事人主张合同关系已被人民法院的判决或仲裁机构的仲裁解除，该方当事人就应当提供已经发生法律效力的法院判决或者仲裁机构的仲裁裁决。

○ 对代理权发生争议的，谁承担举证责任？

根据《最高人民法院关于民事诉讼证据的若干规定》第5条第3款规定：“对代理权发生争议的，由主张有代理权一方当事人承担举证责任。”所谓代理，是指代理人在代理权限内，以被代理人的名义从事民事法律行为，其后果直接由被代理人承担的法律制度。代理人依法以被代理人的名义所享有的从事有关民事法律行为的权利就称之为代理权。可见，这种民事代理权也是据以发生一定权利的法律规范，属于法律要件分类原理上的基本规范的范畴，在诉讼上亦可称之为请求规范。因此，这种一般意义上的举证责任分配规则的设定，在相当程序上是借鉴“利益驱动”规则的产物。

○ 对合同是否履行发生争议的，由谁承担举证责任?

在合同法律关系中，仅凭一般意义上的举证责任分配规则，并不能解决所有涉及举证责任分配的具体问题，因此，在特殊情况下，必须启用特殊的举证责任分配规则，方能体现证据法所倡导的公平、合理的基本理念。根据《最高人民法院关于民事诉讼证据的若干规定》第5条第2款规定：“对合同是否履行发生争议的，由负有履行义务的当事人承担举证责任。”这一规定体现了就合同法律关系中所适用举证责任分配的一种例外规则。按照法律要件分类说的一般规则，作为一种基本规范，凡当事人主张一定的权利，应当就权利所依据的法律规范这一大前提和在客观上据以发生的案件事实这一小前提同时负担举证责任。但是，当对合同是否履行作为一种待证事实也沿用这种规则，势必加重了合同权利人的举证负担，有违民法上的公平原则，在证明责任负担上也不尽合乎情理。因此，为了保证合同义务人能够诚实、信用地履行合同，由负有履行义务的当事人对合同已经履行这一积极事实负担举证责任是一种公平、正义的体现。

○ 劳动争议案件中双方当事人如何分担举证责任?

劳动争议，是指有关劳动关系当事人之间因劳动的权利与义务问题而发生的纠纷。所谓劳动问题主要是指劳动报酬问题、劳动保险生活福利问题、劳动保护问题以及涉及职工的奖励和惩处问题等。劳动争议案件，是指劳动关系当事人因劳动问题发生纠纷经劳动争议仲裁机构仲裁后不服而向人民法院提起诉讼，由人民法院根据《民事诉讼法》审理的一类民事案件。当前，人民法院受理的劳动争议案件主要分为五种类型：一是因用人单位开除、除名、辞退职工和职工辞职、自动离职所发生的去职纠纷；二是因执行国家有关工资、保险、福利、培训、劳动保护的规定所发生的待遇纠纷；三是因用人单位给予职工行政警告、记过、留用查看、职工不服所引起的管理纠纷；四是因履行劳动合同涉及合同效力的确认、合同的变更、履行、终止以及因对劳动合同的理解发生争议或因一方不履行或不适当履行劳动合同所发生的劳动合同纠纷；五是按照有关法律、法规所处理的其他劳动争议。

最高人民法院2001年3月2日通过的《关于审理劳动争议案件适用法律若干问题的解释》第13条规定："因用人单位作出的开除、除名、辞退、解除劳动合同、减少劳动报酬、计算劳动者工作年限等决定而发生的劳动争议，用人单位负举证责任。"对此，《最高人民法院关于民事诉讼证据的若干规定》第6条作出了相应规定"在劳动争议纠纷案件中，因用人单位作出开除、除名、辞退、解除劳动合同、减少劳动报酬、计算劳动者工作年限等决定而发生劳动争议的，由用人单位负举证责任。"其中，所谓开除，是企业对严重违反劳动纪律和规章制度，给企业造成重大经济损失和其他违法乱纪行为而又屡教不改的职工依法强制解除劳动关系的一种最高行政处分。所谓除名，是企业职工因自行脱离工作岗位或者无正当理由经常旷工，经批评教育无效且旷工时间超过法定期限，由企业采取的一种强制解除劳动关系的处理措施。凡对不属于旷工行为或旷工未超过法定期限的，不能适用除名。所谓辞退，是用人单位依据国家规定的条件和企业依法制定的辞退规定，解除与职工之间劳动关系的一种法律制度。劳动争议纠纷案件一般首先由劳动争议仲裁委员会进行调解和仲裁，当事人对仲裁不服的，才可以到人民法院起诉，人民法院一般不直接受理案件，但追索劳动报酬引起的争议、工伤事故赔偿引起的争议以及劳动者与私人雇主因履行劳动合同发生的争议案件，人民法院可以直接受理。在劳动关系当中，用人单位或企业主始终处于优势地位，而劳动者则显然属于弱势群体，这一不平衡性也同时反映到劳动争议纠纷案件中，使劳动者因不服用人单位所作出的有关处理决定而诉诸法律解决，但在客观上毕竟存在很大的障碍。因为，在诉讼上，对事实的认定坚持“谁主张、谁举证”的诉讼证明原则，而与用人单位作出的相关决定的证据材料如单位内部制作的考勤表、职工档案材料、财会单据、内部会议记录、用人单位内部规章制度、处理决定等都在用人单位掌握或控制之下；另外，劳动争议纠纷案件中的证人多系用人单位职工，而用人单位又是案件的一方当事人，作为知情的单位职工往往迫于该用人单位的某种压力或影响不敢作证。这些都无疑影响到人民法院对案件的调查与审理，因此，用人单位对有关案件事实负举证责任，既有利于人民法院查清案件事实，正确和有效地解决纠纷，也能够使处于弱势地位的劳动者不因在举证上存在实际困难而影响其合法权益的保护。

《劳动争议调解仲裁法》规定，发生劳动争议，当事人对自己提出的主张，有责任提供证据。这是劳动争议举证责任的一般原则。同时，考虑到用人单位作为用工主体方掌握和管理着劳动者的档案、工资发放、社会保险费缴纳、劳动保护提供等情况和材料，劳动者一般无法取得和提供，因此对用人单位提供证据又作出了特别规定：与争议事项有关的证据属于用人单位掌握管理的，用人单位应当提供；用人单位不提供的，应当承担不利后果。

○ 什么是举证责任的倒置？

举证责任倒置，是指依法律要件分类原则应当由主张权利的一方当事人负担的举证责任，改由否认权利的另一方当事人就法律要件事实的不存在负举证责任。

举证责任倒置主要发生在侵权案件。在侵权案件中，按照法律要件分类原则，原告（受害人）请求赔偿时，应对构成侵权的要件事实负举证责任，包括：(1) 损害事实的存在；(2) 侵权行为的存在；(3) 侵权行为与损害结果之间的因果关系；(4) 侵权人主观上的过错。在无过错责任案件中，无需证明这点。对于一般侵权案件，这样的分担原则既合理，也必需。然则在某些特殊侵权纠纷中，如环境污染、产品责任、高度危险作业致人损害等，受害者往往是公民个人，鉴于各种客观条件的限制，他们作为原告，很难甚至无法完成举证责任。比如，消费者无法知道产品的生产工序及产品成分，因而无法说明损害是由于产品有问题所致；工厂排放污水与受害人农田减产之间存在什么样的关系，作为个体成员的受害者，由于缺乏收集证据的必要手段和专业知识而无法证明。这种举证上的困难，必然使原告主张的事实得不到法庭的确认，最终导致其合法权益得不到应有的法律保护；而另一方面，侵权人却可以因此而逃避赔偿责任。这种状况显然不公平，违背了法律惩恶扬善的宗旨。

为了解决这个矛盾，需要在诉讼中实行举证责任的倒置。具体地说，就是在这类侵权案件中，原告只需要表明有损害事实的存在，无需对自己诉讼请求所依据的事实负举证责任，相反，被告必须对自己所提出的反驳所依据的事实负举证责任，完不成该举证责任，就要负赔偿责任。

○ 因新产品制造方法发明专利引起的专利侵权诉讼，由谁承担举证责任？

按照举证责任分配的一般规则，专利权人既然指控制造同样产品的单位或者个人使用了他的产品制造方法，就应当对所主张的事实负举证责任。苟如此，则专利权人就会处于极为不利的地位。因为产品制造的方法是在生产制造过程中使用的，专利权人远离证据，很难进入对方的企业，调查了解，取得直接的证据；即使进入，也难以收集处于对方控制之下的使用其专利方法生产的证据。故由专利权人举证证明对方的产品制造方法与自己的专利方法相同与否，将因举证困难而使专利权人鲜有胜诉的可能，这显然不利于保护专利权人的合法权益。而对于制造同样产品的单位或者个人来说，究竟使用何种方法生产产品自己最清楚，能够轻而易举地提出证据来证明该项产品不是用专利方法而是用其他方法生产的。正是基于上述原因，我国《专利法》第57条第2款规定："专利侵权纠纷涉及新产品制造方法的发明专利的，制造同样产品的单位或者个人应当提供其产品制造方法不同于专利方法的证明。"据此《最高人民法院关于民事诉讼证据的若干规定》第4条第2项作出了相应规定："因新产品制造方法发明专利引起的专利侵权诉讼，由制造同样产品的单位或者个人对其产品制造方法不同于专利方法承担举证责任。"根据此规定，在侵犯产品制造方法发明专利权的诉讼中，如果原告（专利权人）主张被告侵犯了其产品制造方法发明专利权，原告只需对被告的产品与自己按照专利方法生产的产品相同负举证责任，而被告则要就自己未使用原告的专利方法而生产出了相同产品负举证责任。如被告否认使用了原告的专利方法，就应当提供其产品制造方法的证据，以证明自己的产品与原告的产品并非是采用相同的专利方法生产出来的；如被告不能提供相应的证据，就将被认为侵犯他人产品制造方法的发明专利权。

○ 高度危险作业致人损害的侵权诉讼中，原、被告分别对哪些事实予以举证证明？

《侵权责任法》第69条规定："从事高度危险作业造成他人损害的，应当承担侵权责任。"《最高人民法院关于民事诉讼证据的若干规定》第4条第1款第2项规定："高度危险作业致人损害的侵权诉讼，由加害人就受害人故意造成损害的事实承担举证责任。”

高度危险作业，是在人类现有技术所允许的条件下，即使予以必要的注意或谨慎经营仍有可能致人损害的危险性作业。高度危险作业造成他人损害的不适用过错责任原则，而适用无过错责任原则，即不论操作人对损害的造成主观上有无过错，只要造成了损害就应承担民事责任。对高度危险作业致人损害之所以适用无过错责任，除了加强对受害人的法律保护外，同时也是为了促进从事高度危险作业的组织、个人提高其责任心和不断改进现有的技术安全措施。从事高度危险作业本身就构成对周围环境可能会发生高度危险损害的风险。在这种作业中，必须要求操作人员有高度的责任心，并应采取切实有效的防范措施。

依法律要件分类说，主张权利存在之人，应就权利发生的法律要件存在的事实举证。在高度危险作业致人损害的侵权诉讼中，受害人应就权利发生或存在的事实承担举证责任，因此，受害人欲实现其损害赔偿请求权，就应举证证明：（1）加害人从事对周围环境有高度危险的作业；（2）造成了财产或人身损害；（3）损害后果与加害人的侵害行为之间有因果关系。有时，因果关系难以获得证明，其原因在于医学和科学尚不能完全揭示侵害与结果之间的因果关系，或者由于受放射性等侵害的后果需要经过较长潜伏期才显现出来，等等。在这种情况下，受害人只需进行盖然性的证明（如数理统计的证明、社会流行病学的证明）即可，然后提供证据的责任由受害人转移到加害人，由加害人证明因果关系不存在。如证明了上述事实，受害人的权利就存在。根据无过错责任的要求，在高度危险作业致人损害的案件中，受害人请求赔偿，无须举证和证明加害人主观方面的过错，加害人也不得证明自己没有过错而主张免除责任。

依法律要件分类说，否认权利存在之人，应就权利妨害法律要件、权利消灭法律要件或权利受制法律要件的存在事实举证。根据《侵权责任法》第27条的规定，在高度危险作业致人损害案件中，加害人如果能够证明损害是由受害人故意造成的，不承担侵权责任。按此，受害人的故意属于法定的免责条件，系否认受害人权利的事实，因此，该要件事实应由否认权利存在的加害人来证明。受害人的故意包括两种情形：直接故意，即受害人明知其行为会导致损害后果，而追求或希望损害结果的发生；间接故意，即受害人明知其行为会导致损害后果，而放任这种结果的发生。

○ 因环境污染引起的损害赔偿诉讼中，原、被告应分别证明哪些事实？

《侵权责任法》第65条规定：“因污染环境造成损害的，污染者应当承担侵权责任。”针对因环境污染引起的损害赔偿诉讼，《最高人民法院关于民事诉讼证据的若干规定》第4条第1款第3项明确规定当事人所应当承担的举证责任，即：“因环境污染引起的损害赔偿诉讼，由加害人就法律规定的免责事由及其行为与损害结果之间不存在因果关系承担举证责任。”

所谓环境污染，通常是指因生产、科研、生活以及其他活动而向人类生存环境所排放的废水、废气、废渣、粉尘、垃圾、放射性物质、有毒物质等有害物以及噪音、震动、恶臭等其他有害因素。这些污染源一旦进入大气、海洋、水体、土壤、植物、动物等与人类相关的环境中，便能够使人的生命、健康、财产遭受损害以及妨碍人们的正常生产、工作和学习。在此类侵权案件中，由于受害人往往因受科学知识或技术手段的限制，对污染的发生和危害程度难以有准确的认识和了解，由受害人提供证据来证明自己所受损害以及损害程度在客观上确实存在相当的难度和实际障碍。因此，环境污染损害赔偿适用无过错责任，因而加害人是否有故意或者过失不再成为诉讼证明的对象。依法律要件分类说，受害人应就其环境污染损害赔偿请求权的发生要件事实负举证责任，具体而言，受害人应证明：(1) 污染环境的行为。如排放“三废”、“粉尘、恶臭气体、放射性物质以及噪音、振动、电磁波辐射等。污染环境的行为一般为积极的作为，具有复杂性、渐进性和多原因性特点。(2) 损害的事实。受害人因接触或暴露于被污染的环境，而受到人身伤害、死亡以及财产损失等后果。其特殊性在于潜伏时间长、受污染地域广泛、受害对象众多以致要适用代表人诉讼。(3) 因果关系。所谓因果关系，是指人们从长期实践经验当中所总结出来的就前后两种现象之间所存在着的带有内在规律性的一种必然联系。根据经验来看，如果前一现象的发生必然导致后一种现象出现，那么这两种现象之间就存在着因果关系。其中，前一种现象就是原因事实，后一种现象就是结果事实。

作为被告的加害人要就法律所规定的免责事由以及其行为与损害结果之间不存在因果关系的事实承担举证责任。凡对这些事实的存在不能够提出证据加以证明的，就应当由作为被告的加害人承担相应的民事赔偿责任。所谓免责事由，是指加害人可以据以不承担相应民事责任的法定情形或其他正当理由。根据现有民事特别法的规定，环境污染致人损害的民事责任有以下免责事由：其一，不可抗力；例如《大气污染防治法》第37条规定，完全由于不可抗拒的自然灾害,并经及时采取合理措施仍然不能避免大气污染损失的,免予承担责任。我国《环境保护法》第41条第3款、《水污染防治法》第42条以及《海洋保护法》第43条均规定，“不可抗拒的自然灾害”作为免责条件。如果不可抗拒的自然灾害不是引起损害的原因或者不是引起损害的全部原因,则不能免除加害人的责任。其二,受害人的过错；其三，第三人的过错。

○ 物件致人损害的侵权诉讼中，原、被告分别对哪些事实承担举证责任？

《侵权责任法》第85条规定：“建筑物、构筑物或者其他设施及其搁置物、悬挂物发生脱落、坠落造成他人损害，所有人、管理人或者使用人不能证明自己没有过错的，应当承担侵权责任。所有人、管理人或者使用人赔偿后，有其他责任人的，有权向其他责任人追偿。”第86条规定：“建筑物、构筑物或者其他设施倒塌造成他人损害的，由建设单位与施工单位承担连带责任。建设单位、施工单位赔偿后，有其他责任人的，有权向其他责任人追偿。因其他责任人的原因，建筑物、构筑物或者其他设施倒塌造成他人损害的，由其他责任人承担侵权责任。”《最高人民法院关于民事诉讼证据的若干规定》第4条第1款第4项规定：“建筑物或者其他设施以及建筑物上的搁置物、悬挂物发生倒塌、脱落、坠落致人损害的侵权诉讼，由所有人或者管理人对其无过错承担举证责任。”所谓建筑物，是以一定结构、性状、功能和材料，经过人工建造而附着于地面上的永久性或临时性的设施。对建筑物在此应作广义上的界定，在习惯上不认为属于建筑物的，但如具有上述性质的，仍视为建筑物。所谓“倒塌”，是指建筑因本身结构的毁坏而全部或部分倾覆坍塌。所谓“脱落”，是指附着于建筑物上的物与建筑物相分离。所谓“坠落”，是指搁置物、悬挂于建筑物上的物离开原物而落下。建筑物以及其他地上物致人损害的侵权责任属于特殊的侵权责任，适用过错推定的归责原则。所谓过错推定，是指原告能够证明其所受的损害是由被告所致，而被告不能证明自己没有过错，法律上就推定被告有过错并承担民事责任。在这类诉讼中，原告应对产生实际损害后果的事实以及这种损害事实是由建筑物或其附属物的倒塌、脱落、坠落所致承担举证责任，作为被告的所有人或者管理人应就这种损害事实的发生并无过错负举证责任。所谓过错，在民法意义上是指行为人在其主观意志支配下所产生的一种行为过错，包括故意和过失。在过错形式中，过失上的过错是其主要形式，它包括重大过失、一般过失和轻微过失。作为建筑物及其附属物所有人或管理人的被告应通过证明其没有过错来获得免责，为其所提供证据证明其主张的事由，通常包括不可抗力、受害人的过错和第三人的过错等。

○ 饲养动物致人损害侵权诉讼中，原、被告分别对哪些事实承担举证责任？

《侵权责任法》第78条规定：“饲养的动物造成他人损害的，动物饲养人或者管理人应当承担侵权责任，但能够证明损害是因被侵权人故意或者重大过失造成的，可以不承担或者减轻责任。”我国法对动物致损的民事责任，实行的是无过错责任规则。因为，动物致损属于危险物致损的范畴，他人通常难以了解为别人饲养、控制的动物的习性，难以防止或避免损害的发生；另外，与常人所不同的是，动物无理智可言，又非无生命物，因此，动物的主人虽尽其谨慎的管束，仍难避免损害事件的发生。实行这种无过错责任，是旨在对动物的主人提出更高的要求，即应当采取一切必要的措施以保证不发生动物致损事件的发生，以尽可能地减少社会生活当中这种致损危险，并保护无辜受害人的合法权益。凡主张以动物致人损害所构成的民事责任，其动物须为饲养的动物，且损害须为基于动物的本能行为所造成的。如果是由于受害人的过错如主动挑逗动物等所造成的，动物饲养人或管理人将不承担责任；由于第三人的过错造成损害的，则由第三人承担民事责任。

《最高人民法院关于民事诉讼证据的若干规定》第4条第1款第5项规定：“饲养动物致人损害的侵权诉讼，由动物饲养人或者管理人就受害人有过错或者第三人有过错承担举证责任。”根据这一规定，原告只对损害后果事实的存在以及这种损害是由特定的动物所致承担举证责任，对于自己没有过错的事实不承担举证责任；动物的饲养人或管理人即使没有过错，也应对这种损害事实承担民事责任。如果能够证明损害是由受害人自己或第三人故意造成的，则可免除其民事责任。

如受害人或第三人故意投打、挑逗或者投喂动物或无视警戒标志、跨越隔离设施接近他人饲养的动物，均可认定受害人的过错或第三人的过错为引起损害的全部或主要原因，得免除动物饲养人或管理人的赔偿责任，或者规定由第三人承担责任。

○ 因缺陷产品致人损害的侵权诉讼中，原、被告分别对哪些事实承担举证责任？

根据《侵权责任法》的规定，因产品存在缺陷造成损害的，被侵权人可以向产品的生产者请求赔偿，也可以向产品的销售者请求赔偿。产品缺陷由生产者造成的，销售者赔偿后，有权向生产者追偿。因销售者的过错使产品存在缺陷的，生产者赔偿后，有权向销售者追偿。因产品存在缺陷造成他人损害的，生产者应当承担侵权责任。因销售者的过错使产品存在缺陷，造成他人损害的，销售者应当承担侵权责任。销售者不能指明缺陷产品的生产者也不能指明缺陷产品的供货者的，销售者应当承担侵权责任。产品责任是产品生产者、销售者对因生产、销售或者提供有缺陷产品并致使他人遭受财产、人身损害时应当承担的民事法律后果，是一种特殊的侵权责任。产品责任赔偿关系中的权利主体，是指因有缺陷产品遭受财产、人身损害的人。权利主体主要包括个人消费者，即为个人消费目的购买或使用产品的个体社会成员；另外，权利主体还包括因缺陷产品受到损害的第三人，如产品购买者或者使用者的亲属、邻居和其他人。针对生产者的责任，我国《产品质量法》第29条第1款专门作出了有关规定："因产品存在缺陷造成人身、缺陷产品以外的其他财产（以下简称他人财产）损害的，生产者应当承担赔偿责任。"对此，《最高人民法院关于民事诉讼证据的若干规定》第4条第1款第6项规定："因缺陷产品致人损害的侵权诉讼，由产品的生产者就法律规定的免责事由承担举证责任。"根据《产品质量法》第46条的规定，判断产品缺陷的标准有两种：其一为一般标准，即产品存在危及人身、他人财产安全的不合理的危险的，构成产品缺陷；其二为特殊标准，即在产品有保障人体健康或人身、财产安全的国家标准、行业标准的情况下，不符合该标准的，构成产品缺陷。根据《侵权责任法》第44条和《产品质量法》第41条的规定，生产者对产品缺陷致人损害的赔偿责任属于严格责任或称无过错责任。因此，这种责任的构成，不以责任人主观上的过错为要件。在这种诉讼中，受害人只须就因使用生产者的产品受到损害的事实负举证责任；作为被告的生产者想要免责，应就法律规定的免责事由承担举证责任。关于法律所规定的免责事由，根据《产品质量法》第29条第2款规定："生产者能够证明有下列情形之一的，不承担赔偿责任：（一）未将产品投入流通的；（二）产品投入流通时，引起损害的缺陷尚不存在的；（三）将产品投入流通时的科学技术水平尚不能发现缺陷的存在的。"

○ 因共同危险行为致人损害侵权诉讼中，原、被告分别对哪些事实承担举证责任？

《侵权责任法》第10条规定："二人以上实施危及他人人身、财产安全的行为，其中一人或者数人的行为造成他人损害，能够确定具体侵权人的，由侵权人承担责任；不能确定具体侵权人的，行为人承担连带责任。"例如，有六个儿童在楼房的平台上向楼下投掷石子，其中一粒石子碰巧将楼下一行人眼睛击伤。非但受害人不知该石子究竟系哪一个儿童所投掷，就连这六个儿童也不知这粒石子系谁所投掷，在这种情形下，六个儿童就被视为共同实施侵害他人权益的危险行为。共同危险行为的构成要件与共同侵权行为有诸多相似之处。主要包括五项：（1）数人实施加害行为；（2）数人的行为均具有危险性质，这种危险性是现实存在的，它所威胁或将要损害或正在损害或已经损害的客体是受民法所保护的他人的民事权益。（3）加害人具有不可确定性，法律将全部共同危险行为人的行为视为一个整体，不要求受害人对确定加害人进行判别，法院也不主动确认谁是确切的加害人。（4）有共同过失，即全部行为人都有疏于注意义务的过失，且各行为人的过失内容相一致，以构成共同过失。(5) 损害结果的统一性与责任的连带性。共同危险行为的损害后果是一个不可分割的整体，具有统一性，不考虑其中某一加害人的个别行为对损害后果有无因果关系，全部共同危险行为人对外承担连带责任，故共同危险行为致人损害责任中只有一个侵权主体，一个侵权责任。

与《侵权责任法》第8条所规定的共同侵权行为不同的是，共同危险行为实质上只是行为人中之一或者其中一部分才是真正的加害人，而并非是每个人的行为都对损害结果的产生具有因果关系。但是为了保护受害人的合法利益，考虑到加害人的过失，法律便将全部共同危险行为人的行为视为一个整体，而并不要求受害人对确切的加害人进行判别，法院也不主动确认谁系真正的加害人，而判决所有共同危险行为人对损害后果承担连带责任。这实质上是一种法律上的推定。按照侵权诉讼中举证责任分担的一般规则，如原告要求被告赔偿，必须对其所受的损害确实是由被告的侵权行为所致负担举证责任。但在共同危险诉讼行为中，受害人恰恰无法证明实施了共同危险行为人中究竟何者为加害人。显而易见，如果单独囿于举证责任分配的一般原则，无异于剥夺了受害人获得赔偿的权利。为了使受害人的损失能够得到公平的补偿，同时也是为了基于使实施了这种共同危险行为的人能够公平地承担责任。对此，《最高人民法院关于民事诉讼证据的若干规定》第4条第1款第7项规定："因共同危险行为致人损害的侵权诉讼，由实施危险行为的人就其行为与损害结果之间不存在因果关系承担举证责任。"在这类诉讼中，受害人只须证明数名作为被告的加害人实施了共同危险行为以及这种行为给受害人造成了损害，那么数名被告就被推定为有共同过失，对这种行为负连带赔偿责任。如果其中的任何一个被告想避免承担这种责任，就必须对损害结果的发生并非是由自己的行为所致负担举证责任。

○ 因医疗行为引起的侵权诉讼中，原、被告分别对哪些事实承担举证责任？

《侵权责任法》第54条规定："患者在诊疗活动中受到损害，医疗机构及其医务人员有过错的，由医疗机构承担赔偿责任。"因医疗行为引起的侵权行为，简称医疗侵权行为，是医疗单位在从事诊疗护理等活动中因过错而侵害受害人（病员）生命健康权的侵权行为。医疗侵权行为类似于医疗事故这一概念，法律依据主要是《医疗事故处理条例》，同时也可参照《民法通则》第119条的规定。医疗侵权行为属于一般侵权行为，医疗侵权责任如同会计师、律师、建筑师等专家责任一样，在归责原则上适用过错责任原则。实际中，由于医疗机构具备专业知识和技术手段，掌握相关的证据材料，具有较强的证据能力，患者则处于相对的弱势地位，依据举证责任分配的一般规则，患者往往因举证不能而无法获得相应的赔偿。为平衡当事人利益，更好地实现实体法保护受害人的立法宗旨，《最高人民法院关于民事诉讼证据的若干规定》第4条第1款第8项规定："因医疗行为引起的侵权行为，由医疗机构就医疗行为与损害结果之间不存在因果关系及不存在医疗过错承担举证责任。"在这类诉讼中，患者应当就曾在医疗单位就医所发生的医疗行为以及损害后果负举证责任，只要患者证明了这些事实，便可推定医疗机构构成符合医疗事故民事责任。而医疗机构应当就医疗行为与损害结果之间并不存在因果关系以及不存在医疗过错承担举证责任。也就是说，医疗机构只要证明损害结果并非由医方造成以及在从事医疗行为过程中并无过失，即可构成免责。

第三节 法院调取证据

○ 如何理解举证时限?

《最高人民法院关于民事诉讼证据的若干规定》第33条第3款规定的举证期限是指在适用一审普通程序审理民事案件时，人民法院指定当事人提供证据证明其主张的基础事实的期限，该期限不得少于30日。但是人民法院在征得双方当事人同意后，指定的举证期限可以少于30日。前述规定的举证期限届满后，针对某一特定事实或特定证据或者基于特定原因,人民法院可以根据案件的具体情况，酌情指定当事人提供证据或者反证的期限，该期限不受“不得少于30日”的限制。

适用简易程序审理的案件，人民法院指定的举证期限不受上述证据规定第33条第3款规定的限制，可以少于30日。简易程序转为普通程序审理，人民法院指定的举证期限少于30日的，人民法院应当为当事人补足不少于30日的举证期限。但在征得当事人同意后，人民法院指定的举证期限可以少于30日。

在第二审人民法院审理中，当事人申请提供新的证据的，人民法院指定的举证期限，不受“不得少于30日”的限制。发回重审的案件，第一审人民法院在重新审理时，可以结合案件的具体情况和发回重审的原因等情况，酌情确定举证期限。如果案件是因违反法定程序被发回重审的，人民法院在征求当事人的意见后，可以不再指定举证期限或者酌情指定举证期限。但案件因遗漏当事人被发回重审的，按照本通知第5条处理。如果案件是因认定事实不清、证据不足发回重审的，人民法院可以要求当事人协商确定举证期限，或者酌情指定举证期限。上述举证期限不受“不得少于30日”的限制。

人民法院对于"新的证据"，应当依照证据规定第41条、第42条、第43条、第44条的规定，结合以下因素综合认定：证据是否在举证期限或者证据规定第41条、第44条规定的其他期限内已经客观存在；当事人未在举证期限或者司法解释规定的其他期限内提供证据，是否存在故意或者重大过失的情形。

当事人在一审答辩期内提出管辖权异议的，人民法院应当在驳回当事人管辖权异议的裁定生效后，依照上述证据规定第33条第3款的规定，重新指定不少于30日的举证期限。但在征得当事人同意后，人民法院可以指定少于30日的举证期限。

人民法院依照证据规定第15条调查收集的证据在庭审中出示后，当事人要求提供相反证据的，人民法院可以酌情确定相应的举证期限。

人民法院在追加当事人或者有独立请求权的第三人参加诉讼的情况下，应当依照证据规定第33条第3款的规定，为新参加诉讼的当事人指定举证期限。该举证期限适用于其他当事人。当事人申请延长举证期限经人民法院准许的，为平等保护双方当事人的诉讼权利，延长的举证期限适用于其他当事人。

当事人在一审举证期限内增加、变更诉讼请求或者提出反诉，或者人民法院依照证据规定第35条的规定告知当事人可以变更诉讼请求后，当事人变更诉讼请求的，人民法院应当根据案件的具体情况重新指定举证期限。当事人对举证期限有约定的，依照证据规定第33条第2款的规定处理。

○ 哪些证据需由当事人申请法院调查收集？

《最高人民法院关于适用〈中华人民共和国民事诉讼法〉若干问题的意见》第73条、《最高人民法院关于民事经济审判方式改革问题的若干规定》第3条以及《最高人民法院关于民事诉讼证据的若干规定》中均对当事人申请人民法院调查收集证据的范围做出了规定，具体而言，包括以下五项：

1. 申请调查收集的证据属于国家有关部门保存并须人民法院依职权调取的档案材料

当事人申请调查收集的证据，如属于国家有关部门保存并须人民法院依职权调取的档案材料的，则当事人不能自行调查收集。比如查阅土地管理档案（包括地籍管理档案、建设用地档案、土地利用规划档案等），须持单位介绍信，并经档案主管部门批准（《土地管理档案工作暂行规定》第26条）。

2. 涉及国家秘密、商业秘密、个人隐私的材料

涉及国家秘密、商业秘密、个人隐私的证据材料，法院应依当事人的申请调查取证。比如，根据国务院《储蓄管理条例》第32条、《个人存款账户实名制规定》第8条，金融机构及其工作人员对储户的储蓄状况和个人存款账户的情况负有保密责任。金融机构不代任何单位和个人查询、冻结或者划拨储蓄存款，不得向任何单位或者个人提供有关个人存款账户的情况，并有权拒绝任何单位或个人查询、冻结或者扣划个人在金融机构的款项；但是，法律另有规定的除外。可见，个人的储蓄存款情况和个人存款账户等涉及个人隐私的材料，须由法院依申请调取。

3. 当事人及其诉讼代理人确因客观原因不能自行收集的其他材料

由于民事诉讼证据收集的纷繁复杂，除了上述两项当事人不能收集证据的客观原因外，还可能有许多不确定的客观原因。所谓客观原因，是指超出当事人意志的、当事人无法控制的原因。人民法院应慎重认定“客观原因”，以强化当事人举证。

○ 当事人如何向法院申请调取证据？

当事人及其诉讼代理人申请人民法院调查收集证据，应提交书面申请。申请书中应载明以下事项：（1）被调查人的姓名或者单位

名称、住所地等情况。(2)所要调查收集的证据的内容。本项中，当事人不仅应当指明所要调查的证据的形式，如书证、物证、视听资料等，还应当明确所要调查的证据的记载内容。原则上，当事人的申请书中应当指明上述内容，但在当事人只知悉明确的调取线索，而无法知道该证据的具体形式及内容时，法院应当进行裁量，只要其理由正当可信，即可准许。(3)需要由人民法院调查收集证据的原因。当事人及其诉讼代理人申请人民法院调查收集证据的理由，是由于客观原因不能收集证据。具体而言，就是前面所说的三项原因。(4)要证明的事实。

当事人及其诉讼代理人申请人民法院调查收集证据，不得迟于举证期限届满前7日。

人民法院对当事人及其诉讼代理人的申请不予准许的，应当向当事人或其诉讼代理人送达通知书。当事人及其诉讼代理人可以在收到通知书的次日起3日内向受理申请的人民法院书面申请复议一次。人民法院应当在收到复议申请之日起5日内作出答复。

○ 哪些证据是人民法院认为审理案件需要的证据而由法院调取?

根据《最高人民法院关于民事诉讼证据的若干规定》第15条的规定，人民法院认为审理案件需要的证据，分为实体方面和程序方面两种情形。实体方面的证据指“涉及国家利益、社会公共利益或者他人合法权益的事实”，程序方面的证据则是指“与实体争议无关的程序事项”，如追加当事人、中止诉讼、终结诉讼、回避等诉讼法上的事实。

1. 涉及国家利益、社会公共利益或者他人合法权益的事实

是指在目的或效果上有损国家主权和民族尊严，有损国家、集体和公民的合法权益，有损社会经济秩序和社会道德风尚的事实。比如滥用权利、不正当竞争、有悖诚信、以剥夺受雇人人身自由为条件的雇用合同等。国家利益、社会公共利益或者他人合法权益原则

是一引致规范，它使得公共秩序和法律认可的道德观念对证据的提供也取得了控制意义。

2. 必要共同诉讼中法院职权追加当事人的证据

在必要共同进行诉讼中，法院可以依职权追加必须参加诉讼的当事人加入该诉讼，依职权追加当事人的证据，属于法院认为审理案件需要的证据。

3. 中止诉讼的事实

根据《民事诉讼法》第136条的规定，在诉讼进行中，由于某种法定事由的出现，使诉讼无法继续进行，由人民法院裁定暂时停止诉讼程序，待暂时停止诉讼的原因消除后，恢复诉讼的制度即为中止诉讼。

4. 终结诉讼的事实

根据《民事诉讼法》第137条规定，在诉讼进行中，由于某种法定事由的出现，使诉讼继续进行已无必要或者成为不可能时，由人民法院裁定结束诉讼程序的制度，即为诉讼终结。

5. 回避的事实

回避是指法院的审判人员和其他有关人员在遇到法律所规定的回避情形时，不参加案件的审判和其他有关诉讼活动的一项诉讼制度。此外，在诉讼中还有很多与实体争议无关的程序事项，需要释明或证明，如申请再审、不予执行仲裁裁决、申请公示催告程序、财产保全、证据保全等事实。

第四节　证据的审查、判断和核实与质证

○ 人民法院通过什么方式审查、判断、核实证据？

在对证据进行审查、判断、核实中，坚持科学、正确的手段和

方法应被认为是非常重要的。在审判中，人民法院审查、判断、核实证据有如下具体方法：

第一，人民法院应审查证据来源的合法性。在审判中，证据要作为认定案件事实的根据，必须通过合法途径进入诉讼程序。人民法院对当事人及其诉讼代理人提供的书证、物证、视听资料、证人证言、当事人书面陈述等证据均应审查其来源的合法性；对人民法院审判人员收集、调查的证据材料也应当审查其来源的合法性。人民法院在审查证据时，如果发现证据来源可疑或有违法收集证据的情况存在，就应怀疑其真实可靠性，对这些证据的真伪人民法院的审判人员应作进一步的调查、分析。根据《最高人民法院关于民事诉讼证据的若干规定》的规定，以侵害他人合法权益或者违反精神禁止性规定的方法取得的证据，不能作为认定案件事实的根据。《民事诉讼法》第65 条第2 款规定："人民法院对有关单位和个人提出的证明文书，应当辨别真伪，审查确定其效力。"法律要求法院只是辨明当事人证据真伪，并未要求当事人收集证据必须依法定程序进行。只要该证明材料具有客观性、关联性，并符合法定形式，对于当事人是用什么方式收集到的，应当不由此否定证明材料本身的性质和作用。一方在未告知另一方情况下进行的录音，这种方法并不为法律明令禁止，由此取得的视听资料不能认为是违法所得，应当具有证明效力。另外，有的案件当事人在被迫无奈的情况下，通过非常的手段拿到的最初原始证据或直接证明材料，如因此认定其不能作为证据，案件就无法处理，当事人合法权益就无法保护。因此，对证据的合法性不能简单、片面理解。当然，当事人采用欺骗、胁迫手段所产生的假证据无效。

第二，人民法院应当根据七种证据的不同特点对当事人提供的和人民法院调查、收集的证据加以审查、判断。即所谓"具体证据具体审查。"七种诉讼证据在法律上各具特点，在对案件情况的真实性的证明上各有其效力。《民事诉讼法》对这七种证据在外部特征、收集提供的主体、收集提供的手段、内容构成等方面的要求也是不尽相同的。因此人民法院应当根据每一种证据的特点和法律对每一种证据的具体要求进行审查、分析、判断、核实。

第三，人民法院通过开庭出示证据来判断证据的真伪。案件的全部证据在审理过程中都必须与双方当事人，有关证人见面，以辨别其真伪。这一点集中体现在开庭审理中的法庭调查阶段。将本案全部证据向双方当事人、有关证人出示，可以收集到当事人、证人对有关证据真伪辨别的态度，人民法院的审判人员可以排查矛盾，去伪存真，使证据查证属实，作为认定案件事实的依据。对依法应当保密的证据，人民法院可视具体情况决定是否在开庭时出示，需要出示的，也不得在公开开庭时出示。

第四，人民法院通过开庭质证的方法来审查判断证据。在开庭审理的法庭调查、法庭辩论阶段，人民法院除了向当事人双方、有关证人出示证据外，双方当事人还可以对证据的真伪等问题向法庭陈述自己的意见，双方当事人之间也可以就证据的真伪、虚假进行交替辩论，据理反驳。对于那些双方争执较大，矛盾点突出的证据材料通过质证，可以帮助人民法院对证据的真实性作客观、公正的判断。

第五，人民法院应综合本案的全部证据材料，全面、客观地分析、对比，以判断证据的真实性。尤其是对那些矛盾点较多，或双方均提供证据，且内容相异的证据，只有通过全案证据材料的对比分析方能对与定案起关键作用的证据的真实性作出客观评判。

○ 审判人员如何判断当事人提供的证据的证明力？

根据《最高人民法院关于民事诉讼证据的若干规定》的规定，人民法院应当以证据能够证明的案件事实为依据依法作出裁判。审判人员应当依照法定程序，全面、客观地审核证据，依据法律的规定，遵循法官职业道德，运用逻辑推理和日常生活经验，对证据有无证明力和证明力大小独立进行判断，并公开判断的理由和结果。对证据的审查认定从以下几方面进行：

第一，审判人员对单一证据可以从下列方面进行审核认定：(1) 证据是否原件、原物，复印件、复制品与原件、原物是否相符；(2) 证据与本案事实是否相关；(3) 证据的形式、来源是否符合法律规定；(4) 证据的内容是否真实；(5) 证人或者提供证据的人，与当事人有无利害关系。

第二，审判人员对案件的全部证据，应当从各证据与案件事实的关联程度、各证据之间的联系等方面进行综合审查判断。在诉讼中，当事人为达成调解协议或者和解的目的作出妥协所涉及的对案件事实的认可，不得在其后的诉讼中作为对其不利的证据。

第三，下列证据不能单独作为认定案件事实的依据：(1) 未成年人所作的与其年龄和智力状况不相当的证言；(2) 与一方当事人或者其代理人有利害关系的证人出具的证言；(3) 存有疑点的视听资料；(4) 无法与原件、原物核对的复印件、复制品；(5) 无正当理由未出庭作证的证人证言。

第四，一方当事人提出的下列证据，对方当事人提出异议但没有足以反驳的相反证据的，人民法院应当确认其证明力：(1) 书证原件或者与书证原件核对无误的复印件、照片、副本、节录本；(2) 物证原物或者与物证原物核对无误的复制件、照片、录像资料等；(3) 有其他证据佐证并以合法手段取得的、无疑点的视听资料或者与视听资料核对无误的复制件；(4) 一方当事人申请人民法院依照法定程序制作的对物证或者现场的勘验笔录。

第五，人民法院委托鉴定部门作出的鉴定结论，当事人没有足以反驳的相反证据和理由的，可以认定其证明力。

第六，一方当事人提出的证据，另一方当事人认可或者提出的相反证据不足以反驳的，人民法院可以确认其证明力。一方当事人提出的证据，另一方当事人有异议并提出反驳证据，对方当事人对反驳证据认可的，可以确认反驳证据的证明力。

第七，双方当事人对同一事实分别举出相反的证据，但都没有足够的依据否定对方证据的，人民法院应当结合案件情况，判断一方提供证据的证明力是否明显大于另一方提供证据的证明力，并对证明力较大的证据予以确认。因证据的证明力无法判断导致争议事实难以认定的，人民法院应当依据举证责任分配的规则作出裁判。

第八，诉讼过程中，当事人在起诉状、答辩状、陈述及其委托代理人的代理词中承认的对己方不利的事实和认可的证据，人民法院应当予以确认，但当事人反悔并有相反证据足以推翻的除外。

第九，有证据证明一方当事人持有证据无正当理由拒不提供，如果对方当事人主张该证据的内容不利于证据持有人，可以推定该主张成立。

第十，当事人对自己的主张，只有本人陈述而不能提出其他相关证据的，其主张不予支持。但对方当事人认可的除外。

第十一，人民法院就数个证据对同一事实的证明力，可以依照下列原则认定：(1)国家机关、社会团体依职权制作的公文书证的证明力一般大于其他书证；(2)物证、档案、鉴定结论、勘验笔录或者经过公证、登记的书证，其证明力一般大于其他书证、视听资料和证人证言；(3)原始证据的证明力一般大于传来证据；(4)直接证据的证明力一般大于间接证据；(5)证人提供的对与其有亲属或者其他密切关系的当事人有利的证言，其证明力一般小于其他证人证言。

第十二，人民法院认定证人证言，可以通过对证人的智力状况、品德、知识、经验、法律意识和专业技能等的综合分析作出判断。

第十三，人民法院应当在裁判文书中阐明证据是否采纳的理由。对当事人无争议的证据，是否采纳的理由可以不在裁判文书中表述。

○ 人民法院通过什么方式调查取证？

当事人及其诉讼代理人因客观原因不能自行收集的证据，或者人民法院认为审理案件需要的证据，人民法院应当调查收集。人民法院调查、收集证据的方法主要有：

第一，询问当事人、证人，以收集当事人陈述和证人证言。

第二，向有关单位和个人调查取证。

第三，指派、委托鉴定部门对书证、物证、视听资料、证人证言进行鉴定，对案件审理中涉及的专门性问题进行鉴定，由鉴定部门或鉴定人提交鉴定结论。

第四，对现场、有关物品、物证派员进行勘验，由勘验人员制成勘验笔录。

人民法院有权向有关单位和个人调查取证，有关单位和个人不得拒绝。如果有关书证、物证、视听资料在有关单位或个人手中，人民法院有权调取，有关单位或个人有义务交出有关证据。如果有关单位和个人了解案情，则有作证义务，人民法院要求其作证，有关单位和个人不得拒绝。

人民法院在收集、调查证据时，对有义务协助或提供证据材料的单位或个人，不给予协助和配合的，要耐心地作好劝说、解释工作，不能简单粗暴。对于妨碍人民法院调查、收集证据的单位的主要负责人、责任人员或其他公民个人、应当依法采取必要的强制措施，如进行罚款、拘留等，构成犯罪的要追究其刑事责任。

人民法院收集调查证据要全面、客观、及时。所谓全面，是指凡与案件待证事实有关的材料，都要收集，既要收集对原告有利的，也要收集对被告有利的；既要收集直接证据、原始证据，也要收集间接证据、派生证据。所谓客观，是指要尊重客观事实，防止主观武断，先入为主，带着偏见和设想去收集符合自己想法的证据。所谓及时，是指法院收集证据时，在时间上要尽可能早，动作上尽可能快，以防止证据灭失、转移或发生变化，致使证据无法收集。

○ 对有关单位和个人提出的证明文书，审判人员是否还要审查？

书证，是指以文字、符号、图画所记载或表示的内容来证明案件事实的材料。根据制作书证的主体，可以把书证分为单位制作的书证和个人制作的书证。前者指由法人和其他组织制作的文书，后者指由公民个人制作的文书。《民事诉讼法》第65条第2款规定："人民法院对有关单位和个人提出的证明文书，应当辨别真伪，审查确定其效力。"因此，审查核实书证必须从书证自身的特点出发，既审查其内容是否真实、完备，又审查其形式是否符合法律要求。书证虽然不像证人证言那样会因时间和主客观条件的影响而削弱其客观真实性，但它毕竟也是由人制作的，也会由于各种原因发生错误。因此，必须审查、辨别其真伪，确认其效力。审查核实书证的步骤和方法是：

1. 审查书证如何形成。首先，应查明书证的制作人是谁，是否制作了该文书，制作人是否有民事行为能力，制作的意图、制作的过程和内容，对书写的内容有无观察、理解错误或者记载失实的情况；其次，应审查书证是否在暴力、胁迫、欺诈、乘人之危、恶意串通、重大误解、显失公平及贿赂等情况下形成；第三，对于文书的节录本，应审查其有无断章取义的情况；经过抄写、复制的文书，应审查其有无遗漏或改变。

2. 审查书证是否伪造或变造。当事人出于不良或者自私的动机，可能伪造、变造文书。因此法院审查书证应注意两个方面：其一，当事人在民事诉讼中若提出书证是对方伪造、变造的，应负举证责任，提供证据以作证明；其二，审查书证真伪的作法是：对国家机关、企事业单位、人民团体制作的书证，可以向其制作单位核对，审查其内容是否符合事实；对当事人制作的书证，可传唤书证上载明的证人询问查证，依询问证人的程序进行；如需核对书证上的笔迹、印章，依勘验的程序进行；如需交付鉴定的，则依鉴定的程序进行。若证明书证确是伪造、变造的，依法对行为人追究法律责任。

3. 审查书证的内容是否有错误。书证是以其记载或表达的内容来证明案件事实的，因此，审查其内容有无错误，是十分重要的。在通常情况下，由国家机关、社会团体在职权范围内，依照法定程序制作的公文书证，比个人制作的文书较为可靠。特别是经过公证的文书，因国家公证机关在公证过程中已经作过审查，它是在确认无误的前提下作出公证证明的。因此，应当承认其真实性、合法性。但是，经过公证的文书有时也可能有错误，若当事人提出相反证据时，也要认真审查，确定其效力。

审查书证还应注意把书证与其他证据联系起来，分析对照，这有助于确定其真实性和效力。

○ 审理公民之间借款案件是否要把原始借据附卷？

对审理公民之间的借款案件是否必须将原始借据订入卷宗的问题，我们认为：当事人在诉讼中提交的证据材料，有些诸如借据、证书、权属证明等材料的原件，在今后仍需继续使用的，法院应允许当事人提供复印件以装订入卷。不过，所提供的复印件必须是与原件核对无异并经当事人质证认可的。公民之间的借款纠纷案件也一样，无需将原始借据入卷，经过质证、核对无异的复印件也同样可以确保证据的真实性。原始借据在审判人员核实原件与复印件无异后，即应发还给当事人保管，在庭审质证时由原件持有人出示，由对方质证。只有在进行司法鉴定时才有必要附卷，鉴定结束后仍要发还给当事人保管。

○ 证据为什么要在法庭上质证？

质证是指诉讼当事人、诉讼代理人在法庭的主持下，对所提供的证据进行宣读、展示、辨认、质疑、说明、辩驳等活动。质证既是当事人、诉讼代理人之间相互审验对方提供的证据，又是帮助法庭鉴别、判断证据。

质证是当事人的一项重要诉讼权利，是当事人为实现胜诉目的而采取的必要手段。诉讼权利是诉讼主体在正当程序中借以维护其实体权益或公共职能的必要保障。《民事诉讼法》第66条规定："证据应当在法庭上出示，并由当事人互相质证。"《最高人民法院关于适用〈中华人民共和国民事诉讼法〉若干问题的意见》第72条规定："证据应当在法庭上出示，并经过庭审辩论、质证。"可见，质证是有关诉讼主体的一种受法律保护的诉讼权利，它是作为诉讼正当程序的标志性产物。这种程序设计的目的在于：为保证审判的公正，在程序上设置特定的程式要求和规范性作法，使法官不能仅凭个人的好恶或某种利益观念出发来对是非问题加以判断。

质证是法院审查、认定证据效力的必要前提。《最高人民法院关于民事经济审判方式改革问题的若干规定》第12条规定："未经庭审质证的证据，不能作为定案的根据。"《最高人民法院关于民事诉讼证据的若干规定》第47条规定："证据应当在法庭上出示，由当事人质证。未经质证的证据，不能作为认定案件事实的依据。"只有充分发挥庭审的质证功能，才能达到去伪存真、去粗存精，公正、合法、有效地认定案件事实，作出正确裁判的目的。

○ 哪些证据不需要在法庭上质证？

质证的范围，是在法庭上出示的证据的范围。这里所称的"证据"，是指在法庭上能够出示的证据，而不是所有的法定证据种类。

当事人质证的范围仅仅限于双方当事人为证明争议的事实而提供的书证、物证、视听资料。对这些证据的调查手段主要是辨认。对于证人证言、勘验笔录、鉴定结论等的调查另有规定，对这些证据的调查手段主要是质询。

当事人在证据交换过程中认可并记录在卷的证据，不需要在法庭上进一步质证，经审判人员在庭审中说明后，可以作为认定案件事实的依据。庭前的证据交换是提高庭审效率，避免审判突袭的重要手段。《最高人民法院关于民事诉讼证据的若干规定》第39条规定："在证据交换的过程中，审判人员对当事人无异议的事实、证据应当记录在卷；对有异议的证据，按照需要证明的事实分类记录在卷，并记载异议的理由。通过证据交换，确定双方当事人争议的主要问题。"通过庭前的证据交换，可以筛选在证据方面存在的争议，对无争议的证据，不再在法庭上叠床架屋地进行质证，从而大大提高庭审的效率。《最高人民法院关于民事经济审判方式改革问题的若干规定》第22条规定："一方当事人提出的证据，对方当事人认可或者不予反驳的，可以确认其证明力。"这是我国民事诉讼中关于自认的规定。在自认的情况下，免除了对方的质证责任。对该证据可以不经过质证而作为认定案件事实的根据。证据交换时的自认仅仅是自认的表现形式之一。如果在法庭开庭审判的过程中出现了当事人自认的情况，也应当认可和尊重当事人的这种处分权利，不需要再进行质证而直接将其采纳为认定案件事实的根据。这对于提高诉讼效率，减少双方当事人的质证负担，降低诉讼成本具有重要的意义。因此，并非所有的证据都必须经过质证。当事人在证据交换过程中认可记录在卷的证据无需质证。这也是当事人处分权的具体体现之一。当然，在庭审中需要审判人员对此加以说明。

○ 哪些证据不能在法庭上公开质证？

审判公开是诉讼活动的一个重要原则，一是要向当事人和其他诉讼参与人公开，一是要向社会公开，允许社会公众旁听，允许记者采访。《民事诉讼法》第120条规定："人民法院审理民事案件，除涉及国家秘密、个人隐私或者法律另有规定的以外，应当公开进行。""离婚案件，涉及商业秘密的案件，当事人申请不公开审理的，可以不公开审理。"《最高人民法院关于严格执行公开审判制度的若干规定》第1条规定："人民法院进行审判活动，必须坚持依法公开审判制度，做到公开开庭，公开举证、质证，公开宣判。"

根据《民事诉讼法》和《最高人民法院关于民事诉讼证据的若干规定》的要求，下列证据，不得在开庭时公开进行质证：

1. 涉及国家秘密的证据

所谓国家秘密，根据《保守国家秘密法》第2条的规定，是指"关系国家的安全和利益，依照法定程序确定，在一定时间内只限于一定范围的人员知悉的事项。"对于涉及国家秘密的证据，不得在开庭时公开进行质证。

2. 涉及商业秘密的证据

所谓商业秘密，根据《反不正当竞争法》第10条的规定，是指"不为公众所知悉、能为权利人带来经济利益、具有实用性并经权利人采取保密措施的技术信息和经营信息。"商业秘密的构成要件之一就是秘密性，即这种技术信息或者经营信息不为权利人以外的公众所知悉，因此，应当在诉讼活动中对此加以应有的保护。

3. 涉及个人隐私的证据

所谓个人隐私，又称私人生活秘密或私生活秘密，一般是指与当事人的声誉有关，本人不愿意公开的个人生活事件。由于个人隐私涉及当事人的名誉、信用等问题，公开隐私将影响公民个人的声誉。因此当证据涉及到个人隐私时，不得在开庭时进行公开质证。

4. 法律规定的其他应当保密的证据

人事部、国家保密局《人事工作中国家秘密及其密级具体范围的规定》第3条规定："人事工作中的下列事项不属于国家秘密，但应当作为内部事项管理，不得擅自扩散：1. 一般干部的档案；2. 人事工作中不宜公开的事项。”根据有关法律规定，我国有关人员需要保守的秘密信息也可以分为国家秘密和职务秘密两个部分。对于涉及后者的证据，也不得在开庭时进行公开质证。

○ 在法庭上进行质证的程序是怎样的？

根据《最高人民法院关于民事诉讼证据的若干规定》的规定，质证时，当事人应当围绕证据的真实性、关联性、合法性，针对证据证明力有无以及证明力大小，进行质疑、说明与辩驳。质证的程序一般包括以下三个步骤：

1. 出示证据

质证开始于一方当事人向法庭和对方当事人出示证据。出示的方式包括宣读、展示、播放等。对书证、物证、视听资料进行质证时，当事人有权要求出示证据的原件或者原物。但有下列情况之一的除外：（1）出示原件或者原物确有困难并经人民法院准许出示复制件或者复制品的；（2）原件或者原物已不存在，但有证据证明复制件、复制品与原件或原物一致的。

质证按下列顺序进行：（1）原告出示证据，被告、第三人与原告进行质证；（2）被告出示证据，原告、第三人与被告进行质证；（3）第三人出示证据，原告、被告与第三人进行质证。

人民法院依照当事人申请调查收集的证据，作为提出申请的一方当事人提供的证据。

人民法院依照职权调查收集的证据应当在庭审时出示，听取当事人意见，并可就调查收集该证据的情况予以说明。人民法院调查收集的证据，在当事人出示证据后出示，由原告、被告和第三人进行质证。

2. 辨认证据

一方当事人出示证据后，由另一方进行辨认。辨认的意义在于了解另一方当事人对所出示证据的态度，以便决定是否需要继续进行质证。辨认的结果分为认可和不予认可两种。认可一般以明示方式进行，如承认对方宣读的书证的内容是真实的，但也可以表现为不予反驳的默示方式。对已经为对方当事人认可的证据，人民法院可以直接确认其证明力，无须作进一步质证。

3. 对证据质询和辩驳

一方出示的证据为另一方否认后，否认一方当事人就要向法庭说明否认的理由。否认的理由包括指出对方出示的证据是伪造或变造的、对方出示的证据是采用违法手段收集的，说明对方提出的证人与该当事人有亲属关系或其他密切关系等。质证方陈述完否认的理由后，出示方还可以针对否认的理由进行反辩。然后再由质证方对反驳的理由进行辩驳，直至法庭认为该证据已审查核实清楚。在质证过程中，质证方经法庭许可后还可以向出示方提出各种问题，除非所提问题与质证目的无关，出示方应作出回答。审判人员在必要时，也可以向当事人发问。

质证一般采用一证一质，逐个进行的方法，也可以采用其他灵活的方法，当案件具有两个以上独立存在的事实或诉讼请求时，法庭可以要求当事人逐项陈述，逐个出示证据并分别进行质证。

○ 经过公证证明的事实，法院是否还需审查？

《民事诉讼法》第67条规定："经过法定程序公证证明的法律行为、法律事实和文书，人民法院应当作为认定事实的根据。但有相反证据足以推翻公证证明的除外。"这就是公证证据效力的法律依据。

结合《民事诉讼法》第63条、第65条、第67条、第71条的规定，可以看出，公证书的证据效力与其他没有经过各种证明的文书有着明显的不同。一般的书证，如机关、团体、企事业单位和个人提供的证明文书，人民法院"应当辨别真伪，审查确定其效力"，而对于公证证明的法律行为、法律事实和文书，在没有相反证据推翻的情况下，人民法院应当直接认证，“作为认定事实的根据。”《最高人民法院关于适用〈中华人民共和国民事诉讼法〉若干问题的意见》第75条规定，“已为有效公证书所证明的事实”，当事人无需举证。《最高人民法院关于民事经济审判方式改革问题的若干规定》第27条规定，经过公证的书证，“其证明力一般高于其他书证、视听资料和证人证言。”

公证具有不同于一般证据的特殊的证明力，是因为公证书具备了诉讼证据的基本特征。按照我国诉讼证据法学的一般理念，诉讼证据是能够证明案件真实情况的客观事实。诉讼证据具有客观性、关联性与合法性的特征。公证书是根据当事人的申请，由国家公证机关依法出具的证明法律行为、法律事实和文书的真实性、合法性的司法证明。这种证明对于特定案件而言，反映了案件的客观事实，并且已经由国家公证机关依照法定程序证明了该客观事实的真实性与合法性，因此，法律应当确认公证书在诉讼阶段的特殊证明力。我国现行《民事诉讼法》确认了公证的法律地位和公证证明事项在法律上的证据效力，使公证书作为诉讼证据发挥其应有的效用。

应当明确，我国现行法律并没有赋予公证书绝对的证据效力，只有有效公证文书才具有供人民法院直接采证的证据效力，可见，在诉讼中的公证文书证据效力的确认上，人民法院与公证机关存在相互制约的关系。法律规定，当事人在诉讼中享有提出其他证据以及对方当事人对公证书提出异议的诉讼权利，如果有相反的证据，足以推翻公证证明文书，人民法院有权不予采证，这是人民法院对公证机关的制约。只要没有“相反证据”或者虽有相反证据但不能“足以推翻”公证机关的公证证明，人民法院就应当确认其效力，这是公证机关对人民法院的制约。

○什么是书证？

凡以文字、符号、图形等表述一定的思想，其所记载的内容能证明案件事实的证据，称为书证。

书证的本质特征，就是它是以本身所记载的内容来证明案件事实的。而记载内容的方式则可能是文字、符号，也可能是图形等。书证在民事诉讼中，是一种最常见的也是最普遍的证据。因为诸多的民事法律关系都是要通过制作法律文书而发生、变更、消灭的。常见的有各种合同书、证明文件、单据、票证、来往函件、电文、图纸等。

书证所记录的人的思想或行为是可供他人认识和了解，并且是能够证明案件有关情况的；它有较强的客观性和真实性，不论其存在的时间长短，只要该物件没有污染毁损，就能反映出它应当反映的事实。书证与证人证言和当事人陈述有很大的不同，人证易受主观意识的影响，或因时间久远而造成记忆不清或遗忘而影响其证据的证明力。书证无论多久，它始终会保持固有状态和本来的证明力。书证是固定在一定物件上的思想或者行为内容，书证有载体。常见的载体有纸张、金属、石块、竹、木、塑料等。书证的制作方法可以是手书，可以印刷、刻制，也可以电脑排印。

○ 如何向法院提交书证？

《民事诉讼法》第68条规定："书证应当提交原件。"书证是指以文字、符号、图形所记载或表示的内容、含义来证明案件事实的证据。书证在各类民事证据中占有突出的位置。书证的突出地位是由民事法律行为在民事法律事实中的突出地位所决定的，当事人在实施民事法律行为时，常常采用书面形式，于是便形成了大量的书证。如各类合同书、授权委托书、书面遗嘱、房产契约、结婚证等。此外，记载某些事件或事实的档案材料亦属于书证的范畴。

"原件"，是指文件制作人最初作成，以反映制作人的意思或思想为目的的文件，也称原本或底本。任何书证均有其最初制作而成的原件，它是文书的原始状态的反映，是文书制作者原创力的产物。

原件既可以是手写的，也可以是打印的，只要是最初表达和承载制作者思想的文字、符号、图形等内容的文书，就是原件。在日常生活中，常见的书证原件有反映当事人之间往来的原始信函、作家的手稿、法官书写的判决书、合同当事人签字盖章的书面合同、立遗嘱人亲笔书写的遗嘱文书、借款人亲笔书写表达借款意愿的借条等。

○ 书证是否可以提交副本、节录本、影印本？

由于原本是用于表达文书内容原始状态的客观表现方式，它能在客观上最大限度地反映书证所记载的内容，因此，其证明价值甚高。

正本书证，是指依照原本采用全文抄录、印制等方法而出自于原本，其内容与原本完全相同，对外与原本具有同等法律效力的文书。除了作成的方式不同之外，正本与原本的另一个主要区别是，原本一般由制作人收存或留作存档备查，而正本是发给受件人保存或使用的。因而，正本可视为原件。副本书证，是指依照原本全文抄录、印制但不具有正本效力的书证。副本书证的作用是旨在告知有关单位或个人了解、知悉原本文书的内容，因此，书证副本通常是用于发送给主受件人以外的其他有必要了解原本内容的相关单位或个人。可见，副本与正本在制作方法上是相同的，不同之处主要在于副本与正本制作的目的和收存对象与发给的对象不同，副本比正本的效力要低。节录本书证，是指制作人摘要抄录、印制原本文书部分内容后或者摘取了其中一部分原本内容后而形成的书证。节录本与原本相比只能反映原本的部分内容，由于制作人采用主观的方法对原本加以摘要或节录，其所形成的节录文本在一定程度上影响了客观、全面地体现原本内容，也影响了原本内容的内在逻辑性以及结构的完整性，因此，具有较大的主观倾向。在审判实践中，如一方当事人提供节录本，而对方对节录本所载内容提出质疑时，节录本提供人对此应提供原本书证，否则，将大大削弱其节录本书证的证明效力。由于节录本是就仅需要了解原本中某一相关的部分而制作的，因此，并未充分考虑到原本的全面、详细而复杂的内容，可见，节录本的局限性是显而易见的。影印本书证，是指采用影印技术，将原本或正本通过摄影或复制而制作的文书。译本书证，是指采用包括其他国家或国内其他民族在内的语言文字，通过翻译原本或正本的方式而形成的文书。因而节录本、影印本、译本书证均可视为复印件。

○ 什么是物证？

物证是指以自身存在的外形、重量、规格、质量等标志来证明待证事实的一部或全部的物品或痕迹。民事诉讼中常见的物证有：所有权有争议的物品；履行合同时有争议的标的物；因侵权行为而被损害的物体和侵权所用工具；遗留在现场的痕迹等等。

物证具有较强的客观性、真实性、可靠性。物证对案件事实的证明就是以其自身的客观存在的形状、特征、规格、质量、痕迹等来证明一定事实是否发生和存在，不受人们主观因素的影响和制约。只要判明物证是真实的，不是虚假的，用其来证明案件事实，其真实性和可靠性都是较大的，因而有较强的证明力。在某些案件中，物证能独立证明案件事实是否发生或存在，不需要其他证据加以印证即可作为认定事实的依据。物证与书证在实物形态上都表现为物，但这两种证据是不相同的。首先，书证以自己所记载的思想内容来证明案件事实，而物证则不具有任何思想内容，它以自己的客观存在及各种特性来证明案件事实。其次，法律对某些书证有特殊要求，即特殊形式的书证，不符合这些特殊要求的书证不发生法律效力，而法律对物证则无特殊要求。

然而，物证和书证之间也存在着密切的联系。某些情况下，同一物在同一案件中既作为书证，也作为物证。如按其书写的内容来证明待证事实，它是书证；若按其外部特征来证明待证事实则是物证。例如原告提交被继承人的书面遗嘱，以遗嘱的内容来证明自己有继承权及应继承的份额，该书面遗嘱对原告的主张来讲是书证。但被告答辩认为该书面遗嘱属伪造，要求鉴定笔迹，此时该书面遗嘱以其文字的特征来证明案件事实，对被告的主张来讲，它就是物证。

○ 如何向法院提交物证？

所谓“原物”，是指在民事法律关系发生、变更或消灭过程中产生的，与实体争议有牵连的或者作为争执标的的实际物品。物证原物，多以原始的物质材料所表现出来的外形、品质、规格、体积等来证明案件事实的有关物品或痕迹。

民事诉讼中，常见的原始物证有：样品买卖中的样品，对所有权发生争议的物品，履行合同时交付的质量规格有瑕疵的标的物或定作物，侵权行为造成损害的公私财物及侵权用的工具、遗留的痕迹，损害赔偿诉讼中被撞坏的车辆、船舶、被损坏的家具、门窗等。在我国，虽然物证与言词证据相比较，是一种“哑巴”证据，但是，在许多情形下是作为直接证据在诉讼上加以使用的。并且，在我国现行诉讼法上，物证是作为一种法定证据种类，具有特定的应用范畴。“原物”一词只用于物证，主要以物品存在的外形、特征、质量、性能等证明案件待证事实。

当事人向法院提供证据，应当优先提供原件或者原物，其次才能考虑复制件或者复制品。这是因为：原件或者原物与某一法律关系的发生、变更或消灭有着千丝万缕的关系，直接表征或者见证着法律关系的兴亡过程，或者其本身就是法律关系发展的产物，以其来证明案件的要件事实，无疑最好不过了。而且，原件或者原物作为案件的原始证据，是伴随着案件事实的发生而形成的，其关联性是毋庸置疑的。证据与案件事实的关系越直接、越接近时，它的可靠程度就越高、证明力就越强。但是，当它与案件事实的关系被一个复制、复印、传抄、照相等中间环节所阻隔时，复制过程中所发生的失误、偏差、信息损耗、变形，就会使证据失真，不能如实地反映案件事实的原貌。因此，证据的可靠性程度与证明力的强弱，除了其他因素的影响外，与案件事实距离的远近是一个重要因素。有人用一个公式来表示证据的可靠性或证明力与证据和案件事实距离的关系：证据的证明力（或可靠性）＝1÷证据与案件事实的距离。根据这个公式，当证据直接来源于案件事实时，距离为1，这时公式的值为1（即100％）；而当证据经过一些复制时，距离为2，这时公式的值为1/2（即50％）。这个公式表明，证据的可靠性或证明力与证据和案件事实的距离成反比，即证据与案件事实距离越近，其可靠性程度越高，证明力就越强；反之，就越弱。

○当事人在什么情况下可以提交复制件或复制品？

提供原件或原物对于保证证据的可靠性，查明案件事实真相具有重要的意义。但是由于各种原因，当事人不能提供原件或者原物，或者提供原件或者原物有困难的情况经常发生。根据《最高人民法院关于民事诉讼证据的若干规定》的规定，在下列情况下可以出示复制件或者复制品：

1. 当事人需自己保存证据原件、原物。原物除灭失者外一般都需要当事人自己留存，原件如仍然是当事人以后实施法律行为、进行交易的依据，也应由当事人自己保留，比如要求继续履行的合同文书、信用证、提单、仓单、载有权利的票据、有价证券等。

2. 当事人提供原件、原物确有困难。所谓“确有困难”的具体情形，只能由法官据情裁量。实践中，“确有困难”提供原件、原物的情形很多，无法一一列举。概而言之，原件难以提供的情形，如原件在第三人手中，当事人无法提供。比如工商局关于企业原始登记的状况、税务局关于企业纳税状况、个人档案中的原始数据（如成绩单）、照片的底片或任何由底片冲印的胶片、储存在电脑或类似设备中的数据，等等。原物难以提供的情形，比如原物为争议的房屋、土地上的树木、正在生长中的庄稼、质量有争议的正在供暖的锅炉、被撞坏的船舶、航空器，等等。

具备上述两种情形之一的，当事人可以提供复制件或者复制品，但复制件或者复制品必须经人民法院与原件、原物核对无异后，法院才能确认其证明力。

与物证原物的证明效力比较而言，原物的复制品相对较弱，因此，仅对物证的复制件无法单独确定其证明力，必须结合其他证据材料通过审查来作出综合判断。

经人民法院将物证原物与原物的复制品加以核对无异后，一方当事人所提供的物证复制品才可以由法庭交由双方当事人进行辩论。由于这一物证本身是经人民法院与该物证原物核对并作出无差异的认定后的原物复制品，因此，人民法院通常应将其作为物证的原物来看待，如果对方当事人没有正当理由，仅对该物证系复制品而提出异议的，人民法院可不予认可。

○ 提交外文书证或资料是否要附中文译本？

《民事诉讼法》第68条第2款规定：“提交外文书证，必须附有中文译本。”《最高人民法院关于民事诉讼证据的若干规定》第12条规定：“当事人向人民法院提供外文书证或者外文说明资料，应当附有中文译本。”因此，当事人提交外文书证或资料应当附中文译本。

《民事诉讼法》第240条规定：“人民法院审理涉外民事案件，应当使用中华人民共和国通用的语言、文字。当事人要求提供翻译的，可以提供，费用由当事人承担。”这就是使用中国通用语言文字原则。这一原则的主要内容，是要求我国人民法院审理涉外民事案件时，应使用中文进行审判，发布诉讼文书；当事人及其诉讼代理人、其他诉讼参与人实施的各种诉讼行为，也都以中文来表达，如起诉状、答辩状、提交的证据资料、法庭上的陈述、辩论、证人的作证、对证人、鉴定人和勘验人员的询问，等等。一切诉讼活动，无论是书面形式的，还是口头形式的，都应当以中文进行，否则，将不产生相应的诉讼法上的效果。应当说，在诉讼中使用本国语言、文字是国际上通用的一项原则，也是涉及国家主权和民族尊严的问题。

当事人提供的外文书证或外文说明资料应当附有中文译本，实际上就是以我国涉外民事诉讼中“使用中国通用的语言、文字原则”为直接法律依据的，或者说，是“使用中国通用的语言、文字原则”对外文书证或资料的必然要求。因为当事人向人民法院提供的证据使用外国语言文字，不符合“使用中国通用的语言、文字原则”，应当翻译成中华人民共和国通用的语言、文字。

由于外文书证或外文说明资料系中华人民共和国领域外形成的，因此也要履行相关证明手续，即该外文书证或外文说明资料应当经所在国公证机关予以证明，并经中华人民共和国驻该国使领馆予以认证，或者履行中华人民共和国与该所在国订立的有关条约中规定的证明手续。该外文书证或外文说明资料所附的中文译本，应随同一起公证和认证，或者一起履行其他证明手续。中文译本随同外文书证或外文说明资料一起公证和认证，或者一起履行其他证明手续后，具有与外文书证或外文说明资料同等的效力。

附有中文译本的外文书证或外文说明资料，具有同一效力，除非当事人提出充分的证据以反证推翻。法院在审查涉外当事人提供的证据时，依据“使用中国通用的语言、文字原则”，只审查中文译本即可，不应当也没有必要对外文书证或外文说明资料进行审查。

○ 什么是视听资料？

视听资料，是指采用先进科学技术，利用图像、音响及电脑贮存反映的数据和资料来证明案件真实情况的一种证据。它包括录像带、录音片、传真资料、电影胶卷、微型胶卷、电话录音、雷达扫描资料和电脑贮存数据和资料等。这种证据是随着科学技术的发展而进入民事诉讼证据领域的。我国1982年3月颁布的试行《民事诉讼法》中第一次将视听资料作为一种独立的诉讼证据加以确定。

由于视听资料是通过图像、音响等来再现案件事实，因此，它能较准确无误地反映案件的真实情况，不仅可以用来检验印证其他证据的真伪，而且在某些特定情况下，只要有视听资料，就可以直接把案件中某一个事实，或者全部情况弄清楚，从而直接认定案件事实。视听资料不仅为人民法院查明案情，提高审判质量，正确处理民事纠纷提供了更为有利的证据，在一般情况下，它不受主观因素的影响，能较客观地反映一定的法律行为和一定的法律事实；视听资料具有体积小、重量轻等优点，易于收集、保管和使用，在社会生活中已被广泛应用，对人民法院的审判活动及当事人和其他诉讼参与人参与诉讼活动提供了方便。但视听资料具有一个致命弱点，就是视听资料极易被篡改。所以本法第69条规定："人民法院对视听资料，应当辨别真伪，并结合本案的其他证据，审查确定能否作为认定事实的根据。"

○ 当事人应如何提交视听资料证据？

视听资料是运用技术手段制作的，在制作过程中如果能够如实录制，则能够真实地记载案件事实。但视听资料也很容易通过技术手段篡改或伪造，如可以通过消磁、剪辑等方式改变录音、录像带的内容。正是由于视听资料具有易于伪造的特点，《民事诉讼法》第69条规定："人民法院对于视听资料，应当辨别真伪，并结合本案的其他证据，审查确定能否作为认定事实的根据。"《最高人民法院关于适用〈中华人民共和国合同法〉若干问题的解释（一）》第28条第3款进一步规定，没有其他证据印证并有疑点的视听资料，不得单独作为认定案件事实的依据。《最高人民法院关于民事诉讼证据的若干规定》第22条规定，调查人员在调查视听资料时，应当要求被调查人提供有关资料的原始载体。这是法院调查视听资料的基本原则。所谓“原始载体”，是指以直接来源于案件事实的视听资料为内容的录像带、录音带、传真资料、微型胶卷、电话录音、雷达扫描资料和电脑贮存数据和资料。原始载体承载的内容，即声音、图像、电子数据资料等直接来源于案件事实，要比采用一定的技术手段和机器设备，对原始视听资料的内容进行复制而形成的声音图像及电子数据，更具有可信性。《最高人民法院关于人民法院执行工作若干问题的规定（试行）》第27条第3项规定：“原始证据的证明力大于传来证据。”第28条第3项规定，“没有其他证据印证并有疑点的视听资料”，不能单独作为认定案件事实的根据。因此，调查人员调查收集视听资料时，被调查人应优先提供有关资料的原始载体。

在提供原始载体确有困难的情况下，可以提供复制件。所谓“提供原始载体确有困难”，是指原件被损坏或遗失（但此种损坏或遗失系出于被调查人的不良动机的除外），或者原件不能通过适当的司法程序或行为来获得。提供复制件的，调查人员可以要求提供被调查人翻录、复制的复制件，但应当在调查笔录中说明其来源和制作经过，以供审判人员在审查判断该证据时参考。

○ 如何对视听资料进行审查判断？

对视听资料的审查、判断主要通过以下方法进行：

第一，审查视听资料的真伪，看有无伪造、仿造、假冒、断章、节制、剪辑等情况存在；审查视听资料的制作、形成、收集过程是否合法；审查视听资料的技术性能是否可靠。

第二，对视听资料应当依法在法庭上出示、播放，通过双方当事人质证来判断视听资料的真伪。

第三，审查视听资料的内容与案件事实之间的关联程度；审查视听资料内容反映的图像、声音、数据、信息是否准确、明白、具体、真实。

第四，对视听资料应当结合本案其他证据，以辨别真伪，审查其能否作为定案的根据。

○ 什么是证人证言？

证人是指非本案诉讼参加人，但了解本案有关情况，受人民法院询问或被传唤到庭的人；证人证言是指证人就所了解的案件事实向法庭所作的陈述。这里所说的陈述包括口头陈述也包括文字陈述，但应以口头陈述为主。

证人证言是民事诉讼中广泛采用的一种证据形式。因为一切民事法律关系的发生、变更、消灭等，总会为周围的人所了解或知悉。及时地把人们了解的案件情况，调查收集起来，既可藉以认定案件事实，又可以用来鉴别其他证据的真伪。

证人证言应当是证人耳闻目睹的对案件有意义的客观情况，即引起民事法律关系发生、变更或者消灭的事实以及发生争议的事实，只要将这些事实陈述清楚即可，并不要求对这些事实在主观上作出评价。证人的分析认识或者法律评价不能作为证据，陈述与案件无关的事实，不应作为证言的内容。证人证言所陈述的客观事实，应是自己亲自所见所闻，如果是别人看到或听到转告的，必须说明来源，对于说不出来源，或者道听途说的消息，也不能作为证人证言的内容。

证人证言是证人主观对客观的认识和反映，比较容易受主观因素影响，由于客观事物本身较为复杂，人们主观反映客观的情况又有所不同，加之各种主观因素，这就使证言情况甚为复杂，真假交错。因此对证人证言既不能轻信，也不能轻易否定，必须进行认真的审查核实。未经审查属实，不能作为定案的根据。

○ 知道案件情况的人是否负有出庭作证的义务？

《民事诉讼法》第70条规定："凡是知道案件情况的单位和个人，都有义务出庭作证。有关单位的负责人应当支持证人作证。"从宪法的角度说作证是每一个公民的义务，但具体到一个案件里并不是每一个公民都能作证，只有知道案情的人才能作证。因此，知道案件情况，是作证人的惟一实质条件。即使是与当事人有某种特殊关系，如亲属、朋友或原被告所在单位等，只要是案件的知情者，都可以作证。

证人是以知道案件情况为基本特征的，是客观存在的，因此，不能随意选择或代替。任何单位，不论大小，任何公民，不分民族、性别、职业、社会地位，只要知道案件情况都可以充当证人。证人如确有困难不能出庭作证的，经人民法院许可，可以提交书面证言。证人所知道的案件情况，可以是亲自耳闻目睹的事实，也可以是间接得知的对案件事实的描述。知道案件的情况的人接到人民法院的传唤或者通知应当出庭作证，也可以主动向人民法院提供有关案件事实的情况，不知道案件情况的人，被误以为知道时，也应当如实向人民法院说明情况。

○ 精神病人是否可以作证人？

精神病人在患病期间，不能辨别是非、正确表达，无行为能力，故不能作证人。但是，在精神病间歇期间，如果能够辨别是非，正确表达的，可以充当证人。对于该人作证时是否处于精神病间歇期间，要进行严格审查，必要时应做医学鉴定。

○ 未成年人是否可以作证人？

未成年人是指不满10周岁的无民事行为能力人和已满10周岁不满18岁的限制民事行为能力人。无民事行为能力人和限制民事行为能力人能否作证，视不同的情况而定。限制民事行为能力的人对事物有一定的感知能力和理解力，在诉讼中，要具体分析他们的智力发育情况、年龄大小、精神健康状况，以及所证事实的复杂程度，在综合分析的基础上，确定他们能否为某事实作证。《最高人民法院关于民事诉讼证据的若干规定》第53条第2款规定："待证事实与其年龄、智力状况或者精神健康状况相适应的无民事行为能力人和限制民事行为能力人，可以作为证人。"对事物认知或体察的程度，在一些情形下与待证事实之间并无必然的联系，就未成年人来说，主要应取决于未成年人的智力状态与待证事实繁简程度之间是否相适应。在实际判例中，甚至会出现虽不能那么"正确"地表达意志，但仍能辨别人物的性别、简单的举止、颜色的黑白、声音的强弱、气味的某种刺激等等这些简单的事物特征，有可能对某类案件事实的认定产生相当大的积极和辅助性作用。因此，证人的年龄因素只是相对概念，不能因某人为未成年人而一概认为其没有作证能力。除了完全没有作证能力的人，不具备证人资格外，凡有作证资格的人，还应当具有与他所提供证言相适应的作证能力。为此，《最高人民法院关于民事经济审判方式改革问题的若干规定》第28条规定，未成年人所作的与其年龄和智力状态不相当的证言，不能单独作为认定案件事实的依据。可见，对于证人作证能力的认定，应当根据案件的复杂程度、作证能力对证人智力发育的要求程度，并结合有关证人的生理、心理，性格、习惯、受教育的条件和程度，以及证言形成的当时客观环境因素，据情加以裁量。在年龄上，对证人作证能力一般不应加以严格限制，具体适用由法官在特定案件审理过程中，根据案件的难易、繁简程度、待证事实对证人认识能力的要求程度，以及未成年人的感知、辨别和表达事物的能力和心理发育状况等诸种因素一并加以考虑，并作出适当的判断和认定。

○ 生理上有缺陷的人，是否可以作证人？

生理上有缺陷的人，只要其缺陷并不妨碍其正确感知和表达的能力，仍可以作为证人。如聋哑人可以用手语或文字表述其目睹的事实，盲人则可以表述其亲耳所闻的事实。

○ 诉讼代理人是否可以作证人？

诉讼代理人不能充当证人。根据他们的诉讼地位，共同诉讼人始终是原告或被告，诉讼代理人虽不是讼争主体，但其代理一方当事人的诉讼行为，维护一方当事人的利益，因此，他们的陈述是证据的一种，对他们的陈述应结合本案的其他证据，审查确定能否作为认定事实的根据。如果诉讼代理人对查明案件事实有重要作用，被代理人应终止委托代理关系后，再作证人。

○ 审判人员、鉴定人、翻译人员是否可以作证人？

审判人员、鉴定人、翻译人员不能同时充当本案的证人。上述人员如果事先知道案件情况，应依照《民事诉讼法》第45条规定自行回避，再以证人身份出庭作证。

○ 证人如何出庭？

由于证人的主观意识受到人的客观存在的环境和条件所制约，这种制约因素来自多方面，其中包括利诱、威胁、嫉恨、泄愤、嫉妒、复仇、偏见等，因此，这些主客观上的干扰或影响，有可能导致证人证言在证据能力上的丧失，证人证言在内容上的真假，或半真半假，将导致证据力的消失或削弱，为此，证人应当出庭，接受当事人的质询，由人民法院予以审慎地审查与确认。

《最高人民法院民事诉讼证据的若干规定》第55条也规定，证人应当出庭作证，接受当事人的质询。证人在人民法院组织双方当事人交换证据时出席陈述证言的，可视为出庭作证。根据《最高人民法院关于民事诉讼证据的若干规定》第54条之规定，证人出庭作证应当由一方当事人提出申请。当事人申请证人出庭作证，应当在举证期限届满10日前提出，并经人民法院许可。人民法院对当事人的申请予以准许的，应当在开庭审理前通知证人出庭作证，并告知其应当如实作证及作伪证的法律后果。《民事诉讼法》第102条规定，“伪造、毁灭重要证据，妨碍人民法院审理案件的”，“人民法院可以根据情节轻重予以罚款、拘留，构成犯罪的，依法追究刑事责任”，第104条规定了具体的罚款幅度和拘留期限。根据《民事诉讼法》第122条的规定，人民法院审理民事案件，应当在开庭3日前通知证人。

人民法院在通知证人时，对证人的诸如费用补偿权、人身、财产权利受到保护等权利也应当予以必要告知。这种做法，有助于调动证人出庭作证的积极性，解决实践中的证人出庭作证难问题。

○ 证人拒绝出庭作证是否承担法律责任?

《民事诉讼法》原则上规定了证人有作证的义务，但是并没有规定不履行该义务所要承担的法律责任。实践中有的观点认为，规定证人拒绝作证应当承担法律责任不妥，其理由主要有两点，一是拒绝作证是一种消极不作为，实践中要找到拒绝作证的证据不难，证人很容易找到不知情的借口，因此即使法律规定要追究证人的责任，实践中也很难操作；二是实践中只有当证人受到了实际危害，才能追究报复行为，实际上无法完全保证证人的安全，因此，再要他们承担法律责任有失公正。总之，法律应当提倡证人有作证的义务，以弘扬正气，但不应规定拒绝作证要承担法律责任。但也有人认为，没有法律责任，也就谈不到什么义务问题。因此，对于证人不履行义务的行为，还是应当规定相应的法律后果。

○ 何种情况下证人可以不出庭？

《最高人民法院关于第一审经济纠纷案件适用普通程序开庭审理的若干规定》第25条规定，“证人确有困难不能出庭的，其所提交的书面证言应当当庭宣读。当事人自己调查取得的书面证言，由当事人宣读后，提交法庭，对方当事人可以质询；人民法院调查取得的书面证言由书记员宣读，双方当事人可以质询。”书面证言在制作主体、制作环境上是难以保障其真实性的，实践中证人甚至是在当事人拟好的书面材料上签字的方式来出具所谓的证言，这种情况的存在，严重影响了证人作证的严肃性。但书面证言在各国的民事诉讼中也并未被绝对禁止。《最高人民法院关于民事诉讼证据的若干规定》明确了证人确有困难不能出庭，可以其他方式作证的情形：

第一，年迈体弱或者行为不便无法出庭的。因身体原因不宜出庭作证的，可以其他方式作证，这是普遍做法。

第二，特殊岗位确实无法离开的。为保证一些特殊岗位的人能够正常履行职务。这里所说的特殊岗位既包括国家机构中的一些重要岗位，也包括不属于国家机构但是有公益性质的岗位；所谓确实无法离开，是指这些岗位的人员出庭作证，可能影响国家机构的正常运作或者对社会公益造成消极的影响。

第三，路途特别遥远，交通不便难以出庭的。这里的路途特别遥远与交通不便是相对应的。虽然路途遥远但交通便利的，不能作为证人可以不出庭作证的理由。只有在路途特别遥远，且交通不便，令证人出庭作证不合理或者不可行的情况下，证人方可不出庭作证。

第四，因自然灾害等不可抗力的原因无法出庭的。不可抗力是证人自身无法避免、无法克服的自然现象和社会现象。如发生洪水、地震、火灾、战争等证人因不可抗力的原因无法出庭的，可以其他方式作证。

第五，其他无法出庭的特殊情况。这一项是兜底条款，在审判实践中，由审判人员根据具体情况自由裁量。如因重要公务而远出，不能对证人进行合法通知而证人不能到庭等。

○ 证人如果不出庭，还可以以何种形式作证？

虽然原则上证人应当出庭作证，但是由于生活中证人确有因困难不能出庭的情形，为了保证诉讼活动尽最大可能获得有关的信息，根据《最高人民法院关于民事诉讼证据的若干规定》，在发生上述证人确有困难不能出庭的情形的情况下，经人民法院许可，证人可以提交书面证言或者视听资料或者通过双向视听传输技术手段作证。

1. 以书面形式作证

书面形式是最为常见也最为简便的作证方式。证人所提交的书面证言，既可以是他人所记录的证言笔录，也可以是证人亲笔书写的证词。

2. 通过视听资料或者通过双向视听传输技术手段作证

随着现代科技的不断发展，证人作证的形式也发生了一些变化。通过视听资料或者通过双向视听传输技术手段作证，就是现代科技发展的产物。这种作证方式具有更大的优越性。与书面证人证言相比，视听资料或者双向视听传输技术由于具有强大的交互性、即时性和综合反映性，从而使得质证能够得以在法庭和庭外展开，便于法庭正确审核和判断证据。同时，使得证人更少受到职业询问者询问技巧的影响，从而更大程度地保证证言的可信度。此外，由于证人可以在其住处或者工作场所接受询问，进一步减少了作证给证人带来的不便，也更大程度地减少了证人合法权益遭受侵害的可能性。

○ 在法庭上，当事人是否可以询问证人？

证人必须如实地向人民法院陈述自己所了解的案件情况，证人故意作伪证要负法律责任。《最高人民法院关于民事诉讼证据的若干规定》第57条规定："出庭作证的证人应当客观陈述其亲身感知的事实。证人为聋哑人的，可以其他表达方式作证。证人出庭作证时，不得使用猜测、推断或者评论性的证言。"《最高人民法院关于民事诉讼证据的若干规定》第58条规定："审判人员和当事人可以对证人进行询问。证人不得旁听法庭审理；询问证人时，其他证人不得在场。人民法院认为有必要的，可以让证人进行对质。"

○ 如何对证人证言进行审查判断？

证人证言容易受到主客观因素的影响，有真实的，也有虚假的，必须认真审查核实。审查核实证人证言的步骤和方法是：

1. 审查证人证言的来源是否可靠

这一审查步骤有三：第一，要查明证人是如何得知案件情况的，是直接看见、听见的，还是间接得知的；第二，倘若是直接看见的、听到的，还要分析在当时、当地的具体条件下，证人是否能了解到自己陈述的情况；第三，倘若是间接得知的，应当查明是何时、何地、何种情况下听谁说的。对此，一方面应向转述人询问，另一方面应研究经过转述，是否有扩大或缩小而使事实失去本来面目的情况。若是无源传闻，则属于道听途说，街巷传闻，是不能作为证据的。

2. 审查证人在何种情况下提供证言

这主要是审查证人在提供证言时，有无受到外界的非法影响，即是否受威胁、欺骗、引诱，是否受到当事人或其他人的收买、指使等。倘若发现有此类情况，证人证言虚假的可能性较大，必须慎重对待。只有结合其他证据经过反复核实后才能用作证据。

3. 审查证人与当事人、与案件有无利害关系

主要是审查证人与当事人有无恩仇或者其他特殊关系，如职务上的从属关系、亲属、朋友、同学、同事关系。在运用证人证言时，必须十分谨慎。因为证人可能基于个人恩怨和利害而提供假证。

4. 审查证人的身份、政治状况和思想品质

掌握证人的政治思想素质，对审查核实证人证言的真实性是非常必要的。一般情况下，倘若证人觉悟高、品质好，就会出于公心，不受各种干扰，不怕压力，提供真实的证言。相反，若证人的觉悟低、品质差、私心重，则有可能在复杂情况下，提供不真实的证言。对证人，要看一贯表现，看平时表现，但是，任何事物并非是绝对的，对某一具体证人证言的审查应结合其他的证据全面地进行分析研究，以判定其真伪。

5. 审查证人证言的形成过程

证人证言的形成是一个复杂的心理过程。由于证人对案件真实的感受、记忆和自身表述的能力以及其他诸如感受时的精神状态、客观环境、时间长短等因素，都可能影响证人证言的形成。证人虽然主观上愿意如实作证，但由于受到种种因素的影响，反映的情况也可能与事实有所出入。因此，要审查证人提供的证言是否反映了案件的客观情况，还必须从证人证言形成的过程中进行研究分析，从而判断证言的真实可靠程度。

6. 审查各个证人证言之间，证人证言与其他证据之间是否一致

在民事案件中，待证法律事实可能是一个，也可能是几个。各个证人提供的证言及其他证据若在于证明一个待证法律事实，它们应当是一致的。对于同案中的其他待证事实也应该是相互协调而没有矛盾的。倘若各个证人证言之间，或证人证言与其他证据之间不一致或者不协调，那么，不是这一证人证言真实，就是那一证人证言有虚假；不是证人证言不真实，就是其他证据不可靠。因此，只有认真分析、查对，逐一核实，才能鉴别真伪。对证人证言的这一

综合审查方法可从三方面进行，首先审查同一证人的证言前后是否一致。若不一致，找出矛盾，再次询问证人，让其作出解释；其次，审查不同证人就同一待证事实所提供的证言是否一致。若有矛盾和疑点，需进一步查证予以排除；第三，审查证人证言与案内其他证据是否一致。若一致，则可认定案件事实，若不一致，则需要进一步查证，排除矛盾。这一审查方法是核实判断证人证言是否真实可靠的主要方法。

7. 对未成年人的证言的审查核实

未成年证人易于接受外界影响，尤其是容易接受其亲近人的影响。因此，审查中须注意以下三点：其一，须注意未成年证人的年龄、智力发育程度与他所提供的证言内容及其语言特征是否相适应；其二，须注意其收集证据的方法是否正确、合法；其三，须注意有无外界干扰，若其证言前后矛盾、变化无常，极可能受到外来干扰。

以暴力、威胁、贿买方法阻止证人作证或指使、贿买、胁迫他人作伪证的，对证人进行侮辱、诽谤、诬陷、殴打和打击报复的行为，构成妨害民事诉讼的行为。根据《民事诉讼法》第102 条的规定，人民法院可以根据情节轻重，予以罚款、拘留；构成犯罪的，依法追究刑事责任。

○ 证人因出庭而支出的费用，由谁负担？

费用补偿权是证人的一项重要权利。证人因为出庭作证，必然要耗费精力、财力和时间，影响正常的工作和生活，不可避免地要受到一定的经济损失。因此要对证人作证的费用，进行合理补偿。根据1989 年《人民法院收费办法》和1994 年《最高人民法院关于诉讼费两个请示的复函》，证人出庭的交通费、住宿费、生活费、误工补贴费属其他诉讼费用，由当事人预付也可以由法院垫付。然而，哪些由当事人预付，哪些由法院垫付，上述规定并没有作出进一步的解释。这使得证人因出庭作证而产生的费用补偿权得不到应有的保障。《最高人民法院关于民事诉讼证据的若干规定》第54条第3款规定:“证人对于因出庭而支出的合理费用，由提供证人的一方当事人先行支付，由败诉一方当事人承担。”可见证人对于因出庭而导致的费用，有获得补偿的权利。从范围上来看，证人因作证发生的费用一般包括交通费、食宿费、误工损失等。但如何确定证人费用的标准是一个需要加以研究的问题。就证人因作证而发生的交通费、住宿费和误工损失等费用的补偿问题,应当作出符合我国国情的规定。

证人因出庭作证而支出的合理费用的负担原则是由提供证人的一方当事人先行支付，由败诉一方当事人承担。证人因出庭作证而支出的合理费用由败诉方承担，有助于体现诉讼的公正性。这是因为诉讼是因败诉一方当事人的原因所发生的，通常败诉一方当事人是有过错的，应当在费用问题上对有过错并通过诉讼来进行对抗的败诉方进行必要的惩罚。此外，由败诉方承担证人出庭费用也是社会主义法制的要求。如果证人出庭费用由传唤证人的当事人来承担，对于支付能力比较弱的当事人而言，因无法支付证人费用就要承担不利的后果，不符合社会主义法制的基本要求。为了保障证人的利益不受损害，证人出庭的费用应当由提供证人的一方当事人先行支付。这有利于解决证人经济能力对证人作证活动的影响问题，保证证人按时出庭作证。

○ 如何保护证人的人身安全?

证人提供不利于一方当事人的证言后，该当事人事后可能会以各种手段伤害证人，证人因作证人身安全受到威胁的，有权要求人民法院给予保护。在民事诉讼中，妨害证人举证的行为，可依《民事诉讼法》第102条之规定，给予罚款和拘留，如果构成犯罪的，依法追究刑事责任。我国刑法有相应的保护证人的规定,《刑法》第307条第1款规定，以暴力、威胁、贿买等方法阻止证人作证或者指使他人作伪证的，处3年以下有期徒刑或拘役；情节严重的，处3年以上

7年以下有期徒刑。《刑法》第308条规定，对证人进行打击报复的，处3年以下有期徒刑或者拘役；情节严重的，处3年以上7年以下有期徒刑。

不仅对证人有刑事保护的必要，而且我国《刑事诉讼法》第49条规定:“人民法院、人民检察院和公安机关应当保障证人及其近亲属的安全。对证人及其近亲属进行威胁、侮辱、殴打或者打击报复，构成犯罪的，依法追究刑事责任；尚不够刑事处罚的，依法给予治安管理处罚。”

○什么是当事人陈述?

当事人陈述，是指当事人就有关案件的事实情况向人民法院所作的表述。它包括当事人自己说明的案件事实和对案件事实的承认。对案件事实的陈述，是当事人就争议的民事法律关系发生、变更或者消灭的事实所提出的各种情况的说明。当事人为了获胜，一般都要陈述对自己有利的事实，对对方陈述的不利于自己的事实，则提出不同的事实根据进行反驳。

当事人陈述中一种重要的形式是承认。承认，是指对对方当事人主张的事实或诉讼请求的认可。当事人承认可以分为对事实的承认和对诉讼请求的承认。对事实的承认只导致程序上的后果，即免除了对方当事人对该事实的举证责任。对诉讼请求的承认，则导致实体上的后果，即对方的实体权利得到确定并将受判决保护。

此外，当事人承认还可以分为诉讼上的承认和诉讼外的承认。前者是指向法院所作的承认，经法院审查认可后，具有证据效力；后者是指当事人在法庭外向对方当事人所作的承认，由于并非向法院所作，所以在诉讼上不具有证据力。当然，如果当事人将自己的诉讼外承认在法庭上重述，则变成了诉讼上的承认。

委托诉讼代理人代当事人进行承认时，必须经当事人的特别授权。

○ 如何对当事人陈述进行审查判断?

审查核实当事人的陈述，应当根据其一个共同点与两种可能性的特点进行。一个共同点，是指当事人（原告、被告及第三人）一般都对案件事实亲身经历，比别人更为了解。两种可能性，是指可能作真实的陈述，也可能作虚假的陈述。因为，一方面，他们从维护自己的合法权益出发，在案件审理过程中，积极主动地向人民法院提供案件事实，以证明自己主张。因此，有向法院提供真实情况的可能；另一方面，因为他们与案件有切身的利害关系，彼此利益对立，有的当事人为了胜诉，可能夸大有利于自己的事实，缩小不利于自己的事实，甚至歪曲事实，虚构情节，作虚假的陈述。除此之外，还应注意当事人自身情况对陈述的影响。不同的当事人，其认识、理解、记忆及表达能力不同，也会影响陈述的真实性、完整性和明确性。审查当事人陈述，应当根据其上述特点及《民事诉讼法》规定的“应当结合本案的其他证据，审查确定能否作为认定事实的根据”的原则，采取以下方法进行审查：

1. 审查当事人是在何种主、客观条件下陈述的

当事人陈述时的主观条件包括两方面：一是当事人的思想品质和一贯表现。若当事人的思想品质好，一贯态度诚实，其陈述的真实性较大；反之，若思想品质不好，私心杂念严重，则陈述的真实性就小。二是审判结果与当事人有直接利害关系，因此，核实当事人陈述的真伪，应当结合其陈述的动机目的进行审查分析。审查当事人陈述时的客观条件，主要是指其陈述时有无外界影响和干扰。即当事人是否是在受到威胁、欺骗、引诱的情况下，是否是在社会的、单位的、亲属的压力下所作的陈述。若有外界影响和干扰，陈述往往不真实。

2. 审查当事人陈述的内容

审查当事人陈述的内容包括两个方面：其一是审查陈述内容的

来源。应当查清其陈述的内容是本人直接亲身经历的，还是别人告诉他的，或者是自己推测、猜想的。倘若是自己亲身经历的，应当查清当时的社会背景、自然环境，主观条件和客观因素，判断当事人是否有亲身经历的可能性；倘若是他人传说或是道听途说的，应向传说者调查核实；倘若是主观推测、想象的，需要查明有无根据；其二是审查陈述内容有无矛盾。同一方的几个当事人的陈述可能一致，也可能矛盾。对于非常一致的陈述，要防止被假象所迷惑；对于相互矛盾的陈述，应研究产生矛盾的原因。

3. 审查当事人陈述与其他证据和案件事实是否一致

倘若当事人的陈述与案件的其他证据有矛盾，或者与案件事实不一致，可能是当事人陈述不真实，也可能是其他证据不真实，必须对比分析，排除矛盾。

4. 审查当事人的承认

对当事人对案件事实的承认，也不能盲目轻信，而应当审查。通常情况下，一方当事人对他方提出的对自己不利的诉讼请求或者案件事实所作的承认，一般是比较可靠的。因为倘若事实不像他方说的那样，或者他不愿放弃自己的权利，是不可能作出承认的。然而，当事人的承认，也可能是由于重大的误解或者是在胁迫、欺诈的情况下作出的；有时也可能是双方恶意串通以侵害第三人或国家、集体的利益。经过审查，当事人的承认符合案件事实，或者处分自己的民事权利并未超越法律规定的范围，即可免去对方的举证责任，而把当事人的承认直接作为认定案件事实的证据。如果查明由于种种原因致使当事人作出的承认并非其真实的意思表示，则既不能作为定案的根据，也不能免除对方当事人的举证责任。

○ 什么是鉴定？

人民法院在审理民事案件过程中，遇到某些专门性问题，不能通过一般调查方式解决时，就需要指派或者聘请有专门知识的人进行检验分析并作出结论，其结论经质证无疑义后即可作为一种诉讼证据，这种收集核实证据的方法，就称为鉴定方式。民事诉讼中的鉴定方式，主要有文书鉴定、物体鉴定、法定鉴定年龄等。其共同特点是：

1. 都是解决民事案件涉及专门性问题的方法

所谓涉及专门性问题，是指与案件事实或者适用法律有关的问题，这些问题的实质只有通过专门的科学知识或技术才能揭示出来，而不能通过调查访问获得。民事案件经常涉及的专门性问题，主要有文书的真伪、物体的质量价值和价格、人身损害或财产损害的结果及程度、当事人精神健康状况、亲子关系等等。鉴定运用的方法，则主要是文字学、语言学、生理学、心理学、物理学、化学、价格学、法医学等科学或技术的分析方法。

2. 人民法院认为需要鉴定的，应当交由法定鉴定部门鉴定

没有法定鉴定部门的，由法院指定的鉴定部门鉴定，如指定房屋管理部门对房屋等级进行鉴定。鉴定人对具体案件的专门性问题享有同等的鉴定权。他们有权查阅鉴定所必需的案卷材料，有权就鉴定有关的问题询问证人和当事人，有权参加必要的诉讼活动，有权要求补充鉴定所需要的材料，有权独立地作出鉴定结论，有权拒绝不具备鉴定条件的委托，等等。

3. 鉴定结论是鉴定人所作的判断

鉴定结论是鉴定人运用自己掌握的专门性知识或技术，对鉴定材料进行科学分析后所作出的判断，一般来说，是科学可信的。但由于鉴定人掌握专门知识的程度及解决问题的实际能力、进行鉴定时的方法是否正确、设备是否完备、鉴定材料的数量质量是否符合要求等等，都可能影响鉴定人判断的客观真实性。因此，鉴定结论是否确实可靠、在案件中的证据意义如何，还必须由审判人员进行评断。被委托的鉴定人对鉴定结论负有法律责任，必须在鉴定书上签名。如遇重大疑难案件或者鉴定结论不一致的案件，还可以聘请专业水平较高的鉴定人进行会商鉴定。

○ 当事人如何申请鉴定？

从诉讼权利的角度来说，申请鉴定是当事人的一项权利，但从举证责任的角度来说，申请鉴定又是当事人履行举证责任规定、证明自己诉讼主张的一项义务。若是当事人对自己提出的诉讼请求，现有证据不足以证明其成立，但又不申请鉴定的，或者是申请鉴定后拒绝交纳鉴定费用的，或者是对法院需要鉴定的事项负有举证责任的当事人拒不提供相关材料，致使对双方争议的事实无法通过鉴定结论予以认定的，人民法院应当根据举证责任的分配原则、“高度盖然性”的证明标准，对拒绝履行义务的当事人作出不利的判决，让其承担举证不能的法律后果。因此，启动鉴定程序要以当事人申请为前提。对双方当事人均申请鉴定，或一方申请、另一方同意的，一般就启动了鉴定程序；如果只有一方当事人申请鉴定，另一方当事人虽然不同意，但是没有足够的证据予以反驳的，法院也可以启动鉴定程序。否则人民法院不主动对当事人争议的问题提起鉴定程序。只有在为防止国家利益或社会公共利益受损害的案件中，虽然当事人不申请鉴定，但法院根据案件的审理工作的需要，也可对双方当事人争议的问题，依据职权直接委托鉴定。无论哪一种情况，鉴定程序的申请启动权和为了证明而履行的申请义务、举证义务均在当事人，实现鉴定和作出裁判的决定权在法院，这是跟举证责任的性质和分配原则相适应的。

当事人申请鉴定经人民法院同意后，由双方当事人协商确定有鉴定资格的鉴定机构、鉴定人员，协商不成的，由人民法院指定。

○ 法院能否强制当事人做亲子鉴定？

在审理离婚等民事案件中，一方当事人以怀疑子女不是自己亲生等为由，提出作亲子鉴定的，人民法院决定委托有关鉴定单位进行亲子鉴定前，必须征得对方当事人的同意。如果该子女为10周岁以上的限制民事行为能力人，还需征询该子女的意见。因为这项工作关系到当事人的隐私权等重要民事权利，必须尊重他们的真实意思表示。人民法院无权直接委托有关鉴定单位进行亲子鉴定，更无权强制当事人作亲子鉴定。在夫妻关系存续期间，夫妻双方对其所生子女都有抚养的义务，男方以怀疑子女不是自己亲生为由，请求人民法院判令女方返还其抚养子女的费用，于法无据，人民法院不应支持。

○ 我国司法鉴定体制有何特点？

1. 鉴定立法工作严重滞后

我国至今没有一部统一的司法鉴定法，在国家立法层面上，有关司法鉴定的规定仅仅散见于三大诉讼法中，条文简单而且缺乏可操作性，形成事实上的立法真空。1998年后，虽然在省级人大的地方立法中，对司法鉴定制度作出了较为具体的规定，但各地方缺乏统一的协调与沟通，导致各地方的规定互相矛盾。

2. 司法鉴定机构设置混乱

《全国人大常委会关于司法鉴定管理问题的决定》实施之前，我国鉴定机构主要分三种类型：一是设立在公、检、法、司等司法机关内部的鉴定机构。这类鉴定机构之间常常为“鉴定结论的权威性”而争执不休，令法官难以适从另一方面，自侦自鉴、自检自鉴、自审自鉴违背了基本的程序正义。二是高等院校、科研机构设置的有偿服务鉴定机构。这类鉴定机构目前发展很快，承担了大量的鉴定业务，尤其是民事、经济等案件的鉴定业务；这类鉴定机构的设立，减轻了公、检、法等鉴定机构的工作压力，并且可以利用科研、教学机构的师资、技术力量，实现资源的合理配置，但同样面临着管理混乱，相互扯皮、鉴定标准不一等弊端。三是近年来的民间鉴定机构，这是改革开放到一定阶段以后出现的新事物，这类鉴定机构的正当性存在着激烈的争议，不但该类鉴定机构师出无名，而且缺乏起码的行业规制和管理。在解决了许多实际问题的同时也带来了许多负面效应，从国外同行发展的现状和趋势来看，积极引导，强化管理是一个改革的方向。

3. 鉴定人的资格认证十分混乱

地方立法中只是说要对鉴定人资格实行考核认证制度，具体如何考核在司法实践中则五花八门，有的是实行考试，有的是实行考核，对同一类鉴定业务，可能因为地区不同，人才的稀缺条件不同，考试或者考核的难易条件也不同，造成了一个不良后果就是某人可能在甲单位、甲地区不能成为鉴定人，而在乙单位、乙地区成为鉴定人，更有甚者，鉴定人资格的取得就是熬年头，拼资历，论资排辈，没有相应专业能力的人呆在岗位上，有专业能力的有却因为种种原因上不来，这对鉴定人是不公平的，对当事人也是不公平的，对于法制的统一也是极为不利的。

4. 司法鉴定的对象、范畴、含混不清

哪些问题可以纳入司法鉴定、哪些范围不可以纳入司法鉴定，这是进行司法鉴定首先要搞清楚的问题。何谓“与案件有关的专门问题”在实践中的确是一个问题，这个问题不解决的后果是：本应纳入司法鉴定的专门问题被有意或无意误认为是司法认知而妄下断言，一般问题被误认为是专门问题而劳民伤财。在技术手段日新月异的今天，司法鉴定的对象和范围不舒但要明确化，而且还应该随着实践的变化而不断调整。

以上一些问题，是司法鉴定实践中十分突出的问题，但绝不仅仅只存在以上的问题。鉴定权的启动问题，鉴定的监督问题，重复鉴定问题，鉴定费用的收取问题等等都是急需解决的。

○ 我国现行司法鉴定体制采取了什么模式？

在《全国人大常委会关于司法鉴定管理问题的决定》出台之前，

学界对我国鉴定体制采用何种模式的问题一直众说纷纭。有人主张应该与我国职权主义的诉讼模式相适应，将司法鉴定权作为一项公权力，只能由政府独占。另外一种观点主张鉴定启动权是控辩双方所固有的诉讼权利，并且只要鉴定人员具有相应的专业水平，其以何种面目出具鉴定意见并不是一个十分重要的问题，以利于发挥每一个人的聪明才智，即所谓的自由鉴定人制度。很显然，这两种观点都有极端的倾向。前者会导致当事人的诉讼权利大大缩小，同时还导致政府有限的鉴定力量不堪重负而后者则可能导致原本十分混乱的鉴定体制更加混乱，有违改革的初衷。《全国人大常委会关于司法鉴定管理问题的决定》吸收了两种观点的合理内核，规范了职权鉴定机构的活动方式和受案范围，同时对有偿服务鉴定机构和社会鉴定机构进行监督。《全国人大常委会关于司法鉴定管理问题的决定》虽然没有明言允许社会鉴定机构的存在，但从《全国人大常委会关于司法鉴定管理问题的决定》的第4条、第5条可以看出法人、组织或者个人，只要具备了《全国人大常委会关于司法鉴定管理问题的决定》规定的条件，就可以申请取得司法鉴定资格。再结合《行政许可法》的相关内容，可以认为我国的鉴定机构的设立是实行司法行政许可制度，同时《全国人大常委会关于司法鉴定管理问题的决定》第8条还规定，鉴定人必须在一个鉴定机构执业，这其实表明了对照搬自由鉴定人制度的否定。当然，对自由鉴定人制度的放弃并不是说自由鉴定人制度一无是处，只不过在鉴定人专业水平参差不齐、职业道德有待提高的情况下，贸然实行自由鉴定人制度委实弊大于利。《全国人大常委会关于司法鉴定管理问题的决定》基本照顾了我国以往的司法鉴定的实际状况，除了撤销人民法院和司法行政部门的鉴定机构和禁止侦查机关内设鉴定机构从事有偿服务外，对面向社会有偿服务的鉴定机构和政府行业鉴定机构都予以了肯定。

○ 鉴定机构的法律地位如何？

在以往的鉴定实践中，职能部门内部的鉴定机构的法律地位得到了法律的明确，而高校等科研单位设立的社会有偿服务鉴定机构的法律地位并没有得到法律认可。由于法律地位的不明确，使得鉴定机构的经营不可避免产生一些短期行为，不敢于进行大规膜的人才引进和设备更新，社会有偿服务鉴定机构在一段时间内，不但没有得到发展，反而有衰落之势另外一方面，由于社会有偿服务的鉴定机构没有法律作保障,所出具的鉴定结论难免受到不公正的待遇，如以鉴定机构的设置无法律依据而不予采信等等。科学技术没有国界，更不应该由体制性的障碍而割断科学技术的统一性，《全国人大常委会关于司法鉴定管理问题的决定》中虽然没有关于社会有偿服务鉴定机构的专门规定，其中第2条、第6条、第7条都反映了行为立法而非主体立法，对各类鉴定机构实行同等的法律地位。

○ 什么是鉴定人负责制和鉴定人独立进行鉴定原则？

《全国人大常委会关于司法鉴定管理问题的决定》第10条规定：“司法鉴定实行鉴定人负责制度。鉴定人应当独立进行鉴定，对鉴定意见负责并在鉴定意见书上签名或者盖章。”司法鉴定是具有科学技术和专门知识的鉴定人接受司法机关或当事人的委托，对诉讼中遇到的专门性问题进行鉴别和判断并提供鉴定意见的活动。从本质上看，鉴定意见是鉴定人个人智慧的结晶。鉴定意见是否客观、准确，取决于鉴定人的科学技术水平和判断能力,应当由鉴定人自己负责。另一方面，为了确保鉴定人真正能够对鉴定意见负责，必须赋予鉴定人独立进行鉴定的权利，所谓独立鉴定，主要是指排除权势、人情和金钱等因素的干扰，这两个方面是相辅相成的。

鉴定人负责制度的精神实质是要求鉴定意见必须同时以鉴定机构和鉴定人个人名义出具。鉴定人接受委托后，独立进行工作，其他任何人都不得干涉或施加影响，更不能以行政命令的方式要求鉴定人出具某种鉴定意见。当然，独立进行鉴定并不排除集体的智慧，在诉讼中，有时会遇到特别疑难、复杂的问题，为了获得更加客观、公正的证据，需要几个鉴定人同时对该问题进行鉴定，即所谓的“专家会诊。”对于多人共同鉴定的，仍应贯彻个人负责和独立进行鉴定的原则。

○鉴定机构的主管单位及管理方式如何确定？

《全国人大常委会关于司法鉴定管理问题的决定》第3条规定：“国务院司法行政部门主管全国鉴定人和鉴定机构的登记管理工作。省级人民政府司法行政部门依照本决定的规定，负责对鉴定人和鉴定机构的登记、名册编制和公告。”

对司法鉴定机构进行登记和管理毫无疑问是相当正确的，如何将分散于各部门的鉴定机构进行统一的管理登记是一项非常复杂的工作。在《全国人大常委会关于司法鉴定管理问题的决定》实施以前，全国各类各级涉及司法鉴定工作的机构而言，大体有以下系统和方面：人民法院系统、人民检察院系统、公安系统、司法行政系统、教育卫生、物价等行政机关系统、有关专业学会或行业协会等社会团体以及个别合伙制鉴定事务所。从大的类别来看，可以分为司法机关内部设立的鉴定机构行政机关内部设立的鉴定机构和社会鉴定机构。司法行政机关对行政机关内部和社会鉴定机构进行登记从理论上是行得通的，在实践上也是可行的。司法行政机关对司法机关内部的鉴定机构进行管理还缺乏相应的理论依据和法律依据。从司法部关于鉴定人和鉴定机构管理办法的附则，表明其登记管理范围不包括侦查机关内设鉴定机构和鉴定人。但是《全国人大常委会关于司法鉴定管理问题的决定》确立了对社会有偿服务和政府行政部门行业鉴定机构的管理由国家司法行政部门负责的制度，统一这部分鉴定机构的管理，则是一大进步。

司法行政部门对鉴定机构的管理，按照《全国人大常委会关于司法鉴定管理问题的决定》第6条第2款的规定，必须进行定期的更新，也即是说，对鉴定机构实行动态的管理，除了在日常工作中，根据鉴定机构和鉴定人的变动情况进行及时的更新以外，还要进行定期检查并公告。这种动态的监管符合行业管理的通行做法，避免鉴定机构和鉴定人的终身制，有利于鉴定机构和鉴定人提高业务水平，促进公平竞争。

○ 鉴定人和鉴定机构应当具备哪些资格标准？

《全国人大常委会关于司法鉴定管理问题的决定》第4条和第5条分别对鉴定机构和鉴定人的资格条件作出了规定，鉴定人的资格是具有与所申请从事的司法鉴定业务相关的高级专业技术职称具有与所申请从事的司法鉴定业务相关的专业执业资格或者高等院校相关专业本科以上学历，从事相关工作5年以上具有与所申请从事的司法鉴定业务相关工作10年以上经历，具有较强的专业技能。《全国人大常委会关于司法鉴定管理问题的决定》除了正向规定了可以从事司法鉴定的人员以外，还规定了不得从事司法鉴定的人因故意犯罪或者职务过失犯罪受过刑事处罚的，受过开除公职处分的，以及被撤销鉴定人登记的人员，不得从事司法鉴定业务。

鉴定机构的资格是：有明确的业务范围有在业务范围内进行司法鉴定所必须的仪器、设备；有在业务范围内进行司法鉴定所必需的依法通过计量认证或者实验室认可的检测实验室；每项司法鉴定业务有三名以上鉴定人。

鉴定人的资格缺乏统一的认证和管理，这是我国以前的司法鉴定制度紊乱的一个重要原因，对鉴定人的资格进行严格审查也是大陆法系的一贯做法，《全国人大常委会关于司法鉴定管理问题的决定》对鉴定人的资格从多角度入手规定了鉴定人的条件，即从学历、职称、经历等方面来界定，基本上做到了有章可循，可是鉴于各种类型的司法鉴定业务的技术含量是各不相同的，有的主要依靠仪器检测，有的主要依靠经验判断，这对鉴定人的素质要求是不同的，在《全国人大常委会关于司法鉴定管理问题的决定》对鉴定人的资格作了起码的准入门槛以后一各个具体的鉴定行业还可以根据自身的行业特点制定自己的行业准入制度。

○ 鉴定机构之间的相互关系是怎样的？

《全国人大常委会关于司法鉴定管理问题的决定》第8条规定："各鉴定机构之间没有隶属关系，鉴定机构接受委托从事司法鉴定业务，不受地域范围的限制。"该条规定，符合司法鉴定行业的特点，也符合国际上的普遍惯例，《全国人大常委会关于司法鉴定管理问题的决定》实施以后，侦查机关内部设立的鉴定机构不得再对外承担鉴定业务，大量而繁重的鉴定业务将由社会鉴定机构来承担。由于各地区的经济、教育、文化发展的不平衡，鉴定机构的发展也极不平衡，鉴定业务的受理必然会超越地域的限制。市场的调节将是以后鉴定机构受理业务的一大特点，各个鉴定机构只要经过了批准合法成立，就具有独立的主体资格，在法律允许的范围内办理鉴定业务，当然，由于技术力量、人员构成、所处地区和资金实力等方面差异，鉴定机构发展状况不一是难以避免的，这主要通过市场竞争来调节。如今，民间的鉴定机构以其灵活的管理，服务的高效而备受当事人的青睐，可以预见，在不久的将来，民间的鉴定机构必定蓬勃发展，司法鉴定的管理方式也由行政管理走向行业管理，优胜劣汰、自由竞争将成为业内的主要规则。在实行自由竞争的业内制度的同时，国家的司法鉴定管理职能也将由具体管理转变为监督管理，只有在鉴定机构违规操作的时候，才出现管理部门这个裁判员的声音。

○ 出具鉴定书应当达到哪些要求？

《全国人大常委会关于司法鉴定管理问题的决定》第10条规定："司法鉴定实行鉴定人负责制度。鉴定人应当独立进行一鉴定，对鉴定意见负责并在鉴定书上签名或者盖章。多人参加的鉴定，对鉴定有不同意见的，应当注明。"鉴定责任不明是已往我国司法鉴定制度的一大弊端，鉴定责任落实到人是落实鉴定责任最简单也是最有效的办法。在多人鉴定中，如果鉴定意见基本一致一鉴定人时常乐于在鉴定书上签名。在鉴定意见不一致的情况下，鉴定书的出具则带有很强的"艺术性"，在已往的鉴定实践中，鉴定人为了使自己的鉴定结论显得"权威"，采用的是少数服从多数的原则，或者年轻人服从老年人，职称低的服从职称高的。法官对这种鉴定结论也欣然受之，殊不知鉴定结论是每个鉴定人独立工作和思考的结果，鉴定业务的复杂性决定了鉴定意见的合理差异，实践表明，"高度一致"的鉴定结论有时是经过技术处理的，经过技术处理的鉴定结论都是对事实的修正甚至背离。不但欺骗了当事人，也欺骗了法官，诱导法官作出错误的裁判。司法的过程应该是一个公开、透明的过程，信息的充分披露是尊重当事人知情权的重要方面。法院的判决和鉴定意见的出具是既有区别又有联系的两个概念，法官是国家公职人员，只要当事人将案件诉至法院，在管辖和主管无误的情况下，法官必须对案件作出裁判，不管案件如何的事实不清，情况不明，法官并没有拒绝裁判的权力，即使冒着合理的风险，法官也必须对案件的是非曲直作出判断。案件是模糊的，判决是清晰的。这在法院的法律适用中是非常合乎逻辑的。可是司法鉴定就不同了，如果鉴定人对鉴定事项没有充分的把握，如果鉴定人对鉴定事项有合理的分歧，就必须给予充分的披露，要么进行重新鉴定或者补充鉴定，要么另外聘请其他鉴定人。之所以对法官的判决和鉴定人的鉴定意见有不同的要求，那是因为他们不同的角色定位所决定的。

○ 鉴定人如何出庭?

鉴定人的出庭问题在实践中是一个十分棘手的问题。在英美法系，由于鉴定人只不过是普通证人的角色，鉴定人的资格和能力主要是通过法庭质证来得以确认，如果鉴定人拒绝出庭，鉴定结论的证据能力毫无疑问会丧失殆尽。在大陆法系，实行了严格的鉴定人资格考核制度，鉴定人是否出庭对鉴定结论的影响并不像英美法系那么严重。在我国，鉴定人不出庭已是“正常现象。”也有很多堂皇的理由：比如鉴定人的人身安全问题啦、鉴定人的经济补偿问题啦等等。的确，如何保障鉴定人出庭所带来的经济损失和人身安全需要用制度来保障。在双方当事人对鉴定结论不持异议的情况下，鉴定人是否出庭的确是无关紧要的，这不但充分体现了当事人的意思自治的原则，也减少了讼累。如果当事人对鉴定结论的真实性、科学性、法律性等事关鉴定结论的品格的问题产生了合理的怀疑，则鉴定人应该就鉴定结论的相关事宜接受当事人和法官的质询。否则鉴定结论将失去证据能力。鉴定领域毕竟是专业领域，对鉴定结论的作出和阐释是一个问题的两个方面，不能把鉴定人理解为仅仅在实验室里做实验，然后写鉴定报告的人。我们认为，《全国人大常委会关于司法鉴定管理问题的决定》强化了鉴定人的出庭作证是利大于弊。除非确有证据证明有特殊的事由，否则因鉴定人拒绝出庭作证而使鉴定结论失去证据能力，鉴定人应当承担行政或者行业处罚的风险并予以公告，只有这样，才能补强鉴定人的责任意识，给当事人和法官一个明白。在制度设计上，可以考虑借鉴英美法系建立出庭费的制度，刑事诉讼的出庭费列入国家财政支出。民事诉讼和行政诉讼的出庭费用由申请出庭的当事人补偿。

○ 鉴定机构和鉴定人应承担什么法律责任?

《全国人大常委会关于司法鉴定管理问题的决定》第12条至13条规定了鉴定机构和鉴定人的法律责任问题，第13条第1款规定："鉴定人或者鉴定机构有违反本决定规定行为的,由省级人民政府司法行政部门予以警告,责令改正。"该款规定明确了对鉴定人和鉴定机构进行行政处罚的机关和层级，对于法律的统一适用是大有裨益的。鉴定人和鉴定机构相对于整个社会来说都是属于比较精英的行业,由省级部门进行处罚是恰当的。同时该条第二款对几种特殊、重大的违规行为规定了具体的处罚方式，为落实鉴定人的法律责任找到了国家立法的依据。

除了《全国人大常委会关于司法鉴定管理问题的决定》外，其他的法律以及国务院制定的行政法规，也可能对鉴定人和鉴定机构的严重违法情形甚至犯罪行为作出处罚，也可以依照本款的规定予以处罚。根据该决定第13条第3款的规定，鉴定人故意做虚假鉴定，尚不构成犯罪的，也要依照本款的规定处罚。

该决定第13条第3款是关于鉴定人的刑事责任的规定。根据本款的规定，鉴定人故意作虚假鉴定，构成犯罪的，依法追究刑事责任。我国刑法第305条规定："在刑事诉讼中，证人、鉴定人、记录人、翻译人对与案件有重要关系的情节,故意作虚假证明、鉴定、记录、翻译，意图陷害他人或者隐匿罪证的，处三年以下有期徒刑或者拘役情节严重的，处三年以上七年以下有期徒刑。"

○ 什么是鉴定结论?

《民事诉讼法》第72条第3款规定："鉴定部门和鉴定人应当提出书面鉴定结论，在鉴定书上签名或者盖章。鉴定人鉴定的，应当由鉴定人所在单位加盖印章，证明鉴定人身份。"鉴定结论，亦称专家意见或鉴定人意见（区别于普通证人的证言），是指鉴定人运用自己的专门技术知识、技能、工艺以及各种科学仪器、设备等，根据当事人的委托、双方当事人的协商、法庭的指派或委托对在诉讼中出现的某些专门性问题进行分析、鉴别后所提供的结论性意见。

鉴定结论不仅要求鉴定人叙述根据案件材料所观察到的事实，而且更重要的是必须对这些事实作出结论性的鉴别和判断。在“对”与“错”，“真”与“假”，“是”与“非”问题上作出明确表态。对这种专门性问题所作出的鉴别和判断，只限于就应查明的案件事实本身，而不直接涉及对案件的有关法律问题作出评价。对法律问题的评价，应由审判人员去解决，而不应属于鉴定结论的范围。

由于鉴定内容的专业性，其一般不为当事人或法官所掌握，鉴定人填补了法官特殊知识领域的空白，在一定程度上起到了“专家法官”的作用。因此，为确保鉴定结论的公正性和法庭认定事实的公开性，所以，《最高人民法院关于民事诉讼证据的若干规定》第59条规定，“鉴定人应当出庭接受当事人质询。”鉴定人确因特殊原因无法出庭的，经人民法院准许，可以书面答复当事人的质询。该规定第60条规定：“经法庭许可，当事人可以向证人、鉴定人、勘验人发问。”

○ 如何对鉴定结论进行审查判断？

鉴定结论也是对案件事实的一种证明方法。鉴定人要凭借自己的经验知识对被鉴定事项进行分析、研究、判断。鉴定结论经过质证后，确定其证明力和证明力的大小，通常要从以下几个方面进行审查判断：

1. 鉴定人是否具备鉴定能力

有无鉴定能力是衡量鉴定人有无鉴定资格的重要标志。如果鉴定人不具备鉴定所需要的专门知识，缺乏解决专门问题的能力，他就不能充当鉴定人。比如，在司法实践中，不允许让普通医生对精神病人进行鉴定。由于鉴定人不具备相应的鉴定能力而对案情作出错误的分析判断，导致冤假错案发生的事例在司法实践中偶有发生。为此，查明鉴定人是否具有鉴定能力是审查判断鉴定结论的重要一环。

2. 鉴定人使用的鉴定手段是否科学

科学的鉴定手段和严格的操作规程，是作出准确、可靠鉴定结论的基本条件。如果企图走捷径，任意简化鉴定程序，或运用不科学的鉴定手段，就无法得出科学的鉴定结论。

3. 鉴定人同案件当事人是否有利害关系

鉴定人接受指派或聘请后，大都能够客观公正地进行鉴定。但也有个别鉴定人利用职务之便作虚假鉴定。这些人大都与当事人有某种利害关系，或碍于情面，或泄愤报复，或贪图私利。因此，有必要审查鉴定人在鉴定过程中是否受到外界影响，以及和案件当事人或案件处理结果有无利害关系。

4. 鉴定人使用鉴定材料是否充分可靠

鉴定材料的可靠性直接决定着鉴定结论的可靠性。如果鉴定人使用的鉴定材料本身不可靠，则无法得出可靠的鉴定结论。因此，要求鉴定人应尽量采用第一手材料，以防鉴定材料在转手或传送过程中被污染或互相弄错。鉴定材料的充分性也很重要，只有相当数量的鉴定材料，才能得出可靠的结论。因此，必须搜集能够适应鉴定需要的足够数量的鉴定物。

5. 要将鉴定结论同案内其他证据联系起来进行审查判断

对比分析的鉴别方法在证据的审查判断中始终是重要方法。尤其是鉴定结论，涉及到各个专门领域的知识，当事人和审判人员要就鉴定结论本身作出判断，困难较大。因此，在审查鉴定结论时，更要强调与案件中其他证据联系起来进行对照分析，看鉴定结论同其他证据是否具有一致性。如果不一致，就要认真查证，不能采取简单肯定或否定的态度。

一项鉴定结论经过上述各方面的审查，可以确认其具有完全的证明力，不需要其他证据补强。

○ 什么情况下可对鉴定结论进行重新鉴定？

根据《最高人民法院关于民事诉讼证据的若干规定》的规定，当事人对人民法院委托的鉴定部门作出的鉴定结论有异议申请重新鉴定，提出证据证明存在下列情形之一的，人民法院应予准许：(1) 鉴定机构或者鉴定人员不具备相关的鉴定资格的；(2) 鉴定程序严重违法的；(3) 鉴定结论明显依据不足的；(4) 经过质证认定不能作为证据使用的其他情形。对有缺陷的鉴定结论，可以通过补充鉴定、重新质证或者补充质证等方法解决的，不予重新鉴定。

一方当事人自行委托有关部门作出的鉴定结论，另一方当事人有证据足以反驳并申请重新鉴定的，人民法院应予准许。

○ 鉴定书必须记载哪些内容？

鉴定人接受了鉴定任务后，就应当按期作出鉴定结论，对需要鉴定的问题提出具体明确的意见。鉴定结论采取书面的形式，鉴定人应当在鉴定书上签名，同时也应加盖鉴定人所在单位的公章。鉴定书的内容包括绪论、鉴定过程、结论等几部分。绪论写明委托或聘请鉴定的单位、鉴定资料的情况、鉴定的目的和要求等。检验部分写明鉴定采用的方法和步骤、对观察所见现象和特征的分析判断。结论是针对鉴定要求所作出的结论性意见。必要时，鉴定书还可附上说明有关情况的照片、图表等。最后是签名盖章。根据《最高人民法院关于民事诉讼证据的若干规定》的规定，鉴定书应当记载以下必备事项：(1) 委托人姓名或者名称、委托鉴定的内容。(2) 委托鉴定的材料。(3) 鉴定的依据及使用的科学技术手段。(4) 对鉴定过程的说明。(5) 明确的鉴定结论。(6) 对鉴定人鉴定资格的说明。(7) 鉴定人员及鉴定机构签名盖章。

○ 审判人员如何进行勘验？

勘验是人民法院审判人员，在诉讼过程中，为了查明一定的事实，对与案件争议有关的现场、物品或物体亲自进行或指定有关人员进行查验、拍照、测量的行为。对查验的情况与结果制成的笔录叫勘验笔录。

勘验活动主要是针对某些不易或不可能送交到法院的与案件有关的现场、物品，如对环境污染现场的拍照、对争议中的山林、土地、房屋进行实地测量、绘图等；或者针对那些易腐易磨的物品，如诉讼标的物为水果、蔬菜等，对其数量、重量、质量、规格等进行记录，以免日后审理之时无从可查。

勘验笔录是对与案件事实有关的现场、物品的客观反映。它与物证有相似之处，都是反映物件的形状、规格、特征等。但勘验笔录是以书面的形式反映物件的客观情况，而不是以物件本身的形状、规格、特征来直接反映案件事实。因此，勘验笔录不同于物证。

审判人员进行勘验活动必须遵守法定程序。勘验人在勘验之前首先要出示人民法院的证件，并要求当地基层组织或当事人所在单位派人参加，作为见证人。法院应通知当事人或者其成年家属到场，但拒不到场的，不影响勘验的正常进行。勘验人员应当客观地、真实地将勘验情况和结果制成笔录，不应在笔录中加入自己的主观分析和推断。笔录上由勘验人、当事人和被邀请的见证人签名或盖章。

有关单位和个人在收到法院的通知之后，有义务按通知的要求保护现场，协助勘验工作。

勘验笔录作为一种证据，同样也要接受法庭的审查。因此，应在开庭时宣读或出示，当事人及其诉讼代理人有权对此发表意见，也可以申请重新勘验，法院视是否必要而决定是否准予当事人的申请。

第五节　证据保全

○ 什么情况下，应当对证据进行保全？

证据保全是指在证据可能灭失或以后难以取得的情况下，人民法院根据诉讼参加人的申请或依其职权采取措施对证据加以固定和保护的制度。

根据《民事诉讼法》第74条的规定，证据保全措施，可由当事人申请采取或由人民法院主动采取。但须具备以下条件：

1. 待保全的证据材料与所争议的法律关系有关联性

如果它们与案件的待证事实无关,则没有理由进行证据保全。人民法院只需要审查所要保全的证据与待证事实在形式上具有关联性即可，而实质上的关联性如何以及证据与待证事实之间所具有证明价值的大小与强弱则在所不问，因为这并非证据保全程序所能够做到的。

2. 待保全的证据材料有毁损、灭失或以后难以取得的可能性

证据可能灭失，指证据可能不复存在，如证人可能因年老或疾病而死亡，可能再也采集不到证据等。证据可能毁损，指由于各种自然的和人为因素，证据可能变质、变形等，失去原始面貌，从而失去证据作用。证据在以后可能难以取得，是指证据本身虽无灭失、毁损，但却可能难以再收集到，如证人要出国，或物证、书证将被人带走，去向不明等。如果证据不发生以上危急情况，也就没有必要进行保全了。

3. 当事人的证据保全申请不得迟于举证期限届满前7日提出

“举证期限届满前7日”，是一法定不变期间，不存在中止、中断和延长的情形，当事人违反此期限的限制，将丧失申请法院保全证

据的权利。当事人不能简单地以事后才知道有此证据为由逃避该期间的制约。举证期限届满前7日同时也是当事人申请法院调查收集证据的法定不变期间。换言之，当事人的证据保全申请与调查取证申请应在同一期间内提出。

但是，如果双方当事人一致商议延长举证期限，或者因当事人变更诉讼请求等原因而导致法院重新指定举证期限，或者当事人在举证期限内提交证据材料确有困难而在举证期限内向人民法院申请延期举证，经人民法院准许的，则都会造成举证期限的延长。因举证期限延长，会相对延长当事人申请证据保全的时间。对于当事人以某证据为一审举证期限届满后发现的“新的证据”为由，向法院申请证据保全时，法院也应接受申请，此时法院不能以当事人的申请期限已过为由，简单地驳回其申请。当然，如果法院采取证据保全措施后，发现不是新的证据的，可以解除证据保全措施。

○ 当事人如何提出证据保全的申请？

证据保全，可以由当事人申请，也可以由法院依职权主动进行。诉讼中的证据保全使用书面还是口头形式，实践中一直未予明确。证据保全的提出，通常情况下由当事人及其诉讼代理人提出申请（法院也有主动进行证据保全的职权）。如果适用普通程序，原则上应当强调以书面申请为主，在特殊情况下以口头申请为辅；如果适用简易程序，则一般采用口头申请方式。采用口头申请时，应当由有关法院的书记员依法制作保全笔录。保全证据的书面申请，应表明下列各点：（1）对方当事人；（2）应当保全的事项；（3）保全证据方法，应询问的证人和鉴定人姓名；（4）足以说明证据方法有灭失或以后难以取得的理由。

○ 申请证据保全是否要提供担保？

《最高人民法院关于民事诉讼证据的若干规定》第23条第2款规定：“当事人申请证据保全的，法院可以要求其提供相应的担保。”由此可以看出：担保并非申请证据保全的条件，法院是否要求当事人提供担保，应视案件的具体情况而定，不能一概而论。法院采取证据保全措施，可以责令申请人提供担保。法院一旦要求申请人提供担保，申请人必须提供担保，否则，驳回其申请。因为，证据保全行为在某些情况下会给被保全人带来一些不利益。这种不利益既可能表现为直接的经济利益的减少，也可能表现为权利行使受到限制，如时间的额外付出，精力、心神的额外耗费等。当申请人不是权利人，对对方不享有权利时，申请证据保全给他人所造成的不利益就是非正当的，申请人应当赔偿被申请人由此所受到的损失。担保的作用就在于此。虽然法院对于当事人的证据保全申请有权予以审查，有权决定是否接受其申请，但是，法院不可能在短时间内就作出完全准确的判断，尤其是诉前证据保全，法院尚未受理本案诉讼，更难以判断证据保全申请的妥当与否。通过责令当事人提供担保这一方式，基本上可以解决不当证据保全的问题，也利于实现双方当事人之间利益的平衡。申请人提供的担保，必须为“相应的担保”，即与申请人的证据保全申请相应的担保。判断担保是否与申请相适应，其标准在于申请人所欲保全的证据类型和采取的保全方法。如果保全的证据为双方有争议的物，并且需采取查封、扣押的方式进行证据保全的，那么申请人提供担保的数额应与该系争物的实际价值相当；如果采取鉴定、勘验或拍照、录像的方法保全该物证的，那么申请人提供担保的数额应相当于采取该保全措施给对方利益所造成的损害。另外，担保的方式可以多种多样，如保证、抵押、质押等。

申请证据保全的担保，在《海事诉讼特别程序法》第66条得到了明确的体现："海事法院受理海事证据保全申请，可以责令海事请求人提供担保。海事请求人不提供的，驳回其申请。"海事请求人的担保应当提交给海事法院。提供担保的方式由海事法院决定；提供担保的数额，应当相当于因其申请可能给被请求人造成的损失，具体数额由海事法院决定。海事请求人请求担保的数额过高，造成被请求人损失的，应当承担赔偿责任。担保提供后，提供担保的人有正当理由的，可以向海事法院申请减少、变更或者取消该担保。

○ 申请诉前证据保全应具备什么条件？

诉前证据保全，是指利害关系人在起诉之前，有关权利义务争议的证据就面临着灭失或者以后难以取得的情形，为避免其合法权益受到难以弥补的损害，于起诉前申请人民法院对有关证据予以提取、保存或者封存的强制措施。在我国，从立法上首次确立诉前证据保全制度的有1999 年的《海事诉讼特别程序法》，该法律不仅详细规定了海事证据保全的条件、程序、方法、当事人不服时的救济、保全错误的赔偿，而且其第63 条规定的"起诉前申请海事证据保全的制度"，开创了我国诉前证据保全之先河，对完善我国民事诉讼中的证据保全制度以及对现行司法实践均有重要的参考价值。

2001 年我国修正后的著作权法、商标法再次确认了诉前证据保全制度的合法性。《著作权法》第50 条规定："为制止侵权行为，在证据可能灭失或者以后难以取得的情况下，商标注册人或者利害关系人可以在起诉前向人民法院申请保全证据。人民法院接受申请后，必须在四十八小时内做出裁定；裁定采取保全措施的，应当立即开始执行。人民法院可以责令申请人提供担保，申请人不提供担保的，驳回申请。申请人在人民法院采取保全措施后十五日内不起诉的，人民法院应当解除保全措施。"《商标法》第58 条规定："为制止侵权行为，在证据可能灭失或者以后难以取得的情况下，著作权人或者与著作权有关的权利人可以在起诉前向人民法院申请保全证据。人民法院接受申请后，必须在四十八小时内作出裁定；裁定采取保全措施的，应当立即开始执行。人民法院可以责令申请人提供担保，申请人不提供担保的，驳回申请。申请人在人民法院采取保全措施后十五日内不起诉的，人民法院应当解除保全措施。”

2001年6月1日发布的《最高人民法院关于对诉前停止侵犯专利权行为适用法律问题的若干规定》中第16条指出：“人民法院执行诉前停止侵犯专利权行为的措施时，可以根据当事人的申请，参照《民事诉讼法》第七十四条的规定，同时进行证据保全。”

诉前证据保全应当具备两个条件：

第一，必须是起诉之前，有关权利义务争议的证据就面临着灭失或者以后难以取得的情形，利害关系人不立即采取财产保全将会使其合法权益受到难以弥补的损害。

第二，申请人必须是利害关系人。利害关系人不仅包括认为自己的民事权益受到他人侵犯或与他人发生争议的人，还包括对民事权利负有保护责任的人。在海事案件中，申请人为海事请求的当事人。在专利侵权案件中，申请人为专利权人或者利害关系人。在商标侵权案件中，申请人为商标注册人或者利害关系人。在著作权侵权案件中，申请人为著作权人或者与著作权有关的权利人。

○当事人如何申请海事证据保全？

第一，海事请求人申请海事证据保全，应当向海事法院提交书面申请。申请书应当载明请求保全的证据、该证据与海事请求的联系、申请理由。

第二，诉前证据保全，应当由被保全的证据所在地法院管辖。当事人在起诉前申请海事证据保全，应当向被保全的证据所在地海事法院提出。海事证据保全不受当事人之间关于该海事请求的诉讼管辖协议或者仲裁协议的约束。海事证据保全后，有关海事纠纷未进入诉讼或者仲裁程序的，当事人就该海事请求，可以向采取证据保全的海事法院或者其他有管辖权的海事法院提起诉讼，但当事人之间订有诉讼管辖协议或者仲裁协议的除外（《海事诉讼特别程序法》第63、64、72条）。

第三，人民法院接受申请后，必须在48小时内做出裁定；裁定采取保全措施的，应当立即开始执行。对不符合诉前证据保全条件的，裁定驳回其申请。当事人对裁定不服的，可以在收到裁定书之日起5日内申请复议一次。法院应当在收到复议申请之日起5日内作出复议决定。复议期间不停止裁定的执行。被请求人申请复议的理由成立的，应当将保全的证据返还被请求人。利害关系人对诉前证据保全提出异议，法院经审查，认为理由成立的，应当裁定撤销诉前证据保全；已经执行的，应当将与利害关系人有关的证据返还利害关系人。

人民法院可以责令申请人提供担保，申请人不提供担保的，驳回申请。

第四，申请人在人民法院采取保全措施后15日内必须向有管辖权的人民法院提起诉讼。采取诉前证据保全的人民法院对该案有管辖权的，应当依法受理；没有管辖权的，应当及时将采取诉前证据保全的全部材料移送有管辖权的受诉人民法院。当事人申请诉前证据保全后没有在法定的期间起诉，因而给被申请人造成财产损失引起诉讼的，由采取该证据保全措施的人民法院管辖。

第五，申请人在人民法院采取证据保全措施后15日内不起诉的，人民法院应当解除证据保全措施，以保护被申请人的合法权益。

6. 申请诉前证据保全错误的，申请人应当赔偿被申请人或者利害关系人因此所遭受的损失（《海事诉讼特别程序法》第71条）。

○ 诉前如何申请停止侵犯注册商标专用权行为和保全证据？

最高人民法院发布的《关于诉前停止侵犯注册商标专用权行为

和保全证据适用法律问题的解释》（法释〔2002〕2号）对诉前停止侵犯注册商标专用权和保全证据作了若干规定，其内容主要是：根据《商标法》第57条、第58条的规定，商标注册人或者利害关系人可以向人民法院提出诉前责令停止侵犯注册商标专用权行为或者保全证据的申请。

提出申请的利害关系人，包括商标使用许可合同的被许可人、注册商标财产权利的合法继承人。注册商标使用许可合同被许可人中，独占使用许可合同的被许可人可以单独向人民法院提出申请；排他使用许可合同的被许可人在商标注册人不申请的情况下，可以提出申请。

诉前责令停止侵犯注册商标专用权行为或者保全证据的申请，应当向侵权行为地或者被申请人住所地对商标案件有管辖权的人民法院提出。

商标注册人或者利害关系人向人民法院提出诉前保全证据的申请，应当递交书面申请状。申请状应当载明：（1）当事人及其基本情况；（2）申请保全证据的具体内容、范围、所在地点；（3）请求保全的证据能够证明的对象；（4）申请的理由，包括证据可能灭失或者以后难以取得，且当事人及其诉讼代理人因客观原因不能自行收集的具体说明。

申请人申请诉前保全证据可能涉及被申请人财产损失的，人民法院可以责令申请人提供相应的担保。申请人提供保证、抵押等形式的担保合理、有效的，人民法院应当准许。申请人不提供担保的，驳回申请。人民法院确定担保的范围时，应当考虑责令停止有关行为所涉及的商品销售收益，以及合理的仓储、保管等费用，停止有关行为可能造成的合理损失等。

商标注册人或者利害关系人在人民法院采取停止有关行为或者保全证据的措施后15日内不起诉的，人民法院应当解除裁定采取的措施。

申请人不起诉或者申请错误造成被申请人损失的，被申请人可以向有管辖权的人民法院起诉请求申请人赔偿，也可以在商标注册人或者利害关系人提起的侵犯注册商标专用权的诉讼中提出损害赔偿请求，人民法院可以一并处理。

被申请人违反人民法院责令停止侵犯注册商标专用权行为或者保全证据裁定的，依照《民事诉讼法》第102条规定处理。

诉前停止侵犯注册商标专用权行为和保全证据的案件，申请人应当按照《诉讼费用交纳办法》缴纳申请费。

○ 保全证据有哪些方法？

证据保全的方法一般是采用相应的民事查证技术、措施保存证据或证据信息。证据保全必须与证据的种类和特征一致，保全证据的方法，因不同的证据而有不同的保存与固定方式。例如，对书证的保全一般应收集保存原件，不能保存原件的，应进行拍照、复印或抄录，也可以采取扣押或查封的方式。如果书证的纸张、字迹、印文等具有物证意义，应保存原件，不能保存原件的应进行技术、笔迹、印文鉴定，保存鉴定结论；对证人证言进行保全的，可以采取询问、录音、录像的方法；对物证的保全能保存原物的应尽量保存原物，也可以查封或提取原物。如果不能保存原物或原物不易长期保存，应进行勘验、鉴定，保存勘验笔录或者鉴定结论。如果能够保存原物，而原物又不属于易腐、易变质或者有毒、有害物品，应采用科学的方法进行保存；对现场的保全一般应采用现场勘验的方法，用勘验笔录、照片、录音、录像、绘图等技术手段保存现场的证据信息；对视听资料的保全应保存照片底版、录音带、录像带、计算机芯片等，如果不能保存原物的，应进行相应的复制，保存复制件。

○ 证据保全时，是否需要当事人或诉讼代理人到场？

法院实施证据保全的时候，可以要求当事人或者诉讼代理人到场，也就是说，在当事人申请证据保全的情况下，人民法院在保全证据时，当事人或者诉讼代理人自然应当到场，但在人民法院依职权主动采取证据保全的场合，则是否要求当事人或者诉讼代理人到场，可由人民法院裁量。

当事人或者诉讼代理人到场，可以作为证据保全的见证人；当事人或诉讼代理人没有到场的，不影响证据保全措施的进行。采取证据保全措施后，当事人或诉讼代理人应在调查笔录或者查封、扣押的清单上签名或者盖章；当事人或诉讼代理人拒绝签名、盖章的，法院应记明于笔录或在查封、扣押的清单上注明。

第五章　调　　解

○ 什么是法院调解？

法院调解，是人民法院在民事诉讼中对已经受理的民事案件，在主办人的主持下，对双方当事人的争议，用平等协商的方法解决和结案的方式。法院调解解决民事纠纷，是我国人民司法工作的优良传统和作风。根据自愿和合法原则进行调解是我国民事诉讼法的一项基本原则。

法院调解是人民法院解决民事纠纷的一种方式。人民法院审理民事案件，可以采取两种方式，一种为调解结案，另一种为判决结案。而调解结案是人民法院在审判实践中经常使用的一种行之有效的方式，对于当事人同意调解的案件，只有在调解不成时，才使用判决方式结案。调解是在法院审判人员主持下进行的，调解活动是法院对案件审理活动的有机组成部分，生效调解书、调解笔录与法院生效判决书具有同等效力，调解是法院对民事案件行使审判权的一种方式，也是法院审结民事案件的一种方式。

从审级来讲，法院调解既可以在第一审程序中进行，也可以在第二审程序中进行，还可在审判监督程序中进行。从诉讼阶段来讲，法院调解可以在开庭前进行，也可以在庭审过程中进行，还可以在法庭辩论终结后进行。但是，调解不是一切案件的必经程序。除离婚案件非经调解不能迳行判决外，当事人拒绝调解或根本无调解可能的，不应强行调解。

○ 法院调解与当事人自行和解有何区别？

当事人自行和解，是指民事诉讼当事人在诉讼过程中通过自主协商，达成解决纠纷的协议，并共同向法院陈述协议的内容，以终结诉讼的活动。

第一，法院调解必须由第三者介入即人民法院主持进行；诉讼中的和解则是双方当事人在诉讼中自行协商解决纠纷的活动，没有第三者的参加。

第二，法院调解达成的协议具有强制执行的效力；而诉讼和解达成的协议则没有强制执行的法律效力。

第三，法院调解仅适用于对案件审理的程序，而广义的诉讼上和解既适用于审判程序，又可适用于执行程序。

在一定的条件下，诉讼上和解可以转化为法院调解。当事人通过自行协商达成和解协议后，为保证和解协议得到顺利履行，共同请求法院以调解书的形式确认他们的和解协议，法院对和解协议审查后，认为协议的内容不违反法律的，可将和解协议的内容制作成调解书。

○ 离婚案件是否必须适用调解程序？

《民事诉讼法》第85条规定人民法院审理民事案件，根据当事人自愿的原则进行调解。离婚案件作为民事案件的一种，有其特殊性，因此《婚姻法》第25条第2款规定人民法院审理离婚案件应当进行调解，调解无效的，应准予离婚。最高人民法院的有关司法解释也是规定调解为审理离婚案件的必经程序，不管离婚案件双方当事人是否自愿，都应适用调解程序。

○ 调解是否必须取得当事人同意？

法院调解活动的进行和调解协议的达成，都必须以双方当事人自愿为前提，都应当建立在当事人自愿的基础之上。是否进行调解，完全取决于当事人自己的自由意志。采用判决方式解决纠纷，还是以调解方式解决纠纷，当事人有权作出选择，有权作出决定。

调解的本质在于当事人在调解人的斡旋下，通过谅解、让步，平息争执、消弭纠纷。在调解过程中，当事人完全依自己的自由意志决定调解是否进行，是否达成调解协议。这是当事人对其诉讼权利的处分，也是当事人对其实体权利的处分。调解达成协议的，协议的内容应当是当事人自愿协商而成，不得有强迫、欺诈等情形出现，否则协议无效。也只有当事人自愿达成的调解协议，当事人才能够自动履行调解协议所规定的义务，非自愿达成的调解协议，当事人往往会翻悔或不履行。

○ 调解的案件是否还要查明事实，分清是非？

人民法院的调解是依据诉讼法进行的诉讼活动，它并不以当事人之间达成协议作为惟一的原则。人民法院的调解工作同样应当严格遵循“事实是根据，法律是准绳”的原则，不能无原则地“和稀泥”，而只能在查明事实、分清是非的基础上进行调解。只有事实清楚，才能分明是非，才能有理有据地说服教育当事人，使其自觉地承担应当由其承担的责任。如果事实不清，当事人谁有过错，谁无过错，过错大小，谁应当承担什么责任说不清楚，当事人心不平心不顺，很难调解成功，即使勉强达成协议也极易反悔，调解协议也难以执行。因此，每一件案件在调解前事实必须清楚。事实清楚包括两个方面：一是当事人之间法律关系的发生、变更和消灭的事实清楚；二是纠纷发生的原因、过程、后果使双方争议的主要问题清楚，有的案件情况比较复杂，有些当事人互有过错、行为互为因果，发生纠纷后双方往往各执一词，因此，审判人员应全面地、客观地审查核实证据，善于从错综复杂的情况中抓住关键事实，避免在与定案无关或关系不大的枝节问题上纠缠。

○ 如何理解调解必须合法？

调解应当符合法律的规定，包括程序法和实体法的规定：一是要符合程序法的规定，调解应当在案件开庭审理以前和开庭审理过程中进行。判决宣布以后，不能再进行调解。调解达成协议以后，调解书送达以前，一方或双方当事人翻悔的，应当准许。如果双方分歧不大的，还可以继续进行调解。二是从实体法上说，调解达成的协议，应当符合法律的规定，不符合法律规定的协议是无效的。当事人只有依法处分属于其所有或者经营管理的财产以及其他权利，而无权处分不属于其所有或者经营管理的财产以及其他权利。

○《最高人民法院关于人民法院民事调解工作若干问题的规定》在充分发挥诉讼调解优势方面有哪些规定？

《最高人民法院关于人民法院民事调解工作若干问题的规定》的目的就是为了进一步加强诉讼调解，充分发挥诉讼调解优势。诉讼调解各项优势的充分发挥，一定要遵从诉讼调解内在的规律，因此诉讼调解工作的原则是必须要遵守的。《最高人民法院关于人民法院民事调解工作若干问题的规定》遵从了调解自愿、调解合法、调解保密和灵活性四大原则。调解自愿以确保当事人通过自己的真实意思来解决相互之间的权利义务关系，调解结果切实符合当事人自己的利益要求。《最高人民法院关于人民法院民事调解工作若干问题的规定》进一步细化了确保调解自愿的规则，明确规定了当事人有决定是否调解的自愿，有决定调解开始时机的自愿，有选择调解方式的自愿，有是否达成调解协议的自愿，有决定调解书生效方式的自愿等。

调解应当合法。调解合法原则包括程序合法与实体合法两个方面。《最高人民法院关于人民法院民事调解工作若干问题的规定》对调解启动、调解方式、调解组织、调解协议内容、调解协议的确认、调解协议和调解书的生效、调解书的执行等程序方式做了较详细的规定，以切实保障当事人的诉讼权利能够充分行使。调解在实体上合法就是要求调解协议的内容不得违反法律、行政法规的禁止性规定。《最高人民法院关于人民法院民事调解工作若干问题的规定》明确规定，对调解协议的内容是否违反法律、行政法规的禁止性规定，是否有损害当事人之外的他人的合法权益，是否侵害国家利益、社会公共利益等违法情形，以及是否违反当事人自愿原则等，由法院负责审查，并对调解协议的合法性予以确认。

保密原则也是诉讼调解应当遵从的重要原则之一。调解成功的基本前提是要消除当事人的一切后顾之忧，给当事人创造一个和谐可信赖的环境和氛围。调解当事人主要通过谈判协商来解决争议，往往涉及各自各方面的商业秘密和个人隐私，即使构不成商业秘密和个人隐私的一些情况，当事人通常也不愿意对外公开。各国司法实践中，均采取多种措施来保障调解内容在保密的条件下进行。

灵活性原则是指调解活动在法律规定的程序范围内可以灵活安排。调解活动本身是非强制的，因此创造一个和谐、信任、宽松的气氛有利于调解的成功。《最高人民法院关于人民法院民事调解工作若干问题的规定》规定对调解启动的时间、调解的方式、调解的地点、主持调解的人员、调解协议生效的方式、是否制作调解书等规定当事人可以自由选择。

○《最高人民法院关于人民法院民事调解工作若干问题的规定》主要从哪些方面对人民法院民事调解制度进行了完善，相关规定应当如何理解？

《最高人民法院关于人民法院民事调解工作若干问题的规定》主要从以下几个方面完善了人民法院民事调解制度：

1. 进一步明确调解作为民事诉讼的一项原则

《最高人民法院关于人民法院民事调解工作若干问题的规定》进一步强调了人民法院审理民事案件必须全面贯彻调解工作的基本原则。这体现在两个方面：一是明确规定了调解适用的诉讼阶段。《最高人民法院关于人民法院民事调解工作若干问题的规定》第1条规定，对第一审、第二审和再审民事案件都适用调解。在受理案件之后到庭审结束作出裁判之前，人民法院都可以对民事案件进行调解。二是明确规定了人民法院调解民事案件的范围。《最高人民法院关于人民法院民事调解工作若干问题的规定》第2条规定，对于有调解可能的民事案件，人民法院都应当进行调解。也就是说除了适用特别程序、督促程序、公示催告程序、破产还债程序的案件，婚姻关系、身份关系确认案件以及其他依案件性质不能进行调解的民事案件，人民法院不进行调解外，其他案件都应当进行调解。

2. 设立了答辩期满前进行调解的规则

对在案件受理后，答辩期满前能否对案件进行调解，《民事诉讼法》没有明确规定。实践中有的法院采取这种作法，效果很好，所以《最高人民法院关于人民法院民事调解工作若干问题的规定》第1条第2款对此作了明确的规定，“在征得当事人各方同意后，人民法院可以在答辩期满前进行调解。”这一阶段调解只能在当事人同意的情况下才进行调解，不会影响当事人的诉讼权利。答辩期满前的调解有两种启动的方式，一是当事人申请调解的，可以立即进入调解程序，二是由法院主动征得各方当事人同意也可以进行调解。但在答辩期满前法院不得以职权主动启动调解程序。同时，为避免答辩期满前的调解时间过长会拖延诉讼,《最高人民法院关于人民法院民事调解工作若干问题的规定》对这一阶段的调解时间作了限制,答辩期满前进行调解的，在时间上要进行限制。

3. 调解组织适度社会化

为解决审判力量严重不足，以提高诉讼效率，确保司法公正，《规定》对调解人员的范围作了扩大性规定。调解组织的社会化主要通过两种方式实现，一是邀请协助调解，就是人民法院依法可以邀请与当事人有特定关系或者与案件有一定联系的企业事业单位、社会团体或者其他组织，和具有专门知识、特定社会经验、与当事人有特定关系并有利于促成调解的个人协助调解工作。二是邀请主持调解，就是在经各方当事人同意后，人民法院委托有法律知识、相关工作经验或者与案件所涉问题有专门知识的单位或者个人对案件进行调解。如技术专家、居委会、人民调解组织、行业主管部门等。经调解达成调解协议的，由人民法院依法予以确认，与法官主持调解产生相同的效果。

4. 调解协议内容开放性

《最高人民法院关于人民法院民事调解工作若干问题的规定》规定，调解协议的内容超出诉讼请求范围的，人民法院应当准许。当事人进行协商解决他们之间的纠纷，往往不单单是一个纠纷，他们通常会对各项法律关系一并解决，达成一揽子协议。一揽子协议的内容通常就会超出当事人诉讼请求的范围。如果不承认当事人这种协议，当事人之间的纠纷就很难解决。而且相关问题也会再诉诸法院，为了方便当事人,《最高人民法院关于人民法院民事调解工作若干问题的规定》明确规定对此可以依法予以审查，只要不违反法律、行政法规的禁止性规定，不侵害国家、社会、他人的合法权益，就可以确认其有效。

5. 建立调解激励机制

尽管多数调解协议能够得到当事人自觉地履行，进入强制执行程序的案件较少。但一旦发生不履行调解协议或者调解书的情况，债权人则会认为在调解时作出了让步而后悔。正是这种顾虑也影响了当事人进行调解的积极性。为消除当事人这种顾虑，促进当事人达成调解协议，《最高人民法院关于人民法院民事调解工作若干问题的规定》规定了调解履行的两种激励机制：一是当事人可以在调解协议中约定一方不履行调解协议时承担额外的民事责任，经人民法院确认后，在发生一方不履行调解协议时，另一方当事人可以直接申请人民法院强制执行。二是当事人可以为履行调解协议设定担保，一旦不履行调解协议的情况产生，另一方可以向法院申请强制执行担保人的财产或者担保物，以保证他的债权得到及时的实现。

6. 当事人可以自愿选择调解协议的生效方式

实践中存在当事人一方在签收调解书之前无故反悔，有意以此拖延诉讼的情况，严重影响了调解效率，浪费了审判资源，增加了当事人诉讼成本，违背了诉讼诚信原则。为此，《最高人民法院关于人民法院民事调解工作若干问题的规定》规定调解达成协议并经审判人员审核后，双方当事人同意该调解协议经双方签名或者盖章生效的，该调解协议自双方签名或者盖章时起生效，与签收调解书具有相同的法律效力。如此规定，有利于培育当事人诚信意识，避免当事人随意反悔，确保法院调解工作取得良好的法律效果和社会效果。

○ 调解如何开始？

法院调解可以基于当事人申请而开始，也可以由人民法院依职权主动开始。人民法院依职权开始调解，应当征求双方意见，是否同意进行调解。对于双方同意进行调解的即可进行调解；一方或双方不同意进行调解的，审判员如认为仍有调解的可能，应对不同意调解的一方或双方进行说服教育，指出用调解方式解决纠纷的有利之处。当事人同意进行调解并不意味着必须调解结案，如果调解达不成协议，仍然可以判决结案，打消当事人的顾虑。如果一方或双方当事人坚持不同意进行调解，除离婚纠纷必须经过调解程序外，其他案件就不应勉强进行调解，即应进行开庭审理并判决。

○ 在开庭审理之前是否可以进行调解？

《最高人民法院关于人民法院民事调解工作若干问题的规定》第1条规定："人民法院对受理的第一审、第二审和再审民事案件，可以在答辩期满后裁判作出前进行调解。在征得当事人各方同意后，人民法院可以在答辩期满前进行调解。"庭审前的调解发生在诉讼的初始阶段，在被告应诉答辩后，开庭审理前进行。庭审前的调解开始于法庭审理前的准备阶段，合议庭或独任审判人员收到被告提交的答辩状后，须对双方当事人提交的诉讼材料进行认真的审查，经过审查，认为法律关系明确、事实清楚的，可尝试启动调解程序，在经双方当事人同意后直接进行调解。

庭审前的调解把纠纷解决在开庭审理之前，既减少了当事人用于诉讼的时间，又节约了司法资源，无疑是符合诉讼经济原则的要求的。但另一方面，这种调解的程序保障很弱，它是在当事人的诉讼权利尚未充分行使，法院未对案件进行审理的情况下进行的。因此，为了保障当事人的诉讼权利和保证法院调解的质量，对庭审前的调解须做严格限制。

根据最高人民法院的有关规定，采用庭审前调解的案件必须符合以下两个条件：(1) 法律关系明确、案件事实清楚；(2) 双方当事人同意调解。

对符合这两个条件的案件，无论是采用简易程序审理的案件，还是采用普通程序审理的案件，都可以在开庭前进行调解。调解达成协议的，制作调解书发给当事人。在简易程序中，当事人对达成的调解协议即时履行完毕的，可将协议记入笔录，不制作调解书。调解未达成协议的，应及时开庭审理。

○ 法庭审理过程中，是否还可以进行调解？

庭审中的调解是法院对民事案件开庭审理过程中进行的调解。庭审的调解，一般应当在法庭辩论结束后进行。对此《民事诉讼法》第128条作了明确的规定："法庭辩论终结，应当依法作出判决。判决前能够调解的，还可以进行调解……。"因为经过法庭调查和法庭辩论这两个阶段后，案件事实已基本清楚，是非责任也已经明确，已具备进行调解的基础。因此，按照最高人民法院的有关规定，经过法庭调查和辩论，如果事实清楚的，审判长或审判员应当按照原告、被告和有独立请求权第三人的顺序询问当事人是否愿意调解。无独立请求权第三人需要承担义务的，在询问原、被告之后，还应询问其是否愿意调解。当事人如果愿意调解，可以当庭进行调解，也可以在休庭后进行调解。

在当前实行的辩论式审判中，主审法官在调解前还要做庭审小结，在小结中对法庭调查和法庭辩论的情况进行归纳和总结，明确所认定的案件事实和采信的证据，确认当事人的是非以及责任，说明处理案件所适用的法律和理由。庭审小结有利于调解工作正确、合法地进行。庭审中调解是法院对案件进行审理后所作的调解，调解工作的公开性和透明度较大，有利于审判人员依法进行调解。

○ 调解工作由谁组织进行？

根据《民事诉讼法》第86条的规定，人民法院进行调解，可以由审判员一人主持，也可以由合议庭主持，并尽可能就地进行。因而，人民法院进行调解，可以由审判员一人主持；也可以由合议庭主持，即由合议庭全体成员在审判长主持下共同参加调解。采取何种组织形式进行调解，可以由承办审判员征得审判长和合议庭其他成员的意见后，按少数服从多数的原则作出决定。由审判员一人主持调解的，审判员也要将调解情况和结果向合议庭报告，并取得同意。

○ 调解的地点是否有限制?

《民事诉讼法》第86条规定，调解的地点可以根据案件的具体情况确定，一般在法院内，也可以到案件发生地、当事人所在地就地进行调解。凡是能够就地进行的，应尽量就地解决。便利人民，就地审理，是我国人民司法工作的优良传统，也是《民事诉讼法》的规定。就地进行调解，可以使审判员的调解更好地得到当地群众、基层组织和当事人所在单位的支持和协助，是十分有利的。那种认为“办案只能在法院进行，就地审理不正规”的认识是错误的，也是不符合法律规定的。

○ 审判人员如何进行调解?

人民法院进行调解时，应当通知当事人、证人到庭，邀请有关单位和个人到庭协助调解。人民法院进行调解，可以用简便方式通告当事人、证人到庭。因此，人民法院进行调解时，应当通知当事人、证人到庭，不一定要采取书面的传票形式通知，也可以采取电话通知等口头形式通知。

人民法院认为有必要时，可以邀请当事人所在单位、基层组织等单位和当事人的亲友等个人到庭协助进行调解。被邀请的单位和个人，应当协助人民法院进行调解，这是他们的一项法律义务。

法院调解案件时，双方当事人一般都应当出庭，当事人因特殊情况不能出庭的，可由经过其特别授权的委托代理人出庭参加调解。离婚案件的当事人确有困难不能出庭参加调解的，应向法院提交书面的调解意见。无行为能力人的离婚案件，可由法定代理人出庭参加调解，法定代理人如果与对方达成调解协议，又要求法院以判决书确认调解协议内容的，法院可根据协议内容制作判决书。

法院进行调解时，应当首先查明有争议的案件事实，然后根据有关法律、法规分清是非与责任。在此基础上，对双方进行法制宣传教育，做双方的思想工作，引导双方就如何解决争议进行协商，让双方本着互谅互让的精神达成调解协议。

法院主持调解时，可以先由各方当事人提出调解方案，然后由审判人员引导双方进一步协商，形成双方认同的方案。在双方当事人提出的方案差距太大，无法达成一致意见的情况下，审判人员应向当事人讲清楚法律的有关规定，分清双方的责任，引导双方依法达成调解协议。审判人员不宜在调解开始时就主动提出调解方案，否则会影响当事人就解决争议的方案进行充分协商，但在双方当事人请求审判人员提出调解方案时，或者虽未请求但双方都不同意对方提出的方案使调解陷入僵局时，审判人员可以提出自己的调解方案，供双方当事人考虑。

○ 立案前人民法院能否进行调解？

根据《最高人民法院关于进一步贯彻“调解优先、调判结合”工作原则的若干意见》的规定，在收到当事人起诉状或者口头起诉之后、正式立案之前，对于未经人民调解、行政调解、行业调解等非诉讼纠纷解决方式调处的案件，要积极引导当事人先行就近、就地选择非诉讼调解组织解决纠纷，力争将矛盾纠纷化解在诉前。

当事人选择非诉讼调解的，应当暂缓立案；当事人不同意选择非诉讼调解的，或者经非诉讼调解未达成协议，坚持起诉的，经审查符合相关诉讼法规定的受理条件的，应当及时立案。要进一步加强与人民调解组织、行政调解组织以及其他调解组织的协调与配合，有条件的基层法院特别是人民法庭应当设立诉前调解工作室或者“人民调解窗口”，充分发挥诉前调解的案件分流作用。

○ 立案阶段如何适用调解？

在案件立案之后、移送审判业务庭之前，要充分利用立案窗口“第一时间接触当事人、第一时间了解案情”的优势，积极引导当事人选择调解方式解决纠纷。

对事实清楚、权利义务关系明确、争议不大的简单民事案件，在立案后应当及时调解；对可能影响社会和谐稳定的群体性案件、集团诉讼案件，敏感性强、社会广泛关注的案件，在立案后也要尽可能调解。对当事人拒绝调解的，无法及时与当事人及其委托代理人取得联系的，或者案情复杂、争议较大的案件，以及法律规定不得调解的案件，应当在立案后及时移送审理。对在调解过程中发现案件涉及国家利益、社会公共利益和第三人利益的，案件需要审计、评估、鉴定的，或者需要人民法院调查取证的，应当终结调解程序，及时移送审理。

立案阶段的调解应当坚持以效率、快捷为原则，避免案件在立案阶段积压。适用简易程序的一审民事案件，立案阶段调解期限原则上不超过立案后10日；适用普通程序的一审民事案件，立案阶段调解期限原则上不超过20日，经双方当事人同意，可以再延长10日。延长的调解期间不计入审限。

○ 再审阶段如何适用调解？

对历时时间长、认识分歧较大的再审案件，当事人情绪激烈、矛盾激化的再审案件，改判和维持效果都不理想的再审案件，要多做调解、协调工作，尽可能促成当事人达成调解、和解协议。对抗诉再审案件，可以邀请检察机关协助人民法院进行调解；对一般再审案件，可以要求原一、二审法院配合进行调解；对处于执行中的再审案件，可以与执行部门协调共同做好调解工作。

○ 刑事自诉案件和刑事附带民事诉讼案件如何适用调解？

刑事自诉案件调解工作，促进双方自行和解。对被告人认罪悔过，愿意赔偿被害人损失，取得被害人谅解，从而达成和解协议的，可以由自诉人撤回起诉，或者对被告人依法从轻或免予刑事处罚。对民间纠纷引发的轻伤害等轻微刑事案件，诉至法院后当事人自行和解的，应当准许并记录在案。也可以在不违反法律规定的前提下，对此类案件尝试做一些促进和解的工作。

对刑事附带民事诉讼案件，要在调解的方法、赔偿方式、调解案件适用时间、期间和审限等方面进行积极探索，把握一切有利于附带民事诉讼调解结案的积极因素，争取达成民事赔偿调解协议，为正确适用法律和执行宽严相济刑事政策创造条件。

○ 有关单位和个人是否可以协助审判人员进行调解？

《民事诉讼法》第87条规定，人民法院进行调解，可以邀请有关单位和个人协助进行。这里的单位，可以是当事人所在单位，也可以是纠纷发生地或者当事人居住地的基层组织，如居民委员会、村民委员会、人民调解委员会等。这里的个人，既可以是当事人的亲友、领导，也可以是当事人的邻居、同事，只要当事人双方信任，都可以协助人民法院进行调解工作。被邀请的单位和个人，不得无故拒绝。被邀请的单位和个人应当运用自己对当事人的影响力，协助人民法院做好当事人的思想工作，促使当事人双方达成协议。实践证明，邀请有关单位和个人协助人民法院进行调解工作，会收到更好的效果。《最高人民法院关于人民法院民事调解工作若干问题的规定》进一步规定："根据民事诉讼法第八十七条的规定，人民法院可以邀请与当事人有特定关系或者与案件有一定联系的企业事业单位、社会团体或者其他组织，和具有专门知识、特定社会经验、与当事人有特定关系并有利于促成调解的个人协助调解工作。经各方当事人同意，人民法院可以委托前款规定的单位或者个人对案件进行调解，达成调解协议后，人民法院应当依法予以确认。”

《最高人民法院关于进一步贯彻“调解优先、调判结合”工作原则的若干意见》的规定，在案件受理后、裁判作出前，经当事人同意，可以委托有利于案件调解解决的人民调解、行政调解、行业调解等有关组织或者人大代表、政协委员等主持调解，或者邀请有关单位或者技术专家、律师等协助人民法院进行调解。调解人可以由当事人共同选定，也可以经双方当事人同意，由人民法院指定。当事人可以协商确定民事案件委托调解的期限，一般不超过30日。经双方当事人同意，可以顺延调解期间，但最长不超过60日。延长的调解期间不计入审限。人民法院委托调解人调解，应当制作调解移交函，附送主要案件材料，并明确委托调解的注意事项和当事人的相关请求。

○ 什么情况下结束调解？

调解在以下两种情况下结束：一是调解获得了成功，双方当事人达成了调解协议；二是调解失败，未能促使当事人达成调解协议。在第一种情况下，调解结束同时也是诉讼的结束。第二种情形下调解虽然结束，但诉讼却继续进行，由调解转入庭审程序或判决程序。

调解协议的形成有三种情况：一是由审判人员对双方当事人提出的调解方案协调后形成；二是依据审判人员提出的方案形成；三是双方当事人在诉讼外通过协商而形成。

○ 调解书如何制作？

调解书是法院制作的记载当事人调解协议内容的法律文书。根据本条的规定，调解达成协议，人民法院应当制作调解书。调解书与调解协议既有联系又有区别，调解书须依据调解协议制作，反映调解协议的内容，但调解协议仅是双方当事人的意思表示，调解书则是具有法律效力的法院的司法文书。

1. 首部应依次写明下列事项

调解书首部主要包括以下几部分：

（1）人民法院名称、文书种类、案件编号。

（2）当事人的自然情况。依原、被告、第三人顺序分别写明姓名、性别、年龄、民族、籍贯、工作单位、职业和住址。当事人是法人的，应写法人的全称、所在地、法人代表的姓名、职务。有代理人参加诉讼的，依当事人顺序写明代理人姓名、年龄、工作单位、职业和住址。如果是法定代理人应用括号注明其与当事人的关系。诉讼代理人是律师的，应写明其所在律师事务所名称。

（3）案由。

2. 内容

主要包括三项：

（1）诉讼请求。即当事人起诉要求人民法院予以司法保护的民事权利，诉讼请求可能是一项，也可能是几项，都应在调解书中写明。

（2）案情事实。即经人民法院查明确认的法律事实和纠纷事实。这是调解的基础，也是判断调解协议是否合法的依据。写明案件事实有助于增强审判人员的责任感，有利于保证案件质量，有利于对案件进行审判监督。

（3）调解结果。即当事人达成的并由人民法院确认的协议条款内容，内容既要合法，又要明确具体。因为这直接涉及到调解书的切实落实。协议条款是多项时，要分项写明。在协议条款后，还应另起一行写明诉讼费用的负担。

3. 尾部

(1) 在诉讼费用负担下面，写明：上述协议，符合有关法律规定，本院予以确认，本调解书经双方当事人签收后，即具有法律效力。

(2) 由审判员、书记员署名，并加盖人民法院印章。

(3) 写明制作调解书的年、月、日。

但是，调解书毕竟不同于判决书，因此，在内容和形式上与判决书的制作均有所不同。《民事诉讼法》第89条规定："调解书应当写明诉讼请求、案件的事实和调解结果。"没有把制作判决书所要求的把诉讼请求、争议的事实和理由、判决认定的事实、理由和适用的法律依据等，都作为调解书制作的内容。为什么只是要求写案件的事实和调解的结果，而不是要求写法院所认定的事实、理由和适用的法律依据呢？这就反映调解了的特点。不言而喻，案件的事实和判决认定的事实是不同的，前者只是客观的叙述，指事情或者纠纷的发生、经过和发展，反映客观过程，后者是有分析、判断，然后作出的认定。对调解书不要求明确写入调解所适用的法律依据，是考虑到当事人自愿达成的调解协议，有时难以和法律的具体规定相对应，所以只要调解协议的内容不违背法律禁止的规定就可以，而不必引上具体的法律规定。

○调解书何时发生法律效力？

根据《民事诉讼法》第89条第3款的规定，调解书经双方当事人签收后，才具有法律效力。因而，调解书应由人民法院送达双方当事人，只有双方当事人在送达回证上签收后，才具有法律效力，送达时当事人不签收不具有法律效力，仅一方当事人签收，调解书也不具有法律效力。可见，调解书不适用留置送达和公告送达，而应当直接送达给当事人本人，由其签收，如果当事人拒绝签收就视为反悔，应当依法进行判决。

为了防止调解书不能同时送达双方当事人而引起的麻烦，人民法院主持双方当事人达成调解协议后，应当立即根据调解协议制作调解书发给双方当事人。当调解书确实不能同时送达双方当事人时，应当告知先收到调解书的一方当事人待另一方当事人签收后调解书才能发生法律效力。不然，一方当事人收到调解书后就以为调解书已经生效，按照调解书行事，而后收到调解书的一方反悔了，造成工作上的被动。特别是离婚案件，先收到调解书的一方当事人认为调解书已经发生法律效力，而与他人另行结婚，另一方在送达调解书时反悔了，不能认为调解书已经发生法律效力。

○《最高人民法院关于人民法院民事调解工作若干问题的规定》对调解协议有何规定？

根据《最高人民法院关于人民法院民事调解工作若干问题的规定》的规定，调解协议内容超出诉讼请求的，人民法院可以准许。人民法院对于调解协议约定一方不履行协议应当承担民事责任的，应予准许。调解协议约定一方不履行协议，另一方可以请求人民法院对案件作出裁判的条款，人民法院不予准许。调解协议约定一方提供担保或者案外人同意为当事人提供担保的，人民法院应当准许。案外人提供担保的，人民法院制作调解书应当列明担保人，并将调解书送交担保人。担保人不签收调解书的，不影响调解书生效。当事人或者案外人提供的担保符合担保法规定的条件时生效。

调解协议具有下列情形之一的，人民法院不予确认：(1)侵害国家利益、社会公共利益的；(2)侵害案外人利益的；(3)违背当事人真实意思的；(4)违反法律、行政法规禁止性规定的。

根据民事诉讼法第90条第1款第(4)项规定，当事人各方同意在调解协议上签名或者盖章后生效，经人民法院审查确认后，应当记入笔录或者将协议附卷，并由当事人、审判人员、书记员签名或者盖章后即具有法律效力。当事人请求制作调解书的，人民法院应当制作调解书送交当事人。当事人拒收调解书的，不影响调解协议的效力。一方不履行调解协议的，另一方可以持调解书向人民法院申请执行。

当事人不能对诉讼费用如何承担达成协议的，不影响调解协议的效力。人民法院可以直接决定当事人承担诉讼费用的比例，并将决定记入调解书。

○ 哪些案件达成调解协议，不需要制作调解书？

调解达成协议的案件，应当制作调解书，这是原则，是总的或者说基本的要求，但是，根据《民事诉讼法》第90条规定，下列案件调解达成协议，人民法院可以不制作调解书：（1）调解和好的离婚案件；（2）调解维持收养关系的案件；（3）能够即时履行的案件；（4）其他不需要制作调解书的案件，这是一条弹性条款。因此，凡财产案件在协议达成后不能即时履行的，都必须制作调解书，不属于不需要制作调解书的范围。对于这类案件，可以是作为，可以是不作为，不论是需要进行的行为，即作为，还是禁止进行的行为，即不作为，如果经调解达成协议已即时履行，如所欠债务已经履行，这样的调解协议也可以不制作调解书，不需要今后再采取强制执行措施。

○ 未制作调解书的调解协议的效力如何？

调解协议的效力，是指调解达成协议后，不需要制作调解书时记载调解协议内容的法院的调解笔录的效力。

当事人在法院主持下达成调解协议有两种结果，一种是制作调解书，一种是记入笔录，由双方当事人、审判人员、书记员签名盖章。无论是前者，还是后者，均于当事人签字后，方才发生法律效力。

生效的调解书、调解笔录的效力是相同的。法律效力主要体现在：

第一，对当事人的约束力。对于已经发生法律效力的调解笔录当事人不能上诉，不得就同一事实重新起诉。

第二，对人民法院的约束力。对于生效的调解笔录，人民法院非依审判监督程序，不得任意撤销或变更。

第三，由于调解笔录中调解协议的内容多是能够即时履行的案件，因而不存在强制执行的问题。

○ 调解未达成协议或者调解书送达前一方反悔的，应如何处理？

《民事诉讼法》第91条规定："调解未达成协议或者调解书送达前一方反悔的，人民法院应当及时判决。"有人称之为"及时判决"原则。因而人民法院在调解过程中，出现两种情形时，应当及时判决：一是调解未达成协议，二是调解书送达前一方当事人反悔。

1. 调解未达成协议

人民法院的审判员在查清事实的基础上经过对双方当事人进行工作后，如果调解不成，就应及时判决，不应久调不决。当事人不愿进行调解，审判员勉强进行调解，不仅使案件的解决不得不拖延，而且有可能使双方的矛盾进一步激化。特别是对一些当事人只是要求通过判决分清是非的案件，更没有必要长时间地进行调解，耽误结案时间。

2. 当事人反悔

调解协议虽然是当事人自愿达成的，但达成调解协议后当事人仍然可能出现反悔。调解协议达成后的反悔包括调解书送达前反悔和调解书送达后反悔两种情况，这两种反悔的性质不同，法律对这两种反悔的处理也不同。

为使调解真正建立在自愿的基础上，在达成调解协议至签收调解书前这段时间内，仍然允许当事人反悔。当事人拒收法院送达的调解书，说明他在调解程序的最后一刻反悔，调解失败。对调解书送达前一方或双方当事人反悔的，法院应继续对案件进行审理，并及时作出判决。对调解达不成协议或者调解书送达前一方反悔的，可以不再开庭，直接或者迳行作出判决；也可以经继续开庭后再作判决。尤其是对那些开庭前调解未达成协议的案件，更应当开庭进行审理后判决。

○ 调解书是否可以委托送达？

委托送达虽然不是审理本案的人民法院直接将调解书送达当事人本人，而是一个法院接受另一个法院的委托而代为送达的，当事人是否愿意签收和审理本案的人民法院自己送达效果是一样的，因此，调解书可以委托其他人民法院代为送达。受送达人是军人，或者是被监禁、被劳动教养的人的，还应当分别按照《民事诉讼法》第81条或者第82条转交送达的规定办理。

○ 调解书是否可以邮寄送达？

关于调解书是否适用邮寄送达的问题，曾经有过不同意见。有人认为，现在有的邮局把邮件送到单位，由单位的收发员在回执上签收，不是当事人签收，不符合《民事诉讼法》第77条关于由受送达人在送达回证上记明收到日期的规定。也有人认为，调解是当事人在人民法院主持下自愿达成的协议，在调解书送达时虽有反悔的，但毕竟是少数，因此不能排除调解书可以邮寄送达。鉴于《民事诉讼法》对调解书生效条件的特殊规定，人民法院在邮寄送达调解书时应持慎重态度。第一，邮寄送达调解书必须附有送达回证。第二，调解书的送达应以当事人在送达回证上签收为准，不能仅以邮局的挂号回执为依据认定当事人已经签收调解书。如果当事人收到调解书后不及时将送达回证退回，人民法院应当催促其退回或改用其他方式送达，不能在当事人未在送达回证上签收的情况下即视为调解书已经送达。

○ 当事人一方拒绝签收调解书的，如何处理？

当送达调解书时，一方当事人拒绝签收，调解书即不发生法律效力，人民法院应及时将这一情况通知另一方当事人。继续进行审理时，如果当事人申请再行调解的，可以再行调解；当事人不要求再行调解的，如果原调解书是根据当事人庭前调解达成的协议制作的，应当在开庭审理后进行判决；如果案件已经开庭审理过，人民法院可直接进行判决。

根据《最高人民法院关于人民法院民事调解工作若干问题的规定》的规定，根据民事诉讼法第90条第1款第（4）项规定，当事人各方同意在调解协议上签名或者盖章后生效，经人民法院审查确认后，应当记入笔录或者将协议附卷，并由当事人、审判人员、书记员签名或者盖章后即具有法律效力。当事人请求制作调解书的，人民法院应当制作调解书送交当事人。当事人拒收调解书的，不影响调解协议的效力。一方不履行调解协议的，另一方可以持调解书向人民法院申请执行。对调解书的内容既不享有权利又不承担义务的当事人不签收调解书的，不影响调解书的效力。

○ 当事人签收调解书后，将产生什么法律后果？

调解书经双方当事人签收后，即发生实体法和诉讼法两方面的法律效力。

1. 实体法上的效力

实体法上的效力表现为诉讼前发生的民事权利义务争议因调解书或调解笔录生效而消失，双方当事人之间的民事权利义务关系依据调解书或调解笔录中记载的调解协议的内容而确定。

2. 诉讼法上的效力

诉讼法上的效力表现为三个方面：

（1）结束诉讼程序。调解书生效，表明双方当事人之间的纠纷已通过诉讼得到解决，诉讼程序因此而结束。

（2）当事人不得提出上诉和再行起诉。调解协议是当事人自愿达成的，为了保证自愿性，法律允许当事人在调解书送达前反悔。由于法律已经为调解的自愿性提供了充分的程序保障，所以对已生效的调解书不允许当事人再提出上诉。已生效的调解书与生效判决书具有同等法律效力，它们已从法律上最终解决了当事人之间的争议，因此当事人不得以同一事实和理由向同一被告再次提起诉讼。

（3）具有强制执行的效力。生效调解书和生效的判决一样，当事人必须履行，一方拒绝履行，对方当事人可将调解书作为执行根据向人民法院申请强制执行。

○ 特别授权的委托代理人能否签收调解书？

在司法实践中，对特别授权的委托代理人能否签收调解书存在两种意见。一种意见认为，特别授权的委托代理人不能签收调解书。因为有关法律及司法解释都未明确特别授权的委托代理人能签收调解书，相反却强调调解书应当由当事人签收才能发生法律效力，或在特别授权后又另行指定代收人才可签收调解书。另一种意见认为，特别授权的委托代理人能签收调解书。理由是《民事诉讼法》第59条规定的特别授权的委托代理人，对全部诉讼请求都有处分的权利，既能进行调解，又能签订调解协议，签收调解书应该是顺理成章的事。

我们认为，根据《民事诉讼法》第89条第3款规定，调解书经双方当事人签收后即具有法律效力。该法第91条规定，调解未达成协议或者调解书送达前一方反悔的，人民法院应当及时判决。由此可见，当事人在签收调解书前享有最终反悔权；对调解书的签收权，是法律赋予当事人的一项重要权利。《最高人民法院关于适用〈中华人民共和国民事诉讼法〉若干问题的意见》第84条规定有关当事人因故不能签收调解书的，可由其指定的代收人签收，这实际上是明确了委托代理人在特别授权中没有包括签收调解书的权利，委托代理人签收调解书，必须有当事人的另行指定。如果当事人在一般委托授权或者特别授权书中未记明代收调解书的事项，则委托代理人无权签收调解书，即使签收了调解书也不能产生相应的法律后果。

○ 当事人签收调解书后，是否可以反悔？

法院向当事人送达调解书，双方签收后，送达即完成，调解书也随即发生法律效力。对已生效的调解书，当事人应当履行调解书所确定的义务。调解书的效力不受当事人反悔的影响。任何一方当事人不履行生效的调解书，双方当事人可以向人民法院申请执行。

如果当事人反悔有正当理由，如调解违反了自愿原则或调解协议内容违法，也只能通过申请再审，由法院通过审判监督程序来撤销或变更。

第六章　财产保全和先予执行

第一节　诉讼财产保全与诉前财产保全

○ 采取诉讼财产保全应具备什么条件？

诉讼财产保全，是指人民法院在受理诉讼后作出判决前这段时间内，为保证将来生效判决的执行，对当事人的财产或争议的标的物采取的强制性措施。但是，在例外情况下，诉讼中的财产保全也可以判决后作出。《最高人民法院关于适用〈中华人民共和国民事诉讼法〉若干问题的意见》第103条规定："对当事人不服一审判决提出上诉的案件，在第二审人民法院接到报送的案件之前，当事人有转移、隐匿、出卖或毁损财产等行为，必须采取财产保全措施的，由第一审人民法院依当事人申请或依职权采取。"

采取诉讼财产保全必须具备的条件是：

1. 采取保全的案件必须是给付之诉

给付之诉具有给付财物的内容，具有执行性，存在着保全的必要性，确认之诉与变更之诉无给付内容，不存在判决生效后执行的问题，因而也不发生诉讼保全问题。

2. 须具有采取财产保全的必要性

并不是所有的给付之诉案件都能够采取财产保全，只有具备

《民事诉讼法》第92条规定的法定原因，即“可能因当事人一方的行为或者其他原因，使判决不能执行或难以执行”，才能够采取财产保全措施。当事人一方的行为，主要是指一方当事人擅自将其财产或争议的标的物转移、转让、隐匿、挥霍等行为；其他原因，则主要指客观上的事由，如诉讼标的物或有关财物属于鲜活物品，易腐烂或变质，不宜长期保存。

3. 当事人提出财产保全的申请

在一般情况下人民法院只能根据当事人的申请采取财产保全措施，“当事人没有提出申请的，人民法院在必要时也可以裁定采取财产保全措施。”对于可能因当事人一方的行为或者其他原因，使判决不能执行或者难以执行的案件，人民法院可以根据对方当事人的申请，作出财产保全的裁定，只有在当事人没有提出申请，而人民法院又认为有必要采取保全措施的，才可以主动采取财产保全措施，但必须慎重。《最高人民法院关于在经济审判中严格执行〈中华人民共和国民事诉讼法〉的若干规定》规定，人民法院对财产采取保全措施，一般应当由当事人通过提出符合法定条件的申请才能进行，只有在诉讼争议的财产有毁损、灭失等危险或者有证据表明被申请人可能采取隐匿、转移、出卖其财产的，人民法院才可依职权采取保全措施。

○ 诉讼财产保全的申请人是否必须提供担保？

当事人申请诉讼财产保全，原则上应当采用书面形式，申请书中写明请求保全财物的名称、数量或价额，财物所在的地点，需要保全的原因等。但对于采用书面形式确有困难的，也可以口头方式提出申请，由人民法院记入笔录。当事人在诉讼中申请保全，应当向受诉人民法院提出。

对诉讼中的财产保全，当人民法院要求当事人提供担保时，当事人也必须提供担保，因此提供担保也是财产保全程序中的一个重要环节。人民法院要求申请人提供担保，而申请人拒不提供担保的，人民法院将驳回财产保全的申请。当然人民法院对于申请人的财产保全申请，也可以不要求申请人提供担保，但在此种情况下，申请人也可主动提供担保。提供担保的目的在于使因申请错误而蒙受损失的被申请人及时地得到赔偿，因此，申请人提供担保的价值应相当于请求保全的数额。

○ 人民法院如何审查诉讼财产保全的申请？

为了防止财产保全被滥用，人民法院应认真审查申请人的申请是否符合法定条件，对符合法定条件的，才能裁定采取保全措施，不符合条件的，应当裁定驳回。经审查后，如认为被申请人为有偿还能力的企业法人的，一般不得采取查封、冻结的保全措施。审查应当在法律规定的期限内完成，《民事诉讼法》第92条第3款的规定，对情况紧急的诉讼保全申请，受理的人民法院应当在48小时内完成审查并作出裁定，对情况不紧急的，应当在一个合理的时间内完成审查。

人民法院一旦裁定采取财产保全，就应当立即开始执行，根据《最高人民法院关于人民法院执行工作若干问题的规定（试行）》第5条的规定，人民法院在审理民事案件中作出的财产保全裁定，由审理案件的审判人员负责执行。当事人不服人民法院裁定的，可申请复议一次，但复议期间不停止裁定的执行。对当事人不服财产保全裁定提出的复议申请，人民法院应及时审查。裁定正确的，通知驳回当事人的申请；裁定不当的，作出新的裁定变更或者撤销原裁定。

○ 调解书送达后，人民法院能否采取诉讼财产保全措施？

根据《民事诉讼法》第92条的规定，人民法院对可能因当事人一方的行为或者其他原因，使判决不能执行或难以执行的案件，可以根据当事人的申请或者依职权采取诉讼财产保全措施。这里所规定的判决是从广义上来讲的，应当包括生效的调解书，因为人民法院的民事调解书一经送达，即与民事判决具有相同的法律效力。因此，在人民法院的民事调解书送达后，一方当事人开始转移财产，有可能造成调解书难以执行的情况下，依照《民事诉讼法》第92条、第94条和《最高人民法院关于在经济审判工作中严格执行〈中华人民共和国民事诉讼法〉的若干规定》第13条、第14条之规定，人民法院可以根据对方当事人的申请，在提供相应担保的情况下，依法采取诉讼财产保全措施，也可以依职权采取诉讼财产保全措施。

○ 原法院已裁定移送管辖，其作出的财产保全措施是否继续有效？

如果法院已就原告起诉而立案受理，但因被告提出管辖异议裁定移送审理。原法院已裁定移送管辖，说明其对该案并无管辖权。根据《民事诉讼法》规定，案件的审理活动需由有管辖权的人民法院进行。原法院应依法解除其对本案被告财产进行的保全措施。受移送法院根据案件审理需要，有权重新作出财产保全的裁定。

○ 当事人在起诉前申请财产保全应具备什么条件？

诉前财产保全，是指在提起诉讼之前，人民法院根据利害关系人的申请，对被申请人的财产采取的强制性措施。财产保全通常是在人民法院受理诉讼后作出的，但从起诉到受理还有7日的期间，消息灵通的被告得知原告起诉后仍有充裕的时间抢在人民法院受理前把财产转移或隐匿，被告甚至可能在预感到诉讼来临之前而采取转移、隐匿财产的措施，因而在当事人起诉前就存在采取财产保全措施的必要。

诉前财产保全是在起诉前作出的，采取保全措施后申请人是否一定会提起诉讼，提起诉讼后是否符合起诉条件事先均无法确定，因此，诉前财产保全应受到严格的限制。根据《民事诉讼法》第93条规定，申请诉前财产保全须具备的条件是：

1. 诉前财产保全的申请应是具有给付的内容

即将来提起之诉必须属于给付之诉，生效裁判具有执行性，否则单纯的确认之诉、变更之诉不得申请诉前财产保全。

2. 必须是情况紧急，不立即采取保全措施将会使申请人的合法权益受到难以弥补的损害

所谓情况紧急，是指被申请人正在或者立即要转移、隐匿、挥霍或者处分其财产，权利人（申请人）来不及起诉，若不采取应急措施限制其行为，将使申请人的合法权益受到无法挽回的损失。所谓受到难以弥补的损害，即若不对被申请人的财产采取保全措施，财产一旦被其挥霍、转移或处分，申请人的财产权利将难以或无法实现。也就是说，如果等到起诉后再申请保全，就会造成难以弥补的损害，所以来不及等到起诉后再来申请保全，比如海事诉讼中扣押船舶的问题，如果等到起诉后再申请保全，船开走了，就很可能使受害方的损失难以得到合理赔偿。

3. 由利害关系人向有管辖权人民法院申请

诉前保全的申请人称利害关系人。所谓利害关系人，即认为自己的民事权益正受到他人侵害或者与他人发生了争议，纠纷处理的结果与其有法律上的利害关系的人。根据《民事诉讼法》规定，诉前财产保全应由财产所在地人民法院管辖。

由于诉前保全发生在起诉之前，案件尚未进入诉讼程序，诉讼法律关系还未发生，人民法院不存在依职权采取财产保全措施的前提条件，所以，只有在利害关系人提出申请后，人民法院才能够采取财产保全。

4. 诉前保全申请人应提供担保

提供担保是诉前保全必备条件之一，申请人不提供担保的，法院经审查应当驳回申请人的申请。因诉前法院是无法确认利害关系人是否真正享有某项民事权利，其将来是否提起诉讼也是一个不确定状态，一旦保全发生错误，申请人逃避承担责任，无法赔偿被申请人因诉前保全造成的财产损害时，人民法院可依法以其担保的财产用以偿还被申请人的损失。因此，申请人不提供担保的，人民法院驳回其申请。《最高人民法院关于在经济审判中严格执行民事诉讼法的若干规定》中规定，人民法院采取诉前财产保全，必须由申请人提供相当于请求保全数额的担保。担保的条件，依法律规定；法律未作规定的，由人民法院审查决定。

人民法院接受利害关系人的申请后，必须在48小时内作出财产保全裁定，并立即开始执行。采取诉前保全措施由于是在起诉前进行的，未经法庭审理和对方当事人抗辩，因此法院一定要十分慎重，在一般民事案件中，如确有必要采取保全措施的，可在起诉的同时裁定采取保全措施。当事人对诉前财产保全的裁定不服的，可以申请复议一次。复议期间不停止裁定的执行。《最高人民法院关于适用〈中华人民共和国民事诉讼法〉若干问题的意见》第110条规定，对当事人财产保全不服提出复议申请，人民法院应及时审查，裁定正确的，通知驳回当事人的申请；裁定不当的，作出新的裁定变更或者撤销原裁定。

人民法院作出诉前保全裁定后，应当立即开始执行。申请人应在人民法院采取保全措施后15日内向有管辖权的人民法院起诉，在法定期限内不起诉的，人民法院可以解除财产保全。因申请错误而造成被申请人的财产遭受损失的，申请人应当赔偿。

○ 人民法院采取诉前财产保全后，申请人应当向哪个法院起诉？

在人民法院采取诉前财产保全后，申请人起诉的，应当向有管辖权的人民法院提起。采取诉前财产保全的人民法院对该案有管辖权的，应当依法受理；没有管辖权的，应当及时将采取诉前财产保全的全部材料移送有管辖权的受诉人民法院。

案件移送后，诉前财产保全裁定继续有效。因执行诉前财产保全裁定而实际支出的费用，应由受诉人民法院在申请费中返还给作出诉前财产保全的人民法院。

○ 对于对方当事人的哪些财产可以采取财产保全措施？

财产保全既然是为防止将来判决生效后难以或无法执行而设计的制度，保全的范围就应当与人民法院判决申请人胜诉时确定的给付财物的范围相一致。根据处分原则，人民法院应当针对原告的诉讼请求进行审理并作出裁判，人民法院判给原告的利益也不应超出其请求的范围，所以，保全的范围既不应当超出诉讼请求的范围，也不应当扩大到与本案无关的财物上。因此，《民事诉讼法》第94条第1款规定："财产保全限于请求的范围，或者与本案有关的财物。"

所谓限于请求的范围，指被保全的财物的价额应与财产保全申请人的诉讼请求或者利害关系人的权利请求的价额大致相等，保全的范围既不得小于请求的数额，也不得大于请求的数额。因为小于请求的价额就会使权利人的合法权益得不到完全的保护，而大于请求的数额将有可能侵害被申请人的合法权益，给其造成不应有的损失。

在诉讼实务中，请求的范围要根据当事人诉状中的请求事项来确定，例如请求返还借款的诉讼中一般包括借款和利息，请求赔偿的诉讼中为赔偿金总和。诉讼费是由原告预交的，如胜诉后连预交的诉讼费都无法收回，肯定会使原告蒙受损失，故诉讼费通常列在请求事项中，属请求范围之内。申请人如果将调查取证费、律师的代理费也列入请求事项和财产保全的范围，人民法院在作出裁定时是否应当将它们列入保全的范围是一个值得探讨的问题。能否将这两项费用列入保全范围，取决于原告将它们列入诉讼请求内容且获得胜诉时，人民法院是否应当判决被告承担上述费用。我们认为，判决被告承担调查取证费用是理所当然的，因为这一费用是原告为进行诉讼所必须支出的费用。但对律师费则应慎重对待，至多只能让被告承担原告必须支出的合理的律师费用。所谓与本案有关的财物，是指被保全的财物应是本案的诉讼标的物或者虽不是双方当事人争议的财物，但与本案的标的物有牵连的其他财物。例如请求追还布匹价款之诉，被告已将布匹加工为服装，服装就是本案有关的财物，尽管服装的价值可能超过请求返还布匹价款的数倍，人民法院仍可对这些服装采取保全措施。《最高人民法院关于在经济审判工作中严格执行〈中华人民共和国民事诉讼法〉的若干规定》第14条规定："人民法院采取财产保全措施时，保全的范围应当限于当事人争议的财产，或者被告的财产。对案外人的财产不得采取保全措施，对案外人善意取得的与案件有关的财产，一般也不得采取财产保全措施；被申请人提供相应数额并有可供执行的财产作担保的，采取措施的人民法院应当及时解除财产保全。"

○ 对案外人的财产是否可以采取财产保全措施？

人民法院只能对被告人而不能对案外人的财产进行保全。但如果作为被告的债务人的财产不能满足保全请求，但债务人对案外人有到期债权的，人民法院可以依债权人的申请裁定该案外人不得对债务人清偿。该案外人对到期债务没有异议并要求偿付的，由人民法院提存财物或价款。

○ 财产保全可以采取哪些措施？

根据《民事诉讼法》第94条的规定，财产保全的措施有以下几种：

1．查封

查封是人民法院对需要进行保全的财产清点后，加贴封条，就地封存，不许任何人处分的一种强制措施。查封财产是为了防止财物被隐瞒、转移、变卖、毁损的一种保护性措施，主要适用于不动产或不宜移动的其他财物，财物一经人民法院查封，不仅被申请人和其他单位或个人不得擅自处分和移动，就是其他人民法院，也不得借故将已查封的财物，作为其他案件的抵押物或标的物，而判归本案以外的当事人。

2．扣押

扣押是人民法院将财物送到一定场所予以扣留，在一定期限内不准任何人处分或动用的一种强制措施。主要适用于便于移动的财物，人民法院在被申请人住处扣押财产的时候，必须登记造册，由被申请人和在场证人在清单上签名或盖章后归入案卷。

对被扣押的财物应进行异地保管或者由法院直接保管，任何人及有关单位及法院都不得擅自动用。

人民法院对不动产和特定的动产如车辆（机动车）、船舶等进行财产保全，可以采用扣押有关财产权证照并通知有关产权登记部门不予办理该项财产的转移手续的财产保全措施，必要时也可以查封、扣押该项财产。人民法院对抵押物、留置物采取保全措施的，抵押权人、留置权人可以有优先受偿权。

3．冻结

冻结是指人民法院依法通知有关银行、信用合作社及其他金融机构，不准被申请人提取或者处分其存款的措施。

冻结通常在以下情况下实施：一是明知被申请人有存款，但本人拒不交出存折，在这种情况下，人民法院可以依法通知有关银行冻结存款，暂时不予支取。另一种情况是人民法院对机关、团体、企事业单位的流动资金，通知有关银行予以冻结，暂不支取。

法院冻结财产后，应当立即通知被冻结财产的人，财产已被冻结的，不得重复冻结。此项措施不仅能够及时地保护申请人合法权益，同时也可以防止被冻结财产人在此期间与他人发生经济往来，而损害对方的合法权益。如果法院在冻结了法人或者其他组织的财产后，不通知被申请人，这样，一方面使他们失去了抗辩的权利，因为当事人对财产保全的裁定，当事人不服的，还可以申请复议一次，不通知被申请人，当然也就无法行使申请复议的权利。另一方面也使被申请人失去了用提供担保的方法来解除人民法院对财产的冻结。当然一般应当是在决定冻结后通知被申请人。因为在冻结前通知，被申请人有可能将财产转移，这种情况在审判实践中也不少见，有的还是银行与被申请人“联合行动”来对付法院对财产的冻结。

人民法院对被申请人的存款，可以全部冻结，也可以部分冻结，但最多不能超过诉讼争议的数额。

4. 法律规定的其他方法

除上述措施外，还可以采取法律允许的其他方法。如扣留、提取被申请人的劳动收入，禁止被申请人为一定的行为等。

根据《最高人民法院关于适用〈中华人民共和国民事诉讼法〉若干问题的意见》的规定，对季节性商品、鲜活、易腐烂变质以及其他不宜长期保存的物品采取保全措施时，可以责令当事人及时处理，由法院保存价款；必要时，法院可以变卖保存的价款。人民法院对债务人到期应得的收益，可以采取保全措施，限制其支取，通知有关单位协助执行。债务的财产不能满足保全请求，但对第三人有到期债权的，人民法院可以依债权人的申请裁定该第三人不得对本案债务人清偿。该第三人要求偿付的，由法院提存财物或价款。《最高人民法院关于在经济审判工作中严格执行〈中华人民共和国民事诉讼法〉的若干规定》中规定，人民法院对有偿还能力的企业法人，一般不得采取查封、冻结的保全措施。已采取查封、冻结保全措施的，如该企业法人提供了可供执行的财产担保，或者可以采取其他方式保全的，应当及时予以解封、解冻。

○ 财产保全裁定的效力到何时止？

人民法院作出财产保全的裁定后，除非作出裁定的人民法院或其上级人民法院决定解除保全，诉讼中财产保全的效力一般应维持到生效法律文书执行时止。当事人不服财产保全的裁定，有权申请复议，但复议期间不停止裁定的执行，故复议不影响财产保全的效力。

○ 财产已被查封、冻结的，是否可以重复查封、冻结？

当财产已被查封、冻结时，人民法院财产保全裁定的效力已经发生，若对同一财产再作查封、冻结，不仅不能实现财产保全的宗旨，而且使后一人民法院裁定的效力与前一人民法院裁定的效力相冲突。司法实践中，经常出现某些法院抢先查封、冻结，重复查封、冻结的情况。在审理一些经济纠纷案件中，对有多个债权人的企业法人或者其他经济组织，不同地区的法院，都对其采取查封、冻结财产的保全措施，为了保护本地区的利益，抢先查封、冻结，重复查封、冻结的现象时有发生。这种重复查封、冻结的现象，在社会上造成了很坏的影响，破坏了法制的统一性和严肃性，也影响了人民法院的威信。在这种查封、冻结中，有的法院总是强调自己有理，认为先查封、冻结的法院违反了法律规定，也有个别地方对后去查封、冻结财产的审判人员进行围攻，甚至予以扣留。所以，《民事诉讼法》第94条明确规定:“财产已被查封、冻结的,不得重复查封、冻结。”这一规定不但适用于人民法院审理第一审民事案件,同时也适用于人民法院审理第二审民事案件和按审判监督程序审理的案件。总之,不论在哪一个诉讼阶段,财产已被查封、冻结的,都不得再重复查封、冻结。

○ 国家知识产权局如何协助法院进行财产保全?

《最高人民法院对国家知识产权局关于如何协助执行法院财产保全裁定的函的答复意见》(〔2000〕法知字第3号函)中指出:专利权作为无形财产,可以作为人民法院财产保全的对象。人民法院对专利权进行财产保全,应当向国家知识产权局送达协助执行通知书,写明要求协助执行的事项,以及对专利权财产保全的期限,并附人民法院作出的裁定书。根据《中华人民共和国民事诉讼法》第93条、第103条的规定,国家知识产权局有义务协助执行人民法院对专利权财产保全的裁定。

国家知识产权局的函中提出的具体意见第2条中拟要求人民法院提交“中止程序请求书”似有不妥。依据人民法院依法作出的财产保全民事裁定书和协助执行通知书,国家知识产权局即承担了协助执行的义务,在财产保全期间应当确保专利申请权或者专利权的法律状态不发生变更。在此前提下,国家知识产权局可以依据《专利法》和《专利审查指南》规定的程序,并根据法院要求协助执行的具体事项,自行决定中止有关专利程序。

根据《最高人民法院关于适用〈中华人民共和国民事诉讼法〉若干问题的意见》第102条规定,对出质的专利权也可以采取财产保全措施,但质权人有优先受偿权。至于专利权人与被许可人已经签订的独占实施许可合同,则不影响专利权人的权利状态,也可以采取财产保全。

国家知识产权局协助人民法院对专利权进行财产保全的期限为6个月，到期可以续延。如到期未续延，该财产保全即自动解除。

○ 人民法院如何对商标权进行财产保全？

最高人民法院在《关于人民法院对注册商标权进行财产保全的解释》中对商标权的财产保全作出规定，指出：人民法院根据《民事诉讼法》有关规定采取财产保全措施时，需要对注册商标权进行保全的，应当向国家工商行政管理总局商标局（以下简称商标局）发出协助执行通知书，载明要求商标局协助保全的注册商标的名称、注册人、注册证号码、保全期限以及协助执行保全的内容，包括禁止转让、注销注册商标、变更注册事项和办理商标权质押登记等事项。

对注册商标权保全的期限一次不得超过6个月，自商标局收到协助执行通知书之日起计算。如果仍然需要对该注册商标权继续采取保全措施的，人民法院应当在保全期限届满前向商标局重新发出协助执行通知书，要求继续保全。否则，视为自动解除对该注册商标权的财产保全。

人民法院对已经进行保全的注册商标权，不得重复进行保全。

○ 不同法院在同一天对同一注册商标进行保全的，如何处理？

根据民事诉讼法和我院有关司法解释的规定，商标局在同一天内接到两份以上对同一注册商标进行保全的协助执行通知书时，应当按照收到文书的先后顺序，协助执行在先收到的协助执行通知书；同时收到文书无法确认先后顺序时，可以告知有关法院按照《最高人民法院关于人民法院执行工作若干问题的规定（试行）》第125条关于“两个或两个以上人民法院在执行相关案件中发生争议的，应当协商解决。协商不成的，逐级报请上级法院，直至报请共同的上级法院协调处理”的规定进行协商以及报请协调处理。在有关法院协商以及报请协调处理期间，商标局可以暂不办理协助执行事宜。

○ 依据法院的生效判决办理权利人变更手续过程中，另一法院要求协助保全注册商标的，如何处理？

《最高人民法院关于人民法院执行工作若干问题的规定（试行）》第88条第1款规定，各债权人对执行标的物均无担保物权的，按照执行法院采取执行措施的先后顺序受偿。根据这一规定，对于某一法院依据已经发生法律效力的裁判文书要求商标局协助办理注册商标专用权权利人变更等手续后，另一法院对同一注册商标以保全原商标专用权人财产的名义再行保全，又无权利质押情形的，同意你局来函中提出的处理意见，即协助执行在先采取执行措施法院的裁判文书，并将协助执行的情况告知在后采取保全措施的法院。

○ 法院已经保全注册商标后，另一法院宣告其注册人进入破产程序并要协助保全该注册商标的，如何处理？

根据《中华人民共和国企业破产法》的规定，人民法院受理破产案件后。对债务人财产的其他民事执行程序必须中止。人民法院应当按照这一规定办理相关案件。在具体处理问题上，商标局可以告知审理破产案件的法院有关注册商标已被保全的情况，由该法院通知在先采取保全措施的法院自行解除保全措施。你局收到有关解除财产保全措施的通知后，应立即协助执行审理破产案件法院的裁定。商标局也可以告知在先采取保全措施的法院有关商标注册人进入破产程序的情况，由其自行决定解除保全措施。

所涉及的具体案件，可按照上述意见处理。

○ 专利权人或者利害关系人如何向法院提出诉前责令被申请人停止侵犯专利权行为的申请？

《最高人民法院关于对诉前停止侵犯专利权行为适用法律问题的若干规定》（法释〔2001〕20号）中规定：

第一，根据《专利法》第61条的规定，专利权人或者利害关系人可以向人民法院提出诉前责令被申请人停止侵犯专利权行为的申请。提出申请的利害关系人，包括专利实施许可合同的被许可人、专利财产权利的合法继承人等。专利实施许可合同被许可人中，独占实施许可合同的被许可人可以单独向人民法院提出申请；排他实施许可合同的被许可人在专利权人不申请的情况下，可以提出申请。诉前责令停止侵犯专利权行为的申请，应当向有专利侵权案件管辖权的人民法院提出。

第二，专利权人或者利害关系人向人民法院提出申请，应当递交书面申请状；申请状应当载明当事人及其基本情况、申请的具体内容、范围和理由等事项。申请的理由包括有关行为如不及时制止会使申请人合法权益受到难以弥补的损害的具体说明。

申请人提出申请时，应当提交下列证据：

（1）专利权人应当提交证明其专利权真实有效的文件，包括专利证书、权利要求书、说明书、专利年费交纳凭证。提出的申请涉及实用新型专利的，申请人应当提交国务院专利行政部门出具的检索报告。

（2）利害关系人应当提供有关专利实施许可合同及其在国务院专利行政部门备案的证明材料，未经备案的应当提交专利权人的证明，或者证明其享有权利的其他证据。排他实施许可合同的被许可人单独提出申请的，应当提交专利权人放弃申请的证明材料。专利财产权利的继承人应当提交已经继承或者正在继承的证据材料。

（3）提交证明被申请人正在实施或者即将实施侵犯其专利权的

行为的证据，包括被控侵权产品以及专利技术与被控侵权产品技术特征对比材料等。

第三，人民法院作出诉前停止侵犯专利权行为的裁定事项，应当限于专利权人或者利害关系人申请的范围。

第四，申请人提出申请时应当提供担保，申请人不提供担保的，驳回申请。当事人提供保证、抵押等形式的担保合理、有效的，人民法院应当准予。人民法院确定担保范围时，应当考虑责令停止有关行为所涉及产品的销售收入，以及合理的仓储、保管等费用；被申请人停止有关行为可能造成的损失，以及人员工资等合理费用支出；其他因素。在执行停止有关行为裁定过程中，被申请人可能因采取该项措施造成更大损失的，人民法院可以责令申请人追加相应的担保。申请人不追加担保的，解除有关停止措施。停止侵犯专利权行为裁定所采取的措施，不因被申请人提出反担保而解除。

人民法院接受专利权人或者利害关系人提出责令停止侵犯专利权行为的申请后，经审查符合条件的，应当在48小时内作出书面裁定；裁定责令被申请人停止侵犯专利权行为的，应当立即开始执行。人民法院在前述期限内，需要对有关事实进行核对的，可以传唤单方或双方当事人进行询问，然后再及时作出裁定。人民法院作出诉前责令被申请人停止有关行为的裁定，应当及时通知被申请人，至迟不得超过5日。

当事人对裁定不服的，可以在收到裁定之日起10日内申请复议一次。复议期间不停止裁定的执行。人民法院对当事人提出的复议申请应当从以下方面进行审查：①被申请人正在实施或即将实施的行为是否构成侵犯专利权；②不采取有关措施，是否会给申请人合法权益造成难以弥补的损害；③申请人提供担保的情况；④责令被申请人停止有关行为是否损害社会公共利益。专利权人或者利害关系人在人民法院采取停止有关行为的措施后15日内不起诉的，人民法院解除裁定采取的措施。申请人不起诉或者申请错误造成被申请人损失，被申请人可以向有管辖权的人民法院起诉请求申请人赔偿，也可以在专利权人或者利害关系人提起的专利权侵权诉讼中提出损害赔偿的请求，人民法院可以一并处理。

停止侵犯专利权行为裁定的效力，一般应维持到终审法律文书生效时止。人民法院也可以根据案情，确定具体期限。期限届满时，根据当事人的请求仍可作出继续停止有关行为的裁定。被申请人违反人民法院责令停止有关行为裁定的，依照《民事诉讼法》第102条规定处理。

人民法院执行诉前停止侵犯专利权行为的措施时，可以根据当事人的申请，参照《民事诉讼法》第74条的规定，同时进行证据保全。人民法院可以根据当事人的申请，依照《民事诉讼法》第92条、第93条的规定进行财产保全。

专利权人或者利害关系人向人民法院提起专利侵权诉讼时，同时提出先行停止侵犯专利权行为请求的，人民法院可以先行作出裁定。诉前停止侵犯专利权行为的案件，申请人应当按照《人民法院诉讼收费办法》及其补充规定交纳费用。

○ 何种情况下，应解除财产保全？

财产保全是因一方当事人的行为或客观原因而出现危及判决执行的情形而采取的一项措施，当这些原因消失时，财产保全措施就应及时解除。

根据《民事诉讼法》第95条、第93条的规定，有下列情形之一的，应予解除财产保全措施：

第一，诉前财产保全的申请人在法定期限内不起诉的，人民法院应裁定解除财产保全。法定期限即指申请人在人民法院采取保全措施后15日内起诉，不起诉的人民法院应当解除财产保全。

第二，被申请人提供担保的，人民法院应当裁定解除财产保全。被申请人提供担保，人民法院认为此种担保可以满足申请人权利请求，使人民法院将来的生效判决消除了不能执行或难以执行的情形，财产保全措施已无意义，因此应当裁定解除财产保全。提供担保，即可以是保证人担保，也可采用实物、现金、有价证券担保。保证人应向人民法院出具证明保证金额的保证书，经人民法院审查并作出处理意见。保证人提供担保后，被申请人败诉时不能履行义务的，担保人应承担连带责任，人民法院可以直接裁定执行保证人在其保证范围内的财产。被申请人提供担保后，采取保全措施的法律条件不复存在，经人民法院审查属实后，应当解除财产保全。

此外，财产保全申请人撤回财产保全申请的，人民法院原则上应当解除财产保全。

人民法院裁定采取财产保全措施后，除作出保全裁定的人民法院自行解除和其上级人民法院决定解除外，在财产保全期限内，任何单位都不得解除保全措施。诉讼中的财产保全裁定的效力一般应维持到生效的法律文书执行时止。在诉讼过程中，需要解除保全措施的，人民法院应及时作出裁定，解除保全措施。

○ 申请财产保全错误的，申请人是否应当赔偿被申请人的财产损失？

财产保全是人民法院在诉前或未决诉讼中，对被申请人的财产采取的强制性措施，以限制被申请人对该财产的使用和处分。同时，在一段时间里，被申请人也无法对财产实施管理、维护、保养、使用的权利，其本身的价值无法实现，并可能发生自然性损耗，这必然给被申请人带来一定的财产损失。因此，《民事诉讼法》第96条规定，如果由于申请人错误申请所致，申请人应当赔偿被申请人因财产保全的损失。这一规定，既是对被申请人合法权益的法律保障，同时也是对申请人应当慎重对待申请的法律要求。所谓申请有错误，即申请财产保全的人不是该民事法律关系中享有权利的一方当事人或者利害关系人，因申请财产保全给被申请人造成损失。申请人申请有错误，依法应当由申请人赔偿损失。根据法律规定，申请诉讼保全和诉前保全提供担保的，申请有错误给被申请人造成损失，以申请人的担保予以赔偿。

○ 人民法院错误地依职权实施财产保全所造成的损失，法院是否应当赔偿？

对人民法院错误地依职权实施财产保全而造成的损失，民事诉讼法未规定人民法院是否应当赔偿，但从法理上说，赔偿既符合公平正义的要求，又可以促使人民法院在依职权作出保全裁定时谨慎行事。《国家赔偿法》第38条规定："人民法院在民事诉讼、行政诉讼过程中，违法采取对妨害诉讼的强制措施、保全措施或者对判决、裁定及其他生效法律文书执行错误，造成损害的，赔偿请求人要求赔偿的程序，适用本法刑事赔偿程序的规定。"这一规定明确了人民法院依职权实施保全错误同样应当给予赔偿。

但人民法院依职权采取保全措施给被申请人造成损失的情形仅限于诉讼保全。同时，因财产保全错误而造成损失时，也追究审判人员的纪律责任。人民法院审判人员故意违反法律规定采取或者解除财产保全措施，造成当事人财产损失的，给予警告至记大过处分。情节严重的，给予降级至撤职处分。采取财产保全措施有过失行为，造成严重后果的，给予警告至记大过处分。

阻挠、干扰外地人民法院依法到本地调查取证或者采取财产保全措施、执行措施、强制措施，情节严重的，给予警告至记大过处分。

○ 申请人申请保全的财产属案外人所有，被申请人应否承担赔偿责任？

人民法院根据申请人的申请依法对被申请人的财产采取必要的保全措施，是对申请人的权利进行保护。申请人应对其所提供的被保全财产的归属负责，按照《民事诉讼法》规定，申请有误的，申请人应当赔偿被申请人因此所蒙受的损失。如果所查封的财产并非被申请人所有，被申请人没有法定义务对此进行声明或告知，对错误查封的后果也不应负责任。申请人提供的财产是案外人的，对于给案外人造成的损失理应由申请人赔偿，与被申请人无关，在案外人与申请人的诉讼中不能将被申请人追回为被告。

第二节　先予执行

○ 什么是先予执行？

先予执行，是指人民法院对某些民事案件作出判决前，为解决当事人一方生活或生产的紧迫需要，根据其申请，裁定另一方当事人给付申请人一定的钱物，或者停止实施某种行为，并立即执行的诉讼制度。

一般而言，执行须以生效的判决为依据，须等到判决生效后进行，但对于有些原告人来说，如等到判决生效后才执行，他们的生活就难以维持，他们的生产或经营就会受到严重影响。有的原告起诉的目的不是要求被告给付财物，而是请求人民法院禁止被告实施一定的行为，原告的请求往往具有紧迫性，人民法院若等到判决生效后再采取禁止性措施，则为时已晚，被告的行为早已实施或实施完毕，原告将受到难以挽回的损失。

实际中存在的种种特殊情形要求人民法院把执行的时间前移，移到人民法院作出判决之前。先予执行制度正是为了保护这些有特殊需要的原告的合法权益而设置的，它可以救原告的燃眉之急，可以在满足原告诉讼请求的判决生效前就实现其内容。

○ 哪些案件中当事人可以申请先予执行？

先予执行这一诉讼制度，是针对特定案件的特殊情况确立的，不是对任何民事案件在任何情况下都可以适用。因此，适用先予执行必须严格依照法律规定，否则不仅达不到先予执行的目的，反而会损害另一方当事人的合法权益，甚至为案件判决后的执行带来障碍。根据《民事诉讼法》第97条规定，人民法院对下列案件，根据当事人的申请，可以裁定先予执行：

1. 追索赡养费、扶养费、抚育费、抚恤金、医疗费用的

追索赡养费案件，一般是指生父母养父母要求子女赡养的案件，或者是祖父母、外祖父母要求孙子女、外孙子女赡养的案件。

追索扶养费的案件，一般是指夫妻之间要求对方扶养的案件。

追索抚育费的案件。主要是子女要求父母抚育的案件；失去父母的孙子女、外孙子女要求祖父母或外祖父母抚育的案件；失去父母或父母无力抚育的弟妹，要求兄、姐抚育的案件。

追索抚恤金的案件。主要是因死亡职工直系亲属向死亡者生前所在单位要求给付抚恤金的案件。

追索医疗费用的案件，一般是因损害赔偿引起的被害人向加害人要求给付医疗费用的案件。

2. 追索劳动报酬的

追索劳动报酬的案件，一般指城镇职工、农村社员向本单位、生产队追索劳动工资、工分；承包工、雇工、保姆向包工头、雇主追索劳动报酬的案件。

3. 因情况紧急需要先予执行的

这是关于先予执行的弹性规定。具体哪些案件情况紧急需要先予执行，人民法院结合案件的具体情况和先予执行的条件，在实践中确定。为保证司法的统一，最高人民法院根据《民事诉讼法》的规定和审判实践的需要，明确规定了这类案件的范围，它们包括：

(1) 需要立即停止侵害、排除妨碍的；(2) 需要立即制止某项行为的；(3) 需要立即返还用于购置生产原料、生产工具货款的；(4) 追索恢复生产、经营急需的保险理赔费的。

○ 先予执行应当具备什么条件？

先予执行是判决前的执行，为防止执行内容与将来作出的判决的内容不一致而造成执行回转，防止另一方当事人的权益因先予执行不当而蒙受损失，需要严格设定先予执行的条件。

根据《民事诉讼法》第98条规定，先予执行应当具备以下条件：

1. 当事人之间权利义务关系明确

先予执行的前提是双方当事人之间存在明确的民事法律关系。先予执行的实质是在判决前就满足了原告的请求，它是以原告的请求在将来的判决中也会得到满足，判决的内容会与先予执行裁定的内容相一致或基本相一致为逻辑前提的。这就需要原、被告之间存在明确的权利义务关系。所谓当事人之间权利义务关系明确，是指当事人对各自的权利和义务关系没有争议，谁是权利的享有者，谁是义务的承担者无须法院调查核实和确认就已经明确。例如，赡养纠纷，双方当事人对他们之间的民事法律关系即父母子女关系没有争议，子女对父母未尽赡养义务的法律事实也是明确的，无须法院调查取证和当事人举证即可加以确认。如果双方对民事权利义务关系存在严重争议或权利义务根本不存在，原告是否为权利人和被告是否负有义务不甚清楚，或者彼此间负有对待给付的义务，均不符合先予执行的条件。

2. 具有先予执行的迫切需要

这是指执行对申请人来说具有紧迫性，若不立即执行，便会严重影响申请人的生活或生产经营，使申请人的生活无法维持、或者生产经营活动无法继续。这里是指严重影响，而不是一般影响，如果只是对申请人有所影响，也不应当裁定先予执行。因为先予执行是申请人在判决作出前实现了部分实体权利，如果不是有燃眉之急，就可以等待判决作出后来实现自己的权利。在这个条件中，严重影响生活，是指公民追索有关费用和劳动报酬，而严重影响生产经营，或是由于合同纠纷案件需要先予执行，一般是指法人或者其他经济组织。

3. 当事人提出申请

执行是否具有紧迫性，待判决生效后再执行是否会给原告的生活或生产经营活动造成严重不利影响，当事人本人最清楚，因此，应当由当事人来决定是否申请先予执行，人民法院只有在当事人提出申请的情况下，才能裁定先予执行，而不能依职权主动裁定先予执行。

4. 被申请人有履行能力

所谓有履行能力，是指被申请人实际上具有给付、返还或者赔偿申请人对实体权利请求的能力或应尽的义务。这一条件是考虑到先予执行的实效性和平衡双方当事人的利益而设置的。一方面，如果被申请人不是有能力履行义务而拒不履行，而是确实没有履行能力，那么，即使人民法院裁定先予执行，也无法实现。另一方面，如果对无履行能力的对方当事人采取先予执行措施，又会给被申请人的生活或生产经营活动造成严重的不利影响。所以，对不符合这一条件的被申请人，人民法院不能裁定先予执行。

○ 当事人如何提出先予执行的申请？

先予执行完全是依申请的行为，因此，先予执行程序一律开始于当事人的申请，只有在当事人提出申请后，人民法院才能裁定是否采取先予执行措施。当事人一般应用书面形式提出申请，提出申请的时间应当在人民法院受理案件后、审理终结前。在申请书中，应写明先予执行的请求、理由和根据，并说明对方当事人有履行能力的具体情况。

○ 先予执行的申请人是否要提供担保?

对符合先予执行条件的案件，人民法院还需要进一步考虑是否责令申请人提供担保。先予执行发生在作出判决之前，先予执行的内容一般是依据当事人的申请确定的，当事人的申请可能发生错误，从而导致裁定的内容与判决的内容相矛盾。出现这种情况后，需要通过执行回转来补救，但如果申请人无可执行的财产，执行回转就无法发挥补救机能，被申请人便会因此而受到不应有的损失。为避免出现这种情况，《民事诉讼法》第98条第2款规定:“人民法院可以责令申请人提供担保，申请人不提供担保的，驳回申请。”因此，对符合先予执行条件的案件，还可以责令申请人提供担保，申请人可提供银行担保或抵押物作担保。但是人民法院可以责令申请人提供担保，而不是必须提供担保。因为先予执行本来就是由于严重影响了申请人的生活或者生产经营的紧急情况下才作出裁定的，如果还必须由申请人提供财产担保，往往就难以办到，可以说等于火上加油，更增加了申请人的困难，尤其对那些追索赡养费、扶养费、抚育费、抚恤金、医疗费，以及劳动报酬的案件，在一般情况下，如果申请人无法提供担保，而又确实需要先予执行的，也应当裁定先予执行，不应当把是否提供担保作为先予执行的前置条件。至于合同纠纷案件或者需要立即制止或者实施的行为，由于先予执行带来的影响比较大，执行错了造成的后果也比较严重，所以一般需要责令申请人提供担保，申请人不提供担保的，驳回申请。

○ 人民法院如何采取先予执行措施?

经审查后，人民法院对符合条件的先予执行的申请，应及时作出先予执行的裁定，并送达双方当事人。对不符合法定条件的申请，则应裁定驳回。为保证在经济审判工作中正确适用先予执行，最高人民法院在严格执行民事诉讼法规定中要求：先予执行的裁定，须由当事人提出书面申请，并经人民法院开庭审理后才能作出。人民法院在管辖权尚未确定的情况下，不得裁定先予执行。人民法院对当事人申请先予执行的案件，只有在案件的基本事实清楚，当事人间的权利义务关系明确，被申请人负有给付、返还或赔偿义务，先予执行的财产为申请人生产、生活所急需，不先予执行会造成更大损失的情况下，才能采取先予执行措施。

先予执行，人民法院应当在受理案件后终审判决作出前采取。先予执行应当限于当事人诉讼请求的范围，并以当事人的生活、生产经营的急需为限。裁定一经送达当事人，即发生法律效力，直至人民法院对案件所作的判决生效。当事人对裁定不服的，不得提起上诉，但可以申请复议一次，复议期间不停止裁定的执行。对当事人提出的复议申请，人民法院应及时审查，裁定正确的，通知驳回，裁定不当的，重新裁定变更或撤销原裁定。

人民法院采取先予执行措施后，申请先予执行的当事人申请撤诉的，人民法院应当及时通知对方当事人、第三人或有关的案外人。在接到通知至准予撤诉的裁定送达前，对方当事人、第三人及有关的案外人，对撤诉提出异议的，应当裁定驳回撤诉申请。

○ 先予执行错误的，如何处理？

在先予执行裁定的内容与判决结果相一致的情况下，自然不会发生补救问题，但如果申请人败诉或者虽未败诉但判决给付的数额小于先予执行的数额，那就意味着申请人通过先予执行所取得的利益已失去了法律依据，而对方当事人却因此而蒙受了损失。对此，需要通过返还与赔偿进行补救。因此，《民事诉讼法》第98条第2款规定，申请人败诉的，应当赔偿被申请人因先予执行遭受的财产损失。人民法院应当依据发生法律效力的判决，裁定申请人返还因先予执行所取得的全部或部分利益，如申请人拒不返还，则由人民法院强制执行。如果返还利益尚不足以弥补被申请人的损失，申请人还应当赔偿损失。适用先予执行的案件大多为财产给付方面的诉讼，即使执行错了，一般都能够通过返还和赔偿进行补救。

受诉人民法院院长或者上级人民法院发现采取先予执行措施确有错误的，应当按照审判监督程序立即纠正。同时，审判人员还应承担错案责任。根据《人民法院审判纪律处分办法（试行）》的规定，先予执行错误，造成当事人或者案外人的财产损失的，给予警告至记大过处分。

挪用、截留、私分、侵吞被执行财产的，给予警告至记大过处分。情节严重的，给予降级至开除处分。

向被执行人通风报信，使其转移、隐匿、变卖被执行财产，逃避执行的，给予警告至记大过处分。

阻挠、干扰外地人民法院依法到本地调查取证或者采取财产保全措施、执行措施、强制措施，情节严重的，给予警告至记大过处分。

○ 对财产保全、先予执行的裁定提出复议的，是否停止裁定的执行？

财产保全和先予执行虽然涉及当事人的实体权利，但由于它是诉讼进行中采取的暂时性措施，并不最终确定财产归属和对于权利义务关系的认定，并且具有诉讼中的紧迫性。因此，本法规定可以用裁定方式予以解决。

对财产保全或先予执行的裁定，一经作出，便具有法律效力，对这种裁定，当事人不能提起上诉。同时，为了切实保护双方当事人的合法效益，对于人民法院作出的财产保全和先予执行的裁定，准许当事人申请复议一次。

复议，是由原作出裁定的审判组织，对当事人的申请事项及申请理由，再次进行审查。复议期间，不停止裁定的执行。

申请复议，是法律赋予当事人的权利，当事人申请复议，应当提出理由和书面申请书，在复议期间，人民法院不停止裁定的执行。

对当事人不服财产保全、先予执行裁定提出的复议申请，人民法院应及时审查。裁定正确的，通知驳回当事人的申请；裁定不当的，作出新的裁定变更或者撤销原裁定。复议结果，是维持原裁定，还是撤销原裁定，由作出裁定的人民法院答复当事人。复议只能申请一次，如果当事人对人民法院复议后的结果仍旧不服，也不能再申请复议。

第七章　期间、送达、强制措施

第一节　期　　间

○ 什么是法定期间？

法定期间，是指法律明文规定的期间，既包括《民事诉讼法》规定的期间，也包括其他法律、法规规定当事人完成一定诉讼行为的期间。法定期间是由法律直接规定的期间，不由当事人协商，也不能由人民法院任意变更，所以法定期间也叫不变期间。人民法院、当事人及其他诉讼参与人必须在法律规定的期限内完成某项诉讼行为，才具有法律效力，否则没有法律效力。人民法院违反了法定期间就是违法，应当承担相应的责任。当事人如果违反法定期间，就会丧失进行这种诉讼行为的权利，甚至会引起诉讼的终结。例如：《民事诉讼法》第147条规定："当事人不服地方人民法院第一审判决的，有权在判决书送达之日起十五日内向上一级人民法院提起上诉。当事人不服地方人民法院第一审裁定的，有权在裁定书送达之日起十日内向上一级人民法院提起上诉。"这说明，当事人或其法定代理人不服第一审人民法院所作判决，必须在接到判决书后的15天内提起上诉；不服第一审人民法院所作裁定，必须在接到裁定书后的10天内提起上诉，其上诉行为才具有法律效力，才能引起第二审程序的发生。如果超过了15天或10天的期限，当事人就失去了上诉权。

○ 什么是指定期间？

指定期间，是法律没有规定，人民法院根据案件的具体情况和审理案件的需要，依职权指定当事人和其他诉讼参与人在一定期限内进行一定的诉讼行为。指定期间是相对于法定期间而言的，是法定期间的补充。如人民法院规定当事人在某日内补交诉讼材料，确定某时开庭或某时宣判，鉴定人员在规定的期限内作出鉴定结论，判决书、裁定书中指定送还某财物或完成某种诉讼行为的期间，都属于指定期间。对于指定期间，人民法院不仅有权决定期限的长短，而且可以根据当事人的申请予以延长或者变更。如人民法院指定当事人在一定期限内向人民法院提出有关证据，由于某种原因，当事人在指定的期间未能提供，向人民法院说明情况后，申请延期提供。人民法院认为确有理由，同意其延期提供。由于指定期间是人民法院根据具体情况确定的，出现了特殊情况还可以变更，因此，指定期间也称可变期间。尽管指定期间可以变更，但是，期间一经人民法院指定，不得随意变更。轻易变更指定期间，不仅不利于当事人安排生产和工作，不利于诉讼活动的进行，造成人力、物力的浪费，而用也有损于人民法院执法的严肃性。这就要求人民法院在指定期间时，充分考虑各方面的实际情况，指定的期间合理、可行，确因情况发生变化，需要变更指定期间的，应当将变更的情况及时通知当事人和其他诉讼参与人。

○ 期间从何日开始计算？

《民事诉讼法》第75条第2款规定：“期间以时、日、月、年计算。期间开始的时和日，不计算在期间内。”为了更好地保护当事人的诉讼权利，《最高人民法院关于适用〈中华人民共和国民事诉讼法〉若干问题的意见》第79条规定："依照民事诉讼法第七十五条第二款规定，民事诉讼中以日计算的各种期间均从次日起算。"

例如《民事诉讼法》第92条第3款规定了人民法院接受当事人诉讼保全申请后，对情况紧急的，必须在48小时内作出裁定，并开始执行。这里，人民法院接到当事人申请的这个小时，不计算在48小时之内，而是从接到申请后的那个小时开始计算。又如：当事人接到第一审法院判决书的15日内，有权提起上诉。这里，当事人接到判决书的当天不计算在15天内，而是从接到判决书的第二天起计算。例如，当事人于2002年5月10日接到第一审判决书，上诉期为15日，其具体上诉期为2002年5月11日至2002年5月25日，即2002年5月10日接受送达的这一天不计算在上诉期间内。

○ 以日计算期间的，如何确定截止日期？

以日计算的，以期间届满的最后一日为期间终期。期间届满的最后一天是节假日的，以节假日后的第一日为期间届满的日期。

这里的节假日是指星期六、星期日、法定节日，包括元旦、春节、五一节、国庆节。根据2007年12月14日国务院修订发布的《全国年节及纪念日放假办法》的规定，全体公民放假的节日：1）新年，放假1天（1月1日）；（2）春节，放假3天（农历除夕、正月初一、初二）；（3）清明节，放假1天（农历清明当日）；4）劳动节，放假1天（5月1日）；（5）端午节，放假1天（农历端午当日）；（6）中秋节，放假1天（农历中秋当日）；（7）国庆节，放假3天（10月1日、2日、3日）。

部分公民放假的节日及纪念日：（1）妇女节（3月8日），妇女放假半天；（2）青年节（5月4日），14周岁以上的青年放假半天；（3）儿童节（6月1日），不满14周岁的少年儿童放假1天；（4）中国人民解放军建军纪念日（8月1日），现役军人放假半天。

少数民族习惯的节日，由各少数民族聚居地区的地方人民政府，按照各该民族习惯，规定放假日期。

二七纪念日、五卅纪念日、七七抗战纪念日、九三抗战胜利纪念日、九一八纪念日、教师节、护士节、记者节、植树节等其他节日、纪念日，均不放假。

如果适逢星期六、星期日，应当在工作日补假。部分公民放假的假日，如果适逢星期六、星期日，则不补假。

例如，如有一方当事人收到人民法院送达的第一审判决书的日期是4月16日，这一天不计算在期间内，从4月17日开始计算上诉期间到5月1日满15天，由于五一节是法定节日，应以五一节后的第一日即5月4日为上诉期间届满的日期，如果5月4日又是星期日，应以5月5日为上诉期间届满的日期。

○ 以月、年计算期间的，如何确定截止日期？

期间以月、年计算的，期间届满日期，应当是截止那个月的相应于开始的那一天，如果没有相应开始的那一天的，那个月的最后一天，就是期间届满的日期。

○ 期间是否包括文书的在途时间？

《民事诉讼法》第75条第4款规定：“期间不包括在途时间，诉讼文书在期满前交邮的，不算过期。”在途期间是人民法院送达诉讼文书在路途所用的时间。当事人距离法院的路途有近有远。对在受诉法院辖区内的当事人，可以直接送达。对在外省市的当事人送达诉讼文书，所需时间必定要长。因此计算诉讼期间，应把诉讼文书在途期间扣除。诉讼文书在期满前交邮的，不算过期。也就是说，诉讼文书在期限届满之日邮局停止营业前交付邮寄的，即使在期间届满以后才收到也不算过期，交邮时是否过期以收件邮局的邮戳为准。如果诉讼文书不是通过邮局邮寄，而是由当事人直接送交人民法院或者委托他人递交的，应留有必要的在途时间，诉讼文书应在期间届满前交人民法院。例如，10月14日为上诉期间届满日，当事人或其法定代理人只要在10月14日将上诉状交邮局寄出，人民法院无论几天后收到上诉状，都应视为在上诉期间内提起上诉，因此，二审法院应该受理。

○ 当事人耽误了期间怎么办？

期间的耽误是指当事人或其他诉讼参与人未在法定或指定的期间内为一定行为，期间的耽误是因故意或过失造成的，则实施诉讼行为的权利随法定期间或指定期间届满而消失。当事人发生了诉讼期限的迟延，在法律上就意味着他放弃了一定的诉讼权利，由此会产生一定的法律后果。但期间的耽误如并不能归责于当事人本人，而是基于不可抗拒的事由或者其他正当理由，为保护当事人行使诉讼权利，应给予当事人救济。我国《民事诉讼法》规定的救济方法是期限的顺延。

《民事诉讼法》第76条规定："当事人因不可抗拒的事由或者其他正当理由耽误期限的，在障碍消除后的十日内，可以申请顺延期限，是否准许，由人民法院决定。"所谓不可抗拒的事由，是指当事人无力克服或者无法预防的事由，如在诉讼期间开始以后，发生地震、洪水或战争，交通中断，以致当事人无法在诉讼期间内完成所应为的诉讼行为。其他正当理由，是指除不可抗拒的事由以外的不应归责于当事人的事由，如诉讼期间开始后，当事人因患病、交通事故等原因致使无法完成应为的诉讼行为。

顺延期限的基本程序是：当事人按规定提出申请，由人民法院决定是否准许。当事人申请顺延期限，应在规定的时间内即在障碍消除后的10日内用书状提出，书状中应写明耽误期限的原因及障碍消除时间。因耽误上诉期限而申请顺延期限的，应以书状向原审人民法院提出。对当事人提出的顺延期限申请，人民法院应当认真审查，认为顺延申请有理由的，准予顺延，并通知双方当事人。如果不可抗拒的事由发生在诉讼期间届满之后，或者当事人申请的理由不正当以及当事人未能在障碍消除后10日内向人民法院提出申请顺延期间的，人民法院不应予以准许，并通知当事人。

第二节　送　　达

○ 为什么当事人要填写送达回证？

送达回证，是证明受送达人收到人民法院送达的诉讼文书的凭证。《民事诉讼法》第77条规定："送达诉讼文书必须有送达回证，由受送达人在送达回证上记明收到日期，签名或者盖章。受送达人在送达回证上的签收日期为送达日期。"送达回证对当事人、其他诉讼参与人和有关单位或者个人行使诉讼权利，履行诉讼义务，计算诉讼期限都有重要的意义。由于送达涉及受送达人的诉讼权利和实体权利，因此，法律规定必须将诉讼文书送达给受送达人后才产生一定的法律后果。一般情况下，表明受送达人已经接受了送达的根据便是送达回证。送达回证不仅能够证明人民法院是否履行了职责、完成了送达任务，还能够证明当事人是否行使了诉讼权利，履行了诉讼义务，以及是否耽误了诉讼期间，所以送达回证在送达中是必不可少的。如一审人民法院判决后，当事人是否收到判决书，何时收到判决书，都以送达回证为准，当事人在送达回证上签名，即可证明已收到判决书，签字的日期便是收到的日期，以此作为计算上诉期限的依据。

送达日期以送达回证上受送达人签收的日期为准，但在邮寄送达中，如果挂号信回执上注明的收件日期与送达回证上注明的收件日期不一致，以送达回证上注明的收件日期为送达日期。在公告送达中，因公告期满的日期即是送达日期，所以公告送达无须送达回证。

○诉讼文书应当送达给谁？

诉讼文书应当直接送达给受送达人。这种送达方式称为直接送达。直接送达是最基本的送达方式。

民事诉讼中的送达应当以直接送达为原则，凡是能够直接送达的，都应采用直接送达的方式。直接送达应当将诉讼文书交给受送达人本人，但下列情况也属于直接送达：

第一，受送达人是公民的，本人不在时交给他同住的成年家属签收。

第二，受送达人是法人或者其他组织的，应由法人的法定代表人、该组织的主要负责人或办公室、收发室、值班室等负责收件的人签收。

第三，受送达人有诉讼代理人的，可交其诉讼代理人签收。

第四，受送达人向人民法院指定代收人的，可交其代收人签收。但调解书不得送交代收人，因为调解书送达时，当事人如反悔，有权拒收，将调解书向代收人送达，当事人就无法行使这一权利。因此，调解书应向当事人本人送达。当事人本人因故不能签收的，可由其指定的代收人签收。

实践中，有些审判人员对送达工作不够重视，有的把诉讼文书交给未经受送达人委托的单位和个人签收，有的让一方当事人向另一方当事人送达传票等，不仅造成送达的拖延，延误了诉讼；有的将诉讼文书丢失或者造成人民法院不能确定诉讼文书是否送达，影响了诉讼的正常进行；有的还加剧了当事人之间的对立情绪，增加了案件审理的难度，这些问题应当引起注意。

○ 受送达人拒绝接收诉讼文书的，如何处理？

受送达人或其同住的成年家属拒收诉讼文书时，送达人可将诉讼文书留在受送达人住所，这种送达方式称为留置送达。

留置送达是针对直接送达遇到的特殊情况而规定的一种具有一定强制性的送达方式，与直接送达具有同等的法律效力。采用这种送达方式的一个前提条件是受送达人或其同住的成年家属拒收诉讼文书。

留置送达不仅适用于对公民的送达，也适用于对法人或者其他组织的送达。法人的法定代表人、其他组织的主要负责人或者该法人、组织负责收件的人拒绝接收诉讼文书的，可实行留置送达。受送达人有诉讼代理人的，如果该诉讼代理人接受受送达人的委托代其收件的，也可适用留置送达，如果该诉讼代理人没有接受委托人代其收件的委托，诉讼代理人拒绝接受诉讼文书的，不适用留置送达。

○ 当事人拒收调解书的，是否可以留置送达？

留置送达适用于调解书以外的各种诉讼文书，调解书应当直接向当事人本人送达。当事人本人因故不能签收的，可交由其指定的代收人签收。留置送达不适用于调解书的原因在于，当事人拒收调解书，就说明他已经反悔。当事人反悔时人民法院应当及时作出判决，而不得以留置送达方式强制其接收调解书。

○ 如何适用留置送达？

适用留置送达时，应首先向当事人宣传法律，讲明不接收诉讼文书不影响法院送达；尽量让当事人签收诉讼文书，如果当事人仍不签收文书时，送达人应当邀请有关基层组织或者受送达人单位的代表等见证人到场。

城市的居民委员会、街道办事处的代表，农村的村民委员会或村民小组的代表，或者受送达人所在的机关、企事业单位的代表到场后，送达人应向他们说明诉讼文书的内容，受送达人拒收的情况以及留置的根据和法律后果等，在送达回证上记明当事人拒收的原因、理由和送达日期，由送达人、在场的见证人签名或盖章，把诉讼文书留在受送达人住所，即视为送达。但是，在审判实践中，有时会遇到这种情况，由于个别当事人蛮不讲理，或者被邀请到场的人受到威胁，有关基层组织或者所在单位的代表及其他见证人不愿在送达回证上签字或盖章，根据《最高人民法院关于适用〈中华人民共和国民事诉讼法〉若干问题的意见》第82条规定，未签字、盖章不影响留置送达的效力。送达人只需将邀请什么人到场，为什么不愿签名或盖章的原因在送达回证上记明，把诉讼文书留在受送达人住所，即视为送达。

人民法院在定期宣判时，当事人拒不签收判决书、裁定书的，根据《最高人民法院关于适用〈中华人民共和国民事诉讼法〉若干问题的意见》第90条规定，在宣判笔录中记明情况，即视为送达。

○ 什么情况下需委托外地人民法院送达诉讼文书？

委托送达，是指人民法院直接送达诉讼文书有困难的，委托受送达人所在地人民法院代为送达。根据最高人民法院1993年9月25日《关于人民法院相互办理委托事项的规定》的规定：人民法院在案件审理和执行过程中，根据需要，可以委托其他人民法院代为送达。受送达人在外地，或者虽在本地但由受理案件的人民法院直接送达有困难的，可以委托送达，由受理案件的人民法院将需要送达的诉讼文书交由受送达人住所地的基层人民法院代为送达。委托送达，委托人民法院应当出具委托书，并附需要送达的诉讼文书和送达回证。委托人民法院对送达诉讼文书有特殊要求的，应当在委托书中说明。受委托送达的人民法院应当在收到委托书之日起7日内完成，并将送达回证寄回委托人民法院。因故无法送达的，应当在上述期限内函告委托人民法院。受送达人下落不明，或者诉讼文书需要由有关单位转交送达的，受理案件的人民法院不得委托其他人民法院代为送达。

人民法院互相委托代为一定的诉讼行为，不仅可以节省时间，节省人力、物力、财力，而且受委托法院在当地人熟情况熟，便于根据受送达人的具体情况做好当事人的思想工作，以利于案件的审理和裁判后的执行。人民法院接受其他人民法院的委托代为一定的诉讼行为是法律规定的义务，必须认真做好，每个人民法院都应当指派专人负责这项工作，做到收件有登记，件件有着落，准确及时完成其他人民法院委托的事项。对委托的人民法院来说，发出委托函件后经过一段时间后未收到受委托人民法院退回的送达回证或者回音，应主动与委托人民法院联系，仍无结果的，可通过受委托人民法院的上级人民法院催办，决不能不管不问。未收到受委托人民法院退回的送达回证即视为已经送达。

○ 什么情况下邮寄送达诉讼文书？

邮寄送达，是指人民法院通过邮局以双挂号信的方式向受送达人送达诉讼文书。当受送达人距离受诉的人民法院所在地较远，直接送达诉讼文书有困难的，人民法院可以把需要送达的诉讼文书通过邮局挂号邮寄给受送达人。由于送达回证是证明受送达人收到诉讼文书的重要凭证，是计算诉讼期间的重要根据，根据《最高人民法院关于适用〈中华人民共和国民事诉讼法〉若干问题的意见》第85条规定，邮寄送达应当附有送达回证。从现在邮局投递邮件的实际情况看，在一些地方投递员往往把邮件投递给单位的收发室，单位负责收件的人在挂号信回执上盖章，然后再由单位的收发员把邮件转交给收件本人，这样，邮件回执上的收件日期与收件人收到后在送达回证上注明的日期有时就不太一致。为了更好地保护当事人的诉讼权利，根据《最高人民法院关于适用〈中华人民共和国民事诉讼法〉若干问题的意见》规定，挂号信回执上注明的收件日期与送达回证上注明的收件日期不一致的，以送达回证上注明的收件日期为送达日期。但是，如果收件人在收到诉讼文书后，没有将送达回证寄回受理案件的人民法院，或者送达回证上没有注明收件日期的，人民法院即可以挂号回执上注明的收件日期为送达日期。这样规定有助于促使收件人收到诉讼文书后及时将送达回证寄回人民法院。

对现役军人邮寄送达，收件人应写该军人所在部队团以上的政治机关。对被监禁、被劳动教养的人邮寄送达，收件人应写受送达人所在监所、劳动改造、劳动教养单位，邮件内除需要送达的诉讼文书外，还应附送达回证以及人民法院致该转交单位的函件，请他们收到后立即交受送达人签收，并及时将回证退回。

○ 什么情况下由受送达人所在单位转交送达诉讼文书？

转交送达是由人民法院将诉讼文书交受送达人所在单位代收后转交给受送达人的形式。转交送达是在不便直接送达时采用的一种通讯方法。根据《民事诉讼法》第81条、第82条的规定，转交送达主要适用于以下三种情形：

第一，受送达人是军人，通过其所在部队团以上单位的政治机关转交。

第二，受送达人是被监禁人的，通过其所在的监所或者劳动改造单位转交。

第三，受送达人被劳动教养的，通过其所在劳动教养单位转交。

在上述三种情形下，代为转交的机关、单位收到诉讼文书后，为了不影响受送达人的诉讼权利，妨碍人民法院审判工作的顺利进行，必须立即交受送达人签收，这是有关单位应尽的法律义务，但转交机关将诉讼文书交受送达人仍有一个时间差，因此，根据《最高人民法院关于适用〈中华人民共和国民事诉讼法〉若干问题的意见》第87条规定，转交送达的，以受送达人在送达回证上注明的签收日期为送达日期，而不是转交机关收到诉讼文书的日期。

○ 什么情况下采用公告送达方式？

公告送达，是指人民法院以登报、张贴公告等方式告知受送达人诉讼文书的内容或通知其到人民法院领取诉讼文书。公告送达须待公告期满后，才发生送达的效力，即自发出公告之日起经过60日，便视为送达。

公告送达适用于受送达人下落不明，或者用直接送达、留置送达、委托送达、转交送达、邮寄送达等五种送达方式均无法送达的情形。可见，公告送达是一种不得已而为之的送达方式，它是为解决用其他各种方式均无法送达诉讼文书和不送达诉讼文书诉讼就无法开始或无从结束这一矛盾而设计的。

公告送达可以根据案件的情况、当事人的具体情况采用不同的公告方式，对公告送达的方式有特殊要求的，应按要求的方式进行公告，对公告的方式没有要求的，可以在人民法院的公告栏内张贴公告，或者在受送达人原来的住所地或下落不明以前的经常住所地张贴公告，也可以在报纸上刊登公告，从公告张贴、刊登之次日起，经过60日无人领受诉讼文书的，即视为送达，发生送达的法律效力。

人民法院在公告送达起诉状或上诉状副本时，应说明起诉或上诉要点，受送达人答辩逾期及逾期不答辩的法律后果；公告送达传票时，应说明出庭地点、时间及逾期不出庭的法律后果；公告送达判决书、裁定书时，应说明裁判主要内容，属于第一审判决和允许上诉裁定的，还应说明上诉的权利、上诉的期限和上诉的人民法院。公告送达应制作笔录，将公告送达的原因、方式、内容及时间记录入卷。

第三节 强制措施

○ 对哪些人可以适用拘传强制其到庭？

拘传是指在人民法院开庭审理时，对必须到庭的被告经过两次传票传唤，在其无正当理由的情况下拒不到庭时，人民法院对其依法采取措施强制其到庭。

在审判实践中，并不是对所有拒不到庭的被告都采取拘传的强制措施，拘传的对象只是必须到庭的被告，否则可以对其缺席判决而不必适用拘传的强制措施。在通常情况下，出庭并非是一项强制性义务，被告无正当理由拒不到庭，人民法院可以缺席判决。但在例外情况下，被告不到庭诉讼就无法正常进行。根据《最高人民法院关于适用〈中华人民共和国民事诉讼法〉若干问题的意见》第112条的规定，必须到庭的被告一般是指负有赡养、抚育、扶养义务和不到庭就无法查清事实的被告。

1. 不到庭无法查明案件情况的被告

所谓被告不到庭就无法查清案情是指被告不到庭就无法查清案件事实和明辨是非责任，如追索抚恤金和劳动报酬案件等。例如，原告起诉称被告曾向其借了一万元钱，附有被告亲笔写的借条，要求被告予以偿还。被告在答辩中辩称，该借款已经偿还，并附有原告亲笔写的收条。在开庭审理时，被告没有正当理由拒不到庭进行应诉，对该被告就可以采取拘传的强制措施。如果此时简单地缺席判决，则可能作出错误的判决，引起第二审程序和审判监督程序发生。

2. 负有赡养、抚养、扶养义务的被告

赡养、抚养、扶养是法律规定的具有一定人身关系的人们之间的法定义务。这种法定义务不但包括提供生活费用等经济方面的义务，还包括提供劳务上和生活上的帮助以及精神上的慰藉等项义务。因此，审理这类案件时不能对拒不到庭的被告只是采取缺席判决的方式责令其承担应尽的给付生活费等项义务，应当强制其到庭参加审判，通过开庭审判对其不履行法定义务的行为进行批评教育，使其认识到自己所应当承担的法律义务，自觉地承担起该项法律义务。

对证人、鉴定人、勘验人不能适用拘传。根据最高人民法院的司法解释，给国家、集体或他人造成损害的未成年人的法定代理人，如其必须到庭，经两次传票传唤，无正当理由拒不到庭的，也可以适用拘传。这是因为未成年子女的法定代理人，在损害赔偿案件中负有赔偿责任，这在婚姻法中已有明确规定，他们不是一般的代理人，而是有责任负责赔偿的人，实质上处在被告的地位。故可对其适用拘传。

○ 适用拘传必须具备什么条件？

根据《民事诉讼法》第100条的规定，对于必须到庭的被告，还需具备以下两个条件，才能予以拘传：

1. 须经过两次传票传唤

这是适用拘传程序上的条件。拘传涉及到对被告人身的强制，因此民事诉讼法设置了相当严格的程序，要求人民法院事先须经过两次传唤，并且是采用传票而不是口头的方式。

2. 无正当理由拒不到庭

被告不到庭应当是没有正当理由的，如果其确实有正当的理由而不能按期到庭的，人民法院应当变更到庭日期，而不能对其随意适用拘传措施。什么是正当理由，法律没有明确规定，在审判实践中，除了那种不可抗拒的自然灾害等原因可作为正当理由外，也适用于当事人在工作上、生活上的某些客观实际困难，比如本人或家属身染重病，确实为取得某种证据而延误了时间等。

○ 无独立请求权的第三人经传票多次传唤无正当理由拒不到庭，能否适用拘传？

《最高人民法院关于适用〈中华人民共和国民事诉讼法〉若干问题的意见》第112条对《民事诉讼法》第100条规定的必须到庭的被告范围作了明确的界定，对于不到庭就无法查清案情的被告，可以适用拘传，但对第三人则不能适用拘传，因为第三人和被告在诉讼中的法律地位是不同的。因第三人不到庭就无法查清案件事实的，可以通过由主张权利的一方当事人举证，或者由人民法院依职权调查取证的途径解决。

○ 人民法院如何适用拘传措施？

人民法院对必须到庭的被告采取拘传措施的程序是：先由合议庭或独任审判员提出具体意见，然后报人民法院院长批准。经院长批准后填写拘传票。拘传票要写明被拘传人的姓名、性别、住所、工作单位、拘传理由、应到庭的时间和具体处所，由制作拘传票的单位和负责人签名，将拘传票交司法警察执行。执行时，必须向被拘传人出示拘传票。在拘传前应向被拘传人说明拒不到庭的后果，如果被拘传人经教育认识到错误，并能主动到庭参加诉讼的，可以撤销拘传决定。如果经批评教育后被拘传人仍拒不到庭的，可拘传其到庭。

○ 对违反法庭规则的人，可采取哪些强制措施？

根据最高人民法院发布的《中华人民共和国人民法院法庭规则》的规定，人民法院开庭审理案件时，诉讼参与人应当遵守法庭规则，维护法庭秩序，不得喧哗、吵闹；发言、陈述和辩论，须经审判长或者独任审判员许可。公开审理的案件，公民可以旁听；根据法庭场所和参加旁听人数等情况，需要时，持人民法院发出的旁听证进入法庭。下列人员不得旁听：（1）未成年人（经法院批准的除外）；（2）精神病人和醉酒的人；（3）其他不宜旁听的人。旁听人员必须遵守下列纪律：（1）不得录音、录像和摄影；（2）不得随意走动和进入审判区；（3）不得发言、提问；（4）不得鼓掌、喧哗、哄闹和实施其他妨害审判活动的行为。新闻记者旁听应遵守本规则。未经审判长或者独任审判员许可，不得在庭审过程中录音、录像或摄影。外国人或者外国记者旁听，应当遵守本规则。对于违反法庭规则的人，审判长或者独任审判员可以口头警告、训诫，也可以没收录音、录像和摄影器材，责令退出法庭或者经院长批准予以罚款、拘留。对哄闹、冲击法庭，侮辱、诽谤、威胁、殴打审判人员等严重扰乱法庭秩序的人，依法追究刑事责任；情节较轻的，予以罚款、拘留。对违反法庭规则的人采取强制措施，由司法警察执行。

《最高人民法院关于进一步加强开庭审判活动安全保卫工作的通知》（法发〔1993〕4号）规定，对违反法庭纪律，扰乱法庭秩序的人，审判长应当及时加以制止，经劝阻仍不改正的，可以责令其退出法庭；必要时，可依法采取罚款、拘留措施；情节严重，构成犯罪的，应当依法追究刑事责任。

违反法庭规则的妨害行为是指法庭审理过程中诉讼参与人、参加旁听的人及其他案外人故意实施的违反法庭纪律、扰乱法庭秩序的行为，对此种行为根据《民事诉讼法》第101条规定，可予以训诫，责令退出法庭或予以罚款、拘留。哄闹、冲击法庭，侮辱、诽谤、威胁、殴打审判人员，这种严重扰乱法庭秩序的行为，只有在情节较轻时才认为是妨害民事诉讼的行为，否则应以犯罪论处，追究其刑事责任。

1. 训诫

训诫是指人民法院对违反法庭规则情节比较轻微的人所采取的一种强制措施。适用训诫的决定，由合议庭或独任审判员作出。训诫虽然由审判人员口头宣布，但训诫的内容须由书记员记入笔录。

2. 责令退出法庭

责令退出法庭是人民法院对违反法庭规则情节较轻微，经训诫不思己过，继续违反法庭规则的人所采取的强制措施。适用这一强制措施，由法庭作出决定，审判长或独任审判员在宣布这一措施时，应说明责令退出法庭的理由，一经宣布，该强制措施立即生效，行为人如拒不退出，司法警察可将其强行带离法庭。

3. 罚款

罚款是指人民法院责令妨害民事诉讼的人在规定的期限内向国家交一定数额的货币。《民事诉讼法》规定的罚款的限额是：对个人为人民币1万元以下，对单位为人民币1万元以上30万元以下。

4. 拘留

拘留是指人民法院决定在一定期限内限制妨害民事诉讼人的人身自由。拘留的期限为15日以下。

5. 违反法庭秩序的刑事责任

《民事诉讼法》第101条第2款规定，人民法院对哄闹、冲击法庭，侮辱、诽谤、威胁、殴打审判人员，严重扰乱法庭秩序的人，依法追究刑事责任。根据《刑法》第309条规定："聚众哄闹、冲击法庭，或者殴打司法工作人员，严重扰乱法庭秩序的，处三年以下有期徒刑、拘役、管制或者罚金。"此即关于扰乱法庭秩序罪的决定。

根据《最高人民法院关于适用〈中华人民共和国民事诉讼法〉若干问题的意见》第125条的规定，对严重扰乱法庭秩序的行为人，在追究其刑事责任时，由审理该案件的审判组织直接予以判决。在判决前，应允许当事人陈述意见或委托辩护人辩护。

○ 诉讼参与人有哪些行为时，人民法院可对其采取强制措施？

根据《民事诉讼法》第102条的规定，诉讼参与人或者其他人有下列行为之一的，人民法院可以根据情节轻重予以罚款、拘留；构成犯罪的，依法追究刑事责任：（1）伪造、毁灭重要证据，妨碍人民法院审理案件的；（2）以暴力、威胁、贿买方法阻止证人作证或者指使、贿买、胁迫他人作伪证的；（3）隐藏、转移、变卖、毁损已被查封、扣押的财产，或者已被清点并责令其保管的财产，转移已被冻结的财产的；（4）对司法工作人员、诉讼参加人、证人、翻译人员、鉴定人、勘验人、协助执行的人，进行侮辱、诽谤、诬陷、殴打或者打击报复的；（5）以暴力、威胁或者其他方法阻碍司法工作人员执行职务的；（6）拒不履行人民法院已经发生法律效力的判决、裁定的。

人民法院对有上述规定的行为之一的单位，可以对其主要负责人或者直接责任人员予以罚款、拘留；构成犯罪的，依法追究刑事责任。

根据《最高人民法院关于适用〈中华人民共和国民事诉讼法〉若干问题的意见》第124条的规定，有关单位有下列情形之一的妨害民事诉讼的行为，人民法院可以依照上述规定处理：（1）擅自转移已被人民法院冻结的存款，或擅自解冻的；（2）以暴力、威胁或者其他方法阻碍司法工作人员查询、冻结、划拨银行存款的；（3）接到人民法院协助执行通知后，给当事人通风报信，协助其转移、隐匿财产的。

对实施上述妨害诉讼的行为构成犯罪的人，应由犯罪行为发生地的人民法院管辖。追究刑事责任，应按刑事诉讼法规定的程序进行。其中属于追究拒不履行法院裁判罪的，人民法院在执行过程中，对拒不执行判决、裁定情节严重的人，可以先行司法拘留。认为行为人已构成犯罪的，将案件移送行为发生地的公安机关立案查处。

○ 有义务协助法院调查、执行的单位拒不履行协助义务的，应如何处理？

在审判实践中，有义务协助人民法院调查、执行的单位，往往由于种种原因，以各种理由和借口而拒绝协助，尤其某些掌握财物、管理档案材料、管理证明、转移手续的部门和单位，人民法院在审理案件的过程中和判决、裁定作出后，很需要这些部门和单位的支持、协助。如果这些单位拒绝协助，调查工作和判决裁定的执行就难以顺利进行。根据《民事诉讼法》第103条规定，有协助义务的单位妨害民事诉讼的行为主要有：

1. 拒绝或妨碍人民法院调查取证

调查取证权是人民法院审判权的有机组成部分，为查明案件事实，人民法院在必要时依据当事人的申请或依职权向有关单位调查取证，这主要涉及调查取证的各个单位。如向医院调查当事人的病情、病历；向房地产部门查阅房地产登记、所有权转移的有关资料；向工商行政管理部门调查法人或其他经济组织登记、管理的情况；向邮电部门查询长途电话记录、电报底稿等，凡涉及到的调查取证单位，都不能拒绝或者妨碍取证。有义务配合、协助人民法院，向人民法院提供所掌握的证据，如人为地设置障碍，以种种借口拒绝提供，就会构成妨害诉讼的行为。

2. 金融机构拒绝协助执行

人民法院为了采取财产保全措施和执行措施，常常需要了解或冻结、划拨被告人在银行等金融机构的存款。而人民法院的上述行为离不开银行等金融机构的协助。因此，《民事诉讼法》一方面赋予人民法院查询、冻结、划拨的权力，另一方面使金融机构负担起协助的义务。人民法院在需要协助时，向金融机构发出协助执行通知书，银行、信用社和其他有储蓄业务的单位（办理储蓄的邮政部门）在接到人民法院的协助执行通知书后，有义务协助人民法院查询、冻结或划拨存款，拒不协助的，构成妨害民事诉讼的行为。

3. 其他单位拒不协助人民法院执行

人民法院在执行中除了需要银行等金融机构协助外，还需要与被执行人财产有关的其他单位给予协助，如需要被执行人所在单位协助人民法院扣留被执行人的收入，需要管理证照的单位协助办理被执行财产的证照转移手续，需要保管被执行人的票证、证照或其他财产的单位协助人民法院将票证等转交给执行申请人。这里的有关单位，既有特定的协助单位，也有不确定的有关单位。如不协助扣留被执行人的收入，有可能是当事人所在单位，也可能是与其有合同关系的单位，如演出、出版单位等；而办理有关证明手续、转移有关票证、证件的单位则往往是指特定的管理、发证部门。人民法院的判决、裁定作出后，如果这些有权发证、转移证明的单位，不予发证或者办理转移证明手续，财产所有权、使用权就不能实现。这些与被执行财产有关的单位有协助人民法院执行的法律义务。因此，当人民法院向有关单位发出协助执行的通知书后，有关单位应当按通知书的要求予以协助，否则将构成妨害民事诉讼的行为。

4. 其他拒绝协助执行的行为

除法律明确规定的外，其他行为，只要在性质上属于拒绝协助人民法院执行，同样构成妨害诉讼的行为。

人民法院对有上述妨害诉讼行为的单位，除责令其履行协助义务外，并可以处以罚款。对单位的主要负责人或者直接责任人员，还可予以罚款；对仍不履行协助义务的，可以予以拘留；并可以向监察机关或者有关机关提出予以纪律处分的司法建议。

向监察机关或者有关机关提出予以纪律处分的司法建议。严格来讲，这不属于人民法院对妨害民事诉讼采取的强制措施，《民事诉讼法》也只是规定对拒绝履行协助调查、执行义务的单位的主要负责人或直接责任者可以适用。审判实践中，适用司法建议的范围广得多，如对拒不履行人民法院已经发生效力的判决、裁定的单位或个人，向其主管单位或所在单位提出司法建议，往往可以收到较好的效果。改善执法环境是一项系统的社会工程，靠人民法院单打一势单力薄，只有动员全社会的力量才能完成历史赋予的使命。

○ 对妨害民事诉讼的人进行罚款的数额有无限制？

罚款是对妨害民事诉讼的人所采取的一种经济制裁性质的强制手段,是责令行为人按照法律规定交付一定数额的金钱的强制措施。

罚款适用的范围最广。对违反法庭规则情节较轻的行为人；对符合《民事诉讼法》第102条第1款规定的六种行为之一的个人、单位及其主要负责人或者直接责任人员；对拒绝履行协助调查、执行义务的单位的主要负责人或者直接责任人员都可以适用罚款的强制措施。

根据新《民事诉讼法》第104条第1款的规定，罚款的金额，是个人的，为人民币1万元以下，是单位的，为人民币1万元以上30万元以下。人民法院根据妨害民事诉讼行为人的行为的具体情节以及所造成的危害后果决定罚款数额，人民法院对有妨害民事诉讼行为的个人，根据不同的情节，可以在1万元以下的幅度内，决定罚款的金额；对有妨害民事诉讼行为的单位，可以根据不同情况在1万元以上30万元以下，决定罚款的金额。

采取罚款这一强制措施先由合议庭或独任审判员提出意见，经院长批准，并制作罚款决定书，送达被罚款人。被罚款人对罚款决定不服的，可以在接到决定书的当日，采用口头或者书面形式，自收到罚款决定书之日起30日内向上一级人民法院申请复议一次，复议期间，不停止决定的执行。上级人民法院收到复议申请后，应在5日内作出决定，并将复议结果通知下级人民法院和当事人。如果上级人民法院经复议认为下级人民法院采取的罚款措施不当，应当制作决定书，撤销或者变更下级人民法院的罚款决定。情况紧急的，可以先行口头通知，3 日内再补发决定书。如被罚款人不在罚款决定书指定的期限内交纳罚款金额，人民法院应当强制执行。

○ 如何对妨害民事诉讼的人采取拘留措施？

拘留是人民法院对妨害民事诉讼所采取的一种最严厉的强制措施。它是对行为人在一定期间内，限制其人身自由的一种强制性手段。拘留适用的对象是严重妨害民事诉讼的个人或单位的主要负责人、直接责任者，但对不履行协助调查、执行义务的单位的主要负责人或直接责任者不适用拘留措施。在下列情况下可适用这种强制措施：一是行为人妨害民事诉讼的行为，性质比较严重，情节比较恶劣，或者造成了一定的后果，但又不够刑事处分；二是不采取拘留措施，有可能造成严重后果，或者不足以教育行为人。应当明确的是：拘留的期限为 1 日以上 15 日以下。

适用拘留的主要程序是：

第一，对诉讼参与人和其他人采取拘留措施时，应当经过人民法院院长的批准，制作拘留决定书。拘留决定书要当场送达给被拘留人签字，同时实施拘留。如果诉讼参与人或者其他人哄闹、冲击法庭、用暴力、胁迫等方法抗拒执行公务或者具有其他妨害民事诉讼的紧急情况，需要立即采取拘留措施的，也可以由审判人员决定立即实施拘留措施。拘留措施实施后，应当立即将情况报告院长、补办批准手续。院长认为采取拘留措施不当而不予批准的，应当立即解除拘留措施。

第二，采取拘留措施后，由司法警察将被拘留人送交当地公安机关看管。被拘留人不在本院辖区的，作出拘留决定的人民法院应当派人到被拘留人居住地的人民法院，请求人民法院协助执行。受委托的人民法院应派人到执行现场，共同对被执行人实行拘留，并负责联系将被拘留人交由当地公安机关看管。不能将在外地的被拘留人带离其所在地进行异地拘留。因为拘留的目的就是为了维护法庭秩序保证诉讼活动的正常进行，将妨害诉讼程序的人实行就地拘留，已达到目的。将被拘留人异地拘留既增加了人民法院的工作量，也给被拘留人加重负担。而且将当事人异地拘留会给当事人一种心理压力，有些人民法院往往试图通过拘留方法解决一些审判工作或者执行工作中的问题，这就超出了法律规定司法拘留的作用。因此，不能以拘留方式迫使当事人应诉、举证、承担法律责任或者代替执行工作。

第三，被拘留人在拘留期间认错悔改的，可以责令其具结悔过，提前解除拘留。提前解除拘留应报经院长批准，并作出提前解除拘留决定书，交负责看管的公安机关执行。

○ 罚款和拘留是否可以同时适用？

根据《民事诉讼法》的规定和最高人民法院的司法解释，罚款和拘留可以单独适用，也可以合并适用。对同一妨害民事诉讼行为采取拘留等强制措施只能适用一次，不能连续适用。例如，当事人拒不履行人民法院已发生法律效力的判决，对当事人予以拘留，拘留期满应当解除拘留，不能因为当事人在拘留期间还没有执行判决就连续拘留。但是，如果同一当事人再次发生妨害民事诉讼的行为，对新发生的行为可以再次适用强制措施。例如前例中的当事人在解除拘留后，人民法院再次向其发出执行通知，该当事人再一次拒不执行人民法院的生效判决，可以再次对其适用拘留。

被罚款、拘留的人不服罚款、拘留决定的，可以向上一级人民法院申请复议一次，复议期间不停止决定的执行。上级人民法院收到当事人的复议申请后应在10日内作出决定，并将复议结果通知下级人民法院和当事人。上级人民法院复议时认为强制措施不当应制作决定书，撤销或变更下级人民法院的拘留、罚款决定。情况紧急的，可以在口头通知后3日内发出决定书。

○ 以扣押人质或财产追索债务的，应如何处理？

对妨害民事诉讼的行为人和单位适用排除妨害的强制措施，是人民法院在执行审判任务中依法采取的，也是为保证民事诉讼的顺利进行所必须具有的职权，其他任何单位、任何个人都无权作出适用这些强制措施的决定。实践中，有些单位、个人为追索债务，而拘禁他人、扣留“人质”，以及私自扣押他人财产的行为都是违法行为，应当追究其法律责任。为此，《民事诉讼法》第106条规定，任何单位和个人非法拘禁他人或者非法扣押他人财产追索债务的，应当依法追究刑事责任，或者予以拘留、罚款。

《最高人民法院关于坚决纠正和制止以扣押人质方式解决经济纠纷的通知》（法〔1994〕130号）中指出：严禁以扣押人质的办法解决和执行经济纠纷案件。在审理和执行经济纠纷案件过程中，非法扣押人质，不仅违背了程序法的规定，破坏了正常的审判、执行秩序，而且严重侵犯了公民的人身自由权，必须坚决禁止。

非法拘禁他人或者非法私自扣押他人财产追索债务的，如果情节轻微，不构成犯罪的，由人民法院予以拘留、罚款。这里应当明确两点：一是上述行为若发生在诉讼过程中，如果情节轻微不构成犯罪，由人民法院适用《民事诉讼法》对妨害民事诉讼的强制措施的有关规定对行为人实施拘留、罚款。二是如果上述行为不是发生在民事诉讼过程中，或者虽发生在诉讼过程中但需追究刑事责任，人民法院就不能按妨害民事诉讼来采取强制措施，而应由有关部门依法处理。

采取非法拘禁他人或者非法私自扣押他人财产追索债务的行为，情节严重的，应依《刑法》之规定追究刑事责任。非法拘禁罪，是指以拘、押、禁闭或者其他强制方法，非法剥夺他人人身自由的行为。根据《刑法》第238条第1款、第2款的规定，犯非法拘禁罪的，处三年以下有期徒刑、拘役、管制或者剥夺政治权利。具有殴打、侮辱情节的，从重处罚。犯非法拘禁罪致人重伤的，处三年以上十年以下有期徒刑；致人死亡的，处十年以上有期徒刑。国家机关工作人员利用职权犯非法拘禁罪的，从重处罚。

第八章　诉讼费用

○ 民事诉讼中为什么要收诉讼费用？

诉讼费用是指人民法院依据国家法律，按规定的项目和标准，向提起诉讼的当事人收取的案件受理费、申请费和其他诉讼费用。

在民事诉讼中实行诉讼收费制度，具有以下几方面的意义：

第一，收取诉讼费用，可减少国家不合理的开支。民事纠纷是当事人之间的民事权利义务之争，审理民事案件所支出的费用理当由当事人负担。如果当事人为了自身的利益进行诉讼，而由国家承担诉讼费用，实际上是由整个社会来为少数人负担不合理的开支，势必给国家利益造成损失。

第二，收取诉讼费用，可以约束当事人无理缠讼，防止当事人滥用诉权。

第三，收取诉讼费用，有利于加强群众的法制观念，促使当事人自觉地履行义务。诉讼费用原则上采取败诉人负担的原则，这对于违反法律规定，给对方造成损失的当事人具有经济制裁的作用。向当事人征收诉讼费用，有利于促使当事人自觉遵守法律，自动履行义务。

第四，收取诉讼费用，有利于维护国家的主权和经济利益。目前，世界各国对民事诉讼普遍实行收费制度，如果我国没有相应的诉讼收费制度，就会使国家在经济上遭受损失，有损于国家的尊严和国际交往中的平等互惠原则。

○ 案件受理费的收费标准是多少?

案件受理费，是指人民法院决定受理案件后，按照有关规定向当事人征收的费用。除法律另有规定外，原则上所有的民事案件都要征收案件受理费。《诉讼费用交纳办法》第7条规定:“案件受理费包括:(一)第一审案件受理费;(二)第二审案件受理费;(三)再审案件中，依照本办法规定需要交纳的案件受理费。”第9条规定:“根据民事诉讼法和行政诉讼法规定的审判监督程序审理的案件,当事人不交纳案件受理费。但是，下列情形除外:(一)当事人有新的证据，足以推翻原判决、裁定，向人民法院申请再审，人民法院经审查决定再审的案件;(二)当事人对人民法院第一审判决或者裁定未提出上诉，第一审判决、裁定或者调解书发生法律效力后又申请再审,人民法院经审查决定再审的案件。”第8条规定:“下列案件不交纳案件受理费:(一)依照民事诉讼法规定的特别程序审理的案件;(二)裁定不予受理、驳回起诉、驳回上诉的案件;(三)对不予受理、驳回起诉和管辖权异议裁定不服，提起上诉的案件;(四)行政赔偿案件。”

根据《诉讼费用交纳办法》第13条规定，案件受理费分别按照下列标准交纳:

(一)财产案件根据诉讼请求的金额或者价额，按照下列比例分段累计交纳:

1. 不超过1万元的，每件交纳50元;
2. 超过1万元至10万元的部分，按照2.5%交纳;
3. 超过10万元至20万元的部分，按照2%交纳;
4. 超过20万元至50万元的部分，按照1.5%交纳;
5. 超过50万元至100万元的部分，按照1%交纳;
6. 超过100万元至200万元的部分，按照0.9%交纳;

7. 超过200万元至500万元的部分，按照0.8%交纳；

8. 超过500万元至1000万元的部分，按照0.7%交纳；

9. 超过1000万元至2000万元的部分，按照0.6%交纳；

10. 超过2000万元的部分，按照0.5%交纳。

（二）非财产案件按照下列标准交纳：

1. 离婚案件每件交纳50元至300元。涉及财产分割，财产总额不超过20万元的，不另行交纳；超过20万元的部分，按照0.5%交纳。

2. 侵害姓名权、名称权、肖像权、名誉权、荣誉权以及其他人格权的案件，每件交纳100元至500元。涉及损害赔偿，赔偿金额不超过5万元的，不另行交纳；超过5万元至10万元的部分，按照1%交纳；超过10万元的部分，按照0.5%交纳。

3. 其他非财产案件每件交纳50元至100元。

（三）知识产权民事案件，没有争议金额或者价额的，每件交纳500元至1000元；有争议金额或者价额的，按照财产案件的标准交纳。

（四）劳动争议案件每件交纳10元。

（五）行政案件按照下列标准交纳：

1. 商标、专利、海事行政案件每件交纳100元；

2. 其他行政案件每件交纳50元。

（六）当事人提出案件管辖权异议，异议不成立的，每件交纳50元至100元。

省、自治区、直辖市人民政府可以结合本地实际情况在上述第（二）项、第（三）项、第（六）项规定的幅度内制定具体交纳标准。

○ 申请执行、财产保全等申请费的收费标准是多少？

申请费，是指当事人申请适用特殊程序而向人民法院交纳的费用。《诉讼费用交纳办法》第10条规定："当事人依法向人民法院申请下列事项，应当交纳申请费：（一）申请执行人民法院发生法律效力的判决、裁定、调解书，仲裁机构依法作出的裁决和调解书，公证机构依法赋予强制执行效力的债权文书；（二）申请保全措施；（三）申请支付令；（四）申请公示催告；（五）申请撤销仲裁裁决或者认定仲裁协议效力；（六）申请破产；（七）申请海事强制令、共同海损理算、设立海事赔偿责任限制基金、海事债权登记、船舶优先权催告；（八）申请承认和执行外国法院判决、裁定和国外仲裁机构裁决。"

根据《诉讼费用交纳办法》第14条的规定，申请费分别按照下列标准交纳：

（一）依法向人民法院申请执行人民法院发生法律效力的判决、裁定、调解书，仲裁机构依法作出的裁决和调解书，公证机关依法赋予强制执行效力的债权文书，申请承认和执行外国法院判决、裁定以及国外仲裁机构裁决的，按照下列标准交纳：

1. 没有执行金额或者价额的，每件交纳50元至500元。

2. 执行金额或者价额不超过1万元的，每件交纳50元；超过1万元至50万元的部分，按照1.5%交纳；超过50万元至500万元的部分，按照1%交纳；超过500万元至1000万元的部分，按照0.5%交纳；超过1000万元的部分，按照0.1%交纳。

3. 符合《民事诉讼法》第55条第4款规定，未参加登记的权利人向人民法院提起诉讼的，按照本项规定的标准交纳申请费，不再交纳案件受理费。

（二）申请保全措施的，根据实际保全的财产数额按照下列标准交纳：

财产数额不超过1000元或者不涉及财产数额的，每件交纳30元；超过1000元至10万元的部分，按照1%交纳；超过10万元的部分，按照0.5%交纳。但是，当事人申请保全措施交纳的费用最多不超过5000元。

（三）依法申请支付令的，比照财产案件受理费标准的1/3交纳。

（四）依法申请公示催告的，每件交纳100元。

（五）申请撤销仲裁裁决或者认定仲裁协议效力的，每件交纳400元。

（六）破产案件依据破产财产总额计算，按照财产案件受理费标准减半交纳，但是，最高不超过30万元。

（七）海事案件的申请费按照下列标准交纳：

1. 申请设立海事赔偿责任限制基金的，每件交纳1000元至1万元；

2. 申请海事强制令的，每件交纳1000元至5000元；

3. 申请船舶优先权催告的，每件交纳1000元至5000元；

4. 申请海事债权登记的，每件交纳1000元；

5. 申请共同海损理算的，每件交纳1000元。

○ 除案件受理费和申请费外，还有哪些费用需要当事人交纳？

其他诉讼费用，是指人民法院在审理案件时实际支出的，依法应当由当事人负担的费用。《民事诉讼法》第107条规定：财产案件除交纳案件受理费外，并按照规定交纳其他费用。其他诉讼费用主要包括以下几种：

1. 证人、鉴定人、翻译人员、理算人员在人民法院决定日期出庭的交通费、住宿费、生活费和误工补贴费。

《诉讼费用交纳办法》第11条规定："证人、鉴定人、翻译人员、理算人员在人民法院指定日期出庭发生的交通费、住宿费、生活费和误工补贴，由人民法院按照国家规定标准代为收取。当事人复制案件卷宗材料和法律文书应当按实际成本向人民法院交纳工本费。"证人应当在人民法院决定的日期出庭作证，但证人因出庭作证误工造成的损失和必要的差旅费也应得到补偿。误工补贴，通常是按照当地同行业人员的平均工资来决定。差旅费包括交通费、住宿费、生活费等，按实际支出进行计算。

2. 鉴定、公告、勘验、翻译、评估、拍卖、变卖等费用

《诉讼费用交纳办法》第12条规定：“诉讼过程中因鉴定、公告、勘验、翻译、评估、拍卖、变卖、仓储、保管、运输、船舶监管等发生的依法应当由当事人负担的费用，人民法院根据谁主张、谁负担的原则，决定由当事人直接支付给有关机构或者单位，人民法院不得代收代付。人民法院依照民事诉讼法第十一条第三款规定提供当地民族通用语言、文字翻译的，不收取费用。”鉴定费是人民法院在审理民事案件过程中，对标的物、书证及物证等进行科学技术鉴定所支付的费用。一般包括进行鉴定的必要经费及支付鉴定人的差旅费、补贴费等。

勘验费是人民法院在审理民事案件过程中，对与案件有关的现场、标的物进行勘验时所支付的费用。包括勘验人和被邀请参加勘验的人的差旅费、补贴费等。

公告费是人民法院在审理财产案件时，因采取公告形式送达法律文书和诉讼文书时所支出的费用。在有些财产案件中，由于受送达人下落不明，人民法院采取其他方式无法送达法律文书和诉讼文书，只能采取公告送达方法。这种情况下所支出的公告费用应当由当事人支付。

翻译费是在人民法院审理民事案件过程中，为当事人提供语言、文字翻译服务而支出的费用。此外，当事人可以在规定的范围内复制本案有关材料和法律文书，复制费用按实际成本由要求复制的当事人负担。

○ 离婚案件中涉及债务分割，应否按比例收取诉讼费？

根据《诉讼费用交纳办法》第13条的规定，1. 非财产案件按照

下列标准交纳：(1) 离婚案件每件交纳50元至300元。涉及财产分割，财产总额不超过20万元的，不另行交纳；超过20万元的部分，按照0.5%交纳。(2) 侵害姓名权、名称权、肖像权、名誉权、荣誉权以及其他人格权的案件，每件交纳100元至500元。涉及损害赔偿，赔偿金额不超过5万元的，不另行交纳；超过5万元至10万元的部分，按照1%交纳；超过10万元的部分，按照0.5%交纳。(3) 其他非财产案件每件交纳50元至100元。这里所说的财产总额，对夫妻而言是指积极债权、金钱等，不包括消极的债务。析产时如夫妻关系存续期间既存在共同债权，又存在共同债务，应将所欠共同债务从共同财产中扣除后，余下的财产作为共同财产予以分割，收取诉讼费时也应以此数额为准。夫妻共同财产已不足以清偿其共同债务时，不需再交纳财产分割的诉讼费，法院只按一般离婚案件收取诉讼费即可。

○ 涉外案件如何收费？

涉外案件的诉讼费用，是指在涉外案件中，向外国人、无国籍人、外国企业和组织征收的诉讼费用。

《诉讼费用交纳办法》第5条规定：“外国人、无国籍人、外国企业或者组织在人民法院进行诉讼，适用本办法。外国法院对中华人民共和国公民、法人或者其他组织，与其本国公民、法人或者其他组织在诉讼费用交纳上实行差别对待的，按照对等原则处理。”征收涉外案件的诉讼费用，在一般情况下，采取与我国公民、法人和其他组织同样的标准。但是，如果外国法院对我国公民、法人和其他组织在征收诉讼费用上与其本国公民不同等对待的，我国法院也对该国公民、法人和其他组织采取同样的限制。

○ 当事人应当在什么时间预交诉讼费用？不预交诉讼费用将产生什么法律后果？

根据《诉讼费用交纳办法》的规定，案件受理费由原告、有独立请求权的第三人、上诉人预交。被告提起反诉，依照《诉讼费用交纳办法》规定需要交纳案件受理费的，由被告预交。追索劳动报酬的案件可以不预交案件受理费。申请费由申请人预交。但是，《诉讼费用交纳办法》第10条第（1）项、第（6）项规定的申请费不由申请人预交，执行申请费执行后交纳，破产申请费清算后交纳。《诉讼费用交纳办法》第11条规定的费用，待实际发生后交纳。当事人在诉讼中变更诉讼请求数额，案件受理费依照下列规定处理：（1）当事人增加诉讼请求数额的，按照增加后的诉讼请求数额计算补交；（2）当事人在法庭调查终结前提出减少诉讼请求数额的，按照减少后的诉讼请求数额计算退还。依照《诉讼费用交纳办法》第9条规定需要交纳案件受理费的再审案件，由申请再审的当事人预交。双方当事人都申请再审的，分别预交。

原告自接到人民法院交纳诉讼费用通知次日起7日内交纳案件受理费；反诉案件由提起反诉的当事人自提起反诉次日起7日内交纳案件受理费。上诉案件的案件受理费由上诉人向人民法院提交上诉状时预交。双方当事人都提起上诉的，分别预交。上诉人在上诉期内未预交诉讼费用的，人民法院应当通知其在7日内预交。申请费由申请人在提出申请时或者在人民法院指定的期限内预交。当事人逾期不交纳诉讼费用又未提出司法救助申请，或者申请司法救助未获批准，在人民法院指定期限内仍未交纳诉讼费用的，由人民法院依照有关规定处理。

○ 哪些情况下预交的诉讼费用不予退还？

根据《诉讼费用交纳办法》的规定，人民法院审理民事案件过程中发现涉嫌刑事犯罪并将案件移送有关部门处理的，当事人交纳的案件受理费予以退还；移送后民事案件需要继续审理的，当事人已交纳的案件受理费不予退还。

中止诉讼、中止执行的案件，已交纳的案件受理费、申请费不予退还。中止诉讼、中止执行的原因消除，恢复诉讼、执行的，不再交纳案件受理费、申请费。

第二审人民法院决定将案件发回重审的，应当退还上诉人已交纳的第二审案件受理费。第一审人民法院裁定不予受理或者驳回起诉的，应当退还当事人已交纳的案件受理费；当事人对第一审人民法院不予受理、驳回起诉的裁定提起上诉，第二审人民法院维持第一审人民法院作出的裁定的，第一审人民法院应当退还当事人已交纳的案件受理费。

依照民事诉讼法第137条规定终结诉讼的案件，依照《诉讼费用交纳办法》规定已交纳的案件受理费不予退还。依照《民事诉讼法》有关规定移送、移交的案件，原受理的人民法院应将预交的费用随案移交接受案件的人民法院。

○ 第一审程序中的诉讼费用最终由谁负担？

根据《诉讼费用交纳办法》的规定，一审程序中诉讼费用的负担有以下几种情况：

1. 败诉人负担

民事诉讼的发生是由于败诉人不履行法定义务或者侵害了他人的合法权益而引起的，所以，案件受理费由败诉人负担，既是对胜诉人合法权益的保护，也是对败诉人的一种制裁。共同诉讼的当事人败诉，由人民法院根据他们各自对诉讼标的的利害关系，决定各自应负担的金额。例如，有专为自己利益进行诉讼所支出的费用，由该当事人自己负担。

2. 双方当事人分担

部分胜诉、部分败诉的，人民法院根据案件的具体情况决定当事人各自负担的诉讼费用数额。共同诉讼当事人败诉的，人民法院根据其对诉讼标的的利害关系，决定当事人各自负担的诉讼费用数额。

3. 双方当事人协商负担

经人民法院调解达成协议的案件，诉讼费用的负担由双方当事人协商解决；协商不成的，由人民法院决定。

4. 由人民法院决定谁负担

根据《诉讼费用交纳办法》的规定，离婚案件诉讼费用的负担由双方当事人协商解决；协商不成的，由人民法院决定。此外，第38条第4款规定："本办法第十条第（五）项规定的申请费，由人民法院依照本办法第二十九条规定决定申请费的负担。"

5. 原告负担

民事案件的原告或者上诉人申请撤诉，人民法院裁定准许的，案件受理费由原告或者上诉人负担。行政案件的被告改变或者撤销具体行政行为，原告申请撤诉，人民法院裁定准许的，案件受理费由被告负担。

6. 申请人负担

《诉讼费用交纳办法》第32条规定："依照本办法第九条第（一）项、第（二）项的规定应当交纳案件受理费的再审案件，诉讼费用由申请再审的当事人负担；双方当事人都申请再审的，诉讼费用依照本办法第二十九条的规定负担。原审诉讼费用的负担由人民法院根据诉讼费用负担原则重新确定。"此外，债务人对督促程序未提出异议的，申请费由债务人负担。债务人对督促程序提出异议致使督促程序终结的，申请费由申请人负担；申请人另行起诉的，可以将申请费列入诉讼请求。公示催告的申请费由申请人负担。

7. 行为人负担

由于当事人不正当的诉讼行为所支出的费用，由该当事人负担。

8. 被申请人负担

《诉讼费用交纳办法》第38条规定："本办法第十条第（一）项、第（八）项规定的申请费由被执行人负担。执行中当事人达成和解协议的，申请费的负担由双方当事人协商解决；协商不成的，由人民法院决定。本办法第十条第（二）项规定的申请费由申请人负担，申请人提起诉讼的，可以将该申请费列入诉讼请求。本办法第十条第（五）项规定的申请费，由人民法院依照本办法第二十九条规定决定申请费的负担。"

○ 第二审程序中的诉讼费用由谁负担？

第二审程序中诉讼费用的负担规则同于第一审诉讼费用的分担，第二审人民法院改变第一审人民法院作出的判决、裁定的，应当相应变更第一审人民法院对诉讼费用负担的决定。第二审人民法院决定将案件发回重审的，应当退还上诉人已交纳的第二审案件受理费。第一审人民法院裁定不予受理或者驳回起诉的，应当退还当事人已交纳的案件受理费；当事人对第一审人民法院不予受理、驳回起诉的裁定提起上诉，第二审人民法院维持第一审人民法院作出的裁定的，第一审人民法院应当退还当事人已交纳的案件受理费。

○ 哪些人可以向法院申请缓交、减交、免交诉讼费用？

诉讼费用的减、免、缓，是指当事人因经济困难而无法交纳诉讼费用，或者因经济暂时困难而无法按时交纳诉讼费用的，经当事人向人民法院申请，由人民法院决定减交、免交或者缓交诉讼费用的制度。

《民事诉讼法》第106条和《诉讼费用交纳办法》第44条都明确规定:当事人交纳诉讼费用确有困难的,可向人民法院申请缓交、减交或免交诉讼费用的司法救助。

当事人申请司法救助,符合下列情形之一的,人民法院应当准予免交诉讼费用:(1)残疾人无固定生活来源的;(2)追索赡养费、扶养费、抚育费、抚恤金的;(3)最低生活保障对象、农村特困定期救济对象、农村五保供养对象或者领取失业保险金人员,无其他收入的;(4)因见义勇为或者为保护社会公共利益致使自身合法权益受到损害,本人或者其近亲属请求赔偿或者补偿的;(5)确实需要免交的其他情形。当事人申请司法救助,符合下列情形之一的,人民法院应当准予减交诉讼费用:(1)因自然灾害等不可抗力造成生活困难,正在接受社会救济,或者家庭生产经营难以为继的;(2)属于国家规定的优抚、安置对象的;(3)社会福利机构和救助管理站;(4)确实需要减交的其他情形。人民法院准予减交诉讼费用的,减交比例不得低于30%。

当事人申请司法救助,符合下列情形之一的,人民法院应当准予缓交诉讼费用:(1)追索社会保险金、经济补偿金的;(2)海上事故、交通事故、医疗事故、工伤事故、产品质量事故或者其他人身伤害事故的受害人请求赔偿的;(3)正在接受有关部门法律援助的;(4)确实需要缓交的其他情形。

○ 当事人如何向法院申请缓交、减交、免交诉讼费用?

根据《诉讼费用交纳办法》的规定,当事人申请司法救助,应当在起诉或者上诉时提交书面申请、足以证明其确有经济困难的证明材料以及其他相关证明材料。因生活困难或者追索基本生活费用申请免交、减交诉讼费用的,还应当提供本人及其家庭经济状况符合当地民政、劳动保障等部门规定的公民经济困难标准的证明。人民法院对当事人的司法救助申请不予批准的，应当向当事人书面说明理由。

○ 在法院决定缓交诉讼费用期间内仍未交纳诉讼费用的，应如何处理？

根据最高人民法院的有关司法解释的规定，原告起诉或上诉人上诉，应当按规定交纳诉讼费，如果在接到人民法院预交诉讼费用通知的次日起7日内未预交但提出缓交申请的，只要人民法院同意当事人缓交，案件应立即开始审理。《诉讼费用交纳办法》第49条规定："当事人申请缓交诉讼费用经审查符合本办法第四十七条规定的，人民法院应当在决定立案之前作出准予缓交的决定。"

原告或上诉人在人民法院规定的缓交诉讼费期间内仍未交纳诉讼费用的，除按照规定经人民法院决定减交或者免交的外，应按自动撤回起诉或上诉处理。

○ 当事人不交纳案件受理费或上诉费的，应如何处理？

《诉讼费用交纳办法》第22条第4款规定："当事人逾期不交纳诉讼费用又未提出司法救助申请，或者申请司法救助未获批准，在人民法院指定期限内仍未交纳诉讼费用的，由人民法院依照有关规定处理。"原告起诉或当事人提起上诉后，按照规定交纳案件受理费或上诉费，是人民法院受理案件的一个前提。如果当事人没有交纳案件受理费或上诉费，或者没有足额交纳案件受理费或上诉费，申请缓交、减交或免交又未获批准而仍不预交或不足额预交的，人民法院则不应立案受理，案件不进入诉讼程序。这种情况不存在诉讼费用的负担问题。诉讼中当事人申请撤诉，案件已进入诉讼程序有诉讼费用的负担问题。因此，当事人不交纳或不能足额交纳案件受理费、上诉费，人民法院按撤诉处理后不应收费，当事人已预交的部分，法院应予退还。

○ 哪些案件不交案件受理费？

根据《诉讼费用交纳办法》第8、9条的规定，下列案件不交案件受理费：

第一，依照《民事诉讼法》规定的特别程序审理的案件免交案件受理费。

第二，裁定不予受理、驳回起诉、驳回上诉的案件。

第三，对不予受理、驳回起诉和管辖权异议裁定不服，提起上诉的案件。

第四，行政赔偿案件。

第五，根据民事诉讼法和行政诉讼法规定的审判监督程序审理的案件，当事人不交纳案件受理费。但是，下列情形除外：

（1）当事人有新的证据，足以推翻原判决、裁定，向人民法院申请再审，人民法院经审查决定再审的案件；

（2）当事人对人民法院第一审判决或者裁定未提出上诉，第一审判决、裁定或者调解书发生法律效力后又申请再审，人民法院经审查决定再审的案件。

○ 哪些人可以申请法律援助？

根据最高人民法院、司法部发布的《关于民事法律援助工作若干问题的联合通知》的规定，公民在赡养费、扶养费、抚育费、劳动报酬、工伤等方面提起民事诉讼，符合下列条件的，可到有管辖权的人民法院所在地的法律援助机构申请法律援助：（1）有充分理由证明为保障自己合法权益需要法律帮助；（2）本人及其家庭经济状况符合当地政府部门规定的公民经济困难标准。请求发给抚恤金和请求国家赔偿的案件参照前述规定办理。

法律援助机构对公民提出的法律援助申请进行审查。对于符合法律援助条件的，作出同意提供法律援助的决定。法律援助机构作出上述决定后，受援人可以据此向有管辖权的人民法院提出缓、减、免交诉讼费的书面申请，并附符合法律援助条件的有效证明材料。

○ 当事人获得法律援助后，诉讼费用如何交纳？

人民法院对于法律援助机构决定减、免费提供法律援助民事诉讼代理的，经审查认为符合法律援助条件，应当先行对受援人作出缓收案件受理费及其他诉讼费的决定，待案件审结后再根据案件的具体情况决定诉讼费的支付。经人民法院调解达成协议的案件，诉讼费由诉讼双方协商解决；协商不成的，由人民法院根据诉讼双方具体情况作出决定。由人民法院判决结案的案件，败诉方为非受援方当事人，诉讼费应当由败诉方承担；败诉方为受援方当事人，由其交纳诉讼费确有困难的，人民法院应当减、免收诉讼费；双方都有责任的由双方分担诉讼费，受援方当事人交纳诉讼费确有困难的，人民法院应当减、免收其应承担的部分。

人民法院对于法律援助机构决定减、免费提供法律援助民事诉讼代理，经审查认为不符合法律援助条件的，应当作出不同意缓、减、免收诉讼费的决定，书面函告法律援助机构，并附简要理由。对于人民法院决定不予缓、减、免收诉讼费的案件，法律援助机构可撤销该案申请人的受援资格，不予提供减、免收代理费的法律援助。

人民法院应当根据《民事诉讼法》及其他相关法律法规的规定，对民事法律援助案件及时立案、及时审结、及时执行，对承办案件的法律援助人员应予支持配合，在工作上尽量提供方便，以维护受援人的合法权益。

法律援助人员办理民事法律援助案件应当向人民法院提交由法

律援助机构统一印制的公函和文书。在法律援助案件代理中，要尽职尽责，必要时可请求人民法院依法调查收集证据。

○ 当事人到哪里交纳诉讼费用？

诉讼费用的交纳和收取制度应当公示。人民法院收取诉讼费用按照其财务隶属关系使用国务院财政部门或者省级人民政府财政部门印制的财政票据。案件受理费、申请费全额上缴财政，纳入预算，实行收支两条线管理。人民法院收取诉讼费用应当向当事人开具缴费凭证，当事人持缴费凭证到指定代理银行交费。依法应当向当事人退费的，人民法院应当按照国家有关规定办理。诉讼费用缴库和退费的具体办法由国务院财政部门商最高人民法院另行制定。在边远、水上、交通不便地区，基层巡回法庭当场审理案件，当事人提出向指定代理银行交纳诉讼费用确有困难的，基层巡回法庭可以当场收取诉讼费用，并向当事人出具省级人民政府财政部门印制的财政票据；不出具省级人民政府财政部门印制的财政票据的，当事人有权拒绝交纳。

第九章　第一审程序

第一节　起诉与受理

○ 原告起诉应具备什么条件?

民事诉讼程序的发生，人民法院依法行使审判权，是从原告起诉，人民法院对案件的受理开始的。

起诉，即原告因自己的或依法受其管理、支配的民事权益受到侵犯或者与他人发生争议，以自己的名义请求法院予以审判保护的诉讼行为。民事诉讼通常是由原告的起诉开始，但是原告的起诉并非必然引起诉讼程序的发生。起诉必须具备法定的要件，才能发生起诉的效力，不具备法定要件的起诉，不发生法定效力。根据《民事诉讼法》第108条规定，起诉必须符合下列条件:

1. 原告是与本案有直接利害关系的公民、法人和其他组织

根据《民事诉讼法》第49条的规定，公民、法人和其他组织可以成为民事诉讼当事人，但是要成为某一具体案件的当事人，必须与本案有直接利害关系。所谓有直接利害关系，是指原告对请求人民法院予以审判的法律关系，拥有实体法律上的请求权，即自己的民事权益受到了侵犯或者与他人发生争议。惟有直接利害关系者，才能以原告名义起诉。法定代理人、委托代理人、指定代理人可以依

法代理原告从事某些民事诉讼行为，包括起诉行为，但其本身并不具有原告资格。

2. 有明确、具体的被告

在我国，除了适用特别程序等审理的案件以外，其他的诉讼案件都是民事权益之争，都存在利害关系对立的双方当事人。在起诉时，原告必须明确指出是谁侵犯了他的权利，或者是与谁发生了权利义务争执。有明确的被告才有争议法律关系的相对方，才能使法律关系成为诉讼标的，才能形成诉讼。所谓被告明确，一般是指被告的基本情况确定，即在民事诉讼中的被告必须由原告在起诉时明确指出其姓名、家住何方，确有其人，确有其址。在诉讼实践中，有的被告下落不明、不知去向，在这种情况下，只要原告在起诉时指明被告具体是谁，其起诉又符合其他法定条件，那么人民法院就应当受理其起诉，并以公告送达的方式通知被告出庭应诉；逾期不到庭的，可依法缺席判决或作其他处理。

3. 有具体的诉讼请求和事实、理由

所谓诉讼请求，是指当事人向人民法院提出，要求法院作出某种判定的要求，是原告在诉讼上对被告提出的实体权利请求。诉讼请求是由诉讼标的决定的，原告根据法律关系中的权利提出的诉讼请求在内容和范围上都必须明确、具体。或者要求对方当事人履行一定的义务，或者要求确认与对方当事人的某种权利义务关系的存在或不存在，或者要求变更与对方当事人的某种法律关系。如原告请求法院予以保护的是何种民事法律关系，是请求解除与其配偶的婚姻关系还是要求人民法院判令对方当事人向其履行某种法律义务，如还债、赔偿损失、履行赡养义务等。此外，诉讼请求的范围、金额和数额等应具体明确，不得含混不清、模棱两可。

在提出具体的诉讼请求的同时，原告还必须提出诉讼请求所依据的客观事实以及自己民事权益应受保护的理由。客观事实是指立案事实，它包括两种：一种是双方当事人之间法律关系发生、变更、消灭的事实，它是当事人请求法院确认权利义务状态的根据；另一种是民事权益受到侵犯或者权利义务关系发生争执的事实，它是当事人请求法院给予司法保护的根据。这里所说的理由，是指能表明原告权利存在及应得到保护的理由，也是能表明诉讼请求真实、可靠、可行所必要的理由。人民法院对案件的审理，都是从当事人的诉讼请求以及诉讼请求所依据的事实和理由入手。不提出具体的诉讼请求，人民法院就无法审理；不提出诉讼请求所依据的事实和理由，人民法院也难以进行审理。

4. 属于人民法院受理民事诉讼的范围和受诉人民法院管辖

首先，原告的起诉必须是法院主管的，属于《民事诉讼法》规定受理范围的诉讼。即人民法院有权行使审判权予以处理的民事纠纷，否则法院不予受理。其次，原告起诉的民事纠纷虽属人民法院主管的范围，但还必须属于受诉人民法院管辖。所谓受诉人民法院管辖，是指依照《民事诉讼法》关于管辖的规定，接受原告起诉的人民法院对该案件享有管辖权。根据民事诉讼法的规定，民事案件的管辖分为级别管辖和地域管辖，原告起诉的案件，受诉人民法院须有管辖权，否则人民法院不予受理。

以上四个条件，原告在起诉时必须同时具备，才发生起诉的法律效力，否则起诉不能成立。

○ 原告起诉是否必须书写起诉状？

原告起诉的方式有两种：书面方式和口头方式。书面方式，是指原告向人民法院以起诉状的方式起诉，口头方式是指原告以口诉的方式向人民法院起诉。书面的方式不仅体现起诉这种法律行为的慎重，而且在内容上更能全面详尽地表达当事人的诉讼请求，既有利于原告说明起诉的事实、理由，也有利于人民法院弄清原告、被告双方争执的焦点。因此，起诉方式应以向人民法院递交起诉状即以书面的起诉方式为原则。

但是，为了充分保障当事人的诉权，对于原告书写起诉状确有困难的，也可以允许当事人用口述的方式起诉，因为某些公民书写诉状确有困难，如果不允许他们口头起诉，则有可能使这些人被迫放弃法律保护的正当权利，对他们是不公平的。采用口头方式起诉，应当由法院工作人员记入笔录，并告知对方当事人。人民法院既可以将抄录的原告口诉笔录送给被告，也可以将原告口诉的主要内容口头告知被告。原告口诉，法院记入笔录，通常称为口诉笔录。口诉笔录经口诉人签名或盖章后，与起诉状具有同等效力。起诉状与口诉记录，既为当事人申请法院保护的意思表示，亦是法院受理起诉和行使审判权的依据。

原告递交起诉状时，应按被告人数向人民法院提出起诉状副本，以备人民法院向被告送达。原告在起诉状中应围绕诉讼请求摆事实、讲道理，不得有人身攻击之词。如有这类词句，人民法院应当说服当事人予以修改。坚持不改的，可以将诉状的内容用口头或书面方式，简要地通知对方当事人，当事人坚持要看起诉状副本的，应当送达诉状副本。

○ 起诉状怎么写？

起诉状一般由首部、正文、结尾三部分组成：

（一）首部

民事起诉状的首部即标题，应写明文书名称“民事起诉状。”

（二）正文

1. 当事人（即原告、被告、第三人）的基本情况

当事人是公民个人时，应当写明其姓名、性别、年龄、民族、职业、工作单位和住所。当事人为法人或其他组织的，应写明法人或其他组织的全称及其住所，另起一行写该单位的法定代表人或主要负责人的姓名、职务、电话；企业性质、工商登记核准号；经营范围和方式；开户银行、账号。先列写原告的姓名或名称及其基本情况。如果原告有代理人的，紧接着另起一行列写代理人的姓名和基

本情况。列写代理人时，应写明是法定代理人、委托代理人，还是指定代理人，列写完原告及其代理人，再写被告的基本情况。

当事人有数人时，应依次写出，按享受权利和应尽义务的大小排列，即享受权利大的原告和应尽义务多的被告分别先列写，然后按顺序排列。基本情况写法相同。如果有诉讼代理人的，可在该当事人基本情况下，另起一行写明诉讼代理人的姓名、单位和职务。

如果有第三人参加诉讼的，应当在列写原告、被告的基本情况之后，写明第三人的姓名和基本情况，并根据案情需要，指明第三人与原、被告的关系。

2. 诉讼请求

在诉讼请求一栏内，主要写明请求解决争议的权益和争议的事物。写明请求人民法院依法解决原告一方要求的有关民事权益争议的具体事项，如请求人民法院解决损害赔偿、债务清偿、合同履行或者要求与被告离婚、给付赡养费、继承遗产等事项。离婚案件，应先写明请求判决与被告离婚；其次，要明确提出对子女的抚养及财产分割的意见和要求。

3. 事实和理由

（1）事实部分。要围绕着诉讼目的，全面反映案件事实的客观真实情况。叙述要完整，要讲明民事案件案情事实的六个要素，即时间、地点、人物、事件、原因和结果；叙事要真实，起诉状是人民法院受理案件的重要根据之一，叙述案情时，必须实事求是，如实反映案件事实的本来面貌；叙事要明确，与争议事实有直接关系的事实，要详细叙述，与案情事实关系不重要，但又必须交待清楚的，可以简要概括。同时注意叙述事实用语要准确，表达恰当。

(2) 证据部分。证据是证明所诉事实的真实性、可靠性的依据。如果所诉的案件没有证据，是经不起人民法院审查和被告人辩驳的。只有列举出足以证明事实真相的可靠的有关证据，才能达到人民法院立案处理的目的和诉讼的预期效果。

在诉状中，应当列述的证据，有三项内容：一是列述提交有关的书证、物证以及其他能够证明事实真相的材料；二是说明书证、物证以及其他有关材料的来源和可靠程度；三是证人的证言内容以及证人的姓名、住址等。

原告应在证据部分说明向人民法院提交书证原件、物证原物的情况。在提交原件、原物有困难时，要说明可以提交的复制品、照片、节录本的情况。如果提交的是外文书证，也必须附送中文译本，并说明其情况。

原告在证据部分，可以申请证据保全，也就是在证据可能灭失或者以后难以取得的情况下，可以申请证据保全。申请时，应说明什么证据需要保全，是书证、物证还是证人证言（如书证可能腐坏、丢失；物证可能毁灭、变质；人证因年老或有疾病可能死亡等），应说明证据由什么人所持有及其具体理由等。

证据的写法。民事起诉状的证据不单列。一般是随写事实随列证据。对于能够证实某个重要事实的有关证据，在叙述事实过程中，在谈到这个事实的时候用括号加以注明。

（3）理由部分。主要是依据民事权益争执的事实和证据，概括地分析其纠纷的性质、危害、结果及责任，同时提出诉讼请求所依据的法律条文，以论证上述请求事项的合理性。

民事起诉状的理由部分，基本上可分为两个层次：一层是事实理由，一层是法律理由。

事实理由是上述纠纷事实的概括和升华，不是简单地重复纠纷事实。即在叙述事实的基础上，分析纠纷的性质，说明是非曲直；分析危害后果，说明过错责任；论证权利义务关系，说明所提出的诉讼请求是合理合法的。比如合同纠纷，在理由部分应首先说明双方当事人所签订的合同是有效还是无效的，合同条款是否明确；再分析危害后果，说明对方有哪些过错；最后论证权利义务关系，说明对方应负的民事责任等。

法律理由即引用有关法律条文，说明原告所提诉讼请求的合法性。引用法律要求全面、具体，引用法律的名称应当写全称，而不能使用简称。如《中华人民共和国民事诉讼法》，不能写为《民事诉讼法》，这是不恰当，不规范的。引用法律条文时，适用条款项的，应引到条、款、项，不能只引到条。

（三）尾部

（1）致送机关名称，分两行写："此致　　人民法院。"

（2）右下方写明：起诉人（或具状人）　　（签名或盖章），同时写明制作本文书的时间（年、月、日）。

（3）附项写明下列事项：

①本诉状副本　份；

②物证　　（名称）　　件；

③书证　　（名称）　　件；

④证人　　（姓名）　　（住址）。

○ 人民法院对原告的起诉如何进行审查？

审查起诉是人民法院立案前的法定程序，只有经过对起诉的审查，才能查明原告的起诉是否符合立案的条件，作出是否受理的正确判断。根据《民事诉讼法》第108条的规定，起诉必须符合下列条件：（1）原告是与本案有直接利害关系的公民、法人和其他组织；（2）有明确的被告；（3）有具体的诉讼请求和事实、理由；（4）属于人民法院受理民事诉讼的范围和受诉人民法院管辖。这一规定是人民法院审查立案的最重要的法律依据。对民事案件的审查，除着重审查上述方面外，还应审查以下内容：

1. 要审查原告起诉是否超过诉讼时效

诉讼时效是权利人向人民法院请求保护其民事权利的法定有效期限。我国《民法通则》确立了诉讼时效制度。权利人超过了诉讼时效期间，即失去了请求人民法院依诉讼程序强制义务人履行义务的权利，亦即丧失了胜诉权。根据《民法通则》的规定，权利人向人民法院请求保护民事权利的诉讼时效期间为两年，称为一般诉讼时效。《民法通则》及其他民事、行政法律、法规对个别类型的案件的诉讼时效作了特别规定的，称为特殊诉讼时效，如保管合同的诉讼时效为1年等。诉讼时效期间从知道或应当知道权利被侵害时起计算。但法律规定权利受保护的最长期限为20年。

经审查，原告起诉时如超过法定诉讼时效，应告知其实体权利已不再受法律的强制保护，应动员其撤回起诉。但原告起诉时，虽超过法定的诉讼时效，若有特殊情况，经审查属实也应受理。有诉讼时效中止或中断的情况，人民法院更应积极受理。对诉讼时效的审查，一方面可以避免因原告起诉时超过诉讼时效给对方当事人和人民法院造成不必要的讼累，稳定法律关系，另一方面也可以节省原告不必要的开支。但如原告起诉时已超过诉讼时效，原告又不撤回起诉，坚持起诉的，人民法院也应予受理，受理后查明无中止、中断、延长事由的，判决驳回其诉讼请求。

2. 要审查原告起诉的手续是否完备

主要是审查原告起诉时是否有必要的证明文件等。如企业法人营业执照副本，法定代表人身份证明书，授权委托书等。还要审查起诉状的内容是否明确。对于手续不完备、诉状内容不明确的，应限期要原告补齐，其中包括必要的证据材料。这样做有利于案件审理的顺利进行。

○ 人民法院立案受理案件应经过哪些程序？

《民事诉讼法》第108条规定，人民法院对符合法定条件的起诉，必须受理。其含义是：法院决定是否立案的标准就是看起诉是否符合法律规定的起诉条件，除此之外，法院不得以任何理由增加起诉的条件，更不存在另外的受理条件。法院审查起诉的条件应是法定的，而不能是主观的，起诉条件是起诉与受理制度的核心，是当事人起诉行为与法院审查行为的结合点，起诉与受理制度的规定具有严密性。当事人的起诉符合法定条件时，法院必须受理，而没有自由裁定的余地。即受理是法院享有的权力，也是法院应承担的义务。人民法院不能对起诉进行非法干预，从而从理论上避免了起诉难问题的发生，其主旨仍在于充分保障当事人的诉权得到依法行使。

对符合起诉条件的起诉，法院应当在7日内立案，由此开始对案件的审理。受理是指人民法院对当事人的起诉进行审查后，认为符合法律规定的起诉条件，予以接受并决定立案审理，从而引起诉讼程序开始的一种诉讼活动。起诉是当事人的诉讼行为，受理是法院的行为。起诉与受理的结合，才引起具体诉讼程序的开始。经审查认为起诉符合受理条件的，根据案件的不同情况，由负责审查起诉的审判人员决定立案或者报庭长审批。重大疑难案件报院长审批或者经审判委员会讨论决定。

起诉经审查决定立案后，应当编立案号，填写立案登记表，计算案件受理费，向原告或者自诉人发出案件受理通知书，并书面通知原告预交案件受理费。决定立案后，立案机构应当在2日内将案件移送有关审判庭审理，并办理移交手续，注明移交日期。经审查决定受理或立案登记的日期为立案日期。

审判庭对立案机构移送的案件认为不属本庭职责范围的，应当及时提出，报院长决定。

人民法庭经审查认为符合受理条件的起诉，报庭长批准立案；当事人直接向基层人民法院起诉的，基层人民法院应当审查受理。人民法院决定立案后，应当将当事人的姓名、单位、案由、简要案情报基层人民法院统一编立案号。

对符合受理条件的起诉人民法庭不予立案的，基层人民法院应当决定立案，交由人民法庭审理。

○ 人民法院对案件立案受理后，产生哪些法律后果？

民事权益争议一经当事人起诉、法院立案受理后，就标志着民事诉讼程序的开始，由此而产生一系列的法律后果，主要表现在以下几个方面：

1. 产生了人民法院对该具体案件的审判职权与职责

人民法院对某一案件立案受理后，既有权利也有义务依照法律对该案件进行审理，对当事人争议的民事法律关系作出裁决，同时，法院审理案件必须依照法定程序进行，非经法定程序，不得随意中止或终结诉讼，更不得在立案后任意注销案件。

2. 排斥其他法院对该案的管辖权

人民法院对某一具体案件立案受理后，即排斥了其他法院对该案的管辖权。当事人不能就同一诉讼标的、以同一诉讼理由对同一对方当事人另行提起民事诉讼，任何法院也不能受理这样的诉讼。

3. 双方当事人取得了相应的诉讼地位

起诉一经法院受理，双方当事人即取得相应的诉讼地位。提起诉讼的一方当事人依法取得原告的诉讼地位，享有原告的诉讼权利，承担原告的诉讼义务。被提起诉讼的人成为被告，享有被告的诉讼权利，承担被告的诉讼义务。

4. 诉讼时效中断

起诉被人民法院立案受理后，诉讼时效即告中断，开始计算第一审审理期限。

5. 不得再行起诉和受理

起诉成立后，当事人不得就同一诉讼标的、同一被告、同一事实和理由再行起诉，人民法院也不得对此再次受理。

○ 什么是裁定不予受理和驳回起诉？

在起诉当事人不合格或无具体的诉讼请求和事实理由时，属于起诉实质要件的欠缺，对经审查不符合法定受理条件，原告坚持起诉的，应当裁定不予受理；不予受理的裁定书由负责审查起诉的审判人员制作，报庭长或者院长审批。裁定书由负责审查起诉的审判员、书记员署名，加盖人民法院印章。

原告起诉是否符合法定条件，法院能否受理，是对原告是否享有起诉权的认定，是涉及诉讼程序方面的问题，因此理应采用裁定的方式加以解决，用通知在立法上则是不规范的。更重要的一点是用通知的方式告知当事人不予受理，不利于保护当事人的诉权。当事人是否享有起诉权是关系到其实体权益能否得到保护的重要问题，法院对之的认定应当具有严肃性，而通知却带有较大的随意性，缺乏法律上的确定效力。当事人对通知不服的，也没有任何救济手段，这就使当事人的诉权难以得到有效行使。因此，对不符合受理条件的起诉，人民法院应当裁定不予受理，原告对裁定不服的，可以提起上诉。

裁定不予受理适用于法院在审查期间发现起诉不合条件的情形，但实践中常常出现这种情况，即由于法院负责受理的人员的疏忽，或由于案件情况较复杂，在7日的审查期间内难以审查清楚，而对不合条件的起诉进行了立案。审判人员在审理中发现起诉不符合法定条件时，应当作出裁定，驳回原告的起诉。驳回起诉的原因是原告不享有起诉权，或起诉不符合法律规定的条件，其所解决的仍然是程序上有无诉权的问题，而不是对当事人实体权利义务关系的判定，因此应当用裁定形式。对法院驳回起诉的裁定，原告不服时，也有权进行上诉，以充分维护自己的权利。

另外，裁定不予受理和裁定驳回起诉的案件，原告再次起诉时，如果符合起诉的条件，人民法院应予受理，不得以原裁定为由限制原告起诉，即这种裁定不具有形成力。

○ 超过起诉时效而起诉的案件，法院能否不予受理？

对超过诉讼时效后起诉的案件，法院不能直接裁定不予受理，因为诉讼时效可以因一定的原因而中止、中断或延长，而是否有法定事由，必须经法院审查后才能确定，因此，对超过时效起诉的案件，人民法院应予受理，受理后查明无中止、中断或延长事由的，则以判决驳回其诉讼请求。之所以用判决而不用裁定，原因在于超过诉讼时效后，当事人就丧失了受国家司法保护的权利，法院不能再对民事主体间的纠纷进行审理，这不是对原告程序上的诉权的驳回，而是对其实体上诉讼请求的驳回，因此采用判决驳回其诉讼请求。

○ 不予受理、驳回起诉和驳回诉讼请求有何区别？

审判实践中，不少人对不予受理、驳回起诉和驳回诉讼请求的概念、适用对象及文书格式存在着模糊认识，不清楚该用裁定或是用判决，或是该裁定不予受理还是驳回起诉，出现了适用法律文书混乱的状况，影响了法律的严肃性。因此，在审查立案时，弄清楚三者的异同是非常必要的。

不予受理，是指人民法院经对原告起诉的审查，认为不符合起诉条件，依法裁定不予接受的诉讼行为。它发生在人民法院审查起诉阶段。

驳回起诉，是指人民法院立案后，经过审理，发现原告的起诉不符合起诉条件，依法裁定驳回原告起诉的诉讼行为。它发生在人民法院立案审理阶段。

驳回诉讼请求，是指人民法院对符合起诉条件的案件，立案后经过审理，认为当事人的诉讼请求缺乏事实根据和正当理由或超过诉讼时效，判决予以驳回的诉讼行为。

裁定不予受理和裁定驳回起诉都是因原告没有程序意义上的诉权即起诉权，不具备起诉的条件而做出的。两种裁定生效后都导致不再对案件进行实体审理的法律后果。但由于这两种诉讼行为是在不同的诉讼阶段发生的，因而应适用不同的裁定。不予受理的裁定是在立案前做出的，驳回起诉的裁定是在立案后，通过对起诉的进一步审查或在对案件进行实体审理中发现原告没有起诉权而做出的。

而驳回诉讼请求，是驳回当事人实体意义上的诉权，即胜诉权。它和驳回起诉有本质上的区别。首先，两者适用的法律文书不同，驳回起诉要用裁定，驳回诉讼请求要用判决。其次，两者适用的对象不尽相同，驳回起诉仅对原告，而驳回诉讼请求既可以对原告的起诉请求，又可对被告的反诉请求。再次，两者确定的内容不同，驳回起诉针对的是原告的起诉权，而驳回诉讼请求针对的则是当事人的胜诉权。

另外，对超过诉讼时效的起诉，不能用裁定的方式不予受理，而应在立案后以判决的方式驳回其诉讼请求。对于有些在起诉时证据不足的案件，也应按照这种方法处理，不能盲目裁定不予受理。

○ 人民法院决定立案的时间有多长？

人民法院在接到当事人诉状的，应当进行审查，并作出受理或不予受理的决定。凡符合受理条件的，人民法院应当在7日内立案，并通知当事人；对受理的条件有欠缺的，应当告知原告进行补正。如果原告能够补正并在指定期间进行了补正，也应当立案受理。不符合受理条件或原告根本无法补正、逾期不补正的，应当在7日内裁定，不予受理，并说明理由。人民法院用裁定的方式决定不予受理，诉讼程序则不开始，原告对此裁定不服的，可以在法定期限内提起上诉。

7日的期限，应当从人民法院接到起诉状或口头起诉之次日起算。因为《民事诉讼法》第75条第2款规定，期间开始的时日，不计算在期间内，分则的规定应服从总则的规定。

根据《最高人民法院关于严格执行案件审理期限制度的若干规定》（2000年9月28日起施行，法释〔2000〕29号）规定，就人民法院的立案期限再次予以明确规定，第一审人民法院收到起诉书

（状）后，经审查认为符合受理条件的应当在7日内立案。改变管辖的民事案件，应当在收到案卷材料后的3日内立案。第二审人民法院应当在收到第一审人民法院移送的上（抗）诉材料及案卷材料后的5日内立案。发回重审或指令再审的案件，应当在收到发回重审或指令再审裁定及案卷材料后的次日内立案。按照审判监督程序重新审判的案件，应当在作出提审、再审裁定（决定）的次日立案。

立案机构应当在决定立案的3日内将案卷材料移送审判庭。

○ 对案件应当受理而不受理，或不应当受理的而受理，审判人员应承担什么责任？

根据《人民法院审判纪律处分办法（试行）》的规定，人民法院审判人员违反法律规定，擅自对应当受理的案件不予受理，或者对不应当受理的案件违法受理，给予警告至记大过处分。

私自受理案件的，给予记大过至撤职处分。

因过失致使依法应当受理的案件未予受理，或者对不应当受理的案件违法受理，造成严重后果的，给予警告至记大过处分。

○ 当事人对具有强制执行效力的公证债权文书的内容有争议提起诉讼人民法院是否受理？

最高人民法院发出《关于当事人对具有强制执行效力的公证债权文书的内容有争议提起诉讼人民法院是否受理问题的批复》，其中指出：根据《中华人民共和国民事诉讼法》第214条和《中华人民共和国公证法》第37条的规定，经公证的以给付为内容并载明债务人愿意接受强制执行承诺的债权文书依法具有强制执行效力。债权人或者债务人对该债权文书的内容有争议直接向人民法院提起民事诉讼的，人民法院不予受理。但公证债权文书确有错误，人民法院裁定不予执行的，当事人、公证事项的利害关系人可以就争议内容向人民法院提起民事诉讼。

第二节 审理前的准备工作

○ 人民法院什么时候向被告送达起诉状副本？

得到起诉状副本是被告的诉讼权利之一，而送达起诉状副本则是法院的义务。原告书面起诉的，法院应当在立案之日起5日内将起诉状副本送达被告；原告口头起诉的，法院应当以书面或者口头的方式，将原告起诉的请求、事实、理由等内容告知被告。当事人在诉状中有谩骂和人身攻击之词，送达副本可能引起矛盾激化，不利于案件解决的，人民法院应当说服其实事求是地修改。坚持不改的，可以送达起诉状副本。

根据《最高人民法院关于人民法院立案工作的暂行规定》第15条之规定，经审查决定受理或立案登记的日期为立案日期。该《暂行规定》规定，经审查认为起诉符合受理条件的，根据案件的不同情况，由负责审查起诉的审判人员决定立案或者报庭长审批。重大疑难案件报院长审批或者经审判委员会讨论决定。起诉经审查决定立案后，应当编立案号，填写立案登记表。由此可见，送达起诉状副本的5日期间应从上述立案之日起算。

○ 被告如何提出答辩？

答辩，是相对起诉而言，是当事人行使辩论权利的一种形式。即被告人针对原告人起诉的事实和理由向人民法院提出的答复和辩解。答辩不同于答辩权，答辩权是法律赋予当事人在诉讼过程中享有的重要的诉讼权利。原、被告在诉讼过程中均享有答辩权利，只不过由于原、被告在诉讼中的诉讼身份不同，因此表现的形式也不完全一样。对于被告来说，其针对原告起诉的事实和理由进行回答和辩解的权利，即为答辩权。被告行使答辩权的一个体现是在收到起诉状副本之后提交答辩状。答辩状，是被告人或被上诉人针对原告人或者上诉人的诉讼请求、事实根据和理由进行回答和辩解的诉讼法律文书。

答辩状的内容，可以是实体方面的，也可以是程序方面的，被告在答辩状中提出的主张，自己负举证责任，亦应提供证据和证据来源，以证明自己主张的正确。答辩状通常由首部、正文和结尾三个部分组成。首部应写明答辩人的基本情况和住址；正文应写明答辩的根据和理由，其主要内容包括：原、被告人之间的法律关系、案件事实的发生和发展的过程，双方当事人争执的焦点，起因和现状，提出自己的主张，并提供证据和证据来源以及法律依据，据理进行反驳；结尾应记明答辩状送至的人民法院的名称、时间和答辩人签字或盖章。

答辩是当事人的一项诉讼权利，根据《民事诉讼法》处分原则的规定，当事人可以进行答辩也可以不答辩，均不影响人民法院对案件的审理。但是人民法院必须按照法院的期限和程序将原告的起诉状副本发送给被告，以便被告了解起诉的内容，行使法律赋予他的诉讼权利，准备进行答辩或其他应诉。

《民事诉讼法》第113条规定，人民法院应当在立案之日起5日内将起诉状副本发送被告，被告在收到起诉状副本之日起15日内提出答辩状。被告提出答辩状的，人民法院应当在收到之日起5日内将答辩状副本发送原告。被告不提出答辩状的，不影响人民法院审理。被告可在法庭审理过程中的法庭调查和法庭辩论阶段行使自己的答辩权。

答辩对于人民法院在审理案件中能起到兼听双方当事人的意见和理由的作用，对于查清事实，分清是非，正确适用法律，保证审判质量有着重要意义。

○ 被告如何提出反诉？

审理前的准备，是指人民法院受理案件以后、开庭审理之前，为保证庭审工作顺利进行，而由合议庭进行的一系列诉讼活动。审理前的准备是普通程序中的一个法定阶段和必经步骤。在这个阶段，主要任务就是为开庭审理的顺利进行做准备。

依《民事诉讼法》第113条规定，人民法院应当在立案之日起5日内将起诉状副本发送被告，被告应在收到起诉状之日起15日内提出答辩状。

根据《最高人民法院关于人民法院立案工作的暂行规定》第15条之规定，经审查决定受理或立案登记的日期为立案日期。该《暂行规定》规定，经审查认为起诉符合受理条件的，根据案件的不同情况，由负责审查起诉的审判人员决定立案或者报庭长审批。重大疑难案件报院长审批或者经审判委员会讨论决定。起诉经审查决定立案后，应当编立案号，填写立案登记表。由此可见，送达起诉状副本的5日期间应从上述立案之日起算。

答辩，是相对起诉而言，是当事人行使辩论权利的一种形式，即被告人针对原告人起诉的事实和理由向人民法院提出的答复和辩解。答辩是当事人的一项诉讼权利，根据本法处分原则的规定，当事人可以进行答辩也可以不答辩，均不影响人民法院对案件的审理。但是人民法院必须按照法院的期限和程序将原告的起诉状副本发送给被告，以便被告了解起诉的内容，行使法律赋予他的诉讼权利，准备进行答辩或其他应诉。

○ 如何正确区分答辩权和反诉权？

民事诉讼当事人的诉讼权利和义务是平等的，原告享有起诉的权利，被告享有答辩和反诉的权利。所谓答辩，是指被告或者被上诉人享有的对原告或者上诉人提出的诉讼请求和理由进行回答和辩驳。答辩权是当事人享有的一项重要的诉讼权利，是当事人诉讼地位平等的表现。其行使目的是切实有效地维护当事人自己的合法权益，也便于法院审理案件时能够兼听双方当事人提出的理由和意见，全面查清案情，分清是非，从而正确处理案件。反诉是指在已经开始的诉讼程序中，被告向本诉的原告提出的一种独立的反请求，目的是抵销或者吞并本诉原告的诉讼请求。反诉以本诉的存在为前提，应与本诉有牵连，即反诉与本诉的诉讼请求或者理由基于同一事实或者同一法律关系，应当在本诉作出裁判前向审理本诉的法院提出，否则就不能合并审理，达不到吞并、抵销原告诉讼请求的目的。答辩与反诉的异同：答辩与反诉都是被告（包括被上诉人）享有的诉讼权利，但答辩不会增加新的诉讼法律关系并导致诉的增加，而反诉的基本属性是诉，反诉的成立意味着成立了一个新的诉讼法律关系；答辩的目的是直接否定对方当事人的诉讼理由和请求，答辩成立的直接后果是原告败诉，反诉的目的是抵销或者吞并原告的诉讼请求，反诉的成立并不必然导致本诉不成立。抗辩是义务人依据法律规定对权利人拒绝履行义务的行为，例如，诉讼时效是义务人经常援引的一项抗辩事由。因而，在买卖、承揽纠纷案件中，被告针对原告的诉讼请求提出质量异议等抗辩是答辩，不是反诉。但如果被告因为产品质量问题造成财产或人身损害而向原告提出赔偿要求，则是反诉。

○ 合议庭组成人员确定后，是否告知当事人？

根据《民事诉讼法》的规定，适用普通程序审理案件，必须组成合议庭。合议庭的组成人员须为3人以上的单数，合议庭成员可由审判员和陪审员组成，也可以全部由审判员组成。合议庭组成后，应当在3日内将合议庭组成人员告知当事人。根据《第一审经济纠纷案件适用普通程序开庭审理的若干规定》的规定，告知后，因情事变化，必须调整合议庭组成人员的，应当于调整后3日内告知当事人。在开庭前3日内决定调整合议庭组成人员的，原定的开庭日期应予顺延。

对当事人来说，事先知道法院审理案件的合议庭成员，有重大意义：一是有充裕的出庭准备时间，当事人可以收集调查一些与案件相关的必要的证据；二是知道了合议庭成员后，更便于有针对性地了解是否有需要申请回避的事由；三是于开庭前3日知道了审理案件的合议庭成员或独任审判员，消除了因当事人对审理案件的审判人员无准备而造成的诉讼心理负担和猜疑，有利于诉讼活动的顺利进行。

○庭前准备阶段审判人员如何审核诉讼材料？

审核诉讼材料，主要是指承办案件的审判人员对原告的起诉状、被告的答辩状以及他们提出的证据和其他诉讼材料进行审查和核实。审判人员应当根据当事人提供的起诉状和答辩状，了解原告的诉讼请求和被告的反驳诉讼请求，各自依据的事实和理由，有哪些是已经有证据可供证明的，有哪些还需要一定的证明材料，需要通知当事人进行补充。同时，还应注意，被告是否提出了反诉，反诉是否符合条件，反诉是什么诉讼请求，有何事实和理由。为庭审查明案件的客观真实，有无必要进行鉴定或者勘验工作，有无必要与有关单位取得联系，以及是否还有需要按法定程序通知其他参加诉讼的人。通过审核，可以使审判人员对案情进行初步了解，以此掌握矛盾的焦点和争议的实质，从而把握案件的中心环节。同时，通过审核诉讼材料，可使审判人员确定证明对象以及收集、调查证据的方向。因此，审核诉讼材料是审判前准备工作的中心环节和步骤，它对于案件能否及时开庭审理具有重要意义。

通过对诉讼材料的审查核实，可以明确还有哪些证据需要法院收集、调查。收集、调查必要的证据是审判前准备工作的一项重要内容。案件能否按时开庭审理、审理中能否真正查明案情、审理后能否作出正确裁判，与准备阶段的收集调查证据有密切的关系。根据当事人提供的证据情况和审理案件的需要，人民法院应当调查收集必要的证据。所谓必要的证据，是指当事人提供客观上有困难而人民法院认为审理该案又需要的证据。

○ 审判人员调查取证，应当遵守哪些程序？

审理前准备工作中的调查，分为就地调查和委托调查两种。两种调查的目的、任务等是一致的，只不过需要根据具体情况的不同而采取不同的调查方式。

就地调查是案件承办人员在认真审阅诉讼材料的基础上，根据案件的具体需要，直接到与案件有关的地点进行调查，审判人员通过亲自接触当事人、证人以及现场等，全面了解案情，为正确处理纠纷打下基础。

民事调查是人民法院进行查证的一项重要措施，为了保证所取得的证据的真实、可靠、客观，必须严格依照法律的有关规定进行，在实践中要特别注意：

1. 出示证件

《民事诉讼法》第117条第1款规定："人民法院派出人员进行调查时，应当向被调查人出示证件。"审判人员、书记员进行调查取证，是代表国家行使审判权，是一件十分严肃的事情，因此向被调查人出示证件表明身份是必要的。另外这样做有利于维护公民的人身权利、民主权利，有利于对查证工作进行监督，同时避免违法分子冒充法院工作人员招摇撞骗。

2. 由两人以上共同进行

《最高人民法院关于适用〈中华人民共和国民事诉讼法〉若干问题的意见》第70条规定："人民法院收集调查证据，应由两人以上共同进行。"这样做一是有利于互相监督，避免徇私舞弊、贪赃枉法的发生，二是避免出现不必要的麻烦，比如有的当事人蛮不讲理，甚至诬陷法院工作人员，如果一人去调查取证，很难讲清楚。因此对这条规定，一定要严格执行，才能保证证据的合法性。

3. 依法制作笔录

《最高人民法院关于适用〈中华人民共和国民事诉讼法〉若干问题的意见》第70条中还规定："调查材料要由调查人、被调查人、记录人签名或盖章。"《民事诉讼法》第117条第2款也规定："调查笔录经被调查人校阅后，由被调查人、调查人签名或者盖章。"在实践中在这方面可能会遇到各种各样的复杂情况，对于当事人自己不能阅看的，应当由审判人员或书记员为其宣读，确认无误后由其签名或盖章，不会写字又无图章的也可按指印；对于当事人拒绝签字的，应向其讲明道理，让其自觉依法办事，劝说不成的，可由书记员代签，记明其拒绝签字的情况。

○ 如何委托外地法院调查？

委托调查是指受理案件的人民法院对那些必须由自己负责调查的，存在于外地法院辖区或国外的证据，按照法律规定的程序，委托外地或外国法院代为取证的一种民事调查方式。《民事诉讼法》第118条第2款规定："委托调查，必须提出明确的项目和要求。受委托人民法院可以主动补充调查。"运用委托调查措施应注意下述几点：

第一，委托调查的事项必须属于应由人民法院负责查证的范围，凡是属于当事人举证责任范围的，应尽量责成当事人自己去搜集证据，特别是在有律师作诉讼代理人的案件中，应注意发挥他们取证的作用。

委托调查的基础是审判权由法院统一行使的原则，委托法院与受托法院之间的关系是工作上的协助关系。

第二，受诉法院所委托的必须是其他人民法院，任何其他国家机关、社会团体或个人都不能成为委托调查中的被委托人。

第三，受诉法院可以委托其他法院代为调查，但并非任何时候、任何情况下都可进行，只是在必要时才可委托。这里所说的必要，主要是指被调查对象不在受诉法院管辖区域以内，此时才可以委托被调查对象所在地的法院进行调查。

第四，受诉法院委托调查时，必须提出委托调查书以及明确的委托项目和要求，这是受托法院代为调查的基础。受托法院收到委托法院的委托调查书后，应在30日内完成调查。因故不能完成的，应在30日内函告委托法院。

第五，无论是就地调查还是委托调查，都是法院收集证据的方式，都应按《民事诉讼法》规定的程序和方式进行。同时，经过两种方式调查的材料和事实，都必须经过法庭的辩论和质证，经过全面的审查核实之后，才能作为法院认定事实、作出裁判的依据。

○ 委托国外法院调查和接受外国法院委托调查应注意哪些事项？

人民法院在审理民事纠纷案件中，凡涉及证据在国外的，应尽量让负有举证责任的当事人提供，只有那些当事人经过努力无法取得的，或者不属当事人举证范围的，对解决纠纷又至关重要的证据才考虑委托国外法院代为调查。

根据我国《民事诉讼法》和最高人民法院的有关规定，委托国外法院调查或接受外国法院委托调查应按下列方法处理：

第一，事先要了解对方国家和我国的国家关系状况。该国必须与我国有正式的外交关系。如果该国与我国订有司法协助协议，或者是国际条约的共同签约国，应按协议或条约的规定办理委托手续；没有协议或条约的，按互惠原则办理；

第二，委托调查必须通过外交途径。我国法院委托外国法院调查的，由委托法院所在地的省、市、自治区高级人民法院审查委托书，送我国外交部领事司负责传递；国外法院委托我国法院进行调查的，委托书应由该国驻我国使馆通过我国外交部领事司转递给有关的高级人民法院，再由高级人民法院指定有关的中级人民法院执行；

第三，委托方应出具委托书。委托书应写明委托事项和要求，注明被调查人的姓名、性别、年龄、国籍、详细地址。委托书还要附有受托国文字的译文；

第四，调查费用应按对等原则办理。国外法院支付我国法院的费用，由我国外交部领事司转交有关高级人民法院；我国法院支付给国外法院的费用由我国有关高级人民法院交我国外交部领事司传递国外法院。委托方有特殊要求产生的费用由委托方负担；

第五，对拒绝接受我国法院通过外交途径委托调查的国家或者对我国法院委托调查有特殊限制的国家，我国法院在接受该国法院委托调查时可采取对等措施；

第六，接受外国法院委托调查，不能违反我国的法律，不能危害我国的安全和社会公共利益。我国法律对委托调查有特别规定的，应按有关的特别规定办理。

第三节 开庭审理

○ 人民法院审理案件为什么要开庭审理？

人民法院对所受理的案件，在完成审理前准备工作后，在审判人员主持下，在当事人以及其他诉讼参与人的参加下，在法院或者其他适宜场所所设置的法庭上，查清案件事实，分清是非责任，对案件的实体问题做出处理决定所进行的审判活动与诉讼活动，就是开庭审理。

开庭审理是人民法院审理案件的中心环节。开庭审理前的一切工作都是为开庭审理做准备的，庭审后的裁判是以开庭审理的结果为依据的，庭审后案件质量的检验也是以庭审为依据的。同时，案件的一切事实和证据，都必须经过庭审予以揭示和审查核实。

开庭审理是人民法院和当事人会合进行诉讼的活动。庭审是在审判人员的主持下，在当事人以及其他诉讼参与人参加下进行的。在庭审中，人民法院行使民事审判权，当事人及其他诉讼参与人行使一系列的诉讼权利，缺少法院或当事人的任何一方，开庭审理都无法进行。

开庭审理是民事诉讼活动的最主要阶段。这项工作能否做好，决定着案件能否正确处理，当事人的合法权益能否得到保护。

开庭审理要充分体现民主原则。开庭审理使当事人有机会充分行使自己的诉讼权利，如申请回避权、法庭辩论权、提供证据权、当庭质证权等。法院要切实保障当事人能够充分、平等地行使自己的诉讼权利。

开庭审理要充分体现法制原则。无论是法院，还是当事人以及其他诉讼参与人，都必须按照法律规定的程序和方式办事。

总之，开庭审理是民事诉讼的重要阶段，是整个民事诉讼过程的中心环节，也是审判程序的重心，因此，要加强审判工作的民主性、公开性，提高透明度，以切实保护当事人的合法权益。

○ 人民法院审理案件为什么要公开进行？

公开审判是指审判应当在公开的场合公开地进行。《中华人民共和国宪法》第125条规定，人民法院审理案件，除法律规定的特殊情况外，一律公开进行。公开审判包括公开开庭审理和公开宣判两方面。公开开庭审理主要指公开案件的庭审过程，将公开开庭审理作为查明事实，分清是非的法定形式。公开宣判指公开宣布案件的审理结果。以上两部分是宪法规定的公开审判案件的两个方面，仅有公开宣判或仅有公开审理都没有完整地贯彻宪法规定的公开审理原则。《民事诉讼法》第10条将公开审理作为一项基本制度确定下来。

贯彻公开审判的意义在于：

第一，公开审判是裁判公正的保证。由于法律关于公开审判制度的规定没有得到认真遵守，不仅导致公正的程序不能实现，而且因为审判公开不落实，许多案件的裁判采取了暗箱操作的方式，审判缺乏应有的监督，司法腐败现象也由此得到蔓延和发展。落实公开审判制度，使法官在众目睽睽之下进行审判和裁判，堵塞各种徇私枉法和腐败的渠道，切断法官与当事人之间的非正常联系途径。

第二，公开审判制度是我们国家性质所要求的，体现了社会主义的民主，增加了审判工作的透明度。它将人民法院的审判活动，置于广大群众的直接监督之下，从而有效地提高办案质量，增强法院的威信，真正取信于民。

第三，公开审理也是对公民进行法制教育的一种重要形式。案件的是与非，合法与违法，正确与错误，可以在群众中形成公开舆论，对守法的人是一种支持，对违法的人则是一种约束和谴责，有利于传播好的社会风尚，增强群众的法制观念。

第四，公开审判对诉讼参加人也有一定的约束作用，可以促使其如实陈述事实和提供证言，为人民法院查明案情、明辨是非提供较为可靠的依据。

○ 公开审判包括哪些内容？

根据《民事诉讼法》的规定，公开审判制度的主要内容包括：(1)人民法院应当在开庭前公告当事人姓名、案由和开庭的时间、地点，以便群众旁听；(2)庭审过程必须向当事人公开，即当庭举证、当庭质证、当庭辩论、当庭认证，甚至当庭宣判；(3)除法律规定不公开审理的案件外，审判过程向群众公开，向社会公开，允许群众旁听和新闻记者采访报道，允许电视直播或转播；(4)不论是否公开审理的案件，判决都必须公开宣判；(5) 庭审前当事人有权了解对方当事人提供的证据材料，以及阅览庭审笔录。

○ 哪些案件不能公开审理？

公开审判是原则,不等于说对所有的民事案件都进行公开审判。根据《民事诉讼法》第120条的规定，开庭审理有公开审理和不公开审理两种方式，公开审理是开庭审理的基本形式，除法律有特别规定外，开庭审理一律采取公开审理的形式。不公开审理的案件包括：

1. 涉及国家秘密的案件

人民法院审理民事案件时，如果案件事实或者证据事实涉及到国家法律、法规规定的不能公开的党、政、军事秘密，国防情报、科学技术成果，国家的重大政治、经济决策及其他国家秘密事件或秘密文件等，不能公开审理。

2. 涉及个人隐私的案件

民事主体依法享有隐私权，这是公民不容侵犯的人身权利之一。如果案件事实或证据事实涉及到当事人的个人隐私，如个人存款、欠债等经济情况，个人疾病、夫妻家庭关系等情况时，人民法院不能进行公开审理。

3. 法律另有规定可以不公开审理的案件

如果其他法律或法规规定某类案件不公开审理的，当事人可以提出不公开审理的申请，人民法院也可以依职权决定不公开审理。

4. 当事人申请不公开审理的离婚案件和涉及商业秘密的案件

离婚案件直接涉及公民的个人生活问题，有的涉及到当事人之间的夫妻关系、生理缺陷等。为了帮助当事人顺利解决纠纷，以防止矛盾激化，有必要在一定程度上对当事人的情况保密，因而当事人申请不公开审理的，可以不公开审理。为了保护当事人的商业利益，《民事诉讼法》第120条还规定了对涉及商业秘密的案件，当事人申请不公开审理的，也可以不公开审理。

○ 如何保守审判工作中的秘密？

根据《最高人民法院关于保守审判工作秘密的规定》的规定，对于国家秘密和不公开审理案件的情况及其他不宜公开的审判工作事项，各级人民法院对因工作接触审判工作秘密的干警和有关人员，应进行保密教育，使其了解人民法院的有关保密规定，自觉遵守保密纪律，认真做好保守审判秘密的工作。

审判委员会讨论案件时，除案件承办人外，人民检察院检察长及其委派的检察委员会委员可以列席会议；法院其他人员需要列席会议的，需经法院院长或主持审判委员会会议的副院长批准。

审判委员会、合议庭讨论评议案件时，应分别由指定的人员或书记员负责记录，记录材料应由指定的人员妥善保管，并定期移送档案部门归档。因工作需要查阅本院审判委员会、合议庭记录，须分别报经院领导和审判庭领导批准。

审判委员会、合议庭讨论评议案件的情况和每个人的发言内容，特别是对案件处理方面的分歧性意见，以及法院就案件审理中的重要问题向党委或上级法院的请示、报告与其他政法部门交换意见等情况，严禁外泄。

审理涉及国家重要秘密的案件，应指定专人承办，严格控制知密范围。不准泄露不公开审理案件中涉及的国家秘密和商业秘密及个人隐私、未成年人犯罪的具体情况。不公开审理案件时，不准诉讼参与人以外的人员旁听；不公开审理案件的情况，未经法院领导批准不得公开报道。

要认真执行诉讼文书分立正、副卷的规定。法院审判委员会、合议庭讨论评议案件的记录材料和有关案件处理问题的内部请示、报告、批复及领导同志批示和其他不宜公开的材料均应归入副卷。诉讼案卷副卷原则上只限法院内部使用。绝密级诉讼材料应单独立卷，指定专人保管。因办案工作需要查阅，必须经过法院领导批准，只予查阅有关部分。

党委、人大常委会和其他政法部门因工作确需借阅诉讼案卷的，持单位的介绍信和工作证，并经法院领导批准，只限借阅诉讼案卷正卷。其他单位原则上不予借阅。

当事人委托的律师和其他辩护人、代理人查阅诉讼案卷，应按《人民法院档案管理办法》的规定办理批准手续，并在法院指定的场所阅看本案案卷正卷。如需复制、摘抄案卷中的涉密材料，必须经法院档案管理部门批准，并在档案管理人员核对、登记后方能携出。

档案工作人员必须严守保密纪律，严格执行档案使用管理规定，不得泄露档案中的秘密内容和自行扩大档案的利用范围。档案库房要有保密、防盗设施，禁止无关人员出入。并应设置专门的阅卷场所。

外出办案必须携带诉讼案卷的，应经所在审判庭领导批准。并应采取必要的安全保密措施，严防遗失或被盗。

发生泄露审判工作秘密事件，必须及时采取补救措施，认真进行追查处理，并向上级人民法院报告。法院工作人员违反规定，造成泄密事件的，应依照《中华人民共和国法官法》和《人民法院奖惩暂行办法》等规定认真做出处理。对泄露机密、秘密级事项，情节较轻的，应对其进行批评教育；情节较重的，应给予纪律处分；泄露绝密级事件，情节较轻的应给予纪律处分；泄密情节严重造成严重后果，构成犯罪的，应依法追究刑事责任。

○ 人民法院是否可以巡回审理，就地办案？

便利人民群众进行诉讼，便利人民法院审理案件，是《民事诉讼法》和审判实践一贯遵循的“两便原则。”巡回审理、就地办案是我国民事审判工作的优良传统，是人民法院审理民事案件的一种行之有效的工作方法和制度。

什么样的案件适宜由人民法院巡回审理，就地办案，由人民法院根据需要决定。主要考虑以下几个因素：

第一，采取巡回审理，就地办案的方式有利于人民法院查明案情、分清是非、正确及时处理纠纷。

第二，采取巡回审理，就地办案的方式，可以避免当事人和其他诉讼参与人因往返于住所和人民法院之间而延误正常的工作和学习，浪费时间、金钱，浪费诉讼资源。

第三，采取巡回就审的方式，可以借机对当地群众进行法制宣传教育。特别是通过对在当地影响比较大，受群众关注比较多，而且反复发生的案件的审理，可以起到教育绝大多数群众的作用。

○ 法院如何通知当事人以及其他诉讼参与人到庭？

为了使当事人以及其他诉讼参与人能在有准备的情况下出席法庭，法律规定应当在开庭3日前通知当事人以及其他诉讼参与人。通知当事人可以用传票，通知诉讼代理人、证人、鉴定人、勘验人、翻译人员等其他诉讼参与人到庭应采用通知书。通知方式的差异是由他们在诉讼中不同的地位决定的。法院没有依法在开庭3日前通知当事人以及其他诉讼参与人的，当事人以及其他诉讼参与人有权不出庭，法院不能采取拘传、视为撤诉、缺席判决等方法处理。当事人和诉讼参与人在外地的，传唤或者通知他们出庭时都应当注意留有必要的在途和准备出庭的时间，保证当事人和诉讼参与人能够在规定的期间内到庭，使审判工作正常进行。

○ 法定代理人经传票传唤拒不到庭的，如何处理？

无民事行为能力人和限制民事行为能力人的法定代理人在开庭时应当出庭，其经过传票传唤无正当理由拒不到庭的，如果属于原告方，可以比照《民事诉讼法》第129条的规定按撤诉处理；如果属于被告方，可以比照《民事诉讼法》第130条的规定进行缺席审理并进行判决。

○ 第三人经传票传唤拒不到庭的，如何处理？

有独立请求权的第三人可以提出请求参加诉讼，如果其不提出请求，人民法院不主动追加其参加诉讼。有独立请求权的第三人在诉讼中处于原告的地位，其经过传票传唤无正当理由拒不到庭的，可以比照《民事诉讼法》第129条的规定按撤诉处理。无独立请求权的第三人根据人民法院的通知参加诉讼，对无独立请求权的第三人，人民法院应当主动通知，追加其参加诉讼。无独立请求权的第三人在诉讼中处于被告的地位，其经过传票传唤无正当理由拒不到庭的，不影响人民法院对该案的审理，人民法院可以缺席判决。被人民法院缺席判决承担民事责任的无独立请求权的第三人，有权提起上诉。

○ 人民法院应在什么时候发布开庭公告？

开庭审理分为公开审理与不公开审理两种形式。由于公开审理的案件允许群众旁听，允许新闻记者采访、报道，因此，对于公开审理的案件应在开庭审理3日前发布公告，公告当事人的姓名、案由以及开庭的时间、地点。至于公告的方式，本法未作明确规定。审判实践中，既有在法院门前的公告栏内张贴公告的，也有在其他公众场所分头张贴公告的，也有登报公告的。无论哪种形式的公告，目的只有一个，即便于群众参加旁听，提高开庭审理的民主化、规范化，提高庭审的透明度。

○ 人民法院庭审开始时进行哪些工作？

依《民事诉讼法》第123条和最高人民法院有关司法解释的规定，宣布开庭的程序为：

第一，开庭前，由书记员查明当事人和其他诉讼参与人是否到庭。一方当事人或双方当事人以及其他诉讼参与人没有到庭的，应将情况及时报告审判长，并由合议庭决定是否延期开庭或者中止诉讼。决定延期开庭的，应重新向当事人送达传票和向其他诉讼参与人送达通知。决定中止的，应当制作裁定书，送达当事人。

第二，由书记员宣布当事人及其诉讼代理人入庭，并宣布法庭纪律。

第三，由审判长核对当事人。在开庭审理时，审判长应当核对当事人，查明原告、被告及其诉讼代理人的姓名、性别、年龄、职业等身份情况，查明诉讼代理人有无授权委托书及代理权限。

第四，审判长宣布案由及开始庭审，不公开审理的应当说明理由。被告经合法传唤无正当理由拒不到庭的，审判长可以宣布缺席审理，并说明传票送达合法和缺席审理的根据；无独立请求权的第三人，无正当理由拒不到庭的，不影响案件的审理。

第五，审判长宣布合议庭组成人员、书记员名单，并逐项告知当事人法律规定的诉讼权利和义务。宣布了名单和交待了各项权利义务后，审判长应当询问各方当事人是否申请回避。当事人提出申请的，审判长应当宣布休庭。院长任审判长的回避，由审判委员会决定；审判人员的回避，由院长决定；其他人员的回避，由审判长决定。申请回避的理由不成立，由审判长在开庭时宣布予以驳回，并记入笔录。申请理由成立并决定回避的，由审判长宣布延期审理。当事人对驳回回避申请的决定不服申请复议的，不影响案件的开庭审理。对复议申请，应当在3日内作出复议决定并通知复议申请人。

○ 法庭调查阶段主要有哪些工作？

法庭调查，是在法庭上对案件的事实进行全面地调查，它是对案件进行实体审理的主要阶段，是开庭审理的中心环节。法庭调查的任务，是由当事人对案情进行全面系统地陈述，由证人提供证言，法庭出示并核对各种证据，从而全面揭示案情。法庭调查决定着下一阶段即法庭辩论的内容和进行，同时又为法院最终作出裁判奠定基础。

《民事诉讼法》第140条规定的法庭调查顺序，不是一个硬性的顺序，不能由审判人员机械地按照这个顺序一项一项地提问，要求当事人逐项回答。这种法庭调查的方法还属于审问式的方法。法庭调查应当根据案件审理的具体情况灵活掌握。一般采取一方当事人陈述，并结合自己的陈述出示证据，由另一方当事人质证。之后，由另一方当事人陈述并出示自己的证据，再由对方当事人质证，然后进行下一轮的调查，双方当事人依次提供自己的证据，反驳对方的证据，直到案件事实查明为止。案件的事实比较多时，也可以分别进行调查，即原告对一个事实陈述并举证后，由被告直接质证或者提供自己的证据加以反驳，然后再由原告、被告依次继续举证。待一个事实查明以后，再进行下一个事实的调查。法庭调查不可能是一个模式，只能按照法律规定的精神灵活运用。

按照《民事诉讼法》第140条规定，法庭调查应按下列顺序进行：

1. 当事人陈述

在民事诉讼中，当事人对案件事实情况所作的叙述称当事人的陈述。法庭调查开始，首先由当事人陈述，根据《最高人民法院关于民事经济审判方式改革问题的若干规定》（1998年7月11日起施行）的规定，其顺序是：（1）由原告口头陈述事实或者宣读起诉状，讲明具体诉讼请求和理由；（2）由被告口头陈述事实或者宣读答辩状，对原告诉讼请求提出异议或者反诉的，讲明具体请求和理由；

(3) 第三人陈述或者答辩，有独立请求权的第三人陈述诉讼请求和理由；无独立请求权的第三人针对原、被告的陈述提出承认或者否认的答辩意见；(4) 原告或者被告对第三人的陈述进行答辩；(5) 审判长或者独任审判员归纳本案争议焦点或者法庭调查重点，并征求当事人的意见。法庭调查是在审判人员指挥下进行的，对于与本案无关的陈述，审判人员有权制止；对于需要在法庭上查明的事实，审判人员有权询问。一方面，审判人员可以引导当事人作全面、系统、真实的陈述；另一方面又可使当事人就关键之处作重点陈述，以暴露双方争执的焦点，避免当事人陈述与本案无关的事实，拖延开庭审理时间。总之，这一阶段，应使当事人充分地陈述自己的意见，审判人员只是加以引导和个别询问。

2. 告知证人的权利义务，证人作证，宣读未到庭证人的证言

证人出庭作证，审判人员在问清证人的基本情况、核对到庭的证人是法庭依法传唤到庭作证的人之后，应告知证人的权利义务，要求证人就自己所知道的、与本案有关的一切事实情况作真实、全面的陈述，特别要向证人说明，作伪证是要负法律责任的。在证人作证的过程中，审判人员可以加以引导，使其对案件的有关事实作客观、详实的陈述，同时审判人员还可以就有关事实询问证人。在证人作证之后，法庭应询问当事人、第三人对证人证言的意见。经审判长许可，当事人及其诉讼代理人有权向证人发问，证人应当回答。

受诉法院委托外地法院代为询问证人的笔录以及未到庭的证人所提供的书面证言，都应在法庭上宣读，并当庭宣读在书面证人证言上签名或盖章的证人姓名。审判人员宣读完书面证人证言后，应询问当事人、第三人对证言的意见。未在法庭上宣读的证人证言，不能作为认定案件事实的证据。

3. 出示书证、物证和视听材料

不论是当事人提供的书证，还是法院调查收集的证据，都应在法庭上出示，必要时可以责令提供书证的当事人或其他人对书证的内容作出说明。物证应在法庭上出示，以辨真伪。物证原件无法在

法庭上出示的，可以出示物证的照片或者复制品。案件的视听资料应在法庭上播放。必要时，应由录制人员说明录制情况和经过，回答法庭提出的问题。

4. 宣读鉴定结论

鉴定结论应在法庭上宣读，审判人员可以就作出鉴定结论的科学依据、鉴定方法和过程提出问题，当事人及诉讼代理人经法庭许可，也可以就鉴定结论问题向鉴定人发问，要求鉴定人对鉴定结论作出必要的解释或补充说明。

5. 宣读勘验笔录

勘验笔录是由审判人员或者法院指定的其他人员依法对现场进行勘验所制作的笔录。作为一种证据，勘验笔录应在法庭上宣读。拍摄的照片或绘制的图表，都应向当事人出示。在宣读出示后，应询问当事人对笔录内容、照片或图表的意见。

○ 证据如何在法庭上进行质证？

对于证据的出示与质证，《最高人民法院关于民事经济审判方式改革问题的若干规定》规定的顺序是：

第一，原告出示证据，被告进行质证；被告出示证据，原告进行质证。

第二，原、被告对第三人出示的证据进行质证；第三人对原告或者被告出示的证据进行质证。

第三，审判人员出示人民法院调查收集的证据，原告、被告和第三人进行质证。

经审判长许可，当事人可以向证人发问，当事人可以互相发问。

审判人员可以询问当事人。

此外，案件有两个以上独立存在的事实或者诉讼请求的，可以要求当事人逐项陈述事实和理由，逐个出示证据并分别进行调查和质证。对当事人无争议的事实，无需举证、质证。

当事人向法庭提出的证据，应当由当事人或者其诉讼代理人宣读。当事人及其诉讼代理人因客观原因不能宣读的证据，可以由审判人员代为宣读。人民法院依职权调查收集的证据由审判人员宣读。

案件的同一事实，除举证责任倒置外，由提出主张的一方当事人首先举证，然后由另一方当事人举证。另一方当事人不能提出足以推翻前一事实的证据的，对这一事实可以认定；提出足以推翻前一事实的证据的，再转由提出主张的当事人继续举证。

经过庭审质证的证据，能够当即认定的，应当当即认定；当即不能认定的，可以休庭合议后再予以认定；合议之后认为需要继续举证或者进行鉴定、勘验等工作的，可以在下次开庭质证后认定。未经庭审质证的证据，不能作为定案的根据。

一方当事人要求补充证据或者申请重新鉴定、勘验，人民法院认为有必要的可以准许。补充的证据或者重新进行鉴定、勘验的结论，必须再次开庭质证。

法庭决定再次开庭的，审判长或者独任审判员对本次开庭情况应当进行小结，指出庭审已经确认的证据，并指明下次开庭调查的重点。

第二次开庭审理时，只就未经调查的事项进行调查和审理，对已经调查、质证并已认定的证据不再重复审理。

法庭调查结束前，审判长或者独任审判员应当就法庭调查认定的事实和当事人争议的问题进行归纳总结。法庭认为案件的事实已经清楚，必要的证据业已齐全，即可由审判长宣布终结法庭调查，进入法庭辩论阶段。

○ 当事人可以在法庭上提出哪些新证据？

《民事诉讼法》第125条第1款规定：“当事人在法庭上可以提出新的证据”，但由于对“新的证据”没有明确的界定，实践中将迟交的证据都视为新的证据，在长期的审判实践中，一些动机不纯的当事人在开庭审理前不提供证据，在开庭审理中搞突然袭击，或者在一审期间不提供证据，在二审或者再审期间再提供证据，以实现其拖延诉讼、损害对方当事人合法权益的目的。这种做法，不仅违背了民事活动和民事诉讼活动中当事人应当遵循的诚实信用原则，严重地干扰了诉讼活动的正常进行，有损法院裁判的权威性，有损对方当事人的利益，而且对有限的审判资源造成了极大浪费，是导致审判效率低下的一个重要原因。因此，《最高人民法院关于民事诉讼证据的若干规定》对“新的证据”的范围做了明确限定，根据该规定第41条的规定，“新的证据”，是指以下情形：

1. 一审程序中的新的证据包括：当事人在一审举证期限届满后新发现的证据；当事人确因客观原因无法在举证期限内提供，经人民法院准许，在延长的期限内仍无法提供的证据。

2. 二审程序中的新的证据包括：一审庭审结束后新发现的证据；当事人在一审举证期限届满前申请人民法院调查取证未获准许，二审法院经审查认为应当准许并依当事人申请调取的证据。

○ 当事人有新证据，应当在什么期间内提出？

至于当事人在一审和二审程序提出新的证据时间的规定，《民事诉讼法》第125条仅规定，“在法庭上提出。”根据《最高人民法院关于民事诉讼证据的若干规定》第42条的规定，当事人在一审程序中提供新的证据的，应当在一审开庭前或者开庭审理时提出。

当事人在二审程序中提供新的证据的，应当在二审开庭前或者开庭审理时提出；二审不需要开庭审理的，应当在人民法院指定的期限内提出。

○ 当事人在法庭上向证人、鉴定人、勘验人发问有什么要求？

《民事诉讼法》第125条第2款规定："当事人经法庭许可，可以向证人、鉴定人、勘验人发问。"允许当事人对证人、鉴定人、勘验人发问，是建立现代民事诉讼制度，由职权主义诉讼向当事人主义诉讼转变的一个重要体现，有助于体现诉讼的公正性，保持法庭的中立地位，同时增加了在庭审过程中当事人的参与性，也就增强了当事人对法院裁判的可接受性。应当注意的是，当事人在法庭上询问证人、鉴定人、勘验人要经过法庭的许可，即是说法庭对当事人的发问有一定的控制权，其目的是为了促使当事人围绕争议的焦点发问，并控制庭审的秩序、节奏和气氛。

《最高人民法院关于民事诉讼证据的若干规定》第60条规定："经法庭许可，当事人可以向证人、鉴定人、勘验人发问。询问证人、鉴定人、勘验人不得使用威胁、侮辱及不适当引导证人的言语和方式。"庭审的公开性使案件信息提供者暴露于公众特别是双方当事人的面前，也就为某些恐吓行为提供了机会和场合，当事人在庭审中不适当的语言和举动就可以造成庭审中的恐吓效果。这些行为不仅对证人、鉴定人、勘验人的出庭的积极性有严重影响，并且对其陈述的可靠性有重大冲击，应当予以严格禁止。因此，在询问证人、鉴定人、勘验人时，不得使用威胁、侮辱性的言语和方式。

○ 询问证人是否可以使用引导证人的言辞？

询问证人不得使用不适当引导证人的言语和方式，也就是说，禁止使用诱导证人作证的引导性问话。所谓引导性问话，即是暗示了问话人希望得到的回答或者是暗示了证人尚未作证证明的争议事实之存在的问题。然而，所有的提问或者发问从一定意义上说都是具有一定的诱导性的，否则，证人的回答就不可能针对询问者的意图而作出直截了当的回答，因此所谓禁止诱导性的询问，是指询问者应当尽量使用一种中性的言语和方式发问，否则就是不适当引导证人，对方当事人有权表示反对，法官应予制止。

○ 哪些案件人民法院应合并审理？

合并审理，是指人民法院把几个独立的诉，合并在一个案件中进行审理和裁判。人民法院把几个诉合并审理，可以简化诉讼过程，节省时间、人力、物力、提高办案效率，防止对数个有联系的诉作出相互矛盾的判决。

根据《民事诉讼法》第126条的规定，对下列情形应予合并审理：

1. 诉的主体合并

必要的共同诉讼和普通的共同诉讼，都属于诉的主体合并，即当事人一方或双方为二人或二人以上，一同在人民法院起诉或应诉的情形。诉讼代表人诉讼，即当事人一方或双方人数众多，由其推选的代表人所进行的诉讼，也属诉的主体合并。诉的主体合并，又称为主观的诉的合并，或广义上的诉的合并。

2. 诉的标的合并

在同一诉讼程序中，同一方当事人向对方当事人提出了两个或两个以上的诉的标的，人民法院予以合并审理的，称为诉的标的合并。例如，同一原告对同一被告，既包括单一的原告、被告，也包括共同诉讼人、诉讼代表人中的原告、被告，只要是在同一诉讼程序中，一方当事人针对对方当事人向受诉法院提出了两个以上的诉的标的，人民法院予以合并审理，一并做出判决的，都是诉的标的合并。诉的标的合并，必须符合三个条件：(1) 由一方当事人针对对方当事人向受诉法院提出了数个诉讼标的；(2) 这数个诉的标的之一，受诉法院有管辖权；(3) 这数个诉的标的属同一诉讼程序。只有符合这三个条件，人民法院才能予以合并审理，一并做出判决。因而，原告在诉讼中增加诉讼请求，可以成为诉的合并。

3. 第三人参加诉讼的合并

在有独立请求权的第三人参加诉讼中，有独立请求权的第三人是对本诉中的原告、被告作为被告提起诉讼而参加诉讼的，从这个意义上讲，是诉的主体合并。但是，有独立请求权的第三人提起的诉与本诉又形成了两个诉，诉的标的不同，这又是诉的标的合并的情形。因此，有独立请求权的第三人参加诉讼的，应列为一种独立的诉的合并形式，即混合的诉的合并。无独立请求权的第三人参加诉讼的，无论其参加到原告一边还是参加到被告一边进行诉讼，也应列入混合的诉的合并。

4. 因被告提起反诉而引起的诉的合并

人民法院将被告提起的反诉与原告提起的本诉合并审理，虽与诉的标的合并有相似之处，但又与诉的标的合并不同。它不是同一原告针对同一被告提出的，并且原告、被告双方既可以针对对方向法院提出一个诉的标的，也可以提出数个诉的标的，反诉与本诉合并审理，当事人双方虽未变，但各自的诉讼地位却发生了变化，并且是将数个诉的标的予以合并审理。这种既有诉的主体合并，又有诉的标的合并的，也应单列为一种诉的合并形式。

上述诉的合并形式，除必要的共同诉讼引起的诉的合并，必须予以合并审理外，其他情形引起的诉的合并，人民法院既可以将其合并审理，也可以不合并审理，是否合并审理，由人民法院视案件情况而定。即使予以合并审理，对各个诉仍应分别进行审查，分别作出裁判。

○ 法庭辩论按什么顺序进行？

法庭辩论是民事诉讼辩论原则在开庭审理阶段的重要体现，它是双方当事人及其代理人在法庭上就有争议的事实和法律问题进行辩驳和质证。法庭辩论是在法庭调查的基础上开展的，因此，法庭辩论应围绕法庭调查中提出的问题进行。法庭辩论的顺序如下：

1. 原告及其诉讼代理人发言

法庭辩论开始，先由原告发言。原告发言的内容，主要是针对被告在法庭调查中主张的事实和理由，作出回答及进行辩解，以论证自己的主张。原告的发言不是对法庭调查阶段自己陈述的重复，而是通过摆事实、讲道理，说明自己的主张，驳斥被告主张的事实和理由。

2. 被告及其诉讼代理人答辩

原告及其代理人发言完毕，由被告及其代理人答辩。被告及其诉讼代理人的答辩内容，主要针对原告及其诉讼代理人提出的事实和理由，作出回答并进行辩解，以论证自己反驳的事实和理由。

3. 第三人及其诉讼代理人发言或答辩

有独立请求权的第三人是针对本诉讼的原被告双方当事人所主张的事实和理由，作出回答和进行辩解，以驳斥他们双方各自主张的事实和理由。无独立请求权的第三人一般是参加到本诉讼中的被告一方，因而，无独立请求权的第三人及其诉讼代理人的答辩，与被告及其诉讼代理人的答辩相似。无独立请求权第三人及其诉讼代理人的答辩，可能是针对本诉讼中与其有法律关系的一方当事人的发言，也可能是针对本诉讼中另一方当事人的发言。

4. 互相辩论

互相辩论的程序也是先原告，后被告，再第三人。但是，如果说原告、被告、第三人的发言及答辩是系统地全面地发言和辩论的话，双方互相辩论则主要是针对某项具体事实或某个争执点作针锋相对的辩论。事实上，原告、被告、第三人的发言及答辩，只是辩论的开始和展开，而具体事实的澄清或争执事项的明了，则更多是通过互相辩论解决的。

在法庭辩论阶段，审判人员要保证当事人双方及第三人平等地行使辩论权，同时，审判人员应当引导当事人围绕争议焦点进行辩论。当事人及其诉讼代理人的发言与本案无关或者重复未被法庭认定的事实，审判人员应当予以制止。

法庭辩论由各方当事人依次发言。第一轮辩论结束，审判长应当询问当事人是否还有补充意见。当事人要求继续发言的，应当允许，但要提醒不可重复。一轮辩论结束后当事人要求继续辩论的，可以进行下一轮辩论。下一轮辩论不得重复第一轮辩论的内容。

法庭辩论时，审判人员不得对案件性质、是非责任发表意见，不得与当事人辩论。

法庭辩论终结，审判长或者独任审判员征得各方当事人同意后，可以依法进行调解，调解不成的，应当及时判决。当事人没有补充意见的，审判长宣布法庭辩论终结。

辩论终结时，审判长应按原告、被告、第三人的先后顺序，征询他们各自的最后意见。至此，法庭辩论终结。

○ 法庭辩论终结后，作出判决前，是否可以进行调解？

在法庭辩论终结后，判决作出前能够调解的，审判人员还可以进行调解。经过法庭调查和辩论，如果事实清楚的，审判长按照原告、被告和有独立请求权第三人的顺序询问当事人是否愿意调解。无独立请求权的第三人需要承担义务的，在询问原告、被告之后，还应询问其是否愿意调解。当事人愿意调解的，可以当庭进行，也可以休庭后进行。

调解时，可以先由各方当事人提出调解方案。当事人意见不一致的，合议庭要讲清法律规定，分清责任，促使双方当事人达成协议。必要时，合议庭可以根据双方当事人的请求提出调解方案，供双方当事人考虑；也可以先分别征询各方当事人意见，而后进行调解。

经过调解，双方当事人达成协议的，应当在调解协议上签字盖章。人民法院应当根据双方当事人达成的调解协议制作调解书送达当事人。双方当事人达成协议后当即履行完毕，不要求发给调解书的，应当记入笔录，在双方当事人、合议庭成员、书记员签名或盖章后，即具有法律效力。双方当事人当庭达成调解协议的，合议庭应当宣布调解结果，告知当事人调解书经双方当事人签收后，即具有法律效力。

○ 合议庭如何进行评议？

法庭辩论终结后，合议庭不进行调解的，或调解不成的，即由审判长宣布休庭，合议庭组成人员暂时退庭，进入评议室进行评议。评议时，合议庭应就案件事实是否查清进行研究，以正确认定；其次，应分清是非，明确双方当事人的责任并正确适用法律，最后决定对案件的处理意见并决定诉讼费用的负担等问题。评议中如发现案件事实尚未查清，需要当事人补充证据或者由人民法院自行调查收集证据的，可以决定延期审理，由审判长在继续开庭时宣布延期审理的理由和时间，以及当事人提供补充证据的期限。评议中若意见不一致，实行少数服从多数的原则，但少数人的意见应如实记入评议笔录。评议笔录由合议庭全体成员和书记员签名或盖章。评议笔录是合议庭内部对案件处理意见的一种记录，故当事人及其诉讼代理人不得查阅、复制评议笔录。

○ 判决的宣告方式有哪些？

合议庭评议完毕，合议庭成员离开评议室进入法庭，由审判长宣告继续开庭审理。法院将所审理民事案件作出的裁判，向当事人、其他诉讼参与人以及旁听群众宣告，即宣告判决。按照《民事诉讼法》的有关规定，不论案件是否公开审理，宣告判决一律公开进行。

宣告判决有两种方式，一种是当庭宣判，另一种是定期宣判。当庭宣判的，应在10日内向当事人发送判决书；定期宣判的，应在宣判后立即发给判决书。不论是哪种形式的宣判，在宣告判决时，都必须告知当事人上诉权利、上诉期限以及上诉法院，这是法院的义务。宣告离婚判决时，还必须告知当事人在判决发生效力前，不得另行结婚。

经过开庭审理，法院作出判决，一审普通程序就此终结。

○ 人民法院在什么情况下当庭宣判？

《民事诉讼法》对当庭宣判仅做了一般性规定。《民事诉讼法》第134条第2款规定："当庭宣判的，应当在十日内发送判决书。"对当庭宣判不能仅理解为必须是一次开庭。如果因案件复杂而多次开庭，只要最后一次法庭调查与宣判在当日的仍应为当庭宣判。如果第二次开庭不进行新的实质问题的法庭调查，仅宣读判决书的，则不属于当庭宣判，宣判后应立即发给判决书。因此，经实质性的庭审调查辩论后，事实清楚的案件当日即进行宣判的，为当庭宣判。

当庭宣判有四个条件：（1）案件事实清楚。案件事实清楚是裁判案件的基本条件，只有事实清楚，才能正确适用法律，公正作出裁判，事实不清，不能硬行判决。（2）必须在法庭进行宣判。如果到当事人住所进行宣判，不能视为当庭宣判。（3）必须在庭审调查后当日宣判，如隔日则为定期宣判。（4）宣判前的庭审辩论必须有新的实质性内容。如只为追求当庭宣判率，而刻意进行空洞的调查、辩论后宣判，则非真正意义上的当庭宣判。

○ 原告经传票传唤，无正当理由拒不到庭或者未经法庭许可中途退庭的，应如何处理？

《民事诉讼法》第129条前半段规定："原告经传票传唤，无正当理由拒不到庭的，或者未经法庭许可中途退庭的，可以按撤诉处理。"按撤诉处理是指原告没有申请撤诉，合议庭根据原告拒绝履行法定诉讼义务的行为，推定其自愿申请撤诉。对此，法院经审查，对符合撤诉条件的裁定准许撤诉，对不符合撤诉条件的裁定不准许撤诉。据此，按撤诉处理应符合以下条件：

1. 经过法院传票传唤

所谓传票传唤，要求法院按法定程序传唤当事人，把传票送达本人，并有送达回证由被传唤人签名、盖章，以证明被传唤人在法定期限内接到了传唤通知。

2. 原告无正当理由拒不到庭，或者未经法庭许可中途退庭

原告经法院传票传唤，有正当理由没有到庭的，不能视为申请撤诉，法院应另定开庭日期延期审理。原告虽没有到庭，但委托诉讼代理人到庭参加诉讼的，不能视为拒不到庭。

原告经传唤，无正当理由拒不到庭或者未经法庭许可中途退庭的，可以按撤诉处理。这里是“可以”，而不是“应当”，因而，《最高人民法院关于适用〈中华人民共和国民事诉讼法〉若干问题的意见》第161条规定，依法可以按撤诉处理的案件，如果当事人有违反法律的行为需要依法处理的，人民法院可以不按撤诉处理。

本诉的被告提起反诉之后，原告即处于反诉中的被告地位，因而其不到庭或中途退庭的，不能按撤诉处理，应适用缺席判决，否则，就会影响提出反诉的被告的利益。如果原告必须到庭，否则无法查清案件事实的，人民法院应决定适用拘传的有关规定。

○ 当事人不出庭，人民法院为什么也可以作出判决？

人民法院审理案件一般都要求当事人出庭，这是为了查明案件事实，并依法强制当事人履行法院裁决所确定的义务。当事人委托了诉讼代理人并且特别授权的，本人也可以不出庭。当事人在审判时出庭是为了行使自己的诉讼权利，维护自己的合法权益。在一般的情况下，当事人没有委托诉讼代理人，本人又没有出庭，审判应

当是无效的。但是，人民法院受理案件后，当事人又受到一定的约束，即在人民法院指定的开庭日期应当到庭参加开庭审判。如果当事人没有正当理由而不出席法庭的审判，人民法院则不能进行审判的话，则势必影响人民法院的正常审判工作，也将影响另一方当事人的合法权益。因此，对没有正当理由而不出席法庭审判的当事人，法律规定其承担相应的法律后果。缺席判决就是法律对没有正当理由而不出席法庭的被告规定的后果责任。

缺席判决是法院在开庭审理时，在一方当事人或双方当事人未到庭陈述、辩论的情况下，合议庭经过审理所作的判决。缺席判决是相对于出席判决而言的，它是为了维护法律的尊严，维护到庭一方当事人的合法权益，保证审判活动正常进行而设立的一种程序法律制度。

○ 缺席判决主要适用哪些人?

一般来说，缺席判决是对被告作出的判决。被告既指本诉的被告，又包括反诉的被告。在第三人参加诉讼的情况下，既包括本诉讼的被告，又包括参加之诉讼的被告。因为，拒不出席法庭的，不仅往往是被告，而且主要是，被告出庭是提供证据，与原告进行辩论，以反驳原告的诉讼请求。如果被告不出庭，或者中途退庭，不仅放弃了行使这些权利的机会，而且法庭只能根据已有的证据材料，在原告的要求下，认定案件的事实，依法作出判决。但是，法院不准撤诉的案件，原告经合法传唤，无正当理由拒不到庭的，也可以缺席判决。

无民事行为能力的被告的法定代理人，经传票传唤无正当理由拒不到庭的，也可以缺席判决。

○ 被告经传票传唤，无正当理由拒不到庭的，如何处理？

缺席判决的前提是必须对被缺席判决的人依照法律规定采用传票传唤。在适用传票方式进行传唤时应当注意，传票应当直接送达给被告本人或者与其同住的成年家属，也可以对其本人适用留置送达，对下落不明的人可以采取公告送达的方式。采用邮寄送达的，应当以受送达人本人签收的送达回证为凭。一般不宜采用转交送达的方式。另外在采用邮寄送达没有收到送达回证的，不能适用缺席判决。总之，以受送达人本人收到传票为适用缺席判决的条件。

如果不能确定受送达人已经收到传票则不应当适用缺席判决。此外，受送达人不出席法庭必须是没有正当的理由，如果其有正当理由而不能出席法庭审理的，则不能适用缺席判决。

无正当理由是相对正当理由而言的，所谓“正当理由”是指当事人具有不可抗力的原因不能到庭。有的被告单位的主要负责人或代理人借口工作忙拒不到庭的，属于无正当理由。对于当事人有正当理由不能到庭的，法院可以延期审理或者作其他相应的处理，但不能视为撤诉或缺席判决。所谓到庭，是指到人民法院指定的地点接受人民法院的询问或参加开庭审理活动。不仅包括开庭审理时到庭，还包括法院询问当事人、调查案件、进行调解时传其到庭。

○ 被告在诉讼进行中，未经法庭许可中途退庭的，应如何处理？

被告已经到庭参加诉讼，但是，未经法庭许可中途退庭，又拒不回返的，予以缺席判决。退庭不仅包括开庭审理时退庭，也包括法院询问当事人、调查案件、进行调解时退庭。但如果被告有正当理由，又经过法庭许可的，可以中途退庭，人民法院决定暂时休庭或延期审理。

○ 缺席判决时，是否要听取不出庭当事人的意见？

民事诉讼中应当慎用缺席判决。缺席判决必须在案件事实全部查清的情况下才能作出，同时，还应当充分考虑缺席一方当事人的合法权益，使其不因缺席而受到不应有的损害。

缺席判决固然不应当损害缺席一方当事人的合法权益。但是，缺席判决往往不能查清全部案件事实。如果案件事实因负有举证责任的缺席一方当事人拒绝提供证据而无法查清，负有举证责任的一方当事人应承担不举证带来的后果。缺席判决中同样需要公正性。其公正性体现在：缺席一方当事人与出席一方当事人提交的证据得到同样的尊重。在缺席判决中，缺席一方在庭审前向法庭提交的证据，应当同对方提交的证据一样在庭审中进行审查核实。对于缺席一方当事人提交的证据，只要符合客观性、相关性、合法性条件要求，法庭应当采信。

○ 缺席判决是否对双方当事人均有拘束力？

如果缺席判决是依法作出的，则缺席判决的效力等同于对席判决的效力，因此，对于缺席判决的案件，法院也应依法向缺席一方当事人宣告判决，并向其送达判决书，告知其上诉权利、上诉期限和上诉法院，缺席判决的一方当事人可以在上诉期内提起上诉。二审法院作出的缺席判决，是发生法律效力的判决，对双方当事人具有拘束力。当然，如果法院作出缺席判决是未经传票传唤被告，或者被告未到庭有正当理由的，则缺席判决就不能发生与对席判决相同的效力。

○ 被告经传票传唤，有正当理由不能到庭的，应如何处理？

《民事诉讼法》规定的缺席判决，是在被告的行为（经传票传唤无正当理由拒不到庭，或未经法庭许可中途退庭等）妨碍审判活动时，由法院依职权作出的，对被告具有惩戒功能。我们认为，被告出庭应诉，既是为了查清事实，也是法律赋予被告当庭答辩及提出自己观点的权利和机会。被告已对其权利进行了处分，那么是否按时开庭，决定权在法院。如果法院认为即使被告不出庭应诉，也能依法公正判决，就可以如期开庭；相反，如果法院认为必须要被告出庭，则可以延期开庭。

○ 原告申请撤诉应具备什么条件？

申请撤诉是当事人一方的诉讼行为，而非双方的诉讼行为，它表明提起诉讼的当事人对其与其他当事人之间的争议不再要求法院进行审理，是当事人对自己诉讼权利和实体权利所作的一种处分，体现了民事诉讼的处分原则。申请撤诉作为一项重要的制度，现已被世界大多数国家的《民事诉讼法》所采纳，这是对当事人处分行为的尊重，也是诉讼民主的一个标志。

撤诉是当事人的诉讼权利，但在行使这项权利时应有合法的事实和理由，并遵循一定的程序，否则，其撤诉即为不合法，也就不能产生效力。按照《民事诉讼法》第131条的规定，撤诉的条件包括：

1. 撤诉必须是原告自愿

处分行为只有出于当事人自愿，才能保证其合法性和有效性。撤诉是当事人处分自己诉讼权利的重要方式，因此必须坚持自愿原则。任何人不得以任何胁迫的方式强迫当事人撤诉，审判人员也不得以任何借口动员当事人撤诉。

2. 必须由有权申请撤诉的当事人提出

即撤诉必须由提起有效之诉的当事人提出，这是因为撤诉权只是起诉权的相应权，享有起诉权的人，才享有撤诉权。这些撤诉主体包括原告、提起反诉之被告、提起参加之诉之有独立请求权的第三人、上诉人及再审之诉的申请人。这些人没有诉讼行为能力的，应由其法定代理人行使，由诉讼代理人代理撤诉的，必须有被代理人的特别授权，除此之外，其他任何人都无权提出撤诉。

3. 当事人申请撤诉，必须在法院宣告判决前提出

因为撤诉的目的就在于排除法院对当事人之间的实体争议作出判决，判决一旦宣告，双方当事人的权利义务关系就已确定，诉讼法律关系归于消灭，撤诉权也就无法行使了。

4. 撤诉申请应以书面或口头方式向人民法院提出

撤诉必须以一定方式提出，但究竟采取书面还是口头方式，本法未作具体规定，但一般而言，应以书面形式为宜，有的也可用口头方式。因为撤诉是诉讼程序中的一项重要处分行为，用书面方式易保证其效力。

5. 撤诉在实体上也必须是合法的

撤诉的原因不得违背法律的规定。实践中当事人申请撤诉，一般基于以下原因：一是双方当事人达成和解，平息纠纷，因而撤诉；二是当事人认为诉讼利益小而诉讼耗费大，即使胜诉也没有什么利益可得，因此提出撤诉；三是当事人认识到自己的诉讼理由不充分，胜诉无望而提出撤诉。这些撤诉原因经法院查明不损害对方当事人和国家利益的，一般应予准许。但实践中也有这样的情况，即当事人为了规避法律上的义务，或因察觉自己有严重的违法行为后，为了逃避责任而提出撤诉申请，也有的是双方当事人串通损害国家和集体利益、社会公共利益和他人的合法权益，为了私利而提出撤诉申请。这些撤诉申请是要利用处分权来达到违法甚至犯罪的目的，因此，对这类撤诉申请，法院应坚持干预原则，不予以准许。

○ 原告撤诉是否必须经人民法院批准?

《民事诉讼法》第131条规定:“宣判前,原告申请撤诉的,是否准许,由人民法院裁定。”因此,对当事人的撤诉申请,人民法院应依法进行审查,对合法和自愿的撤诉,裁定予以准许;对不合法的撤诉,要作出不予准许的裁定。这是国家干预的体现。一般而言,准许撤诉的裁定应以书面方式作出。

人民法院是否准许当事人撤诉,其标准应该是法定的。只要当事人的撤诉符合自愿、合法的条件,法院就应当裁定准许。有的法院在当事人提出合法的撤诉申请后,因不想涉及诉讼费的问题而不予准许,却以调解的方式处理,这种作法是不正确的。第一审程序中原告撤回起诉、被告撤回反诉、有独立请求权之第三人撤回参加之诉等,只要撤诉申请是自愿合法作出的,法院即应裁定准许。有种观点认为在被告提出反诉之后,就不能再准许原告撤诉,这种观点是值得商榷的。本诉与反诉虽然在法律上有关联,但它们都是独立之诉,撤回本诉不会影响对反诉的继续审理,同样,撤回反诉也不会影响对本诉的继续审理。因此,无论撤回本诉还是撤回反诉,只要是自愿的、合法的,法院都应准许。

○ 对指定管辖的案件,应移送法院可否准予原告撤诉?

双方当事人就同一案件分别向各自所在甲、乙两地法院提起诉讼,并分别向对方辖区法院提出管辖异议,两地法院对该案管辖发生争议,经其共同上级法院做出管辖指定,明确该案应由乙地法院管辖,甲地法院应撤销其乙地当事人管辖异议的裁定,将此案移送乙地法院审理。在甲地法院收到上级法院的指定后,本案中的原告向甲地法院申请撤回起诉,甲地法院能否裁定准予撤诉?我们认为,甲地法院既不能裁定准予原告撤诉，也不能裁定驳回原告的撤诉申请。理由是，自报送上级法院指定管辖开始，甲、乙两地法院对这同一案件的管辖权即处于一种未确定状态，直到上级法院作出指定管辖通知时，甲地法院丧失对此案的管辖权，无权再对此案作出任何裁判。

审判权是指受理案件的人民法院对案件实体问题和程序问题进行审理并作出裁决的权力，该权力的行使必须以法律意义上的拥有管辖权为前提，没有管辖权不能就案件的实体问题作出任何裁判，也不能作出是否准予原告撤诉的裁判。

原告的撤诉申请只能向有管辖权的法院提出。甲地法院的管辖权已经丧失，乙地法院依法接受了由甲地法院对此案错误行使而应由乙地法院行使的管辖权，该原告已成为乙地法院审理该案中的一方当事人，当然不能再向甲地法院申请撤诉。

○ 撤诉案件的被告主动承担诉讼费用，人民法院应如何处理？

申请撤诉是当事人处分自己诉权的行为。原告申请撤诉，只要是在法律规定的范围内，符合撤诉条件，人民法院应当准许。如果原告申请撤诉是以法院判令被告承担诉讼费用为前提，为能视为出于自愿，不符合撤诉条件，法院不应当准许。如果原告申请撤销是出于自愿，又符合其他撤诉条件，法院应当准许。至于被告自愿承担诉讼费用，是当事人之间的民事行为，与法院是否准许撤诉无关。按照《人民法院诉讼收费办法》第23条的规定："撤诉的案件，案件受理费由原告负担，减半收取；其他诉讼费用按实际支出收取。"所以，法院在制作准许撤诉的裁定书时，只能写明诉讼费用由原告负担，而不能写成由被告负担。

○ 原告撤回起诉后，是否可以再起诉？

《最高人民法院关于适用〈中华人民共和国民事诉讼法〉若干问题的意见》规定，当事人撤诉或人民法院按撤诉处理后，当事人以同一诉讼请求再次起诉的，人民法院应予受理。可见，我国也赋予了当事人在撤诉后的再次起诉的权利，这体现了诉讼的民主性，是对当事人诉权进行保护的有效措施。

当然，如果原告撤回起诉是由于其与被告的民事法律关系发生了变更或消灭，或者在撤诉后该民事法律关系发生了变更或消灭，则原告不得再以原来的诉讼请求起诉，而只能以变更后的民事法律关系主体资格起诉，否则，即为起诉的条件不合格，法院不应受理。

○ 不准撤诉的案件，当事人不出庭，怎么办？

在原告申请撤诉的情况下，根据《民事诉讼法》第131条第1款之规定："宣判前，原告申请撤诉的，是否准许，由人民法院裁定。"又根据《最高人民法院关于适用〈中华人民共和国民事诉讼法〉若干问题的意见》第161条之规定："当事人申请撤诉或者依法可以按撤诉处理的案件，如果当事人有违反法律的行为需要依法处理的，人民法院可以不准撤诉或者不按撤诉处理。"根据《民事诉讼法》第131条第2款之规定，人民法院不准许撤诉的，原告经传票传唤，无正当理由拒不到庭的，可以缺席判决。第130条规定："被告经传票传唤，无正当理由拒不到庭的，或者未经法庭许可中途退庭的，可以缺席判决。"因此，对于经传票传唤，原、被告无正当理由拒不到庭，人民法院可以缺席判决。

○ 哪些情况下案件可以延期审理?

延期审理是指在法院已发出开庭审理的通知和公告开庭审理日期后，或者在开庭审理过程中，由于出现某些法定情形，使庭审工作无法如期进行或无法继续进行,从而推延审理日期的诉讼制度。延期审理制度是民事诉讼中的一项应急制度，它是在出现某些特别情况时为了应急解决具体问题而设立的；同时，延期审理制度还是一项保障制度，它保障在出现某些特殊情况时使庭审工作得以最终完成。

根据《民事诉讼法》第132条的规定，出现下列情形之一的，法院都可以决定延期审理：

1. 必须到庭的当事人和其他诉讼参与人有正当理由没有到庭的

必须到庭，是指不到庭就无法查清事实。诉讼应当在当事人之间进行，如果必须到庭的当事人不出庭，案件就无法进行审理。必须到庭的当事人主要指具有赡养、抚育、扶养义务和其他不到庭就无法查清案情的当事人。同时，案件事实的查清，还必须依靠证人、鉴定人、翻译人员等其他诉讼参与人的协助，如果必须到庭的其他诉讼参与人不出庭，庭审也无法进行。必须到庭的当事人和其他诉讼参与人没有到庭的，必须是具有正当理由，案件才能延期审理。

2. 当事人临时提出回避申请的

申请回避是当事人的诉讼权利之一。在案件开始审理时，当事人就可以提出回避申请，如果回避事由得知或发生在审理开始以后的，当事人依然可以在法庭辩论终结前提出回避申请。但是，如果当事人在开庭时临时提出回避申请，法院需要更换审判人员、书记员、翻译人员的，或者需要另行组成合议庭的，案件只能延期审理，以等待法院对回避申请作出决定或组成合议庭。

3. 需要通知新的证人到庭，调取新的证据，重新鉴定、勘验，或

者需要补充调查的

法院决定开庭以后，在审理过程中，当事人有权提出新的证据，有权要求重新进行调查、鉴定或勘验。如果法院认为不完成上述工作将影响对案情认定和案件的正确处理，则可根据实际情况准许当事人的这种要求，案件可延期审理。当然，在开庭审理过程中，如果法院发现需要通知新的证人到庭，调取新的证据，重新鉴定、勘验，或者需要补充调查的，也可延期审理。

4. 其他应当延期的情况

这是一项弹性条款，由法院决定是否延期审理，以适应复杂的实际情况的需要。

延期审理在一定程度上影响了案件的及时解决，因此，法院对延期审理必须慎重对待，不能任意扩大延期审理的范围。同时，延期审理的案件，同样必须遵守《民事诉讼法》关于审理期限的规定，不能以延期审理为由，任意延长案件的审理期限。当然，延期的时间不应计算在审理期限之内。

○ 当事人是否可以阅读法庭笔录？

《民事诉讼法》第133条第1款规定，书记员应当将法庭审理的全部活动记入笔录，由审判人员和书记员签名。法庭笔录又称开庭审理笔录，是书记员对案件开庭审理的全过程而作的真实记录，它反映了法庭上审判人员、当事人以及其他诉讼参与人的全部审理活动和诉讼活动情况，是庭审工作的一个组成部分，也是一种重要的诉讼资料。

法庭笔录作为一种重要的诉讼资料，当事人和其他诉讼参与人有权要求了解其内容。同时，为了保证记录的准确性，案件审结后，法庭笔录应当当庭宣读，也可以告知当事人和其他诉讼参与人当庭或者在5日内阅读。当事人和其他诉讼参与人，认为对自己的陈述记录有遗漏或者差错的，有权申请补正。经过合议庭和书记员核实，确有遗漏或者差错同意补正的，由书记员把补正的内容和经过记入笔录。如果合议庭和书记员认为没有遗漏或者差错、不予补正的，由书记员将申请内容和不同意补正的理由，在笔录中加以说明。法庭笔录应由审判人员和书记员签名，经宣读或阅读后，当事人和其他诉讼参与人认为没有遗漏、差错或虽有遗漏、差错但已作了补正的，应当在笔录上签名或者盖章。拒绝签名或者盖章的，书记员应将未签名盖章的情况说明附卷。

○ 一审判决宣判以后，原审法院发现判决有错误的，是否可以直接更改判决？

一审判决宣判以后，原审人民法院如果发现判决有错误，不能直接对错误判决进行更改。当事人在上诉期间内提出上诉的，原审人民法院可以提出原判决有错误的意见，报送上一级人民法院，由上级人民法院在第二审的审判时予以改正。当事人没有提出上诉的，待判决发生法律效力后依审判监督程序改正。

○ 适用普通程序审理的第一审民事案件最长应当在什么时间审结？

根据《最高人民法院关于严格执行案件审理期限制度的若干规定》的规定，适用普通程序审理的第一审民事案件，期限为6个月；有特殊情况需要延长的，经本院院长批准，可以延长6个月，还需延长的，报请上一级人民法院批准，可以再延长3个月。审理第一审船舶碰撞、共同海损案件的期限为1年；有特殊情况需要延长的，经本院院长批准，可以延长6个月。

案件的审理期限从立案次日起计算。由简易程序转为普通程序审理的第一审民事案件的期限，从立案次日起连续计算。

下列期限不计入审限：（1）因当事人、诉讼代理人申请通知新的证人到庭、调取新的证据、申请重新鉴定或者勘验，法院决定延期审理1个月之内的期间；(2) 公告、鉴定的期间；(3) 审理当事人提出的管辖权异议和处理法院之间的管辖争议的期间；(4) 案件由有关专业机构进行审计、评估、资产清理的期间；(5) 中止诉讼（审理）至恢复诉讼（审理）的期间。

人民法院判决书宣判、裁定书宣告或者调解书送达最后一名当事人的日期为结案时间。如需委托宣判、送达的，委托宣判、送达的人民法院应当在审限届满前将判决书、裁定书、调解书送达受托人民法院。受托人民法院应当在收到委托书后7日内送达。

人民法院判决书宣判、裁定书宣告或者调解书送达有下列情形之一的，结案时间遵守以下规定：(1) 留置送达的，以裁判文书留在受送达人的住所日为结案时间；(2) 公告送达的，以公告刊登之日为结案时间；(3) 邮寄送达的，以交邮日期为结案时间；(4) 通过有关单位转交送达的，以送达回证上当事人签收的日期为结案时间。

民事案件应当在审理期限届满10日前向本院院长提出申请；还需延长的，应当在审理期限届满10日前向上一级人民法院提出申请。对于下级人民法院申请延长办案期限的报告，上级人民法院应当在审理期限届满3日前作出决定，并通知提出申请延长审理期限的人民法院。需要本院院长批准延长办案期限的，院长应当在审限届满前批准或者决定。

○ 出现哪些情况，应中止诉讼？

诉讼中止，是指在诉讼进行过程中，发生某些特殊情况，诉讼无法继续下去，必须暂时停止诉讼程序，待特殊情况消除后，再恢复诉讼程序。也就是将正在进行的诉讼，暂时停下来，推迟到以后一个不确定的日期去进行。

需要中止诉讼的，必须具有法定原因，根据《民事诉讼法》第

136条规定，有以下几种原因，可以中止诉讼：

1．一方当事人死亡，需要等待继承人表明是否参加诉讼的

民事诉讼解决的是双方当事人之间的民事权益纠纷，一方当事人死亡，诉讼是否继续进行，取决于是否是可以继承的诉讼以及是否有承担诉讼的人。如果死亡的当事人有继承人，需要等待继承人表明是否参加诉讼，就需要暂时中止诉讼程序的进行，待继承人表明参加诉讼后，再恢复诉讼程序。

2．一方当事人丧失诉讼行为能力，尚未确定法定代理人的

诉讼权利能力是确定当事人资格的惟一因素，当事人丧失诉讼行为能力，并不意味着同时丧失诉讼权利能力，也并不意味着当事人资格的丧失，因而，一方当事人丧失诉讼行为能力后，需要由其法定代理人代理其进行诉讼。如果不能及时确定法定代理人，就应中止诉讼，待法定代理人确定后，再恢复进行诉讼。

3．作为一方当事人的法人或者其他组织终止，尚未确定权利义务承受人的

法人或者其他组织，因合并、解散或被宣告破产而终止。法人终止后，其诉讼应由合并后的法人或者清算组织承受。如果尚未确定终止的法人的权利义务承受人的，则中止诉讼，待权利义务承受人确定后，再恢复诉讼。其他组织系组合体，其终止后，如有清算组织的，由清算组织承受其权利义务；如无清算组织，则仍由其原主要负责人继续进行诉讼，一般不发生尚未确定权利义务承受人问题。但是，如果原主要负责人因故不能参加诉讼，仍应中止诉讼，等待原组织成员确定参加诉讼的代表人或管理人。

4．一方当事人因不可抗拒的事由，不能参加诉讼的

不可抗拒的事由，主要指不可抗力，即人力无法抗拒的强制力所造成的事由，如自然灾害、战争等。由于这些原因使当事人不能参加诉讼的，应中止诉讼。待不可抗拒的事由消失后，再恢复诉讼。

5．本案必须以另一案的审理结果为依据，而另一案尚未审结的

在一般情况下，一个民事案件的审理不受另一案件审理的影响

和牵制，但是，特殊情况下，某一民事案件审理要以与之有牵连的案件所确认的事实或处理结果为依据。可中止，待有牵连的案件审结后，再恢复诉讼程序，否则，就有可能作出错误的判决，损害当事人的合法权益。

例如，一个房屋租金的案件，必须以另一个房屋所有权案件的审理结果作为依据；否则，没有确定所有权的归属，租金当然就无法确定了。

6. 其他应当中止诉讼的情形

这是一项弹性规定，由法院根据实际情况灵活掌握，以使诉讼中止制度与客观情况的复杂性相适应。

○ 中止诉讼后，如何恢复诉讼的进行？

诉讼中止是由于客观障碍的出现造成的，因此，当出现某些客观障碍后，法院需依法作出裁定，中止诉讼。裁定可以用书面形式，也可以用口头形式。而当客观障碍消除后，即应恢复诉讼程序，诉讼程序的恢复，不取决于法院和当事人主观意志。至于如何恢复诉讼程序，既可由当事人申请，法院也可以依职权主动恢复。诉讼程序恢复后，中止诉讼的裁定自然失效，不需作出新的裁定。恢复诉讼程序，是恢复中止之前应该进行而未进行的诉讼程序，而不是诉讼程序的重新开始。因此法院、当事人及其他诉讼参与人中止前所做的一切诉讼行为，仍然有效。

○ 出现哪些情况，应终结诉讼？

诉讼终结是指在诉讼进行中，由于出现某种特殊情况，使正在进行的诉讼既无必要，也无可能再继续进行下去，从而终止诉讼程序。诉讼终止是诉讼的非正常终结。

根据《民事诉讼法》第137条规定，出现下列情形之一，可以终止诉讼：

1. 原告死亡，没有继承人或继承人放弃诉讼权利的

原告是诉讼请求的提出者，如果在诉讼进行中原告死亡，其财产权利应由继承人继承。但是，如果原告没有继承人，或者虽有继承人，但继承人放弃对原告所主张权利的继承、不承担诉讼的，则案件因无诉讼请求主张者而终止。如果案件诉讼标的的权利（如人身权利）依法不得继承，原告死亡后，也可以视为没有继承人，应终止诉讼。

2. 被告死亡，没有遗产，也没有应当承担义务的人的

因为被告在诉讼中处于应诉的地位，应承担义务。如果死亡，则应用遗产偿还债务，或由继承人承担债务。被告人没有遗产，又没有继承人时，当然要终结诉讼。

当被告没有遗产，也没有应当承担义务的人时，原告的诉讼请求无法实现，继续进行诉讼已无任何实际意义，从而终止诉讼。如果被告死亡，有继承人继承被告的诉讼地位，应继续进行诉讼。

3. 离婚案件一方当事人死亡的

婚姻关系系身份关系。婚姻关系的存在是以配偶双方的存在为前提的。

离婚诉讼是在双方当事人之间进行的，目的在于解除婚姻关系，如果一方死亡，则婚姻关系自然解除，诉讼程序已无继续进行的必要，应予终结。

4. 追索赡养费、扶养费、抚育费以及解除收养关系案件的一方当事人死亡的

追索赡养费、扶养费、抚育费以及解除收养关系的案件，属于与人身关系密切联系的财产权益案件，它是以人身关系的存在为条件的。在这类案件中，人身关系是特定的，当事人也是特定的，是不可继承的。因此，法院在审理这类案件时，一方当事人死亡的，双方当事人之间的民事法律关系即告消灭。原告死亡的，因无主张权利的人而终止诉讼；被告死亡的，因无承担义务的人而终止诉讼。

○ 诉讼终结后，是否可以再起诉？

由于终止诉讼并未解决当事人之间的实体权益问题，因此，终止诉讼应由法院作出裁定而非判决。裁定可以采用书面形式，也可采用口头形式。书面裁定的，应将裁定书送达当事人，自送达之日起发生法律效力。口头裁定的，应向当事人宣布，并将裁定内容记入笔录，自宣布之日起发生法律效力。对于终止诉讼的，当事人不得就同一事实和理由，就同一诉讼标的再行起诉，法院也不得再行受理和审理此案。

○ 一部分争议事实已经审理清楚的，人民法院是否可以先行判决？

在一般情况下，人民法院是在查清案件的全部事实的基础上，作出判决，从而结束整个诉讼程序，这叫全部判决。与全部判决相对应的则是先行判决，即在有些情况下，只查明了有争议的部分事实或几个有争议问题中的一个有争议的事实，在这种情况下，可以对有争议事实已经查清的部分，作出判决。先行判决，是指人民法院对已经审理清楚的部分事实和部分的请求作出的判决，先行判决解决案件中的部分争议。先行判决与全部判决一样具有法律效力。

先行判决适用于诉讼请求有多项或涉及几个诉讼的合并或涉及几个当事人的案件，因而，适用先行判决时必须慎重，应注意以下几个问题：

第一，部分事实已经查清，必须有充分的证据证明这部分事实，并且能够得出惟一的结论。已查清的部分事实应是该案件的主要事实，如果是次要事实，不能先行判决，否则会造成本末倒置。

第二，当事人急需对方当事人尽快履行义务，满足其部分诉讼请求。如当事人因生产或生活困难而急需先行判决，否则将造成重大损失或不良后果。

第三，一些案情比较复杂，在法定审理期限内或短期内难以全部查清的案件可以适用先行判决。前提是剩余事实暂时不易查清，不能马上结案，且尚未查清的剩余事实不会与已查清的主要事实相矛盾，不影响就已查清的事实先行判决。例如，剩余未查清的事实需要鉴定，或者案件存在中止事由的，可就部分已查清的事实先行判决。

第四，双方当事人不存在对等的权利义务关系。如果双方当事人之间存在对等的权利义务关系，互有给付义务，则不能先行判决。

○ 拟制法律文书时对企业名称应如何表述？

根据《中华人民共和国企业法人登记管理条件施行细则》第24条第4款的规定："企业名称经登记主管机关核准登记后，受国家法律保护。未经核准登记的名称不准使用。"因此，当企业作为案件的诉讼主体，法院在拟制法律文书时，对企业名称应以其《企业法人营业执照》或《营业执照》上登记的名称为准。有些企业名称不能表明其所在行政区域的，可通过企业住所地的具体表述予以明确。

○ 判决驳回诉讼请求的，应如何引用法律条文？

人民法院审理民事纠纷案件，对于原告的诉讼请求没有事实或者法律根据的，予以驳回，即对其实体权利不予保护。有的是法律明确规定了驳回当事人诉讼请求的具体情形，如当事人超过诉讼时效起诉的，人民法院在受理后查明无中止、中断、延长事由的，即判决驳回其诉讼请求。因此，人民法院经实体审理后认为当事人的诉讼请求不应支持的，可根据当事人诉讼请求的内容，找出应当引用的相应条款之后，再以当事人的诉讼请求不符合该条之规定为由，判决驳回其诉讼请求。

○ 驳回诉讼请求后，原告又提出能证明其主张的证据，应如何处理？

原告的诉讼请求因无法举证证明，被判决驳回，待判决生效后，原告又提供出能证明其主张的证据。对此，我们认为，如果原告提出的新证据确实足以推翻原判决的，应该按有关规定进行再审改判。但应明确的是，原判在当时的情况下所做的处理并无不当，改判并不意味着原判是错案。

○ 最高人民法院作出的一审判决、裁定是否可以上诉？

最高人民法院作为我国最高的审判机关，其作出的一审判决、裁定一经宣告立即生效，不存在上诉问题，也不存在等待上诉期满后当事人不上诉才生效的问题。

○ 生效判决具有哪些效力？

民事判决的效力，也即人民法院的生效民事判决所具有的法律效力，包括拘束力和确定力。此外，生效的给付判决还具有执行力。

1. 拘束力

判决的拘束力是指判决对人的支配力，即应当为一定行为或不为一定行为的效力。对当事人的拘束力主要表现在：判决一经生效，当事人必须遵守和履行，否则就要承担相应的法律后果。对法院的拘束力，主要表现在：判决一经生效，人民法院不能随意改变，除非经过法定程序例如监督与再审程序，不得改变，否则就是违法的。

2. 既判力

判决的既判力是指判决在法律上的确定力，它分为实质意义上的既判力和形式意义上的既判力。实质意义上的既判力，就当事人而言，是指作为诉讼标的的民事法律关系，如果在已经发生法律效力的民事判决中得到裁判，当事人即不得再以这一民事法律关系作为诉讼标的提起新的诉讼，而且，在当事人于别的诉讼中进行辩论时，也不得提出与此前业已生效的民事判决内容相反的主张。就法院而言，当事人如果以生效判决确认的民事权利义务关系为诉讼标的而提起新诉，法院应驳回其起诉。同时，如果其他诉讼涉及生效判决确认的民事权利义务关系，不得作出与生效判决内容相反的判决。

形式意义上的既判力，就当事人而言，是指判决一经生效，当事人就不得对判决认定的事实提起诉讼或上诉。就法院而言，非经法定程序，法院不得对生效判决自行改变。

3. 执行力

在所有的生效民事判决中，只有给付判决才具有执行力，即强制执行的法律效力。执行力是指以判决为执行根据，可以通过法院司法执行权予以强制执行的效力。判决发生法律效力后，义务人不履行义务的，权利人可以判决为根据，向法院申请强制执行，法院依照强制执行程序，以国家强制力保证判决的内容付诸实现。

第四节　简易程序

○ 什么是简易程序？

简易程序是第一审程序中普通程序的简化，是基层人民法院和它派出的法庭审理简单的民事案件所适用的程序。简易程序是一个与普通程序并存的独立的诉讼程序。但是，简易程序不是一种完整的诉讼程序，简易程序没有规定的，要适用普通程序的有关规定。简易程序的特点是审理程序简便，既方便当事人诉讼，又方便人民法院办案，便于及时审理案件，迅速解决纠纷，使人民法院能够集中力量审理重大的案件。

○ 哪些人民法院审理案件可以适用简易程序？

我国人民法院分为四级，即基层人民法院、中级人民法院、高级人民法院及最高人民法院。在各个级别的法院中，只有基层人民法院可以适用简易程序。同时，基层人民法院派出的法庭，审理简单的民事案件，也适用简易程序。所谓派出法庭，既包括人民法院就地巡回审理某个具体案件时具体派出的审判组织，也包括固定的人民法庭。人民法庭是基层人民法院在本辖区内设置的固定的派出机构，它是基层人民法院的组成部分，它所进行的审判活动就是基层人民法院的审判活动，它所作出的判决、裁定，与基层人民法院作出的判决、裁定具有同等效力。

中级人民法院、高级人民法院、最高人民法院审理第一审民事案件，均不得适用简易程序。同时，由于简易程序属于第一审程序的范畴，因此，它只适用于第一审简单的民事案件。二审案件和再审案件的审理，均不得适用简易程序。

根据《海事诉讼特别程序法》的规定，海事法院审理事实清楚、权利义务关系明确、争议不大的简单的海事案件，可以适用简易程序的规定。

○ 哪些案件可以适用简易程序审理？

根据《民事诉讼法》第142条的规定，简易程序只适用于那些事实清楚、权利义务关系明确、争议不大的案件，即简单的民事案件。

所谓事实清楚，是指案件的事实是清楚的，或基本清楚的，即当事人之间民事法律关系发生、变更、消灭的事实是清楚的，当事人双方对争议的事实的陈述基本一致，并能提供可靠的证据，无需人民法院作大量的深入调查、取证工作，即可查明事实、分清是非、明确责任。

所谓权利义务关系明确，是指在民事实体法律关系中，当事人双方应享有什么权利，承担什么义务，是明确而无争议的。

所谓争议不大，是指当事人双方对案件的是非、责任以及诉讼标的价额或金额没有太大争议，没有重大分歧，不需要做大量工作就能澄清事实、消除分歧。

事实清楚、权利义务关系明确、争议不大，是我国确认简单民事案件的标准。他们之间互相联系、不可分割，缺少其中的任何一项，都不构成简单的民事案件，也不能适用简易程序。

以上三个案件是互相联系不可分割的，必须同时具备，才能确定为简单的民事、经济纠纷案件。从审判实践看，下列几类案件可以视为简单民事案件：

第一，结婚时间不长，财产争议不大的离婚案件，或者当事人属于近亲结婚，婚前一方当事人即患有法律规定不能结婚的疾病，结婚后不久即提出离婚的案件；

第二，权利义务关系明确，只在给付时间和金额上有争议的赡养、抚养、扶养费用纠纷案件；

第三，确认或变更收养、抚养关系，双方争议不大的案件；

第四，借贷关系明确，证据比较充分，金额不大的债务案件；

第五，遗产和继承人范围明确，讼争遗产数额不大的继承案件；

第六，事实清楚，责任明确，赔偿金额不大的损害赔偿案件；

第七，双方当事人对案件的主要事实陈述基本一致，又提供了可靠的证据，无须作大量调查即可判明事实，分清是非，确定责任的经济纠纷案件。

每一具体的民事案件是否是简单的民事案件，人民法院应根据案件的具体情况来确定和把握。不能认为只有调解结案的案件才适用简易程序。民事案件是适用简易程序还是普通程序或其他程序，是由案件本身的性质决定的，而不是由审结案件的方式决定的。简易程序不是调解程序，也不是不开庭审理或不制作判决，而是民事诉讼中的一个独立的诉讼程序。司法实践中，有的简单民事案件无法调解或者调解无效，只能采取判决的方式，而一般、重大或者复杂的民事案件也有很多是调解结案的。

○ 哪些案件不能适用简易程序审理？

根据《民事诉讼法》的规定，对几种适用第一审程序审理的案件，应组成合议庭进行审理，因此，这些案件虽由基层人民法院作第一审，但不适用简易程序进行审理。

《最高人民法院关于适用简易程序审理民事案件的若干规定》第1条规定："基层人民法院根据《中华人民共和国民事诉讼法》第一百四十二条规定审理简单的民事案件，适用本规定，但有下列情形之一的案件除外：（一）起诉时被告下落不明的；（二）发回重审的；（三）共同诉讼中一方或者双方当事人人数众多的；（四）法律规定应当适用特别程序、审判监督程序、督促程序、公示催告程序和企业法人破产还债程序的；（五）人民法院认为不宜适用简易程序进行审理的。"

○ 当事人是否可以约定适用简便的诉讼程序？

程序选择权是当事人在民事诉讼中就程序性事项达成合意后共同处分自己诉讼权利的一种权能。它以双方当事人形成的诉讼契约为基础，以处分自己依法享有的诉讼权利为内容。《最高人民法院关于适用简易程序审理民事案件的若干规定》第2条明确了普通程序中的当事人在自愿、协商一致的基础上可以选择适用简易程序，不仅充分体现了当事人在民事诉讼程序中的处分原则和意思自治原则，而且对促进当事人与人民法院的相互配合，和谐推进诉讼程序，体现诉讼民主，具有非常重要的意义。

《民事诉讼法》第13条规定："当事人有权在法律规定的范围内处分自己的民事权利和诉讼权利。"根据这一原则，当事人可以申请通过国家法律确定的普通程序解决民事纠纷，也可以通过诉讼契约的方式自愿放弃这种权利，一致选择一种较普通程序更为经济、方便、快捷的简易诉讼程序。只要当事人的这种选择不危害国家利益、社会公共利益和他人合法权益，人民法院就应当给予支持。明确当事人有程序选择权，可以在更大程度上方便当事人解决自己的私权纠纷。首先，可以大大加快当事人实现自己民事权利的期限，减轻当事人的讼累，加快涉讼财产的流转速度。适用普通程序审理民事案件的期限为六个月，这对于大量民事诉讼中的确认之诉、给付之诉，特别是因交通事故和工伤事故急需抢救治疗费用的当事人以及其他急需解决权属争议的当事人都过于漫长，如果当事人在自愿的基础上一致选择简易程序，即可以在三个月内解决纠纷。其次，可以在较大程度上减少当事人之间以及当事人与人民法院之间在行使诉权和审判权过程中可能产生的冲突，有助于建立一种文明、公正、民主、和谐的民事诉讼程序。

○ 人民法院应当如何保证当事人自愿行使程序选择权？

程序选择权的行使必须坚持自愿原则，任何违背当事人意志、强迫当事人选择简易程序的做法，都将悖离程序选择权设立的初衷。为了保证当事人正确行使程序选择权，《最高人民法院关于适用简易程序审理民事案件的若干规定》第2条对程序选择权行使的条件、范围等予以必要和合理的限制。首先，当事人行使程序选择权必须双方一致同意。诉讼契约是当事人行使程序选择权的基础和前提，缺少当事人的合意，任何具有处分当事人诉讼权利性质的程序转换，都将危害当事人依法享有的诉讼权利。其次，当事人行使程序选择权必须经人民法院同意。为了防止当事人双方在民事诉讼中恶意串通，损害他人的合法权益，《最高人民法院关于适用简易程序审理民事案件的若干规定》将“人民法院审查同意”设立为当事人行使程序选择权的必要条件。再次，未经当事人一致同意，人民法院不得以职权将普通程序转为简易程序。诉讼程序的转换直接关系到当事人依法享有的诉讼权利，因此，凡涉及当事人诉讼权利的程序转换，应当由当事人双方协商一致后方可启动。

○ 适用简易程序审理案件是否受诉讼标的限制？

《民事诉讼法》第142条规定，基层人民法院及其派出的法庭审理事实清楚、权利义务关系明确、争议不大的简单的民事案件，可以适用简易程序审理案件。但在具体运用过程中有些分歧。一种意见认为，适用简易程序的案件，必须是事实清楚，并能提供可靠的证据，不受标的额的限制。另一种意见认为，适用简易程序只限于诉讼标的在1万元以下，超过1万元的案件不得适用简易程序。

《民事诉讼法》第十三章规定了简易程序，《最高人民法院关于适用〈中华人民共和国民事诉讼法〉若干问题的意见》第168条对该项制度进行了解释。我们认为，基层人民法院和派出人民法庭审理案件时，应根据上述规定，从事实清楚、权利义务关系明确、争议不大等几方面确定是否适用简易程序。那种认为只限于诉讼标的1万元以下，超过1万元的案件不得适用简易程序，或者简单地确定一个数额界限作为是否适用简易程序标准的做法，是不可取的。

○ 适用简易程序审理的案件，是否可以口头起诉？

按照《民事诉讼法》第143条的规定，对简单的民事案件，原告可以口头起诉。这与普通程序的规定有明显的不同。在普通程序中，原告起诉时，原则上应提交起诉状，并按被告人数提交起诉状副本。只有在书写起诉状确有困难的情况下，原告才可以口头起诉。因此，在普通程序中，以书面起诉为原则，以口头起诉为例外。原告起诉时，不能根据自己的意志自由选择起诉方式，而必须依法采取相应的起诉方式。

而在简易程序中，由于简单的民事案件事实清楚、权利义务关系明确、争议不大，因而可以不要求原告书面起诉，原告可以口头起诉。也就是说，原告起诉时，可以根据自己的意志选择起诉方式，可以采用口头方式，也可以采用书面方式。这里的口头起诉，没有任何附加条件和限制，它既不是以书写诉状确有困难为条件，也不是书面起诉原则的例外，而是法律赋予原告对简单的民事案件可以口头起诉的权利。在简易程序中，口头起诉是原则，只是在原告愿意提交起诉状的情况下，才有递交起诉状的情况。当然，原告口头起诉也并非可以不符合条件，原告口诉的内容要经过基层人民法院或其派出法庭的依法审查。口头起诉的，由人民法院制作口诉笔录，并用口头或者书面方式告知被告。原告向人民法院提交起诉状的，人民法院应将起诉状副本送达对方当事人。

但是，无论原告口头起诉，还是递交诉状，人民法院都应当将原告起诉的内容告知被告。告知的方式既可以口头，也可以书面告知。

随着我国经济文化以及社会的全面发展与进步，口头起诉在我国民事诉讼实践中呈逐年下降趋势，《最高人民法院关于适用简易程序审理民事案件的若干规定》第4条规定："原告本人不能书写起诉状，委托他人代写起诉状确有困难的，可以口头起诉。原告口头起诉的，人民法院应当将当事人的基本情况、联系方式、诉讼请求、事实及理由予以准确记录，将相关证据予以登记。人民法院应当将上述记录和登记的内容向原告当面宣读，原告认为无误后应当签名或者捺印"，对口头起诉制度予以重新规范。

诉讼作为当事人请求国家司法救济的一种程序性较强的活动，一般应当以书面方式启动。诉讼以书面方式为原则，一方面可以提高诉讼的质量，便于法官居中裁判；另一方面又能够约束和限制法官裁量的范围，更好地保护当事人依法享有的诉讼权利和实体权利。但是，诉权是公民、法人和其他组织依法享有的一项基本权利，不能因当事人文化水平和经济条件等原因而被剥夺和限制。当前，我国广大农村及边远山区的农民受教育程度不高，有的因文化水平所限不能书写起诉状；有的孤寡老人以及肢体残疾人受自身能力条件等其他原因所限，也不能书写诉状，他们也无经济能力委托他人代写诉状或者代理诉讼。因此，保留口头起诉制度是必要的，是符合我国经济与文化发展实际情况的，也是关注弱势群体权益，贯彻“司法为民”和践行“三个代表”重要思想的必然要求。

○ 简易程序中人民法院如何受理案件？

对于简单的民事案件，当事人双方可以同时到基层人民法院或者其派出的法庭，请求解决纠纷。在普通程序中，原告向人民法院提起诉讼后，人民法院要对原告的起诉进行审查。经过审查，不符合《民事诉讼法》规定的起诉条件的，应当在7日内作出不予受理的裁定，符合民事诉讼法规定的起诉条件的，应当在7日内立案，并通知被告应诉，被告在收到起诉状副本之日起15日内提出答辩。

而在简易程序中，当事人可以同时到基层人民法院或者它派出的法庭，请求解决纠纷，基层人民法院或者其派出法庭可以即时审查，也可以即时受理，被告也可以当即答辩。当然，只有在双方当事人同时到场的情况下，起诉、受理、应诉、答辩才可以同步进行。

简单民事案件，可以当即审理，也可以另定日期审理。人民法院在审理中要查明原告的起诉事实和理由，也要审查起诉是否符合《民事诉讼法》第108条规定。在查明事实的基础上，审判人员对双方当事人进行教育并主持调解，调解能够达成协议的可以当即解决，当时解决不了的可以另定时间审理，但审理工作却是在收案的同时已经开始。

○《最高人民法院关于适用简易程序审理民事案件的若干规定》对送达地址书面确认制度作了哪些规定？

我国民事诉讼中的送达，是指人民法院依法定方式将诉讼文书或法律文书送交当事人或其他诉讼参与人签收的一项重要的法律制度。正确和及时的送达，既能使当事人及时获知诉讼文书所承载的内容，依法行使自己的诉讼权利，又能保证人民法院及时解决纠纷，保证民事诉讼程序的顺利进行。因此，民事诉讼中的送达是涉及当事人权利保护与人民法院审判秩序的一项十分重要的制度。

当前，我国民事诉讼中的“送达难”问题已成为影响当事人实体权利实现和制约人民法院审判效率的一个重要原因。由于我国现有的户籍制度和工商登记制度难以准确反映当事人真实的住所地，而在民事诉讼中又未明确当事人对自己送达地址的书面确认制度，因此，当事人送达地址的不确定性在民事审判实践中较为普遍。由于当事人的送达地址在诉讼开始前没有固定下来，一些可能败诉的当事人在诉讼期间突然消失，致使诉讼文书难以及时送达，由此引发的诉讼迟延使本应胜诉的一方当事人陷入漫长的等待，而可能败诉的一方当事人借此可以转移资产、抽逃资本，从而影响了部分当事人对通过诉讼解决纠纷、实现自己实体权利的信心。

《最高人民法院关于适用简易程序审理民事案件的若干规定》根据诚实信用的原则，明确了当事人在起诉和答辩时应当提供自己准确送达地址并签名或捺印确认的制度，这对于加快民事诉讼的进程，更好地保护当事人依法享有的诉讼权利和实体权利具有非常重要的意义。

其中，《最高人民法院关于适用简易程序审理民事案件的若干规定》第5条规定，当事人应当在起诉或者答辩时向人民法院提供自己准确的送达地址、收件人、电话号码等其他联系方式，并签名或者捺印确认。送达地址应当写明受送达人住所地的邮政编码和详细地址；受送达人是有固定职业的自然人的，其从业的场所可以视为送达地址。第8条规定，人民法院按照原告提供的被告的送达地址或者其他联系方式无法通知被告应诉的，应当按以下情况分别处理：(1)原告提供了被告准确的送达地址，但人民法院无法向被告直接送达或者留置送达应诉通知书的，应当将案件转入普通程序审理；(2)原告不能提供被告准确的送达地址，人民法院经查证后仍不能确定被告送达地址的，可以被告不明确为由裁定驳回原告起诉。

○ 用简易程序审理案件是否受15天答辩期的限制？

《最高人民法院关于适用简易程序审理民事案件的若干规定》第7条规定："双方当事人到庭后，被告同意口头答辩的，人民法院可以当即开庭审理；被告要求书面答辩的，人民法院应当将提交答辩状的期限和开庭的具体日期告知各方当事人，并向当事人说明逾期举证以及拒不到庭的法律后果，由各方当事人在笔录和开庭传票的送达回证上签名或者捺印。"根据《民事诉讼法》规定，事实清楚、权利义务关系明确、争议不大的简单的民事案件，可以适用简易程序审理。如，原告可以口头起诉，双方当事人同时到基层法院的，法院可以当即审理，也可以另定日期审理。又如，审理中，可以不受开庭3日前通知诉讼参与人等规定的限制。但是，如果双方当事人不是同时到法院请求解决民事纠纷的，被告根据《民事诉讼法》第113条的规定享有在15天内提出答辩的权利，人民法院不得因适用简易程序而不遵守该条的规定。《民事诉讼法》和有关司法解释并没有规定人民法院适用简易程序审理案件时，不适用《民事诉讼法》第113条的规定，而且人民法院遵守该条的规定，也不影响在3个月内审结适用简易程序审理的民事案件。

○ 简易程序中被告经传票传唤拒不到庭，是否应转为普通程序审理？

《民事诉讼法》第十三章简易程序中规定了基层人民法院和它派出的人民法庭审理事实清楚、权利义务关系明确、争议不大的简单的民事案件，可以适用比普通程序较为简便、快捷的简易程序进行审理。除法律另行规定的内容外，有关普通程序的规定，在人民法院采用简易程序审理案件时仍然适用。被告经传票传唤无正当理由拒不到庭的，人民法院可以依法审理并作出缺席判决，不因出现此种情况而将案件转为普通程序。只有在发现所审理的案件不属于《民事诉讼法》规定的适用简易程序情形，或者在简易程序审限内不能审结时，才应转为普通程序进行审理。

○ 简易程序中如何通知当事人、证人到庭？

所谓简便的传唤方式，是人民法院或它派出的法庭，可以用电话通知或带口信等简便的方法，随时传唤当事人和证人；可以不受时间的限制、也不受传唤形式的限制。这样就简化了普遍程序规定的，在开庭审理前3天以书面通知当事人、证人、张贴公告等法定程序和方式。《最高人民法院关于适用简易程序审理民事案件的若干规定》第6条规定："原告起诉后，人民法院可以采取捎口信、电话、传真、电子邮件等简便方式随时传唤双方当事人、证人。"

适用普通程序审理案件，除调解时可以用简便方式通知当事人、证人到庭外，传唤当事人、证人应当采用书面形式，传票、通知书应按法定方式送达给当事人。适用简易程序审理案件，可以通过基层组织的干部、当事人的亲朋好友捎信，或者用电话通知当事人、证人，或依口头约定的时间到庭或者到达指定的地点参加诉讼。但在实践中要注意，使用简便方式传唤当事人，不宜让一方当事人给另一方当事人捎信，特别是当事人有对立情绪的案件，容易引起一方当事人对审判人员的抵触情绪，甚至使当事人之间的矛盾激化。

○ 简易程序中是否由合议庭审理案件？

适用普通程序审理案件，由审判人员和陪审员组成合议庭或者由审判人员组成合议庭进行审理，适用简易程序审理案件，由审判员一人独任审判，独任审理可以是审判员，也可以是代行审判员职务的助理审判员，但不能由陪审员独任审理，也不能无人记录，只有审判员一人自审自记。

○ 简易程序中哪些审理程序可以不适用普通程序的规定？

根据《民事诉讼法》第145条规定，审理简单的民事案件，依照法律可以不受审理阶段的限制。即不受普通程序中所规定的几个法定阶段的限制。(1) 不受《民事诉讼法》第122条规定的限制，即不一定以书面的形式如传票通知书的方式传唤当事人和其他诉讼参与人，也不需要在开庭3日前公告当事人姓名、案由和开庭时间、地点；双方当事人一同上法院请求解决纠纷，就不需要经过法定的准备阶段；(2) 不受《民事诉讼法》第124条的限制，即法庭调查可以不按法定的先后顺序，案件的事实清楚，就不需特别经过法定调查阶段或法庭调查可以简略一些；(3) 不受《民事诉讼法》第127条规定的限制，即法庭辩论的顺序可以更加灵活。当事人一边陈述一边辩论，法庭也不一定按照开庭审理阶段的顺序，严格划分谁先谁后，只要以审理案情，正确认定事实为原则，根据具体情况灵活掌握即可。

在司法实践中应该注意的是:凡简易程序中有具体明确规定的，按简易程序中规定的条款审理简单的民事案件，简易程序中没有规定的简化程序，仍应按普通程序严格办理。如：独任审判员核对当事人，宣布案由，宣布审判员、书记员姓名，向当事人告知诉讼权利，还要当庭核对事实，进行辩论，判决公开；审判活动全过程如实记入笔录，不得任意减化。

○《最高人民法院关于适用简易程序审理民事案件的若干规定》对当事人的举证权利作了哪些保护？

《最高人民法院关于适用简易程序审理民事案件的若干规定》第9条规定，被告到庭后拒绝提供自己的送达地址和联系方式的，人民法院应当告知其拒不提供送达地址的后果；经人民法院告知后被告仍然拒不提供的，按下列方式处理：(1) 被告是自然人的，以其户籍登记中的住所地或者经常居住地为送达地址；(2) 被告是法人或者其他组织的，应当以其工商登记或者其他依法登记、备案中的住所地为送达地址。人民法院应当将上述告知的内容记入笔录。因当事人自己提供的送达地址不准确、送达地址变更未及时告知人民法院，或者当事人拒不提供自己的送达地址而导致诉讼文书未能被当事人实际接收的，按下列方式处理：(1) 邮寄送达的，以邮件回执上注明的退回之日视为送达之日；(2) 直接送达的，送达人当场在送达回证上记明情况之日视为送达之日。上述内容，人民法院应当在原告起诉和被告答辩时以书面或者口头方式告知当事人。

简单的民事案件以事实清楚、权利义务关系明确、争议不大为特征，因此，适用简易程序审理的民事案件一般不需要人民法院调查收集证据。但是，有些简单的民事案件，由于足以支持当事人一方的主要证据属于国家有关部门保存并须人民法院依职权调取，如果人民法院以当事人申请人民法院调查收集证据为由而将案件转为普通程序，将会影响当事人权利的尽快实现。此外，部分适用普通程序审理的民事案件因当事人行使程序选择权而转为适用简易程序，在这些案件中应当赋予当事人申请人民法院调查收集证据的权利。因此，《最高人民法院关于适用简易程序审理民事案件的若干规定》从正面明确了当事人在民事简易程序中享有申请人民法院调查收集证据的权利。

根据《最高人民法院关于民事诉讼证据的若干规定》第19条第1款、第54条第1款的规定，当事人及其诉讼代理人申请人民法院调查收集证据，不得迟于举证期限届满前7日；当事人申请证人出庭作证，应当在举证期限届满10日前提出，并经人民法院许可。这些规定对于人民法院适用普通程序审理民事案件时防止一方当事人搞证据突袭具有重要意义。在民事简易程序中，既要对当事人申请人民法院调查收集证据和申请证人出庭作证予以必要的限制，防止回到“证据随时提出主义”，又要对当事人申请的期限予以适度放宽，使当事人依法享有的诉讼权利在民事简易程序中得以充分实现。

适用简易程序审理的民事案件，多数是发生在人民群众身边的纠纷，具有数额较小、主体广泛、类型多样等特征。在这些案件中，如果当事人双方同时到人民法院请求解决纠纷，或者被告一方经简便方式传唤到庭，当事人双方未协商举证期限的，人民法院应当允许当事人当庭举证。

《最高人民法院关于民事诉讼证据的若干规定》实施以来，当事人在民事诉讼中的举证期限被严格限定在举证期限届满之前，这对于防止证据突袭、平衡诉辩双方的利益起到了十分重要的作用。但是，在民事简易程序中，如果将当事人的举证期限一律限定在举证期限届满之前，将会使双方当事人一起到庭或者被告一方经简便方式传唤到庭时失去举证的机会。此外，在广大农村和老少边穷地区，当事人委托律师代理诉讼的较少，如果将当事人的举证期限规定过严，不利于他们行使自己依法享有的诉讼权利，不利于实现实体公正，不符合我国目前的实际情况。因此，《最高人民法院关于适用简易程序审理民事案件的若干规定》第22条适度放宽了当事人当庭举证的条件，正确地处理了“公正与效率”的关系。

○ 哪些民事案件法院在开庭审理前应当先行调解？

民事简易程序是一种更加贴近人民群众的解纷方式，而诉讼调解又是民事简易程序中化解民间矛盾最重要的一种手段。中华民族博大精深的伦理文化给人们处理日常生活中的冲突与纠纷提供了许多好的经验与范例，其中有不少规范已经演变为现代社会法律的基础。因此，切实贯彻中国特色社会主义理论中关于依法治国与以德治国相结合的思想，充分发挥传统伦理道德与现代法律规范在解纷止争中的良性互动作用，将伦理文化引入司法解纷的过程之中，对于彻底解决纠纷、维护社会稳定、促进社会和谐进步具有非常重要的作用。

《最高人民法院关于适用简易程序审理民事案件的若干规定》第14条将6类民事案件确定为调解前置案件，这是根据这六类民事案件自身的性质决定的。首先，《最高人民法院关于适用简易程序审理民事案件的若干规定》将婚姻家庭纠纷和继承纠纷列入调解前置程序，主要是这类案件内含着丰富的伦理道德内容，如果单纯用法律规范去调整，用很机械的、过于程式化的方式去解决，不利于纠纷的彻底和妥善处理，难以取得良好的社会效果。其次，《最高人民法院关于适用简易程序审理民事案件的若干规定》将劳务纠纷、宅基地和相邻关系纠纷以及合伙协议纠纷列入调解前置程序，主要是因为这些纠纷关系到当事人最基本的生活秩序和生活环境，如果以调解方式化解矛盾，便于当事人在未来的合作与生活中和睦相处，符合“和为贵”的民族传统。再次，《最高人民法院关于适用简易程序审理民事案件的若干规定》将交通事故和工伤事故引起的权利义务关系明确的损害赔偿纠纷列入调解前置程序，主要是为了使受害一方的当事人能尽快获得赔偿。在司法实践中，如果通过正常的诉讼程序解决因交通事故或工伤事故引起的损害赔偿纠纷，因常常涉及鉴定等问题，甚至要经过一、二审才了结诉讼，费时费力。如果一开始就能够通过调解解决纠纷，既可以缩短获赔的期限，又能降低诉讼成本，也有利于当事人对调解协议的自觉履行。最后，《最高人民法院关于适用简易程序审理民事案件的若干规定》将诉讼标的额较小的纠纷列入调解前置程序，是因为通过调解方式解决这类纠纷的可能性较大，也符合国家司法资源合理配置的原则。

○在简易程序中，法官对当事人有哪些释明义务？

我国自二十世纪八十年代末开始民事审判方式改革以来，借鉴和吸取了当事人主义和辩论主义的一些合理成分，调动了当事人在民事诉讼中举证、质证和辩论的主动性，使民事诉讼的民主化程度有了较大提高。但是，民事审判方式改革的任何一个环节都应与中国具体的国情相适应。当前，我国东西部之间、城市与农村之间在经济文化方面差距较大，同一案件中的当事人之间也会在经济收入与文化水平方面存在差异。这些差异对于当事人正确行使诉讼权利有很大影响，并且会导致诉辩双方在举证、质证和辩论等诸多环节上的不平等。因此，在我国民事简易程序中全盘照搬英美的抗辩制诉讼模式，不符合当前中国经济、文化和社会发展的客观实际。我国在民事诉讼中没有实行律师强制代理制度，这就使部分涉讼的当事人因缺少诉讼知识而不懂得或者未能及时行使自己的诉讼权利而导致丧失实体权利。因此，《最高人民法院关于适用简易程序审理民事案件的若干规定》第20条对审判人员在民事简易程序中的释明义务作了较为全面的规定。首先，对没有委托律师代理诉讼的当事人，审判人员应当对回避、自认、举证责任等相关内容向当事人作必要的解释或说明，因为这些制度与当事人的实体权利密切相关。其次，审判人员还应当在庭审过程中适当提示当事人正确行使自己的诉讼权利、履行自己的诉讼义务，指导当事人进行正常的诉讼活动，切实树立起服务型法院的理念。

○ 简易程序的审理程序是怎样的？

简易程序的基本特点是审理程序简便，凡是能够简化的程序都可简化，但是，简易程序毕竟是人民法院审理案件的程序，基本审理程序应当具备。根据《最高人民法院关于适用简易程序审理民事案件的若干规定》的规定，简易程序的审理程序如下：

1. 审理前的准备

适用简易程序审理的民事案件，当事人及其诉讼代理人申请人民法院调查收集证据和申请证人出庭作证，应当在举证期限届满前提出，但其提出申请的期限不受《最高人民法院关于民事诉讼证据的若干规定》第19条第1款、第54条第1款的限制。当事人一方或者双方就适用简易程序提出异议后，人民法院应当进行审查，并按下列情形分别处理：(1) 异议成立的，应当将案件转入普通程序审理,并将合议庭的组成人员及相关事项以书面形式通知双方当事人；(2) 异议不成立的，口头告知双方当事人，并将上述内容记入笔录。转入普通程序审理的民事案件的审理期限自人民法院立案的次日起开始计算。下列民事案件，人民法院在开庭审理时应当先行调解：(1) 婚姻家庭纠纷和继承纠纷；(2) 劳务合同纠纷；(3) 交通事故和工伤事故引起的权利义务关系较为明确的损害赔偿纠纷；(4) 宅基地和相邻关系纠纷；(5) 合伙协议纠纷；(6) 诉讼标的额较小的纠纷。但是根据案件的性质和当事人的实际情况不能调解或者显然没有调解必要的除外。调解达成协议并经审判人员审核后，双方当事人同意该调解协议经双方签名或者捺印生效的，该调解协议自双方签名或者捺印之日起发生法律效力。当事人要求摘录或者复制该调解协议的，应予准许。调解协议符合前款规定的，人民法院应当另行制作民事调解书。调解协议生效后一方拒不履行的，另一方可以持民事调解书申请强制执行。人民法院可以当庭告知当事人到人民法院领取民事调解书的具体日期，也可以在当事人达成调解协议的次日起10日内将民事调解书发送给当事人。当事人以民事调解书与调解协议的原意不一致为由提出异议，人民法院审查后认为异议成立的，应当根据调解协议裁定补正民事调解书的相关内容。

2. 开庭审理

以捎口信、电话、传真、电子邮件等形式发送的开庭通知，未经当事人确认或者没有其他证据足以证明当事人已经收到的，人民法院不得将其作为按撤诉处理和缺席判决的根据。开庭前已经书面或者口头告知当事人诉讼权利义务，或者当事人各方均委托律师代理诉讼的，审判人员除告知当事人申请回避的权利外，可以不再告知当事人其他的诉讼权利义务。对没有委托律师代理诉讼的当事人，审判人员应当对回避、自认、举证责任等相关内容向其作必要的解释或者说明，并在庭审过程中适当提示当事人正确行使诉讼权利、履行诉讼义务，指导当事人进行正常的诉讼活动。开庭时，审判人员可以根据当事人的诉讼请求和答辩意见归纳出争议焦点，经当事人确认后，由当事人围绕争议焦点举证、质证和辩论。当事人对案件事实无争议的，审判人员可以在听取当事人就适用法律方面的辩论意见后迳行判决、裁定。当事人双方同时到基层人民法院请求解决简单的民事纠纷，但未协商举证期限，或者被告一方经简便方式传唤到庭的，当事人在开庭审理时要求当庭举证的，应予准许；当事人当庭举证有困难的，举证的期限由当事人协商决定，但最长不得超过十五日；协商不成的，由人民法院决定。适用简易程序审理的民事案件，应当一次开庭审结，但人民法院认为确有必要再次开庭的除外。书记员应当将适用简易程序审理民事案件的全部活动记入笔录。对于下列事项，应当详细记载：(1) 审判人员关于当事人诉讼权利义务的告知、争议焦点的概括、证据的认定和裁判的宣告等重大事项；(2) 当事人申请回避、自认、撤诉、和解等重大事项；(3) 当事人当庭陈述的与其诉讼权利直接相关的其他事项。庭审结束时，审判人员可以根据案件的审理情况对争议焦点和当事人各方举证、质证和辩论的情况进行简要总结，并就是否同意调解征询当事人的意见。审判人员在审理过程中发现案情复杂需要转为普通程序的，应当在审限届满前及时作出决定，并书面通知当事人。

3. 宣判与送达

适用简易程序审理的民事案件，除人民法院认为不宜当庭宣判的以外，应当当庭宣判。当庭宣判的案件，除当事人当庭要求邮寄送达的以外，人民法院应当告知当事人或者诉讼代理人领取裁判文书的期间和地点以及逾期不领取的法律后果。上述情况，应当记入笔录。人民法院已经告知当事人领取裁判文书的期间和地点的，当事人在指定期间内领取裁判文书之日即为送达之日；当事人在指定期间内未领取的，指定领取裁判文书期间届满之日即为送达之日，当事人的上诉期从人民法院指定领取裁判文书期间届满之日的次日起开始计算。当事人因交通不便或者其他原因要求邮寄送达裁判文书的，人民法院可以按照当事人自己提供的送达地址邮寄送达。人民法院根据当事人自己提供的送达地址邮寄送达的，邮件回执上注明收到或者退回之日即为送达之日，当事人的上诉期从邮件回执上注明收到或者退回之日的次日起开始计算。原告经传票传唤，无正当理由拒不到庭或者未经法庭许可中途退庭的，可以按撤诉处理；被告经传票传唤，无正当理由拒不到庭或者未经法庭许可中途退庭的，人民法院可以根据原告的诉讼请求及双方已经提交给法庭的证据材料缺席判决。按撤诉处理或者缺席判决的，人民法院可以按照当事人自己提供的送达地址将裁判文书送达给未到庭的当事人。定期宣判的案件，定期宣判之日即为送达之日，当事人的上诉期自定期宣判的次日起开始计算。当事人在定期宣判的日期无正当理由未到庭的，不影响该裁判上诉期间的计算。当事人确有正当理由不能到庭，并在定期宣判前已经告知人民法院的，人民法院可以按照当事人自己提供的送达地址将裁判文书送达给未到庭的当事人。适用简易程序审理的民事案件，有下列情形之一的，人民法院在制作裁判文书时对认定事实或者判决理由部分可以适当简化：（1）当事人达成调解协议并需要制作民事调解书的；（2）一方当事人在诉讼过程中明确表示承认对方全部诉讼请求或者部分诉讼请求的；（3）当事人对案件事实没有争议或者争议不大的；（4）涉及个人隐私或者商业秘密的案件，当事人一方要求简化裁判文书中的相关内容，人民法院认为理由正当的；（5）当事人双方一致同意简化裁判文书的。

○ 适用简易程序审理案件，应当在多长时间内审结？

为了及时保护当事人合法权益，避免民事案件久拖不决，《民事诉讼法》第146条规定，适用简易程序审理的案件，审理期限为3个月，且没有可以延长的规定。因此，适用简易程序审理案件，审理期限不能延长，这是因为简单民事案件，都是事实清楚，权利义务关系明确的案件，3个月的审理期限是比较合理的。

审理的期限从立案次日起计算。在审理过程中，发现案件确实复杂，需要转为普通程序审理的，可以转为普通程序，组成合议庭进行审理。转入普通程序进行审理，在通常情况下，原来适用简易程序进行审理的独任审判员一般都是合议庭成员，而且往往还是案件的主要承办人，对案件的进展情况比较了解，适用简易程序审理时已经作了大量工作，因此，由简易程序转为普通程序审理的案件，审理期限应当从立案之次日起连续计算，而不是从转入普通程序之日起计算。

下列期间不计入审限：（1）因当事人、诉讼代理人申请通知新的证人到庭、调取新的证据、申请重新鉴定或者勘验，法院决定延期审理1个月之内的期间；（2）公告、鉴定的期间；（3）审理当事人提出的管辖权异议和处理法院之间的管辖争议的期间；（4）案件由有关专业机构进行审计、评估、资产清理的期间；（5）中止诉讼（审理）至恢复诉讼（审理）的期间。

人民法院判决书宣判、裁定书宣告或者调解书送达最后一名当事人的日期为结案时间。如需委托宣判、送达的，委托宣判、送达的人民法院应当在审限届满前将判决书、裁定书、调解书送达受托人民法院。受托人民法院应当在收到委托书后7日内送达。

人民法院判决书宣判、裁定书宣告或者调解书送达有下列情形之一的，结案时间遵守以下规定：(1) 留置送达的，以裁判文书留在受送达人的住所日为结案时间；(2) 公告送达的，以公告刊登之日为结案时间；(3) 邮寄送达的，以交邮日期为结案时间；(4) 通过有关单位转交送达的，以送达回证上当事人签收的日期为结案时间。

第十章　第二审程序

○ 哪些人可以提出上诉？

上诉人是提起上诉的一方当事人，既可以是一审中的原告，也可以是一审中的被告。被上诉人是指提起上诉的对方当事人。提起上诉在主体方面的条件，是上诉人和被上诉人必须合格。必须是第一审中具有实体权利义务的人，包括原告、被告、共同诉讼人、有独立请求权的第三人。无独立请求权的第三人，一般无上诉权；但是，如果判决涉及其实体权益，也可以上诉。

根据《最高人民法院关于适用〈中华人民共和国民事诉讼法〉若干问题的意见》的解释，双方当事人和第三人都提出上诉的，均为上诉人。同时相互均为被上诉人。必要共同诉讼人中的一人或者部分人提出上诉的，应按下列情况处理：其一，该上诉是对与对方当事人之间权利义务分担有意见，不涉及其他共同诉讼人利益的，对方当事人为被上诉人，未上诉的同一方当事人依原审诉讼地位列明；其二，该上诉仅对共同诉讼人之间权利义务分担有意见，不涉及对方当事人利益的，未上诉的同一方当事人为被上诉人，对方当事人依原审诉讼地位列明；其三，该上诉对双方当事人之间以及共同诉讼人之间权利义务承担都有意见的，未提出上诉的其他当事人均为被上诉人。无诉讼行为能力的当事人的法定代理人，可以代理当事人提起上诉，但其自己仍为法定代理人而不是上诉人。

在普通的共同诉讼中，每个人都有权单独上诉，成为独立的上诉人。当然，普通共同诉讼中的每个人也可以因对方当事人上诉而成为被上诉人。诉讼代表人不服一审法院的裁判，不仅可能因提起上诉而成为上诉人的诉讼代表人，也可能因对方当事人上诉而成为被上诉人的代表人。

有独立请求权的第三人可以以本诉讼的双方或者一方当事人为被上诉人提起上诉，成为上诉人，也可以成为本诉讼的双方或者一方当事人的被上诉人。无独立请求权的第三人是否可以成为上诉人和被上诉人，要根据具体情况确定。在法院判令无独立请求权的第三人承担实体义务的情况下，无独立请求权的第三人有权提起上诉，而成为上诉人，也可以因参加之诉中对方当事人提起上诉而成为被上诉人。

○ 哪些判决或裁定可以上诉？

当事人所不服的一审判决、裁定，必须是法律明文规定可以上诉的判决、裁定。具体来讲，不允许上诉的判决有：1. 最高人民法院适用普通程序所作出的一审判决，同时也就是终审的判决；2. 二审法院所作的判决，也是终审的判决；3. 依特别程序、督促程序、公示催告程序、破产还债程序所作的判决。

除上述判决不存在对其上诉的问题以外，地方各级人民法院适用普通程序所作出的一审判决（其中包括二审法院发回一审法院重审后作出的判决和人民法院依照第一审普通程序对案件进行再审后作出的判决）以及基层人民法院（和其派出的法庭）适用简易程序作出的一审判决，都是可以上诉的判决，但是只有三种一审裁定是可以上诉的裁定，即：不予受理的裁定；对管辖权有异议的裁定；驳回起诉的裁定。超出这个范围的任何裁定，当事人均不得上诉。

○ 当事人提出上诉是否有期限限制?

根据《民事诉讼法》第147条规定，当事人不服地方各级人民法院第一审判决的，有权在判决书送达次日起15日之内提起上诉；当事人不服地方各级人民法院第一审裁定的，有权在裁定书送达之次日起10日内提起上诉。

由于判决和裁定在适用范围上的区别，二者的上诉期限的长短有所不同。即判决的上诉期限为15日，裁定的上诉期限为10日。

○ 如何计算上诉期限?

上诉期限从第一审人民法院的裁判送达后次日起算。当事人各自接受裁判的，从各自的起算日开始；任何一方在各自的上诉期限内都有权提出上诉，各自的上诉期届满后，双方均未提出上诉，裁判才发生法律效力；共同上诉人上诉期限的计算，因共同诉讼的种类不同而不同，必要共同诉讼中的共同诉讼人的上诉期应以最后一个收到裁判的共同诉讼人的上诉期来计算。因为必要的共同诉讼中，任何一个共同诉讼人，在他的上诉期间内，都有提起上诉的权利，只有在共同诉讼人中最后一人的上诉期届满后，裁判才能发生法律效力。普通的共同诉讼中的上诉人的上诉期限的计算，与一般诉讼中上诉期限的计算方法相同。

判决离婚的案件，在上诉期间内同样是未生效的判决，双方当事人在此期限内都可以行使上诉权，不论是否实际提起上诉，判决都不发生法律效力，婚姻关系也没有解除。当事人中的任何一方在上诉期内与第三者结婚的，属于重婚行为，是违法的。

○ 按照普通程序审理并当庭宣判的一审案件，应如何确定当事人的上诉期限？

在审判实践中，对按照普通程序审理并当庭宣判的一审（含刑事、民事、行政）案件，应如何确定当事人的上诉期限，有两种不同的意见：第一种意见认为，无论是当庭宣判并立即送达判决书，还是事后送达判决书的，当事人的上诉期限均应从当庭宣判的第二日（或次日）起计算。第二种意见认为，当庭宣告判决的一审刑事、民事案件，其不服判决的上诉期限，应依照《民事诉讼法》第75条、第134条第2款、第147条，以及《最高人民法院关于适用〈中华人民共和国民事诉讼法〉若干问题的意见》第79条、第165条的规定予以确定，即从接到（或已经送达）判决书的第二日（或次日）起计算。对当庭宣告判决并立即送达判决书的，则应从当庭宣判送达的第二日（或次日）起计算。

我们认为，当事人对一审法院作出的判决、裁定不服的，均可在上诉期限内向上一级法院提出上诉。上诉期限的计算，是从判决书或裁定书送达当事人的次日起计算。按照普通程序审理并当庭宣告判决的一审案件，如果当庭送达判决书、裁定书的，上诉期限应从第二日起计算；如果庭后送达的，上诉期限从送达之日起计算。由此可见，上诉期限的起算是以判决书或裁定书的送达或接到为准。

○ 哪些人民法院审理第二审案件？

上诉只能向一审法院的直接上级法院提起，不得越级上诉。

上诉案件的管辖，是以上下级法院之间的审级关系来确定的，即原审人民法院的上一级人民法院，就是该上诉案件的管辖法院。当事人应向有管辖权的上一级人民法院提起上诉。例如，当事人对北京市中级人民法院的一审判决不服提出上诉，该上诉案件的管辖法院就是北京市高级人民法院，由北京市高级人民法院进行第二审审判。如果是对北京市高级人民法院的一审判决不服的而上诉的案件，第二审法院则是全国最高人民法院。

○ 上诉人口头上诉是否有效？

上诉人提出上诉时必须递交符合法律要求的上诉状。依照《最高人民法院关于适用〈中华人民共和国民事诉讼法〉若干问题的意见》第178条之规定，一审宣判时或者判决书、裁定书送达时，当事人口头表示上诉的，人民法院应当告知其必须在法定的上诉期间内提出上诉状。未在法定上诉期间内递交上诉状的，视为未提出上诉。由此可见，上诉必须采取书面形式。这样的要求，既有利于促使当事人慎重地行使上诉权，也有利于人民法院直观地审查判断当事人的上诉是否为合法有效的上诉，更有利于二审法院直观地确定上诉案件的争议焦点，上诉期限届满不递交上诉状的，一审裁判即发生法律效力。

○ 如何书写上诉状？

根据《民事诉讼法》第148条的规定及审判实践的作法，上诉状的内容应当包括：

1. 当事人的基本情况

按上诉人、被上诉人、第三人的顺序列写他们的基本情况。

(1) 首先列写上诉人，然后列写被上诉人。并根据案情需要，列写他与上诉人之间的关系。被上诉人不止一个的，依次列写他们的基本情况。列完被上诉人之后，如有第三人的，即列写第三人。

(2) 民事上诉案件，在当事人称谓上，应标明他们在原审的诉讼地位。如“上诉人（原审被告）”或“被上诉人（原审原告）。”

(3) 当事人是自然人的，写明其姓名、性别、年龄、民族、职业或工作单位和职务、住所。住所与经常居住地不一致的，写经常居住地；当事人是法人的，写明法人名称和住所，并另起一行写明法定代表人及其姓名和职务；当事人是不具备法人条件的组织或起字号的个人合伙的，写明其名称或字号和住所，并另起一行写明主要负责人及其姓名和职务；当事人是个体工商户的，写明业主的姓名、性别、年龄、民族、住所；起有字号的，在其姓名之后用括号注明“系……（字号）业主。”

（4）有法定代理人或指定代理人的，应列项写明其姓名、性别、职业或工作单位和职务、住所，并在姓名后括注其与当事人的关系。

（5）有委托代理人的，应列项写明姓名、性别、职业或工作单位和职务、住所。如果委托人系律师，只写明其姓名、工作单位和职务。

2. 案由

依次写明案由、原审人民法院名称、原判决或裁定时间、文书的字号以及裁判文书名称，作上诉的表示等内容。这一段，只要把上述几个内容表述清楚，文字通顺就可以了，不一定千篇一律，一字不讹。可表述为：“上诉人因××一案，不服××人民法院××年×月×日所作的（年度）×字第××号一审民事判决（或裁定），特向你院提起上诉。”

3. 上诉请求

包括三项内容：

（1）十分简要地综合叙述一下案情全貌，使看诉状的人知道本案是怎么一回事；接着全文写明原审裁判结果（即结论）的内容。

（2）原审裁判主文是全部不服，还是对哪一部分不服。

（3）说明具体的请求目的，是要求撤销原审裁判，全部改变原审的处理决定，还是要求对原审裁判作部分变更。

请求目的，更要写得明确、具体、详尽。想达到什么目的，就一针见血地提出来，不能含糊其辞地说：“请求上级法院俯予照顾，适当变更原判”、“请求上级法院依法作出公正判决”或者是“请求上级法院给我作主”等类的空话。同时，要把请求目的全部写出来，有几条就写几条，不要疏漏。当然，如果属于考虑不周，在上诉审审理过程中再提出补充或变更诉讼请求，也是允许的。

4. 上诉理由

民事上诉状，在论证理由上，主要是针对原审裁判说话，而不是针对对方当事人；民事起诉状则完全是论述对方当事人的无理之处。这就是上诉状和起诉状在写法上的根本区别之点，我们必须切实加以掌握。如果上诉时，再将原审的起诉状或答辩状拿来，改头换面，照抄照摘，这不仅仅是不符合上诉状制作方法，更重要的是立论指向不明，文不对题，使上诉请求变成没有基础的东西，往往不能被上级人民法院所采纳。

针对原审裁判，论证不服的理由，不外乎从以下几个方面进行：

（1）对原审认定事实错误的论证。着重提出原审裁判所认定的事实是全部错误，还是部分错误；说明客观事实真相究竟如何。上诉状中提出的与原审认定的事实相对抗的客观事实真相，必须举出确凿充分的证据来加以证实。人民法院处理案件，首先是“以事实为根据”的，只要能够把原审认定的事实全部或部分推翻了，不言而喻，必然会导致其处理决定的全部或部分改变。

（2）对原审确定性质不当的论证。这要具体指出其定性不当之处。民事案件同样存在着定性问题，也就是确定案由问题。例如同母异父兄弟，哥哥要求弟弟迁让归还他父亲祖遗的房屋，而弟弟却说对该项房屋享有继承权，要求分割继承，这就牵涉定性问题。如果定性不准，则处理上必然不当。

（3）对原判适用实体法不当的论证。这就是指原判引用有关的实体法条文，或者是与案情事实不相适应；或者是在引用有关法律条文上存在着片面性，只引用了一部分有关条款，忽视了另一部分的有关条款；或者是曲解了法律条款等等，以致造成处理不当。要举出有关法律条款，加以具体地分析论证。

（4）对原审适用程序法不当，因而影响正确审判的论证。这是指原审在审理案件中，违反了程序法的规定，因此造成案件处理不当的，可以据实予以提出，以作为要求改变原审裁判的理由。如果原审在案件审理中，虽有违反程序法规定之处，但处理并无不当，则不应作为惟一的上诉理由。

总之，上诉理由部分，在论证时应当注意：一是驳论要有理有据，措词要得体，坚持采取摆事实，讲道理的态度，遣词用语切忌无限上纲；二是对原审认定事实和适用法律的正确部分，也就是没有争议的部分，有原审裁判可供上级人民法院审阅，因此，在上诉状中一般无须重复叙述，也不必说明对这些部分表示同意，以免造成上诉状文字冗长。

最后是结束语。通常的写法是："综上所述，说明　　人民法院（或原审）所作的判决（或裁定）不当，特向你院上诉，请求撤销原判决（或裁定），给予依法改判（或重新处理）。"

5. 尾部

(1) 写明致送机关的名称，可分二行写为："此致××人民法院。

(2) 正文右下方由上诉人签名或盖章，并注明制作本文的日期(年月日)。

(3) 附项写明：

①本上诉状副本　　份；

②物证　　（名称）　件；

③书证　　（名称）　件；

④证人证言　（姓名）　住址。

○ 上诉费被一审法院抵扣，上诉是否有效？

一审法院判决后，当事人在法定期限内提出上诉，是法律赋予当事人的一项诉讼权利。此时的一审判决并没有发生法律效力，因而一审判决中关于诉讼费用负担的决定也自然没有生效，要待二审判决后最后确定。一审法院用当事人预交的上诉案件诉讼费抵扣未生效的一审判决当事人应承担的部分诉讼费，又以当事人在规定的期限内未补交“不足”部分的上诉费为由，剥夺当事人的诉权，其做法是错误的。只要当事人没有违反《人民法院诉讼收费办法》第13条第2款的规定，当事人的上诉就是有效的。

○ 上诉期内仅交部分上诉费，未交上诉状的上诉是否有效？

当事人在法定上诉期限内仅交纳部分上诉案件受理费，并未向人民法院递交上诉状，不应视为有效的上诉。根据《民事诉讼法》第148条之规定，上诉应当递交上诉状。另根据《最高人民法院关于适用〈中华人民共和国民事诉讼法〉若干问题的意见》第178条“一审宣判时或判决书、裁定书送达时，当事人口头表示上诉，人民法院应告知其必须在法定上诉期间内提交上诉状。未在法定上诉期间内递交上诉状的，视为未提出上诉”的规定，及《最高人民法院关于当事人虽表示上诉但未在法定期限内提交上诉状是否作为上诉案件受理问题的批复》的精神，当事人仅有上诉的意思表示，但未递交上诉状的，不视为提出上诉。因此，当事人即使已交纳了部分上诉费，但因其未向人民法院递交上诉状，则不应视为有效的上诉，法院应将所收部分诉讼费退回。

○ 上诉状应递交给哪个法院？

根据《民事诉讼法》第149条第1款的要求，上诉状应当通过原审人民法院提出，并按照对方当事人或者代表人的人数提出副本。也就是说在一般情况下应当通过原审人民法院提交上诉状。这样既便于当事人提出上诉，又便于原审法院进行审查。经审查，发现上诉状需要补充的，原审法院可责令上诉人限期补正，如果超过上诉期限的，原审法院可直接以裁定驳回上诉。同时，也便于原审法院了解上诉情况，并将诉讼卷宗送交上诉法院；由原审人民法院完成一、二审之间的一系列衔接性工作，其中主要是上诉材料、原审案卷以及证据等的汇集、整理与报送工作。对于通过原审法院提交上诉状的，上诉人应按照被上诉人的人数，提交上诉状副本，以便被上诉人行使答辩权，并作好参加第二审诉讼的准备。对于原审法院来说，在接到上诉状后，应当在法定的期间5日内将上诉状副本送交被上诉人。

根据《民事诉讼法》第149条第2款的规定，当事人也可以不通过原审法院递交上诉状，而是直接将上诉状递交给二审人民法院。立法规定这一上诉途径主要是为了消除当事人的疑虑，以示充分保护当事人的上诉权利。同时，也可避免原审法院隐匿上诉状，不向上一级法院转交的情况。

对于上诉人直接向第二审法院提交上诉状的，第二审法院收到上诉后，应当在5日之内将上诉状发交原审法院，原审法院审查上诉状，并准备上报卷宗。

○ 原审人民法院收到上诉状后，应做好哪些上诉材料的准备工作？

根据《民事诉讼法》第150条规定，原审人民法院在接到上诉状后，应当完成的有关上诉材料的送达工作包括：

第一，在5日内向对方当事人送达上诉状副本；此外，这一条还规定了“应当在收到答辩状之日起5日内将副本送达上诉人”，这些时间规定，都是时间的拖延，以便在法定的审限内审结案件。

原审人民法院收到上诉状（包括当事人提交的和第二审人民法院移交的），应当进行审查。上诉状的内容如有欠缺，应当限期当事人予以补正；上诉状的内容如无欠缺，应当在5日内将上诉状副本送达对方当事人。

第二，提交被上诉人提起的答辩状，对方当事人在收到上诉状副本的次日起15日内提出答辩状。当事人不提出答辩状的，不影响人民法院的审理。

第三，在收到答辩状的次日起5日内将副本送达上诉人。这是为了使上诉人具体了解被上诉人答辩的具体内容，以保证上诉人的上诉权利，同时更有效地贯彻辩论原则。当然，如果被上诉人不提出答辩状，也就谈不上送达答辩状副本的问题，同时也不影响对案件的审理。

第四，原审人民法院收到上诉状、答辩状，应当在5日内连同全部案卷和证据，报送第二审人民法院。第二审人民法院经过审查，如果认为上诉合乎法定条件，即应予以受理；如果认为上诉不符合法定条件，应当裁定不予受理。如果第二审人民法院在受理上诉后才发现上诉不合法定条件的，则应当裁定驳回上诉。

根据《最高人民法院关于人民法院立案工作的暂行规定》的规定，对当事人不服一审判决、裁定提出上诉的案件，第一审人民法院应当及时办妥送达上诉状副本等有关手续，将案卷材料连同二审案件诉讼费缴费凭证等一并移送第二审人民法院。

○ 二审法院对上诉材料如何进行审查并决定立案？

第二审人民法院立案机构收到第一审人民法院移送的上诉材料及一审案件卷宗材料，应当查对以下内容：（1）上诉状、一审裁判文书齐全；一审卷宗数应与案件移送函标明的数量相符。（2）上诉人递交上诉状的时间在法定上诉期限以内；虽然超过法定上诉期限，但提交了因不可抗拒的事由或者具有其他正当理由申请顺延上诉期限的书面材料。(3)附有上诉案件受理费单据或者上诉人关于缓、减、免交上诉费用的申请。对卷宗、材料不齐备的，应当及时通知第一审人民法院补充。

第二审人民法院立案机构经查对有关材料无误的，应当填写立案登记表，编立案号，向当事人发送案件受理通知书和上诉案件应诉通知书，并将案卷材料于立案登记的第二日移交有关审判庭。

根据《最高人民法院关于严格执行案件审理期限制度的若干规定》的规定，第二审人民法院应当在收到第一审人民法院移送的上（抗）诉材料及案卷材料后的5日内立案。立案机构应当在决定立案的3日内将案卷材料移送审判庭。

第二审人民法院立案时发现上诉案件材料不齐全的，应当在2日内通知第一审人民法院。第一审人民法院应当在接到第二审人民法院的通知后5日内补齐。下级人民法院接到上级人民法院调卷通知后，应当在5日内将全部案卷和证据移送，至迟不超过10日。

○ 二审法院对原审判决主要审查哪些内容？

根据《民事诉讼法》第151条规定，第二审人民法院审理上诉案件，只限于对上诉请求的有关事实和原审法院适用的法律进行审查。

因此，人民法院对上诉状未上诉的部分可以不予审查。但是，对于一审法院的裁判，有明显错误，上诉人又未提请上诉的事实和法律的适用，人民法院应本着积极负责的态度依法予以纠正。

上诉请求的有关事实和适用法律的内容包括：审查原裁判认定的事实是否清楚，证据是否确实、充分，适用法律是否有错，审判程序是否合法，作出的裁判是否符合实体法。

第一，二审审理的范围是当事人的上诉请求，是指上诉人上诉什么问题，第二审人民法院就审查什么问题；上诉中没有提出的问题，第二审人民法院即不予审查，或者说不主动进行审查。把第二审人民法院审查的范围限定在上诉请求的范围内，是基于我国民事诉讼法所规定的处分原则，即当事人在法定范围内，有权处分自己的实体权利和诉讼权利。上诉程序的开始同第一审程序的开始一样，是由当事人发动起来的，换言之，上诉程序的发生，只有在当事人提起上诉的情况下才有可能。上诉人一旦提起上诉，第二审人民法院就必须作为上诉案件进行审理，同时，当事人对不服一审判决、裁定的哪些方面提起上诉，这完全是上诉人的权利。既然第一审人民法院判决后，当事人已经接受判决其中的某些部分而不再提起上诉，第二审人民法院也就没有必要依职权再去进行审查，把当事人已经接受判决处理的事，再提出重新审理，甚至作出违背上诉人愿望的新的处理。因而，二审程序中人民法院审理事项仅针对上诉人提出的上诉请求，上诉人未提出的请求，人民法院不予审查。

第二，第二审法院审理的内容是与上诉请求有关的事实和法律问题。从职能上界定，我国第二审法院进行的审理既是事实审，又是法律审。但审理的事实和法律问题，是围绕着当事人的上诉请求进行的，即只审理与上诉请求有关的事实和法律问题。如果上诉人请求改变或撤销判决的全部，则二审法院就应对一审判决中认定的全部事实和适用法律进行审查；如果上诉人只请求改变或撤销判决的一部分，则二审法院只围绕上诉请求的部分事实认定和适用法律进行审查即可。上诉请求的有关事实和适用法律，既包括上诉人提出的事实和法律问题，也包括上诉人未提出的但与上诉请求有关的其他事实和法律问题。

此处所谓上诉请求的有关事实，既包括当事人在一审当中曾经提出，且经一审人民法院裁判认定后当事人仍有异议的事实，也包括当事人在上诉请求中才提出的新事实。此处所谓的适用法律，主要是指一审裁判中具体适用的实体法的规定，其次也指一审裁判中所适用的程序法的规范。

○ 第二审人民法院审理上诉案件，是否开庭审理？

《民事诉讼法》第152条第1款规定："第二审人民法院对上诉案件，应当组成合议庭，开庭审理。经过阅卷和调查，询问当事人，在事实核对清楚后，合议庭认为不需要开庭审理的，也可以迳行判决、裁定。”

根据上述规定，开庭审理是审理上诉案件的基本方式。这是因为：其一，许多上诉案件涉及事实的认定问题，只有以开庭的方式才有助于认真加以核实；其二，陈述权和辩论权是法律赋予当事人的重要诉讼权利，开庭审理是当事人集中陈述和辩论的良好机会；其三，民事诉讼法未设书面审。不论上诉案件的事实问题或法律问题，一般均应以庭审方式解决。但是，上诉案件的情况不同，有的不涉及事实问题，只涉及当事人对一审法院适用法律有异议。同时考虑到二审法院一般是中级人民法院，中级人民法院所在地一般距当事人居住地较远，如果二审法院一律开庭审理，对当事人会造成诸多不便，因而法律上作了不开庭的例外规定，就是说，只有在经过阅卷和调查，询问当事人，案件事实确实核对清楚后，客观上不需要开庭审理的，才可以迳行裁判，否则，仍应开庭审理。

同时，应该指出，即便是迳行裁判，第二审法院亦须严格掌握条件。

第一，只能适用于第二审程序，同时须具备四个条件：(1) 迳行裁判的案件必须由合议庭审理，决不能采用独任制方式进行审理；(2) 合议庭必须阅卷和调查；(3) 合议庭必须询问当事人，听取当事人的陈述；(4) 在事实核对清楚后，合议庭认为不需要开庭审理。

第二，根据最高人民法院的有关司法解释，第二审法院对于以下几类上诉案件，可以依照民事诉讼法的规定不经开庭审理，即可迳行判决、裁定：(1) 一审就不予受理、驳回起诉，以及管辖权异议作出裁定的；(2) 当事人提出的上诉请求明显不能成立的；(3) 一审裁判认定事实清楚，但适用法律错误的；(4) 一审判决、裁定违反法定程序，可能影响正确判决、裁定，需要发回重审的。

第三，还应指出，迳行裁判不能等同于书面审理。所谓书面审理，是指人民法院受理当事人不服原审裁判的申请再审后，不进行实地调查，不传唤当事人、证人和其他诉讼参与人，只是对原审法院的案卷材料进行审查后，作出裁判。我国民事诉讼法没有规定第二审程序可以采用书面审理，而是规定了迳行裁判。迳行裁判只是省去了开庭程序，但必须组成合议庭，合议庭成员必须进行阅卷、必要的调查、询问当事人等工作，将事实核对清楚，以便作出正确的裁判。

○ 第二审人民法院在什么地点审理上诉案件？

根据《民事诉讼法》第152条第2款的规定，第二审人民法院审理上诉案件，可以在本院进行，也可以到案件发生地或者原审人民法院所在地进行。根据该规定，受理上诉案件的法院可根据不同情况，确定开庭审理的地点，既可以在上诉法院审理，也可以到案发地审理，还可以到原审法院所在地审理。案发地，一般是当事人的居住地。上诉审法院深入到当地进行审判，有助于查清案件事实真相，及时解决双方当事人之间的纠纷。第二审人民法院在对上诉案件审理地点的确定上是有着较为充分的选择余地的。从审判实践来看，迳行判决、裁定的案件，一般均在本院进行；开庭审理的案件，则有一部分是到案件发生地或原审人民法院所在地进行的，这样有利于当事人等就近到庭参加庭审活动，同时也有利于当地群众就近到庭旁听。

○ 一审判决认定事实清楚，适用法律正确的，二审法院应如何处理？

对于原判决认定事实清楚，适用法律正确的，应当作出判决，驳回上诉，维持原判。

驳回上诉，维持原判，是二审法院确认一审判决的判决，也是驳回上诉人上诉请求的判决。这种判决只能是在原判决认定事实清楚，适用法律正确的情形下作出。所谓认定事实清楚，是指对案件的事实，一审判决认定是清楚的，其中包括上诉人上诉请求的有关事实，原审法院的认定也是清楚的。所谓适用法律正确，对整个案件的审判，适用实体法和程序法都是正确的，其中包括适用上诉请求的有关法律也是正确的。

维持原判，驳回上诉的适用条件，必须是原判决认定的事实清楚，适用的法律正确；维持原判适用的法律文书要用判决书。因为判决是用来解决实体问题的。驳回上诉，维持原判从表面上看是一个程序问题，其实质是解决的实体问题，即上级法院承认下级法院对当事人权利义务的认定，承认下级法院原判决的法律效力。这与一审程序中驳回当事人起诉的性质不同。因此，本条规定维持原判，驳回上诉适用判决而不适用裁定。

此处所谓的判决驳回上诉，截然不同于第二审人民法院在受理上诉后才发现上诉不符合法定条件时的裁定驳回上诉。这是因为，判决驳回上诉是在对第二审案件审理完毕后所作出的实体处理，而裁定驳回上诉则是第二审人民法院对当事人上诉请求的一种程序性处置，且作出裁定时并未开始对案件进行审理，或者尚未将案件审理完毕。

○ 一审判决认定事实清楚，但适用法律错误的，二审法院如何处理？

“以事实为根据，以法律为准绳”是我国《民事诉讼法》的基本原则之一，原判决认定事实清楚，仅仅做到了“以事实为根据”；原判决适用法律错误，则直接有违“以法律为准绳”的基本原则，且会造成实体处理结果的差异，导致对当事人合法权益的保护失当和对民事违法行为的制裁失范。在这种情况下，之所以要由第二审人民法院直接改判而不将案件发回原审人民法院重审，完全是出于诉讼经济的考虑，且原判决认定事实清楚，本身即已具备了由第二审人民法院直接改判的基础。

在司法实践中，适用法律错误包括如下情形：(1) 原判决、裁定明显地违反了某项具体的法律规定；(2）原判决、裁定应当适用某个具体的法律却没有予以适用，造成了错误的判决；(3）原判决、裁定不应当适用某一法律，法官却适用了该法律，导致判决、裁定错误的；(4）原判决、裁定所适用的法律已经国家有关机关明令宣布失效的；(5）适用了已经颁布的但未生效的法律；(6）适用了与国家法律相抵触的地方性法规或者行政规章的。

凡是适用法律错误，造成错误裁判的，均应当依法改判。所谓依法改判，是改变原来一审判决适用法律不正确或处理不当之处，更正适用的法律。依法改判，既可以是改变原判决的一部分，也可以是改变原判决的全部。

○ 一审判决认定事实有误的，二审法院应如何处理？

根据《民事诉讼法》第153条的规定，原判决认定事实错误，或者原判决认定事实不清，证据不足，可以依法发回原审法院重新审判。

发回重审包括两种情形，一是原判决认定事实有错误；二是原判认定事实不清，证据不足的。以上这两种情形均应发回重审。所谓认定事实错误，是指原判决对案件事实作出了与实际情况截然相反的认定；所谓认定事实不清，则指原判决对案件事实的认定缺乏充足、可靠的证据，所得结论含混不清，与实际情况出入较大。

发回重审在个别情况下也可以不发回，由二审法院查清事实后改判。这是发回重审的一种例外情况，因为有的案件如果上诉审法院一经查明即可纠正的，无需再发回重审，这样做既方便了当事人和人民法院，又有较好的诉讼效益。因此，本条规定了还可以查清事实后改判。在实际工作中，对发回重审和自行改判的界限是，如果一审判决认定事实有错误或者原判决认定事实不清的，原因属于收集证据不充分和重要事实有遗漏，二审法院应发回重审；如果一审收集证据充足，重要事实均已查清，仅对该事实在认定上发生错误，二审可不发回重审，直接予以改判。必须注意，第二审人民法院根据一方当事人提出的新证据对案件改判或者发回重审的，应当在判决书或者裁定书中写明对新证据的确认，不应当认为是第一审裁判错误。

发回重审的案件，二审人民法院应适用裁定，并在裁定之中说明撤销原判，发回原审法院重新审判。因为案件的实体问题尚未最终解决，所以可以适用裁定书发回重审。

发回重新审判的案件，其审理程序仍按第一审程序审理，其判决为第一审判决，当事人如果不服仍可上诉。

○ 一审判决违反法定程序的，二审法院应如何处理？

根据《最高人民法院关于适用〈中华人民共和国民事诉讼法〉若干问题的意见》的规定，第二审人民法院发现第一审人民法院有下列违反法定程序的情形之一，可能影响案件正确判决的，即应当裁定撤销原判决，发回原审人民法院重审：(1) 审理本案的审判人员、书记员应当回避而未回避的；(2) 未经开庭审理而作出判决的；(3) 适用普通程序审理的案件当事人未经传票传唤而缺席判决的；(4) 其他严重违反法定程序的。

○ 当事人在一审中提出的诉讼请求，原审法院未作审理的，二审法院应如何处理？

对当事人在一审中已经提出的诉讼请求，如果原审人民法院未作审理、判决，第二审人民法院可以根据当事人自愿的原则进行调解；调解不成的，发回原审人民法院重审。

○ 必须参加诉讼的当事人在一审中未参加诉讼的，二审法院应如何处理？

必须参加诉讼的当事人在一审中未参加诉讼，第二审人民法院可以根据当事人自愿的原则予以调解；调解不成的，发回原审人民法院重审。发回重审的裁定书不列应当追加的当事人。

○ 一审法院判决不准离婚，二审法院认为应当判决离婚的，应当如何处理？

一审判决不准离婚的案件，当事人提出上诉后，第二审人民法院认为应当判决离婚的，可以根据当事人自愿的原则，就子女抚养、财产分割问题一并调解；调解不成的，发回原审人民法院重审。

○ 发回重审的案件经审理后作出的判决，当事人是否可以提出上诉？

之所以要将案件发回原审人民法院重审而不由第二审人民法院直接判决，均是为了避免造成事实上的一审终审，使这部分当事人就上述诉讼事项亦有行使上诉权的机会，并借此维护其合法权益。

不论是由于什么样的具体原因而发回原审人民法院重审的案件，仍然是第一审案件。因此，当事人对重审案件的判决（以及裁定）如有不服，仍然有权依法提出上诉。

○ 二审法院的判决，当事人如有不服的，是否可以上诉？

由于我国实行两审终审制，上诉审法院的裁判为终审裁判，即一经作出就发生法律效力，当事人不得再行上诉。其具体表现为：上诉审裁判一经送达，即发生法律效力。终审裁判是对当事人之间实体权利义务关系的最终确定。裁判一经宣告或送达，当事人不得再以此诉讼标的而重新起诉。有给付内容的终审判决，一方当事人如拒不履行义务，对方当事人有权请求人民法院强制执行。

○ 二审法院认为一审法院的不予受理、驳回起诉裁定有错误的，应当如何处理？

根据《最高人民法院关于适用〈中华人民共和国民事诉讼法〉若干问题的意见》的规定，第二审人民法院在审理中如果查明第一审人民法院作出的不予受理的裁定有错误的，应在撤销原裁定的同时，指令第一审人民法院立案受理，查明第一审人民法院作出的驳回起诉裁定有错误的，应在撤销原裁定的同时，指令第一审人民法院进行审理。

此外，人民法院依照第二审程序审理的案件，如果认为依法不应当由人民法院受理的，可以由第二审人民法院直接裁定撤销原判，驳回起诉。

○ 对发回重审的案件应否重新立案？

对于发回重审的案件应否重新立案，实践中存在两种不同意见：一种意见认为，案件发回重审，是同一案件的重新审理，因为一审判决未生效，案件并未审结。因此，不存在重新立案的问题。另一种意见认为，发回重审的案件，如仍按原案号审理完毕后，当事人提起上诉，二审法院作出维护原判的判决，则可能使当事人产生二审法院对同一案件先后两次裁判相互矛盾的误解。因此，发回重审的案件，应重新立案。

我们认为，发回重审的案件应当重新立案编新号。主要分为两种情况：

第一，发回重审的案件适用一审程序的，依照法律规定应另行组成合议庭，重新调查取证并作出裁决。而此案原审的程序已告终结，新的诉讼程序开始，故应作为一个新案处理。

第二，对于二审生效判决裁定发回重审的，依照法律规定，也应另行组成合议庭，重新调查取证作出再审判决。此案件则进入审判监督程序，应立“再”字号。

基于以上理由，我们认为对于发回重审的案件作为新案重新立案编号是正确的。

○ 重审案件原审原告下落不明，该如何处理？

民事案件发回重审后，原审判决已被撤销，当事人之间的权利义务争执又回复到起诉前的状态。根据《民事诉讼法》的有关规定，对此类案件应按照第一审程序进行审理。有关二审裁定撤销原审判决、发回重审的法律文书无法送达原审原告的，可采用公告送达的方式送达。在公告送达期满后，二审裁定即视为送达。在重审期间，一审法院经公告方式传唤原审原告仍不到庭的，可以裁定按撤诉处理。

○ 发回重审后原告撤诉，上诉费应如何处理？

根据《民事诉讼法》第153条的规定，人民法院对上诉案件，经过审理，认为原判决认定事实错误；或者认定事实不清，证据不足；或者违反法定程序，可能影响案件正确判决的，裁定撤销原判决，发回原审人民法院重审。因此，虽然第二审法院尚未对当事人之间的民事实体争议作出终审裁判。所以，《诉讼费用交纳办法》第27条第1款规定：“第二审人民法院决定将案件发回重审的，应当退还上诉人已交纳的第二审案件受理费。”重审期间原告申请撤诉，经人民法院准许的，即表明原告放弃了通过诉讼途径解决其与被告之间的纠纷，而且原告的撤诉行为又不损害国家、集体或他人的合法权益。对于重审期间原告撤诉的，一审案件受理费由原告负担；无论是原告还是被告在此前已经预交的二审案件受理费，均不予退还。

○ 二审程序中的调解如何进行？

调解是我国民事诉讼法一项重要的基本原则，它贯彻于整个民事诉讼之中，第二审程序也不例外，人民法院适用第二审程序对上诉案件的审理，可以进行调解，这不仅是具有中国特色的民事诉讼的重要标志，而且也构成我国二审程序的又一特点，因为外国上诉制度一般是排除上诉审调解结案的，许多国家将调解限制在诉讼或开庭之前，诉讼中或开庭后只承认和解之说，不存在调解的问题。

二审调解可以由合议庭主持进行，也可以由合议庭中的一个审判员单独主持进行。

二审调解达成协议的，应当制作调解书，由审判员和书记员署名，加盖二审人民法院的印章。调解书送达后，即发生法律效力。同时，即视为原审法院判决已经撤销，不再生效。二审法院的调解书，不论其内容是否与原判决一致，并不一定意味着原判决有错误。

○ 二审程序中，原审原告增加诉讼请求或者原审被告提出反诉的，应当如何处理？

二审人民法院审理上诉案件时，当事人达成和解协议的，《最高人民法院关于适用〈中华人民共和国民事诉讼法〉若干问题的意见》第191条规定："人民法院可以根据当事人的请求，对双方达成的和解协议进行审查并制作调解书送达当事人；因和解而申请撤诉，经审查符合撤诉条件的，人民法院应予准许。"

在第二审程序中，原审原告增加独立的诉讼请求或原审被告提出反诉的，第二审人民法院可以根据当事人自愿的原则就新增加的诉讼请求或反诉进行调解，调解不成的告知当事人另行起诉。

○ 二审程序中，上诉人是否可以撤回上诉？

撤回上诉，是指上诉人提起上诉后，在第二审人民法院判决宣告前撤回上诉请求的诉讼行为。

根据《民事诉讼法》第156条规定，在第二审人民法院审理案件的过程中，上诉人如果认为自己的上诉理由不充分或接受一审法院的裁判，其有权向二审人民法院申请撤回上诉。上诉人撤诉申请可以用书面形式，也可以用口头方式提出，口头申请撤诉的，应记入笔录。

撤回上诉权，在整个上诉审的审理过程中都可以行使。但是二审人民法院的判决一经宣告，基于个人意志服从国家意志的原判，即丧失撤诉的权利。因此，撤回上诉的权利只能在宣告判决以前行使。

上诉人撤回上诉是行使处分权，基于当事人享有处分权，既然他有权上诉，也就有权撤回，这是当事人行使处分权的具体体现。

但是，当事人的处分不能违背法律，法规，对上诉人撤回上诉是否准许，由第二审人民法院依法作出裁定。在第二审程序中，当事人申请撤回上诉，第二审人民法院经过审查认为一审判决确有错误，或者双方当事人串通损害国家和集体利益、社会公共利益以及他人合法权益的，第二审人民法院即应不予准许。第二审法院仍要按上诉审程序进行审理，以便作出合法的裁判，这是国家干预原则在诉讼中的体现。同时，就第二审程序的职能而言，它是上级人民法院对下级人民法院的审判工作行使监督权，二审程序是改正一审裁判的途径之一。所以，对上诉人的撤诉，二审法院完全有权进行审查并决定可否撤诉。这是当事人的处分权与国家的干预权的辩证的统一，不能认为撤诉权是上诉人的，人民法院不能干预，甚至认为人民法院不应用裁定的形式来批准上诉人申请撤回上诉。

因此，对上诉人撤诉申请要认真进行审查，并依法作出是否准许的裁定。撤回上诉，经法院准许后，产生以下法律后果：(1) 二审人民法院裁定准予撤回上诉的，从二审法院宣布裁定之日起，原审法院的判决或裁定就开始生效。(2) 上诉人申请的撤诉，经人民法院批准后，即使未超过上诉期间，上诉人也丧失其上诉权，不得再提起上诉。

○ 第二审人民法院审理上诉案件，适用何种程序？

根据《民事诉讼法》第157条的规定，第二审人民法院审理上诉案件，除依照《民事诉讼法》第十四章第二审程序的特别规定外，适用第一审普通程序。应当明确，此处所谓适用第一审普通程序，仅仅是指在遇有第二审程序本身未作直接明定，但上诉案件的审理却又确有必要时，参照适用第一审普通程序中的有关规定，而不是指在适用第二审程序审理上诉案件时，又去完整地适用整个第一审普通程序。

第二审程序中适用一审普通程序主要是指：

第一，二审案件需要开庭审理的，适用一审的普通程序进行。例如，开庭前的准备事项，法庭调查和法庭辩论的程序与内容，裁判的宣告及送达等等。

第二，二审案件如有需要财产保全或先予执行的，也要按照一审普通程序中财产保全和先予执行的规定进行。

第三，二审案件如果需要中止、延期、终结审理的，同样要按照一审普通程序中关于中止、延期、终结审理的有关规定办理等等。

○ 民事案件经过几级法院审判才告终结？

第二审人民法院判决、裁定的法律效力，是由两审终审制决定的。我国人民法院的设置分四级，即基层人民法院、中级人民法院、高级人民法院和最高人民法院。对民事案件的审判实行“两审终审制”，就是民事案件可以经过两级人民法院审判才告终结的一种制度。地方各级人民法院第一审案件的判决、裁定，当事人不服，可以按照法律规定的上诉期限，向上一级人民法院上诉，上一级人民法院经过第二审程序的审理，所作的裁判是终审的判决、裁定，当事人不能再上诉。最高人民法院的第一审案件的判决或裁定，也是终审的裁判，两审终审制运用于地方各级人民法院的一审判决和裁定。按照“两审终审判”的规定，凡是第二审人民法院的判决或裁定，都是终审的判决或裁定。

○ 对二审法院的裁判，当事人不服的，是否可以再行上诉或起诉？

凡是二审人民法院的判决书、裁定书，一经宣布和送达，立即发生法律效力，并产生法律效果。

根据终审裁判的法律效力，凡是维持原判的二审判决，就是肯定了原审法院判决的正确和效力，当事人就应按照原判决的主文所确认的权利义务关系，该履行义务的就立即履行，原审法院也要按照此判决加以执行；依法改判的二审判决，就是否定了原判决所确认的内容的一部或全部，这样原判决就不再生效，均以二审法院的判决所确认的权利义务关系加以执行；发回重新审判的裁定，也是终审裁定，同样立即发生法律效力，原审法院要以此为依据，另行组成合议庭，重新进行审理。

总之，凡是二审人民法院所作的判决、裁定，即终审裁判，不得再行上诉，不得再行起诉，立即发生法律效力，双方当事人应当自觉履行，人民法院应依职权加以执行，凡是拒不执行的，享有权利的一方当事人有权请求法院强制执行，拒不执行的，视其情节轻重，要依法追究法律责任，直至刑事责任。

○ 人民法院审理上诉案件，应当在多长时间内审结？

根据《民事诉讼法》第159条的规定，人民法院审理对判决的上诉案件，应当在第二审立案之日起3个月内作出终审判决；第二审立案这是对第二审案件在审判时限上的最低要求，对判决上诉的案件的审理，在3个月之内，应集中精力，集中时间，急当事人所急，尽量提前结案。

有特殊情况需要延长的，由本院院长批准，可以延长3个月。有特殊情况不能结案的，要有严格的审批手续，经过本院院长批准，才准许延长。所谓特殊情况是指案情重大复杂的案件，收集证据有特殊困难的案件，对处理结果有重大分歧需要统一认识的案件，以及一些涉外案件等等。一般的民事案件不能以"特殊情况"需要延长为借口，而变相延长审判时限，拖延诉讼，影响办案效率。

根据《最高人民法院关于严格执行案件审理期限制度的若干规定》的规定，民事案件应当在审理期限届满10日前向本院院长提出申请，院长应当在审限届满前批准或决定。

对裁定的上诉案件的审理，人民法院应当在30日结案，主要考虑到裁定只涉及程序问题，比较简单，不需要开庭审理，根据审判经验，30日内结案比较合理。在具体工作中，包括领导审批、收发、打字、文印、交通等，都应当科学的、合理地支配时间，尽快完成工作任务，不积压，不拖延，以保证在法定的期限内结案。

第十一章　特别程序

第一节　特别程序的特别规定

○ 什么是特别程序？

特别程序是法院对非民事权益冲突案件的审理程序。适用特别程序审理的案件，其目的不是解决双方当事人之间的民事权益冲突，而是确认某种法律事实是否存在，权利状态的有无或者公民是否享有某种资格，能否行使某种权利。根据普通程序审理的案件，诉讼标的是争议的民事法律关系，法院通过审理案件，目的在于依法解决民事权益冲突，确认民事权利义务关系，制裁民事违法行为，保护诉讼当事人的合法权益。根据特别程序审理的案件，其诉讼标的有的是公民是否依法享有某种资格，有的是确认某种法律事实是否存续，以及某种权利状态是否存在。法院通过审理，查清事实，以保护公民的政治权利或者是非争议的民事权益。法院依照特别程序审理案件的过程中，发现本案属于民事权益争议的，应裁定终结特别程序，并通知利害关系人可另行起诉。

○ 适用特别程序审理的案件，是否可以上诉？

依照特别程序审理的非诉案件，实行一审终审。一审终审，是审级制度的一种，是相对于两审终审而言的。在我国民事诉讼的通常程序中，是实行两审终审的，两审终审是指民事案件经过两级法院审判，就宣告终结的制度。审理非讼案件，属于人民法院对一定的事实和权利的确认，人民法院审理非讼案件后所作的判决、裁定，是终审的判决、裁定，一经送达，立即生效，不准再提起上诉。如果发现人民法院所作出的判决或裁定确有错误，可以按照民事诉讼法规定的审判监督程序处理。

○ 依特别程序审理案件，如何确定审判组织？

依特别程序审理的案件适用合议制与独任制相结合的审判组织形式。除了重大、疑难案件由审判员组成合议庭审理外，其他案件由审判员一人独任审理。

合议制和独任制是两种不同的审判组织制度。在通常诉讼程序中，以实行合议制为原则，实行独任制为例外，而在非讼案件的特别程序中，以实行独任制为原则，实行合议制为例外。

人民法院审理一般的非讼案件，均实行独任制。独任制是由一名审判员独自对案件进行审判，并对自己承办的案件负责。这里一般的非讼案件，是指不属于重大、疑难案件的非讼案件，这种案件通常由基层人民法院审理。人民法院审理一般的非讼案件，由审判员一人组成法庭进行。

人民法院审理选民资格案件或者重大、疑难的非讼案件，实行合议制。合议制是由三人以上的审判人员组成审判集体，全体组成人员负责审判工作并对审理的案件负责。三人以上审判人员组成审判集体，称为合议庭。合议制是我国人民法院审判民事案件的基本的审判组织，但是由于案件的性质不同，审级不同，对合议庭的组成也有不同的要求。非讼案件不同于一般的民事案件，且只实行一审终审，因此对合议庭的组成也有其特定的要求。在通常程序中，人民法院审理第一审民事案件，由审判员、陪审员共同组成合议庭或者由审判员组成合议庭；而人民法院审理重大、疑难的非讼案件，须由审判员组成合议庭进行审理，不能由审判员、陪审员共同组成合议庭进行审理。

○ 人民法院依照特别程序审理的案件，发现属于民事权益争议的，应当如何处理？

根据《民事诉讼法》第162条规定，人民法院在依照特别程序审理案件的过程中，发现本案属于民事权益争议的，应当裁定终结特别程序，并告知利害关系人可以另行起诉。在法律规定的情形下，特别程序可以终结进而转化成普通程序。这一情形就是：在审理过程中发现案件不属于非讼案件。因为人民法院只是在审理非讼案件时，才适用特别程序规定；如果人民法院依特别程序审理非讼案件中，发现案件属于民事权益争议的，应作出书面裁定，终结特别程序，并告知利害关系人，也就是与本案民事权益有直接利害关系的人，向有管辖权的人民法院另行起诉。

"告知利害关系人可以另行起诉"，这里的告知，是一种事实通知行为。受告知的利害关系人，是否就所争议事项另行起诉，由其自己决定。法院对利害关系人进行的告知行为，应使用书面形式，即应当在终结特别程序的裁定中写明。

○ 适用特别程序审理的案件，应当在多长时间内审结？

《民事诉讼法》第163条规定："人民法院适用特别程序审理的

案件,应当在立案之日起三十日内或者公告期满后三十日内审结。有特殊情况需要延长的，由本院院长批准。但审理选民资格的案件除外。”根据这一规定，人民法院适用特别程序，审理非讼案件的审理期限有以下几种：

1. 必须在立案之日起30日内或者公告期满后30日内审结

审理非讼案件的30日期限，比通常程序的审理期限要短。这是因为，非讼案件一般事实比较容易查明，没有太复杂的情节，不用花太多的时间去做调查、取证工作，即可得出某项事实和权利是否存在的结论，所以法律规定了较短的期限。非讼案件的审理有的不需发布公告，如认定公民无民事行为能力、限制民事行为能力案件，对这种案件，应当在立案之日起30日内审结；有的需要发布公告，如宣告失踪、宣告死亡的案件，认定财产无主的案件，其公告期限本身就比较长（3个月或1年），因此对这种案件的审理期限不能从立案之日起算，而应当从公告期满后起算，即应当在公告期满后30日内审结。

2. 经本院院长批准，可以延长30日

但是，在人民法院审理非讼案件过程中，可能会发生特殊情况，致使案件难以在法定的30日内审结。在这种情况下，法律亦允许延长期限，只是需经过批准程序，即由本院院长批准，根据《关于严格执行案件审理期限制度的若干规定》的规定，经本院院长批准后可以延长30日。

需延长期限的案件应当在审理期限届满10日前向本院院长提出申请；需要本院院长批准延长办案期限的，院长应当在审限届满前批准或者决定。

3. 选举日前审结

我国《选举法》第25条规定：“对于公布的选民名单有不同意见的，可以向选举委员会提出申诉。选举委员会对申诉意见，应在三日内作出处理决定。申诉人如果对处理决定不服，可以在选举日的五日以前向人民法院起诉，人民法院应在选举日前作出判决。人民法院的判决为最后决定。”如果人民法院在选举日后作出判决，该判决已无任何意义，不能保护当事人的民主权利了。

第二节　选民资格案件

○ 什么是选民资格案件？

所谓选民资格，是指选举委员会按选区对选民进行登记，凡年满18周岁的中华人民共和国公民，不分民族、种族、性别、职业、社会出身、宗教信仰、教育程度、财产状况和居住期限，都有选举权和被选举权，是本选区的选民。经过登记的选民，选举委员会应当根据审查登记的情况，制作选民名单在选举前20天公布，并发给选民证，承认其选民资格。选民资格的确认关系到公民的参政权利的实现，也关系到选举工作的进行。选民资格的确认主要涉及选民登记及公布选民名单的阶段，审理选民资格案件是检验选民登记工作的重要方式。

选民资格案件，是指公民本人或者其他有关的公民，认为选举委员会对于选民资格的申诉所作的处理决定不符合法律规定时，依法向本选区所在地的基层人民法院提起诉讼的案件。

选民资格案件的发生主要是负责选举工作的机关或工作人员在工作中出现失误，或由于客观原因，而使选民资格问题出现错误，因此，根据《选举法》第28条的规定，对于公布的选民名单有不同意见的，可以向选举委员会提出申诉。选举委员会对申诉意见，应在3日内作出处理决定。申诉人如果对处理决定不服，可以在选举日的5日以前向人民法院起诉，人民法院应在选举日以前作出判决。人民法院的判决为最后决定。

○ 提起选民资格案件要具备什么条件？

公民提起选民资格案件应具备以下条件：

1. 提起选民资格诉讼的原告只能是公民

法人或其他组织不具备选举权，不是此类诉讼的主体。起诉人也不一定是与选民资格案件有直接利害关系的人，只要是对选民资格有意见的公民，都有权向选举委员会提出申诉，对选举委员会的处理决定不服的，有权向人民法院起诉。

2. 提起诉讼，以选举委员会先行决定为前提

《民事诉讼法》第164条规定："公民不服选举委员会对选民资格的申诉所作的处理决定，可以在选举日的五日以前向选区所在地基层人民法院起诉。"因此，办理选民资格案件要经过两个步骤：其一是公民向选举委员会提出申诉；其二是对选举委员会所作决定不服，向人民法院起诉。因此，对于起诉到法院的选民资格案件，应当首先查明该案是否已经过选举委员会处理，未经选举委员会处理而直接向人民法院起诉的，应告知起诉人向选举委员会提出申诉，在选举委员会作出处理决定前，人民法院不予受理。

3. 须在选举日的5日以前提出

4. 向选区所在地的基层人民法院提出

按《民事诉讼法》第164条规定，选民资格案件，应当由选区所在地的人民法院管辖，而不适用《民事诉讼法》关于地域管辖的一般规定。这样规定的目的有两个，一是便利人民群众进行诉讼和便利人民法院办案，二是使案件及时审结。我国选区是按生产单位、事业单位、工作单位和居住状况划分的，由选区所在地人民法院管辖，便于法院向选举委员会和选民进行调查，了解情况，使问题尽快得到解决，以保护公民的选举权和被选举权。公民提起选民资格案件，不需交纳案件受理费。

○ 对选民资格案件，如何进行审理？

1. 审理期限

《民事诉讼法》第165条第1款规定：“人民法院受理选民资格案件后，必须在选举日前审结。”该款规定的是审理期限。《选举法》第28条也规定人民法院应当在选举日前作出判决。选民资格案件由于关系到公民政治权利的行使，同时又影响到选举工作的进程，因此人民法院必须在选举日前审结，以保证选举工作的顺利进行。如果选举日后才作出判决，已无实际意义，选举人的选举权得不到有效保护。

2. 诉讼参加人

审理选民资格案件时，起诉人、选举委员会的代表和有关公民必须参加。除起诉人和选举委员会的代表应参加诉讼外，在判决上将要涉及到的有关公民也必须参加诉讼。与选民资格有直接关系的有关公民是指：有选举权而且是本选区的选民但未被列入选民名单自己又没起诉的公民；无选举权却列入了选民名单自己也没有起诉的公民。因为选民资格案件的起诉人，既可以是选民名单错误涉及到的公民本人，也可以是其他人。如果案件是由其他人起诉的，那么，被选民名单遗漏或错写的有关公民也要参加诉讼，陈述自己的意见，这样有利于人民法院对该案件的正确处理。当然，如果选民名单错误是将被剥夺政治权利的人写上了，法院判决应责令选举委员会将该人从选民名单上除名。在这种情况下，参加诉讼的这个人应称为有关人员，而不宜称为“有关公民。”

3. 判决书的送达

人民法院的判决书，应当在选举日前送达选举委员会和起诉人，并通知有关公民。选民资格案件适用特别程序审理，实行一审终审。人民法院对选民资格案件经过审理作出的判决，是最后的，也是最权威的决定，应当立即送达选举委员会和起诉人，并通知有关公民，以便贯彻执行。

4. 审判组织

审理选民资格案件，关系到一个公民的政治权利，应当慎重对待，由审判员组成合议庭审理，即使案情不复杂，也不能由审判员一人独任审理。

5. 审理程序

人民法院审理选民资格案件，适用特别程序的规定。特别程序没有规定的，适用普通程序的规定，如开庭审理、期间、送达等特别程序均未作规定，应当适用普通程序的有关规定。

第三节　宣告失踪、宣告死亡案件

○ 宣告公民失踪应具备什么条件？

关于宣告公民失踪的条件，我国《民法通则》第20条规定："公民下落不明满二年的，利害关系人可以向人民法院申请宣告他为失踪人。"《民事诉讼法》第166条第1款规定："公民下落不明满二年，利害关系人申请宣告其失踪的，向下落不明人住所地基层人民法院提出。"据此，宣告公民失踪应具备以下几个条件：

1. 公民离开最后居住地后下落不明

所谓下落不明，是指离开住所无任何消息，去向不明，没有人知道他的有关信息。如果某一公民离开自己的住所曾一度下落不明，但中间回来过一次后又出走，在这种情况下申请宣告该公民失踪，应以第二次出走时间为公民离开自己住所的时间。

2. 该公民下落不明的时间，必须持续满2年

如果某公民确系下落不明，但持续时间不满2年的，不能申请宣告该公民为失踪人。下落不明的起算时间，在通常情况下，应当从

公民音讯消失之次日起算。因意外事故下落不明的，从事故发生之日起计算。如果是战争期间下落不明的，则从战争结束之日起计算。如有间断，应从最后一次起计算。

3. 由利害关系人提出申请

宣告公民失踪，必须由利害关系人向法院提出申请。宣告失踪程序的开始，就是由这种申请而开始的。申请人向人民法院请求宣告公民失踪，并没有提出任何实体权利要求，因此案件中也就没有被告人。

所谓利害关系人，是指与被申请宣告失踪的人有一定民事权利义务关系的人。包括被申请宣告失踪人的配偶、父母、子女、兄弟姐妹、祖父母、外祖父母、孙子女、外孙子女以及其他与被申请人有民事权利义务关系的人。申请宣告失踪的人都是与被申请宣告失踪人有一定亲属关系的人，他们与被申请宣告失踪人之间有人身关系和财产关系，申请宣告失踪，正是使这种关系状态稳定，避免造成财产上的损失。其他与被申请人有民事权利义务关系的人，是指被申请人的所在单位或者物质利益上与该公民有直接或间接联系的人。没有利害关系人的申请，人民法院不能依职权进行宣告失踪程序。

4. 以书面形式提出申请

利害关系人向人民法院提出宣告公民失踪的申请，应当采用书面的形式。向人民法院提出某种请求的形式有两种，一是书面形式，如起诉书、申请书等，二是口头形式，即由提出请求的人当面向法院审判人员口述其请求的内容和根据，由审判人员记成笔录。宣告失踪程序要求只能采用书面形式，而不能采用口头形式，这是该程序的特点之一。

5. 向下落不明人住所地的基层人民法院申请

宣告失踪案件的管辖不同于通常程序中的管辖，根据《民事诉讼法》第166条第1款规定，宣告公民失踪案件的申请，应当向下落不明人住所地基层人民法院提出。下落不明人住所地与居住地不一致的，应向下落不明的人最后居住地的基层人民法院申请。

○ 宣告公民失踪是否是宣告死亡的必经程序？

宣告公民死亡，是指人民法院根据法律规定，对公民下落不明，经过法定年限，依据利害关系人申请作出推定该公民死亡的判决。

宣告死亡与宣告失踪是两个不同的非讼案件。首先，宣告失踪不是宣告死亡的必经程序，二者之间没有衔接的关系。公民下落不明，符合申请宣告死亡的条件，利害关系人可以申请宣告失踪，也可以不经申请宣告失踪而直接申请宣告死亡。但利害关系人只申请宣告失踪的，应当按宣告失踪案件审理。同一顺序的利害关系人，有的申请宣告死亡，有的不同意申请宣告死亡，则应当按宣告死亡案件审理。其次，宣告失踪与宣告死亡所引起的实体法律后果不同，前者被宣告失踪人仅丧失财产管理权，而不丧失所有权；后者被宣告死亡人则丧失财产所有权。

○ 宣告公民死亡应具备什么条件？

根据《民事诉讼法》第167条第1款和《民法通则》第23条规定，宣告公民死亡，必须具备以下几个条件：

1. 必须是被申请宣告死亡的公民下落不明

下落不明是指公民离开最后居住地后没有音讯的状况。对于在台湾或者在国外，无法正常通讯联系的，不得以下落不明宣告死亡。公民下落不明的事实的出现，分三种情况：一是在正常情况下离开自己的住所或经常居住地，去向不明，从离开其住所或经常居住地之次日起没有音讯；二是因意外事故离开公民的所在地下落不明，从离开所在地之日起没有音讯；三是因意外事故离开所在地去向不明，有关机关证明该公民不可能生存的。具有上述三种情况之一的，即视为该公民下落不明的事实存在。如果查知他确实生存，或者已经死亡，就不能宣告死亡。

2. 必须是被申请宣告死亡的公民下落不明的状态持续一定的时间

公民有下列情形之一的，利害关系人可以向人民法院申请宣告死亡：

(1) 公民下落不明满4年的。根据《最高人民法院关于适用〈中华人民共和国民事诉讼法〉若干问题的意见》第196条的规定，战争期间下落不明的，申请宣告死亡的期间，适用《民法通则》第23条第1款第1项的规定。

(2) 因意外事故下落不明满2年的。所谓意外事故，是指交通事故、自然灾害，如海难、飞机失事、地震、雪崩、海啸等。因意外事故下落不明的，从事故发生之日起满2年。

(3) 因意外事故下落不明的，经有关机关证明该公民不可能生存的，也可以申请宣告死亡。自意外事故发生时起虽未满2年，但经有关机关证明该公民不可能生存的，也可以申请宣告死亡。

宣告死亡案件，无论下落不明满4年、满2年，下落不明的起算时间，均从公民音讯消失之日起计算。

3. 由利害关系人提出申请

申请宣告公民死亡，必须由利害关系人作为申请人向人民法院提出宣告该公民死亡的申请。人民法院不能主动依职权宣告公民死亡，申请人必须是利害关系人，也就是与被申请宣告死亡公民具有特定身份关系或财产关系的人。前者指被申请宣告死亡人的配偶、父母、子女、兄弟姐妹、祖父母、外祖父母、孙子女、外孙子女；后者指同他具有共同债权债务关系、共同财产关系的人。与被申请宣告死亡人不具有人身关系或其他民事权利义务关系的人，不能作为利害关系人申请宣告公民死亡。

4. 提出书面申请

申请人申请宣告失踪人死亡，应提出书面申请，而不能以口头形式提出申请。《民事诉讼法》第167条第2款规定："申请书应当写明下落不明的事实、时间和请求，并附有公安机关或者其他有关机关关于该公民下落不明的书面证明。”因而申请人向法院提交的申请书应具备以下内容：(1) 事实。即被申请宣告死亡人下落不明的事实。(2) 时间。即被申请宣告死亡人何时下落不明，持续了多长时间。(3) 请求。即关于宣告该公民死亡的具体请求。

除了以上申请内容外，还应附有公安机关或者其他有关机关关于该公民下落不明的书面证明。

5. 向下落不明人住所地基层人民法院提出

宣告公民死亡案件由被申请宣告死亡的下落不明人住所地的基层人民法院管辖。因为由下落不明人住所地的基层人民法院管辖，便于利害关系人提出申请，便于人民法院查清案件事实。对于宣告公民死亡案件，不能适用一般地域管辖的规定。

申请人向人民法院提出宣告某公民死亡的申请，必须同时具备以上条件，否则人民法院不予受理，更不能作出宣告该公民死亡的判决。

○ 失踪人的工作单位是否可以申请宣告公民失踪？

实践中，有失踪人的工作单位向法院提出申请宣告失踪人死亡的情况，目的是解决减员增补及停发失踪人工资等问题。失踪人的工作单位不是与被申请宣告死亡的人存在一定的人身关系或民事权利义务关系的人，即不属于利害关系人。因此，不能作为利害关系人向人民法院申请宣告失踪人死亡。至于停发工资等问题，应按《中华人民共和国地方各级人民代表大会和地方各级人民政府组织法》及我国劳动制度的有关规定办理。

提起死亡宣告申请，不仅要符合利害关系人的范围，还要符合利害关系人的顺序。

○利害关系人申请宣告公民死亡是否有顺序限制？

申请宣告死亡的利害关系人的顺序是：(1) 配偶；(2) 父母、子女；(3) 兄弟姐妹、祖父母、外祖父母、孙子女、外孙子女；(4) 其他有民事权利义务关系的人。申请撤销死亡宣告不受上列顺序限制。

它包含两层含义：其一，在前一顺序利害关系人未提出死亡宣告申请的情况下，后面顺序的利害关系人不能提出申请；其二，前一顺序利害关系人提出申请后，即可据此开始死亡宣告程序，无须后面顺序的利害关系人也提出申请或同意提出申请。

如果同一顺序的人中有数人同时或先后提出宣告公民死亡的申请，或者前面顺序的利害关系人提出申请后，后面顺序的利害关系人也提出了同样的申请，这时，同一顺序的数人或前后顺序的数人提出申请是允许的，他们都处于申请人的地位，属于共同诉讼人。同一顺序的利害关系人，有的申请宣告死亡，有的不同意宣告死亡，则应当宣告死亡。宣告失踪不是宣告死亡的必经程序。公民下落不明，符合申请宣告死亡的条件，利害关系人可以不经申请宣告失踪而直接申请宣告死亡。但利害关系人只申请宣告失踪的，应当宣告失踪。

配偶是第一顺序的利害关系人，在申请宣告死亡的利害关系人中，配偶具有特殊的利害关系，宣告失踪人死亡将引起被宣告死亡人与其配偶之间婚姻关系的终止。因此，对其权益应慎重地予以保护。

实践中，在配偶一方提出死亡宣告申请时，遭到失踪人其他亲属的反对，甚至引起纠纷，从而使配偶一方不得不放弃适用死亡宣告程序。将配偶列为第一顺序的利害关系人，只要配偶一方提出申请，无须其他利害关系人同意，法院即应受理该死亡宣告之诉。

○宣告公民失踪案件如何进行审理?

1. 公告

人民法院受理案件后，应发出寻找下落不明人的公告。发布公告是宣告失踪程序的一个重要阶段。人民法院在公告中应当写明案由、申请人申请内容、公告期间及法律后果等。

公告期间是寻找下落不明人、等待其出现的期间。宣告失踪的公告期间为3个月。

2. 判决

判决是公告后进行的行为，必须在下落不明人出现或公告期间届满后进行。

在公告期间，下落不明人如果出现，这时人民法院不能作出宣告失踪的判决，而应驳回申请人关于宣告失踪的申请。

公告期间届满，下落不明人仍无音讯，人民法院应结合其他证据材料，根据下落不明人失踪的事实，作出判决宣告该下落不明人失踪。

人民法院作出宣告公民失踪或驳回申请的判决后，宣告失踪程序即告终结。

○人民法院宣告公民失踪与公安机关认定公民失踪有何不同?

人民法院依《民事诉讼法》规定的特别程序宣告公民失踪与公安机关认定公民失踪不同。公安机关认定公民失踪不能产生《民法通则》第21条规定的处分失踪人财产的法律效力。公民下落不明后，不一定非要进行失踪宣告，因为宣告失踪的目的主要是确定财产管理状况，如果某一公民下落不明，而他的亲属或其他与之有民事权利义务关系的人主动地为他管理财产，履行义务，于该公民和社会均无不利，那么不提出宣告该公民失踪的申请也未尝不可。公安机关认定公民失踪，在1991年《民事诉讼法》颁布以前属于其业务范围，在1991年《民事诉讼法》颁布后，这种认定只能用于其本身工作及出具证明材料，而不产生民事法律后果。只有人民法院依特别程序宣告某公民失踪，才产生《民法通则》第21条规定的法律效力。

○ 宣告公民失踪后如何为失踪人设定财产代管人？

设立宣告失踪制度的一个重要目的，就是要对失踪人的财产进行管理。为此，在人民法院宣告某公民失踪后，就要为他设定财产代管人。无民事行为能力人、限制民事行为能力人失踪的，其监护人为财产代管人，财产代管人一般应从被宣告失踪人的配偶、父母、成年子女或者关系密切的其他亲属、朋友中产生，具体来说有以下几种情况：

第一，被宣告失踪人的配偶、父母、成年子女或者关系密切的其他亲属、朋友中有人适合作为代管人，他本人愿意，其他人对此没有争议，则可以由该人作为代管人。

第二，以上被宣告失踪人的亲属或朋友对代管人的设定有争议，如这些人都不愿意代管，或者争着代管，则由人民法院指定代管人。人民法院指定代管人，应根据有利于保护失踪人财产的原则，从其亲属或朋友中指定。

第三，被宣告失踪人没有配偶、父母、成年子女或者关系密切的其他亲属、朋友的，人民法院可以指定其他公民或者有关组织为失踪人的财产代管人。

第四，被宣告失踪人虽然有近亲属或朋友，但这些人无能力代管其财产，则由人民法院指定其他公民或者有关组织为失踪人的财产代管人。

第五，被宣告失踪人虽然有近亲属或朋友，这些人也有能力代管其财产，但从保护失踪人财产角度看，都不适宜作为代管人，则人民法院也可以从其他公民或有关组织中为失踪人指定财产代管人。

○ 对失踪人的债务，如何进行清偿？

失踪人的财产由代管人代管后，对于失踪人所欠税款、债务和应付的其他费用，由代管人从失踪人的财产中支付。这里所说的“其他费用”，包括赡养费、扶养费、抚育费和因代管财产所需的管理费等必要的费用。

失踪人下落不明后，他应当尽的赡养、扶养、抚育义务，就无法进行负担，但所需费用可以由他的财产中支付。代管人进行管理财产，可能需要管理费用，这种费用应从失踪人财产中支出。其他必要的费用，只要是合理的，也可以从失踪人财产中支付。

公民被宣告失踪，只是因其下落不明由法院进行宣告的，被宣告失踪人重新出现或者确知他的下落，经本人或者利害关系人申请，人民法院应当撤销对他的失踪宣告（《民法通则》第22条）。财产代管人在失踪人重新出现或确知他的下落后，即停止管理财产行为，如停止从失踪人财产中支付费用等。但有以前因行使代管人职责所支付的费用，被宣告失踪的公民不得追回，只要这种支付是正当的。

○ 失踪人的财产代管人负有哪些职责？

代管人的职责是管理和保护好失踪人的全部财产，清偿失踪人失踪前所欠下的税款、债务和其他费用。代管人是被失踪人财产的管理人，他享有管理权，可以独自地行使这种权利。为管理保护被失踪人财产不受侵犯，失踪人的财产代管人可以当事人的名义进行诉讼。在失踪人的财产代管人向失踪人的债务人要求偿还债务或代管财产受到他人侵犯时，财产代管人有权以原告的身份向人民法院提起诉讼，要求偿还债务或者赔偿损失；在失踪人的财产代管人拒绝支付失踪人所欠的税款、债务和其他费用时，财产代管人可作为被告。尽管代管人在诉讼中居于当事人地位，但他终究不是同诉的标的具有最直接利害关系的被代位人本人即失踪人。两种当事人的区别在于：(1) 诉权来源不同。前者依据诉讼法上的特别规则由原诉权主体授权而享有诉权；后者则根据实体法享有诉权。(2) 诉讼权利或诉讼义务不尽相同。前者所享有的诉讼权利和承担的诉讼义务可能是不完全的；后者则享有完全的诉讼权利及承担相应的诉讼义务。(3) 判决效力内容（或约束程度）不同。对前者只产生程序上的效力，实体后果则由作为财产所有人的失踪人承受；对后者则产生程序上和实体上的全部效力。

○宣告公民死亡案件如何进行审理？

1. 公告

人民法院对利害关系人的申请，认为不符合宣告死亡的实质要件的，裁定不予受理。实质要件具备，形式要件欠缺的，令其在一定的期限内予以补正；补正后再予以受理。逾期不补正的，裁定不予受理。

法院对某公民进行死亡宣告，会对他的权利义务造成很大影响。为了程序上的慎重，法律上规定宣告公民死亡需要用公告的方式，以使下落不明人本人或知悉其生死的人，在规定的期限内陈报该公民尚生存的事实，如果没有此项陈报，才能宣告死亡。对于申请人的关于宣告某公民死亡的申请，经审查除非有应予驳回的情形外，都应当进行公告。

人民法院发布公告，应当写明案由、申请内容、公告期间及下落不明人或知情人应陈报其生存情况否则即进行死亡宣告的法律后果等。公告期间因下落不明的原因不同而有所区别。在正常情况下，或因意外事故下落不明宣告死亡的公告期间为1年。因意外事故下落不明，经有关机关证明其不可能生存的，宣告死亡的公告期间为3个月，从发出公告的次日起计算。

2. 判决

公告期间届满，查明该公民的确切下落和信息，申请宣告该公民死亡的事实不存在的，法院应作出判决，驳回其申请；确认申请宣告该公民死亡的事实存在的，应作出判决，宣告该公民为死亡人。判决一经作出并送达至当事人，即发生法律效力。判决宣告之日，为该公民的死亡日期。公告期间有人提供下落不明人的确实情况，确知其下落所在，或生或死的真实情况的，宣告死亡的事实无法得到确认，法院应当作出判决，驳回申请。

○ 宣告公民死亡后产生什么法律后果？

公民被宣告死亡后，产生一定的法律后果，主要表现在：

1. 婚姻关系消灭

婚姻关系当事人有双方，如果一方已经“死亡”，那么这种婚姻当然也就不存在了。一方下落不明，但只要未确定其“死亡”，则婚姻关系是存在的，另一方不能与他人结婚。下落不明一方被人民法院依特别程序宣告死亡后，则另一方无需再办解除婚姻关系的手续，即可与他人结婚。

2. 被宣告死亡人的财产可以依法继承

继承要按《继承法》的规定进行。

宣告死亡制度的目的是解决公民参与的民事法律关系因他长期失踪造成的不确定状态问题，并不是他的民事权利能力问题。其次，宣告死亡所引起的法律后果只是针对该公民在其最后居住地的民事法律关系而言的。从这一角度说，宣告死亡同自然死亡引起了相同的法律后果。如果该公民事实上还活着，那么，事实上形成了两个主体：一是活着的公民在其生活地参与民事法律关系；二是已经“死亡”的公民，同自然死亡一样，产生相同的法律后果。

根据《最高人民法院关于适用〈中华人民共和国民事诉讼法〉若干问题的意见》的规定，被宣告死亡和自然死亡的时间不一致的，被宣告死亡所引起的法律后果仍然有效，但自然死亡前实施的民事法律行为与被宣告死亡引起的法律后果相抵触的，则以其实施的民事法律行为为准。

○被宣告失踪的公民重新出现的，应如何处理？

宣告公民失踪后，该公民可能会重新出现。这意味着他被宣告失踪的状况应当结束，而结束这种状况也必须由人民法院依特别程序进行，这就是撤销失踪宣告的程序。

撤销失踪宣告应经过以下程序：

1．申请人

撤销失踪宣告之诉的申请人为被宣告失踪人本人和利害关系人，具体来说有：（1）失踪人本人；（2）失踪人的配偶、父母、子女、兄弟姐妹、祖父母、外祖父母、孙子女、外孙子女；（3）其他与失踪人有民事权利义务关系的人。

2．提出申请

提出撤销失踪宣告的申请应具备的前提条件是，人民法院已经作出宣告失踪的判决，而被宣告失踪的人在人民法院判决后重新出现。

申请人提出申请应当采用书面形式，即应当向人民法院提交申请书。申请书应当写明人民法院已作出的宣告失踪的判决情况、撤销该判决的请求及事实根据。

3．管辖

撤销失踪案件的管辖应当与宣告失踪案件相同，即应当由失踪人住所地基层人民法院管辖。

4．审理及裁判

人民法院受理申请人关于撤销失踪宣告的申请后，即应进行审查。经审查认定被宣告失踪人又重新出现，或者已确知其下落，人民法院即应作出新判决，撤销原判决，并应同时宣告解除财产代管关系，将代管人代管的财产返还给原失踪人。

人民法院作出新判决后，撤销失踪宣告之诉的程序即告终结，失踪人失踪的状态也就告结束。

○ 被宣告死亡的公民重新出现的，应如何处理？

由于宣告死亡只是根据公民下落不明失踪的事实，从法律上推定其死亡，不一定是真正死亡。被宣告死亡的公民可能在某个地方生存，因此他可能重新出现。被宣告死亡的人重新出现后，应当以特别程序结束其“死亡”状况，这一特别程序就是撤销死亡宣告的程序。

撤销死亡宣告不是宣告死亡程序的继续，不是宣告死亡程序的一个阶段。撤销死亡宣告程序的开始也需要由申请人向人民法院提出申请。撤销死亡宣告程序也不是二审程序或再审程序，它是一个单独的程序。

撤销死亡宣告应经过以下程序：

1. 申请人

撤销死亡宣告程序的申请人不同于宣告死亡程序的申请人，主要是：(1) 撤销死亡宣告程序的申请人范围广泛，包括本人和利害关系人，而宣告死亡程序只能由利害关系人作为申请人。(2) 撤销死亡宣告程序申请人不受利害关系人顺序的限制。

2. 提出申请

撤销死亡宣告的申请应当采用书面形式，即应当向人民法院提交申请书，申请书中应当写明申请人、申请撤销的宣告死亡判决及事实和理由。

3. 管辖

申请人应向宣告死亡人住所地基层人民法院提出申请。

4. 审理及裁判

人民法院受理申请后，即应进行审查。被宣告死亡人重新出现，确实生存的或确知他没有死亡的，即应作出新判决，撤销对他的死亡宣告。

○ 撤销死亡宣告判决后，产生什么法律后果？

人民法院适用撤销死亡宣告程序撤销对公民的死亡宣告后，撤销判决的效力溯及宣告死亡之时，死亡宣告判决被撤销的，与自始未受死亡宣告相同。其效力主要表现在：

1. 善意人的保护

即凡于撤销判决确定前的善意行为，不受撤销判决的影响。对于这种善意的理解，一般应当是双方均属善意。如生存配偶的再婚、继承人就遗产所为的处分等，其效力皆不变更。

死亡宣告被人民法院撤销时，其配偶尚未再婚的，夫妻关系从撤销死亡宣告之日起自行恢复，但在以下情形，则不得认定夫妻关系自行恢复：（1）生存配偶再婚且再婚关系依然存在的；（2）生存配偶再婚后又离婚的；（3）生存配偶再婚后其再婚配偶又死亡的。

被宣告死亡的人在被宣告死亡期间，其子女被他人依法收养，被宣告死亡的人在死亡宣告被撤销后，仅以未经本人同意而主张收养关系无效的，一般不应准许，但收养人和被收养人同意的除外。

2. 财产取得人的保护

因宣告死亡而取得被宣告死亡人财产的，如果因撤销判决而失去这种财产权利，则仅于现受利益的限度之内负返还责任。这是为了保护那些因宣告公民死亡而取得财产的人，如继承人、受遗赠人、保险合同受益人等的利益。

我国《民法通则》第25条规定："被撤销死亡宣告的人有权请求返还财产。依照继承法取得他的财产的公民或组织，应当返还原物；

原物不存在的，给予适当补偿。”

被撤销死亡宣告的人请求返还财产，其原物已被第三人合法取得的，第三人可不予返还。但依继承法取得原物的公民或组织，应当返还原物或者给予适当补偿。占有人返还原物时，为管理财产所支付的费用，可以请求补偿。

利害关系人隐瞒真实情况使他人被宣告死亡而取得其财产的，除应返还原物及孳息外，还应对造成的损失予以赔偿。

第四节 认定公民无民事行为能力、限制民事行为能力案件

○ 申请认定公民无民事行为能力、限制民事行为能力应具备什么条件？

认定公民无民事行为能力案件，是指根据患有精神病人的近亲属或者其他利害关系人的申请，人民法院依法认定该精神病人为无民事行为能力人的案件；认定公民限制民事行为能力案件是指根据患有精神病人的近亲属或者其他利害关系人的申请，人民法院依法认定该精神病人为限制民事行为能力人的案件。

认定公民无民事行为能力或限制民事行为能力需要具备法定的条件，根据《民法通则》及《民事诉讼法》的规定，主要是：

1. 被申请认定的公民是精神病人

这里的精神病人包括精神病患者和痴呆人。我国《民法通则》规定，未满10周岁的未成年人是无民事行为能力人，已满10周岁未满18周岁的未成年人是限制民事行为能力人，因此不发生对其行为能力进行认定的问题。根据我国法律的规定，认定公民无民事行为能

力、限制民事行为能力的案件，被认定人只限于精神病人，包括精神病患者和痴呆人。

2. 利害关系人提出申请

认定公民无民事行为能力或限制民事行为能力必须首先由申请人向人民法院提出申请。有权作申请人的人为“利害关系人”，是与被申请认定为无民事行为能力或限制民事行为能力的公民有利害关系的人。即该公民的近亲属或者其他利害关系人。所谓近亲属应当包括配偶、父母、子女、兄弟姐妹、祖父母、外祖父母、孙子女、外孙子女；所谓利害关系人是指与该精神病患者有民事权利义务关系的人。人民法院对申请人的申请应当进行审查，如符合上述条件的，人民法院应当受理，反之，则不予受理。

3. 向有管辖权的法院提出申请

审理认定公民无民事行为能力或限制民事行为能力案件，不适用关于一般地域管辖的规定，这类案件应当由被申请认定为无民事行为能力或限制民事行为能力公民住所地基层人民法院管辖。公民以他的户籍所在地的居住地为住所，经常居住地与住所不一致的，经常居住地视为住所，而“经常居住地”是指居民离开居住地，最后连续居住满1年以上的地方。这样规定有利于保护被认定为无民事行为能力或限制民事行为能力人的利益，同时便于人民法院对有关文件证据和其他形式证据的收集。

4. 向人民法院提交书面申请书

认定公民无民事行为能力或限制民事行为能力案件的申请，必须采用书面形式，而不得用口头形式。申请书应当写明该公民无民事行为能力或限制民事行为能力的事实和根据。所谓事实和根据通常是指精神病患者的日常表现、医疗证明、病历资料以及其他的证据。

○ 人民法院审理认定公民无民事行为能力或限制民事行为能力案件，是否对该公民进行鉴定？

人民法院在认定公民无民事行为能力、限制民事行为能力时，一般应以医学鉴定结论为根据。如果没有条件进行医学鉴定，人民法院可以根据周围群众一致公认的当事人的精神状态、日常行为作出结论。如果该公民的近亲属或者其他利害关系人对此有异议，则必须进行医学鉴定。

如果申请人是提供鉴定结论的，人民法院还应当对该鉴定结论的真伪、是否准确进行审查，由于我国尚没有一部统一的法律法规对鉴定文书的格式、内容如何规范作出规定，实践中出现的鉴定文书的格式和内容往往是五花八门的。鉴定结论是一类独立的证据，这类证据是实物证据和言词证据的扩展和延伸，是从其他证据中派生出来的证据，它不是以实物或事实本身的存在与否及其形式来证明案件事实，而是通过科学技术手段揭示其所蕴含的信息特征来证明其与案件事实的联系。作为人民法院委托鉴定所做的鉴定结论，还具有核实其他证据，对其他证据的真实性进行再证明的作用。所以说，鉴定结论的证据作用不仅仅是结论的一句言词，而是通过鉴定书的整体内容表现出来的。根据《最高人民法院关于民事诉讼证据的若干规定》第29条的规定，审判人员对鉴定人出具的鉴定书，应当审查是否具有以下内容：(1) 委托人姓名或者名称、委托鉴定的内容；(2) 委托鉴定的材料；(3) 鉴定的依据及使用的科学技术手段；(4) 对鉴定过程的说明；(5) 明确的鉴定结论；(6) 对鉴定人鉴定资格的说明；(7) 鉴定人员及鉴定机构签名盖章。对申请人提供的鉴定结论有疑问的，可以重新指定有关单位鉴定。

此外，人民法院审理此类案件应当亲自接触本人，了解该公民的真实精神状态、病患程度，掌握证据材料。

○认定公民无民事行为能力或限制民事行为案件，由谁代理该公民参加诉讼？

《民事诉讼法》第172条第1款规定："人民法院审理认定公民无民事行为能力或者限制民事行为能力的案件，应当由该公民的近亲属为代理人，但申请人除外。近亲属互相推诿的，由人民法院指定其中一人为代理人。该公民健康情况许可的，还应当询问本人的意见。"

人民法院审理认定公民无民事行为能力或限制民事行为能力案件，涉及该公民权利，在一般情况下，申请人是该公民的利害关系人，会尽到保护该公民权益的责任。但是，有时申请人并不能很好地保护该公民的民事权益，甚至与该公民有利益冲突，基于这种情况，为了保护该公民的民事权益不受侵犯，有必要由代理人代理该公民进行诉讼。代理人即为代理被代理人进行诉讼活动的人。代理包括法定代理、指定代理与委托代理三种。指定代理是指由人民法院按法律规定为当事人指定诉讼代理人代为诉讼。法定代理是指法律规定由某人有资格作代理人，取得法定代理人资格既不需要当事人的意思表示，也不需人民法院指定。认定公民无民事行为能力或限制民事行为能力案件中应为被认定公民的代理人有以下两种情况：(1) 法定代理人。代理人与被代理人之间有法律限定的身份即婚姻血缘关系或有其他法律限定的关系，应当是他的近亲属，如配偶、父母、子女等，应为被认定公民的代理人，但申请人除外，否则不利于保护应被认定公民的权益。(2) 指定代理人。在应当作为代理人的近亲属互相推诿的情况下，由人民法院指定其中一人为代理人。

代理人应当尽代理之责。在诉讼进行中代理人应代理被申请认定无民事行为能力或限制民事行为能力公民进行诉讼活动，保护该公民的权益，使该公民能够通过代理人行使诉讼权利。代理人仅在案件审理期间行使代理权，法院认定患精神病公民为无民事行为能力人、限制民事行为能力人以后，该代理人并不一定成为无民事行为能力人、限制民事行为能力人的监护人。

人民法院应当视被申请人的健康情况对本人进行询问，以弄清该公民的行为能力情况，如果本人健康状况许可，可以传唤本人到庭，当庭对本人进行询问；如果本人健康状况不许可，人民法院应当在公民居住地或有关地点进行询问。但因健康状况差而难以询问或询问可能对本人健康状况有不良影响的，也可以不询问。

○认定公民为无民事行为能力或限制民事行为能力人后，产生什么法律后果？

人民法院经过对案件进行审理，弄清事实后，应当根据不同情况作出裁判：

第一，人民法院经审理认定申请有事实根据的，判决该公民为无民事行为能力人或者限制民事行为能力人。

第二，人民法院认定申请没有事实根据的，应当予以驳回申请。

人民法院认定公民无民事行为能力或限制民事行为能力的判决生效后，该公民即全部或部分失去其行为能力。此类案件不能使用调解书、裁决书。

认为公民无民事行为能力、限制民事行为能力的案件实行一审终审，判决书一经送达就发生法律效力。适用特别程序的时限规定，审限为1个月。不论该公民是否能辨认或完全辨认自己的行为，其行为均不具有与完全民事行为能力人一样的法律后果。被确认为无民事行为能力人，从确认之日起，其独立进行的民事行为为无效民事行为；被确认为限制民事行为能力人，从确认之日起，所为民事行为，只有与其健康、智力状况相适应的，或事先取得监护人同意的民事行为才是有效民事行为。即使他们健康恢复，但在人民法院未依法撤销原有认定判决之前，他们仍不具有完全民事行为能力。

公民被确认为无民事行为能力人、限制民事行为能力人，其行为能力只是处于一时的中止或是限制状态，因此当他的精神状况好转时，经本人或者利害关系人的申请，人民法院根据其精神健康恢复的状况，可以根据事实撤销认定的判决，确认该公民为限制民事行为能力人或完全民事行为能力人。

○ 什么情况下撤销认定公民无民事行为能力或限制民事行为能力的判决?

公民年满10周岁以后，由无民事行为能力人变为限制民事行为能力人，无须人民法院确认。公民年满18周岁以后，其完全民事行为能力的取得，也无须人民法院确认。但被人民法院认定为无民事行为能力人或限制民事行为能力人的公民，当他们的民事行为能力已经发生变化以后，还必须经人民法院重新确认方能取得完全民事行为能力。因此，当被认定为无民事行为能力人或限制民事行为能力人的精神病人健康状况恢复以后，该公民本人或者监护人都有权重新向人民法院申请，请求人民法院撤销原判决。

审理这一类案件的程序是：

1. 申请的提出

申请人必须是被认定为无民事行为能力人、限制民事行为能力人的人，或者是他们的监护人。若人民法院不曾对某公民有过无民事行为能力或限制民事行为能力的认定判决，也就不存在撤销该认定判决的问题。

撤销公民无民事行为能力、限制民事行为能力认定案件应如何确定管辖,《民事诉讼法》第173条无明确规定，但从立法精神看，这种案件应当由管辖认定公民无民事行为能力或限制民事行为能力案件的法院管辖。这有利于对公民的行为能力状况及其变化情况作出正确判定。

2. 鉴定及调查

人民法院受理撤销公民无民事行为能力或限制民事行为能力认定的申请后，应当开始调查程序。人民法院认为有必要的，应当对公民的行为能力状况进行鉴定。有时申请人会主动提出鉴定结论，对此鉴定结论人民法院应当认真审查。人民法院还应当依职权进行其他方面的调查，以弄清该公民无民事行为能力或限制民事行为能力的原因是否已经消除。

3. 裁判

人民法院经审查认为申请有理由，也就是公民无民事行为能力或限制民事行为能力的原因已经消除，即应判决撤销对公民无民事行为能力或限制民事行为能力的认定。此项判决，关系到人的行为能力，影响重大，故应送达申请人及本人，还应当用适当的方式进行公告。判决确定后，原来认定无民事行为能力或限制民事行为能力的判决失其效力，监护人职务也告终结，无行为能力人或限制行为能力人成为有行为能力的人。

如果公民无民事行为能力或限制民事行为能力的原因并未消除，人民法院判决驳回申请。

由于此类案件适用特别程序审理，实行一审终审，因此，对于上述的判决，申请人不得上诉。

第五节　认定财产无主案件

○ 什么是认定财产无主案件？

认定财产无主案件，是指对于所有人不明或者所有人不存在的财产，法院根据申请人的申请，查明属实后，作出判决，将其收归国家或集体所有。

在司法实践中，认定财产无主的情形有：第一，财产所有人已不存在或者谁是所有人无法确定的；第二，所有人不明的埋藏物和隐藏物；第三，拾得的遗失物、漂流物、失散的饲养动物，经公安机关或有关单位公告满1年无人认领的；第四，无人继承的财产，即被继承人死亡后，没有继承人或者全体继承人放弃继承或者丧失继承权的，其遗产因无人继承而变成无主财产。《民事诉讼法》规定了审理无主财产认定案件的特别程序。通过适用特别程序审理认定财产无主案件，将那些无主财产判归国家或集体所有，对于充分发挥这些财产的经济效益，促进生产发展，将会起到积极作用。

○ 人民法院认定财产无主需具备什么条件？

认定财产无主，是对财产所有权状况的改变，应由人民法院依特别程序进行，且需具备以下条件：

第一，被认定的无主财产，以有形财产为限。无形财产或精神财富，不属于认定无主财产的范围。

第二，财产所有人确已消失或者不知谁是财产所有人的，权利的归属问题无法确定，需要通过法律程序加以解决。

第三，财产的所有人不明或者失去所有人的状态持续一定期间，不满法定期间的，即使所有人已消失或不明的，不能申请认定为无主财产。

第四，申请人提出申请。任何公民、法人或其他组织有权向人民法院申请认定财产无主。公民、法人或其他组织了解财产无主情况的原因可以是多种多样的，例如曾管理过该项财产，或者该项财产的原所有人曾是它（组织）的成员（如职工等），或者该项财产是由它发现的，或者该项财产在它的管辖范围内，等等。这些组织或个人有权提出申请，要求人民法院依法定程序确认该项财产为无主财产。

第五，向财产所在地基层人民法院提出。认定财产无主案件，在级别管辖上，由基层人民法院管辖，而不能由中级或更高级的人民法院管辖。在地域管辖上，则由财产所在地人民法院管辖，而不适用《民事诉讼法》关于地域管辖的一般规定，不依申请人所在地而定。这样规定，便于人民法院能够就近进行调查研究，询问证人，或了解该项财产的具体情况，收集有关证据，确认财产是否有主，从而作出正确的裁判。

第六，申请应以书面形式提出。无论是公民个人，还是法人或其他组织，凡向人民法院提出认定财产无主的申请，均应采用书面形式，而不能采用口头形式。书面形式，即应向人民法院递交申请书。申请书除具备一般的要件外，还应写明以下内容：(1) 申请认定财产的种类、数量、所在地。(2) 申请认定财产无主的根据。

○认定财产无主案件如何进行审理？

1. 公告

人民法院受理认定财产无主案件以后，经过调查了解，审查核实，认为财产所有权归属确实不明的，应当发布认领公告。公告应写明如下内容：申请人的姓名或名称、住所、财产的种类、数量、形状、公告期间以及寻找财产所有人认领财产的意旨。公告期间为1年。规定1年的公告期间，是为了使可能的认领者有一个较充足的时间来认领财产，同时也不至于因认领时间过长，而影响民事法律关系的确定。公告从性质上来说，这是一种公示催告行为，因为一旦公告期间届满，权利人不申报权利，即判决认定财产无主，也就是产生不申报即失权的效果。

2. 判决

人民法院经过对认定财产无主案件的审理，公告期间届满后，无人认领，人民法院应作出财产无主的判决，同时根据财产的不同情况，收归国家或集体所有。判决送达后，立即发生法律效力，交付执行组织执行。执行组织应当发布执行令，责令财产的非法占有人交出财产；拒不交出的，应予以强制执行。

○ 认定财产无主案件，公告期间有人主张权利，应如何处理？

人民法院审理认定财产无主案件，公告期间，会有人对财产提出请求，可能会出现财产有主的情况，主要是：（1）继承人出现而主张继承；（2）受遗赠人出现而主张接受遗赠；（3）有人基于曾照顾过原财产所有人的理由，要求获得一定的财产；（4）债权人主张债权。

如果有人主张财产所有权，则应当终结认定财产无主案件的特别程序。因为公告的目的就是寻找财产的主人，主人出现，也就达到了目的，该种程序即告终结。人民法院不能在此程序中作出确认权利（财产所有人）的判决，因为此程序不具有这种功能，一旦有人主张权利，此程序的目的就已经达到。

有人出现而主张权利后，有可能形成以下三种争议：（1）认定财产无主案件的申请人与主张权利人之间的争议；（2）主张权利的继承人、受遗赠人或债权人为二人以上，他们之间出现争议；（3）二人以上的主张权利人之间出现争议，认定财产无主案件的申请人又与主张权利人之间出现争议。

既然存在争议，案件在性质上即为“诉讼”案件，而不是非讼案件。因此不能适用非讼案件程序解决，则应当适用普通程序解决。在认定财产无主案件中当事人要求人民法院解决争议的，人民法院应当裁定终结特别程序，告知申请人另行起诉，适用普通程序。

○ 什么情况下撤销认定财产无主判决？

撤销财产无主认定，属于判决认定财产无主后，原财产所有人出现或者合法继承人、受遗赠人及其他权利人出现后的处理。审理认定财产无主案件并以判决认定财产无主，只不过是从法律上推定该项财产没有主人。但是，这种推定有可能与事实不符，出现在以判决认定财产无主后原财产所有人或合法继承人等出现的情况。如果原财产所有人或合法继承人等出现并主张权利，人民法院审查属实后，应当作出新判决，撤销原判决。撤销财产无主认定也须申请人向人民法院提出申请。申请须具备一定的条件：

1. 申请人提出申请

撤销财产无主认定的申请人是原财产所有人或者继承人、受遗赠人及其他权利人。他们是财产的主人，为了保护自己的合法权益，有权向法院提出撤销无主财产认定的申请。

2. 向有管辖权的法院提出

撤销财产无主认定案件，如何确定管辖，《民事诉讼法》无明文规定，我们认为，该种案件应当专属于认定财产无主案件的法院管辖，即在级别管辖上由基层人民法院管辖；在地域管辖上由财产所在地人民法院管辖。这样有利于人民法院查清案情，作出正确判断。

3. 申请须在法定期间内提出

申请人向人民法院提出撤销财产无主认定的申请，必须在《民法通则》规定的诉讼时效期间提起。

4. 申请须是书面形式

申请的提出应当采用书面形式。申请书应当写明财产情况和要求撤销财产无主认定的根据。

法院受理申请后应当对申请进行审查，调查财产情况，如询问原财产归属情况、继承情况等，以查明申请人是否是财产的主人。

人民法院经审查，认为申请人的申请有理由的，应当判决撤销对财产无主的认定。人民法院判决撤销财产无主认定后，申请人即取得财产所有权。原财产存在的，应返还原财产；原财产无法返还的，应按原财产实际价金返还。

第六节　督促程序

○ 设立督促程序有何意义？

督促程序是指对于给付金钱或者有价证券为标的的请求，人民法院根据债权人的申请，向债务人发出附有条件的支付令。如果债务人在法定期间内未履行义务又不提出书面异议，债权人可以根据支付令向人民法院申请强制执行。

适用督促程序解决债务纠纷具有重要意义。在商品经济社会中，债权债务关系是经常、大量存在的一种民事权利义务关系。有些债权债务关系存在着争议，而有些债权债务关系并无争议，只是债务人逾期不履行债务，而使债权人的权利得不到实现。这类案件如果适用通常的诉讼程序来解决，就需要开庭审理，通过调查、辩论等诉讼行为来确认权利义务关系，最后作出判决，待判决生效后，债权人才可以通过向法院申请强制执行来实现自己的权利。但在这类案件中，由于双方当事人对他们之间债权债务关系的存在并无异议，没有必要再经过这样的程序来加以确认。因此，对这类案件，确有必要设立一种有别于通常诉讼程序的更为简便易行的程序。督促程序正是为了适应这种需要而设立的。通过督促程序，可以不经过通常诉讼程序而使债权内容得到诉讼上的确认，因而比普通程序、简易程序更为简便，能使债权人的权利迅速得以实现，有利于社会经济秩序的稳定。

○ 适用督促程序应具备什么条件？

督促程序因债权人提出支付令申请而开始。根据《民事诉讼法》第189条规定，债权人申请支付令，必须符合以下几个方面的条件：

1. 债权人的请求必须是给付请求

从发布支付令所要达到的目的看，只有给付请求才适用督促程序。给付请求是指申请人（原告）要求被申请人（被告）为一定行为或履行一定义务的请求。给付请求的显著特点就是具有执行性，这是与确认请求的重要区别所在。

2. 请求范围仅限于金钱或有价证券

债权人申请发出支付令，以给付金钱和有价证券的债务案件为限。以其他财物和行为为标的的债权，均不适用督促程序，债权人可以通过诉讼程序请求人民法院依法裁判。

所谓金钱，一般指在我国作为流通手段和支付手段的货币，通常须为人民币，特殊情况下根据原来约定也可以是外国货币。金、银及其制品不属于这里所说的金钱。

所谓有价证券，泛指设立并证明某种财产权利的书面凭证，包括汇票、本票、支票、股票、债券、国库券，以及可转让的存款单等。

3. 请求给付的金钱或者有价证券已到期且数额确定

尚未到期或者数额不确定的债权，不得请求签发支付令，债权人请求的给付，只需以金钱、有价证券为标的，至于给付请求权主体如何、基于何种法律关系、给付数额多少，有所不同。因此，法律行为、事实行为、侵权行为、不履行合同等产生的请求权，均可申请督促程序。这里的债权债务要作广义理解，绝不仅指借钱还债、合同关系，还包括侵权行为之债、不当得利之债、无因管理之债等一应债权债务。

4. 债权人没有对待给付义务

《民事诉讼法》第189条规定债权人申请支付令须具备的条件之一是：债权人与债务人没有其他债务纠纷。《最高人民法院关于适用〈中华人民共和国民事诉讼法〉若干问题的意见》第215条第1款第

3 项规定债权人申请支付令必须是“债权人没有对待给付义务的。”所谓对待给付，是指与债权人的请求相对应，债权人所负有的先行给付或同时给付的义务。也就是说，按照规定或合同约定，债权人只有自己一方先向债务人履行给付义务后，债务人才负有给付义务，或者债权人与债务人双方应当同时互为给付。因此，债务人应在债权人为对待给付之后才应给付，或者债权人应与债务人同时为给付的，债权人不得依据督促程序申请支付令。

5. 支付令能够送达债务人

督促程序中的债务人也是实体主体，他的态度关系着支付令的效力和督促程序是否终结。因此，支付令能够送达债务人，使其知悉自己的义务，成为申请督促程序必不可少的一个条件。所谓“能够送达”，是指客观上和事实上能够将支付令送达给债务人，而不是拟制送达。也就是说，不须到国外送达或者不须以公告方式送达。审判实践中，有的人民法院将支付令委托有关人民法院代为送达，这种送达方式同样需要较长时间，与督促程序目的不符，不宜适用。

○ 债权人应向哪个法院申请支付令？

关于支付令案件的级别管辖，只有基层人民法院才能管辖申请支付令的案件，中级人民法院以上的法院不得受理这类案件。基层人民法院受理债权人依法申请支付令的案件，不受争议金额的限制。督促程序的地域管辖，比照“原告就被告”的一般地域管辖通常原则，应以债务人住所地的基层人民法院为管辖法院。

因此，债权人请求公民给付金钱、有价证券的，由债务人住所地人民法院管辖；债务人住所地与经常居住地不一致的，由经常居住地人民法院管辖。债权人请求法人或者其他组织给付金钱、有价证券的，由债务人的主要营业地或主要办事机构所在地人民法院管辖。共同债务人住所地、经常居住地不在同一基层人民法院辖区，各有关人民法院都有管辖权的，债权人可以向其中任何一个基层人民法院申请支付令；债权人向两个以上有管辖权的人民法院申请支付令的，由最先立案的人民法院管辖。如果因合同引起的债务纠纷，合同订有协议管辖条款的，债权人可向协议管辖法院申请支付令，无协议管辖条款的，债权人应向债务人住所地的基层人民法院申请支付令。

《海事诉讼特别程序法》第99条规定，“债权人基于海事事由请求债务人给付金钱或者有价证券，符合《中华人民共和国民事诉讼法》有关规定的，可以向有管辖权的海事法院申请支付令。债务人是外国人、无国籍人、外国企业或者组织，但在中华人民共和国领域内有住所、代表机构或者分支机构并能够送达支付令的，债权人可以向有管辖权的海事法院申请支付令。”

○ 债权人是否可以同时申请支付令和提起诉讼?

人民法院已经处理过的案件或正在审理的案件，当事人不得就同一诉讼标的，以同一理由向人民法院再行申请。债权人向人民法院申请支付令后，不得就同一标的、同一请求再行申请支付令或者另行起诉，违者后来的申请、起诉无效。如果债权人对同一诉讼标的同时申请支付令和提起诉讼，我们认为，这要根据法院先收到申请书还是起诉书来确定适用的程序，但若同时收到申请书和起诉书，以起诉书为准。有时候，在债权人申请支付令前后，债务人会提起诉讼，情况更加复杂。我们认为，如果起诉发生在申请之前，起诉与申请诉讼标的相同的，申请不能成立，以起诉为准；起诉与申请诉讼标的不同的，不论二者有无牵连、能否抵消，都不影响申请支付令，应当作为两个案件分别适用诉讼程序、督促程序，但债权人也可以不申请支付令，而提起反诉。如果起诉发生在申请之后，起诉与申请诉讼标的相同的，起诉无效，仍适用督促程序；起诉与申请诉讼标的不同的，不论二者有无牵连、能否抵消，起诉都成立，但应另案处理，对已进行的督促程序没有影响。

○ 人民法院审查支付令申请后，有哪些处理方式？

人民法院通过审查申请，对符合《民事诉讼法》第189条所规定条件的，应予受理，并在收到申请后5日内通知债权人。

人民法院收到债权人的书面申请后，认为申请书不符合要求的，人民法院可以通知债权人限期补正。补正期间不计入5日期限之内。

人民法院通过审查申请，发现不符合《民事诉讼法》第189条规定的条件的，应当分别情况作出不同处理：

第一，当事人不具备诉讼主体资格，债权人与本案无直接利害关系，债务人不符合法律规定条件的，不予受理。

第二，本院没有管辖权的，告知债权人向有管辖权的人民法院提出申请。

第三，债权人的请求标的不是金钱或者有价证券，债权人有对待给付义务，债务人不在我国境内，或者债务人虽在我国境内，但需公告、邮寄送达支付令的，告知债权人通过诉讼程序解决。

第四，请求给付的金钱或者有价证券未到期或者数额不确定的，不予受理。

对以上不予受理的案件，应当在收到申请后5日内通知债权人。

是否受理，应当在5日内通知债权人。这比适用普通程序或者简易程序审理的案件，决定是否受理的时间要短，因为审查的事项比较简单，而且一般也比较紧急，如果债务人提出异议，还可以另行起诉。5日内通知债权人是否受理，这是法定期间，应当严格遵守。

○ 人民法院如何对债权人申请进行审查？

适用督促程序审理的案件，实行独任制，由审判员一人处理。人民法院受理债权人的申请后，采取审查申请的审理方式，查明案件事实，决定是否发出支付令。这时对申请的审查，是指对申请的内容、范围所作的实体性审查，即审查申请的实质内容，不同于受理阶段的程序审查。

人民法院对债权人申请的审查，主要有以下三个方面：

第一，在审查对象和范围上，以债权人的请求为基础，仅限于审查债权人提供的事实、证据，主要审查对象就是申请书。人民法院根据债权人的主张认定案情，不要求债务人进行陈述或者提供事实、证据。

第二，在审查内容上，着重于审查当事人的债权债务关系是否明确合法。所谓债权债务关系明确，是指债权债务关系事实清楚、数额确定、权利义务明确、双方没有实质争议，债权的存在无须确认，以及债务人对债权人有给付义务而债权人对债务人无对待给付义务。所谓债权债务关系合法，主要指债权债务的内容不违反现行法律规定、合同是有效合同、具备侵权民事责任的构成要件，等等。

第三，在审查方式上应采用书面审查方式，主要针对申请书进行形式审查。督促程序的审理方式以形式审理为主，对当事人实体请求、主张的审理尤其如此。法院可以询问债权人，但无须传讯债务人对其询问，不必将申请书送达债务人令其答辩应诉，也不开庭审理，更不举行言词辩论。

人民法院在审查支付令申请时，应特别注意防止个别债权人和债务人故意通谋、规避法律的现象。比如，债务人资不抵债，为了“照顾”关系较好的某个债权人，他们恶意串通由该债权人申请支付令，拿走债务人的大部分资产，损害其他债权人的利益。又如，债务人串通第三人，由第三人假冒债权人申请支付令，造成资金减少、无力清偿的事实，使真正债权人的给付请求落空。如果查实这些情况，人民法院应拒绝签发支付令。

○ 人民法院如何签发支付令？

人民法院经过审查，对于债权债务关系明确、合法的，应当在受理之日起15日内向债务人发出支付令。

支付令是人民法院督促债务人清偿债务的书面文件，应包括以下主要内容：(1) 文件名称及编号。(2) 申请人和被申请人的基本情况。(3) 申请人请求给付的标的物的名称、数量及其所根据的事实和证据。(4) 经人民法院审查同意发布支付令，限债务人自收到支付令之日起15日内清偿债务，或者向人民法院提出书面异议。如果债务人在15日内不提出异议，又不履行支付令的，债权人可以根据支付令申请强制执行。(5) 说明债务人如有异议，应以书面方式向本院提出。(6) 审判员署名，写明支付令发布的年月日，加盖人民法院印章。

债权人的数项请求部分成立或者同一请求部分成立的，仅就成立部分发出支付令，不成立部分则裁定驳回。支付令应送达于债务人。支付令送达债务人后，法院应从速通知债权人，以便债权人掌握案件审理情况，及时行使权利。

○ 支付令对债务人有哪些拘束力？

支付令的效力具有不确定性，它取决于被申请人的态度，被申请人的态度不同，支付令的效力也就不同。《民事诉讼法》第191条第2、3款规定："债务人应当自收到支付令之日起十五日内清偿债务，或者向人民法院提出书面异议。""债务人在前款规定的时间不提出异议又不履行支付令的，债权人可以向人民法院申请执行。"第192条规定："人民法院收到债务人提出的书面异议后，应当裁定终结督促程序，支付令自行失效，债权人可以起诉。"根据这些规定，支付令的效力分为几种情况：

第一，支付令自送达之日起对被申请人产生约束力，债务人必须在限期内清偿债务，或者向人民法院提出书面异议，否则将导致不利的法律后果（被强制执行）。

第二，支付令发布之后在限期内，债务人履行义务的，债权债务关系了结，债权人的权利顺利实现履行须有积极的实际的给付行为，至少要与债权人达成和解，或者提供担保，口头符合的行为不能成立。支付令实际上与生效裁判起到同等的作用。法院不得将已发出的支付令自行任意撤销或变更。支付令是由法院发出的一种诉讼文书，如任意撤销或变更，一方面有损其安定性，另一方面也影响法院的威信。

第三，债务人在限期内不提出异议，又不履行支付令的，债权人可以向人民法院申请执行。就是说，这种情况下支付令具有执行的效力，支付令因而可以作为执行根据。债权人可以据此申请人民法院强制执行。债权人应当向哪一个法院申请强制执行，从督促程序的特点看，应当由发布支付令的法院执行较为妥当。发布支付令的法院也就是债务人所在地的基层人民法院。债务人在执行程序中是被执行人。执行法院应为“第一审人民法院”及“被执行人住所地或者被执行的财产所在地人民法院”(第207条)。由发布支付令的法院执行，也符合这一规定，而且，有利于执行工作的进行。债权人向人民法院申请执行支付令的期限，双方或者一方当事人是公民的为1年，双方是法人或者其他组织的为6个月。前款规定的期限，从法律文书规定履行期间的最后一日起计算；法律文书规定分期履行的，从规定的每次履行期间的最后一日起计算。

第四，被申请人在限期内提出书面异议的，支付令自行失效，督促程序终结。

由上可见，债务人对支付令是否提出异议，直接决定督促程序的最终结局。由于人民法院在发布支付令之前并未对案件做实质性的审查，即未对权利本身进行调查，因此，支付令并不一定符合当事人之间权利义务关系的事实，这就要求法律程序上设置一种救济手段，即允许债务人对支付令提出异议。正如前述，债务人是否提出异议，直接关系到支付令是否有效，因此被申请人的异议在督促程序中起举足轻重的作用。

○ 什么情况下人民法院应驳回支付令申请？

根据《最高人民法院关于适用督促程序若干问题的规定》的规定，人民法院受理债权人的支付令申请后，经审理，有下列情况之一的，应当裁定驳回申请：

第一，当事人不适格。

第二，给付金钱或者汇票、本票、支票以及股票、债券、国库券、可转让的存款单等有价证券的证明文件没有约定逾期给付利息或者违约金、赔偿金，债权人坚持要求给付利息或者违约金、赔偿金。

第三，债权人要求给付的金钱或者汇票、本票、支票以及股票、债券、国库券、可转让的存款单等有价证券属于违法所得。

第四，债权人申请支付令之前已向人民法院申请诉前保全，或者申请支付令同时又要求诉前保全。

○ 债务人如何对支付令提出异议？

人民法院发出的支付令仅以债权人的主张和提供的证据为基础，债务人在接到支付令之前并无陈述意见及提供证据的机会。若债务人对支付令有所不服，也不让他表达意见，不给他法律救济的机会，那就很不公平，有悖于当事人诉讼权利平等行使的原则。因此法律规定，债务人在法定期间内有权向发出支付令的人民法院提出异议。

债务人收到人民法院发出的支付令后，如有不服，不得对支付令提出上诉，但可以在法定15日的期间内向人民法院提出书面异议。人民法院收到债务人提出的书面异议后，应当裁定终结督促程序，支付令自行失效，债权人可以起诉。债务人在法定期间提出书面异议的权利称为异议权，这是一种债务人在督促程序中所享有的，与债权人的支付令申请权相对应的，目的在于反驳、对抗债权人申请的一项权利。

由于债务人的异议关系到支付令的效力与督促程序的终结，支付令异议必须具备一定的条件：

1. 异议只能由债务人提出。

2. 异议必须在法定期间内提出。债务人不愿执行支付令、清偿债务，应在收到支付令之日起15日内提出异议。

3. 异议必须以书面形式提出。

4. 债务人的异议必须清楚地表明自己不愿遵照支付令清偿债权人请求给付的债权。

5. 向有管辖权的人民法院提出。债务人提出异议，应当向发出支付令的法院提出。债务人收到支付令后，不在法定期间向发出支付令的法院提出，而向其他法院提出异议或起诉的，不影响支付令的效力。

○ 对债务人提出的书面异议，人民法院是否进行审查？

依照《最高人民法院关于适用〈中华人民共和国民事诉讼法〉若干问题的意见》第221条的规定，债务人在法定期间提出书面异议的，人民法院无须审查异议是否有理由，应当裁定终结督促程序。裁定书由审判员、书记员署名，加盖人民法院印章。

人民法院对债务人的异议，应当进行形式意义上的审查，审查主要涉及程序问题，即审查何人以何形式提出异议、对何项请求异议、是否超过法定期间以及有无明确的异议意思，还可以审查异议的具体对象和方式，但无须审查异议是否有理由，亦即不对异议实体上能否成立作出判断。即使没有附加理由，也不影响异议成立。

○ 支付令异议是否可以撤回?

根据《最高人民法院关于适用督促程序的若干问题的意见》规定，人民法院作出终结督促程序前，债务人请求撤回异议的，应当维持。债务人提出书面异议后，在人民法院裁定终结督促程序之前，支付令仍具有法律效力。在这种情况下，债务人申请撤回异议的，应予准许。因为债务人有权在法律规定的范围内处分自己的民事权利和诉讼权利，债务人既可以依法行使异议权，也可以放弃异议权。债务人提出书面异议后经过考虑，决定撤回异议，这是债务人放弃异议权的另一种表面形式。而且，准许债务人在督促程序未终结之前，撤回异议，有利于及时清偿债务，减少讼累。但如人民法院已根据债务人的书面异议而裁定终结督促程序，债务人再申请撤回异议的，则不应准许。

○ 债务人提出支付令异议后，产生什么法律后果?

1. 督促程序终结

督促程序不具有确认权利、解决争议的功能。债务人提出异议，表明债权债务关系存在争议，案情比较复杂，不适宜通过督促程序处理。因此，债务人在法定期间内以书面形式对支付令提出异议，即导致支付令失去效力，人民法院收到书面异议后即应裁定终结督促程序，并告知债权人和债务人。

2. 支付令失效

对支付令来说，因被申请人的异议，导致其生效。根据《最高人民法院关于适用督促程序若干问题的意见》的规定，对设有担保的债务案件主债务人发出的支付令，对担保人没有拘束力。债权人就担保关系单独提起诉讼的，支付令自行生效。

债务人对债权债务关系没有异议，但对清偿能力、清偿期限、清偿方式等提出不同意见的，不影响支付令的效力。

此外，债务人在收到支付令后不依法提出异议，而向法院提起诉讼的，支付令照常生效。

债权人基于同一债权债务关系，向债务人提出多项支付请求，债务人仅就其中一项或几项请求提出异议的，不影响其他各项请求的效力。

债权人基于同一债权债务关系，就可分之债向多个债务人提出支付请求，多个债务人中的一人或几人提出异议的，不影响其他请求的效力。

3. 债权人可以起诉

对债权人来说，因被申请人的异议，产生重新起诉的权利。对支付令的申请并不视为提起诉讼，也不由法院通知申请人起诉，债权人起诉不起诉完全由其自行决定，支付令也无须裁判撤销，无不贯彻处分原则，体现起诉自由精神，有利于正确处理督促程序和诉讼程序的关系。

○ 在督促程序中是否可以申请财产保全？

财产保全是人民法院对于可能因当事人一方的行为或者其他原因使判决不能执行或者难以执行的案件所采取的一种保护性措施。财产保全分诉前保全和诉讼保全、执行程序中的查封、扣押、冻结等措施亦属保全性质。督促程序虽属一种较为特殊的审判程序，但亦可根据当事人申请采取财产保全措施。债权人向人民法院申请支付令，其在人民法院受理该申请前申请财产保全的，人民法院应按当事人申请诉前保全对待；其在人民法院受理支付令申请后、发出支付令或裁定驳回支付令申请前提出财产保全申请的，人民法院应按当事人申请诉讼保全对待；在债务人收到支付令后15 日内既不提出异议又不履行后，债权人向人民法院申请执行支付令并申请采取查封、扣押、冻结等措施的，属执行中的财产保全。支付令自行失效后，人民法院对已采取的财产保全措施应予解除；人民法院裁定驳回支付令申请前已采取财产保全措施的，在该裁定作出的同时应解除已采取的财产保全措施。

○ 债权人申请支付令后，发现债务人有隐匿财产的行为，能否再申请财产保全？

我国《民事诉讼法》规定的财产保全措施，从其性质上可以分为诉前财产保全和诉讼中的财产保全二种。《民事诉讼法》在总则中以专章的形式对这两种保全措施加以规定，表明这一内容适用于各个审判程序，当然也包括督促程序这一特别程序。人民法院送达的支付令尚未发生法律效力，亦即支付令已经发出，尚未到期，在这种情况下，应当允许债权人申请财产保全，这实际上属于诉前财产保全的性质。此时，可能会产生两种后果：一是在支付令期间内债务人未提出异议，支付令生效，人民法院就可以直接执行保全的财产；二是债务人在支付令期间内提出异议，支付令不发生法律效力，督促程序终结。如果债权人在法定的诉前财产保全期间内起诉，人民法院应当按一般的诉讼程序受理；若债权人未在法定期间内起诉，人民法院则应当解除财产保全。

○ 支付令确有错误的，应如何处理？

支付令是在有利于保护债权人的情况下发出的，债务人没有行使陈述和抗辩的机会。审判实践中，由于债务人对法律的无知或债权人有意隐瞒案件事实，以致支付令出现错误，如支付令确定的支付的数额与债务人实际上应当支付的数额不符，或者债权不真实，债务人实际上并无支付义务等。

根据最高人民法院法函〔1992〕98号《关于支付令生效后发现确有错误应当如何处理的复函》，债务人未在法定期间提出书面异议，支付令即发生法律效力，债务人不得申请再审。超过法定期间债务人提出的异议，不影响支付令的效力。人民法院院长对本院已经发生法律效力的支付令，发现确有错误，认为需要撤销的，应当提交审判委员会讨论通过后，裁定撤销原支付令，驳回债权人的申请。这样做，既维护了法律的严肃性，又坚持了有错必纠的司法原则，有效地保护了当事人的合法权益。

○ 何种情形下督促程序终结？

在督促程序中，由于出现特定情况，申请支付令的目的已经达到或者没有达到，督促程序就会终结。终结可以分为当然终结与裁定终结。督促程序在下列情形下终结：

第一，人民法院发出支付令前债权人撤回申请的，由人民法院裁定终结督促程序。发出支付令后要求撤回申请的，无法律效力。

第二，人民法院裁定驳回债权人的支付令申请。

第三，人民法院在30天内无法将支付令送达债务人的，应依职权裁定终结督促程序，因为督促程序的设立初衷在于求便捷，拖延过久就会流于空文、失去意义。

第四，债务人在支付令送达之日起15日内向债权人清偿债务的，督促程序自动终结。债务人只要开始清偿即可，至于能否在15天内完成清偿，在所不同。债务人开始履行给付即舍弃其异议权，不能再行异议。

第五，债务人在支付令送达之日起15日内依法向人民法院提出异议的，人民法院裁定终结督促程序。

第六，债务人在支付令送达之日起15日内既不提出异议又不履行或者异议被裁定驳回的，支付令生效，也自动终结督促程序。

终结督促程序的裁定一经作出即发生法律效力，应送达于债权人和债务人。当事人对此裁定不得上诉，不得声明不服。终结裁定纯属程序上的判定，并未裁断申请人（债权人）是否享有实体上的权利，故不具有实体上的确定力，也没有既判力，债权人仍得再次申请支付令或者提起诉讼。

第七节　公示催告程序

○ 什么是公示催告程序？

依法可以背书转让的票据的持有人，因票据被盗、遗失或者灭失，可以申请人民法院以告示的方式催告利害关系人在法定期限内申报权利，逾期无人申报，即作出除权判决，这种特殊的法律程序，称为公示催告程序。

社会生活中有时权利人由于某种原因无法主张自己的权利，且因相对人不明无法提起诉讼，所以其权利处于不稳定状态。公示催告程序正是为解决这种特殊问题而设置。

公示催告案件与通常诉讼案件有很大的区别。后者表现为一定的法律上的纠纷，存在明确的双方当事人，且当事人之间对权利义务关系有一定争议。

适用公示催告程序审理的案件，不属于民事权益之争，没有明确的被告，申请人无法知道有无利害关系人以及谁是利害关系人，本程序不解决实体法律关系权利义务的争议，非讼性很突出。其次，公示催告程序的目的，是通过公告方式催告不明的利害关系人及时申报权利，以确定权利义务关系。如果无人申报，人民法院可以判决宣告票据无效或失权，通过排除其他人的票据权利或者有关法定事项上的权利，间接推定、默示申请人获得相应的权利，为申请人主张和实现实体权利创造了条件。本程序不直接确认民事权利，又与民事权利的确定和行使存在密切联系，因此，公示催告程序是一种特殊的非讼程序。

○ 公示催告程序适用于哪些案件？

《民事诉讼法》第193条第1款规定："按照规定可以背书转让的票据持有人，因票据被盗、遗失或者灭失，可以向票据支付地的基层人民法院申请公示催告。依照法律规定可以申请公示催告的其他事项，适用本章规定。"由此看来，适用公示催告案件的范围包括以下两类：

1. 按照规定可以背书转让的票据

这是我国公示催告的主要适用对象。《民事诉讼法》第193条规定，按照规定可以背书转让的票据持有人，因票据被盗、遗失或者灭失，可以申请公示催告。

我国《票据法》上的票据是指出票人依法签发的，约定自己或委托付款人在见票时或指定的日期向收款人或持票人以无条件支付一定金额为目的并可转让的有价证券。根据我国票据背书转让的有关规定，票据可以背书转让，但填明"现金"字样的银行汇票、银行本票和用于支取现金的支票不得背书转让。区域性银行汇票仅限于在本区域内背书转让。银行本票、支票仅限于在其票据交换区域内背书转让。

2. 依照法律规定可以申请公示催告的其他事项

其他事项丧失，持有人或占有人能否申请公示催告，以有关法律有无规定为准。有关法律规定可以申请公示催告的事项，按《民事诉讼法》第十八章的规定申请公示催告；有关法律没有规定可以申请公示催告的其他事项，不能依《民事诉讼法》的规定申请公示催告。例如，根据我国《公司法》的规定，记名股票被盗、遗失或者灭失，股东可以依照民事诉讼法规定的公示催告程序，请求人民法院宣告该股票失效。依照公示催告程序，人民法院宣告该股票失效后，股东可以向公司申请补发股票。

○ 申请公示催告需具备什么条件？

公示催告程序依当事人申请而开始，人民法院不得依职权主动适用，根据《民事诉讼法》第193条规定，申请公示催告必然具备下列条件（限于票据案件）。

1. 申请人是票据持有人

申请的主体必须是按照规定可以背书转让的票据持有人。这里的票据持有人是指票据被盗、遗失或者灭失前的最后持有人，一般理解为最后合法持有票据并可以依票据主张权利的人，包括公民、法人和其他组织。所谓票据的持有人须具备两个条件：第一，他的持有人对事项的占有是合法的。第二，票据是在他手中丧失或情况不明的，即他是票据丧失的最后持有人、占有人。

2. 申请的原因必须是可以背书转让的票据被盗、遗失或灭失，同时利害关系人（相对人）处于不明的状态。

3. 申请的方式是书面申请书

申请公示催告，须票据或其他事项持有人向人民法院提出申请书。申请书的内容应包括：（1）申请人的姓名、性别、年龄、民族、籍贯、职业、工作单位和住址。申请人为法人或其他组织的，应当写明法人或其他组织的名称、所在地和法定代表人或者主要负责人的姓名、职务。（2）票据或其他事项的主要内容，包括票据或事项的性质、种类、票据金额、发票人、持票人、背书人、其他事项的权利人等，以及在票据或事项上记载的主要项目。（3）申请公示催告的理由和事实，包括票据或事项被盗、遗失或灭失的事实，以及申请人在票据或其他事项丧失前持有、占有的事实，并提出申请公示催告的理由。

4. 申请的管辖法院是票据支付地的基层人民法院

就级别管辖而言，这种案件只由基层人民法院管辖；就地域管辖而言，票据支付地的法院才能管辖。所谓票据支付地，是指票据上载明的付款地，如兑付银行所在地、收款人开户银行所在地。若支付地有多处，各该法院都有权管辖。票据上未载明付款地的，以票据付款人的住所地或主要营业地为票据支付地。这样规定便于申请人提出申请，便于人民法院了解案件事实，及时止付，保护申请人的利益。

○ 当事人如何向银行挂失止付？

挂失止付是我国的一种习惯做法，一直沿用至今。《支付结算办法》详细地规定了允许挂失止付票据的种类及挂失止付的方法，《票据法》第15条重申了挂失止付制度。所以，可以认为挂失止付是一种有效的补救办法。

目前，根据《票据法》、《票据管理实施办法》及《支付结算办法》的规定，挂失止付制度的具体内容包括：(1) 可以挂失的票据。已承兑的银行承兑汇票、支票、填明“现金”字样和代理付款人的银行汇票以及填明“现金”字样的银行本票丧失，可以由失票人通知付款人或代理付款人挂失止付。未填明“现金”字样和代理付款人的银行汇票以及未填明“现金”字样的银行本票丧失，不得挂失止付。商业承兑汇票的挂失，由通知止付人向承兑人挂失。(2) 挂失止付票据的办理。按《支付结算办法》第49条的规定，允许挂失止付的票据丧失，失票人需要挂失止付的，应填写挂失止付通知书并签章。

付款人或者代理付款人收到挂失止付通知后，查明挂失票据确未付款时，应立即暂停支付。自收到挂失止付通知之日起12日内付款人或者代理付款人没有收到人民法院的止付通知书的，自第13日起，持票人提示付款的，付款人或者代理付款人依法向持票人付款的，不再承担责任。付款人或者代理付款人在收到挂失止付通知之前，已经向持票人付款的，不再承担责任。但是，付款人或者代理付款人以恶意或者重大过失付款的除外。

○ 挂失与公示催告程序是何关系?

鉴于公示催告在实践中面临的实际困难，我国采取了“两条腿走路”的办法，一方面尊重习惯，继续实行公示催告制度；另一方面又规定，也可以采取其他补救措施。《票据法》第15条第3款规定：“失票人应当在通知挂失止付后三日内，也可以在票据丧失后，依法向人民法院申请公示催告，或者向人民法院提起诉讼。”这一规定就是让失票人在不愿申请公示催告的情况下，也可以直接向人民法院提起诉讼。

公示催告程序适用范围要比挂失宽泛，申请公示催告不以到银行挂失为前提，也不取决于行政规章是否允许挂失。一旦人民法院作出判决宣告票据失效，申请人就可以向支付义务人主张权利。挂失尽管有一定的期限，但它并不公告，不利于保护利害关系人的合法权益。挂失止付只是票据丧失后采取的一种辅助性措施，它只能及时让付款人得知票据丧失的情况，并停止支付票据款项，从而暂时保全票据权利，不致让他人冒领票据款项，但失票人并不能因此行使票据权利。所以，失票人在挂失止付后，还应当及时采取其他的补救措施，保障自己的权利，如提起诉讼、申请公示催告等。

○ 票据丧失后声明作废的效力如何?

在现实生活中，存在着丧失票据（主要是支票）后在电视、报刊上声明作废的作法。这种作法没有法律依据，不是法律上规定的票据丧失的救济方法，因此不发生法律上的效力。

票据丧失后声明作废有一定的社会意义，可起到一定的积极作用，它可以引起人们的注意，在一定程度上防止票据继续流通，但声明作废没有法律意义。这是因为，声明作废是声明人个人的行为，不是司法机关或有关行政机关的行为，不能产生类似法院发布公告、通知的效力。声明只是声明人的单方意思表示，其意思表示内容于法无据，声明人声明所丧失支票作废，是为了免除自己丧失支票可能带来的义务和责任，这没有任何法律依据。因此，声明人在丧失票据后所为的声明，并不能产生失权即宣告票据无效的效果。

声明作废与公示催告程序没有直接的联系，申请公法催告，并以声明作废为前提。

○ 人民法院对于公示催告申请如何审查和受理？

人民法院收到公示催告申请后，应及时进行审查。审查的内容主要包括：（1）申请人是否符合条件，即是否是票据丧失前的最后持有人；（2）接受申请的法院是否为有管辖权的法院，即票据支付地的基层人民法院；（3）申请公示催告的票据种类是否为法律规定的可以背书转让的票据。经审查认为符合受理条件的，通知予以受理，并同时通知支付人停止支付；认为不符合受理条件又不可补正的，7 日内裁定驳回申请。对此裁定不得上诉，但具备条件后可再行申请公示催告。审查的期限是7 日，如果对申请的审查期限过长，就不能及时通知付款人止付，一旦票据权利被非票据持有人行使，持票人的利益得不到保护，公示催告程序也就失去了它本来的意义。既然法律条文本身规定了对不予受理的申请应在 7 日内裁定驳回，那么对符合受理条件的申请则应在7 日内通知予以受理。这里，不写7 日并不是不要时间限制，而是强调及时，强调立即审查并作出是否受理的决定。

○ 公示催告程序的审判组织如何确定？

根据《最高人民法院关于适用〈中华人民共和国民事诉讼法〉若

干问题的意见》的规定，适用公示催告程序审理案件，可由审判员一人独任审理；判决宣告票据无效的，应当组成合议庭审理。

合议庭可以由陪审员和审判员组成，也可以由审判员组成，同时，申请人依法享有申请回避的权利。

○ 人民法院如何向银行发出止付通知？

票据持有人在丧失票据后，随时都有因非权利人行使票据权利而遭受损失的危险。为确保票据持有人的利益不受损失，人民法院应当在决定受理公示催告申请的同时，通知支付人停止支付，以确保在作出除权判决前票据权利不被非权利人行使。通知由法院依职权以通知书或裁定书的形式实施，不以当事人申请为要件，通知止付的法律文书中要注明支付人应当停止支付票据的名称、号码、数额、停止支付的原因和期间。为了保护票据持有人、权利人、利害关系人的合法权益，通知止付的数额应限于申请人请求的范围，并可于必要时责令申请人提供担保。支付人收到停止支付通知后，应当立即停止向任何票据持有人的支付，直到人民法院通知其公示催告程序终结为止。

《最高人民法院关于审理票据纠纷案件若干问题的决定》第30条规定，人民法院决定受理公示催告申请，应当同时通知付款人及代理付款人停止支付，并且立案之日起3日内发出公告。

○ 人民法院如何发出公示催告公告？

公示催告的申请人向人民法院声称其票据被盗、遗失或灭失，这一事实无法以积极证据加以证明，即是说申请人虽然向人民法院要求公示催告，但有两点无法肯定，其一，申请人指明的票据是否确实与持有人相分离，即是否确实被盗、遗失或灭失？其二，如果某一票据确实与持有人相分离，那么这票据是否真正属于申请人，即申请人是否为票据的真正持有人？这两个问题在人民法院受理公示催告申请的时候没有证据可以证实，因此只能发出公告，催促利害关系人申报权利，这样，如果在一定期间内没有其他人申报，即无人主张票据归其所有，法院即可以根据法律的规定，推定这一票据归申请人所有，从而作出除权判决。所以发出公告是公示催告程序中最为关键的环节。

1. 公告发出的时间。根据《民事诉讼法》第194条的规定，人民法院一旦决定受理申请，应当在3天内发出公告。

2. 公告的内容。首先，明确公示催告申请人的基本情况和票据的种类、票面金额、发票人、持票人、背书人等，可以使实际持有票据的人判断自己是不是公告中所述票据的利害关系人；其次明确申报权利期间和在此期间内不申报以及票据持有人、权利人转让票据的法律后果，以起到晓以利害，催促申报的作用。

3. 公示催促利害关系人申报权利的期间。公示催告期间由人民法院根据情况决定，但不得少于60日。根据《最高人民法院关于审理票据纠纷案件若干问题的规定》第32条，公示催告的期间，国内票据自公告发布之日起60日，涉外票据可根据具体情况适当延长，但最长不得超过90日。公示催告的期间由人民法院根据票据种类、流通范围、支付期日等实际情况决定，但从发布之日起算不得少于60日。

○ 止付通知的效力持续到何时？

《民事诉讼法》第195条第1款规定："支付人收到人民法院停止支付的通知，应当停止支付，至公示催告程序终结。"可见，停止支付通知禁止支付人向任何人支付票据上的金额，支付人如有违反，应承担一定的法律责任。这种法律责任包括追回支付的金额、赔偿损失等。

停止支付通知从送达支付人之日起生效，直到人民法院作出判决。票据原持有人可以凭人民法院的判决书要求支付人支付票面金额，支付人此时不应加以拒绝，这时停止支付通知失效。

○ 公示催告期间，转让票据权利的行为是否有效？

在公示催告后，如果允许已丧失的可以背书转让的票据继续流通转让，不仅违背原票据持有人的意愿，而且会给不法分子造成转嫁责任、规避法律的可乘之机，损害原持票人及其后手的利益。因此，《民事诉讼法》第195条规定："支付人收到人民法院停止支付的通知，应当停止支付，至公示催告程序终结。公示催告期间，转让票据权利的行为无效。"只要人民法院受理公示催告申请，就开始禁止申请票据的自由转让。如果公示催告期间发生转让（包括质押），则属无效的民事行为。善意占有票据的第三人也不能对抗申请人，受让人不得行使转让的票据权利，申请人更不承担任何票据义务，申请人的票据权利照样受保护。至于受让人因接受无效转让蒙受损失，可以要求出让人赔偿，以至提起民事诉讼。

○ 利害关系人如何申报权利？

申报是指公示催告的利害关系人认为自己对该票据享有正当权利，票据无效会直接涉及其权利，而于公示催告期间向人民法院主张票据权利的行为。公告发出后，如果该票据有利害关系人，该人不申报权利，人民法院就可能作出宣告票据无效的判决，排除申请人以外的人票据权利。所以，利害关系人要保护自己的权利，就应当在公示催告期间向人民法院申报权利。利害关系人申报权利应符合以下条件：

第一，申报人应当是受公示催告申请的利害关系人，利害关系人必须具有诉讼权利能力、诉讼行为能力，一般应为实际占有申请票据的人。常见的利害关系人是善意持票人，即不知道也不应当知道票据让与人的票据权利有瑕疵，又经过背书取得票据的人。通常认为，对申请票据可能享有一定票据权利的人，才能成为利害关系人、发票人、背书人、承兑人、付款人、保证人，均非利害关系人。

第二，利害关系人申报权利，只能向发出公示催告的人民法院作出。向其他法院、其他机关或者申请人声明的，不发生申报的效力。申报的形式法律未作特别要求，既可书面申报，也可口头申报。口头申报的，由人民法院记入笔录。申报权利时一般要表明申报的请求、理由、事实，还应提交票据及其他有关证据。申报理由主要是提出自己对申请公示催告的票据拥有排斥性权利，与申请人的权利要求不相容，还可以针对适用公示催告程序的合法性表示异议。如果申报权利意在限制申请人的权利，而不排斥申请人的权利主张，比如申报的是在该票据上设定的抵押权，则不能终结公示催告；但人民法院作出宣告票据无效的判决时，应指明申报人的抵押权不因判决受影响。

第三，申报权利应当在人民法院指定的期间进行。但是利害关系人在申报期间届满后、宣告票据无效判决作出前申报权利的，仍应视为有效申报。所以，申报权利实际上最后截止于除权判决作出之前。

○ 人民法院对利害关系人的申报是否要进行审查？

对利害关系人的申报，应当进行形式审查，以利于保证案件质量。《民事诉讼法》只规定法院收到申报应当终结公示催告程序，而未涉及法院审查问题，按照《最高人民法院关于适用〈中华人民共和国民事诉讼法〉若干问题的意见》的规定，利害关系人申报权利，人民法院应通知其向法院出示票据，并通知公示催告申请人在指定的期日察看该票据，通过辨认确定申报权利的真伪。申请人申请公示催告的票据与利害关系人出示的票据不一致的，人民法院应当裁定驳回利害关系人的申报。可见，人民法院对于申报权利并不是来者不拒、无所作为，而应进行一定形式审查，从外观上排除明显不合法的申报，察看和辨认票据就是一种必不可少的审查方式。由于人民法院对申报不作实质性审查，不确认票据权利归谁，也不裁决谁是谁非，所以利害关系人申报权利时未提出票据的，不得仅凭此认为申报不合法。

首先，利害关系人申报权利，人民法院应通知其向法院提出票据，提不出票据，申报无效。这是因为票据是一种完全的有价证券，票据权利是一种证券权利，必须占有（持有）票据才能享有票据权利。只要持有票据即能享有并行使票据权利，行使票据权利的方式又只有法定的一种，即向债务人“提示”票据，也就是将票据向债务人提出，使其观看，缺少“提示”则不生行使权利之效力，这是行使票据权利的特点。所以，申报人申报权利，必须向人民法院提出票据，以证明自己实际占有票据，确为利害关系人提不出票据或不是向人民法院提出票据，则申报不发生效力。其次，人民法院应通知公示催告申请人在指定的期日察看票据。申请人的确认是人民法院认定申报人提出的票据与申请人申请公示催告的票据的同一的重要依据。因为票据也存在被伪造、变造、更改与涂销的问题。所以，人民法院与公示催告程序的申请人、利害关系人（申报人）共同察看票据是必要的。

○ 利害关系人在公示催告期间申报权利的，人民法院应如何处理？

利害关系人在公示催告期间向人民法院申报权利，人民法院从形式上审查后认为符合条件的，应裁定公示催告程序的终结，并及时通知申请人和支付人。公示催告的目的，就在于确定有无利害关系人以及谁是利害关系人，经过催告，如果出现了利害关系人，也就是诉讼具备了相对一方，就不能继续适用公示催告程序，这一程序就应无条件的终结。双方当事人就票据权利发生的争执，可以通过诉讼程序解决。所以，只要利害关系人在公示催告期间向人民法院申报权利，人民法院无须审查申报人是否依法真正享有该票据记载的票据权利，即应作出裁定，终结公示催告程序。

○ 公示催告程序因利害关系人申报权利而终结后，申请人与申报人之间的争议如何解决？

公示催告程序因利害关系人申报权利而终结后，申请人与申报人之间对票据权利的争执并未解决，只不过因为有了存在民事权益之争的双方当事人，具备了通过诉讼程序解决争议的条件。申请人或利害关系人均可向人民法院提起诉讼。如果这时其中一方起诉，应该依照《民事诉讼法》第27条的规定确定管辖，即由票据支付地或者被告住所地人民法院管辖。显然，选择权在当事人，确切地说是在提起诉讼的一方当事人。这时的诉讼已经不属于公示催告程序的适用范畴了，人民法院受理的是以票据权利为标的的双方当事人之间的民事权益之争，明显属于因票据纠纷提起的诉讼。

○ 没有人申报权利或申报被驳回的，人民法院应如何处理？

《最高人民法院关于适用〈中华人民共和国民事诉讼法〉若干问题的意见》第232条规定，在申报权利的期间没有人申报的，或者申报被驳回的，公示催告申请人应自申报权利期间届满的次日起一个月内申请人民法院作出判决。逾期不申请判决的，终结公示催告程序。除权判决是指人民法院根据申请人的申请，认定所失票据无效、判令付款人应支付申请人的款项，结束公示催告程序的法律文书。因此，人民法院做出除权判决，需具备以下几个条件：

1. 申请人提出申请

公示催告的申请人在公示催告期间届满而无合法申报时，要实现自己的票据权利，仍需书面或口头另行申请人民法院作出除权判决，但其申请不合法时人民法院可用裁定驳回。与通常的判决不同，人民法院不依职权作出除权判决。这是因为公示催告与除权判决是前后衔接、互相独立的两个程序，前者不能自动推进转换为后者。是否申请除权判决就像是否申请公示催告一样，都是申请人权利范围内的事，应由其自行决定。

2. 申请须在自申报权利期间届满的次日起1个月内提出

申请判决以一个月为期，有利于督促申请人及时行使权利，另一方面可及时终结公示催告程序，避免程序拖延而使当事人之间的权利处于不稳定状态，迅速稳定票据法律关系和商品流转秩序。

3. 无人申报或申报不合法

公示催告申请人在申报权利期间届满而无人申报或虽有人申报，但申报人所提出的票据与申请公示催告的票据不一致而申报无效时，可以向人民法院申请作出除权判决，确认票据无效。

符合以上条件的，人民法院应当做出除权判决，宣告票据无效。除权判决它不同于诉讼程序的判决，只解决票据是否有效的问题，不确认当事人之间的实体权利义务，但间接具有承认申请人票据权的效果，所以表现为判决而不是裁定。除权判决生效后，申请人丧失的票据作废，他人对该票据享有的权利受到排除，判决书代替所丧失的票据成为支付凭证。申请人可以依据除权判决，对票据义务人主张权利、请求支付，这正是申请人申请公示催告及除权判决的目的所在。

此外，人民法院应及时将作出除权判决或终结公示催告程序的情况通知支付人。通知支付人的目的，是使支付人得知公示催告程序已因人民法院作出除权判决而终结，申请人持判决请求支付人为支付行为时，支付人有义务支付。另一种情况是公示催告程序因无人申请除权判决而终结。人民法院也应及时通知支付人程序终结，支付人可以向持票人支付。

除权判决应当公告。因为不存在已经明确的利害关系人，所以要用公示的方法告知不明确的利害关系人，票据无效。公告是人民法院宣告除权判决的法定形式，缺少这一形式，不能认为判决已发生法律效力。

除权判决不得上诉。这是由除权判决的性质决定的。因为判决只宣告票据无效，使票据权利与票据分离，而不是确认申请人的票据权利，更不是解决申请人与他人就票据权利发生的争议，所以，对这一判决不能上诉。利害关系人如认为除权判决影响其权益，救济手段便是依《民事诉讼法》第198条的规定，向作出除权判决的人民法院起诉。

○ 人民法院作出除权判决后产生什么法律后果？

应当注意的是，公告除权判决，面向不明的利害关系人，不同于公告送达。公告是人民法院宣告除权判决的法定形式，也是除权判决发生法律效力的必要条件。自公告之日起，除权判决即发生确定判决的法律效力，不得对其上诉。除权判决的法律效力具体表现为：

第一，票据丧失效力。票据丧失后取得票据的人因此丧失票据上的权利，除权判决一旦作出，任何人不得以原票据为凭向支付人要求支付，支付人也不得支付票面上的金额。

第二，丧失票据的权利人（即申请公示催告的人）虽不持有票据却取得了行使票据权利的根据，对无效票据享有义务的人也不因判决而免除其义务。

第三，申请人有权依据除权判决向对票据负有付款义务的支付人请求付款，也就是说，除权判决对社会具有约束力。申请人无需提示票据，持除权判决即可向依票据负有付款义务的人请求支付。这是除权判决的性质决定的。

第四,依票据负有付款义务的人应该依除权判决向申请人支付,但除权判决仅仅证明票据无效,公示催告申请人可以持判决请求支付人支付,如支付人依票据抗辩制度拒绝付款,申请人只能另行起诉以解决与支付人之间的债务纠纷,除权判决不能对抗票据抗辩,申请人不能依据其申请执行。

第五,公示催告程序由此终结。

○ 除权判决作出前,利害关系人申报权利的,人民法院应如何处理?

除权判决作出之前,利害关系人向人民法院申报权利,人民法院仍应裁定终结公示催告程序,并通知申请人和支付人。这里涉及的判决,即为除权判决。所谓除权判决,就是法院作出判决,宣告票据无效,使票据权利与票据相分离。除权判决的法律后果是:票据无效,丧失票据人即公示催告申请人可以凭除权判决,对于票据债务人行使权利。在票据丧失后取得票据的人(实际持有票据人)则丧失票据权利,即使善意取得票据的人也不例外。与诉讼程序中判决的不同之处是,除权判决不解决当事人之间实体权利、义务的争议,仅仅确认票据无效。根据《民事诉讼法》第197条的规定,除权判决并不是人民法院在申报权利期间届满后必然作出的主动行为,而是根据申请人的申请才能作出。所以,自申报权利期间届满到人民法院作出除权判决,还有一段时间,如果利害关系人在这一段时间内向人民法院申报权利,结果仍然是出现了利害关系人,也就是说就票据权利存在有争议的双方当事人,这就从实质上否定了人民法院作出除权判决的必要条件,在这种情况下人民法院也要裁定终结公示催告程序。公示催告程序中规定60天作为申报权利期间,目的是使证券权利人不至长期不能行使权利,但这一期间并非除斥期间,只要人民法院未作出除权判决、没有裁定终结公示催告程序,利害关系人的申报就与在公告期间具有同等效力。

○ 利害关系人因正当理由不能在判决前向人民法院申报权利的，应如何保护自己的权利？

在公示催告期间和人民法院作出除权判决前没有申报权利的利害关系人，有时事实上的确享有票据权利，仅因正当耽误没有及时申报权利，这时就产生了恢复其票据权利，为他们提供法律救济的问题。另外，公示催告申请人根据除权判决行使票据权利，由于除权判决的作出，法院并非依据确凿的调查，而只是根据公示催告期间无其他人申报权利的事实而为。换句话说，除权判决是根据推定而不是调查收集的证据而作出，所以除权判决宣告票据无效，申请人有权向支付人请求支付，就可能在实质上与事实不符，真正的票据持有人可能在公告期间因故而未申报。这种推定完全可以被相反的新事实所推翻。因此《民事诉讼法》第198条规定："利害关系人因正当理由不能在判决前向人民法院申报的，自知道或者应当知道判决公告之日起一年内，可以向作出判决的人民法院起诉。"这称为"另行起诉。"所谓另行起诉，是指没有申报权利的利害关系人，不服人民法院作出的宣告票据无效的判决，而在法定期间内，向作出无效判决的人民法院提起诉讼，请求除权判决的一种诉讼行为。另行起诉可以彻底解决票据争议，及时调节法律关系，便于利害关系人行使权利。按照法律规定，另行起诉必须具备下列条件：

第一，利害关系人在公示催告期间或者除权判决前没有向人民法院申报权利。如果在判决前已申报权利，但被裁定驳回的，不能起诉。

第二，没有申报有正当理由，是事出有因、不能申报，而不是有条件申报不依法申报。有正当理由，一般是指利害关系人由于客观原因不知道发生公示催告，或者虽已知道公示催告的期间，但因不可抗力或相当的客观障碍无法如期申报。没有正当理由而起诉，人民法院不予受理。

第三，利害关系人在除权判决公告生效后知悉公告内容，认为除权判决将影响其利益而声明不服，并主张票据权利，追回申请人根据除权判决已取得的利益。

第四，起诉只能在知道或者按情理应当知道判决公告之日起一年内提出。超过此期限的，人民法院不再受理。

第五，起诉只能向作出除权判决的人民法院提出。

第六，起诉只能以申请人为被告，不能以人民法院为被告。因为另行起诉的性质，是作为单纯的票据纠纷，由利害关系人以公示催告申请人为被告而提起。

利害关系人另行起诉是因他与申请人之间的票据权利归属产生争议，而请求人民法院裁判，属于普通的民事诉讼，根据《最高人民法院关于适用〈中华人民共和国民事诉讼法〉若干问题的意见》的规定，利害关系人向人民法院起诉的，人民法院可按票据纠纷适用普通程序审理。人民法院审理这类案件，应当另行组成合议庭。如果作出不同于原除权判决的新判决，应依申请以相当方法进行公告，以便使社会公众知晓，维护票据的信用。

人民法院依法组成合议庭进行审理作出的判决，当事人可以上诉。除权判决是否应予撤销，应在判决中确定。

○ 何种情况下公示催告程序终结？

公示催告程序主要在下列情形下终结：

第一，在公示催告以前申请人撤回申请，人民法院准许的，裁定终结公示催告程序。撤回申请一般应在人民法院发出公示催告公告之前，否则公告不便处理。但申请人公示催告期间撤回申请的，人民法院可以迳行裁定终结公示催告程序。

第二，在公示催告期间或除权判决作出前，利害关系人向人民法院申报权利的，人民法院裁定终结公示催告程序。申报人或申请人起诉的，转入诉讼程序。

第三，在申报权利期间没有人申报或者申报被驳回，公示催告申请人未在申请期间届满后一个月内申请人民法院作出判决的，裁决终结公示催告程序。

第四，人民法院作出除权判决并经公告后，公示催告程序终结。

第五，支付人在收到停止支付通知前已对该票据支付的，可裁定终结公示催告程序。

第六，人民法院裁定驳回公示催告的申请的，也终结公示催告程序。

对于裁定终结的情形，要由人民法院作出裁定书，由审判员、书记员署名，加盖人民法院印章。裁定书应及时通知申请人和支付人。终结公示催告程序的裁定书没有既判力，申请人可以重新申请公示催告程序。

第十二章　审判监督程序

第一节　人民法院提起再审

○ 人民法院提起再审需具备什么条件？

人民法院是国家的审判机关，对民事案件行使审判权；如果发现法律效力的判决、裁定确有错误，就应该依法加以纠正。纠正的方法就是决定对案件再行审理。这既是人民法院行使审判权的职权，又是人民法院正确行使审判权的职责。对已经审结的案件，发现生效的判决、裁定确有错误，决定对案件再行审理，是我国审判监督制度的重要特点。

根据《民事诉讼法》第177条第1款和第2款的规定，人民法院启动再审程序需具备三个条件：

1. 人民法院对案件作出的判决、裁定或调解书已经发生法律效力

所谓已经发生法律效力的判决、裁定，是指地方各级人民法院作为第一审法院作出的依法可以上诉，而当事人未上诉的判决、裁定；作为第二审法院作出的终审判决、裁定；最高人民法院作出的判决、裁定。对一审作出的尚未发生法律效力的判决、裁定，当事人已经提出上诉的，即使一审法院发现其判决、裁定的错误所在，也

不能适用审判监督程序予以改判，只能将自己的有关意见以书面或口头方式向二审法院进行汇报。对于一审判决、裁定中的错误，只能由二审法院根据第二审程序进行纠正。

2. 认为已经发生法律效力的判决、裁定确有错误

所谓确有错误，既指认定事实上确有错误，如证据失实或有新的证据足以推翻原判决、裁定；也指在适用法律上确有错误，还包括人民法院违反法定程序，可能影响案件正确判决、裁定等。《最高人民法院关于适用〈中华人民共和国民事诉讼法〉审判监督程序若干问题的解释》第30条规定："当事人未申请再审、人民检察院未抗诉的案件，人民法院发现原判决、裁定、调解协议有损害国家利益、社会公共利益等确有错误情形的，应当依照民事诉讼法第一百七十七条的规定提起再审。"

3. 必须由有审判监督权的组织提出

具有审判监督权力的组织，是最高人民法院和地方上级人民法院。最高人民法院发现地方各级人民法院或地方上级人民法院发现下级各人民法院已审结的案件，已生效的判决、裁定或调解书确有错误，可以行使审判监督权力，决定对案件提审或指令下级人民法院再审。具有审判监督权力的公职人员是各级人民法院的院长。各级人民法院院长发现本院已经发生法律效力的判决、裁定和调解书确有错误，需要再审的，可以行使审判监督权力，履行审判监督职责，提交审判委员会讨论决定。决定再审的案件，适用审判监督程序。

○ 发现本院作出的生效裁判有错误的，应如何处理？

《民事诉讼法》第177条第1款规定："各级人民法院院长对本院已经发生法律效力的判决、裁定，发现确有错误，认为需要再审的，应当提交审判委员会讨论决定。"因此，各级人民法院院长，发

现本院作出的已生效的裁判、调解书确有错误，需要再审的，可提起再审的程序。人民法院院长发现本院的生效裁判、调解书有错误，首先，由院长提交本院审判委员会讨论；其次，由审判委员会讨论决定是否再审；第三，由审判委员会作出准予或不准予再审的裁定书；第四，根据准予再审的裁定，开始审判监督程序。由此可见，对本院错案提起再审的程序，是由有审判监督权的院长和审判委员会，而不是院长个人，这是社会主义民主与法制在审判监督程序中的体现。

○ 最高人民法院如何提起再审？

根据《民事诉讼法》第177条第2款规定："最高人民法院对地方各级人民法院已经发生法律效力的判决、裁定，上级人民法院对下级人民法院已经发生法律效力的判决、裁定，发现确有错误的，有权提审或者指令下级人民法院再审。"最高人民法院是国家的最高审判机关，对地方各级人民法院的审判工作，享有审判监督的职能。无论通过何种渠道，只要发现地方各级人民法院已生效的裁判、调解书确有错误，即可行使审判监督的权力，作出再审裁定。最高人民法院提起再审的方式有两种，一是提审，即将下级人民法院审结的案件提到本院自己审判。二是指令各级人民法院再审。在裁定再审中，应写明中止原判决、裁定的执行；情况紧急的，可以将中止执行的裁定口头通知负责执行的人民法院，但应在口头通知后10日内发出裁定书。最高人民法院认为再审案件影响重大，决定提审的，有权调取再审案件的全部案卷材料进行再审。

○ 上级人民法院如何提起再审？

地方的上级人民法院对下级人民法院的审判监督职能表现在两个方面，一是通过审理上诉案件对下级人民法院的审判进行监督；二是通过对已经裁判、调解的案件的再审监督，即事后监督。地方上级人民法院发现下级人民法院的生效法律文书有错误，根据《民事诉讼法》第177条第2款的规定，有权提审或者指令下级人民法院再审。决定提审或者指令再审的，应由上级人民法院作出再审裁定，由提审或指令再审的人民法院，依据裁定开始再审程序。指令再审是最高人民法院和上级人民法院对下级人民法院的审判监督职能的重要体现。指令就是命令，下级法院必须接受命令，不得违抗。有关下级人民法院收到指令后，应当及时地作出裁定，中止原判决的执行，另行组成合议庭，对案件进行再审。上级人民法院决定提审，须遵循如下程序：第一，经慎重研究后作出提审的决定，并将此决定及时通知审结案件的原审法院；第二，在作出提审决定后，应发布对案件进行再审的裁定，并及时通知案件的有关当事人；第三，按照《民事诉讼法》关于第二审程序的规定，依法组成合议庭，对案件予以审理。

○ 发回重审、指令再审有无次数限制？

《最高人民法院关于人民法院对民事案件发回重审和指令再审有关问题的规定》对民事案件发回重审、提令再审的次数作了规定。

第一，第二审人民法院根据《民事诉讼法》第153条第1款第3项的规定将案件发回原审人民法院重审的，对同一案件，只能发回重审一次。第一审人民法院重审后，第二审人民法院认为原判决认定事实仍有错误，或者原判决认定事实不清、证据不足的，应当查清事实后依法改判。

第二，各级人民法院依照《民事诉讼法》第177条第1款的规定对同一案件进行再审的，只能再审一次。

上级人民法院根据《民事诉讼法》第177条第2款的规定指令下级人民法院再审的，只能指令再审一次。上级人民法院认为下级人民法院作出的发生法律效力的再审判决、裁定需要再次进行再审的，上级人民法院应当依法提审。

上级人民法院因下级人民法院违反法定程序而指令再审的，不受上述规定的限制。

第三，同一人民法院根据《民事诉讼法》第178条的规定，对同一案件只能依照审判监督程序审理一次。

上述“依照审判监督程序审理一次”不包括人民法院对当事人的再审申请审查后用通知书驳回的情形。

第二节　当事人申请再审

○ 当事人申请再审与申诉有何不同？

当事人申请再审，是指当事人认为已经发生法律效力的裁判、调解书有错误，请求人民法院进行再审，予以撤销、改正的诉讼行为。可见，申请再审是民事诉讼法赋予当事人的一项诉讼权利，依法行使这一诉讼行为，便可引起再审程序的开始。

当事人申请再审是《民事诉讼法》设立的一种新制度，是民事诉讼法试行中的申诉制度的发展与完善。当事人申请再审与申诉二者并不相同，其主要区别表现在：

第一，当事人申请再审，只能向原审人民法院及其上一级人民法院提出，而提出申诉的不受法院限制。

第二，当事人申请再审的生效判决、裁定和调解书受限制，而当事人对生效判决、裁定和调解书的申诉是无限的。

第三，当事人申请再审的时间有限，而当事人申诉的时间是无限的。

第四，当事人申请再审有严格的法定条件，而当事人申诉无任何条件、次数的限制。

第五，当事人申请再审是一项诉讼权利，依法定条件和程序行使，即可引起再审程序，而当事人申诉是公民、法人和其他组织依宪法享有的一项民主权利在民事诉讼法中的表现。

○ 当事人申请再审应具备什么条件？

根据《民事诉讼法》第178条的规定，当事人申请再审必须具备以下五个条件：

1. 申请再审的主体是依法享有申请再审权利的公民、法人和其他组织

有权提出申请再审的，只能是原审中的当事人，即原审中的原告、被告、有独立请求权的第三人和判决其承担义务的无独立请求权的第三人以及上诉人和被上诉人。公民、法人和其他组织作为民事诉讼当事人，均享有申请再审的权利，即认为生效裁判、调解书有错误，均可申请再审。法定代表人可以代表法人作为当事人提出再审申请，法定代理人可以代理无民事行为能力、限制民事行为能力的当事人提出再审申请。

2. 申请再审的对象，必须是生效的判决、裁定、调解书

生效的判决、裁定、调解书指最高人民法院的判决、裁定和调解书，以及依法不准上诉或者超过上诉期没有上诉的判决、裁定。准予申请再审的判决、裁定和调解书是适用第一、二审程序作出的生效判决、调解书及不予受理、对管辖权有异议的、驳回起诉的裁定。对依法规定不准上诉的判决、裁定，也不予申请再审；解除婚姻关系的判决，不得申请再审。但是，对解除婚姻关系判决中已分割的财产申请再审的，是准许的。此外，对人民法院撤销仲裁裁决以及不予执行仲裁裁决的裁定当事人均不能申请再审。

3. 申请人认为生效的判决、裁定、调解书有错误

根据《民事诉讼法》第179条、第182条之规定，生效的判决、裁定和调解书有错误，是指以下情形：（1）有新的证据，足以推翻

原判决、裁定的；(2) 原判决、裁定认定的基本事实缺乏证据证明的；(3) 原判决、裁定认定事实的主要证据是伪造的；(4) 原判决、裁定认定事实的主要证据未经质证的；(5) 对审理案件需要的证据，当事人因客观原因不能自行收集，书面申请人民法院调查收集，人民法院未调查收集的；(6) 原判决、裁定适用法律确有错误的；(7) 违反法律规定，管辖错误的；(8) 审判组织的组成不合法或者依法应当回避的审判人员没有回避的；(9) 无诉讼行为能力人未经法定代理人代为诉讼或者应当参加诉讼的当事人，因不能归责于本人或者其诉讼代理人的事由，未参加诉讼的；(10) 违反法律规定，剥夺当事人辩论权利的；(11) 未经传票传唤，缺席判决的；(12) 原判决、裁定遗漏或者超出诉讼请求的；(13) 据以作出原判决、裁定的法律文书被撤销或者变更的。(14) 对违反法定程序可能影响案件正确判决、裁定的情形，或者审判人员在审理该案件时有贪污受贿，徇私舞弊，枉法裁判行为的，人民法院应当再审。(15) 当事人对已经发生法律效力的调解书，提出证据证明调解违反自愿原则或者调解协议的内容违反法律的，可以申请再审。

4. 在法定期限内申请再审

根据《民事诉讼法》第184条的规定，当事人申请再审，应当在判决、裁定发生法律效力后2年内提出；2年后据以作出原判决、裁定的法律文书被撤销或者变更，以及发现审判人员在审理该案件时有贪污受贿，徇私舞弊，枉法裁判行为的，自知道或者应当知道之日起3个月内提出。《最高人民法院关于适用〈中华人民共和国民事诉讼法〉审判监督程序若干问题的解释》第5条规定："案外人对原判决、裁定、调解书确定的执行标的物主张权利，且无法提起新的诉讼解决争议的，可以在判决、裁定、调解书发生法律效力后二年内，或者自知道或应当知道利益被损害之日起三个月内，向作出原判决、裁定、调解书的人民法院的上一级人民法院申请再审。在执行过程中，案外人对执行标的提出书面异议的，按照民事诉讼法第二百零四条的规定处理。"

5．向有管辖权的人民法院提出申请

当事人对已经发生法律效力的判决、裁定，认为有错误的，可以向上一级人民法院申请再审，但不停止判决、裁定的执行。由此可以看出，再审案件的管辖法院是负有审判监督职能的上一级人民法院。

根据《最高人民法院关于受理审查民事申请再审案件的若干意见》（法发〔2009〕26号）的规定，申请再审人向原审法院申请再审的，原审法院应针对申请再审事由并结合原裁判理由作好释明工作。申请再审人坚持申请再审的，告知其可以向上一级法院提出。申请再审人越级申请再审的，有关上级法院应告知其向原审法院的上一级法院提出。

○ 对于当事人的再审申请人民法院在什么情况下应当再审？

当事人申请再审要具备法定的理由，也只有符合申请再审的理由，人民法院才可能进行再审。根据《民事诉讼法》第179条的规定，当事人申请再审的理由有：

1．有新的证据，足以推翻原判决、裁定的

这里强调的是“新的证据”“足以推翻原判决、裁定”，如果没有新的证据，或者虽有新的证据但不足以推翻原判决、裁定的，就不能引起对案件的再审。如某建筑公司诉张某内部工程结算一案，二审法院依据张某提供的以市场价购买钢材的购货发票，判令建筑公司付给张某工程款八万元。建筑公司不服终审判决，即持该工程为计划内建设项目有关批文及张某从发包方领取计划内钢材的原始凭证向原审法院申请再审。经院长提交审判委员会讨论，认为建筑公司有新的证据，足以推翻原判决，即决定提起再审。

《最高人民法院关于适用〈中华人民共和国民事诉讼法〉审判监督程序若干问题的解释》第10条规定：“申请再审人提交下列证据之

一的，人民法院可以认定为民事诉讼法第一百七十九条第一款第（一）项规定的‘新的证据’：（一）原审庭审结束前已客观存在庭审结束后新发现的证据；（二）原审庭审结束前已经发现，但因客观原因无法取得或在规定的期限内不能提供的证据；（三）原审庭审结束后原作出鉴定结论、勘验笔录者重新鉴定、勘验，推翻原结论的证据。当事人在原审中提供的主要证据，原审未予质证、认证，但足以推翻原判决、裁定的，应当视为新的证据。”

《最高人民法院关于规范人民法院再审立案的若干意见（试行）》将本项理由进一步表述为“有再审申请人以前不知道或举证不能的证据，可能推翻原裁判的”。

2. 原判决、裁定认定的基本事实缺乏证据证明的

人民法院认定案件的事实要有充分的证据。有些事实的认定，往往不只是一、两个证据，在这些证据中，可能有直接证据，也有间接证据；有原始证据，也有传来证据，但其中又有主、次之分。主要证据是对案件事实肯定或者否定的证据，次要证据则是认定案件事实的辅助证据。如果认定的基本事实缺乏证据证明，说明认定的案件事实不清甚至是错误的，就应当依法进行再审。如果只是某个次要证据不足或者认定某个枝节问题上的证据不足，就不能对案件进行再审。

《最高人民法院关于适用〈中华人民共和国民事诉讼法〉审判监督程序若干问题的解释》第11条规定：“对原判决、裁定的结果有实质影响、用以确定当事人主体资格、案件性质、具体权利义务和民事责任等主要内容所依据的事实，人民法院应当认定为民事诉讼法第一百七十九条第一款第（二）项规定的‘基本事实’。”

“基本事实缺乏证据证明”中的“事实”，已不是自然事实，而是经人民法院依照诉讼程序依法审理，运用诉讼中查实的证据在裁判文书中认定的法律事实，这样的事实是完全靠证据来认定的。

3. 原判决、裁定认定事实的主要证据是伪造的

法院对争议中的案件事实必须通过证据来认定，如果主要证据

本身存在重大问题，裁判将失去基础。因此，判决生效后当事人如发现并能提出主要证据表明作为裁判基础的证据不真实，如证据是伪造或变造，鉴定人作了错误的鉴定或者对鉴定结论作了虚假的陈述，证人作了伪证等，自然构成再审的充分理由。当然，当事人以本项理由申请再审时应提供一定的证据材料，法院对证据材料应作形式审查，只要有相关的证据材料，就应当再审。

4. 原判决、裁定认定事实的主要证据未经质证的

判决裁定的作出仰赖于对事实的认定，而在民事诉讼中，对事实的认定则依据对证据的审查、判断，如果认定事实的主要证据未经质证，则说明原判决、裁定所依据的证据是值得怀疑的，因此，可以作为再审的理由。

5. 对审理案件需要的证据，当事人因客观原因不能自行收集，书面申请人民法院调查收集，人民法院未调查收集的

本项是本次民事诉讼法修改新增加的内容。《最高人民法院关于适用〈中华人民共和国民事诉讼法〉审判监督程序若干问题的解释》第12条规定："民事诉讼法第一百七十九条第一款第（五）项规定的'对审理案件需要的证据'，是指人民法院认定案件基本事实所必须的证据。"

6. 原判决、裁定适用法律确有错误的

这里所说的适用法律确有错误，指的是适用实体法确有错误。适用实体法有错误，案件的处理就必然有错误。因此，当事人申请再审的，人民法院应当再审。如王××等诉某建筑工程队建私房合同纠纷一案，二审法院以王××等人未到当地定额管理站办理有关手续及未提供图纸等为理由，引用《建筑安装工程承包合同条例》和合同法的有关规定，而确认建房合同无效并判令王××等人以定额价支付建房费。王××等人以原判适用法律错误为由向原审人民法院的上一级人民法院申请再审，该院依法指令原审人民法院再审。

在实际执行时，这一项弹性比较大，可能比较难以掌握。但必须是适用法律确有错误，所谓"确有错误"，应当理解为违反法律禁

止性的规定。

《最高人民法院关于适用〈中华人民共和国民事诉讼法〉审判监督程序若干问题的解释》第13条规定："原判决、裁定适用法律、法规或司法解释有下列情形之一的，人民法院应当认定为民事诉讼法第一百七十九条第一款第（六）项规定的'适用法律确有错误'：(一)适用的法律与案件性质明显不符的；(二)确定民事责任明显违背当事人约定或者法律规定的；(三)适用已经失效或尚未施行的法律的；(四）违反法律溯及力规定的；(五）违反法律适用规则的；(六）明显违背立法本意的。"

根据《最高人民法院关于规范人民法院再审立案的若干意见(试行)》的规定，引用法律条文错误或者适用失效、尚未生效法律的、违反法律关于溯及力规定的，人民法院应当裁定再审。

7. 违反法律规定，管辖错误的

本项是本次民事诉讼法修改新增加的内容。

管辖权是人民法院行使审判权的前提，没有管辖权，也无审判权，因此无管辖权法院作出的发生法律效力的判决、裁定可以再审。《最高人民法院关于适用〈中华人民共和国民事诉讼法〉审判监督程序若干问题的解释》第14条规定："违反专属管辖、专门管辖规定以及其他严重违法行使管辖权的，人民法院应当认定为民事诉讼法第一百七十九条第一款第（七）项规定的'管辖错误'。"

8. 审判组织的组成不合法或者依法应当回避的审判人员没有回避的

本项是本次民事诉讼法修改新增加的内容。

根据本法的规定，一审普通程序由审判员、陪审员组成合议庭或者由审判员组成合议庭，合议庭的组成人员必须是单数。人民法院审理第二审民事案件由审判员组成合议庭。如果合议庭的组成不符合上述规定，即应再审。

9. 无诉讼行为能力人未经法定代理人代为诉讼或者应当参加诉讼的当事人，因不能归责于本人或者其诉讼代理人的事由，未参

加诉讼的

本项是本次民事诉讼法修改新增加的内容。

根据本法的规定，无诉讼行为能力人由他的监护人作为法定代理人代为诉讼。如果某一案件的当事人是无诉讼行为能力人，法官在未查明的情况下没有通知他的法定代理人进行代理就进行了审理，在该案生效以后，该无诉讼行为能力的当事人的法定代理人有权申请对该案进行再审，人民法院在审查过程中查明属实的，应当裁定对该案进行再审。

10．违反法律规定，剥夺当事人辩论权利的

本项是本次民事诉讼法修改新增加的内容。

辩论原则是我国民事诉讼的基本原则，本法即是以当事人辩论主义构建起来的，剥夺了当事人的辩论权利将直接导致再审。《最高人民法院关于适用〈中华人民共和国民事诉讼法〉审判监督程序若干问题的解释》第15条规定："原审开庭过程中审判人员不允许当事人行使辩论权利，或者以不送达起诉状副本或上诉状副本等其他方式，致使当事人无法行使辩论权利的，人民法院应当认定为民事诉讼法第一百七十九条第一款第（十）项规定的'剥夺当事人辩论权利'。但依法缺席审理，依法径行判决、裁定的除外。"

11．未经传票传唤，缺席判决的

本项是本次民事诉讼法修改新增加的内容。

根据本法的规定，人民法院审理民事案件，应当在开庭3日前通知当事人和其他诉讼参与人。如果在第一审普通程序和第二审程序中，人民法院没有在开庭前3日通知当事人参加庭审，特别是未以传票的形式通知被告出庭应诉，就作出了缺席判决，则被告可以申请对此案进行再审，接受再审申请的人民法院在审查以后，查证属实的，应当裁定进行再审。

12．原判决、裁定遗漏或者超出诉讼请求的

本项是本次民事诉讼法修改新增加的内容。

13．据以作出原判决、裁定的法律文书被撤销或者变更的

本项是木次民事诉讼法修改新增加的内容。《最高人民法院关于适用〈中华人民共和国民事诉讼法〉审判监督程序若干问题的解释》第16条规定:“原判决、裁定对基本事实和案件性质的认定系根据其他法律文书作出，而上述其他法律文书被撤销或变更的，人民法院可以认定为民事诉讼法第一百七十九条第一款第（十三）项规定的情形。”

14. 违反法定程序可能影响案件正确判决、裁定的情形

根据《最高人民法院关于适用〈中华人民共和国民事诉讼法〉审判监督程序若干问题的解释》的规定,《民事诉讼法》第179条第2款规定的“违反法定程序可能影响案件正确判决、裁定的情形”，是指除《民事诉讼法》第179条第1款第（4）项以及第（7）项至第(12)项之外的其他违反法定程序，可能导致案件裁判结果错误的情形。

15. 审判人员在审理该案件时有贪污受贿、徇私舞弊、枉法裁判行为的

根据《最高人民法院关于适用〈中华人民共和国民事诉讼法〉审判监督程序若干问题的解释》的规定,《民事诉讼法》第179条第2款规定的“审判人员在审理该案件时有贪污受贿，徇私舞弊，枉法裁判行为”,是指该行为已经相关刑事法律文书或者纪律处分决定确认的情形。实践证明，廉洁是公正办案的必要前提，审判人员只有廉洁，案件才能公正处理，贪赃必然枉法。审判人员在处理该案件时如果收受了当事人或其诉讼代理人的贿赂，不论这个案件办得正确与否，只要当事人申请再审，人民法院就应当再审。但应当指出的是：审判人员贪污受贿、徇私舞弊、枉法裁判的行为应是发生在审理该案件的时候，而不是发生在审理其他案件当中。若审判人员在审理其他案件时有上述行为，该追究什么责任追究什么责任，不应以此作为申请再审的条件。同时，还应当指出的是，“贪污受贿、徇私舞弊、枉法裁判”的依据和标准，只是一个原则性的规定。我们认为，审判人员是否有上述行为，应以检察机关或有关纪检部门的

处理结果为标准，而不应以当事人的单方反映为依据。审判实践中，不少当事人在再审申请中都特别强调对方当事人如何给审判人员行贿，审判人员如何贪赃枉法等，但又提不出什么证据。对此，对当事人提出的这个问题可以告知其向检察机关或纪检部门反映或控告，如果其再审申请又不符合法律规定的其他条件的，应当依法驳回。只有当事人提供审判人员有上述行为的确切依据的情况下，如纪检部门做出的处理决定等，人民法院才应再审。

上述理由不是必须同时具备的，只要符合其中的一个，人民法院即应当再审。

○ 当事人申请再审后产生什么法律效力？

申请再审是当事人的诉讼行为，产生以下的法律后果：

第一，当事人申请再审的诉讼时效中断。因申请再审的诉讼时效是2年，并且是不可改变时效，所以，自申请再审之次日起，至再审终了时为中断时间，不应计算在2年之内。

第二，当事人申请再审期间，原生效判决、裁定和调解书不停止执行。因为申请再审是当事人一方的诉讼行为，是否再审，仍处未卜阶段，所以不能停止原裁判、调解书的执行；如果将来的再审裁判、调解书否定了原生效的裁判、调解书时，还可以依生效的再审裁判、调解书强制执行回转。

第三，经人民法院审查，认为再审申请符合法定条件，予以立案的，应作出再审裁定，中止原判决的执行，并及时通知双方当事人；由上一级人民法院受理再审申请的，即取得了指令下级人民法院再审和提审的权利。

○ 对调解协议申请再审应具备什么条件？

调解书虽然与判决书具有同等的法律效力，但调解书是在双方当事人自愿的原则下达成的协议。自愿、合法这是法院调解的两条基本原则。按法理说，对调解书不应当发生申请再审的问题。但在审判实践中，确有调解违反自愿原则，调解协议的内容违反法律的，因此，在这两种情况下，当事人可以申请再审。根据《民事诉讼法》第182条规定，对调解书申请再审的根据有二：

1. 调解违反自愿原则

自愿是调解的前提。人民法院审理民事案件，只能根据当事人自愿的原则，在事实清楚的基础上，分清是非，进行调解。如果当事人一方或双方不愿意调解或者调解达不成协议，法院就不能强迫调解，否则，就违背了当事人的意愿，也不符合法律的规定。因此，如果一方当事人提出证据，证明调解并非出于自己的意愿，即可申请再审。

2. 调解协议的内容违反了法律的规定

法院的调解除了遵循当事人自愿的原则之外，还必须合乎法律的要求。所谓合乎法律的要求，一是强调调解活动必须合法进行，二是强调调解协议的内容要符合法律的规定，当事人必须在法律规定的范围内处分其民事权利和诉讼权利，不得损害国家、集体或者其他人的合法权益。

这里必须注意到，对已经发生法律效力的调解书，与对已经发生法律效力的判决、裁定，申请再审的条件是不同的。对调解书当事人申请再审，不需要适用对判决、裁定申请再审条件的规定。调解书是否确实违反了自愿原则，或者调解协议的内容是否确实违反了法律，当事人应当提出证据证明，人民法院应当进行审查，只有查证属实的，才能引起再审程序的发生。如果认为原调解书符合自愿原则和合法原则的，应确认原调解书有效，同时驳回当事人的再审申请。

○ 对调解书申请再审应在什么期限内提出？

根据《最高人民法院关于适用〈中华人民共和国民事诉讼法〉若干问题的意见》第204条之规定，当事人对已经发生法律效力的调解书申请再审，适用《民事诉讼法》第184条规定，即调解书发生法律效力后2年内提出。因为既然调解书与判决书具有同等的法律效力，对错误的调解书的纠正与对错误裁判的纠正又适用同样的审判救济程序，所以，没有必要另就调解结案的案件的申请再审时效作出特殊规定。“二年”是当事人申请再审的期间，也是提出申请的期限。“二年”为不变期间，所谓不变期间，又称法定期间，是由法律规定的诉讼必须遵守的时间，除法律另有规定以外，人民法院、当事人和其他诉讼参与人均不得变更这一期间。“二年”是从判决、裁定发生法律效力的次日起算，不适用民法通则关于诉讼时效中止、中断和延长的决定。

○ 哪些案件当事人不得申请再审？

根据《最高人民法院关于适用〈中华人民共和国民事诉讼法〉若干问题的意见》的规定，下列案件当事人不得申请再审：（1）按照督促程序审理的案件。（2）按照公示催告程序审理的案件。（3）按照企业法人破产还债程序审理的案件。（4）依照审判监督程序审理后维持原判的案件。

○ 对已生效解除婚姻关系的判决，当事人是否可以申请再审？

婚姻关系是一种身份关系。解除婚姻关系的判决就是准予离婚的判决。对当事人双方感情确已破裂、无法挽救的，人民法院应当调解离婚或判决离婚。当婚姻关系解除之后，当事人双方之间的夫妻身份关系便不再存在。根据我国《民事诉讼法》第183条规定，当事人对已经发生法律效力的解除婚姻关系的判决，不得申请再审。其理由在于，在解除婚姻关系的判决发生法律效力后，当事人双方之间的婚姻关系便宣告结束，当事人一方或双方都有可能与他人另行结婚，建立新的合法的婚姻关系。在一方当事人已经重新结婚的情况下，如果允许对方当事人申请再审，即使人民法院认为原判决解除婚姻关系确有错误，不应判离的离了，人民法院撤销原判决，不仅不能使当事人双方的婚姻关系自然恢复，而且还会造成再审判决与现实婚姻状况之间的新的矛盾。在双方当事人均未另行结婚的情况下，人民法院如果根据一方当事人的申请对案件进行再审，作出新的判决，撤销原判决，则没有必要。因为，如果当事人之间的感情确实没有破裂，双方仍愿意和好，那么他们完全可以到当地婚姻登记机关登记复婚。

在审判实践中，解除婚姻关系的判决生效后，当事人一方要求变更子女抚养关系的，也不得对离婚案件申请再审，而应当另行提起变更子女抚养关系的诉讼，由人民法院按普通程序进行审理。

○ 对人民法院撤销仲裁裁决以及不予执行仲裁裁决的裁定，当事人是否可以申请再审？

根据《仲裁法》第9条规定的精神，当事人对人民法院撤销仲裁裁决的裁定不服申请再审的，以及当事人对人民法院不予执行仲裁裁决的裁定不服申请再审的，人民法院均不予受理。

第二节　人民检察院提起抗诉

○ 对哪些裁判，人民检察院不能提起抗诉？

根据最高人民法院有关司法解释规定，下列裁判，人民检察院不得提出抗诉。

1. 人民法院的判决、裁定在《民事诉讼法》和《行政诉讼法》公布施行前已经发生法律效力的案件

这类案件，由于在人民法院作出发生法律效力的判决、裁定时，法律还没有关于抗诉的规定，基于法律不能溯及既往的原则，不适用抗诉。

2. 人民法院已经裁定再审的案件

依照法律规定，人民法院的再审既可以因检察院抗诉而提起，也可以由人民法院依职权而提起，在民事诉讼中，还可以由申请再审而提起。无论因哪一种途径提起再审，再审的目的都是为了纠正错误的审判，维护审判的合法、公正。因此，在人民法院已经裁定再审的情况下，再由检察院提出抗诉，就失去了意义。相应地，对人民检察院已经抗诉的案件，人民法院也无需依职权提起再审。

3. 人民法院判决解除婚姻关系或收养关系的案件

因为人身关系解除后，当事人即可重新建立人身关系；对解除人身关系的判决再进行抗诉，提请人民法院改判已不可能。

4. 未决案的先予执行裁定

人民检察院只能对人民法院已经发生法律效力的判决、裁定按照审判监督程序提出抗诉。人民法院对其抗诉亦应当按照审判监督程序进行再审。这种监督是案件终结后的“事后监督。”因此，对于人民法院在案件审理过程中作出的先予执行的裁定，因案件尚未审

结，不涉及再审，人民检察院提出抗诉，于法无据。如人民检察院坚持抗诉，人民法院应以书面通知形式将抗诉书退回提出抗诉的人民检察院。

5. 诉前保全裁定

人民检察院对人民法院作出的诉前保全裁定提出抗诉，没有法律依据，因此，人民检察院不能对此裁定提出抗诉，否则人民法院不予受理。

6. 对执行程序中的裁定不能提出抗诉

人民法院为了保证已发生法律效力的判决、裁定或者其他法律文书的执行而在执行程序中作出的裁定，不属于抗诉的范围。因此，人民检察院针对人民法院在执行程序中作出的查封财产裁定提出抗诉，于法无据。

7. 人民检察院提出抗诉按照审判监督程序再审维持原裁判的民事案件，人民检察院不得再次提出抗诉

上级人民检察院对下级人民法院已经发生法律效力的民事、经济、行政案件提出抗诉的，无论是同级人民法院再审还是指令下级人民法院再审，凡作出维持原裁判的判决、裁定后，原提出抗诉的人民检察院不得再次提出抗诉，否则人民法院不予受理；原提出抗诉的人民检察院的上级人民检察院提出抗诉的，人民法院应当受理。

8. 人民检察院不得单独就诉讼费负担裁定提出抗诉

9. 人民检察院对民事调解书不能提出抗诉

由于《民事诉讼法》只规定人民检察院可以对人民法院已经发生法律效力的判决、裁定提出抗诉，没有规定人民检察院可以对调解书提出抗诉，因此，人民检察院不能对调解书提出抗诉。

10. 人民检察院不能对撤销或者不撤销仲裁裁决的民事裁定提起抗诉

检察机关对发生法律效力的撤销或者不撤销仲裁裁决的民事裁定提起抗诉，没有法律依据，人民法院不予受理。依照《仲裁法》第9条的规定，仲裁裁决被人民法院依法撤销后，当事人可以重新达成

仲裁协议申请仲裁，也可以向人民法院提起诉讼。

11. 在破产程序中债权人优先受偿的裁定人民检察院不能抗诉

因为在破产程序中，债权人根据人民法院已发生法律效力的用抵押物偿还债权人本金及利息的判决书或调解书行使优先权时，受理破产案件的人民法院不能以任何方式改变已生效的判决书或调解书的内容，也不需要用裁定书加以认可。如果债权人据以行使优先权的生效法律文书确有错误，应由作出判决或调解的人民法院或其上级人民法院按照审判监督程序进行再审。如果审理破产案件的人民法院用裁定的方式变更了生效的法律文书的内容，人民法院应当依法予以纠正。但当事人不能对此裁定申请再审，亦不涉及人民检察院抗诉的问题，对于人民检察院坚持抗诉的，人民法院应通知不予受理。

○ 人民检察院抗诉应当具备什么理由？

根据《民事诉讼法》第187条的规定，最高人民检察院对各级人民法院已经发生法律效力的判决、裁定，上级人民检察院对下级人民法院已经发生法律效力的判决、裁定，发现有《民事诉讼法》第179条规定情形之一的，应当提出抗诉。地方各级人民检察院对同级人民法院已经发生法律效力的判决、裁定，发现有《民事诉讼法》第179条规定情形之一的，应当提请上级人民检察院向同级人民法院提出抗诉。

《民事诉讼法》第179条规定："当事人的申请符合下列情形之一的，人民法院应当再审：（一）有新的证据，足以推翻原判决、裁定的；（二）原判决、裁定认定的基本事实缺乏证据证明的；（三）原判决、裁定认定事实的主要证据是伪造的；（四）原判决、裁定认定事实的主要证据未经质证的；（五）对审理案件需要的证据，当事人因客观原因不能自行收集，书面申请人民法院调查收集，人民法院未调查收集的；（六）原判决、裁定适用法律确有错误的；（七）违反法律规定，管辖错误的；（八）审判组织的组成不合法或者依法应当回避的审判人员没有回避的；（九）无诉讼行为能力人未经法定代理人代为诉讼或者应当参加诉讼的当事人，因不能归责于本人或者其诉讼代理人的事由，未参加诉讼的；（十）违反法律规定，剥夺当事人辩论权利的；（十一）未经传票传唤，缺席判决的；（十二）原判决、裁定遗漏或者超出诉讼请求的；（十三）据以作出原判决、裁定的法律文书被撤销或者变更的。对违反法定程序可能影响案件正确判决、裁定的情形，或者审判人员在审理该案件时有贪污受贿，徇私舞弊，枉法裁判行为的，人民法院应当再审。

○ 哪些人民检察院有抗诉权？

抗诉是人民检察院监督民事审判活动的权力，但并不是各级人民检察院都可享有。根据《民事诉讼法》第187条第1款和第2款的规定，享有抗诉权力的人民检察院是最高人民检察院和作出生效裁判的人民法院的上级人民检察院。最高人民检察院对各级人民法院已经发生法律效力的判决、裁定，认为确有错误，可以向人民法院提出抗诉，这里的各级人民法院，既包括最高人民法院，也包括地方各级人民法院。最高人民检察院和最高人民法院是同一级别的，因最高人民检察院是我国最高的检察机关，所以，最高人民法院的生效法律文书确有错误，只能由最高人民检察院提出抗诉。

上级人民检察院对下级人民法院已经发生法律效力的判决、裁定提出抗诉。上级人民检察院对下级人民法院已经发生法律效力的判决、裁定，认为确有错误，可以向人民法院提出抗诉。地方各级人民检察院对同级人民法院已经发生法律效力的判决、裁定，发现确有错误，不能向同级人民法院直接提出抗诉，只能报请上级人民检察院依法定程序提出抗诉。上级人民检察院指除县、市、自治县和市辖区人民检察院以外的各级人民检察院，而且是同一地区有直接审级关系的上级人民检察院。具体讲依法享有抗诉权的仅指最高人民检察院、省、自治区、直辖市人民检察院及其分院和自治州、省辖市人民检察院。基层人民检察院不享有直接抗诉的权力，仅享有报请上一级人民检察院抗诉的权力。

○ 人民检察院从哪些途径发现民事裁判的错误?

人民检察院受理的民事案件，主要有以下来源：(1) 当事人或者其他利害关系人申诉的；(2) 国家权力机关或者其他机关转办的；(3) 上级人民检察院交办的；(4) 人民检察院自行发现的。

人民检察院控告申诉检察部门受理民事申诉案件。当事人向人民检察院提出申诉，应当提交申诉书、人民法院生效的裁判文书，以及证明其申诉主张的证据材料。

对民事申诉案件，人民检察院控告申诉检察部门应当自受理之日起7日内分别情况作出处理：(1)不服同级或者下一级人民法院生效民事、行政判决、裁定的，移送本院民事行政检察部门审查处理；(2) 下级人民检察院有抗诉权的，转下级人民检察院审查处理；(3) 依法属于人民法院或者其他机关主管范围的，移送人民法院或者其他机关处理。

下级人民检察院有抗诉权的案件，上级人民检察院认为案情复杂或者在本辖区有重大影响的，可以直接受理。

○ 在哪些情况下人民检察院不提出抗诉?

对于审查终结的案件，人民检察院应当分别情况作出决定：(1) 原判决、裁定符合法律规定的抗诉条件的，向人民法院提出抗诉；(2) 原判决、裁定不符合法律规定的抗诉条件的，作出不抗诉决定；(3) 符合检察建议条件且确有必要的，向人民法院或者有关单位提出检察建议。

有下列情形之一的，人民检察院应当作出不抗诉决定：(1) 申诉人在原审过程中未尽举证责任的；(2) 现有证据不足以证明原判决、裁定存在错误或者违法的；(3) 足以推翻原判决、裁定的证据属于当事人在诉讼中未提供的新证据的；(4) 原判决、裁定认定事实或者适用法律确有错误，但处理结果对国家利益、社会公共利益和当事人权利义务影响不大的；(5) 原审违反法定程序，但未影响案件正确判决、裁定的；(6) 不符合法律规定的抗诉条件的其他情形。

人民检察院决定不抗诉的案件，应当分别情况作出处理：(1) 直接受理的民事、行政案件，应当制作《不抗诉决定书》，通知当事人；(2) 下级人民检察院提请抗诉的案件，应当制作《不抗诉决定书》，送达提请抗诉的人民检察院。提请抗诉的人民检察院接到《不抗诉决定书》以后，应当通知当事人。

○ 人民检察院如何提出抗诉？

地方各级人民检察院对同级人民法院已经发生法律效力的判决、裁定，经审查认为符合抗诉条件的，应当提请上一级人民检察院抗诉。人民检察院提请抗诉，应当制作《提请抗诉报告书》，并将审判卷宗、检察卷宗报上级人民检察院。《提请抗诉报告书》应当载明：案件来源、当事人基本情况、基本案情、诉讼过程、当事人申诉理由、提请抗诉理由及法律依据。对下级人民检察院提请抗诉的案件，上级人民检察院应当在3个月内审查终结，并依法作出抗诉或者不抗诉决定。需要延长审查期限的，由检察长批准。

人民检察院提出抗诉，由检察长批准或者检察委员会决定。

抗诉应当由有抗诉权的人民检察院向同级人民法院提出。人民检察院决定抗诉的案件，应当制作《抗诉书》。《抗诉书》应当载明：案件来源、基本案情、人民法院审理情况及抗诉理由。《抗诉书》由检察长签发，加盖人民检察院印章。

抗诉书副本应当送达当事人，并报送上一级人民检察院。

人民检察院发现本院抗诉不当的，应当由检察长或者检察委员会决定撤回抗诉。

○ 人民检察院是否可以撤回抗诉？

人民检察院决定撤回抗诉，应当制作《撤回抗诉决定书》，送达同级人民法院，通知当事人，并报送上一级人民检察院。

上级人民检察院发现下级人民检察院抗诉不当的，有权撤销下级人民检察院的抗诉决定。下级人民检察院接到上级人民检察院的《撤销抗诉决定书》，应当制作《撤回抗诉决定书》，送达同级人民法院，通知当事人，并报送上一级人民检察院。

○ 对人民检察院提出抗诉的案件，人民法院是否必须再审？

《民事诉讼法》第188条规定："人民检察院提出抗诉的案件，接受抗诉的人民法院应当自收到抗诉书之日起三十日内作出再审的裁定；有本法第一百七十九条第一款第（一）项至第（五）项规定情形之一的，可以交下一级人民法院再审。"与当事人的再审申请不同，对人民检察院依法提起抗诉的案件，人民法院必须进行再审，不存在驳回的问题。法律关于抗诉与再审关系的这种规定，充分体现了作为国家审判机关的人民法院与作为国家法律监督机关的人民检察院的相互制约关系。

○ 由哪一级人民法院对抗诉案件进行审理？

人民法院对抗诉案件的审理是指人民检察院按照审判监督程序向哪一级人民法院提起诉讼，由哪一级人民法院对人民检察院按照审判监督程序提出的抗诉案件进行再审。《人民法院组织法》规定，中级以上人民法院才有权审理抗诉案件。上级人民检察院有权按照审判监督程序提出抗诉，由同级人民法院接受人民检察院提出的抗诉案件并再审，有利于强化抗诉机制监督、制约的功能。同级人民法院是原审人民法院的上级法院，由同级人民法院审理抗诉案件，有利于排除原审活动中的各种干扰，避免重蹈原审法院的覆辙。而由原审人民法院再审则往往难于彻底摆脱原有错误，作出正确的判决、裁定。由同级人民法院审理抗诉案件，便于人民检察院派员出庭支持抗诉。我国人民检察院和人民法院的设置是相适应的。同级检察院和法院的职权也是对等的。因此，在民事诉讼中，应当由同级人民法院对人民检察院的抗诉案件进行再审，才便于他们之间发生相应的诉讼法律关系。而由原审人民法院审理案件，则会给人民检察院出庭造成困难。如果原审人民法院审理再审案件时，由提出抗诉的人民检察院出庭，因下级人民检察院无权提出抗诉，也是不妥当的。而由同级人民法院再审，则可避免这一系列问题。

《民事诉讼法》第188条规定："人民检察院提出抗诉的案件，接受抗诉的人民法院应当自收到抗诉书之日起三十日内作出再审的裁定；有本法第一百七十九条第一款第（一）项至第（五）项规定情形之一的，可以交下一级人民法院再审。"将某些抗诉案件由下一级人民法院再审，有利于原审人民法院及时纠正错误，也有利于法院级别管辖制度的实施。

○ 人民法院审理抗诉案件，人民检察员是否出庭？

根据《民事诉讼法》第190条规定，人民检察院提出抗诉的案件，人民法院应当再审，并应当通知人民检察院派员出席法庭。因为是人民检察院提出抗诉的案件，所以人民法院再审时，有责任通知人民检察院派员出席法庭，以监督人民法院对案件的处理；同时，由于案件是基于抗诉而进行再审的，因此，人民检察院也应当派员出席法庭，使检察监督权得以完整地实现。

最高人民检察院对各级人民法院、上级人民检察院对下级人民法院已经发生法律效力、确有错误的民事判决、裁定，按照审判监督程序向同级人民法院提出抗诉，同级人民法院再审时，提出抗诉的人民检察院应当派员出席法庭。

受理抗诉的人民法院指令下级人民法院再审的，提出抗诉的人民检察院可以指令再审人民法院的同级人民检察院派员出席再审法庭。

○ 检察机关抗诉后，原审原告未到庭参加诉讼，可否按撤诉处理？

民事案件判决生效后，检察机关提出抗诉。在再审开庭时，检察机关和原审被告均出庭参加了诉讼，但原审原告未出庭参加诉讼。

对于此类问题，目前的法律和司法解释均未加以明确规定。我们认为，民事案件诉讼中的诉权应由当事人自由处分，除法律另有规定外，当事人既可以主张诉权，也可以放弃诉权。人民法院开庭审理抗诉案件，向抗诉机关提出申诉一方的对方当事人经依法传唤，无正当理由不到庭或者未经法庭许可中途退庭的，依照《民事诉讼法》的相关规定，可以缺席判决。经依法传唤，向抗诉机关提出申诉的一方当事人无正当理由不到庭或表示撤回申请的，应建议检察机关撤回抗诉，抗诉机关同意的，按撤诉处理。经依法传唤，双方当事人均不到庭的，应当裁定终结再审程序，但原审判决损害国家利益或者社会公共利益的除外。

第四节　再审案件的审理

○ 决定再审的案件，是否中止原判决的执行？

再审程序是继第一、二审必须程序之后，为纠正错案而设置的一个补救程序；其提起可以基于人民法院的审判监督权，也可以基于人民检察院的法律监督的公诉权，还可以基于当事人的申请再审的诉讼权利。不管基于何种权限提起，根据《民事诉讼法》第185条规定，按照审判监督程序决定再审的案件，裁定中止原判决的执行。裁定由院长署名，加盖人民法院印章。

终止原判决的执行的内容应写入决定再审的裁定。决定再审是指人民法院对自查的再审案件、检察院的抗诉案件、当事人申请再审的案件，进行审查后，认为符合再审条件，作出裁定予以再审的诉讼行为，裁定再审是人民法院单方面的裁定行为，是建立在法院的提出、检察院的抗诉、当事人的申请基础上而进行的，是再审程序开始的首要一步。

决定再审裁定是再审程序中的重要诉讼文书，应写明原审的人民法院、生效判决、裁定和调解书的编号，中止原判决的执行等内容，由人民法院院长署名，加盖人民法院印章，并送达当事人，或有关的人民检察院。

○ 检察机关已经提出抗诉，同级法院尚未作出再审裁定，是否应中止执行？

在执行程序中，上级人民检察院对原判决已经提出抗诉，而同级法院尚未按审判监督程序作出中止执行裁定。在此期间，对该案的执行，有人认为，根据《民事诉讼法》第188条之规定，人民检察院提出抗诉的案件，接受抗诉的人民法院应当自收到抗诉书之日起30日内作出再审的裁定；有《民事诉讼法》第179条第1款第（1）项至第（5）项规定情形之一的，可以交下一级人民法院再审。既然必须进行再审，那么在检察机关提出抗诉后，执行法院就应当中止原判决的执行。

我们认为，根据我国法律规定，人民法院统一行使审判权，其他任何机关都无权对法院受理的争议作出裁判。人民法院对检察机关提出抗诉的案件应当进行再审，但这并不意味着抗诉书能够自然而然地中止原生效判决的法律效力。人民法院作出的生效裁判只有人民法院经过一定的法律程序才能中止其效力。虽然检察机关提出抗诉，但同级法院没有按审判监督程序作出中止执行裁定，执行法院不应中止原判决的执行。因此，执行法院以检察院抗诉为由而中止原判决的执行没有法律依据；执行法院在收到再审裁定之前所进行的执行活动并不违法。

○ 再审案件，适用何种程序审理？

不论基于何种原因进行再审，其审判程序都是分别适用第一审程序或第二审程序。案件的再审法院不同，适用的程序以及裁判的效力也就不同。《最高人民法院关于适用〈中华人民共和国民事诉讼法〉审判监督程序若干问题的解释》第31条第1款规定：“人民法院应当依照民事诉讼法第一百八十六条的规定，按照第一审程序或者第二审程序审理再审案件。”

1. 适用第一审程序的再审

《民事诉讼法》第186条规定，如果再审案件原系第一审法院审结的，应适用第一审程序。通过第一审程序进行再审，作出新的判决、裁定。当事人对该判决、裁定不服的，可以提起上诉。但是，在适用第一审程序的再审案件中，不能适用第一审简易程序，只能适用第一审普通程序，以便严格地检验案件的正确与否。同时，在适用第一审程序进行再审时，必须组成合议庭，且合议庭成员必须是审判员。此外，开庭审理案件时，如果原告拒不到庭或中途退庭，不能简单地按撤诉处理，而应当在法庭上严格审查其所提出的事实和理由，最后依法作出判决。

《最高人民法院关于适用〈中华人民共和国民事诉讼法〉审判监督程序若干问题的解释》第32条规定："人民法院开庭审理再审案件，应分别不同情形进行：（一）因当事人申请裁定再审的，先由申请再审人陈述再审请求及理由，后由被申请人答辩及其他原审当事人发表意见；（二）因人民检察院抗诉裁定再审的，先由抗诉机关宣读抗诉书，再由申请抗诉的当事人陈述，后由被申请人答辩及其他原审当事人发表意见；（三）人民法院依职权裁定再审的，当事人按照其在原审中的诉讼地位依次发表意见。"

2. 适用第二审程序的再审

根据《民事诉讼法》第186条的规定，如果再审案件原系第二审法院审结的，应适用第二审程序。应当指出，在适用第二审程序对案件进行再审时，如果发现案件是基于事实不清，证据不足，或者是发现了新的证据，从而申请再审的，均不适用由第二审法院发回第一审法院重审的规定。人民法院审理再审案件应当开庭审理。但按照第二审程序审理的，双方当事人已经其他方式充分表达意见，且书面同意不开庭审理的除外。根据两审终审的原则，通过第二审程序进行再审，作出新的判决、裁定，发生法律效力的判决、裁定后，当事人如不服该判决、裁定的，不能提起上诉。

3. 最高人民法院或者上级人民法院提审案件的审判

最高人民法院或者上级人民法院提审的案件，不论其原来属于一审审结，还是二审审结，均适用第二审程序进行再审。因为提审法院是原审法院的上级法院，是行使审判监督权的法院；上级法院的提审是检察下级法院的工作，纠正审判上的失误，确保案件的审判质量。提审法院对再审的案件适用第二审程序，能够终局性地完成再审的任务。如果提审的案件适用第一审程序进行审判，就会使再审案件成为重新开始审理的案件，而不是在原审判决的基础上的再审案件，这种提审就不具有保障再审的特别作用，就可能在审判实践中造成一种简单的案件的重复审理，从而浪费宝贵的诉讼资源。

○ 提审的案件，发现原一审、二审判决违反法定程序的，应如何处理？

最高人民法院或者上级人民法院提审的案件，在适用第二审程序进行审理的过程中，发现原一审判决、二审判决违反法定程序的，可根据不同情况进行处理：

第一，认为不符合《民事诉讼法》规定的受理条件的，直接作出裁定，撤销原一审、二审判决，驳回起诉。

第二，对本案的审判人员、书记员应当回避却未回避的，未经开庭审理而直接作出判决的，适用普通程序审理的案件，当事人未经传票传唤而缺席判决的，或者有其他严重违反法定程序的情形，可能影响案件正确判决、裁定的，应当作出裁定，撤销原一审判决、二审判决，发回原审法院重审。

第三，发现原一审判决、二审判决遗漏了有关的当事人的，可以根据当事人自愿的原则予以调解；调解不成的，裁定撤销原一审判决、二审判决，发回原审人民法院重审。

○ 再审案件的合议庭如何组成？

再审案件的审判组织只实行合议制。合议庭的组成，根据《民事诉讼法》第186条第2款的规定：“人民法院审理再审案件，应当另行组成合议庭。”可见，原审理该案的审判人员无权参加再审，以保证案件的再审质量。

合议庭的组成形式，再审程序中未作明确规定，根据《民事诉讼法》第186条的规定，发生法律效力判决、裁定的再审案件由第一审人民法院再审的，按照第一审合议庭的组成形式组成，但因再审案件属于复杂、争议大的案件，合议庭成员应该都是审判员，陪审员不能参加；再审案件由第二审人民法院再审的或由人民法院提审的，按照第二审合议庭的形式组成，合议庭的成员均为审判员。参加原审案件的审判员不得参加再审合议庭。

根据《最高人民法院关于适用〈中华人民共和国民事诉讼法〉审判监督程序若干问题的解释》的规定，人民法院应当在具体的再审请求范围内或在抗诉支持当事人请求的范围内审理再审案件。当事人超出原审范围增加、变更诉讼请求的，不属于再审审理范围。但涉及国家利益、社会公共利益，或者当事人在原审诉讼中已经依法要求增加、变更诉讼请求，原审未予审理且客观上不能形成其他诉讼的除外。经再审裁定撤销原判决，发回重审后，当事人增加诉讼请求的，人民法院依照《民事诉讼法》第126条的规定处理。申请再审人在再审期间撤回再审申请的，是否准许由人民法院裁定。裁定准许的，应终结再审程序。申请再审人经传票传唤，无正当理由拒不到庭的，或者未经法庭许可中途退庭的，可以裁定按自动撤回再审申请处理。人民检察院抗诉再审的案件，申请抗诉的当事人有前款规定的情形，且不损害国家利益、社会公共利益或第三人利益的，人民法院应当裁定终结再审程序；人民检察院撤回抗诉的，应当准予。终结再审程序的，恢复原判决的执行。按照第一审程序审理再审案件时，一审原告申请撤回起诉的，是否准许由人民法院裁定。裁定准许的，应当同时裁定撤销原判决、裁定、调解书。

当事人在再审审理中经调解达成协议的，人民法院应当制作调解书。调解书经各方当事人签收后，即具有法律效力，原判决、裁定视为被撤销。

人民法院经再审审理认为，原判决、裁定认定事实清楚、适用法律正确的，应予维持；原判决、裁定在认定事实、适用法律、阐述理由方面虽有瑕疵，但裁判结果正确的，人民法院应在再审判决、裁定中纠正上述瑕疵后予以维持。人民法院按照第二审程序审理再审案件，发现原判决认定事实错误或者认定事实不清的，应当在查清事实后改判。但原审人民法院便于查清事实，化解纠纷的，可以裁定撤销原判决，发回重审；原审程序遗漏必须参加诉讼的当事人且无法达成调解协议，以及其他违反法定程序不宜在再审程序中直接作出实体处理的，应当裁定撤销原判决，发回重审。新的证据证明原判决、裁定确有错误的，人民法院应予改判。申请再审人或者申请抗诉的当事人提出新的证据致使再审改判，被申请人等当事人因申请再审人或者申请抗诉的当事人的过错未能在原审程序中及时举证，请求补偿其增加的差旅、误工等诉讼费用的，人民法院应当支持；请求赔偿其由此扩大的直接损失，可以另行提起诉讼解决。人民法院以调解方式审结的案件裁定再审后，经审理发现申请再审人提出的调解违反自愿原则的事由不成立，且调解协议的内容不违反法律强制性规定的，应当裁定驳回再审申请，并恢复原调解书的执行。

民事再审案件的当事人应为原审案件的当事人。原审案件当事人死亡或者终止的，其权利义务承受人可以申请再审并参加再审诉讼。因案外人申请人民法院裁定再审的，人民法院经审理认为案外人应为必要的共同诉讼当事人，在按第一审程序再审时，应追加其为当事人，作出新的判决；在按第二审程序再审时，经调解不能达成协议的，应撤销原判，发回重审，重审时应追加案外人为当事人。案外人不是必要的共同诉讼当事人的，仅审理其对原判决提出异议部分的合法性，并应根据审理情况作出撤销原判决相关判项或者驳回再审请求的判决；撤销原判决相关判项的，应当告知案外人以及原审当事人可以提起新的诉讼解决相关争议。

○ 再审案件的审限是多长？

裁定再审的民事案件，根据再审适用的不同程序，分别执行第一审或第二审审理期限的规定。因此，再审案件按照第一审程序审理，其审限适用于第一审普通程序的审限，为6个月，即裁定再审之次日起，6个月内审结完毕。有特殊情况需要延长的，由本院院长批准，可以延长6个月，还需延长的，报请上级人民法院院长批准。

再审案件按照第二审程序审理的，其审限适用于第二审程序的审限，为3个月，即自裁定再审之次日起3个月内审理结束。有特殊情况需要延长的，由本院院长批准。对裁定的再审案件的审限为30日，即从裁定再审之次日起，30日内审结完毕。

○ 当事人在再审时变更诉讼请求，应如何处理？

根据《民事诉讼法》第186条的规定，人民法院按照审判监督程序再审案件，依发生法律效力的判决、裁定是由第一审法院作出的还是第二审法院作出的，而分别按照相应的审判程序审理。按第一审程序审理时，当事人增加诉讼请求、提出反诉的，可以合并审理；按第二审程序审理时，当事人增加独立的诉讼请求或者反诉的，可以调解，调解不成的，可告知其另行起诉。如果当事人提出变更诉讼请求，人民法院则对此不应审理。因为再审程序的启动，无论是当事人申请、人民法院依职权还是人民检察院抗诉，都是基于原审裁判适用法律或者认定事实错误，再审时必须以原审诉讼请求为基础。

○ 民事案件一审再审时发现原审原告不符合起诉条件，应如何处理？

根据《民事诉讼法》第108条的规定，原告与案件有利害关系，是起诉必须具备的四个条件之一。对于不符合起诉条件的当事人向人民法院起诉的，人民法院应当依法裁定不予受理；如人民法院已经受理当事人的起诉，在审理案件过程中发现原告与案件没有利害关系的，应当依法裁定驳回起诉。在按照第一审程序审理再审案件时，如果不经开庭审理即可发现原审原告与本案没有利害关系，属于不符合法定起诉条件的当事人，人民法院可依法裁定撤销原审判决，并驳回当事人的起诉。对于此类裁定，当事人有权依法提起上诉。

○ 原审诉讼代理人在再审中能否作为证人出庭？

《民事诉讼法》第63条第1款列举了包括证人证言在内的7种证据，同条第2款规定了以上证据必须经查证属实，才能作为认定事实的根据。凡是知道与案件有关事实和情况的公民或者法人，都可以证人的身份向法庭提供证言。与案件有利害关系的公民和法人所出具的证言，能否作为认定事实的证据，则需要与其他证据相印证，人民法院不能仅凭该证据作出判决。原审诉讼代理人在再审中作为证人出庭，就案件涉及的有关问题向法庭作证，并不违反有关法律规定，法庭应当允许，但其不能再以诉讼代理人的身份参加再审诉讼活动。至于其所作陈述能否作为认定事实的证据采用，则由审理案件的审判组织根据案件事实决定。

第十三章　执行程序

第一节　执行的申请和移送

○ 什么情况下进入执行程序？

执行，又称强制执行，指人民法院依照法定程序，运用国家强制力，强制义务人履行义务，以实现生效法律文书的诉讼活动。

执行和审判虽然都是人民法院的行为，但又有原则性区别。第一，审判基于审判权而发生，执行基于司法执行权而发生，这两种权利在我国均由人民法院行使；第二，审判的目的是确认权利义务关系，执行的目的是实现权利义务关系；第三，审判由人民法院审判组织进行，执行由人民法院执行组织进行。

执行是民事诉讼的最后阶段，但不是必经阶段。除义务人能自动履行义务的法律文书不需要经过执行外，确认法律关系的判决、变更和消灭的判决也均不发生执行问题。也就是说，执行是有条件的，这些条件是：

1. 执行必须以生效法律文书为根据

这些法律文书包括：人民法院制作的生效判决书、裁定书、调解书、支付令和罚款决定书，仲裁机构制作的生效裁决书和调解书，公证机关依法赋予强制执行效力的债权文书，行政机关制作的依法由人民法院强制执行的行政处罚决定书和行政处理决定书。

2. 作为执行根据的法律文书必须具有给付内容

这就是说，如果执行根据是人民法院制作的判决书，该判决书必须属于给付判决。确认、变更和消灭法律关系的判决没有执行内容，不能作为执行根据。

3. 必须是义务人拒不履行义务的

法律文书生效后，如果义务人依照法律文书的要求自动履行了义务，也就不需要再去强制执行。

○ 谁有权申请执行？

申请执行是指法律文书生效后，义务人拒不履行义务，权利人向有管辖权的人民法院提出申请，因而引起执行程序的发生。

在我国民事诉讼中，申请执行是当事人依法享有的一项诉讼权利，也是开始执行程序的一条主要途径。根据处分原则，法律文书生效后，权利人不申请执行的，人民法院不得依职权开始执行。因此，司法实践中，绝大多数执行案件都是因当事人提出申请而开始执行的。

申请执行的主体是法律文书确认的权利人。该权利人可能是审判程序中的原告，也可能是被告，还可能是有独立请求权的第三人。

法律文书生效后，作为权利人的公民死亡的，其继承人可以作为申请执行的主体；作为被执行人的法人或者其他组织终止的，其权利承受人可以作为申请执行的主体。

○ 申请执行应在何期限内提出？

申请执行的期限就是权利人有权请求人民法院依国家强制力强制义务人履行生效法律文书所确定的义务的期限。规定申请执行期限的目的，是为了督促当事人行使权利，尽快实现法律文书确立的权利义务关系，保证法律文书的严肃性和有效性。生效的法律文书所确定的当事人之间的权利义务关系只是法律上的设定，而不是当事人的既得利益。如果权利人不及时主张权利，那么，这种权利义务关系始终处于“虚置”状态，不利于经济关系的稳定。因此，从这个意义上讲，申请执行期限与诉讼时效制度有着共同的功能，即促使双方当事人尽早实现权利义务关系，维护经济社会关系的平衡和稳定。

根据《民事诉讼法》第215条第1款的规定，申请执行的期间为2年。申请执行时效的中止、中断，适用法律有关诉讼时效中止、中断的规定。

申请执行的期限，是从人民法院判决书、裁定书、调解书所确定的履行义务的最后一日开始计算。如果法律文书规定义务人分期履行的，应从每次义务应当履行期间的最后一日计算；法律文书未规定履行期间的，从法律文书生效之日起计算。

申请执行的期限是法定期限，当事人必须遵守。申请执行的期限届满，权利人未申请执行的，即丧失了申请执行的权利。但当事人申请执行权利的丧失，并不意味着其实体权利的丧失。对方当事人在申请执行的期限届满后仍自愿履行义务的，不受申请执行期限的限制，其履行部分有效，义务人也不得以权利人超过了申请执行期限而要求返还。

○ 法院判决确认的债权转让他人，他人是否享有申请强制执行的权利？

依据我国现行法律的规定，执行程序中的当事人是执行依据的生效法律文书所确定的民事权利义务关系的主体，一方享有权利，而另一方负有义务。不是法律文书中确定的权利主体或义务主体的，不能作为执行当事人，没有申请执行的权利或者履行执行的义务。一般来说，执行当事人就是执行依据上写明的权利人和义务人，其中，申请执行人是执行依据确立的权利人，而被执行人则是执行依据确立的义务履行人。

因此，申请执行人在执行程序中转让法律文书所确定的债权的行为，对执行程序而言，并不产生受让人当然取代申请执行人的地位而加入执行程序的法律后果。非执行当事人持生效法律文书申请强制执行的，不符合人民法院受理执行案件的条件，人民法院应不予受理。

○ 被执行人能否委托代理人？

《最高人民法院关于人民法院执行工作若干问题的规定（试行）》第22条第1款规定了申请执行人可以委托代理人代为申请执行，但没有明确规定被执行人能否委托代理人。另外，该《规定》第97条规定："对必须到人民法院接受询问的被执行人或被执行人的法定代表人或负责人，经两次传票传唤，无正当理由拒不到场的，人民法院可以对其进行拘传。"

我们认为，被执行人或被执行人的法定代表人、负责人有行为能力的，可以根据自己的需要委托代理人，除法律另有规定外。执行程序中的代理人适用《民事诉讼法》和《民法通则》关于代理的规定。

○ 申请执行应提交哪些文件？

根据《最高人民法院关于人民法院执行工作若干问题的规定（试行）》第20条规定，申请执行，应向人民法院提交下列文件和证件：

1. 申请执行书

申请执行书中应当写明申请执行的理由、事项、执行标的，以及申请执行人所了解的被执行人的财产状况。

申请执行人书写申请执行书确有困难的,可以口头提出申请。人民法院接待人员对口头申请应当制作笔录，由申请执行人签字或盖章。

外国一方当事人申请执行的，应当提交中文申请执行书。当事人所在国与我国缔结或共同参加的司法协助条约有特别规定的，按照条约规定办理。

2. 生效法律文书副本

3. 申请执行人的身份证明

公民个人申请的，应当出示居民身份证；法人申请的，应当提交法人营业执照副本和法定代表人身份证明；其他组织申请的，应当提交营业执照副本和主要负责人身份证明。

4. 继承或者承受权利的证明文件

继承人或权利承受人申请执行的，应当提交继承或承受权利的证明文件。

5. 其他应当提交的文件或证件

申请执行人委托代理人为申请执行的，应当向人民法院提交经委托人签字或盖章的授权委托书，并写明委托事项和代理权限。委托代理人代为放弃、变更民事权利，或者代为进行执行和解的，应有委托人的特别授权。

向人民法院申请执行其他机关制作的法律文书的，应当预交申请执行费。

○ 哪些案件由审判庭移送执行？

移送执行，是指人民法院制作的法律文书生效后，不经当事人申请，审理案件的审判组织就直接移交执行庭，从而开始执行程序的一种制度。

强制执行的开始，以当事人申请为原则。《最高人民法院关于人民法院执行工作若干问题的规定（试行）》第19条第1款规定：“生效法律文书的执行，一般应当由当事人依法提出申请。”法律文书生效后，不经当事人申请，人民法院不能主动开始执行。但这只是开始执行程序的一般原则。鉴于有些法律文书一经作出，必须立即开始执行，有些法律文书涉及国家利益、社会利益和妇女、儿童、老人的生活急需，不能完全由当事人处分，人民法院应当主动进行干预。干预的方法是法律文书生效后，不经当事人申请，人民法院就依职权开始执行。

哪些案件需要移送执行，《民事诉讼法》没有明文规定。根据最高人民法院的有关司法解释，需要移送执行的案件有以下四种：

第一，人民法院制作的发生法律效力的具有给付赡养费、扶养费、抚育费内容的民事判决书、调解书。

第二，人民法院制作的具有财产内容的刑事判决书、裁定书。

第三，人民法院制作的罚款决定书。

第四，人民法院制作的财产保全和先予执行的裁定书。

移送执行，须经审判庭批准，并填写移送执行书。移送执行书应当写明移送案件的名称、案件编号、需要执行的内容和具体要求，以及被执行人的经济状况等，还要附上作为执行根据的法律文书。为便于执行员了解案情，作好执行工作，移送执行时可以连同案卷材料一并移交执行庭。

对审判组织移送执行的案件，执行庭应当尽快安排执行。

○ 执行案件的管辖法院如何确定？

执行管辖，是指确定人民法院之间受理民事执行案件的权限与分工。执行管辖与诉讼管辖有着一定的共性，它们都以方便、有利为立法原则，以保护当事人的民事权益为目的。执行管辖与诉讼管辖还有密切的联系，一般而言，案件的执行法院就是案件的诉讼法院。根据《民事诉讼法》第201条、《最高人民法院关于适用〈中华人民共和国民事诉讼法〉若干问题的意见》、《最高人民法院关于人民法院执行工作若干问题的规定（试行）》的规定，执行管辖分为以下几种：

第一，发生法律效力的民事判决、判定，以及刑事判决、裁定中的财产部分，由第一审人民法院或者与第一审人民法院同级的被执行的财产所在地人民法院执行。《最高人民法院关于适用〈中华人民共和国民事诉讼法〉执行程序若干问题的解释》第1条规定："申请执行人向被执行的财产所在地人民法院申请执行的，应当提供该人民法院辖区有可供执行财产的证明材料。"

需要指出的是，在坚持上述管辖原则的基础上，不排除有的案件的生效法律文书要由特定的法院执行的例外情况，比如，支付令的执行只能由作出支付令的基层人民法院进行。又如，财产保全裁定的执行一般由作出该裁定的人民法院进行。此外，根据实际需要，执行案件的管辖法院可以适时变通，比如，由基层人民法院作为第一审的涉外案件，若有必要，也可以由第二审人民法院即中级人民法院进行执行。总之，案件的执行管辖如诉讼管辖一样，可以根据需要进行管辖权的转移。

第二，人民法院制作的承认和执行外国法院判决、外国仲裁机构裁决的裁定书，由被执行人住所地或者被执行财产所在地中级人民法院执行。

第三，仲裁机构制作的国内仲裁裁决书、调解书，由被执行人住所地或者被执行财产所在地人民法院执行；其级别管辖，参照各地人民法院受理诉讼案件的级别管辖的规定确定。仲裁机构制作的涉外仲裁裁决书、调解书，由被执行人住所地或者被执行财产所在地中级人民法院执行；如果被执行人及其财产不在中华人民共和国领域内，由当事人直接向有管辖权的外国法院申请承认和执行。

第四，在国内仲裁过程中，当事人申请财产保全，经仲裁机构提交人民法院的，由被申请人住所地或被申请保全的财产所在地的基层人民法院裁定并执行；申请证据保全的，由证据所在地的基层人民法院裁定并执行。

第五，在涉外仲裁过程中，当事人申请财产保全，经仲裁机构提交人民法院的，由被申请人住所地或被申请保全的财产所在地的中级人民法院裁定并执行；申请证据保全的，由证据所在地的中级人民法院裁定并执行。

第六，公证机关依法赋予强制执行效力的债权文书，由被执行人住所地或者被执行财产所在地人民法院执行，其级别管辖，参照各地人民法院受理诉讼案件的级别管辖的规定确定。

第七，专利管理机关依法作出的处理决定和处罚决定，由被执行人住所地或财产所在地的省、自治区、直辖市有权受理专利纠纷案件的中级人民法院执行。

第八，国务院各部门、各省、自治区、直辖市人民政府和海关依照法律、法规作出的处理决定和处罚决定，由被执行人住所地或财产所在地的中级人民法院执行。

第九，两个以上人民法院都有管辖权的执行案件，当事人可以向其中一个人民法院申请执行；当事人向两个以上有管辖权的人民法院申请执行的，由最先立案的人民法院管辖。《最高人民法院关于适用〈中华人民共和国民事诉讼法〉执行程序若干问题的解释》第2条规定："对两个以上人民法院都有管辖权的执行案件，人民法院在立案前发现其他有管辖权的人民法院已经立案的，不得重复立案。立案后发现其他有管辖权的人民法院已经立案的，应当撤销案件；已经采取执行措施的，应当将控制的财产交先立案的执行法院处理。"

第十，人民法院受理执行申请后，当事人对管辖权有异议的，应当自收到执行通知书之日起10日内提出。人民法院对当事人提出的异议，应当审查。异议成立的，应当撤销执行案件，并告知当事人向有管辖权的人民法院申请执行；异议不成立的，裁定驳回。当事人对裁定不服的，可以向上一级人民法院申请复议。管辖权异议审查和复议期间，不停止执行。

第十一，对人民法院采取财产保全措施的案件，申请执行人向采取保全措施的人民法院以外的其他有管辖权的人民法院申请执行的，采取保全措施的人民法院应当将保全的财产交执行法院处理。

第十二，人民法院之间因管辖权发生争议的，由争议双方协商解决；协商不成的，报请双方共同上级法院指定管辖。

第十三，基层人民法院和中级人民法院管辖的执行案件，因特殊情况需要由上级人民法院执行的，可以报请上级人民法院执行。

○ 执行机构如何设立和组成？

执行机构，是指人民法院为做好执行工作，根据执行任务而设立的专门负责执行生效法律文书的组织。执行机构与人民法院各审判庭相平行，由执行员、书记员和司法警察等组成。

执行员是代表人民法院行使执行权的人员，是国家强制力的具体实行者；书记员负责做好执行笔录和其他事务性的工作；司法警察在必要时参加执行，保证执行工作的顺利进行。

《民事诉讼法》第205条第3款规定，人民法院根据需要可以设立执行机构。《最高人民法院关于人民法院执行工作若干问题的规定（试行）》第1条规定，人民法院根据需要，依据有关法律的规定，设立执行机构，专门负责执行工作。专门的执行机构一般只建在基层法院和中级法院。这主要因为大量的民事纠纷案件都由基层法院和中级法院作为第一审法院，高级人民法院和最高人民法院只有在少数情况下才有第一审案件。由于执行由第一审人民法院进行，所以，基层法院和中级法院成立执行机构就非常必要了。是否设立执行机构应根据需要，主要是根据本院执行案件的多少和管辖范围，审判力量的强弱等因素而决定。我们认为，为了加强对下级人民法院执行工作的指导和监督，切实解决目前存在的“执行难”问题，根据需要上级法院也可成立相应的执行机构。

○ 执行机构负责执行哪些法律文书？

《最高人民法院关于人民法院执行工作若干问题的规定（试行）》第2条规定，执行机构负责执行下列生效法律文书：

第一，人民法院民事、行政判决、裁定，民事制裁决定、支付令，以及刑事附带民事判决、裁定、调解书。

第二，依法应由人民法院执行的行政处罚决定、行政处理决定。

第三，我国仲裁机构作出的仲裁裁决和调解书；人民法院依据《中华人民共和国仲裁法》有关规定作出的财产保全和证据保全裁定。

第四，公证机关依法赋予强制执行效力的关于追偿债款、物品的债权文书。

第五，经人民法院裁定承认其效力的外国法院作出的判决、裁定，以及国外仲裁机构作出的仲裁裁决。

第六，法院规定由人民法院执行的其他法律文书。

○ 基层人民法院执行机构执行哪些案件？

第一，由本院制作的发生法律效力的判决书、裁定书、调解书、支付令中有给付内容的案件的执行。

第二，二审人民法院制作的终审判决书、裁定书和调解书中有给付内容的案件的执行。

第三，仲裁机关制作的裁决书发生法律效力后，当事人依法向人民法院申请执行的案件的执行。

第四，公证机关作出的具有强制执行效力的债权文书的执行。

第五，依法应由人民法院执行的行政处罚决定书、行政处理决定书的执行。

第六，上级人民法院交办执行的案件的执行。

○ 中级人民法院执行机构执行哪些案件？

第一，由本院一审制作的发生法律效力的判决书、裁定书、调解书中有给付内容的案件的执行。

第二，高级人民法院制作的终审判决书、裁定书和调解书中有给付内容的案件的执行。

第三，当事人依法申请或者外国法院请求执行的外国法院作出的发生法律效力的判决书、裁定书的执行。

第四，当事人依法申请执行的我国涉外仲裁机构或者国外仲裁机构制作的裁决书的执行。

第五，专利纠纷案件的执行由省会所在的市中级人民法院执行庭受理。

第六，上级法院交办的执行案件的执行。

○ 高级人民法院执行机构执行哪些案件？

第一，由本院一审制作的发生法律效力的判决书、裁定书、调解书中有给付内容的案件的执行。

第二，最高人民法院制作的终审判决书、裁定书和调解书中有给付内容的案件的执行。

第三，最高人民法院交办执行的案件的执行。

○ 最高人民法院执行机构的职责范围有哪些？

第一，由本院制作的第一审生效法律文书中具有给付内容的案件的执行。

第二，组织或参与下级法院一些重大疑难案件的执行工作。

第三，监督下级法院执行最高法院的法律文书，监督地方各级法院生效法律文书的执行。

第四，协调解决跨省、区、市法院间民事、经济、行政、海事以及刑事附带民事案件裁决的执行争议，协调处理高级法院报送的与公安、检察、工商、银行等部门在执行工作中的争议。

第五，提出有关执行工作的司法解释建议。

第六，拟定有关执行工作的规章制度，指导下级法院的执行工作。

○ 执行案件应在多长时间内执结？

《最高人民法院关于严格执行案件审理期限制度的若干规定》（法释〔2000〕29号）对执行案件的执结期限作了规定，根据该规定第5条规定，执行案件应当在立案之日起6个月内执结，非诉执行案件应当在立案之日起3个月内执结；有特殊情况需要延长的，经本院院长批准，可以延长3个月，还需延长的，层报高级人民法院备案。委托执行的案件，委托的人民法院应当在立案后一个月内办理完委托执行手续，受委托的人民法院应当在收到委托函件后30日内执行完毕。未执行完毕，应当在期限届满后15日内将执行情况函告委托人民法院。刑事案件没收财产刑应当即时执行。刑事案件罚金刑，应当在判决、裁定发生法律效力后3个月内执行完毕，至迟不超过6个月。

○ 被执行人不履行生效法律文书，人民法院可以限制其消费吗？

根据《最高人民法院关于限制被执行人高消费的若干规定》的规定，被执行人未按执行通知书指定的期间履行生效法律文书确定的给付义务的，人民法院可以限制其高消费。人民法院决定采取限制高消费措施时，应当考虑被执行人是否有消极履行、规避执行或者抗拒执行的行为以及被执行人的履行能力等因素。

1．限制高消费的内容

被执行人为自然人的，被限制高消费后，不得有以下以其财产支付费用的行为：（1）乘坐交通工具时，选择飞机、列车软卧、轮船二等以上舱位；（2）在星级以上宾馆、酒店、夜总会、高尔夫球场等场所进行高消费；（3）购买不动产或者新建、扩建、高档装修房屋；（4）租赁高档写字楼、宾馆、公寓等场所办公；（5）购买非经营必需车辆；（6）旅游、度假；（7）子女就读高收费私立学校；（8）支付高额保费购买保险理财产品；（9）其他非生活和工作必需的高消费行为。被执行人为单位的，被限制高消费后，禁止被执行人及其法定代表人、主要负责人、影响债务履行的直接责任人员以单位财产实施本条第一款规定的行为。

2．限制高消费的程序

限制高消费一般由申请执行人提出书面申请，经人民法院审查决定；必要时人民法院可以依职权决定。人民法院决定限制高消费的，应当向被执行人发出限制高消费令。限制高消费令由人民法院院长签发。限制高消费令应当载明限制高消费的期间、项目、法律后果等内容。人民法院根据案件需要和被执行人的情况可以向有义务协助调查、执行的单位送达协助执行通知书，也可以在相关媒体上进行公告。限制高消费令的公告费用由被执行人负担；申请执行人申请在媒体公告的，应当垫付公告费用。

3．限制令的解除

被限制高消费的被执行人因生活或者经营必需而进行本规定禁止的消费活动的，应当向人民法院提出申请，获批准后方可进行。在限制高消费期间，被执行人提供确实有效的担保或者经申请执行人同意的，人民法院可以解除限制高消费令；被执行人履行完毕生效法律文书确定的义务的，人民法院应当在该规定第6条通知或者公告的范围内及时以通知或者公告解除限制高消费令。人民法院应当设置举报电话或者邮箱，接受申请执行人和社会公众对被限制高消费的被执行人违反该规定第3条的举报，并进行审查认定。

4. 违反限制令的制裁

被执行人违反限制高消费令进行消费的行为属于拒不履行人民法院已经发生法律效力的判决、裁定的行为，经查证属实的，依照《中华人民共和国民事诉讼法》第102条的规定，予以拘留、罚款；情节严重，构成犯罪的，追究其刑事责任。有关单位在收到人民法院协助执行通知书后，仍允许被执行人高消费的，人民法院可以依照《中华人民共和国民事诉讼法》第103条的规定，追究其法律责任。

○ 被执行人不履行生效法律文书怎么办？

《民事诉讼法》第231条规定，被执行人不履行法律文书确定的义务的，人民法院可以对其采取或者通知有关单位协助采取限制出境，在征信系统记录、通过媒体公布不履行义务信息以及法律规定的其他措施。根据《最高人民法院关于适用〈民事诉讼法〉执行程序若干问题的解释》的规定，依照《民事诉讼法》第231条规定对被执行人限制出境的，应当由申请执行人向执行法院提出书面申请；必要时，执行法院可以依职权决定。被执行人为单位的，可以对其法定代表人、主要负责人或者影响债务履行的直接责任人员限制出境。被执行人为无民事行为能力人或者限制民事行为能力人的，可以对其法定代理人限制出境。在限制出境期间，被执行人履行法律文书确定的全部债务的，执行法院应当及时解除限制出境措施；被执行人提供充分、有效的担保或者申请执行人同意的，可以解除限制出境措施。依照《民事诉讼法》第231条的规定，执行法院可以依职权或者依申请执行人的申请，将被执行人不履行法律文书确定义务的信息，通过报纸、广播、电视、互联网等媒体公布。媒体公布的有关费用，由被执行人负担；申请执行人申请在媒体公布的，应当垫付有关费用。

○ 国家各部门之间如何建立执行联动机制？

根据最高人民法院 最高人民检察院 国家发展和改革委员会等印发《关于建立和完善执行联动机制若干问题的意见》的规定，为保障执行联动机制的建立和有效运行，成立执行联动机制工作领导小组，成员单位有中央纪律检查委员会、中央组织部、中央宣传部、中央政法委员会、中央社会治安综合治理委员会办公室、最高人民法院、最高人民检察院、国家发展和改革委员会、公安部、监察部、民政部、司法部、国土资源部、住房和城乡建设部、中国人民银行、国家税务总局、国家工商行政管理总局、国务院法制办公室、中国银监会、中国证监会等有关部门。领导小组下设办公室，具体负责执行联动机制建立和运行中的组织、协调、督促、指导等工作。各成员单位确定一名联络员，负责执行联动机制运行中的联络工作。各地应成立相应的执行联动机制工作领导小组及办公室。

1. 纪检监察机关对人民法院移送的在执行工作中发现的党员、行政监察对象妨碍人民法院执行工作和违反规定干预人民法院执行工作的违法违纪线索，应当及时组织核查；必要时，应当立案调查。对于党员、行政监察对象妨碍人民法院执行工作或者违反规定干预人民法院执行工作，以及拒不履行生效法律文书确定义务的，应当依法依纪追究党纪政纪责任。

2. 组织人事部门应当通过群众信访举报、干部考察考核等多种途径，及时了解和掌握党员、公务员拒不履行生效法律文书以及非法干预、妨害执行等情况，对有上述问题的党员、公务员，通过诫勉谈话、函询等形式，督促其及时改正。对拒不履行生效法律文书、非法干预或妨碍执行的党员、公务员，按照《中国共产党纪律处分条例》和《行政机关公务员处分条例》等有关规定处理。

3. 新闻宣传部门应当加强对人民法院执行工作的宣传，教育引导社会各界树立诚信意识，形成自觉履行生效法律文书确定的义务、依法协助人民法院执行的良好风尚；把握正确的舆论导向，增强市场主体的风险意识。配合人民法院建立被执行人公示制度，及时将人民法院委托公布的被执行人名单以及其他干扰、阻碍执行的行为予以曝光。

4．综合治理部门应当将当地党委、人大、政府、政协重视和支持人民法院执行工作情况、被执行人特别是特殊主体履行债务情况、有关部门依法协助执行的情况、执行救助基金的落实情况等，纳入社会治安综合治理目标责任考核范围。建立健全基层协助执行网络，充分发挥基层组织的作用，配合人民法院做好执行工作。

5．检察机关应当对拒不执行法院判决、裁定以及其他妨害执行构成犯罪的人员，及时依法从严进行追诉；依法查处执行工作中出现的渎职侵权、贪污受贿等职务犯罪案件。

6．公安机关应当依法严厉打击拒不执行法院判决、裁定和其他妨害执行的违法犯罪行为；对以暴力、威胁方法妨害或者抗拒执行的行为，在接到人民法院通报后立即出警，依法处置。协助人民法院查询被执行人户籍信息、下落，在履行职责过程中发现人民法院需要拘留、拘传的被执行人的，及时向人民法院通报情况；对人民法院在执行中决定拘留的人员，及时予以收押。协助限制被执行人出境；协助人民法院办理车辆查封、扣押和转移登记等手续；发现被执行人车辆等财产时，及时将有关信息通知负责执行的人民法院。

7．政府法制部门应当依法履行备案审查监督职责，加强备案审查工作，对报送备案的规章和有关政府机关发布的具有普遍约束力的行政决定、命令，发现有超越权限、违反上位法规定、违反法定程序、规定不适当等情形，不利于人民法院开展执行工作的，应当依照《法规规章备案条例》等规定予以处理。

8．民政部门应当对生活特别困难的申请执行人，按照有关规定及时做好救助工作。

9．发展和改革部门应当协助人民法院依法查询被执行人有关工程项目的立项情况及相关资料；对被执行人正在申请办理的投资项目审批、核准和备案手续，协调有关部门和地方，依法协助人民法院停止办理相关手续。

10. 司法行政部门应当加强法制宣传教育，提高人民群众的法律意识，提高债务人主动履行生效法律文书的自觉性。对各级领导干部加强依法支持人民法院执行工作的观念教育，克服地方和部门保护主义思想。对监狱、劳教单位作为被执行人的案件，督促被执行人及时履行。指导律师、公证人员和基层法律服务工作者做好当事人工作，积极履行生效法律文书确定的义务。监狱、劳教所、强制隔离戒毒所对服刑、劳教人员和强制隔离戒毒人员作为被执行人的案件，积极协助人民法院依法执行。

11. 国土资源管理部门应当协助人民法院及时查询有关土地使用权、探矿权、采矿权及相关权属等登记情况，协助人民法院及时办理土地使用权、探矿权、采矿权等的查封、预查封和轮候查封登记，并将有关情况及时告知人民法院。被执行人正在办理土地使用权、采矿权、探矿权等权属变更登记手续的，根据人民法院协助执行通知书的要求，停止办理相关手续。债权人持生效法律文书申请办理土地使用权变更登记的，依法予以办理。

12. 住房和城乡建设管理部门应当协助人民法院及时查询有关房屋权属登记、变更、抵押等情况，协助人民法院及时办理房屋查封、预查封和轮候查封及转移登记手续，并将有关情况及时告知人民法院。被执行人正在办理房屋所有权转移登记等手续的，根据人民法院协助执行通知书的要求，停止办理相关手续。轮候查封的人民法院违法要求协助办理房屋登记手续的，依法不予办理。债权人持生效法律文书申请办理房屋转移登记手续的，依法予以办理。协助人民法院查询有关工程项目的规划审批情况，向人民法院提供必要的经批准的规划文件和规划图纸等资料。被执行人正在申请办理涉案项目规划审批手续的，根据人民法院协助执行通知书的要求，停止办理相关手续。将房地产、建筑企业不依法履行生效法律文书义务的情况，记入房地产和建筑市场信用档案，向社会披露有关信息。

对拖欠房屋拆迁补偿安置资金的被执行人，依法采取制裁措施。

13. 人民银行应当协助人民法院查询人民币银行结算账户管理系统中被执行人的账户信息；将人民法院提供的被执行人不履行法律文书确定义务的情况纳入企业和个人信用信息基础数据库。

14. 银行业监管部门应当监督银行业金融机构积极协助人民法院查询被执行人的开户、存款情况，依法及时办理存款的冻结、轮候冻结和扣划等事宜。对金融机构拒不履行生效法律文书、拒不协助人民法院执行的行为，依法追究有关人员的责任。制定金融机构对被执行人申请贷款进行必要限制的规定，要求金融机构发放贷款时应当查询企业和个人信用信息基础数据库，并将被执行人履行生效法律文书确定义务的情况作为审批贷款时的考量因素。对拒不履行生效法律文书义务的被执行人，涉及金融债权的，可以采取不开新户、不发放新贷款、不办理对外支付等制裁措施。

15. 证券监管部门应当监督证券登记结算机构、证券、期货经营机构依法协助人民法院查询、冻结、扣划证券和证券交易结算资金。督促作为被执行人的证券公司自觉履行生效裁判文书确定的义务；对证券登记结算机构、证券公司拒不履行生效法律文书确定义务、拒不协助人民法院执行的行为，督促有关部门依法追究有关负责人和直接责任人员的责任。

16. 税务机关应当依法协助人民法院调查被执行人的财产情况，提供被执行人的纳税情况等相关信息；根据人民法院协助执行通知书的要求，提供被执行人的退税账户、退税金额及退税时间等情况。被执行人不缴、少缴税款的，请求法院依照法定清偿顺序追缴税款，并按照税款预算级次上缴国库。

17. 工商行政管理部门应当协助人民法院查询有关企业的设立、变更、注销登记等情况；依照有关规定，协助人民法院办理被执行人持有的有限责任公司股权的冻结、转让登记手续。对申请注销登记的企业，严格执行清算制度，防止被执行人转移财产，逃避执行。逐步将不依法履行生效法律文书确定义务的被执行人录入企业信用分类监管系统。

18. 人民法院应当将执行案件的有关信息及时、全面、准确地录入执行案件信息管理系统，并与有关部门的信息系统实现链接，为执行联动机制的顺利运行提供基础数据信息。

19. 人民法院认为有必要对被执行人采取执行联动措施的，应当制作协助执行通知书或司法建议函等法律文书,并送达有关部门。

20. 有关部门收到协助执行通知书或司法建议函后，应当在法定职责范围内协助采取执行联动措施。有关协助执行部门不应对生效法律文书和协助执行通知书、司法建议函等进行实体审查。对人民法院请求采取的执行联动措施有异议的，可以向人民法院提出审查建议，但不应当拒绝采取相应措施。

21. 被执行人依法履行了生效法律文书确定的义务或者申请执行人同意解除执行联动措施的，人民法院经审查，认为符合有关规定的，应当解除相应措施。被执行人提供担保请求解除执行联动措施的，由人民法院审查决定。

○ 什么是执行突发事件？

执行突发事件，是指在执行工作中突然发生，造成或可能危及执行人员及其他人员人身财产安全，严重干扰执行工作秩序，需要采取应急处理措施予以应对的群体上访、当事人自残、群众围堵执行现场、以暴力或暴力相威胁抗拒执行等事件。

按照危害程度、影响范围等因素，执行突发事件分为特别重大、重大、较大和一般四级。特别重大的执行突发事件是指严重影响社会稳定、造成人员死亡或3人以上伤残的事件。除特别重大执行突发事件外，分级标准由各高级人民法院根据辖区实际自行制定。

○ 对执行突发事件应如何预防？

高级人民法院应当加强对辖区法院执行突发事件应急处理工作的指导。执行突发事件的应急处理工作由执行法院或办理法院负责。各级人民法院应当成立由院领导负责的应急处理工作机构，并建立相关工作机制。异地执行发生突发事件时，发生地法院必须协助执行法院做好现场应急处理工作。

执行突发事件应对工作实行预防为主、预防与应急处理相结合的原则。执行突发事件应急处理坚持人身安全至上、社会稳定为重的原则。各级人民法院应当制定执行突发事件应急处理预案。执行应急处理预案包括组织与指挥、处理原则与程序、预防和化解、应急处理措施、事后调查与报告、装备及人员保障等内容。执行突发事件实行事前、事中和事后全程报告制度。执行人员应当及时将有关情况报告本院执行应急处理工作机构。异地执行发生突发事件的，发生地法院应当及时将有关情况报告当地党委、政府。各级人民法院应当定期对执行应急处理人员和执行人员进行执行突发事件应急处理有关知识培训。执行人员办理案件时，应当认真研究全案执行策略，讲究执行艺术和执行方法，积极做好执行和解工作，从源头上预防执行突发事件的发生。执行人员应当强化程序公正意识，严格按照法定执行程序采取强制执行措施，规范执行行为，防止激化矛盾引发执行突发事件。执行人员必须严格遵守执行工作纪律有关规定，廉洁自律，防止诱发执行突发事件。执行人员应当认真做好强制执行准备工作，制定有针对性的执行方案。执行人员在采取强制措施前，应当全面收集并研究被执行人的相关信息，结合执行现场的社会情况，对发生执行突发事件的可能性进行分析，并研究相关应急化解措施。

○ 对执行突发事件应如何处理？

执行人员在执行过程中，发现有执行突发事件苗头，应当及时向执行突发事件应急处理工作机构报告。执行法院必须启动应急处理预案，采取有效措施全力化解执行突发事件危机。异地执行时，执行人员请求当地法院协助的，当地法院必须安排专人负责和协调，并做好应急准备。发生下列情形，必须启动执行突发事件应急处理预案：（1）涉执上访人员在15人以上的；（2）涉执上访人员有无理取闹、缠诉领导、冲击机关等严重影响国家机关办公秩序行为的；（3）涉执上访人员有自残行为的；（4）当事人及相关人员携带易燃、易爆物品及管制刀具等凶器上访的；（5）当事人及相关人员聚众围堵，可能导致执行现场失控的；（6）当事人及相关人员在执行现场使用暴力或以暴力相威胁抗拒执行的；（7）其他严重影响社会稳定或危害执行人员安全的。

执行突发事件发生后，执行人员应当立即报告执行突发事件应急处理工作机构。应急处理工作机构负责人应当迅速启动应急处理机制，采取有效措施防止事态恶性发展。同时协调公安机关及时出警控制现场，并将有关情况报告党委、政府。

执行突发事件发生后，执行法院必须就该事件进行专项调查，形成书面报告材料，在5个工作日内逐级上报至高级人民法院。对特别重大执行突发事件，高级人民法院应当立即组织调查，并在3个工作日内书面报告最高人民法院。执行突发事件调查报告应包括以下内容：（1）事件发生的时间、地点和经过；（2）事件后果及人员伤亡、财产损失；（3）与事件相关的案件；（4）有关法院采取的预防和处理措施；（5）事件原因分析及经验、教训总结；（6）事件责任认定及处理；（7）其他需要报告的事项。

执行突发事件系由执行人员过错引发，或执行应急处理不当加重事件后果，或事后瞒报、谎报、缓报的，必须按照有关纪律处分办法追究相关人员责任。

第二节 执行异议

○什么是执行异议？新民事诉讼法关于执行异议作了哪些主要修改？

执行异议，从字面上看，指在民事强制执行中，执行当事人或案外利害关系人对执行机构的执行行为提出的任何不同意见。但从法律制度本身看，并不是执行当事人或案外利害关系人在民事执行程序中提出的任何意见均被看作法律意见义上的执行异议，并用严格的法定程序处理，就如同不是人们的任何行为和事件均属于法院受理范围，应按法定审判程序解决一样。因为民事执行中，当事人和利害关系人提出的很多意见和主张，不涉及执行行为的违法或不当，也不涉及民事法律所保护的权益的损害，执行员按照一般人的价值观念就可自行判断解决，法律无须以明文规定处理程序染指，而且过分强调对执行当事人或案外利害关系人的一切不同意见均按法律制度中的执行异议程序处理，也会造成执行不畅，不仅违背执行制度的基本精神，不利于执行，更不利于法律的公正。

从严格法律意义出发，理论界有的学者将执行异议界定为：案外人基于自己的程序权利的实体权利，就原生效法律文书执行实施方法，应遵守之程序，或其他侵害其权益的情形，请求执行法院予以救济的方法。①我国原民事诉讼法是将执行过程中，第三人对执行标的提出独立实体权利，寻求救济的方法，称之为执行异议。但这

① 童兆洪、林翔荣："民事执行救济制度刍论"，载《比较法学》2002年第3期，第44页。

两种概念仅将案外人因执行机构的执行行为侵害其权利，寻求法律的救济方法定义为执行异议，而实际上，无论从理论上还是实践中，执行机构的执行行为往往更多地侵犯执行案件当事人和其他利害关系人的合法权益，比如，执行机构的执行措施不当，侵犯执行债务人的权益执行机构怠于执行，侵犯执行债权人权益等，因此，执行当事人和其他利害关系人的合法权益受到执行机构不当或违法执行行为侵害时，法律同样也应予以救济，因此，从构建完整法律意义的执行异议制度出发，执行异议保护的范围不应仅限于第三人，还应包括执行当事人和其他利害关系人。因此，从法律保护权利范围的完整性角度出发，执行异议范围还应包括执行当事人和利害关系人。准此以解，执行异议是指法律规定的，对执行当事人或案外利害关系人在其合法权益受到执行机构违法或不当的执行行为侵害时，提出的要求执行机构纠正、补救的请求，以法律程序予以解决的救济方法和制度。新民事诉讼法对原法中的执行异议制度进行了重构，明确区分了程序上的执行异议（第202条）、实体上的执行异议（第204条），颇值赞同。

强制执行系国家以公权力干预已经被法律确认的特定的私法上的权利义务关系而形成的制度，强制执行权与其他任何一种公权力一样，自产生时起，就应为其设定限制，否则其必将倾向于扩张而致滥用，其中一类限制制度，就是法律赋予被公权力侵害者以救济的制度，执行异议制度建立的起因，就是由于执行机构的强制执行行为难免违法或不当，使执行案件当事人或案外利害关系人的合法权益受到该公权力损害。执行当事人或案外利害关系人的合法权益受到损害时，也需法律上的救济，没有救济就没有权利，那种无法诉诸法律保护的权利，实际上就不是什么权利。[①] 基于此，执行异议制度得以创立。执行异议制度正是为使执行当事人或案外利害关系

① 蓝贤勇：《民事强制执行法理论与实务》，人民法院出版社2004年3月版，第379页。

人合法权益得到保护而创设的，赋予他们提出权利保护请求，采取措施依法对执行机构的违法或不当的执行行为予以纠正、补救的手段和程序，可见，执行异议首先是一种救济手段和程序。同时，从执行异议对执行机构的执行行为影响角度看，执行异议又是对执行机构执行行为的一种监督和约束。通过执行当事人或案外利害关系人提出执行异议和法定机构通过法定程序对异议的处理，执行机构的执行行为得以纠正和补救，从而起到对执行机构监督、约束的作用。因此，执行异议具有救济和监督的双重法律性质。正确理解执行异议制度还应把握以下几方面：

第一，执行异议是案件当事人或案外利害关系人的一种权利，即在民事强制执行中，当执行机关的执行行为侵害了执行当事人或案外人的合法权益时，请求有关机关采取纠正、保护和补救措施的权利。①

第二，国家为了实现执行当事人或案外利害关系人这种权利，相应地需要构建一整套法律程序和方法，执行异议的处理有赖于法律规定的这些程序，因此执行异议也是种法律方法、程序，进而成为一种法律制度。

第三，执行异议的目的，在于救济和监督。执行异议制度的建立，其基本目的就是在执行机构执行行为不当或违法，给他人合法权益造成损害时，使受损害人有救济的机会和渠道从另外一方面，通过这种制度的建立，执行机构的执行行为又被异议人和受理、处理异议的部门时刻进行监督和约束，使其符合法律规定，因此，执行异议又具有监督的目的。

第四，引起执行异议的原因，是执行机构的执行行为不当或违法，侵害了他人合法权益，导致他人的救济请求。执行异议是异议人的合法权益因执行机构的不当或违法执行行为受到侵害而请求救济保护的制度，因此，执行异议提起的前提是存在执行机构的不当

---

① 谭秋桂：《民事执行原理研究》，中国法制出版社2001年版，第375页。

或违法执行行为，而只有该执行行为与相关人的合法权益受损害之间存在法律上的因果关系，相关人才可以提出请求，要求执行机构依法纠正、补救。

第五，可以提出执行异议的主体（简称“异议人”），包括在民事强制执行程序中，其合法权利受到执行机构违法或不当执行行为侵害的执行当事人或案外利害关系人。执行中，执行机构的执行行为，难免有不当或违法的情况，难免有侵害他人合法权益的时候，而建立执行异议制度本身就是在发生上述情况时，给相关人以救济的渠道，因此，执行程序中，权益受到执行机构执行行为损害时，受害人均可针对执行机构、执行人员的执行行为提出异议和请求，以便使其纠正、弥补。因此，执行异议的提出主体应包括执行中涉及的执行债权人、执行义务人、案外利害关系人（包括协助执行人、案外被执行机构的执行行为涉及的其他第三人等）。这里，异议人既包括这些执行债权人、债务人和案外利害关系人本人，也包括受其委托的代理人、或其债权、债务承继者。

第六，可以作为执行异议被相关法律程序适用的权利请求，涉及当事人和利害关系人的普遍的、重要的程序上的法律权利和实体上的法律权利，但并非他们在执行中的一切意见均属受异议制度保护的范畴。

○ 什么是程序上的执行异议？新民事诉讼法对程序上的执行异议有何规定？

程序上的执行异议，在传统理论上简称“执行异议”，是指当事人或第三人就执行行为在程序上有所不服，请求执行机关纠正其执行行为在程序上的错误。[①]新民事诉讼法第202条规定：“当事人、利害关系人认为执行行为违反法律规定的，可以向负责执行的人民法

① 邹川宁：《民事强制执行基本问题研究》，中国法制出版社2004年版，第116页

院提出书面异议。当事人、利害关系人提出书面异议的，人民法院应当自收到书面异议之日起十五日内审查，理由成立的，裁定撤销或者改正；理由不成立的，裁定驳回。当事人、利害关系人对裁定不服的，可以自裁定送达之日起十日内向上一级人民法院申请复议。”这一条通常被理解为是关于程序上的执行异议的规定。

1. 提出主体

提出主体包括案件执行当事人和利害关系人。具体地说包括执行债权人、执行债务人、案外的利害关系人。

可以提出程序上的执行异议的主体，包括执行债权人和执行债务人比较容易理解，当他们认为执行机构的执行行为存在程序上的错误或不当时，比如执行机构对不应受理的强制执行申请而予以立案执行，执行机构怠于采取执行措施使债权人权利得不到及时全面实现等情况时，执行债务人、执行债权人，均可以提出程序上的执行异议。案外利害关系人为何也可提出程序上的执行异议呢？案外的利害关系人之所以也可提出程序上的执行异议，在于执行机构程序上的违法或不当执行行为，也可能侵犯其合法权利，法律因此向其提供救济手段，比如，执行机构对案外协助执行人，采取违法或不当的执行措施行为，该协助人可据此提出异议执行机构误将案外第三人作为被执行人因可能实体上存在对执行债权人义务而被变更、追加者除外，该案外第三人也可提出程序上的执行异议等等。

2. 可以提出程序上执行异议的事由

《民事诉讼法》第202条将提起程序上执行异议的条件界定为“执行行为违反法律规定”，一般认为，主要有以下几种情况：

第一，执行机构的违法或不当执行行为指执行机构的执行行为存在程序上的不当或违法，这些可以被提出异议的执行行为包括以下两类一类是执行机构的积极执行行为。积极执行行为又分为：(1) 执行机构的决定行为，比如执行立案行为、处罚行为等；(2) 执行机构的命令行为，比如发出限期执行通知，指令限期履行债务等；(3) 执行机构执行方法、措施的实施行为，比如做出的查封、冻结、拍卖措施及方式等；（4）执行机构的裁判行为，比如执行中止、执行终结的裁定等。另一类是执行机构的消极执行行为，比如接到债权人执行申请迟迟不予立案、怠于实施执行措施行为等。

第二，执行中事件包括执行机构违反法定程序，从而导致侵犯相关人权利的事实和结果。如：执行主体不适格（执行机构无执行权、超越执行权等）、违反法定程序的事件、后果等。

3. 异议人可以提出程序上执行异议的时间

一般在执行开始后，执行终结（执行程序结束）前。案件进入执行阶段，才存在执行机构的执行行为，也才有可能因这些执行行为不当或违法，而导致当事人和案外利害关系人权利受损，提出请求，要求补救，即执行异议，因此，执行异议只发生在执行阶段开始后，准确的说，在民事案件中，发生在当事人向执行法院等负责强制执行的机构提出执行申请后或法院将生效判决、裁定等自行移交执行机构时，而之前由于执行程序尚未开始，则无侵犯利益可言，[①]也就无所谓存在执行行为和执行异议。之所以在执行终结前提出执行异议，是因为，执行因执行终结而结束，已为的执行处分无从撤销和变更，提出异议已无实际意义，当事人不服的，应通过其他途径救济，比如提出国家赔偿等。但应当注意的是，执行终结包括执行因执行达到目的而结束和执行机构因法定原因而决定结束执行程序两类，我国民事诉讼法条文中的执行终结仅指后一种，含义狭隘。在类似我国法律规定的执行终结情况下，在法院做出执行终结裁定后，应认为当事人等也可提出执行异议，因为法院做出的终结执行裁定所依据的事实等可能有误，即执行终结的裁定违反事实和法律，当事人对执行机构作出的执行终结裁定不服的，就应当允许当事人提出不服意见，由于该不服意见是对执行机构作出执行终结裁定这一行为提出的，而作出执行终结裁定行为，又是执行机构典型的执行行为（裁定行为），因此，在执行终结后当事人对执行机

① 王洪光：《强制执行救济论》，第432页。

构的作出执行终结裁定行为不服提出的异议，理应属于执行异议。当然，这种异议，在我国法律规定对法院作出的执行终结裁定不得上诉的情况下，构建完善的程序上的执行异议制度对当事人权利的保护程度显得尤为重要。

4. 异议的处理方式和程序

对程序上的执行异议处理的程序和方式，不同国家和地区的立法是不同的。根据《民事诉讼法》第202条的规定，程序上的执行异议由负责执行的人民法院处理，人民法院应当自收到书面异议之日起15日内审查，理由成立的，裁定撤销或者改正；理由不成立的，裁定驳回。当事人、利害关系人对裁定不服的，可以自裁定送达之日起10日内向上一级人民法院申请复议。

但是，《最高人民法院关于适用〈中华人民共和国民事诉讼法〉执行程序若干问题的解释》第5条第2款改变了对执行异议作出审查结果的时间规定，执行法院审查处理执行异议，应当自收到书面异议之日起15日内作出裁定。当事人、利害关系人对裁定不服的，可以申请复议。依《最高人民法院关于适用〈中华人民共和国民事诉讼法〉执行程序若干问题的解释》的规定，对执行异议的复议程序是：当事人、利害关系人依照《民事诉讼法》第202条规定申请复议的，应当采取书面形式。当事人、利害关系人申请复议的书面材料，可以通过执行法院转交，也可以直接向执行法院的上一级人民法院提交。执行法院收到复议申请后，应当在5日内将复议所需的案卷材料报送上一级人民法院；上一级人民法院收到复议申请后，应当通知执行法院在5日内报送复议所需的案卷材料。上一级人民法院对当事人、利害关系人的复议申请，应当组成合议庭进行审查。当事人、利害关系人依照《民事诉讼法》第202条规定申请复议的，上一级人民法院应当自收到复议申请之日起30日内审查完毕，并作出裁定。有特殊情况需要延长的，经本院院长批准，可以延长，延长的期限不得超过30日。执行异议审查和复议期间，不停止执行。被执行人、利害关系人提供充分、有效的担保请求停止相应处分措施的，人民法院可以准许；申请执行人提供充分、有效的担保请求继续执行的，应当继续执行。

○ 什么是实体上的执行异议？

实体上的执行异议，是指执行案件当事人或案外利害关系人对债权人的请求存在实体上的争议，认为执行机构的执行行为损害其实体上的合法权益，因而请求就争议的实体法律关系进行裁判，要求排除强制执行的救济方法。国外一般采取异议人向法院提出独立诉求以审判的方式解决，所以，将其又称为“异议之诉。”

实体上的执行异议如下特征：

1. 提出主体方面

可以提出实体上的执行异议异议之诉的主体，也包括执行案件当事人或案外利害关系人。执行债务人和案外第三人可以提出实体上的执行异议，理论界基本意见是一致的，各国立法和司法实践也予以认可。对执行债务人来说，由于执行机构执行行为有可能侵犯其实体权利，比如，判决生效后，债务人已经主动按判决书内容履行了义务，而债权人仍向执行机构申请执行，如果执行机构未能了解此事实或了解后仍依据原生效法律文书执行时，债务人提出的执行异议就是实体上的执行异议，其目的在于排除已存的执行名义的执行力对于案外第三人，由于执行中的财物极有可能影响、涉及其实体权利（比如所有权等），因此，在执行中案外人的执行异议成为必要，这也是我国现行民事诉讼法中提到的一种执行异议。理论界主流观点因此按提出实体上的执行异议主体不同将“实体上的执行异议”区分为债务人提起的“异议之诉”和第三人提起的“异议之诉。”

对于执行债权人可以提出异议，在理论界有分歧。有的学者认为，实体上的执行异议只能由执行债权人或案外第三人提起，①并认为，由于执行是根据执行债权人的申请才得以启动，即便是法院移送的执行案件也以债权人请求债权为前提，对债务人强制执行行为本身，债权人不可能提出实体上的异议。这种观点未免有些绝对，诚然，执行是根据债权人主张权利而启动，但执行中如果涉及执行债权人的实体权利处分，执行机构的行为有时也会遭到执行债权人的反对，实际上有的就属于执行债权人提出的实体上的执行异议。最典型的例子是，执行债权人对执行机构参与分配中债权分配提出的实体权利异议主张（下面会介绍），这种异议直接涉及各执行债权人不同的实体权益，属于实体上的执行异议。一般，学者将其作为特殊制度，从执行异议制度中析出，将其归入“参与分配之诉”中，但从理论上分析，由于其也发生在执行程序中，且是当事人对执行提出的实体权利的异议，不应将其与整个执行异议制度割裂开。当然为理论阐述的方便，以及从立法结构、体制的角度出发，可以单独提出并可作特殊“异议之诉”对待，但这不代表否认执行债权人可以提出实体上的执行异议。

2. 在处理程序方面

程序上的执行异议与实体上的执行异议有根本的区别，其中最本质的区别在于后者实际完全“符合诉的构成要件。”其一，异议人的主张涉及其独立的实体上的权利，其主张不同于其他任何人；其二，由于实体上的执行异议中，异议人的权利主张独立于其他人，其主张目的也在于排除他人对其权利的干涉，则其主张中就有了明确的被告人；其三，异议人的主张是种诉求，理论界尽管对实体上的执行异议的诉的性质有不同看法，但均不否认该诉“具有确定实体权和排除执行力”③的双重性质，具有特殊的诉讼目的。由于提出实体上的执行异议，实际上是种诉求，就应当依照审理诉的程序由

① 孙加瑞：《中国强制执行制度概论》，中国民主法制出版社1999年12月版，第315页。

审判组织裁判，因此要求处理实体上的执行异议程序应与审判程序相当。这也是为何理论界将实体上的执行异议称为“异议之诉”的原因之一。

○ 我国原民事诉讼法关于执行异议的规定有何特点？

第一，可以提出执行异议的主体少，没有规定执行债权人、执行债务人和协助执行人可以提出执行异议（指程序上和实体上的），自然也无相应的救济方法和程序。我国现行民事诉讼法没有规定执行债权人和执行债务人的异议制度，也没有规定案外协助执行人的异议制度，只就案外第三人提出的执行异议作了较狭义的规定，这就使得在执行中，对执行债权人、执行债务人和协助执行人权益的保护不充分，也就是说，当执行机构的执行行为不当或违法时，侵犯他们合法权益时，缺乏法律上的救济制度，这不能不说是我国民事诉讼立法中的一个缺憾。具体地说，由于没有规定这些人可以提出执行异议、异议事由以及相应的救济程序，使得在执行实践中遇有如下经常遇到的情况时，使各方无法处理：

(1) 对执行债权人来说，对执行机构不予受理执行申请的异议无法救济，对执行机构决定的分配方案的异议无法得到救济，对执行部门怠于履行执行工作或履行工作方式、方法不满无法得到救济，对执行部门所做的决定、裁定如中止、终结的裁定不服等无法救济。

(2) 对执行债务人来说，对执行机构受理执行申请的异议无法救济，对执行机构的执行方式、方法、措施不满无法得到救济，对执行机构所做的决定、裁定如继续执行、履行不服等也无法挽救。

(3) 对协助执行人来说，对执行机构追究其协助责任不服、对执行机构执行工作方式、方法、措施不服无法得到救济，对执行机构所做的决定、裁定不服等也得不到法律支持。

第二，没有规定异议人（执行当事人和案外第三人）可以提出程序上的执行异议。从法律总体来说，在执行异议范畴，仅规定了案外人实体上的异议，没有规定异议人可以提出程序上的执行异议，从而使得执行当事人和利害关系人对民事执行中程序上的违法和不当执行行为没有相应的救济方法。[①] 实践中，当执行员执行措施不当、执行行为懈怠等情况发生时，相关利益受害者没有办法补救，往往参照行政管理的模式解决。即便提出异议，由于法律未规定解决程序，使得此类情况一般仍由执行员自己斟酌解决，对执行员也无监督、约束，漏洞可想而知。

第三，没有规定执行债务人和执行债权人可以提出实体上的执行异议。法律中提到的执行异议仅限于案外第三人对执行标的提出不同权利主张，对执行债务人和执行债权人来说，没有主张实体上执行异议的权利和规定，这样，在遇到执行机构的执行行为侵害其实体权利时，当事人也无法律依据获取救济，使其权利落空。事实上，执行机构的执行行为侵犯当事人实体权利的情况时有发生，比如发生在某市的一个典型案例：2003 年1 月，某公司甲因拖欠贷款问题，被银行乙起诉，法院最终判决由甲公司向乙方在判决生效后15 日内还款；判决生效后，在2003 年7 月，甲乙双方因某种原因达成还款协议，乙方同意甲方在2005 年9 月底再还款。但2003 年9 月，乙方以国家政策为由，要求甲方马上还款，在甲方拒绝后，乙方向法院申请执行原判决，法院受理后在执行时，甲方拿出原双方在2003 年7 月达成的还款协议，向执行法院提出异议，法院以不是执行中达成的和解协议以及法律没有规定债务人可提出异议为由，对甲方异议不予理睬，甲方为此以双方还款协议为依据，向另外法院起诉请求在2005 年9 月底还款，该法院做出支持甲方主张的判决并生效，该两案在法院执行时，造成混乱，至今未能解决。因此，无论在实践中还是理论上，允许当事人提出实体上的权利异议是必要的，法律

---

① 童兆洪、方永新：《论执行改革与执行程序的完善》，《判解研究》，2003 年5 月总第11 辑，第25 页。

没有规定是个缺憾。

第四，案外第三人可以提出的实体上的执行异议范围也过于狭窄。法律尽管规定案外第三人可以提出异议，也仅限于第三人提出的对执行标的的不同主张，对其他实体上的执行异议未作规定，显然有局限性，比如当执行标的没有涉及第三人的权利，但执行机构执行行为涉及第三人实体权利时，就超过了法律规定的第三人异议的范畴，一个典型的案例为甲会计师事务所为乙公司虚假出资做验资报告，使乙公司得以注册成立，后乙公司欠丙款不能偿还被起诉，在执行时乙被发现虚假出资问题，依法甲应在虚假出资并为其所验资额度内承担赔偿责任，执行法院据此裁定甲承担责任的数额，甲方认为执行法院认定自己承担数额有误，向执行法院提出异议，法院以法律没有规定这种异议理由为由，不予理睬，并执行了。在此案中，执行标的不涉及第三人权利，但执行机构执行行为涉及第三人实体权利，显然，如果允许该第三人提出执行异议，应属于实体上的执行异议，但从我国目前法律规定看，又缺乏依据，因此，这也是我国现有法律中的一个漏洞。

第五，对第三人的执行异议处理程序不完善。尽管我国法律规定了案外第三人可以提出对执行标的主张不同权利的异议，但对该异议的相关处理程序也存在漏洞：

（1）只能向执行法院负责执行的机构提出异议。民事诉讼法及相关司法解释规定，第三人提出异议向负责执行的人民法院提出，而实际上，由哪个部门具体受理异议法律没作规定，实践中往往由法院的执行机构（现在多数法院是执行局）受理，也就是只能向做出不当或违法行为的部门本身提出，可以想见，异议受理部门又是做出被认为不当行为者，这就需要该部门做自我批评和评断，其能否站在中立立场上做出合理判断，值得怀疑。即便在实践中，执行局内部进行了分工，一个部门（如协调处）专门负责异议处理和执行监督，另外一个部门如执行庭专门负责执行具体工作，仍不能摆脱自执自审的漏洞，因为重大事项，无论执行事项还是异议处理事项，执行局长及其合议组织是一套人马。

(2)由执行员做出处理。法律规定对第三人的异议，一般由执行员审查处理，本来异议产生的原因就是执行员的行为，这种由执行员又当裁判员又当运动员的体制显然缺乏公平合理性。

(3)执行机构兼执行和异议审查，与国家赔偿制度冲突。如果执行员或执行机构对第三人的异议处理错了，案外第三人的合法权益就会受到损害，将来第三人因此提出国家赔偿，国家将因此受到损失，而实际获益者却是执行债权人，第三人却不能说债权人侵权，因为这是由执行机构的行为造就的，因此，这就造成国家、执行债权人、第三人间权利义务不对等，给我国的国家赔偿制度造成实践上和理论上的隐患。

(4)执行员收到异议后，法律没有规定审查程序。法律规定对第三人的异议，由执行员审查处理，但按何种程序审查和作出决断，依据又是什么，法律没有规定，完全凭执行员自己的良知和法律知识，也没有监督。没有正当程序就没有正义，因此，异议由执行员处理的方式弊端太多。

(5)院长作出的决定是中止执行而不是终结执行。法律规定对第三人的异议，由执行员审查处理，认为异议有理的，由院长决定中止执行，注意这里不是“终结执行。”我们知道，“中止”意味着一旦条件成熟，还可以继续执行，那么显然与“认为异议有理”相矛盾，认为异议有理说明第三人提出的权利主张合理合法，也就是说第三人对执行标的物确有合法的权利，法院不能侵害其权利而强制执行，那么“认为异议合理”自当停止对该标的物的执行，而不是“中止”待以后再执行，因此，中止执行的决定欠妥。

(6)法律规定将审监程序作为执行异议处理的一个程序，也存在漏洞。《民事诉讼法》原第208条规定：“执行过程中，案外人对执行标的提出异议的，执行员应当按照法定程序进行审查……如果发现判决、裁定确有错误，按照审判监督程序处理。”首先，如果判决确有错误，按照审判监督程序处理，单独这样规定本身没有错误，我国法律对错案，规定了审判监督程序加以纠正，但应用到执行异议中，就有些以偏概全了，因为第三人提出执行异议的情况，不一定是因为原判决有错误，如果判决没有错，如给付金钱义务的执行，若债务人无现款偿付能力，执行员在执行时，依法作变通，以拍卖自以为是债务人的财产作为执行方式，当将要把该物执行（拍卖）而第三人对该物主张权利时，就不存在判决确有错误问题，显然，照审判监督程序处理也就不妥，法律也没有规定其他程序，此时就很难办。而对于法院的裁定，只有先予执行和诉讼保全的裁定涉及执行，对这些裁定错误，法律并没有可以以审判监督程序纠正的规定而对于支付令的错误，更没有可以以审判监督程序纠正的规定，这里的规定显然前后矛盾。其次，即便执行中发现判决确有错误，按照审判监督程序处理也不妥，因为根据我国诉讼法，审判监督程序由原案件当事人、人民法院、检察院启动，案外第三人无权直接提起，那么，第三人的权利按监督程序保护显然力不从心另外，即便启动了审判监督程序，也存在诸多问题：①第三人在再审程序中是何种法律地位有的学者认为是有独立权利第三人的法律地位，[①] 因为其对执行物的主张权利，与原案当事人双方均不同。但这与法律规定的有独立请求权的第三人法律性质矛盾，《民事诉讼法》第条规定对当事人双方的诉讼标的，第三人认为有独立请求权的，有权提起诉讼。也就是说有独立请求权的第三人是指这种人参加诉讼之初，至少原诉讼尚在原案债权人、债务人间发生即对原案诉讼标的，原被告均主张自己不同于对方的独立的权利，其争议尚无定论而执行阶段，此时原争议标的物已在原案中为法律确定，至少在原债权人和债务人间是确定了，他们之间在执行阶段，至少没有法律争议了，那么，异议第三人何来对原债权人、债务人争议标的之争议？因此他不是《民事诉讼法》第56条规定的有独立请求权的第三人。另外，案件进入执行阶段后，在执行债务人对第三人权利主张没有异议的

① 常怡主编：《民事诉讼法学》（第三版），第405页。

情况下，异议第三人只和债权人有争议，那就更不符合有独立权利第三人的法律规定了，可见，法律规定的有独立请求权的第三人与执行异议第三人的法律性质和含义不同，因此不能相互替代各自的法律地位。②适用审判监督程序，也对第三人保护不够。试想如果按审监程序审理，如果原审是二审，再审只能按二审程序进行，结果也就是终审判决，第三人对审判结果不服，就不能上诉，显然不合理，也不利于第三人权利的全面保护。

○ 执行过程中，提出实体上的执行异议的条件是什么？

我国《民事诉讼法》上的实体上的执行异议，是指在执行进行过程中，案外人对执行标的提出了不同的意见，并主张全部或部分的权利。执行的目的在于保护权利人的利益，而执行异议则是为了保护案外人的利益免受执行行为的侵害。换句话说，如果执行的标的侵害了案外人的民事权利，案外人有权要求人民法院予以纠正。

根据《民事诉讼法》第204条的规定，提起执行异议的条件是：

1. 有权提起实体上的执行异议的主体，只能是案外人

所谓案外人，不是泛指除当事人以外的其他一切人，而是专指除当事人以外，其法律上的权益因执行行为而受侵害的人，亦即与执行标的有利害关系的人。

2. 须是案外人对执行标的主张自己的权利

如果案外人仅仅是对法院的执行工作提出自己的意见或者建议，这种行为是不会导致执行程序中止的，而只有在案外人对执行标的主张权利的情况下，该行为才会直接涉及到执行程序能否继续进行的问题。应注意的是，所谓案外人对执行标的主张自己的权利，既包括主张对该标的享有全部所有权，也包括主张对该标的享有部分所有权。依《最高人民法院关于适用〈中华人民共和国民事诉讼法〉执行程序若干问题的解释》第15条的规定，案外人对执行标的的

主张所有权或者有其他足以阻止执行标的转让、交付的实体权利的，可以依照《民事诉讼法》第204条的规定，向执行法院提出异议。总之，案外人对执行标的主张实体权利是构成实体上的执行异议的前提条件之一。

3. 执行异议必须在执行程序开始后和结束前提出

4. 提出申请

案外人对执行标的提出异议，应当采取书面形式。以书面方式提出执行异议，应说明理由，并提供必要证据。

○ 法院对实体上的执行异议如何进行审查和处理？

第一，人民法院在接到案外人的执行异议后，应当自收到书面异议之日起15日内进行审查。对执行异议的审理，应当由执行员组成合议庭进行。

第二，对案外人提供的证据有疑问的，可召集有关单位或个人，包括案件当事人进行辨认、质证。对辨认、质证情况应当制作笔录，并由参加人签名或盖章。

第三，案外人因客观情况不能直接举证的，执行员应当根据案外人提供的证据线索进行调查，也可根据案件需要自行调查取证。

第四，主审人或合议庭应在接到异议后的15日内把执行异议审查清楚，并将审查情况和审查结果写出书面报告，附驳回执行异议或中止执行的裁定书草本报送院长审批。

情况复杂，证据一时难以认定，需要延长审查期限的，应当书面申报院长审批。院长接到审查报告后，认为事实清楚的，应在7日内签发驳回执行异议或中止执行的裁定书。

第五，认为案外人对执行上级法院生效的法律文书指定交付的标的物提出的异议成立，需要裁定中止执行的，应分别进行处理。属本院一审判决、上级法院维持的，报本院院长批准；属上级法院改判或指令、交办执行的，把合议庭意见写成书面报告，附提请准予裁定中止执行意见表一式二份，报送上级法院审批。上级法院应在收到报告后的15日内作出是否准许裁定中止执行的决定，并把意见表一份送回执行法院。

执行法院收到上级法院准予裁定中止执行的意见后，应立即以本院名义制作裁定书送达当事人、异议人及有关协助执行的单位和个人。

第六，对于事实清楚的简单执行异议，人民法院可以采用口头裁定，由书记员记入笔录。

第七，案外人对人民法院执行其他机关制作的法律文书提出异议的，执行员应按法定程序报告院长裁定中止执行，然后把执行异议交由法律文书发布机关审查。

○ 人民法院对实体上的执行异议如何处理？

对案外人提出的异议审查期间，执行法院可以对财产采取查封、扣押、冻结等保全措施，但不得进行处分，正在实施的处分措施应当停止。案外人向人民法院提供充分、有效的担保请求解除对异议标的的查封、扣押、冻结的，人民法院可以准许；申请执行人提供充分、有效的担保请求继续执行的，应当继续执行。因案外人提供担保解除查封、扣押、冻结有错误，致使该标的无法执行的，人民法院可以直接执行担保财产；申请执行人提供担保请求继续执行有错误，给对方造成损失的，应当予以赔偿。经审查，执行法院应分别情况作出处理：

1. 予以驳回

经审查认为，执行异议理由不成立的，裁定予以驳回异议，继续执行。案外人虽然提出了执行异议，但却没有提供必要的理由和证据，执行人员在进行必要的调查以后也没有收集到能证明执行异议成立的证据，在这种情况下，即应认为执行异议理由不成立，予以驳回。

2. 中止执行

案外人提出执行异议的标的物是法律文书指定交付的特定物，经审查认为案外人的异议成立的，裁定对生效法律文书中该内容中止执行。

3. 解除或者撤销执行措施

执行标的物不属于生效法律文书指定交付的特定物，经审查认为案外人的异议成立的，报经院长批准，停止对该标的物的执行。已经采取的执行措施应当裁定立即解除或撤销，并将该标的物交还案外人。

4. 进行再审

案外人、当事人对裁定不服，认为原判决、裁定确有错误，按照审判监督程序处理。

5. 另行提起诉讼

如果案外人、当事人对裁定不服，又与原判决、裁定无关的，可以自裁定送达之日起15日内向人民法院提起诉讼。

○ 案外人、当事人不服实体上执行异议裁定，提起诉讼的程序是怎样的？

依《最高人民法院关于适用〈中华人民共和国民事诉讼法〉执行程序若干问题的解释》的规定，案外人、当事人对执行法院的异议裁定不服，但与原判决、裁定无关的，提起诉讼的程序是：

1. 案外人依照《民事诉讼法》第204条规定提起诉讼的，诉讼期间，不停止执行。案外人的诉讼请求确有理由或者提供充分、有效的担保请求停止执行的，可以裁定停止对执行标的进行处分；申请执行人提供充分、有效的担保请求继续执行的，应当继续执行。案外人请求停止执行、请求解除查封、扣押、冻结或者申请执行人请求继续执行有错误，给对方造成损失的，应当予以赔偿。

2. 申请执行人依照《民事诉讼法》第204条规定提起诉讼，请求对执行标的许可执行的，应当以案外人为被告；被执行人反对申请执行人请求的，应当以案外人和被执行人为共同被告。申请执行人依照《民事诉讼法》第204条规定提起诉讼的，由执行法院管辖。人民法院依照《民事诉讼法》第204条规定裁定对异议标的中止执行后，申请执行人自裁定送达之日起15日内未提起诉讼的，人民法院应当裁定解除已经采取的执行措施。申请执行人依照《民事诉讼法》第204条规定提起诉讼的，执行法院应当依照诉讼程序审理。经审理，理由不成立的，判决驳回其诉讼请求；理由成立的，根据申请执行人的诉讼请求作出相应的裁判。

第三节　委托执行与协助执行

○ 什么是委托执行？

委托执行是指被执行人或者被执行的财产在外地，执行的管辖法院由于受辖区限制不便完成执行任务，而委托当地人民法院代为执行的一种法定执行方式。

1. 委托执行的前提是被执行人或者被执行的财产不在本法院辖区，本法院到当地执行确有一定困难

被执行人或者被执行的财产不在本法院辖区，执行法院可以委托当地法院执行，也可以直接到当地执行。直接到当地执行的，执行法院可以要求当地法院协助执行，当地法院应当根据要求协助执行。如果到当地执行确有实际困难，也可以委托当地法院代为执行。例如，追索赡养费、扶养费、抚育费案件的被告不在本法院辖区，而判决又要求分期给付，本法院不可能每个月都到当地执行，在这种情况下，可以委托当地人民法院代为执行。

2. 委托执行只能在人民法院之间进行

在我国，司法执行权由人民法院统一行使，其他机关、团体、企业事业单位均无司法执行权。因此，人民法院不可能委托其他机关、团体、企业事业单位代为执行。但如果确有必要，人民法院可以发出协助执行通知书，通知他们协助执行。

3. 委托执行的性质属于人民法院之间的协作关系

在我国，人民法院虽有不同级别、不同地区之分，但都是国家的审判机关，属于一个整体。在这个整体中，一个法院在行使审判权和司法执行权时遇到困难，有关法院应当予以协助。协助的方法有两种，其一是配合实施某一行为，其二是代为实施某一行为。委托执行属于后者。

○ 委托执行须履行哪些程序？

根据《最高人民法院关于人民法院执行工作若干问题的规定（试行）》的规定，凡需要委托执行的案件，委托法院应在立案后1个月内办妥委托执行手续。超过此期限委托的，应当经对方法院同意。

委托法院明知被执行人有下列情形的，应当及时依法裁定中止执行或终结执行，不得委托当地法院执行：（1）无确切住所，长期下落不明，又无财产可供执行的；（2）有关法院已经受理以被执行人为债务人的破产案件或者已经宣告其破产的。

委托执行一般应在同级人民法院之间进行。经对方法院同意，也可委托上一级的法院执行。被执行人是军队企业的，可以委托其所在地的军事法院执行。执行标的物是船舶的，可以委托有关海事法院执行。

委托法院应当向受委托法院出具书面委托函，并附送据以执行的生效法律文书副本原件、立案审批表复印件及有关情况说明，包括财产保全情况、被执行人的财产状况、生效法律文书履行的情况，并注明委托法院地址、联系电话、联系人等。

○受托法院如何接受委托进行执行？

受托法院接到委托书后，必须在15日内开始执行，不得拒绝，也无权对委托执行的生效法律文书进行实体审查，应当遵照生效法律文书的规定和按照委托法院的要求执行。执行完毕后，应当将执行结果及时函告委托法院；如果30日内未执行完毕，也应当将执行情况函告委托法院。

受托法院自收到委托书之日起15日内不执行的，委托法院可以请求受托法院的上一级人民法院指令执行。受托法院的上一级人民法院接到委托法院指令执行的请求后，应当在5日内指令受托法院开始执行，并将这一情况告知委托法院。受托法院接到上一级人民法院的书面指令后，应当立即执行，并将执行情况报告上一级人民法院，同时还应当告知委托法院。如果委托法院向受托法院的上一级法院发出指令执行请求后30日内还未收到该法院指令执行的复函，可以请求该法院的上级法院进行督促，该上级法院必须及时督促执行。

○受委托执行法院遇到特殊情况，如何处理？

受托法院在执行中遇到以下问题，应按《最高人民法院关于人民法院执行工作若干问题的规定（试行）》处理：

第一，委托执行案件的实际支出费用，由受托法院向被执行人收取，确有必要的，可以向申请执行人预收。委托法院已经向申请执行人预收费用的，应当将预收的费用转交受托法院。

第二，案件委托执行后，未经受托法院同意，委托法院不得自行执行。

第三，受托法院接到委托后，应当及时将指定的承办人、联系电话、地址等告知委托法院；如发现委托执行的手续、资料不全，应及时要求委托法院补办。但不得据此拒绝接受委托。

第四，受托法院受托执行的案件应当严格按照《民事诉讼法》和最高人民法院有关规定执行，有权依法采取强制执行措施和对妨害执行行为的强制措施。

第五，被执行人在受托法院当地有工商登记或户籍登记，但人员下落不明，如有可供执行的财产，可以直接执行其财产。

第六，对执行担保和执行和解的情况以及案外人对非属法律文书指定交付的执行标的物提出的异议，受托法院可以按照有关法律规定处理，并及时通知委托法院。

第七，受托法院在执行中，认为需要变更被执行人的，应当将有关情况函告委托法院，由委托法院依法决定是否作出变更被执行人的裁定。

第八，受托法院认为受托执行的案件应当中止、终结执行的，应提供有关证据材料，函告委托法院作出裁定。受托法院提供的证据材料确实、充分的，委托法院应当及时作出中止或终结执行的裁定。

第九，受托法院认为委托执行的法律文书有错误，如执行可能造成执行回转困难或无法执行回转的，应当首先采取查封、扣押、冻结等保全措施，必要时要将保全款项划到法院账户，然后呈请委托法院审查。受托法院按照委托法院的审查结果继续执行或停止执行。

○ 外地法院能否直接去当地银行查询、冻结、划拨存款？

根据《最高人民法院关于适用〈中华人民共和国民事诉讼法〉若干问题的意见》第280条规定，外地法院可以直接到被执行人住所地、被执行财产所在地银行及其营业所、储蓄所、信用合作社以及其他有储蓄业务的单位查询、冻结、划拨被执行人应当履行义务部分的存款，无需由当地人民法院出具手续。

○ 哪些单位负有协助执行义务？

既然被执行人或者被执行的财产在外地时，委托当地法院的代为执行不是必须，就存在着协助执行的问题。所谓协助执行是指实施执行措施的人民法院通知有关单位或者个人协助执行生效的法律文书所确定的内容的一种方式。

法院执行与有关单位或者个人协助执行相结合是我国执行制度的一项重要原则。从有关的执行实践来看，当前我国协助执行有三类：一是有关单位的协助执行；二是法院的协助执行；三是个人的协助执行。

1. 有关单位的协助执行

主要有银行、信用合作社、需要办理有关财产权证照转移手续的单位及被执行人所在单位的协助执行。如银行、信用合作社根据法院的通知，冻结、扣划被执行人在银行、信用合作社存款。办理房产证、土地证、山林所有权证、专利证书、车辆执照等有关财产权证照转移手续的部门根据法院通知而办理该财产权证照的转移手续。被执行人的所在单位的财务部门扣交被执行人的工资或其他收入等。对此，《民事诉讼法》第218条、第219条、第225条、第227条和《最高人民法院关于适用〈中华人民共和国民事诉讼法〉若干问题的意见》第280条、第290条、第291条、第292条都作出了明确的规定，人民法院作出的协助执行通知书，有关单位必须办理。

2. 法院的协助执行

当前，由于委托执行难，许多人民法院的执行人员到被执行人地或者被执行财产地进行直接执行，而人地两生，诸多不便。当地人民法院积极协助，是做好执行工作不可缺少的条件。对外地人民法院派来的执行人员，当地人民法院应主动派人陪同，提供交通工具和通讯工具，联系食宿，代购车船机票，并配合做好有关部门和被执行人的工作，了解被执行人的财产状况及对强制执行的态度；协助外地法院采取财产保全措施，如查封、扣押财产，冻结银行账户；协助外地人民法院采取强制措施等等。

3. 公民协助执行

不管是直接执行还是委托执行，在执行中都可能发生公民协助执行人员进行执行的事项，如公民交出被执行人存放在该处的钱、物、证券、车辆等。

第四节　执行和解与执行担保

○ 执行过程中，当事人双方是否可以进行和解？

执行和解，是指在执行中，双方当事人在自愿协商、互谅互让的基础上，就生效法律文书确定的权利义务关系达成协议，从而结束执行程序。执行和解是执行权利人行使处分权的结果，是《民事诉讼法》所规定的处分原则在执行程序中的具体体现。通过和解，当事人双方对生效法律文书所确定的给付内容、数额、方式以及期限等等加以变更，使之更加符合当事人的实际情况，既有利于执行权利人的权利得以及时实现，又有利于增进当事人之间的理解。对于人民法院来说，可以节约执行所需的大量的人力、物力和财力。

○ 当事人双方如何达成执行和解？

执行和解必须具备一定的条件，和解才能够成立，也才能够产生法律上的后果。根据《民事诉讼法》第207条和最高人民法院有关司法解释的规定，执行和解应满足以下条件：

1. 和解必须双方当事人完全自愿

所谓自愿，是当事人自愿作出的，不是在受他方威胁、欺诈、利诱或者在自己重大误解的情况下作出的。任何一方当事人都不得采取非法手段或者不正当方式强迫对方当事人与其达成和解协议，否则，就不是出于当事人的自愿。

2. 和解协议的内容必须符合法律、政策

和解尽管是当事人在执行过程中的自行活动，但因其涉及到双方诉讼权利和实体权利的处分，所以应受我国处分原则的制约，必须以符合法律、政策为前提。否则，即使双方当事人出自真实意愿，其和解协议也是无效的。

和解协议的内容应由执行员记入笔录。虽然和解协议并不是在执行人员主持下达成的，但执行人员有责任将执行过程中所出现的情况记载下来。根据《民事诉讼法》第207条的规定，双方当事人自行和解达成协议的，执行人员应将协议的内容记入笔录，由双方当事人签名或者盖章。这是和解协议应当具备的形式要件。

○ 达成执行和解协议后，一方当事人不履行的怎么办？

《民事诉讼法》第207条第2款规定："一方当事人不履行和解协议的，人民法院可以根据对方当事人的申请，恢复对原生效法律文书的执行。"不履行和解协议的当事人一方无权自行申请恢复强制执行。这对双方当事人来说，都起到一种制约作用。对执行文书的权利人的制约在于，如果其不履行和解协议，他就无权自己向法院申请恢复强制执行，如果义务人依和解协议履行完毕，执行程序即结束。对执行文书的义务人的制约在于，如果其不履行和解协议，人民法院就可以依据对方当事人的申请，恢复对原生效法律文书的执行。这时义务人不但要承受人民法院的强制执行，执行的是原生效法律文书而不是对其相对有利的和解协议，而且还要承担迟延履行的责任。

○ 申请恢复原判决的执行应在何期限内提出？

《民事诉讼法》有申请执行期限的规定，但法律没有规定申请恢复执行的期限。申请恢复执行当然应当遵守《民事诉讼法》关于申请执行期限的规定。关键是如何计算这一期限，执行和解阶段的时间计不计算在申请执行期限内，如果不计算在内，是重新起算还是连续计算。《最高人民法院关于适用〈中华人民共和国民事诉讼法〉若干问题的意见》第267条规定："申请恢复执行原法律文书，适用民事诉讼法第二百一十九条申请执行期限的规定。申请执行期限因达成执行中的和解协议而中止，其期限自和解协议所定履行期限的最后一日起连续计算。"

但根据新民事诉讼法第215条的规定："申请执行的期间为二年。申请执行时效的中止、中断，适用法律有关诉讼时效中止、中断的规定。前款规定的期间，从法律文书规定履行期间的最后一日起计算；法律文书规定分期履行的，从规定的每次履行期间的最后一日起计算；法律文书未规定履行期间的，从法律文书生效之日起计算。"执行和解应视为申请执行期间中止的事由，自该事由消除之日起，申请执行期间重新计算。

○ 执行和解协议经法院确认后，有何法律效力？

执行案件的当事人双方达成和解协议的，执行员应将协议的内容记入笔录，并由双方当事人签名或盖章。人民法院应当对执行和解协议进行审查，一经确认或批准即具有一定的效力。

1. 执行和解成立，即可重新确定或调整双方当事人之间的权利义务关系

当事人双方通过和解协议，对原执行文书确定的给付内容和方式等等作出了变更性处分，进而就重新确定或调整了当事人之间的

权利义务关系，当事人将按此协议行使权利，履行义务。

2. 执行和解协议不具有撤销原执行文书的效力

因为允许当事人达成和解协议，并不是因为生效的法律文书有错误，原生效的法律文书也不会因为当事人达成和解协议而失去其法律效力。这是因为对于生效的法律文书不经过法定程序是不能撤销的；而执行和解协议并不是法律文书，它只是当事人行使处分权的结果，不具有法律文书的效力，其履行只能依靠当事人的自觉行为，因此从程序上讲执行和解协议不可能具备撤销原执行文书的效力。

3. 执行和解协议合法有效并已履行完毕的，执行程序终结

根据《最高人民法院关于适用〈中华人民共和国民事诉讼法〉若干问题的意见》第266条和《最高人民法院关于人民法院执行工作若干问题的规定（试行）》第87条的规定，当事人之间达成和解协议合法有效并已履行完毕的，人民法院不予恢复执行，应当结案处理。

○ 在执行中，被执行人如何提出担保？

执行担保是指在执行过程中，被执行人或者担保人为了保证生效法律文书所确定的义务得以实现，而向人民法院提供的确保被执行人履行法律文书所规定的义务的保证行为。已生效的法律文书，在进入执行程序后，非依法不得停止执行。但在执行过程中，如果被执行人即时履行义务有困难，而又能为自己的履行提供充分、可靠的担保，以保证法律文书确定的给付内容实现的，强制执行措施可予暂缓采取。

依《最高人民法院关于人民法院执行工作若干问题的规定（试行）》第84条规定，被执行人或其担保人以财产向人民法院提供执行担保的，应当依据《物权法》、《担保法》的有关规定，按照担保物的种类、性质，将担保物移交执行法院，或依法到有关机关办理登记手续。由此可见，执行担保应依《物权法》、《担保法》的规定进

行。根据《担保法》第2条的规定，担保的方式有：保证、抵押、质押、留置和定金。但由于留置、定金这两种担保方式的发生必须以依合同的约定而占有他人财产或给付一定数额的定金为前提，因而不适用于执行担保。执行担保的方式只有保证、抵押和质押。

○ 执行担保需符合什么条件？

执行担保的条件应当符合以下几个条件：

1. 由被执行人或者第三人向人民法院提供担保

被执行人或者第三人以财产作担保的，应依《担保法》的有关规定，按照担保物的种类、性质，将担保物移交执行法院，或依法到有关机关办理登记手续。有财产证照的，应当移交人民法院保管。第三人为被执行人履行义务作保证的，应当提交保证书。保证人应当符合我国《物权法》、《担保法》规定的条件，并具有代为履行或者代为承担赔偿责任的能力。这种能力的有无，由人民法院审查认定。

2. 经申请执行人同意

执行担保是申请执行人与被执行人就执行程序暂时停止达成的合意，而执行担保又难免影响申请执行人的利益，因此一定要取得申请执行人的同意。

○ 被执行人提供担保的，暂缓执行的期限有多长？

在执行中，被执行人向人民法院提供执行担保，并经申请执行人同意的，人民法院可以决定暂缓执行及暂缓执行的期限。如果担保是有期限的，暂缓执行的期限应与担保期限一致，但最长不得超过1年。

执行文书是一种发生法律效力的文书，在执行程序开始后理应得到严格执行。因而，尽管负责执行的人民法院可因执行担保而依法决定暂缓执行，但暂缓执行不能没有期限，且这种期限应当适当，人民法院在决定暂缓执行的同时，即应决定暂缓执行的期限。《最高人民法院关于适用〈中华人民共和国民事诉讼法〉若干问题的意见》第268条规定："人民法院依照民事诉讼法第二百一十二条的规定决定暂缓执行的，如果担保是有期限的，暂缓执行的期限应与担保期限一致，但最长不得超过一年。"即这种暂缓执行的期限，原则上应与担保的期限一致，最长期限是1年。

○ 被执行人或担保人对担保的财产在暂缓执行期间有转移、隐藏、变卖、毁损等行为的，应如何处理？

暂缓执行的目的不是不执行生效的法律文书，而是为了更好、更顺利地执行生效的法律文书，因而，如果在暂缓执行期间内发生了不利于法律文书的执行，甚至使法律文书难以执行的情况，人民法院就可以停止暂缓执行，恢复强制执行。为此，《最高人民法院关于适用〈中华人民共和国民事诉讼法〉若干问题的意见》第268条规定："被执行人或担保人对担保的财产在暂缓执行期间有转移、隐藏、变卖、毁损等行为的，人民法院可以恢复强制执行。"

○ 被执行人在人民法院决定暂缓执行的期限届满后仍不履行义务的，如何处理？

在人民法院决定暂缓执行的期间内，如果被执行人依法履行了应当履行的义务，执行即告完毕，否则，恢复强制执行。恢复强制执行时，被执行人除了必须履行法律文书确定的义务外，并应承担迟延履行的债务利息或迟延履行金，包括在人民法院决定暂缓执行期间的债务利息或迟延履行金。在执行担保是以被执行人向人民法院提供财产作担保的情况下，恢复强制执行时，人民法院可直接执行其提供担保的财产。提供担保的财产超过其应当履行义务的部分，退回被执行人；不足部分通过执行被执行人的其他财产补偿。在执行担保是以第三人即保证人担保的情况下，恢复强制执行时，是先执行担保人的财产，后执行被执行人的财产，还是可以选择执行两者的财产，这一问题法律未作规定。根据我国《担保法》的规定，当事人可以约定保证方式（一般保证和连带保证），约定为一般保证的应首先以被保证人的财产返还，在被保证人财产依法强制执行仍不能履行债务后，由保证人承担保证责任；约定为连带责任保证的，既可以以被保证人的财产履行债务，也可以以保证人的财产履行债务。当事人没有约定保证方式或者约定不明确的，依连带责任保证。我们认为，这一原则同样适用于执行担保的情况。即负责执行的人民法院可以依当事人在提供执行担保时的约定来决定如何执行担保人和被执行人的财产。但有一点需要注意，人民法院强制执行担保人的财产时，应当首先作出裁定，并以执行担保人应当履行义务部分的财产为限。依《最高人民法院关于人民法院执行工作若干问题的规定（试行）》第85条的规定，人民法院在审理案件期间，保证人为被执行人提供保证，人民法院据此未对被执行人的财产采取保全措施或解除保全措施，案件审结后如果被执行人无财产可供执行或其财产不足清偿债务时，即使生效法律文书中未确定保证人承担责任，人民法院有权裁定执行保证人在保证责任范围内的财产。

○ 什么情况下可以申请人民法院暂缓执行？

根据《最高人民法院关于正确适用暂缓执行措施若干问题的规定》，有下列情形之一的，经当事人或者其他利害关系人申请，人民法院可以决定暂缓执行：（1）执行措施或者执行程序违反法律规定的；（2）执行标的物存在权属争议的；（3）被执行人对申请执行人享有抵销权的。人民法院决定暂缓执行的，应当同时责令申请暂缓执行的当事人或者其他利害关系人在指定的期限内提供相应的担保。被执行人或者其他利害关系人提供担保申请暂缓执行，申请执行人提供担保要求继续执行的，执行法院可以继续执行。当事人或者其他利害关系人提供财产担保的，应当出具评估机构对担保财产价值的评估证明。评估机构出具虚假证明给当事人造成损失的，当事人可以对担保人、评估机构另行提起损害赔偿诉讼。人民法院在收到暂缓执行申请后，应当在15日内作出决定，并在作出决定后5日内将决定书发送当事人或者其他利害关系人。

○ 什么情况下，法院决定暂缓执行？

有下列情形之一的，人民法院可以依职权决定暂缓执行：(1) 上级人民法院已经受理执行争议案件并正在处理的；(2) 人民法院发现据以执行的生效法律文书确有错误，并正在按照审判监督程序进行审查的。

人民法院决定暂缓执行的，一般应由申请执行人或者被执行人提供相应的担保。依照上述第 (1) 项决定暂缓执行的，由上级人民法院作出决定。依照上述第 (2) 项决定暂缓执行的，审判机构应当向本院执行机构发出暂缓执行建议书，执行机构收到建议书后，应当办理暂缓相关执行措施的手续。

在执行过程中，执行人员发现据以执行的判决、裁定、调解书和支付令确有错误的，应当依照最高人民法院《关于适用〈中华人民共和国民事诉讼法〉若干问题的意见》第258条的规定处理。在审查处理期间，执行机构可以报经院长决定对执行标的暂缓采取处分性措施，并通知当事人。

○ 暂缓执行的程序是怎样的？

暂缓执行的期间不得超过3个月。因特殊事由需要延长的，可以适当延长，延长的期限不得超过三个月。暂缓执行的期限从执行法院作出暂缓执行决定之日起计算。暂缓执行的决定由上级人民法院作出的，从执行法院收到暂缓执行决定之日起计算。

人民法院对暂缓执行的案件，应当组成合议庭对是否暂缓执行进行审查，必要时应当听取当事人或者其他利害关系人的意见。上级人民法院发现执行法院对不符合暂缓执行条件的案件决定暂缓执行，或者对符合暂缓执行条件的案件未予暂缓执行的，应当作出决定予以纠正。执行法院收到该决定后，应当遵照执行。

暂缓执行期限届满后，人民法院应当立即恢复执行。暂缓执行期限届满前，据以决定暂缓执行的事由消灭的，如果该暂缓执行的决定是由执行法院作出的，执行法院应当立即作出恢复执行的决定；如果该暂缓执行的决定是由执行法院的上级人民法院作出的，执行法院应当将该暂缓执行事由消灭的情况及时报告上级人民法院，该上级人民法院应当在收到报告后十日内审查核实并作出恢复执行的决定。

○ 对执行程序中确立的担保人可否采取强制措施？

《民事诉讼法》及其适用意见的有关条款明确指出强制措施适用于“诉讼参与人和其他人。”《最高人民法院关于人民法院执行工作若干问题的规定（试行）》第100条规定：“被执行人或其他人有下列拒不履行生效法律文书或者妨害执行行为之一的，人民法院可以依照《民事诉讼法》第一百零二条的规定处理。”在执行程序中，“其他人”指协助执行的单位和个人，也包括担保人等虽非执行当事人但与执行程序有关的其他人。故可以对担保人采取强制措施。

第五节　执行变更与执行回转

○ 作为被执行人的法人或者其他组织在执行中分立、合并的，如何处理？

分立可以是某个法人或者其他组织分成几个法人或者其他组织，将原有的资产和债务合理分配给新成立的法人或者其他组织；也可以在保留原有法人或者其他组织的情况下，分出一部分财产成立新的法人或其他组织。合并可以是几个法人或者其他组织合并成一个新的法人或者其他组织，原来法人或者其他组织的全部资产，包括债权债务都移交给新的法人或者其他组织；也可以是某个法人或者其他组织并入另一个法人或者其他组织，同时移交资产和债权债务。所以，分立、合并都是法人或者其他组织的一种变更，都将产生权利义务的承受问题。诉讼中发生的这种分立、合并，需要变更诉讼当事人，执行中发生这种分立、合并，同样需要变更申请执行人和被执行人。

变更申请执行人，实践中较少发生问题，问题较多的，是如何变更被执行人即执行义务主体。《最高人民法院关于适用〈中华人民共和国民事诉讼法〉若干问题的意见》第271条规定了执行义务主体变更的总的原则，即“执行中作为被执行人的法人或者其他组织分立、合并的，其权利义务由变更后的法人或者其他组织承受。”《最高人民法院关于人民法院执行工作若干问题的规定（试行）》第79条规定：“被执行人按法定程序分立为两个或多个具有法人资格的企业，分立后存续的企业按照分立协议确定的比例承担债务；不符合法定程序分立的，裁定由分立后存续的企业按照其从被执行企业分得的资产占原企业总资产的比例对申请执行人承担责任。”

○ 作为被执行人的法人或者其他组织在执行中被撤销的，应如何处理？

企业被撤销后，不仅需要依照《民法通则》第47条的规定由主管机关组织有关机关和有关人员成立清算组织清算债权债务问题，而且，依目前国家有关政策的规定，还需要另行确定被执行人的债务承受人的问题。

《最高人民法院关于适用〈中华人民共和国民事诉讼法〉若干问题的意见》第271条规定，执行中作为被执行人的法人或者其他组织被撤销的，“如果依有关实体法的规定有权利义务承受人的，可以裁定该权利义务承受人为被执行人。”《最高人民法院关于人民法院执行工作若干问题的规定（试行）》规定，被执行人无财产清偿债务，如果其开办单位对其开办时投入的注册资金不实或抽逃注册资金，可以裁定变更或追加其开办单位为被执行人，在注册资金不实或抽逃注册资金的范围内，对申请执行人承担责任。

被执行人被撤销、注销或歇业后，上级主管部门或开办单位无偿接受被执行人的财产，致使被执行人无遗留财产清偿债务或遗留财产不足清偿的，可以裁定由上级主管部门或开办单位在所接受的财产范围内承担责任。

被执行人的开办单位已经在注册资金范围内或接受财产的范围内向其他债权人承担了全部责任的，人民法院不得裁定开办单位重复承担责任。

○ 以其他组织名义参加诉讼的组织在执行中不能履行法律文书确定的义务的，应如何处理？

其他组织作为诉讼主体的依据是有相对独立的人格，但其毕竟不是法人，在民事实体法上，其不能承担完全独立的民事责任。在其不能承担民事责任时，由其设立人承担责任。据此，《最高人民法院关于人民法院执行工作若干问题的规定（试行）》规定，被执行人为无法人资格的私营独资企业，无能力履行法律文书确定的义务的，人民法院可以裁定执行该独资企业主的其他财产。被执行人为个人合伙组织或合伙型联营企业，无能力履行生效法律文书确定的义务的，人民法院可以裁定追加该合伙组织的合伙人或参加该联营企业的法人为被执行人。被执行人为企业法人的分支机构不能清偿债务时，可以裁定企业法人为被执行人。企业法人直接经营管理的财产仍不能清偿债务的，人民法院可以裁定执行该企业法人其他分支机构的财产。

若必须执行已被承包或租赁的企业法人分支机构的财产时，对承包人或承租人投入及应得的收益应依法保护。

○ 在执行中作为被执行人的法人或者其他组织名称变更，以谁为被执行人？

在经济活动中，法人或其他组织名称变更的情况是经常发生的。企业法人的变更可以是名称变更，也可以是住所、经营场所、法定代表人、经济性质、经营范围、经营方式、注册资金或者经营期限的变更，但后一类变更，不需要在执行时变更被执行人，只有名称变更，才需要变更被执行人。这种变更，限于形式变更，不包括财产所有权主体的变更。依照国务院颁发的《企业法人登记管理条例》的规定，企业名称变更或者其他事项的变更，均应申请办理变更登记，由主管部门审核批准。因此，遇有执行时企业自行变更名称以逃避债务的，人民法院无需依其变更而变更被执行人。是否变更，如何变更，完全取决于工商行政管理部门的变更登记。经合法登记变更法人或者其他组织名称的，《最高人民法院关于适用〈中华人民共和国民事诉讼法〉若干问题的意见》规定："可以裁定变更后的法人或者其他组织为被执行人。"这种执行义务主体的变更，不同于因法人或者其他组织发生分立、合并时的变更，前者只变更被执行人主体名称，名变实不变；后者则变更被执行人主体本身，名变实也变。

○ 作为被执行人的公民死亡的，执行程序应如何处理？

在这种情形下是否变更被执行人，依公民是否有遗产以及其继承人是否表示放弃继承而定。作为被执行人的公民在执行中死亡，如果他没有留下遗产，则继续执行失去了执行对象，如果同时没有义务承担人，只能依照《民事诉讼法》第235条第（3）项的规定裁定终结执行，不存在变更被执行人的可能性。即便作为被执行人的公民死亡后留有遗产，是否变更被执行人，也要依情况而定。继承权是我国公民的一项权利，可以行使，也可以放弃。继承人行使继承权的，依照我国《继承法》第33条的规定，继承人即负有在遗产的实际价值范围内清偿被继承人生前所欠债务的义务。在这种情况下，尽管被执行人的遗产有时并不足以清偿债务，但继承人作为被执行人的义务承担人，在执行中就需要变更被执行人，即由已死亡的被执行人的继承人作为被执行人义务主体履行清偿义务。《最高人民法院关于适用〈中华人民共和国民事诉讼法〉若干问题的意见》第274条规定，作为被执行人的公民死亡，其遗产继承人放弃继承的，“人民法院可以直接执行被执行人的遗产。”执行遗产过程中遇有继承人对遗产的范围等问题有异议的，人民法院可按案外人提出的执行异议处理。异议理由不成立的，予以驳回，理由成立的，由院长批准中止执行。

○ 哪些情况下发生执行回转？

执行回转（又称再执行），是指在执行完毕后，因据以执行的法律文书被依法撤销或者变更，由执行人员采取措施，强制一方当事人将执行所得的利益退还给原来被执行人，恢复到执行程序开始前的状况的一种制度。

执行回转是执行程序中的一种特殊现象,因为在一般情况下,执行完毕后，执行权利人的权利得以实现，执行程序即告结束，不会产生回转问题。但在特殊情况下，执行回转的情况也时有发生。在司法实践中，发生执行回转的原因大致有如下几种：

第一，人民法院制作的先予执行的裁定，在执行完毕后，被本院的生效判决或者二审法院的终审判决所撤销，因先予执行而取得财物的一方当事人即应将执行所得返还给对方当事人。

第二，人民法院制作的判决、裁定，在执行完毕后，该判决、裁定又被本法院或者上级人民法院经审判监督程序进行再审后被依法撤销，对因执行原判决、裁定而获得利益的一方当事人也应采取执行回转的措施。

第三，其他机关制作的依法由法院强制执行的法律文书，在执行完毕后，又被制作机关撤销的，也应由人民法院采取执行回转措施，责令一方当事人将执行所得返还给对方当事人。仲裁机关撤销其所作的仲裁裁决书；公证机关撤销其所作的赋予强制执行效力的债权文书等等。这种执行根据的错误，必将影响到执行工作的正确性，影响到真正的权利人的利益。执行回转正是为了解决这一问题的一项必要的补救制度，目的在于纠正因执行根据错误而导致的执行工作的失误，使当事人之间的权利义务关系恢复到正常状态，以维护当事人的合法权益。执行回转制度也充分体现了人民法院实事求是、依法办案、有错必纠的工作作风和高度责任感。

○ 执行回转应具备什么条件？

根据《民事诉讼法》第210条、《最高人民法院关于适用〈中华人民共和国民事诉讼法〉若干问题的意见》第275条、《最高人民法院关于人民法院执行工作若干问题的规定（试行）》第109条的规定，在执行中或执行完毕后，据以执行的法律文书被人民法院或其他有关机关撤销或变更的，原执行机构应当依当事人申请或依职权，按照新的生效法律文书，作执行回转的裁定，责令原申请执行人返还已取得的财产及其孳息。拒不返还，强制执行。

执行回转应重新立案，适用执行程序的有关规定。执行回转必须具备三个条件：

1. 执行程序已经进行完毕

这是产生执行回转的形式要件。如果是在执行进行过程中，发现执行根据有错误，执行人员可以报院长批准中止执行，也就不会产生执行回转的问题。

2. 执行根据被依法撤销或者变更

这是产生执行回转的实质要件。执行程序的发生以有执行根据为前提，即是强制实现执行根据中所确定的当事人之间权利义务关系的程序。正确的执行根据在执行完毕后，是不会产生执行回转的，而一旦执行根据有错误，依法定程序被撤销，执行根据中所确定的权利义务即失去了其合法根据，那么，将错误的执行根据执行完毕，自然就会产生执行回转的问题。

3. 根据新的生效法律文书执行

执行中，据以执行的法律文书撤销或者变更，人民法院应依当事人申请或依职权，按照新的生效法律文书执行回转。这里需要注意的是，根据《最高人民法院关于适用〈中华人民共和国民事诉讼法〉若干问题的意见》第275条的规定，对于人民法院执行的其他法律文书（即除人民法院制作的文书之外的文书）执行完毕后，该法律文书由有关机关依法撤销或者变更的，人民法院应依当事人的申请执行回转，不能依职权主动进行。不过，无论是依当事人申请，还是依职权，根据《最高人民法院关于人民法院执行工作若干问题的规定（试行）》第109条第2款的规定，执行回转应当重新立案，并适用执行程序的有关规定。

上述三个条件必须同时具备。

○ 执行回转有哪些措施？

执行回转的目的在于保护原被执行人的权益，本质上仍然是特殊情况下的执行。所不同的是，当事人的地位发生了变化，原被执行人在执行回转中成为执行权利人,原执行权利人则成为被执行人。

执行回转也必须要有执行根据，即撤销原法律文书以后所形成的新的法律文书，在这个新法律文书中应写明原执行权利人应该履行的义务。如果原执行人拒不履行义务，人民法院则应根据案件的具体情况，分别采取措施。根据《最高人民法院关于人民法院执行工作若干问题的规定（试行）》第110条的规定，执行回转时，已执行的标的物系特定物的，应当退还原物。不能退还原物的，可以折价抵偿。

○ 执行错误的，国家是否赔偿？

根据《国家赔偿法》第38条的规定，人民法院在民事诉讼过程中，违法采取对妨害诉讼的强制措施、保全措施或者对判决、裁定及其他生效法律文书执行错误，侵犯公民、法人和其他组织合法权益造成损害的，依法应由国家承担赔偿责任。

根据《最高人民法院关于民事、行政诉讼中司法赔偿若干问题的解释》（法释〔2000〕27号）的规定，对判决、裁定及其他生效法律文书执行错误，是指对已经发生法律效力的判决、裁定、民事制裁决定、调解、支付令、仲裁裁决、具有强制执行效力的公证债权文书以及行政处罚、处理决定等执行错误。包括下列行为：（1）执行尚未发生法律效力的判决、裁定、民事制裁决定等法律文书的；（2）违反法律规定先予执行的；（3）违法执行案外人财产且无法执行回转的；（4）明显超过申请数额、范围执行且无法执行回转的；（5）执行过程中，对查封、扣押的财产不履行监管职责，严重不负责任，造成财物毁损、灭失的；（6）执行过程中，变卖财物未由合法评估机构估价，或者应当拍卖而未依法拍卖，强行将财物变卖给他人的；（7）违反法律规定的其他情形。

人民法院及其工作人员在民事诉讼过程中，具有上述情形，造成损害的，应当承担直接损失的赔偿责任。因多种原因造成的损害，只赔偿因违法侵权行为所造成的直接损失。

根据《国家赔偿法》第19条、第38条的规定，具有下列情形之一的，国家不承担赔偿责任：（1）因申请人申请保全有错误造成损害的；（2）因申请人提供的执行标的物有错误造成损害的；（3）人民法院工作人员与行使职权无关的个人行为；（4）属于《民事诉讼法》第214条规定情形的；（5）被保全人、被执行人，或者人民法院依法指定的保管人员违法动用、隐匿、毁损、转移、变卖人民法院已经保全的财产的；（6）因不可抗力造成损害后果的；（7）依法不应由国家承担赔偿责任的其他情形。

○ 因执行错误造成的损失，如何请求国家赔偿？

民事诉讼中司法赔偿的赔偿方式主要为支付赔偿金，包括：支付侵犯人身自由权、生命健康权的赔偿金；财产损坏的，赔偿修复所需费用；财产灭失的，按侵权行为发生时当地市场价格予以赔偿；财产已拍卖的，给付拍卖所得的价款；财产已变卖的，按合法评估机构的估价赔偿；造成其他损害的，赔偿直接损失。能够返还财产或者恢复原状的，予以返还财产或者恢复原状，包括：解除查封、扣押、冻结；返还财产、恢复原状；退还罚款、罚没财物。

《国家赔偿法》第36条第（8）项规定的直接损失包括下列情形：（1）保全、执行过程中造成财物灭失、毁损、霉变、腐烂等损坏的；（2）违法使用保全、执行的财物造成损坏的；（3）保全的财产系国家批准的金融机构贷款的，当事人应支付的该贷款借贷状态下的贷款利息。执行上述款项的，贷款本金及当事人应支付的该贷款借贷状态下的贷款利息；(4) 保全、执行造成停产停业的，停产停业期间的职工工资、税金、水电费等必要的经常性费用；(5) 法律规定的其他直接损失。

第六节 调解书、仲裁裁决书、公证债权文书的执行

○ 调解书如何执行？

调解书是人民法院在审理民事案件中，根据双方当事人的自愿，在事实清楚的基础上，在调解的内容不违反法律规定的情况下，就双方当事人达成的协议制作成的调解法律文书。调解书也是人民法院据以执行的法律根据。

调解书是人民法院制作的法律文书，一旦送达双方当事人签收后，就与判决书、裁定书具有同等法律效力，带有强制性。由于调解书的内容是完全出于双方当事人的自愿，不存在强迫。因此一般情况下，调解书所确定的内容都能自动履行，不存在执行问题。但有时遇到义务人对协议反悔，且明知申诉无理，又不自动履行义务的情况下，人民法院可以根据申请执行人的请求，对被执行人进行强制执行。

《民事诉讼法》第212条第2款也明确规定："调解书和其他应当由人民法院执行的法律文书，当事人必须履行。"对于人民法院制作的调解书的执行，应当适用《民事诉讼法》第201条第1款的规定，由制作调解书的人民法院执行。

○ 不履行法院判决、裁定的，什么情况下构成犯罪？

《刑法》第313条规定："对人民法院的判决、裁定有能力执行而拒不执行，情节严重的，处三年以下有期徒刑、拘役或者罚金。"拒不执行判决、裁定罪，是指对人民法院已经发生法律效力的判决或者裁定有能力执行而拒不执行，情节严重的行为。

本罪在客观方面表现为有能力执行而拒不执行人民法院的生效判决和裁定，情节严重的行为。

1. 要有拒绝执行人民法院生效判决、裁定的行为

所谓拒绝执行，是指对人民法院生效裁判所确定的义务采取种种手段而拒绝履行。既可以采取积极的作为，如殴打、捆绑、拘禁、围攻执行人员，抢走执行标的，砸毁执行工具、车辆，以暴力伤害、毁坏财物、加害亲属、揭露隐私、破坏名誉等威胁、恫吓执行人员，转移、隐藏可供执行的财产，命令停止侵害仍不停止侵害而故意为之等等，又可以采取消极的不作为方式，如对人民法院的执行通知置之不理或者躲藏、逃避等。既可以采取暴力的方式，又可以采取非暴力的方式。既可以公开抗拒执行，又可以是暗地里进行抗拒。不论其方式如何，只要其有能力执行而拒不执行，即可构成本罪。

2. 执行义务人必须具有能力执行而拒不执行

倘若没有能力如执行义务人本身无执行财产而无法履行判决、裁定所确定的义务，则是无法、不能执行，而不是拒不执行。所谓有能力执行，是指根据人民法院查实的证据证明负有执行人民法院判决、裁定义务的人有可供执行的财产或者具有履行特定行为义务的能力。行为人在人民法院的判决、裁定生效后，为逃避义务，采取隐藏、转移、变卖、赠送、毁损自己财物而造成无法履行的，仍应属于有能力执行，构成犯罪的，应以本罪论处。

3. 必须达到情节严重，才能构成本罪

情节尚不属于严重，即使具有拒不执行的行为，也不能以本罪论处。根据《最高人民法院关于审理拒不执行判决、裁定案件具体应用法律若干问题的解释》第3条规定，负有执行人民法院判决、裁定义务的人具有下列情形之一的，应当认定为拒不执行人民法院判决、裁定的行为“情节严重”：(1) 在人民法院发出执行通知以后，隐藏、转移、变卖、毁损已被依法查封、扣押或者已被清点并责令其保管的财产，转移已被冻结的财产，致使判决、裁定无法执行的；(2) 隐藏、转移、变卖、毁损在执行中向人民法院提供担保的财产，致使判决、裁定无法执行的；(3) 以暴力、威胁方法妨害或者抗拒执行，致使执行工作无法进行的；(4) 聚众哄闹、冲击执行现场，围困、扣押、殴打执行人员，致使执行工作无法进行的；(5) 毁损、抢夺执行案件材料、执行公务车辆和其他执行器械、执行人员服装以及执行公务证件，造成严重后果的；(6) 其他妨害或者抗拒执行造成严重后果的。

○ 仲裁裁决有哪些情形，法院不予执行？

当事人申请人民法院执行，不仅要提交申请书和仲裁机构的裁决书，而且要接受法院的审查。如果被申请人提出证据证明国内仲裁裁决有下列情形之一的，经人民法院组成合议庭审查核实后，裁定不予执行：(1) 当事人在合同中没有订有仲裁条款或者事后没有达成书面仲裁协议的。(2) 裁决的事实不属于仲裁协议的范围或者仲裁机构无权裁决的。(3) 仲裁庭的组成或者仲裁活动违反法定程序的。(4) 认定事实的主要证据不足的。(5) 适用法律确有错误的。(6) 仲裁员在仲裁该案时有徇私舞弊，枉法裁决行为的。

对中华人民共和国涉外仲裁机构作出的裁决，被申请人提出证据证明仲裁裁决有下列情形之一的，经人民法院组成合议庭审查核实，裁定不予执行：(1) 当事人在合同中没有订有仲裁条款或者事后没有达成书面仲裁协议的；(2) 被申请人没有得到指定仲裁员或者进行仲裁程序的通知，或者由于其他不属于被申请人负责的原因未能陈述意见的；（3）仲裁庭的组成或者仲裁的程序与仲裁规则不符的；（4）裁决的事项不属于仲裁协议的范围或者仲裁机构无权仲裁的。人民法院认定执行该裁决违背社会公共利益的，裁定不予执行。

人民法院裁定不予执行的仲裁裁决，是不具有执行力的裁决，人民法院应当作出裁定，送达双方当事人和仲裁机构，告知不予执行。不具有执行力的裁决，对任何一方当事人都不发生拘束力。因此，可由双方当事人达成书面协议，重新申请仲裁机构仲裁。仲裁机构可以根据当事人的申请重新仲裁，也可以由任何一方当事人向人民法院提起诉讼。

○ 公证机关赋予债权文书强制执行效力应具备什么条件？

债权文书是双方当事人之间债权债务的关系明确，行使权利和履行义务的方法具体，双方当事人的意思表示一致，无任何疑义的权利性文书。公证机关的业务包括对于追偿债款、物品的文书，认为无疑义的，在该文书上证明有强制执行的效力。

根据《最高人民法院、司法部关于公证机关赋予强制执行效力的债权文书执行有关问题的联合通知》的规定，公证机关赋予强制执行效力的债权文书应当具备以下条件：（1）债权文书具有给付货币、物品、有价证券的内容；（2）债权债务关系明确，债权人和债务人对债权文书有关给付内容无疑义；（3）债权文书中载明债务人不履行义务或不完全履行义务时，债务人愿意接受依法强制执行的承诺。

公证机关赋予强制执行效力的债权文书的范围：（1）借款合同、借用合同、无财产担保的租赁合同；（2）赊欠货物的债权文书；（3）各种借据、欠单；（4）还款（物）协议；（5）以给付赡养费、扶养费、抚育费、学费、赔（补）偿金为内容的协议；（6）符合赋予强制执行效力条件的其他债权文书。

债权文书经过公证，并由公证机关依法赋予强制执行效力，它就可以成为申请执行的根据。但公证机关只是行使证明权的机关，无强制执行的权力。因此，当一方当事人不履行时，只能由对方当事人向有管辖权的人民法院申请执行。基于债权文书是经过公证机关按法律程序予以公证，并依法赋予强制执行效力的，为保护当事人的合法权益，维护国家公证制度，人民法院应当接受当事人的申请并予以执行。

○ 如何向法院申请执行公证债权文书？

根据《最高人民法院、司法部关于公证机关赋予强制执行效力的债权文书执行有关问题的联合通知》的规定，债务人不履行或不完全履行公证机关赋予强制执行效力的债权文书的，债权人可以向原公证机关申请执行证书。

公证机关签发执行证书应当注意审查以下内容：（1）不履行或不完全履行的事实确实发生；（2）债权人履行合同义务的事实和证据，债务人依照债权文书已经部分履行的事实；（3）债务人对债权文书规定的履行义务有无疑义。公证机关签发执行证书应当注明被执行人、执行标的和申请执行的期限。债务人已经履行的部分，在执行证书中予以扣除。因债务人不履行或不完全履行而发生的违约金、利息、滞纳金等，可以列入执行标的。

债权人凭原公证书及执行证书可以向有管辖权的人民法院申请执行。

人民法院接到申请执行书，应当依法按规定程序办理。必要时，可以向公证机关调阅公证卷宗，公证机关应当提供。案件执行完毕后，由人民法院在15日内将公证卷宗附结案通知退回公证机关。

人民法院据以执行的根据必须是正确的，如果公证过的债权文书确有错误，比如债权债务关系不能成立，债权债务不符合法律规定，或者双方当事人在申请公证时并非一致的意思表示，以及公证时有其他错误致使公证证明不能成立的，人民法院可作出裁定不予执行，并将裁定书送达双方当事人和公证机关。这种裁定是不予执行的裁定，是不接受当事人申请执行的裁定，而不是断定当事人债权债务关系的裁定。因此裁定虽要记明不予执行的理由，但不涉及公证机关的权力和当事人的实体权利。

○ 人民法院对财产刑如何执行？

根据《最高人民法院关于财产刑执行问题的若干规定》的规定，财产刑由第一审人民法院负责裁判执行的机构执行。被执行的财产在异地的，第一审人民法院可以委托财产所在地的同级人民法院代为执行。第一审人民法院应当在本院作出的刑事判决、裁定生效后，或者收到上级人民法院生效的刑事判决、裁定后，对有关财产刑执行的法律文书立案执行。

对罚金的执行，被执行人在判决、裁定确定的期限内未足额缴纳的，人民法院应当在期满后强制缴纳。对没收财产的执行，人民法院应当立即执行。

人民法院应当依法对被执行人的财产状况进行调查，发现有可供执行的财产，需要查封、扣押、冻结的，应当及时采取查封、扣押、冻结等强制执行措施。执行财产刑时，案外人对被执行财产提出权属异议的，人民法院应当审查并参照《民事诉讼法》的有关规定处理。

被判处罚金或者没收财产，同时又承担刑事附带民事诉讼赔偿责任的被执行人，应当先履行对被害人的民事赔偿责任。判处财产刑之前被执行人所负正当债务，应当偿还的，经债权人请求，先行予以偿还。执行的财产应当全部上缴国库。委托执行的，受托人民法院应当将执行情况连同上缴国库凭据送达委托人民法院；不能执行到位的，应当及时告知委托人民法院。

具有下列情形之一的，人民法院应当裁定中止执行；中止执行的原因消除后，恢复执行：（1）执行标的物系人民法院或者仲裁机构正在审理的案件争议标的物，需等待该案件审理完毕确定权属的；（2）案外人对执行标的物提出异议确有理由的；（3）其他应当中止执行的情形。被执行人没有全部缴纳罚金的，人民法院在任何时候发现被执行人有可供执行的财产，应当随时追缴。

具有下列情形之一的，人民法院应当裁定终结执行：（1）据以执行的刑事判决、裁定被撤销的；（2）被执行人死亡或者被执行死刑，且无财产可供执行的；（3）被判处罚金的单位终止，且无财产可供执行的；（4）依照《刑法》第53条规定免除罚金的；（4）其他应当终结执行的情形。人民法院裁定终结执行后，发现被执行人有隐匿、转移财产情形的，应当追缴。财产刑全部或者部分被撤销的，已经执行的财产应当全部或者部分返还被执行人；无法返还的，应予赔偿。因遭遇不能抗拒的灾祸缴纳罚金确有困难，被执行人向执行法院申请减少或者免除的，执行法院经审查认为符合法定减免条件的，应当在收到申请后一个月内依法作出裁定准予减免；认为不符合法定减免条件的，裁定驳回申请。

第七节　执行措施

○ 法院如何向被执行人发出执行通知？

《最高人民法院关于适用〈中华人民共和国民事诉讼法〉若干问题的意见》第279条规定："民事诉讼法第二百二十条规定的执行通知，人民法院应在收到申请执行书后的十日内发出。执行通知中除应责令被执行人履行法律文书确定的义务外，并应通知其承担民事诉讼法第二百三十二条规定的迟延履行利息或者迟延履行金。”

《最高人民法院关于人民法院执行工作若干问题的规定(试行)》第24条规定:“人民法院决定受理执行案件后,应当在三日内向被执行人发出执行通知书,责令其在指定的期间内履行生效法律文书确定的义务,并承担《民事诉讼法》第二百三十二条规定的迟延履行期间的债务利息或迟延履行金。”

由此可见,《最高人民法院关于人民法院执行工作若干问题的规定(试行)》将《最高人民法院关于适用〈中华人民共和国民事诉讼法〉若干问题的意见》的发出执行通知书的期限由“收到申请执行书后的十日内”修改为“决定受理执行案件后三日内”,更趋合理,一则执行的开始有申请执行和移送执行两种,《最高人民法院关于适用〈中华人民共和国民事诉讼法〉若干问题的意见》对移送执行未作规定。二则收到申请执行书并不一定导致执行程序的开始,还应对申请执行书进行审查,合乎条件的,才引起执行程序的开始。

执行通知是人民法院在采取强制措施前,为了督促被执行人自动履行义务,避免强制执行,而责令其在一定的期间履行义务的法律文书。根据《民事诉讼法》第216条的规定:“执行员接到申请执行书或者移交执行书,应当向被执行人发出执行通知,责令其在指定的期间履行,逾期不履行的,强制执行。被执行人不履行法律文书确定的义务,并有可能隐匿、转移财产的,执行员可以立即采取强制执行措施。”这说明,执行通知是人民法院采取强制措施前的必经程序。只有在发出执行通知、给被执行人一个合理的履行期间后,被执行人逾期仍不履行的,人民法院才可强制执行。

《最高人民法院关于人民法院执行工作若干问题的规定(试行)》第26条规定:“被执行人未按执行通知书指定的期间履行生效法律文书确定的义务的,应当及时采取执行措施。”也就是说,在执行通知书指定的期限内,被执行人转移、隐匿、变卖、毁损财产的,应当立即采取执行措施。

人民法院采取执行措施,应当制作裁定书,送达被执行人。

○ 法院在执行前应做好哪些准备工作？

1. 查阅有关案卷材料，了解案情，明确需要执行的事项

执行员应通过审阅执行文书、案卷及其他有关材料，掌握案件情况，明确执行事项，为执行工作做好准备。在这个过程中，如果发现法律文书存在内容模糊、数字错误等缺陷时，应返回原制作单位要求加以解释、说明、补充或更正。《最高人民法院关于人民法院执行工作若干问题的规定（试行）》第27条规定："人民法院执行非诉讼生效法律文书，必要时可向制作生效法律文书的机构调取卷宗材料。"

2. 进行全面调查，了解执行人拒不履行义务的原因和履行义务的实际能力

《最高人民法院关于人民法院执行工作若干问题的规定（试行）》第28、29、30、31条规定：申请执行人应当向人民法院提供其所了解的被执行人的财产状况或线索。被执行人必须如实向人民法院报告其财产状况。

人民法院在执行中有权向被执行人、有关机关、社会团体、企业事业单位或公民个人，调查了解被执行人的财产状况，对调查所需要的材料可以进行复制、抄录或拍照，但应当依法保密。

为查明被执行人的财产状况和履行义务的能力，可以传唤被执行人或被执行人的法定代表人或负责人到人民法院接受询问。

被执行人拒绝按人民法院的要求提供其有关财产状况的证据材料的，人民法院可以按照《民事诉讼法》第227条的规定进行搜查。

人民法院依法搜查时，对被执行人可能存放隐匿的财物及有关证据材料的处所、箱柜等，经责令被执行人开启而拒不配合的，可以强制开启。

○ 如何查找被执行人的财产？

查找被执行人的财产，是认定被执行人有无履行能力、决定执行方法、适用执行措施的重要前提，也是案件执行成功与否的关键。《最高人民法院关于人民法院执行工作若干问题的规定（试行）》第28条、第29条、第30条规定了查明被执行人财产状况的4种手段，即：申请执行人向人民法院提供被执行人财产状况或线索；被执行人必须如实向人民法院报告其财产状况，并接受询问；人民法院有权向有关单位和公民个人了解执行人的财产状况；依法进行搜查。在执行实践中，如何适用这些手段查找被执行人的财产，是一个需要认真研究的问题。

对金钱的查找。主要是指查找被执行人的银行存款、到期债权股息和红利等收入，以及在其他股份有限公司中持有的股票，在中外合资、有限责任公司、其他法人企业中的投资权益或股权等。如查找银行存款，关键是查明被执行人在银行的存款账户、账号，然后才能适用查询、冻结、划拨等执行措施。

第一，由当事人提供账户、账号。申请执行人和被申请执行人在经济交往中关系密切，资金往来也基本上是通过银行结算，申请执行人一般都能掌握被执行人的账户、账号。同时，也可从双方当事人签订的合同以及往来的信件、电传、电报文稿中查取。

第二，到人民银行查询被执行人的账户、账号。根据中国人民银行的规定，开户由人民银行统一管理。因此，可到当地人民银行查询。

第三，到被执行人所在辖区的工商、税务部门查询被执行人的账户、账号。企事业单位在工商和税务部门都有档案。工商档案中的开业登记和税务档案中的税务登记都有账户、账号记载，特别是交税款时都是通过银行缴纳，查取的账户、账号多是正常使用的。

第四，利用被执行人交纳的水、电、保险、邮电等费用，到相关的管理部门查找账户、账号。

第五，从被执行人的会计账簿中查找账户、账号。如果被执行人拒绝提供，可依法搜查财务部门，但搜查和查阅账薄工作一定要迅速，防止被执行人与开户行串通转移存款。

对动产的查找。主要是指查找被执行人的航空器、船舶、机动车辆、机器设备和办公设备等。查找机动车辆的方法：一是由申请执行人提供；二是对经常停放在被执行人处的车辆进行审查；三是到机动车辆管理部门查询。同时，到交通部门查询车辆购置附加费和养路费的交纳情况。对那些“公车私照”弄虚作假的行为也应查的一清二楚。对航空器、船舶的查找，除由申请执行人、被执行人提供情况外，可到主管登记部门查询。对机器设备、办公设备的查找，可以直接到生产车间、施工现场、工作室等场所直接查看，并审查其固定资产账簿及有关原始凭证，其数量、价值可一并查清。同时，也要留心对库存产品、原材料的查找。

对不动产的查找。主要是指查找被执行人使用的土地，以及房屋、林木等地上定着物。除由申请执行人提供情况、询问被执行人外，可查阅执行人固定资产账簿及有关权利证书，或到土地、房产、国有资产、林业管理部门查询。

对知识产权的查找。主要是指查找被执行人有无专利权、注册商标使用权、著作权等。虽然这种权利是无形的，但是对社会是公开的。专利权、注册商标使用权分别由国家专利局、商标局统一管理，发给权利证书并予公告，其产品上也有标识。根据著作权法的规定，著作权人的作品可以是发表的，也可以是未发表的，但从实际情况看，绝大多数作品是发表的。因此，查找比较容易，可以直接询问被执行人，或询问有关知情人，查看证书和作品。

扩大查找被执行财产的范围。当被执行人无履行能力时，就要考虑有无变更和追回被执行主体的条件。被执行主体有直接主体、连带主体、代位主体三种。直接主体是生效的法律文书中确定的被执行主体。连带主体、代位主体则是在执行程序中，由于情况发生了变化，或是出现了在审判程序中未曾发现的情况，依照法律规定和有关司法解释，应变更和追回被执行主体。变更和追加被执行主体，从形式上扩大了对申请执行人承担民事责任的主体范围，增加了查找被执行财产的线索和可能性。从本质上看，变更、追加被执行主体的过程，也是查找被执行财产进一步深化的过程。

○ 被执行人如何申报财产？

人民法院依照《民事诉讼法》第217条规定责令被执行人报告财产情况的，应当向其发出报告财产令。报告财产令中应当写明报告财产的范围、报告财产的期间、拒绝报告或者虚假报告的法律后果等内容。被执行人依照《民事诉讼法》第217条的规定，应当书面报告下列财产情况：(1) 收入、银行存款、现金、有价证券；(2) 土地使用权、房屋等不动产；(3) 交通运输工具、机器设备、产品、原材料等动产；(4) 债权、股权、投资权益、基金、知识产权等财产性权利；(5) 其他应当报告的财产。被执行人自收到执行通知之日前一年至当前财产发生变动的，应当对该变动情况进行报告。被执行人在报告财产期间履行全部债务的，人民法院应当裁定终结报告程序。

被执行人报告财产后，其财产情况发生变动，影响申请执行人债权实现的，应当自财产变动之日起10日内向人民法院补充报告。对被执行人报告的财产情况，申请执行人请求查询的，人民法院应当准许。申请执行人对查询的被执行人财产情况，应当保密。

○ 执行根据确有错误的，应如何处理？

在执行前的审查中或者执行过程中发现执行根据确有错误，人民法院应当分别不同情况，作出如下处理：

第一，执行员在执行本法院制作的法律文书时，发现确有错误的，应当提出书面意见，报请院长审查处理。

第二，执行员在执行上级人民法院制作的法律文书时，发现确有错误的，可以提出书面意见，经院长批准，函请上级人民法院审查处理。在此期间，可以暂缓执行。

第三，委托执行中，发现据以执行的法律文书确有错误的，应当及时向委托法院反映，需要中止执行的，由委托法院作出裁定。在此期间，可以暂缓执行。

第四，当事人向人民法院申请执行国内仲裁机构的裁决书，被申请人提出证据证明仲裁裁决有下列情形之一的，经人民法院组成合议庭审查核实，裁定不予执行：(1) 当事人在合同中未订有仲裁条款或者事后没有达成书面仲裁协议的；(2) 裁决的事项不属于仲裁协议的范围或者仲裁机构无权仲裁的；(3) 仲裁庭的组成或者仲裁的程序违反法定程序的；(4) 认定事实的主要证据不足的；(5) 适用法律确有错误的；(6) 仲裁员在仲裁该案时有贪污受贿，徇私舞弊，枉法裁决行为的。

另外，人民法院认定执行该裁决违背社会公共利益的，也可以裁定不予执行。

仲裁裁决被人民法院裁定不予执行后，当事人可以根据双方另行达成的书面仲裁协议重新申请仲裁，也可以向人民法院起诉。

第五，当事人向人民法院申请执行涉外仲裁裁决，被申请人提出证据证明仲裁裁决有下列情形之一的，经人民法院组成合议庭审查核实，裁定不予执行：(1) 当事人在合同中未订有仲裁条款或者事后没有达成书面仲裁协议的；(2) 被申请人没有得到指定仲裁员或者进行仲裁程序的通知，或者由于其他不属于被申请人负责的原因未能陈述意见的；(3) 仲裁庭的组成或者仲裁的程序与仲裁规则不符的；(4) 裁决的事项不属于仲裁协议的范围或者仲裁机构无权仲裁的。

另外，人民法院认定执行该裁决违背社会公共利益的，也可以裁定不予执行。

仲裁裁决被人民法院裁定不予执行后，当事人可以根据双方重新达成的书面仲裁协议申请仲裁，也可以向人民法院起诉。

第六，当事人向人民法院申请执行公证机关依法赋予强制执行效力的债权文书，被申请人提出证据证明该公证债权文书确有错误，或者执行员发现公证债权文书确有错误，经人民法院组成合议庭审查核实，裁定不予执行。

第七，在执行行政机关制作的行政处理决定书或者行政处罚决定书时，发现处理或者处罚决定有重大明显违法，侵害被执行人合法权益的，经人民法院组成合议庭审查核实，裁定不予执行。

○什么是查询、冻结、划拨被执行人的存款？

被执行人未按执行通知书指定的期限履行给付金钱义务的，人民法院可以向银行、信用社以及其他有储蓄业务的单位查询被执行人的存款情况，并有权冻结、划拨被执行人存款。

查询，是指人民法院执行人员向银行、信用社以及其他有储蓄业务的单位调查了解被执行人的账户和账户上的存款情况。其目的在于了解被执行人的履行能力，以便在账上有钱的情况下冻结、划拨其存款。查询时，人民法院应当向有关金融机构发出协助查询存款通知书。有关银行、信用社以及其他有储蓄业务的单位接到通知，应当积极协助，不得拒绝。

冻结，是指封存被执行人银行账户上一定数额的存款，停止提取、转账业务。其目的在于防止被执行人转移存款，并促其自动履行义务。采取冻结措施时，人民法院应当作出裁定，并向有关银行、信用社或其他有储蓄业务的单位发出协助冻结通知书。有关银行、信用社或其他有储蓄业务的单位接到通知，应当立即办理冻结手续。被执行人账户上当日存款不足冻结数额的，有关银行、信用社或其他有储蓄业务的单位应当继续冻结随后进入该账户的存款，直到达到需要冻结的数额。冻结存款的期限为6个月。需要延长冻结的，应当在冻结期满前办理继续冻结手续。每次续冻的最长期限仍为6个月。

对冻结的款项解除冻结时，人民法院应当向银行、信用社或其他有储蓄业务的单位发出解除冻结存款通知书，作为银行、信用社或其他有储蓄业务的单位办理解冻的依据。根据《最高人民法院关于人民法院执行工作若干问题的规定（试行）》第33条的规定，金融机构擅自解冻造成冻结款项被转移的，人民法院可以责令限期追回已转移的款项。在限期内不能追回的，可裁定该金融机构在转移的款项范围内以自己的财产向申请执行人承担责任。

划拨是指通过有关银行、信用社或其他有储蓄业务的单位，把被执行人的存款通过转账划入申请执行人的账户。划拨一般在冻结存款的基础上进行，但也可以不经冻结而直接划拨。采取划拨措施时，人民法院应当作出裁定，并向有关银行、信用社或其他有储蓄业务的单位发出协助划拨存款通知书，并附生效法律文书。有关银行、信用社或其他有储蓄业务的单位接到协助划拨存款通知书后，只要被执行人的账户内有存款，应当立即将款项划拨到人民法院指定的账户上。被执行人的账户上当日无款或者款额不足划拨数额的，银行、信用社或其他有储蓄业务的单位应当按照该通知书的要求，对被执行人随后进入该账户的款项予以划拨，直至达到划拨数额为止。

另外，根据最高人民法院的有关司法解释，被执行人住所地、被执行财产所在地不在本法院辖区的，人民法院可以直接到被执行人住所地、被执行财产所在地金融机构查询、冻结、划拨被执行人的存款，无须由当地人民法院出具手续。

○ 查询、冻结和划拨被执行人的存款的范围有无限制？

查询、冻结和划拨被执行人在银行等的存款，是民事执行措施中通常采用的执行措施。采用这项执行措施时，一定要严格依法进行。根据《民事诉讼法》第218条的规定，人民法院查询、冻结、划拨被执行人的存款，不得超出被执行人应当履行义务的范围。

根据《最高人民法院关于适用〈中华人民共和国民事诉讼法〉若干问题的意见》第280条的规定，人民法院可以直接向银行及其营业所、储蓄所、信用合作社以及其他有储蓄业务的单位查询、冻结、划拨被执行人的存款。外地法院可以直接到被执行人住所地、被执行财产所在地银行及其营业所、储蓄所、信用合作社以及其他有储蓄业务的单位查询、冻结、划拨被执行人应当履行义务部分的存款，无需由当地人民法院出具手续。人民法院在采取这一措施时需注意两个问题：第一，为了保护被执行人的合法权益，查询、冻结、划拨被执行人的存款，不得超出被执行人应当履行义务的范围，否则就会损害被执行人的合法权益。银行等对超出范围的查询、冻结、划拨也有权拒绝。第二，人民法院冻结、划拨存款，应当作出裁定。这一程序上的要求，旨在保证人民法院正确合法地运用这一措施，全面保护当事人的合法权益。

○ 对金融机构的哪些财产不得执行？

根据《最高人民法院关于人民法院执行工作若干问题的规定（试行）》第34条的规定，被执行人为金融机构的，对其交存在人民银行的存款准备金和备付金不得冻结和扣划，但对其在本机构、其他金融机构的存款，及其在人民银行的其他存款可以冻结、划拨，并可以对被执行人的其他财产采取执行措施，但不得查封其营业场所。

○ 国有企业下岗职工基本生活保障资金是否可以执行？

根据《最高人民法院关于严禁冻结或划拨国有企业下岗职工基本生活保障资金的通知》的规定，国有企业下岗职工基本生活保障资金是采取企业、社会、财政各承担1/3的办法筹集的，由企业再就业服务中心设立专户管理，专项用于保障下岗职工基本生活，具有专项资金的性质，不得挪作他用，不能与企业的其他财产等同对待。各地人民法院在审理和执行经济纠纷案件时，不得将该项存于企业再就业服务中心的专项资金作为企业财产处置，不得冻结或划拨该项资金用以抵偿企业债务。

○ 法院是否可以执行社会保障基金？

根据《最高人民法院关于在审理和执行民事、经济纠纷案件时不得查封、冻结和扣划社会保障基金的通知》的规定，社会保障基金是由社会保险机构代参保人员管理，并最终由参保人员享用的公共基金，不属于社会保险机构所有。社会保险机构对该项基金设立专户管理，专款专用，专项用于保障企业退休职工、失业人员的基本生活需要，属专项资金，不得挪作他用。因此，各地人民法院在审理和执行民事、经济纠纷案件时，不得查封、冻结或扣划社会保障基金，不得用社会保障基金偿还社会保险机构及其原下属企业的债务。

○ 哪些存款可以冻结和划拨？

可冻结和划拨的款项主要有：企事业单位在金融机构的存款；个人的存款（按最高人民法院、中国人民银行于1980年6月16日转发上海市高级人民法院《关于人民法院执行民事判决向银行调取当事人存款的通知》规定，在银行调取被执行人银行存款前，先发执行通知，责令被申请人限期交出存单、存折，若逾期不交，即由银行按法院划拨通知将被申请人应予执行的存款转至人民法院指定的账户，原持有者的存单、存折即宣告作废）；当事人的凭证式国库券（见最高人民法院法释〔1998〕2号《关于对被执行人存在银行的凭证式国库券可否采取执行措施问题的批复》）；当事人的邮政储蓄存款（见最高人民法院法复〔1996〕1号《关于人民法院依法有权查询、冻结和扣划邮政储蓄存款问题的批复》)。

○人民法院是否可以执行信用证保证金?

关于信用证开证保证金，应按最高人民法院法释〔1997〕4号《关于人民法院能否对信用证开证保证金采取冻结和扣划措施问题的规定》办理，即对确系信用证保证金的，不能采取扣划措施；如开证银行履行了对外支付义务，根据该银行的申请，应即解除冻结措施；如开证保证金是外汇，信用证的受益人提供的单据与信用证条款相符时，应即解冻；如信用证开证保证金账户已丧失保证金功能的，则可以采取扣划措施。

○人民法院是否可以执行证券或期货交易证券登记结算机构及经纪机构的账户资金?

关于证券或期货交易证券登记结算机构、证券经营或期货经纪机构清算账户资金等，应按最高人民法院法发〔1997〕27号《关于冻结、划拨证券或期货交易证券登记结算机构、证券经营或期货经纪机构清算账户资金等问题的通知》办理，即在冻结、划拨其交易清算资金时，应冻结、扣划其自营账户中的资金；如证券经营机构未开设自营账户而进行自营业务的,依法可以冻结其在证券交易所、证券登记结算机构及其异地代理机构清算账户上的清算资金，但暂时不得划拨；如上述清算账户中的资金是其他投资者的，应对投资者的资金解除冻结，其余可以划拨；当投资者为债务人时，清算账户中该投资者的相应部分资金可冻结、划拨；当证券经营机构或投资者为债务人时，对于未作回购质押，而确属债务人所托管债务，可以依法冻结提取；对于交易保证金，只有在丧失保证金作用的情况下才能依法冻结、划拨。

○ 被执行人银行账户上没有存款怎么办？

在审判和执行工作的实践中，往往遇到在金融机构查询时，被申请人账户上只有少量存款或者无款的情况。这时需深挖细找，不放过任何细小情节，做到“死账活查。”如请银行工作人员将被申请人账户上近期的往来发生额打印出来，根据打印出来的发生额挑选几笔进出的大数额，记下时间和案号，请银行工作人员将会计凭证找出来，然后分析是否正常、是否另有账户、是否有往来频繁的单位、是否有可得收益等。

○ 有义务协助执行的单位和个人拒绝协助应负什么责任？

极少数有义务协助执行的单位或个人，因法制观念淡薄，认识不到生效法律文书的严肃性、权威性，在接到人民法院的《协助执行通知书》后，无故推拖，甚至拒绝协助或者妨碍执行。按照《民事诉讼法》第103条的规定，除责令其履行协助义务外，对其主要负责人或者直接责任人员可以罚款，还可向有关机关提出纪律处分的司法建议。对于擅自向被执行人或其他人支付款项的，可按照《最高人民法院执行工作若干问题的规定（试行）》中第37条的规定处理，责令其限期追回，逾期未追回的，可裁定其在支付的数额内向申请执行人承担责任。对于第三人收到人民法院的履行到期债务通知后，在通知期限内没有提出异议。而又不履行的，按照《最高人民法院关于执行工作若干问题的规定（试行）》第65条裁定对其强制执行。

○ 银行擅自划拨法院已冻结的款项怎么办?

遇到个别银行工作人员擅自划拨法院已冻结款项的情况时，对银行工作人员可以罚款，并按照《最高人民法院关于执行工作若干问题的规定（试行）》中第33条处理，责令限期追回已划拨转移的款项，在限期内未能追回的，应裁定该银行在划拨的款项范围内以自己的财产向申请执行人承担责任。

○ 所冻结的账户中在冻结期间有一个账户已达到冻结的数额，对其他冻结的账户怎么办?

在财产保全的实际工作中，这种情况有时会遇到，因被执行人有多头银行账户，采取查询、冻结措施时冻结了其几个账户，需要冻结的均为同样数额。当有一个账户款额已达到所需冻结的数额时，凭该银行的证明，或由该银行在重新办理的《协助冻结存款通知书》回执上签署好已冻结的数额，然后对其他所冻结的账户一律予以解冻。如遇到被执行人反映所冻结的几个账户上的存款数加起来已达到或超过冻结的数额时，则可将这些账户上的款项按应冻结的数额划拨到一个账户，对其他账户予以解冻；也可以让被执行人将所需冻结数额的款项汇到一个账户上，只冻这个账户，其他账户解冻。

○ 被执行人是起字号的个人合伙但已解体的怎么办?

执行中如遇到这种情况，一是可找诉讼代表人即原告合伙的负责人，按连带责任方式执行债务；二是找合伙成员，按他们合伙时的比例责任方式执行。对他们各自在金融机构的存款、储蓄同样可以查询、冻结和划拨。

○ 冻结、划拨出现了错误怎么办？

一般应按照最高人民法院、最高人民检察院、公安部法〔1996〕83号《关于对冻结、扣划企业事业单位、机关团体在银行、非银行金融机构存款的执法活动加强监督的通知》精神办理。法院自己发觉的应立即更正，并向被错误冻结、划拨的企业或个人道歉；上级法院发现的，可依照法定程序作出决定或裁定，送达有关下级法院限期纠正。

○ 外地法院是否可以直接到本地的金融机构执行被执行人的存款？

司法实践中，在执行该项规定时曾出现过一些混乱现象。一是，负责执行的人民法院到外地银行、信用社去查询、冻结、划拨被执行人的存款时，这些单位则要求由当地法院办理这些手续，否则不予协助。二是，人民法院在采取上述措施时，不少银行的营业所及信用社提出须经上级机关或领导同意后才能办理，否则也不予办理。三是，某人民法院已经冻结的被执行人的银行存款，另一人民法院重复冻结或擅自解冻。这些问题的出现，给人民法院的执行工作带来了不必要的麻烦，曾一度使执行工作陷入被动局面，破坏了法律的严肃性和权威。这里面既有包含地方保护主义因素的人为原因，也有因对法律的规定理解不一的认识上的原因。但不管是哪一方面的原因，其做法都是错误的。对此，《民事诉讼法》和最高人民法院已做出了明确的规定：人民法院可以直接向银行及其营业所、储蓄所、信用合作社以及其他有储蓄业务的单位查询、冻结、划拨被执行人的存款。外地法院可以直接到被执行人住所地、被执行财产所在地银行及其营业所、储蓄所、信用合作社以及其他有储蓄业务的单位查询、冻结、划拨被执行人应当履行义务部分的存款，无需由当地人民法院出具手续。人民法院在执行中已依法对被执行人的财产查封、冻结的，任何单位包括其他人民法院不得重复查封、冻结或者擅自解冻。

○ 人民法院如何执行被执行人在金融机构的存款？

根据《最高人民法院、中国人民银行关于依法规范人民法院执行和金融机构协助执行的通知》的规定，执行被执行人存款的程序如下：

第一，人民法院查询被执行人在金融机构（包括银行及其分理处、营业所和储蓄所以及其他办理存款业务的金融机构）的存款时，执行人员应当出示本人工作证和执行公务证，并出具法院协助查询存款通知书。金融机构应当立即协助办理查询事宜，不需办理签字手续，对于查询的情况，由经办人签字确认。对协助执行手续完备拒不协助查询的，按照《民事诉讼法》第102条规定处理。

人民法院对查询到的被执行人在金融机构的存款，需要冻结的，执行人员应当出示本人工作证和执行公务证，并出具法院冻结裁定书和协助冻结存款通知书。金融机构应当立即协助执行。对协助执行手续完备拒不协助冻结的，按照《民事诉讼法》第102条规定处理。

人民法院扣划被执行人在金融机构存款的，执行人员应当出示本人工作证和执行公务证，并出具法院扣划裁定书和协助扣划存款通知书，还应当附生效法律文书副本。金融机构应当立即协助执行。对协助执行手续完备拒不协助扣划的，按照《民事诉讼法》第102条规定处理。

人民法院查询、冻结、扣划被执行人在金融机构的存款时，可以根据工作情况要求存款人开户的营业场所的上级机构责令该营业场所做好协助执行工作，但不得要求该上级机构协助执行。

第二，人民法院要求金融机构协助冻结、扣划被执行人的存款时，冻结、扣划裁定和协助执行通知书适用留置送达的规定。

第三，对人民法院依法冻结、扣划被执行人在金融机构的存款，金融机构应当立即予以办理，在接到协助执行通知书后，不得再扣划应当协助执行的款项用以收贷收息；不得为被执行人隐匿、转移存款。违反此项规定的，按照《民事诉讼法》第102条的有关规定处理。

第四，金融机构在接到人民法院的协助执行通知书后，向当事人通风报信，致使当事人转移存款的，法院有权责令该金融机构限期追回，逾期未追回的，按照《民事诉讼法》第102条的规定予以罚款、拘留；构成犯罪的，依法追究刑事责任，并建议有关部门给予行政处分。

第五，对人民法院依法向金融机构查询或查阅的有关资料，包括被执行人开户、存款情况以及会计凭证、账簿、有关对账单等资料（含电脑储存资料），金融机构应当及时如实提供并加盖印章；人民法院根据需要可抄录、复制、照相，但应当依法保守秘密。

第六，金融机构作为被执行人，执行法院到有关人民银行查询其在人民银行开户、存款情况的，有关人民银行应当协助查询。

第七，人民法院在查询被执行人存款情况时，只提供单位账户名称而未提供账号的，开户银行应当根据银发〔1997〕94号《关于贯彻落实中共中央政法委〈关于司法机关冻结、扣划银行存款问题的意见〉的通知》第2条的规定，积极协助查询并书面告知。

第八，金融机构的分支机构作为被执行人的，执行法院应当向其发出限期履行通知书，期限为15日；逾期未自动履行的，依法予以强制执行；对被执行人未能提供可供执行财产的，应当依法裁定逐级变更其上级机构为被执行人，直至其总行、总公司。每次变更前，均应当给予被变更主体15日的自动履行期限；逾期未自动履行的，依法予以强制执行。

第九，人民法院依法可以对银行承兑汇票保证金采取冻结措施，但不得扣划。如果金融机构已对汇票承兑或者已对外付款，根据金融机构的申请，人民法院应当解除对银行承兑汇票保证金相应部分的冻结措施。银行承兑汇票保证金已丧失保证金功能时，人民法院可以依法采取扣划措施。

第十，有关人民法院在执行由两个人民法院或者人民法院与仲裁、公证等有关机构就同一法律关系作出的两份或者多份生效法律文书的过程中，需要金融机构协助执行的，金融机构应当协助最先送达协助执行通知书的法院，予以查询、冻结，但不得扣划。有关人民法院应当就该两份或多份生效法律文书上报共同上级法院协调解决，金融机构应当按照共同上级法院的最终协调意见办理。

○ 人民法院在办理查询、冻结、扣划被执行人的存款时，是否需要金融机构负责人的签字？

根据最高人民法院和中国人民银行联合下发法发〔2000〕21号《关于依法规范人民法院执行和金融机构协助执行的通知》规定，人民法院查询被执行人在金融机构的存款时，执行人员应当出示本人工作证和执行公务证，并出具法院协助查询存款通知书，金融机构应当立即协助办理查询事宜，不需办理签字手续。但有人认为，《通知》第1条仅规定了金融机构在办理查询事宜时，不需要办理签字手续，而对金融机构办理协助冻结、扣划存款时没有明文规定不需办理签字手续。因此，仍应按中国人民银行、最高人民法院、最高人民检察院、公安部于1993年12月11日下发的银发〔1993〕356号《关于查询、冻结、扣划企业事业单位、机关团体银行存款的通知》之规定办理，即办理冻结、扣划存款时，除须持协助冻结（扣划）通知书及本人工作证或执行公务证外，仍须经银行行长（主任）签字后方可办理。

我们认为人民法院在办理查询、冻结、扣划存款时，金融机构应当立即协助办理，不需要其负责人签字。因为最高人民法院、中国人民银行《关于依法规范人民法院执行和金融机构协助执行的通知》第1条中规定查询存款不需要办理签字手续，而冻结和扣划存款同在该条中，且逻辑上具有连续性，根据制定文件简明扼要的原则，未作重复规定，统按该条规定办理即可。

○ 人民法院如何执行被执行人的收入？

作为被执行人的公民未按执行通知书指定的期限履行给付金钱义务的，人民法院可以扣留、提取被执行人的收入。

被执行人的收入包括劳动收入和其他收入。劳动收入，例如工资、奖金、稿酬和其他劳务报酬。其他收入，例如房屋租金、银行存款利息，以及从事对外投资等获得的收入。扣留被执行人的收入，就是将本应支付给被执行人的金钱予以截留，暂由有关单位或者人民法院保管。提取被执行人的收入，就是将本应支付给被执行人的金钱从有关单位提出，由人民法院转交申请执行人。

扣留、提取被执行人的收入，主要适用于追索赡养费、扶养费、抚育费案件的执行，也适用于赔偿、债务等案件的执行。依《民事诉讼法》第219条第1款规定，人民法院在决定扣留、提取收入时，应当为被执行人及其所扶养的家属保留生活必需费用，不能因执行使被执行人及其所扶养的家属的基本生活发生困难。依《民事诉讼法》第219条第2款规定，采用这种执行措施，需要被执行人所在单位和其他有关单位协助。具体实施的时候，人民法院应当作出裁定，并发出协助执行通知书。有关单位接到人民法院的协助执行通知书，必须遵照办理，否则人民法院可以依法采取强制措施，并可对其主要负责人或者直接责任人员进行处罚。

根据《最高人民法院关于人民法院执行工作若干问题的规定（试行）》的规定，作为被执行人的公民，其收入转为储蓄存款的，应当责令其交出存单。拒不交出的，人民法院应当作出提取其存款的裁定，向金融机构发出协助执行通知书，并附生效法律文书，由金融机构提取被执行人的存款交人民法院或存入人民法院指定的账户。被执行人在有关单位的收入尚未支取的，人民法院应当作出裁定，向该单位发出协助执行通知书，由其协助扣留或提取。有关单位收到人民法院协助执行被执行人收入的通知后，擅自向被执行人或其他人支付的，人民法院有权责令其限期追回；逾期未追回的，应当裁定其在支付的数额内向申请执行人承担责任。

○ 对被执行人的股权，如何执行？

《最高人民法院关于人民法院执行工作若干问题的规定（试行）》针对目前经济生活中广泛存在的对外投资现象，对被执行人的投资权益或者股权的执行作了详尽的规定，其主要的内容是：

第一，对被执行人从有关企业中应得的已到期的股息或红利等收益，人民法院有权裁定禁止被执行人提取和有关企业向被执行人支付，并要求有关企业直接向申请执行人支付。

对被执行人预期从有关企业中应得的股息或红利等收益，人民法院可以采取冻结措施，禁止到期后被执行人提取和有关企业向被执行人支付。到期后人民法院可从有关企业中提取，并出具提取收据。

第二，对被执行人在其他股份有限公司中持有的股份凭证（股票），人民法院可以扣押，并强制被执行人按照公司法的有关规定转让，也可以直接采取拍卖、变卖的方式进行处分，或直接将股票抵偿给债权人，用于清偿被执行人的债务。

第三，对被执行人在有限责任公司、其他法人企业中的投资权益或股权，人民法院可以采取冻结措施。

冻结投资权益或股权的，应当通知有关企业不得办理被冻结投资权益或股权的转移手续，不得向被执行人支付股息或红利。被冻结的投资权益或股权，被执行人不得自行转让。

第四，被执行人在其独资开办的法人企业中拥有的投资权益被冻结后，人民法院可以直接裁定予以转让，以转让所得清偿其对申请执行人的债务。

对被执行人在有限责任公司中被冻结的投资权益或股权，人民法院可以依据《公司法》第35条、第36条的规定，征得全体股东过半数同意后，予以拍卖、变卖或以其他方式转让。不同意转让的股东，应当购买该转让的投资权益或股权，不购买的，视为同意转让，不影响执行。

人民法院也可允许并监督被执行人自行转让其投资权益或股权，将转让所得收益用于清偿对申请执行人的债务。

第五，对被执行人在中外合资、合作经营企业中的投资权益或股权，在征得合资或合作他方的同意和对外经济贸易主管机关的批准后，可以对冻结的投资权益或股权予以转让。

如果被执行人除在中外合资、合作企业中拥有股权以外别无其他财产可供执行，其他股东又不同意转让的，可以直接强制转让被执行人的股权，但应当保护合资他方的优先购买权。

○ 什么是查封、扣押、冻结被执行人的财产？

被执行人有可供执行的其他财产（金钱以外的其他财产）而又不履行生效法律文书时，人民法院有权采取查封、扣押、冻结、拍卖、变卖等执行措施。人民法院在决定采取上述措施时，应当作出裁定，并根据案件的需要和被执行人的财产情况，分别采用不同的方法。

查封，是指人民法院执行员将作为执行对象的财产予以封存，禁止被执行人转移或处分的措施。根据《最高人民法院关于人民法院执行工作若干问题的规定（试行）》第41条规定：对动产的查封，应当采取加贴封条的方式，不便加贴封条的应当张贴公告。

对有产权证照的动产或不动产的查封，应当向有关管理机关发出协助执行通知书，要求其不得办理查封财产的转移过户手续，同时可以责令被执行人将有关财产权证照交人民法院保管。必要时也可以采取加贴封条或张贴公告的方法查封。

既未向有关管理机关发出协助执行通知书，也未采取加贴封条或张贴公告的办法查封的，不得对抗其他人民法院的查封。

动产被查封以后，人民法院可以责令被执行人对财产加以保管。保管期间，如果被执行人确需使用该项财产，执行人员可在不损坏财产的条件下予以批准。但是，在保管期间，因被执行人的过错而造成的财产损失，由被执行人负责。如果被执行人拒绝保管查封财产，人民法院可指定有关单位或个人保管，保管费用应由被执行人负担。

扣押，是指执行组织将作为执行对象的财产运送到有关场所，从而使被执行人不能占有、使用和处分的强制措施。这种措施一般用于价值较高、便于移动的物品，有时也用于船舶、航空器等其他特殊物品的扣押。人民法院对扣押的财产可以自行保管，但对某些特殊物品，如黄金、白银、珠宝、文物等，则应交有关部门保管。所需的保管费用，应由被执行人负担。依《最高人民法院关于人民法院执行工作若干问题的规定（试行）》第39条规定，查封、扣押财产的价值应当与被执行人履行债务的价值相当。另外，尚须注意的是，查封和扣押都属于临时性执行措施，其区别在于：查封多为就地进行，扣押则多为异地进行。

冻结，是指对被执行人的存款、资产、债权所采取的强制措施。存款、资产、债权被冻结以后，被执行人不得随便提取、处分，银行、信用社等必须依法协助执行。同时，执行人员应当通知被执行人，并再次限期要求其履行义务。如果按期履行了义务，执行员应当及时通知有关银行或信用合作社解除冻结；如果仍不履行义务，人民法院就可以直接提取被执行人的存款、资产、债权等，转交给申请人，或者通知银行、信用合作社进行划拨。

○ 人民法院采取执行措施时，如何认定所要查封、扣押、冻结的财产是被执行人的？

这是关于查封、扣押、冻结时判断财产权属的标准的问题。执行标的物必须是被执行人的财产。执行人员在实施查封、扣押、冻结时首先面临的一个问题，是如何判断某项财产是否属于被执行人。执行程序贵在迅速、及时，因此不能要求执行人员先调查核实清楚财产权属再实施查封、扣押、冻结行为，只能根据表面证据进行判断。所以查封、扣押、冻结时判断财产权属的标准与民事确权时的标准是不同的，这个标准是明确的、外在的、容易把握和具可操作性的。基于这一思路，我们认为，被执行人占有的动产推定为其所有，登记在被执行人名下的不动产、特定动产和其他财产权推定为其所有，人民法院可以查封、扣押、冻结。注意这里用的是“推定”这个概念，而不是最终的确权。根据这个标准认定，基本上与真实的财产权属状况相吻合。因为在现实生活中，作为一种常态，所有者的动产一般由其占有，所有者的不动产、特定动产和其他财产权一般登记在其名下，所有者的动产由其他人占有、所有者的不动产、特定动产和其他财产权登记在他人名下的情况也有，但属为数不多的例外情况。对于个别例外的情况，案外人可以通过异议制度进行救济。这既有利于人民法院的执行，也能比较好地保护案外人的合法权利。

为了避免给人们造成执行程序有确权的职能的误解，《最高人民法院关于人民法院民事执行中查封、扣押、冻结财产的规定》第2条第1款没有从所有权的角度表述，而是规定人民法院可以查封、扣押、冻结被执行人占有的动产、登记在被执行人名下的不动产、特定动产及其他财产权。

○ 哪些财产不得查封？

从理论上讲，被执行人的所有财产都是其所负债务的担保，其应当承担广泛的财产责任，人民法院可以对其所有财产采取执行措施。但是由于种种原因，各个国家和地区的强制执行法都规定了对被执行人的某些特殊财产不得采取查封、扣押、冻结措施。我国《民事诉讼法》第219条、第220条、第221条分别规定了应当保留被执行人及其所扶养家属的生活必须费用和生活必需品。这也体现了以人为本以及国家尊重和保障人权的精神。在民事执行中，执行适度的原则有着特殊的意义，即对被执行人的执行必须控制在合理的限度内，在执行目的和执行手段之间、申请执行人利益和被执行人利益之间保持合理的平衡关系，被执行人的许多基本权利必须加以保护，如自然人及其所扶养家属的生存权、人格权等，不能因为强制执行而造成被执行人的极度贫困。若漫无限制，不仅影响被执行人及其所扶养家属的生计，对社会经济文化的发展和社会良俗，也有损害。再者，被执行人经营亏损的风险也不能由国家和社会承担，如果将被执行人执行到一无所有的程度，则国家必须对其提供救济，以保证其生存的基本权利，相当于最终由国家承担执行的后果，由国家替代被执行人偿还债务。

《最高人民法院关于人民法院民事执行中查封、扣押、冻结财产的规定》第5条规定："人民法院对被执行人下列的财产不得查封、扣押、冻结：(一)被执行人及其所扶养家属生活所必需的衣服、家具、炊具、餐具及其他家庭生活必需的物品；(二)被执行人及其所扶养家属所必需的生活费用。当地有最低生活保障标准的，必需的生活费用依照该标准确定；(三)被执行人及其所扶养家属完成义务教育所必需的物品；(四)未公开的发明或者未发表的著作；(五)被执行人及其所扶养家属用于身体缺陷所必需的辅助工具、医疗物品；(六)被执行人所得的勋章及其他荣誉表彰的物品；(七)根据《中华人民共和国缔结条约程序法》，以中华人民共和国、中华人民共和国政府或者中华人民共和国政府部门名义同外国、国际组织缔结的条约、协定和其他具有条约、协定性质的文件中规定免于查封、扣押、冻结的财产；（八）法律或者司法解释规定的其他不得查封、扣押、冻结的财产。”被执行人居住房屋的执行问题，根据《民事诉讼法》第220条的规定，必须保留被执行人及其所扶养家属必需的生活用品，被执行人及其所扶养家属必需居住的房屋自然不能执行。但是，在执行实践中，我们很难判断该房屋是不是被执行人及其所扶养家属必需居住的，也许被执行人还有别的房屋，只是不为人所知。因此，《最高人民法院关于人民法院民事执行中查封、扣押、冻结财产的规定》规定对被执行人及其所扶养家属生活所必需的居住房屋，人民法院可以查封，但不得拍卖、变卖或者抵债。而允许其使用，目的是防止其进行处分。对于申请执行人享有抵押权的房屋能否执行，讨论时争议较大。有人认为，申请执行人享有抵押权的房屋，即使是被执行人及其所扶养家属必须居住的，也可以执行。因为在这种情况下，债权的发生以设定抵押为条件，被执行人也非常清楚不能清偿债务的后果，为了公平保护申请执行人的利益，对设定抵押的房屋可以执行。而且此事关系到我国住房按揭市场的发展。从长远来看，如果设定抵押的房屋不能执行，必将导致各金融机构不再发放住房贷款，严重影响住房按揭市场的发展，最终损害广大消费者的利益。但《最高人民法院关于人民法院民事执行中查封、扣押、冻结财产的规定》最终没有采纳这种观点，主要考虑到在社会保障制度还不完善的情况下，必须保护被执行人及其所扶养家属的生存权，即使房屋已经设定抵押，只要属被执行人及其所扶养家属必须居住的，也不得执行。如果被执行人的房屋超过了其本人及其所扶养家属必须居住的范围，可以通过《最高人民法院关于人民法院民事执行中查封、扣押、冻结财产的规定》第2条关于禁止查封、扣押、冻结财产的变通的规定解决。

○ 禁止查封、扣押、冻结财产的变通制度意义何在？实践中应当如何把握？

根据《最高人民法院关于人民法院民事执行中查封、扣押、冻结财产的规定》第5条的规定，被执行人及其所扶养家属生活所必需的衣服、家具、炊具、餐具及其他家庭生活必需的物品不得查封、扣押。但是，强制执行必须在保护申请执行人的利益和被执行人的利益之间保持合理的平衡。因此，《最高人民法院关于人民法院民事执行中查封、扣押、冻结财产的规定》第6条规定，被执行人及其所扶养家属所必需的居住房屋不得拍卖、变卖或者抵债。同时，第7条还规定："对于超过被执行人及其所扶养家属生活所必需的房屋和生活用品，人民法院根据申请执行人的申请，在保障被执行人及其所扶养家属最低生活标准所必需的居住房屋和普通生活必需品后，可予以执行。"上述变通规定，既保护被执行人及其所扶养家属的生存权，又最大限度地实现债权人的债权。比如，虽然是被执行人及其所扶养家属生活必需的家具，如果该家具是用珍贵木材制作，价值很高，显然，从价值角度讲，该家具已经超过了生活必需的限度，如果一律禁止执行，对申请执行人利益的保护明显不力。因此，出于强制执行程序的目的和对执行当事人利益的平衡保护，应当在满足被执行人及其所扶养家属生活必需的基础上，根据申请执行人的申请，由其提供相同功用的代偿物或者相应价款后，可以对该家具采取执行措施。

在具体实施过程中，应当从严掌握可以变通的财产范围，注意执行的实际效果。只有人民法院根据情况认为适当，特别是预计该财产卖得的价金显著超过代偿物的价额时，才被允许，防止造成被执行人严重的生活困难，应当维持其简朴的生活水平。注意这里有一些需要执行人员根据实际情况去把握的概念，如"必需的"、"显著的"等等，应当结合本地的实际情况作出与时代和社会背景相适应的阐释。

○《最高人民法院关于人民法院民事执行中查封、扣押、冻结财产的规定》规定了哪些查封、扣押、冻结方法？

由于被执行人财产的存在形态、物理属性以及国家对财产的管理手段等方面的差异，决定了对这些财产的查封方法是不同的。《最高人民法院关于人民法院民事执行中查封、扣押、冻结财产的规定》主要将财产分为动产和不动产、特定动产及其他财产权，并规定了不同的查封、扣押、冻结方法。对动产查封、扣押时，由执行人员将查封、扣押物转移到执行法院直接控制，也可将查封、扣押物交付指定人控制。在交付指定人控制的情况下，应当在动产上加贴封条或者采取其他公示的方法予以公示。对不动产和有登记的特定动产查封时，应当通知有关管理机关办理查封登记。同时可以责令被执行人将有关财产权证照交人民法院保管。《最高人民法院关于人民法院民事执行中查封、扣押、冻结财产的规定》还确立了登记机关协助登记优先的原则，明确规定采取加贴封条或者张贴公告的方法进行查封，但未办理查封登记的，不得对抗其他人民法院的查封。这是因为对于国家以登记方式管理的财产，采取在登记机关办理查封登记的方法效果最好，只要登记机关不予办理有关手续，被执行人就无法转让。而且这种查封方法最容易确认，一旦产生查封纠纷，上级法院容易认定各个查封的时间和先后顺序，有利于争议的解决。

○ 对被执行人财产的执行，有时会涉及第三人的利益，应当如何保护？

执行中涉及第三人利益的情况，主要有两种，一是被执行人的财产由第三人占有，二是执行标的物是被执行人和第三人的共有财产。无论是哪种情况，都应当坚持保护第三人的合法权益，不能因强制执行增加第三人的负担或者损害第三人的利益。对此，《最高人民法院关于人民法院民事执行中查封、扣押、冻结财产的规定》有针对性地作了规定。在被执行人的财产由第三人占有的情况下，应当区分第三人为自己的利益占有还是为被执行人的利益而占有两种不同情况。第三人为自己的利益，根据与被执行人之间的合同等关系而占有被执行人的财产的，虽然可以查封、扣押、冻结，但不能影响第三人对该财产的占有和使用。对第三人替被执行人保管或者因其他原因为被执行人的利益占有的被执行人的财产，可以查封、扣押、冻结，并不受第三人占有的限制。

第三人占有的财产还可能属于其与被执行人共有的财产，对该类财产，如果一律不允许查封、扣押、冻结，显然不利于保护申请执行人的利益；如果查封、扣押、冻结后全部予以变价，显然又损害了第三人的利益。所以，《最高人民法院关于人民法院民事执行中查封、扣押、冻结财产的规定》第14条规定，在这种情况下，可以先查封、扣押、冻结该财产，然后进行财产分割。财产分割后，查封、扣押、冻结的效力及于被执行人享有份额内的财产，对其他共有人份额内的财产的查封、扣押、冻结视为自行解除。

关于对共有财产的分割，一个重要的问题是由哪个部门负责。一种观点主张应当通过诉讼进行分割，一种观点主张在执行程序中进行分割，两种观点各有利弊。《最高人民法院关于人民法院民事执行中查封、扣押、冻结财产的规定》采纳了通过诉讼进行分割的观点，由被执行人或者其他共有人提起析产诉讼或者申请执行人代位提起析产诉讼。这样规定理论上容易为大家所接受，也符合简化执行程序的指导思想。基于上述思想，《最高人民法院关于人民法院民事执行中查封、扣押、冻结财产的规定》还规定，在执行程序中，共有人协议分割共有财产，并经债权人认可的，可以认定有效。

○ 对案外人只付部分价款购买的财产可以执行吗？

单纯从所有权的角度讲，此时该财产仍为被执行人所有，仍属于责任财产的范围，人民法院自然可以执行。但是这不可避免地会影响第三人的利益，因为此时第三人已经支付价款并实际占有该财产，其目的在于取得该财产的所有权。由于法院的强制执行，其目的将难以实现，而且其已经支付的价款能否返还也是一个很大的问题。因此就有一个如何平衡申请执行人和第三人利益的问题。我们考虑可以给第三人一个选择权，他可以选择继续履行合同，将尚未支付的剩余价款交付人民法院，从而取得该财产的所有权，人民法院解除对该财产的查封、扣押。如果他不做此选择，将不能阻止人民法院的执行。第三人与被执行人之间有争议的，双方可以通过另诉解决。

还有一个问题是，如果第三人选择继续履行合同，其交付剩余价款的期限和方式应当如何确定。一种意见认为，第三人应当在人民法院指定的合理期限交付全部余款，而不能依合同约定的付款期限，否则不利于法院的执行，导致有些案件长期不能执结。由人民法院在征求各方意见、综合考虑各种因素的基础上，指定合理的付款期限，既有利于案件的执行，也基本保护了第三人的合法权益。另一种意见认为，在执行程序中应当充分保护第三人的合法权益。如果允许执行法院指定履行合同的期限，可能会让第三人提前交付价款或增加其他负担，致使对第三人利益的保护不够充分。执行法院无权改变私权的合法约定，无权指定履行期限，第三人还是应当按照合同的约定履行义务。综合考虑执行案件的需要和保护第三人利益之间的平衡，《最高人民法院关于人民法院民事执行中查封、扣押、冻结财产的规定》规定应当由第三人在合理期限内向人民法院交付全部余款后，裁定解除查封、扣押、冻结。这个“合理期限”要因案而定。

○ 对案外人已付清价款并实际占有的财产能否查封？

执行实践中经常遇到这样的问题，被执行人将其财产卖给第三人，第三人已经支付全部价款并实际占有使用，但是没有办理过户登记手续，甚至第三人又将该财产卖给他人，也没有办理过户登记手续，依然登记在被执行人名下，这种情况下能否执行该财产？这是一个争议很大的问题。一种意见认为，根据物权变动登记理论，原则上未办理过户登记手续的，第三人不能取得所有权，因为从权属上讲，此时该财产仍属被执行人所有，人民法院可以查封、扣押、冻结。另一种意见认为，由于我国尚无完备的物权登记制度，目前有关部门的登记仅是行政管理的手段，因此不宜将之作为认定所有权转移的标准。第三人已经支付全部价款并实际占有的，即使尚未办理登记手续，也应当认定其已取得该财产的所有权，人民法院不应当查封、扣押、冻结。

究竟应当如何解决这个问题，我们认为应当从实际出发，从维护交易秩序和善意一方的利益出发，在坚持以登记为标准的原则下，引入过错原则。一方面我国现行法律如《城市房地产管理法》、《土地管理法》等已明确规定了不动产登记制度。虽然对目前有关管理部门登记的性质尚有很大争议，究竟是物权登记主义还是行政管理主义不甚明了，但是可以认为这种登记具有物权登记的性质，在民事活动中也基本上是以登记作为认定所有权的标准。因此我们应当坚持不动产物权的设立、移转、变更以登记为准的原则，在这个原则下，辅以第三人过错原则。这是因为登记实践中确实存在登记困难等实际问题，一律按照过户登记作为所有权转移的标准有时是不公平的，会损害第三人的合法权益。如果第三人已经支付全部价款并实际占有，虽然没有办理过户登记手续，但第三人对此没有过错的，如由于登记部门的原因或者其他非第三人所能控制的原因，应当认定其已经取得该财产的所有权，应当裁定解除对该财产的查封、扣押、冻结，以公平保护第三人的合法权益。

○ 什么是轮候查封？其意义何在？

轮候查封就是对其他人民法院已经查封的财产，执行法院在登记机关进行登记或者在该其他人民法院进行记载，查封依法解除后，在先的轮候查封自动转化为正式查封的制度。这个问题的提出，是由于在诉讼和执行过程中，在前后两个案件分别由两个法院管辖的情况下，因法律禁止重复查封、扣押、冻结，又无其他相应的信息沟通机制，在第一次查封、扣押、冻结被解除后，其他法院往往不可能立即获悉在先查封、扣押、冻结被解除的信息，从而导致在后的查封、扣押、冻结不可能立即实施，债务人往往会借机转移财产，其他债权人的利益因此而遭受不应有的损失。有的地方甚至利用禁止重复查封、扣押、冻结制度搞地方保护主义，为了达到保护某个被执行人的目的，将其全部财产先予查封、扣押、冻结，以阻止外地法院执行，然后再找机会解除查封、扣押、冻结，导致其他法院的执行落空。针对这种情况，各方面都要求参照其他国家的立法经验，尽快建立轮候查封制度，允许人民法院对已经查封、扣押、冻结的财产轮候查封、扣押、冻结。在最高人民法院与国土资源部、建设部联合下发的《关于依法规范人民法院执行和国土资源、房地产管理部门协助执行若干问题的通知》中已经规定了这一制度，社会反映良好。

○ 查封财产的期限有多长？

我国现行法律对动产和不动产的查封、扣押未限定任何期限，只有司法机关的一些规范性文件对部分财产的查封、冻结规定了期限，如对银行存款的冻结期限为6个月，对上市公司国有股和社会法人股的冻结期限为1年等。实践中，有些法院在对被执行人的财产查封、扣押、冻结后，未再采取进一步的执行措施，导致该财产被长期查封、扣押、冻结。这种状况，既不利于债权人实现债权，也不利于充分发挥财产的效用和实现财产的流转。鉴于此，《最高人民法院关于人民法院民事执行中查封、扣押、冻结财产的规定》改变了查封、扣押、冻结无期限的旧观念，明确规定对动产查封、扣押的期限为1年，对不动产查封的期限为两年，对其他财产权冻结期限也为两年，但法律或者司法解释另有规定的除外。之所以规定不同的期限，主要是考虑到对动产与不动产、其他财产权的变价程序、变价方法有所不同，复杂程度也不同，因而所需要的时间也不同。同时考虑到个案的特殊情况，又规定了续行查封、扣押、冻结的内容。人民法院未能在上述期限内执结的，申请执行人可以申请续行查封、扣押、冻结，续行期限不得超过上述期限的1/2。期限届满前人民法院未续行查封、扣押、冻结的，其效力消灭。这里未作续行次数的规定，是考虑到有的执行案件的复杂性和执行标的物变价过程可能会很长等因素。《最高人民法院关于人民法院民事执行中查封、扣押、冻结财产的规定》作出查封、扣押、冻结期限的规定，对于规范执行秩序，促进执行效率的提高，增强市场经济活力，都具有重要意义。

○ 对被执行人的知识产权，如何执行？

根据《最高人民法院关于人民法院执行工作若干问题的规定(试行)》第50条规定，被执行人不履行生效法律文书确定的义务，人民法院有权裁定禁止被执行人转让其专利权、注册商标专用权、著作权（财产权部分）等知识产权。上述权利有登记主管部门的，应当同时向有关部门发出协助执行通知书，要求其不得办理财产权转移手续，必要时可以责令被执行人将产权或使用权证照交人民法院保存。对前款财产权，可以采取拍卖、变卖等执行措施。

○ 法院查封、扣押财产应履行什么程序？

根据《民事诉讼法》第221条规定，人民法院在查封、扣押财产时，被执行人是公民的，应当通知其本人到场，如果不能到场的，可由他的成年家属到场。通知被执行人到场是人民法院的职责，没有通知的，则不能强制执行。通知后，被执行人或他的成年家属拒不参加的，不影响执行工作的进行，但要记录在案。这样做，不仅是程序上的要求，而且是为了维护被执行人的合法权益的要求。为了使执行工作顺利进行，还应通知被执行人公民所在单位和财产所在地基层组织派人参加。这不仅能取得当地组织对执行工作的支持和协助，而且也可以让他们对法院工作进行监督，并且也起到了在场见证人的作用。

被执行人是法人或其他组织的，应当通知其法定代表人或者主要负责人参加，拒不到场，不影响执行。法定代表人是法人机构中依照法律或法人组织章程的规定，代表法人行使职权的负责人。代表非法人组织行使职权的负责人称主要负责人。

对被查封、扣押的财产，为了防止丢失和避免将来出现争执，执行员必须造具清单。即对被查封、扣押的财产进行清点、编号、加贴封条，并在清单上注明财产的名称、数量、质量和特征。清单应一式两份，一份由被执行人或其成年家属保存，一份由人民法院存档备查。执行员造具的财产清单应当由执行员、被执行人或其成年家属、法定代表人或主要负责人、被执行人工作单位或被执行财产所在地的基层组织代表签名或盖章。

○ 被查封的财产由谁保管？

查封，是将物品贴上人民法院的封条，就地封存，不准任何人使用、处理的措施。被人民法院查封的财产，虽加封人民法院的封条，但用意在于不许被执行人动用和处分该财产，而不能排除该财产丢失、被盗、变质等不测现象的出现，故仍应派人保管为妥。因此，《民事诉讼法》第222条规定，被查封的财产，执行员可以指定被执行人负责保管。也就是说，被查封的财产，可以由人民法院负责保管，也可以由执行员指定被执行人或其他单位、个人保管。被执行人是该财产的主人，且查封的地点又处于其住所地，所以人民法院以指定被执行人保管最为妥当。如果被执行人拒绝保管的，人民法院可以另行指定他人保管，但损失及保管费用应由被执行人承担。

根据《最高人民法院关于人民法院执行工作若干问题的规定（试行）》的规定，被查封的财产，可以指令由被执行人负责保管。如继续使用被查封的财产对其价值无重大影响，可以允许被执行人继续使用。因执行人保管或使用的过错造成的损失，由被执行人承担。

保管人员不得任意使用和处分其保管的财产。被执行人负责保管，因其故意或过失而造成财产毁损、减值、变质等损失的，被执行人不仅要承担损失的责任，而且还应再向人民法院提供足以执行的财产。

○ 被查封、扣押财产如何拍卖？

财产被查封、扣押后，执行员应当责令被执行人在指定期间履行法律文书确定的义务。被执行人逾期履行的，人民法院可以依法变价。变价时，应当委托拍卖机构进行拍卖。拍卖，又称竞卖，是指在公开场所，以竞价方式出卖标的物，谁出的价高，就把标的物卖给谁。执行程序中的拍卖与一般意义上的拍卖不同。执行程序中的拍卖，是一种执行措施，由人民法院强制进行。而一般意义上的拍卖，则是权利人自愿委托拍卖行进行的。用拍卖方式对被执行人的财产进行变价，能够最大限度地实现财产价值，对申请执行人和被申请执行人都是有利的，也是最公平合理的。因此，对被执行人的财产进行变价，应当优先选择拍卖。拍卖被执行人的财产，由人民法院委托拍卖机构主持进行。

人民法院强制拍卖，应当按照以下的程序进行：

1. 人民法院公告

法院在决定开始拍卖之前，应当发出拍卖公告，公告拍卖的日期和场所，并通知债权人、债务人、抵押人等有利害关系的人到场。

2. 人民法院的强制拍卖

公告发出一定日期后，人民法院在一定的时间和场所进行被查封、扣押财产的拍卖，通过公开竞价的方式把被查封、扣押财产出售给出价最高的竞买者。拍卖经拍定时，买受人应当向人民法院交足价金，同时可以请求人民法院发给权利证书和其他法律文书，然后办理有关的财产过户手续。

3. 拍卖的法律后果

拍卖作为一种法律行为，被查封、扣押财产一经拍卖，其所有权或使用权就发生了转移，同时，这一法律行为对被执行人、买受人、申请执行人产生不同的法律后果。

（1）拍卖对申请执行人的法律后果。被查封、扣押财产的拍卖，是申请执行人积极主张的一种法律行为，它有利于申请执行人的债权的充分实现。对于被查封、扣押财产拍卖所得的价款，申请执行人有优先受偿权，这是申请执行人的主要的和基本的权利，因此，以被查封、扣押财产拍卖所得的价款清偿申请执行人的债权，是拍卖对申请执行人的主要法律后果。

（2）拍卖对拍定买受人的法律后果。拍定买受人通过拍卖这种竞卖方式，取得了对被查封、扣押财产的所有权，或国有资产的使用权及土地使用权，即对被查封、扣押财产享有占有、使用、收益、处分的权利。同时，由于拍定买受人取得了这些权利，相应地他应当承担给付价金的义务，给付价金与否，是其取得这些权利的前提条件。

(3) 拍卖对被执行人的法律后果。被查封、扣押财产被拍卖后，被执行人就丧失了被查封、扣押财产的所有权或国有资产的使用权、土地的使用权，即丧失了对被查封、扣押财产的占有、使用、收益、处分的权利。

○ 被查封、扣押的财产如何变卖？

财产被查封、扣押后，执行员应当责令被执行人在指定期间履行法律文书确定的义务。被执行人逾期履行的，人民法院可以依法变价。

根据《最高人民法院关于人民法院执行工作若干问题的规定(试行)》第46条第2款的规定，财产无法委托拍卖、不适用拍卖或者当事人双方同意不需要拍卖的，人民可以交由有关单位变卖或者自行组织变卖。

变卖，即不经拍卖程序，对标的物标价出卖。执行程序中的变卖，是对被执行财产的强制出卖。因此，也是一种执行措施。在执行程序中需要变卖被执行人财产的，人民法院可以交有关单位变卖，也可以自行组织变卖。由人民法院自行组织变卖的，应当委托资产评估机构对变卖标的物进行价格评估。对变卖的财产，人民法院、人民法院的工作人员及其家属不得购买。

○ 执行程序中处理查封、扣押、冻结的财产时，为什么要首先选择拍卖的方式？有无例外？

执行程序中之所以要对查封、扣押、冻结的财产进行变现，目的在于用卖得的价款清偿债务。执行财产卖得的价款越高，就越有利于实现债权，同时也越有利于保护债务人的合法权益。因此，选择何种方式对执行财产进行变现处理，至关重要。拍卖具有公开、公平竞争等特点，对查封、扣押、冻结的财产通过公平竞价的方式公开进行拍卖，有利于杜绝暗箱操作，实现价格的最大化。相反，变卖措施则缺乏公开性、透明度和竞争性，程序上也比较随意，不仅不利于执行财产卖得最高的价格，而且容易导致权力滥用。正是基于这种考虑，《最高人民法院关于人民法院民事执行中拍卖、变卖财产的规定》强调人民法院在处理被执行的财产时，应当把拍卖作为首选方式。

但是，另一方面，因拍卖必须遵循严格的程序，难免要花费时间和费用，从交易成本上考虑，一概采取拍卖措施进行变价，在很多情况下未必对当事人有利。此外，对于某些特殊的执行财产，也需要采取简易的方式迅速作出处理。因此，我们在坚持优先进行拍卖的同时，把变卖这种简便经济的变价方式作为必要的补充。《最高人民法院关于人民法院民事执行中拍卖、变卖财产的规定》第34条规定，对于当事人双方及有关权利人同意变卖的财产，以及在查封标的物为金银及其制品、当地市场有公开交易价格的动产、易腐烂变质的物品、季节性商品、保管困难或者保管费用过高的物品等情形下，可以采取变卖的方式处理。

○ 执行程序中对评估结果不服是否可以提出异议？

在拍卖之前，由专门机构或专业人员对查封、扣押、冻结的财产依据一定的方法、程序和标准进行价格评估，可以为合理地确定拍卖保留价提供重要的参考依据。但是，评估是一项非常复杂的工作，容易受到各种主客观因素的影响和制约。实践中，不同评估机构对同一执行标的物的评估结论往往不一致，有时还会出现很大的差异，有些评估结果甚至与标的物的实际价值有很大出入，当事人意见很大。为防止因评估价格过高或过低影响拍卖保留价的确定，给当事人的利益造成损害，《最高人民法院关于人民法院民事执行中拍卖、变卖财产的规定》第6条明确赋予当事人和其他利害关系人一定的救济权利，使他们在认为评估报告有问题的情况下，可以向法院提出异议。为保障当事人和其他利害关系人能够及时了解评估结果，《最高人民法院关于人民法院民事执行中拍卖、变卖财产的规定》中还规定，人民法院应当在收到评估报告后5日内将其发送当事人及其他利害关系人。

关于重新评估的问题，《最高人民法院关于人民法院民事执行中拍卖、变卖财产的规定》并没有采取完全放开的做法。这主要是考虑到评估结果仅仅是确定拍卖保留价的一个参考因素，在评估阶段如果花费太多的时间、精力和费用，会增加当事人的负担，且影响到执行的效率。因此，《最高人民法院关于人民法院民事执行中拍卖、变卖财产的规定》第6条第2款仅规定，在有证据证明评估机构、评估人员不具备相关的评估资格或者评估程序严重违法的情况下，当事人或者其他利害关系人才可以申请重新评估。

○《最高人民法院关于人民法院民事执行中拍卖、变卖财产的规定》中对确定评估、拍卖机构规定了哪些方式？是否允许法院直接指定评估、拍卖机构？

依照现行法律、法规的规定，评估和拍卖都要收取评估费或者佣金。在执行程序中，法院把查封、扣押、冻结的财产委托给哪个评估、拍卖机构进行评估或者拍卖，直接影响到该评估或拍卖机构的经济效益。因此，委托评估或者拍卖机构这一环节很容易出现违法违纪问题。由于《民事诉讼法》对评估和拍卖机构的委托方式没有作出明确的规定，各地方法院在实践中的做法也不一致。前几年，很多地方采取由法院直接指定评估或拍卖机构的做法，由于法院在确定评估和拍卖机构的过程中缺乏相应的规范，一些执行人员不幸成为某些评估、拍卖机构拉拢、腐蚀的对象，执行人员滥用权力的情形也时有发生，给执行队伍造成了不良的影响。鉴于此，近年来，很多法院纷纷采取抽签、摇珠等随机的方式选择、确定评估和拍卖机构，取得了很好的效果。《最高人民法院关于人民法院民事执行中拍卖、变卖财产的规定》对这种做法明确予以肯定。为了进一步完善委托评估、拍卖制度，《最高人民法院关于人民法院民事执行中拍卖、变卖财产的规定》第5条和第7条对委托评估、拍卖机构规定了三种方式：第一种方式是由当事人双方协商一致后经人民法院审查确定，这种方式充分体现了对市场主体意思自治的尊重。第二种方式是在当事人双方协商不成的情况下，由人民法院召集当事人双方采取抽签、摇珠等随机的方式确定评估、拍卖机构。关于评估和拍卖机构的确定，既要考虑执行工作的效率和廉政建设，又要考虑评估和拍卖行业发展的需要，还应该体现优胜劣汰的原则。鉴于此，《最高人民法院关于人民法院民事执行中拍卖、变卖财产的规定》还规定了确定评估、拍卖机构的第三种方式：在当事人双方提出申请的情况下，应当通过公开招标的方式确定评估、拍卖机构。公开招标的方式有利于委托到那些资质高、信誉好、收费低、服务好的评估、拍卖机构进行评估或拍卖，从而有利于最大限度地维护当事人的合法权益。

○ 人民法院如何进行委托评估、拍卖和变卖？

根据《最高人民法院关于人民法院委托评估、拍卖和变卖工作的若干规定》的规定，人民法院司法技术管理部门负责本院的委托评估、拍卖和流拍财产的变卖工作，依法对委托评估、拍卖机构的评估、拍卖活动进行监督。根据工作需要，下级人民法院可将评估、拍卖和变卖工作报请上级人民法院办理。人民法院需要对异地的财产进行评估或拍卖时，可以委托财产所在地人民法院办理。

人民法院按照公开、公平、择优的原则编制人民法院委托评估、拍卖机构名册。人民法院编制委托评估、拍卖机构名册，应当先期公告，明确入册机构的条件和评审程序等事项。人民法院在编制委托评估、拍卖机构名册时，由司法技术管理部门、审判部门、执行部门组成评审委员会，必要时可邀请评估、拍卖行业的专家参加评审。评审委员会对申请加入人民法院委托评估、拍卖名册的机构，应当从资质等级、职业信誉、经营业绩、执业人员情况等方面进行审查、打分，按分数高低经过初审、公示、复审后确定进入名册的机构，并对名册进行动态管理。

人民法院选择评估、拍卖机构，应当在人民法院委托评估、拍卖机构名册内采取公开随机的方式选定。人民法院选择评估、拍卖机构，应当通知审判、执行人员到场，视情况可邀请社会有关人员到场监督人民法院选择评估、拍卖机构，应当提前通知各方当事人到场；当事人不到场的，人民法院可将选择机构的情况，以书面形式送达当事人。

评估、拍卖机构选定后，人民法院应当向选定的机构出具委托书，委托书中应当载明本次委托的要求和工作完成的期限等事项。评估、拍卖机构接受人民法院的委托后，在规定期限内无正当理由不能完成委托事项的，人民法院应当解除委托，重新选择机构，并对其暂停备选资格或从委托评估、拍卖机构名册内除名。

评估机构在工作中需要对现场进行勘验的，人民法院应当提前通知审判、执行人员和当事人到场。当事人不到场的，不影响勘验的进行，但应当有见证人见证。评估机构勘验现场，应当制作现场勘验笔录。勘验现场人员、当事人或见证人应当在勘验笔录上签字或盖章确认。

拍卖财产经过评估的，评估价即为第一次拍卖的保留价；未作评估的，保留价由人民法院参照市价确定，并应当征询有关当事人的意见。审判、执行部门未经司法技术管理部门同意擅自委托评估、拍卖，或对流拍财产进行变卖的，按照有关纪律规定追究责任。人民法院司法技术管理部门，在组织评审委员会审查评估、拍卖入册机构，或选择评估、拍卖机构，或对流拍财产进行变卖时，应当通知本院纪检监察部门。纪检监察部门可视情况派员参加。

○ 是否可以进行无底价拍卖？

保留价又称底价，是确认拍卖成交的最低价格。在拍卖程序中，竞买人所出的最高价低于保留价的，不能确认拍卖成交。可见，保留价的确定实际上意味着设置了一种权利制衡机制，通过这一机制可以有效地避免利益的过分倾斜，防止因拍卖价格过低对被执行人的合法权益造成损害。当然，我们也注意到，在拍卖实践中，对于那些价值较低的财产经常采取无底价拍卖的做法。考虑到实际操作中究竟应采取有底价拍卖还是无底价拍卖容易引发争议，因此，《最高人民法院关于人民法院民事执行中拍卖、变卖财产的规定》第8条规定执行中的拍卖一律采取有底价拍卖的做法。

拍卖保留价的确定要综合考虑多种因素。一般认为，评估价是确定保留价的重要参考依据，但保留价与评估价的关系到底如何，保留价是否要严格依据评估价来确定，实践中的做法不统一。有的将评估价下浮一定幅度作为保留价；有的则完全按照评估价确定保留价。我们认为，评估价的功能旨在对拍卖标的物的内在价值进行客观的反映，保留价的功能则在于为被执行人的利益设置最低的保护限度。保留价不等于评估价，更不能以评估价代替保留价。另一方面，保留价的确定又不能过分低于评估价，以免损害被执行人的利益；但也不宜过分高于评估价，以免标的物不能顺利卖出，影响债权的实现。基于上述思路，《最高人民法院关于人民法院民事执行中拍卖、变卖财产的规定》在确定保留价问题上既赋予法院一定的权力，由其参照评估价确定，同时又规定了一定的幅度，在第一次拍卖时，法院确定的保留价不得低于评估价的80%；以后每次拍卖时，可以酌情降低保留价，但每次降低的数额不得超过前次保留价的20%。在实际操作中，人民法院应当在充分考虑评估价的基础上，综合考虑当事人的心理预期、拍卖惯例、当地的市场行情以及当事人和案件执行的具体情况等因素，公平合理地确定拍卖保留价。此外，对于未作评估的财产，明确规定应参照市价确定保留价，并应当征询有关当事人的意见。

○ 竞买人在拍卖前是否向法院预交保证金？保证金的数额如何确定？

《最高人民法院关于人民法院民事执行中拍卖、变卖财产的规定》第13条规定竞买人在拍卖前应当交纳保证金，主要有两个目的：一是防止某些竞买人在拍卖时故意出高价应买后不交纳价款，扰乱和妨碍拍卖的顺利进行。实践中确实有一些竞买人参加竞买不是为了取得拍卖的财产，而是为了扰乱拍卖秩序，以达到某种不正当的目的。有的被执行人还可能通过抬高拍卖价格，妨碍拍卖的正常进行。要求参加竞买的人在拍卖前预交一定数额的保证金，可以大大减少上述情况的发生，保证拍卖乃至整个执行程序的顺利进行。预交保证金的第二个目的，是确保重新拍卖时所增加的费用以及重新拍卖与原拍卖的差价损失，能从保证金中及时扣除。在拍卖成交或者以流拍的财产抵债的情况下，如果买受人逾期不交付价款或者承受人逾期不补交差价而使拍卖、抵债的目的难以实现的，《最高人民法院关于人民法院民事执行中拍卖、变卖财产的规定》第25条规定人民法院可以裁定重新拍卖，并由原买受人承担重新拍卖的价款低于原拍卖价款造成的差价、费用损失及原拍卖的佣金。而只有在拍卖前要求竞买人预交保证金，才能保证法院能够及时将上述差价、费用或佣金直接予以扣除，使整个拍卖程序不因此而受到过分的妨碍或拖延。当然，并不是任何拍卖都要预交保证金，对于那些价值较低的动产的拍卖，可以不要求竞买人预交保证金。

至于保证金的具体数额，因拍卖的情况纷繁复杂，很难作出统一的规定，因此，《最高人民法院关于人民法院民事执行中拍卖、变卖财产的规定》第13条只规定了一个最低标准，即不得低于评估价或市价的5%。在实际操作中，如果保证金的数额定得过低，就难以起到保证的作用；相反，如果定得过高，可能吸引不到更多的竞买人。因此，法院要根据拍卖财产价值的大小、竞买人以及案件执行等具体情况，合理确定保证金的数额。

○ 如果出现了流拍，是否要继续拍卖，直到拍卖成交为止？

在拍卖实践中，流拍确实会经常出现。出现流拍的原因是多方面的，其中的一个主要原因可能是原拍卖所确定的保留价过高。所以，在出现流拍的情况下，一般都要考虑酌情降低保留价后再次进行拍卖。但另一方面，拍卖的次数又不能没有任何限制。这是因为，执行是要讲究成本和效率的，司法资源也是有限的。如果执行成本过高，效率过低，当事人的利益就要受到损害；如果在某个案件上或者某个程序中花费的人力、物力过多，无疑意味着其他案件中相应的人力、物力就可能减少。也就是说，如果对拍卖的次数不作任何限制，就可能影响到其他案件的办理。因此，对拍卖次数进行限制的做法，既是维护当事人利益的需要，也是为了在个案公正和一般公正之间寻求一个平衡点。此外，限制拍卖次数还有一个考虑：在拍卖保留价降低到一定程度后仍然流拍的情况下，如果再次降低保留价拍卖有可能成交，但保留价降得过低，可能会造成拍卖财产以过低的价格贱卖的情况，从而损害被执行人的利益。基于上述考虑，《最高人民法院关于人民法院民事执行中拍卖、变卖财产的规定》第27 条和第28 条对拍卖的次数作了明确的限制性规定。考虑到动产的价值一般较低，不动产、其他财产权的价值一般较高或者较为特殊，因此，对动产的拍卖以两次为限，两次拍卖仍然流拍又不能以物抵债的，就要解除查封、扣押，将该动产退还被执行人。不动产、其他财产权则可以拍卖三次，在三次拍卖仍然流拍的情况下，还应该考虑确定一定的期间，再进行一次变卖。如果上述努力都不成功，又不适合采取其他执行措施的，就应当解除查封、扣押、冻结，将该不动产或者其他财产权退还被执行人。将拍卖财产返还被执行人后，对该财产的拍卖就告一段落。当然，如果将来该财产升值，可以考虑重新启动拍卖程序进行拍卖。申请人也可以申请执行被执行人的其他财产。

○ 流拍后债权人是否可以申请以物抵债？

《最高人民法院关于人民法院民事执行中拍卖、变卖财产的规定》对拍卖过程中的“以物抵债”作了明确的规定。在拍卖未成交的情况下，准许申请执行人或者其他债权人以本次拍卖的保留价接受该财产抵债，既可以使债权人的债权尽快得到实现，又可以使债务人避免因降低保留价拍卖而遭受损失，还可以减少再次拍卖而增加的费用，提高执行的效率。依照《最高人民法院关于人民法院民事执行中拍卖、变卖财产的规定》第19条的规定，不论是动产的拍卖，还是不动产、其他财产权的拍卖，在每次拍卖出现无人竞买或者竞买人的最高应价低于保留价即流拍的情况时，到场的申请执行人或者其他执行债权人都可以申请以该次拍卖所确定的保留价接受拍卖财产抵债，人民法院一般应当准许。人民法院也可以在每次流拍后主动征求债权人的意见，在其同意的情况下将拍卖财产交其抵债。《最高人民法院关于人民法院民事执行中拍卖、变卖财产的规定》中关于抵债的规定不需要征得债务人一方的同意，有人担心这样做会损害债务人的利益。实际上，《最高人民法院关于人民法院民事执行中拍卖、变卖财产的规定》中对这个问题已经有所考虑，即要求抵债时不能随意作价，而应以该次拍卖所定的保留价为标准进行折抵。有这样一个限制，即使没有债务人的同意，应该也不会对债务人的利益造成损害，而且，这一规定正体现了执行强制性的特点。

在执行实践中，还可能会出现两个或两个以上执行债权人都申请以拍卖财产抵债的情形。《最高人民法院关于人民法院民事执行中拍卖、变卖财产的规定》第19条第2款规定，在这种情况下，应由法定受偿顺位在先的债权人优先承受；如果各个债权人的受偿顺位相同，则以抽签方式决定承受人。但是，如果债权人应受清偿的债权额低于抵债财产的价额的，人民法院应当责令其在指定的期间内补交差额，然后将补交的价款分配给其他债权人。

○《最高人民法院关于人民法院民事执行中拍卖、变卖财产的规定》为什么没有把登记作为不动产所有权转移的生效要件？

拍卖财产的所有权或者其他权利何时转移给买受人，直接关系到拍卖的效果和各方当事人的利益，是强制执行实践中必须予以解决的问题。比如，在不动产拍卖成交裁定送达后办理过户登记前，如果被执行人破产的，该不动产的所有权何时转移给买受人就是一个非常有实际意义的问题。如果认为不动产的所有权自拍卖成交裁定送达时起即转移给买受人，该不动产就不应被作为破产财产；相反，如果认为拍卖成交后不动产所有权的转移必须以登记为要件，该不动产就应被列为破产财产，买受人只能通过其他途径寻求救济。这个问题尽管非常重要，但我国《民事诉讼法》并未作明确规定，而法院却不能因为我国法律对此还未作明确规定而不作出判断和处理。从近现代各国的物权立法来看，物权变动大致可以分为两大类：一类是因合同等法律行为引起的物权变动，另一类则是非基于法律行为引起的物权变动。强制执行程序中的拍卖行为所引起的物权变动应理解为非基于法律行为引起的物权变动。对于非基于法律行为引起的不动产物权变动，许多国家的法律一般都没有将登记作为其生效要件。这样做一是为了弥补登记生效要件主义过于严格，不能完全符合社会交易便捷要求的不足；二是该类物权变动或有法律的直接规定，或有国家权力的介入，其变动事实上已经发生，而且有明确的存在状态，已经符合了物权公示的要求，登记与否对交易安全没有大的影响。也正是基于上述考虑,《最高人民法院关于人民法院民事执行中拍卖、变卖财产的规定》第29条没有把登记作为不动产所有权转移的生效要件规定,而是规定不动产的所有权自拍卖成交或者抵债裁定送达时起转移给买受人或承受人。

○ 拍卖价款和标的物应如何交付?

依照《最高人民法院关于人民法院民事执行中拍卖、变卖财产的规定》第24条的规定,拍卖成交后,买受人应当在拍卖公告确定的期限或者人民法院指定的期限内将价款交付到人民法院或者汇入人民法院指定的账户。这一规定有两点值得注意:一是买受人应当在一定期限内交付价款,而且,依照第25条的规定,买受人逾期未交付价款的,人民法院可以裁定重新拍卖。这主要是考虑到拍卖只是执行程序中的一个环节,如果买受人无限期地拖延支付价款,势必影响到执行的效率,债权的实现也因此受到影响。但是,由于作出重新拍卖的裁定毕竟是通过公权力解除了已经生效的拍卖合同关系,因此,必须十分慎重。一般来说,如果买受人不是严重违约而影响债权的实现,或者能够通过其他途径予以补救的,则不宜启动此程序。二是价款应当交付到人民法院或汇入人民法院指定的账户。这一规定主要是为了加大人民法院对拍卖价款的实际控制和监督力度,尽量避免在这一环节出现新的问题和纠纷。

其次来看拍卖标的物的交付。在拍卖标的物的交付问题上,也有两点值得注意:一是在买受人将价款足额交付给法院之前,不允许将拍卖标的物实际移交给买受人,这一点在《最高人民法院关于人民法院民事执行中拍卖、变卖财产的规定》的第23条和第30条中都有体现。依照第23条的规定,拍卖成交裁定于价款全额交付后才能送达买受人;而依照第30条的规定,拍卖标的物于拍卖成交裁定送达后才能实际移交给买受人。可见,拍卖标的物应当在价款足额交付之后或者同时移交给买受人。这一规定主要是为了避免在标的物实际交付后，买受人拖延支付价款，影响执行程序的顺利进行。实际上，整个《最高人民法院关于人民法院民事执行中拍卖、变卖财产的规定》都贯穿着这样一条思路，即尽量避免因拍卖程序本身而衍生出新的问题和纠纷，使执行程序雪上加霜。应当注意的第二点是，拍卖成交后，人民法院应当在拍卖成交裁定送达后15日内，及时将拍卖财产移交给买受人。执行实践中，有些法院在拍卖成交后，既无任何正当理由，又迟迟不向买受人移交拍卖标的物，导致买受人的合法权益遭到损害，同时也影响了法院自身的威信。因此，《最高人民法院关于人民法院民事执行中拍卖、变卖财产的规定》第30条对法院移交拍卖标的物的期限作出了明确的规定，人民法院必须严格按照这一期限移交拍卖的标的物。当然，实践中可能存在着拍卖标的物依法不能移交的情形，例如在执行前，拍卖的房屋已经出租给了第三人，租赁合同还有三年才到期。如果存在上述类似情形，人民法院应当在拍卖前及时向所有的竞买人予以说明，以免在拍卖成交后引发不必要的争议。

○《最高人民法院关于人民法院民事执行中拍卖、变卖财产的规定》对拍卖机构收取佣金的比例作了哪些限制性规定？

拍卖机构进行的拍卖是一种商业活动，拍卖成交后，拍卖机构都要收取一定比例的佣金。佣金比例的高低，直接影响到申请执行人、被执行人、买受人以及拍卖机构的切身利益，是各方关注的一个焦点问题。目前，《民事诉讼法》对执行程序中拍卖的佣金收取比例未作规定，各地法院在实践中一般是参照《拍卖法》的规定进行操作。按照《拍卖法》的规定，委托人、买受人可以与拍卖人约定佣金的比例，而且约定佣金的比例没有上限；佣金的比例未作约定的，拍卖人可以向委托人、买受人双方各收取不超过拍卖成交价5%的佣金。收取佣金的比例按照同拍卖成交价成反比的原则确定。由于《拍卖法》对佣金收取的比例仅仅规定了上限，各地法院和拍卖机构在实际操作中很难具体进行把握，佣金偏高或偏低的现象时有发生。鉴于此，《最高人民法院关于人民法院民事执行中拍卖、变卖财产的规定》第32条对佣金收取的比例分段作出了具体的规定，即拍卖成交价200万元以下的，收取佣金的比例不得超过5%；超过200万元至1000万元的部分，不得超过3%；超过1000万元至5000万元的部分，不得超过2%；超过5000万元至1亿元的部分，不得超过1%；超过1亿元的部分，不得超过0.5%。对于采取公开招标的方式确定拍卖机构的，则应当按照中标确定的方案收取佣金。由于公开招标的方式是各拍卖机构在公开、公平的原则下进行竞标的，收取佣金的数额又可以低于《最高人民法院关于人民法院民事执行中拍卖、变卖财产的规定》规定的比例，因此，采取这种方式将会大大减少佣金的数额。同时，考虑到实践中佣金收取的数额普遍偏高，不利于债权的实现，因此，《最高人民法院关于人民法院民事执行中拍卖、变卖财产的规定》明确规定拍卖机构只能向买受人单方收取佣金。

○ 被执行人隐匿财产的，法院如何处理？

为了解决审判实践中严重存在的执行难的状况，《民事诉讼法》第227条明确规定，被执行人不履行法律文书确定的义务，并隐匿财产的，人民法院有权发出搜查令，对被执行人及其住所或者财产隐匿地进行搜查。

○ 法院进行搜查须符合哪些条件？

1. 生效法律文书确定的履行期限已经届满

这里强调的不仅是法律文书“已生效”，而且是法律文书确定的履行期限“已经届满。”换而言之，如果法律文书未生效或所确定的履行期限未届满，就不能适用搜查措施。

2. 被执行人不履行法律文书确定的义务

3. 认为有隐匿财产的行为

被执行人隐匿财产的行为是采取搜查措施的事实根据。认定被执行人是否有隐匿财产的行为也要有一定的根据，不能盲目猜测，首先应当掌握被执行人隐匿财产的线索，做到有的放矢，其次，在无线索的情况下，可以根据被执行人的经济状况作出判断。如是公民，可以根据其收入来源情况以及现阶段的经济条件等进行分析。如果是法人或其他组织，则可以从其对外的账目往来情况及有关的管理部门进行了解。尽量做到心中有数，不打无把握之仗。

具备上述三个条件的，可依法对被执行人进行搜查。

值得注意的是，并不是符合上述法定条件就必然导致搜查。

人民法院有权发出搜查令，实施搜查，而不是必须搜查。既然是人民法院的权力，人民法院当然可以根据需要与否决定是否行使这项权力。需要与否，主要看不采取搜查是否同样能达到执行法律文书确定的义务的目的，这也是强制执行的最终目的。如果不采取搜查，同样能保证实现生效法律文书确定的内容，就可以不搜查，虽然被执行人确有隐匿财产的行为。因此，搜查不是目的，搜查的目的是保证实现法律文书。在被执行人隐匿财产的情况下，基于什么才能保证实现法律文书，那就是被执行人还有其他财产，并且足供执行。即在被执行人只是隐匿了其部分财产，其他财产又足供执行的情况下，人民法院可以不对被执行人采取搜查措施。不采取搜查不等于可以放纵这种行为，人民法院可以对其采取强制措施，以妨害民事诉讼行为论处。另外，如果法律文书确定的被执行人的义务是交付特定物，该特定物被执行人隐匿了，那就只能采取搜查措施，尽管被执行人有其他财产。

此外，根据《最高人民法院关于适用〈中华人民共和国民事诉讼法〉若干问题的意见》第285条规定，执行中，被执行人隐匿财产的，人民法院除可依照《民事诉讼法》第102条规定对其处理外，并应责令被执行人交出隐匿的财产或折价赔偿。被执行人拒不交出或赔偿的，人民法院可按被执行财产的价值强制执行被执行人的其他财产，也可以采取搜查措施，追回被隐匿的财产。

○ 法院对被执行人进行搜查应遵守什么程序？

《最高人民法院关于适用〈中华人民共和国民事诉讼法〉若干问题的意见》第285条至第289条分别就搜查中的有关程序作了规定。这些规定是人民法院正确行使搜查权的保证。

人民法院在对被执行人采取搜查措施前，首先应向被执行人发出执行通知书，责令其在指定的期间履行义务，如被执行人逾期仍不履行且又有隐匿财产行为的，则可决定适用搜查措施。

人民法院决定对被执行人及其住所或者财产隐匿地进行搜查时，应由院长签发搜查令，以维护法律的严肃性。否则，一律不允许进行。

实施搜查时，搜查人员必须按规定着装并出示搜查令和身份证件。

人民法院搜查时应禁止无关人员进入搜查现场，必要时还应采取相应的防范措施，以免被执行人及其家属或其他人员实施妨碍搜查的行为，保证搜查工作的顺利进行。搜查对象是公民的，应通知被执行人或者他的成年家属以及基层组织派员到场；搜查对象是法人或者其他组织的，应通知法定代表人或者主要负责人到场，有上级主管部门的，也应通知主管部门有关人员到场。否则，不能进行搜查。但若上述人员拒不到场的，不影响搜查。搜查妇女身体，应由女执行人员进行。

搜查应制作搜查笔录，对搜查的情况和过程作详细的记录，由搜查人员、被搜查人及其他在场人签名或盖章。拒绝签名或者盖章的，应在搜查笔录中写明。在搜查中发现应当依法扣押的财产，依照《民事诉讼法》第221条第2款和第226条的规定办理。

○ 哪些财产可以作为执行标的？

可以作为执行标的的物有：（1）债务人现有的财产。债务人的财产是债权人的共同担保，凡在开始执行时属于债务人所有的财产，除法律另有规定或性质上不得予以执行的财产外，债权人都可请求执行；同时，债权人为实现法律文书中的金钱债权，对于债务人的财产有选择执行的请求权，不能由债务人任意指定以其某项财产用于执行；（2）债务人可取得的财产。债务人可预期取得的财产即债权，也可成为执行客体。强制执行中的代位执行制度就是对债务人的债权予以执行的制度。其内容是如果债务人不能清偿债务，对第三人享有到期债权的，人民法院可依债权人的申请，通知该第三人向申请执行人履行债务。该第三人对债务没有异议但又在通知指定的期限内不履行的，人民法院可以强制执行；（3）债务人非法处分的财产。原属债务人所有的财产，经债务人合法处分生效后，所有权已转移给了第三人，即使这种处分影响了债权人债权的实现，仍不能将其作为执行客体。但是债务人为了逃避执行，与第三人恶意串通为虚假意思表示，这种处分行为当然无效，人民法院仍可执行该项财产；（4）执行根据限定的财产。执行根据限定执行标的物的，执行财产应以特定标的物或一定范围的财产为限。

由此可见，债务人的财产，原则上都可以成为执行客体。但是下列财产不得成为执行客体：（1）实体法禁止让与、扣押的财产（如土地、矿藏等）；（2）程序法禁止扣押的财产。《民事诉讼法》第223条规定，如查封、扣押、冻结、拍卖被执行人的财产时，应当保留被执行人及其扶养家属的生活必需品。这种生活必需品不得作为执行客体。再如司法实践中，人民法院已依法对被执行人的财产查封冻结的，任何单位包括人民法院不得重复查封、冻结或擅自解冻；（3）性质上不得为执行客体的权利。专属于债务人所有的权利，如民法通则规定的健康权、姓名权、肖像权、名誉权，以及宪法中规定的退休金等都不得成为执行客体；(4) 不准流通的物品，如违禁品、淫秽品等。

○ 对指定交付的财物、票证如何执行？

指定交付财物、票证的执行，是指人民法院根据生效法律文书，指定被执行人交付财物、票证，以履行其义务的执行措施。法律文书指定交付的财物，可以是种类物，也可以是特定物；交付的票证，可以是有价证券，也可以是无价证券，前者如股票、国库券，后者如汽车准购证等。这里需要注意的是，法律文书指定交付的财物或者票证只能限于特定物，并且是法律文书中明确指定由被执行人交付的，如指定交付的某台彩电、某张单据或某幅名画等等，而不包括被执行人的其他财产。如果法律文书中只判令被执行人承担赔偿或其他财产责任，而没有指定应当交付的具体财物，那么，尽管在执行时被执行人的某项财产为他人持有，也不能适用《民事诉讼法》第225条规定通知他人转交，拒不转交的，强制执行。

在被执行人不履行法律文书确定的义务并隐匿财产的情况下，或者当事人在诉讼中隐藏、转移已被查封、扣押的财产或者已被清点并责令其保管的财产的，人民法院可以直接采取搜查措施予以追回，而不需要通知他人转交。

根据《民事诉讼法》第225条第1款的规定，对于法律文书特定交付的财物或者票证，由执行员传唤双方当事人当面交付，或者由执行员转交，并由被交付人签收。《最高人民法院关于人民法院执行工作若干问题的规定（试行）》第57条规定，生效法律文书确定被执行人交付特定标的物，应当执行原物。原物被隐匿或非法转移的，人民法院有权责令其交出。原物确已变质、损坏或灭失的，应当裁定折价赔偿或按标的物的价值强制执行被执行人的其他财产。

有关单位或者公民持有法律文书指定交付的财物或票证，在接到人民法院协助执行通知书或通知书后，应主动交出。有关公民持有法律文书指定交付的财物或者票证经法院通知后拒不交出的，人民法院可予强制执行。《最高人民法院关于适用〈中华人民共和国民事诉讼法〉若干问题的意见》第290条规定："法人或者其他组织持有法律文书指定交付的财物或者票证，在人民法院发出协助执行通知后，拒不转交的，强制执行，并可依照民事诉讼法第一百零三条的规定处理。"

《最高人民法院关于人民法院执行工作若干问题的规定(试行)》第58条规定，有关单位或公民持有法律文书指定交付的财物或票证，在接到人民法院协助执行通知书或通知书后，协同被执行人转移财物或票证的，人民法院有权责令其限期追回；逾期未追回的，应当裁定其承担赔偿责任。

○ 如何强制被执行人迁出房屋和退出土地？

强制迁出房屋和强制退出土地，是指人民法院的执行员搬迁被执行人在房屋内或者特定土地上的财物，并将腾出的房屋和土地交给权利人的一种执行措施。强制迁出房屋，可以适用于房屋拆迁、买卖、租赁案件的执行；强制退出土地可以适用于强占耕地、宅基地纠纷、土地使用权纠纷、相邻关系中阻塞通道及排除妨碍等案件的执行。

人民法院的法律文书确定房屋占有人或者土地占有人迁出房屋或退出土地后，占有人应当自动履行，拒不自动履行的，权利人可依法向人民法院申请强制执行。人民法院强制迁出房屋和退出土地，是一项比较重大、复杂的执行措施。

强制迁出房屋和强制退出土地应依以下程序进行：

1. 由人民法院院长签发公告

公告前，执行人员应当对被执行人进行必要的法制教育，动员他自动迁出房屋或退出土地。拒不履行义务的，由人民法院院长签发强制迁出房屋或退出土地的公告。公告中应明确规定被执行人履行义务的期限，以及在期限内不自动履行即强制执行的法律后果。公告由人民法院院长署名，并加盖人民法院印章，公开张贴在人民法院的公告栏以及被执行人占有的房屋或土地附近。履行义务期限届满，被执行人履行义务的，结束执行程序；如果仍不履行义务的，即开始强制执行。

2. 通知有关人员到场

强制执行时，被执行人是公民的，应当通知本人或者其成年家属到场，并通知被执行人工作单位或者房屋、土地所在地的基层组织派人参加；被执行人是法人或者其他组织的，应当通知其法定代表人或者主要负责人到场。拒绝到场的，不影响执行。

3. 依法强制执行

强制被执行人迁出房屋或者退出土地的执行工作，由执行员、书记员和司法警察共同进行。一般要先向被执行人进行守法教育，并向被执行人工作单位或者房屋、土地所在地基层组织的代表介绍案情，说明强制执行的必要性和严肃性，争取他们的理解和支持。强制执行中的搬运、清理工作，由人民法院委托有关单位或个人进行。执行过程中，执行员除负责执行的组织、指挥工作之外，还要作好财物的清点、登记工作。书记员要把执行的全过程如实记入执行笔录，执行笔录要由执行员、有关组织的代表、当事人及其他在场人签名或者盖章。对强制搬出的财物应当逐件编号、登记、造具清单，并由在场人签名或者盖章，然后把这些财物运到指定处所，交给被执行人。被执行人是公民的，也可交给其成年家属。因拒绝接收而造成的损失，由被执行人承担。强制搬迁后腾出的房屋或者土地，人民法院应当立即交给申请执行人，及时结束执行程序。

强制执行中实际支出的费用，由被执行人承担。被执行人拒绝的，强制执行。

○ 在执行中，哪些财产需要办理权利证照转移手续？

需要办理权利证照转移手续的财产主要有三类：

第一，不动产。不动产是指不能移动或者移动后会引起性质、形状改变，损失经济价值的物。通常包括土地、建筑物以及附着于土地上的树木、农作物等等。

第二，特定的动产。主要是作为交通工具的车辆和作为运输工具的船舶。

第三，知识产权。依据国家法律，专利权、商标权不能自然取得，而由国家审查、认可并赋予。虽然法律允许转让专利权、商标权，但这种转让依法需经国家主管部门给予登记后才有效，因而不同于动产的转让，须履行特定的法律手续。同样，强制执行这类知识产权时，也就需要办理专利权、商标权权利证照转移的手续。

○ 如何办理财产权证照转移手续？

对需要办理权利证照转移手续的财产来说，国家分别规定有不同的具体办理手续,这些手续分别归国家不同的主管部门负责办理。例如，房屋的房产权转户由国家房地产部门负责办理，交通车辆由交通管理部门负责办理。在民事执行中需要办理有关财产权证照转移手续的，原则上应当按照规定由国家有关主管部门照章办理。换句话说，按照规定需要出具什么手续，就应当出具要求的手续，没有例外。譬如办理房屋产权过户手续时，就需要出具房屋买卖协议和原产权证明即房产证，否则，国家房地产部门有权拒绝办理。因此，在执行标的物为房产时，人民法院应当责令原房屋产权人交出房产证，并由原产权人与新产权人签订房屋买卖协议，交由国家房产部门负责办理。办理其他财产权证照转移手续同样应当如此。但是，强制执行中的财产权转移毕竟不同于一般商品买卖中的财产权转移，而是一种强制转移，因此，有其特殊性。一方面，在强制拍卖或者变卖被查封、扣押的财产的情况下，无须征得财产所有者的同意，具有强制性，因而，财产所有人既可能不愿意在拍卖或者变卖的成交协议上签字，又可能拒绝交出原权利证照，在这种情况下，就无法依正常手续办理财产权证照的转移。另一方面，在有关财产权依执行程序由国家作强制转移的情况下，也不应再由国家有关部门依一般商品买卖征收国家规费，尽管对一般商品买卖征收这类规费是十分必要的，但对强制执行的财产征收这类规费并不利于法院的执行，也不利于保护权利人的合法权利。针对上述特殊性，各国法律都规定了与这种特殊性相适应的特殊处理原则。《民事诉讼法》第227条规定，有关单位必须依照人民法院就此发出的协助执行通知协助执行。这种协助执行的含义是：(1) 在财产权证照转移具备正常手续的情况下，有关单位必须根据人民法院协助执行通知的要求，迅速、及时地给予办理。(2) 在因强制拍卖、变卖财产而又无法具备财产权证照转移所需要正常手续的情况下，经人民法院出具证明，有关单位同样必须根据人民法院的协助执行通知书给予办理。(3) 协助人民法院办理有关财产权证照转移手续，不得收费，并免除在正常情况下所应征收的国家规费。

有关单位办理后，新的权利人依法取得了该项财产上的权利。原权利人相应地丧失了权利。原权利人所持有的权利证照经有关单位催交后其仍拒绝交出的，由有关单位予以公告撤销或宣布无效。

○ 对判决、裁定和其他法律文书指定的行为，如何执行？

对行为如何强制执行一直是法律理论和司法实践中的疑难问题。针对实践中存在的对行为执行相对软弱的问题，《民事诉讼法》第228条明确规定：“对判决、裁定和其他法律文书指定的行为，被执行人未按执行通知履行的，人民法院可以强制执行或者委托有关单位或者其他人完成，费用由被执行人承担。”依此规定，对行为适用直接强制执行（如由执行员强制搬迁在他人土地上的杂物或者拆除违章建筑等），而不一定非得委托他人来完成。原则上，凡是能够直接作直接强制执行的，都应当由人民法院直接强制执行；直接强制执行有困难或者不方便的，可以委托其他单位或个人来完成，费用由被执行人承担。被执行人拒不支付这部分费用的，强制执行。对行为，法律规定可直接强制执行，既可体现执行的国家强制性，维护生效法律文书的权威，同时也可避免因委托他人完成而可能产生的委托费用的再次执行问题。

法律文书指令被执行人完成特定的行为，包括作为和不作为。前者如修理出租的房屋、搬迁在他人土地上的杂物等等，后者如不得违章建筑、不得排放污染物等等。对法律文书指定行为的强制执行，是指人民法院执行员在被执行人不履行法律文书指定的行为的情况下，直接来完成该项行为。例如，法律文书责令被执行人拆除违章建筑，被执行人不自动拆除，而由执行员强制拆除；责令被执行人搬迁在他人土地上的杂物，被执行人不自动搬迁，而由执行员强制搬迁。

○ 对探望权如何强制执行？

《婚姻法》第48条规定：“对拒不执行有关扶养费、抚养费、赡养费、财产分割、遗产继承、探望子女等判决或裁定的，由人民法院依法强制执行。有关个人和单位应负协助执行的责任。”法律通过这条规定，赋予探望权可以被强制执行的效力。

探望权案件的执行，是未与子女生活的一方对子女的亲权得以实现的法律保障。离婚后，父母与子女的关系并不解除，父母对子女都有亲权。但是，如果未与未成年子女共同生活的一方不能定期看望，关心子女，那么就难以实现其亲权。因此，探望权案件的执行是必要的教养得以实现的重要形式。

对探望权的强制执行不同于其他民事权利的强制执行，不能直接采取强制执行措施将儿童交付给享有探望权的当事人，因为这样就涉及到对人身执行的问题。民事强制执行的标的，只能是财物和行为，不能强制执行人身。探望权是一方的权利，另一方负有协助的义务。我国还没有对探望权的强制执行问题作出专门规定。

执行中应注意以下问题：

1. 在执行时，要把思想教育和法制宣传工作贯穿始终，切实做好疏导教育工作。要使当事人认识到子女和父母的关系不因父母离婚而消除，另一方有探望子女的权利，阻碍、拒绝对方行使探望权的行为是违法行为，同时探望权的实现也是保证子女身心健康的需要，使当事人能够为子女的健康成长创造适宜的氛围，主动履行协助义务，从而使案件得到圆满解决。

2. 慎重适用强制措施。法院在执行这类案件中应以说服教育作思想工作为主，但对那些经常无故阻挠、刁难甚至隐匿子女、拒绝对方当事人行使探望权的人，也可以适当地采取强制措施。对拒不配合的，还可给予训诫、罚款、拘留等惩罚，同时“对拒不履行判决者可追究其刑事责任”的极具法律威慑性的规定，也可以确保这类案件得以执行。但如果将直接抚养子女一方予以拘留或刑事处罚，必然不利于子女的最大利益，所以应慎用。

○ 被执行人迟延履行金钱给付义务应承担什么责任？

《民事诉讼法》第229条规定：“被执行人未按判决、裁定和其他法律文书指定的期间履行给付金钱义务的，应当加倍支付迟延履行期间的债务利息。”

在具体实施这一规定时，需要解决以下几个问题：

1. 判决、裁定和其他法律文书没有指定债务履行期限的，承担

迟延履行责任的起算时间的确定

自法律文书生效之日起，被执行人就负有履行法律文书确定的债务的义务。人民法院发出的执行通知，只是在被执行人没有履行法律文书的情况下对其履行义务的一种催促，并不意味着在此时被执行人才开始负有履行义务。因此，在判决、裁定或者其他法律文书没有确定被执行人履行债务的期间的情况下，其应承担的迟延履行责任应当始于法律文书生效之时。

2. 被执行人在法律文书指定的履行期间部分履行了义务，是否还应当承担迟延履行的责任

部分履行了义务，意味着没有完全依照法律文书履行义务，因此，被执行人理当承担迟延履行的责任。但是，对于已经在法律文书指定的期间履行的部分，应当排除在责任范围之外，被执行人无须再承担迟延履行的责任。例如，法律文书指定被执行人应当在8月1日前向申请执行人支付赔偿款15万元，结果被执行人在此期间只支付了5万元，剩下的10万元迟迟没有履行。为此，被执行人应当对未按法律文书指定期间履行的10万元承担相应的迟延履行债务利息。

3. 加倍支付迟延履行期间的债务利息的具体标准

追究迟延履行责任的目的在于迫使被执行人及时履行法律文书，而在当前民间利率大大高于银行利率的情况下，仅按储蓄存款利息计付迟延履行债务利息，显然不利于制约债务人，保护债权人。即便按贷款利息计付，目前也不一定能对债务人实际起到制约作用，只是考虑到法律规定加倍支付，可以起到一定的平衡作用。为此，《最高人民法院关于适用〈中华人民共和国民事诉讼法〉若干问题的意见》第294条规定："民事诉讼法第二百三十二条规定的加倍支付迟延履行期间的债务利息，是指在按银行同期贷款最高利率计付的债务利息上增加一倍。"当事人双方约定的迟延付款的责任标准对确定迟延履行的债务利息没有约束力；前者是以保证实现民事法律关系为目的的，而后者则以保证实现已经生效的法律文书为目的，两

者不可混淆。

根据《最高人民法院关于在执行工作中如何计算迟延履行期间的债务利息等问题的批复》的规定，人民法院根据《民事诉讼法》第229条计算“迟延履行期间的债务利息”时，应当按照中国人民银行规定的同期贷款基准利率计算。执行款不足以偿付全部债务的，应当根据并还原则按比例清偿法律文书确定的金钱债务与迟延履行期间的债务利息，但当事人在执行和解中对清偿顺序另有约定的除外。具体计算方法是：（1）执行款＝清偿的法律文书确定的金钱债务＋清偿的迟延履行期间的债务利息。（2）清偿的迟延履行期间的债务利息＝清偿的法律文书确定的金钱债务×同期贷款基准利率×2×迟延履行期间。

○ 被执行人迟延履行非金钱给付义务应承担什么责任？

《民事诉讼法》第229条规定：“被执行人未按判决、裁定和其他法律文书指定的期间履行其他义务的，应当支付迟延履行金。”

非金钱给付义务的民事责任由于其所具有的不可等值性，决定了追究不履行这类义务责任时的复杂性，即这种责任不可能有具体的计算标准。尽管如此，相对确定的责任标准仍然是存在的，或者说，是应该存在的。因为，虽然不履行非金钱给付义务所造成的后果会是多种多样的，但都不外乎有可计算的损失和没有可计算的损失这两种情况。所谓有可计算的损失，主要是指债权人因债务人不按判决、裁定和其他法律文书指定的期间履行非给付金钱义务所造成的财产减少以及可得利益的损失。这种损失具有相对的可确定性，因而在追究迟延履行责任时也是能够确定其责任的原则标准的。这种原则标准是：双倍支付债权人因此所造成的损失。例如，被执行人不按法律文书清退由其侵占的房屋，应当双倍支付该房屋供出租时债权人可得的租金收入；被执行人不按法律文书消除危险，应当双倍支付因发生了这类危险而给债权人造成的损失。所谓没有可计算的损失是指没有造成损失，包括财产减少或者可得利益的损失。例如被执行人不按法律文书向权利人赔礼道歉，或者消除影响、恢复名誉等等。没有可计算的损失，不等于没有损失，更不等于不需要由被执行人承担迟延履行金，只是确定这种情况下的迟延履行金完全失去了可以凭借的计算标准，人民法院只能根据被执行人迟延履行债务的主观状态和其他客观情况来确定。

○ 被执行人的财产不足以清偿多个债权人的债权的，应怎么办？

在执行中被执行人的财产不足以满足多数债权人的债权时，其他债权人有权与申请执行人一起，共同参与对被执行人财产的分配，此即参与分配制度。《民事诉讼法》对此未作规定，这是根据司法实践的迫切需要，并借鉴国外的诉讼立法经验，而在《最高人民法院关于适用〈中华人民共和国民事诉讼法〉若干问题的意见》、《最高人民法院关于人民法院执行工作若干问题的规定（试行）》中新确立的一项重要的执行制度。

○ 债权人申请参与分配应具备什么条件？

其他债权人申请参与分配，应当符合以下几个条件：

1. 被执行人为公民或者其他组织

在我国，企业法人资不抵债的，可以依据企业破产法和《民事诉讼法》规定的企业法人破产还债程序，实行破产还债。而公民或者其他组织资不抵债的，却不能破产还债，为保证公平受偿，只能准许其他债权人参与分配。值得注意的是，《最高人民法院关于人民法院执行工作若干问题的规定（试行）》第96条规定："被执行人为企业法人，未经清理或清算而撤销、注销或歇业，其财产不足清偿全部债务的，应参照本规定第90条至第95条的规定，对各债权人的债权按比例清偿。企业法人已经撤销、注销、歇业，其主体资格已经丧失，自无再依破产程序而使其丧失主体资格的必要。”

2. 被执行人有多数债权人

如果被执行人只有一个债权人，即使资不抵债，也不发生参与分配问题。

3. 多数债权人的债权均为金钱债权

参与分配，是其他债权人就执行所得金额要求共同受偿，因此强制执行的债权和参与分配的债权必须同为金钱债权。交付特定物、为法律文书指定的行为、迁出房屋或者退出土地的执行，没有金钱可供分配，且就债权的性质而言，只能由申请执行人独占，不能由其他债权人参与分配。

4. 已经开始的执行必须是终局执行

执行，按是否对申请执行人进行清偿为标准，分为保全执行和终局执行。保全执行是用查封、扣押等手段限制被执行人处分其财产，并不对申请执行人进行清偿，因此也就不发生其他债权人参与分配。而终局执行对被执行人的财产不仅要查封、扣押，而且要拍卖、变卖，对申请执行人进行清偿，为保证其他债权人公平受偿，法律准许他们参与分配。《最高人民法院关于人民法院执行工作若干问题的规定（试行）》第91条第2款规定，法院所采取的执行措施如系为执行财产保全裁定，具体分配应在该院案件审理终结后进行。

5. 被执行人的全部或主要财产被法院因执行而查封、扣押、冻结、无其他财产可供执行，或其他财产不足清偿全部债务

如果被执行人的财产足以清偿所有债务，其他债权人没有必要参与分配，可以分别受偿。

6. 其他债权人已经取得金钱债权执行根据

执行程序是以生效法律文书为根据的强制清偿程序，没有取得生效法律文书的人，便不具备申请强制执行的条件，不能强制实现其债权，因此也就不能参与分配。

○ 参与分配的程序是什么？

对参与被执行人财产的具体分配，应当由首先查封、扣押或冻结的法院主持进行。被执行人的其他债权人要求参与分配，应当向原申请执行法院提交参与分配申请书。申请书应当写明参与分配和被执行人不能清偿所有债权的事实和理由，并附作为执行根据的生效法律文书。该执行法院应将参与分配申请书转交给主持分配的法院，并说明执行情况。

参与分配是利用他人的执行程序，请求就执行所得公平受偿的法律制度，因此申请参与分配的时间限制在执行程序开始后，执行所得尚未交付申请执行人前。执行程序尚未开始，或者执行法院已将执行所得交付申请执行人，其他债权人要求实现法律文书确定的债权的，只能向有管辖权的人民法院申请执行。即使被执行人已无财产可供执行，也不得回过头来要求参与分配。

执行法院接到其他债权人要求参与分配的申请后，应当认真进行审查，审查的内容包括：(1) 申请人是否适格，有无行为能力，如果是他人代为申请的，代理权限和代理手续是否有缺陷；(2) 申请书的内容是否完备，作为执行根据的法律文书是否已经生效；(3) 申请参与分配是否由本法院管辖；(4) 被执行人是否为本执行根据的债务人，是否属于公民或者其他组织，是否确已不能清偿全部债务等。经过审查，执行法院认为申请手续不完备的，可以责令补正；认为不符合参与分配条件的，可以通知驳回其申请；认为符合参与分配条件的，裁定准予参与分配，并通知申请执行人和被执行人。

对执行法院查封、扣押或者冻结的财产享有优先权、担保权的债权人，可以通过申请参加参与分配程序，主张优先受偿权。

○ 参与分配的分配顺序是怎样的？

参与分配的分配是平均主义原则，即各债权人按其债权数额依比例分配，大家公平受偿。但是，有些债权依有关实体法的规定享有对特定财产的优先受偿权，另有一些债权依其性质也需要做特殊的法律保护，因此，这种平均主义是指同一顺位中各债权的平均受偿，而并不排除其他顺位中的债权的优先受偿。除了优先权、担保物权优先受偿的权利以外，参与分配的债权人如何分配，依《最高人民法院关于适用〈中华人民共和国民事诉讼法〉若干问题的意见》第299条规定，参与分配按照《民事诉讼法》第204条规定的顺序进行。《民事诉讼法》第204条规定的清偿顺序是：(1) 工人工资和保险费用；(2) 国家税款；(3) 其他债权。也就是说，前一序位清偿完毕的，才考虑清偿下一序位的债权。但是《民事诉讼法》第204条规定的是破产还债的清偿顺序，而参与分配是执行程序，不是破产程序，因此，《最高人民法院关于人民法院执行工作若干问题的规定（试行）》第94条对此进行了修订，规定只由债权人之间按债权额的比例进行分配，不适用《民事诉讼法》第204条破产还债的清偿顺序。当然如果工资和劳动保险费用、国家税款已经取得了执行依据的话，也可以参与分配，同样要按比例清偿，例如，《最高人民法院关于人民法院执行工作若干问题的规定（试行）》第93条规定的法定优先权，以及担保物权，因此，这类债权的债权人可以不申请参与分配，而直接向法院申请其对这一财产上的优先受偿权，对此，法院应予保证。

○ 参与分配的分配方案如何执行？

根据《最高人民法院关于适用〈民事诉讼法〉执行程序若干问题的解释》的规定，多个债权人对同一被执行人申请执行或者对执行财产申请参与分配的，执行法院应当制作财产分配方案，并送达各债权人和被执行人。债权人或者被执行人对分配方案有异议的，应当自收到分配方案之日起15日内向执行法院提出书面异议。债权人或者被执行人对分配方案提出书面异议的，执行法院应当通知未提出异议的债权人或被执行人。未提出异议的债权人、被执行人收到通知之日起15日内未提出反对意见的，执行法院依异议人的意见对分配方案审查修正后进行分配；提出反对意见的，应当通知异议人。异议人可以自收到通知之日起15日内，以提出反对意见的债权人、被执行人为被告，向执行法院提起诉讼；异议人逾期未提起诉讼的，执行法院依原分配方案进行分配。诉讼期间进行分配的，执行法院应当将与争议债权数额相应的款项予以提存。

○被执行人不能清偿债务，但对本案以外的第三人享有到期债权的，怎么办？

根据《最高人民法院关于适用〈中华人民共和国民事诉讼法〉若干问题的意见》第300条的规定，被执行人不能清偿到期债务，但对第三人享有到期债权的，申请执行人可申请法院通知该第三人向申请执行人履行债务。

根据《最高人民法院关于人民法院执行工作若干问题的规定（试行）》的规定，人民法院对被执行人的到期债权的执行，即对第三人的执行应具备一定的条件：

第一，被申请执行人的既存的财产不足以履行法律文书所确定的给付义务（既存的财产是指为实际占有、使用和支配的资金或财物）。

第二，被申请执行人对第三人享有到期的债权，且没有对待给付义务。如果被申请执行人虽然对第三人享有某种债权，但同时还负有其他给付义务，则表明其与第三债务人的债权债务关系并不明确，在这种债权债务关系不明确情况下，则人民法院便不能对第三债务人行使执行权，否则不但可能造成实体上的执行错误，而且也违背程序法上的规定。

第三，申请执行人应向人民法院提出申请。《民事诉讼法》第230条规定："人民法院采取本法第二百一十八条、第二百一十九条、第二百二十条规定的执行措施后，被执行人仍不能偿还债务的，应当继续履行义务。债权人发现被执行人有其他财产的，可以随时请求人民法院执行。"这里的"其他财产"应包括被申请执行人的债权。人民法院执行时，须经申请执行人提出申请，这既是民事程序法之规定，又是民事实体权利人享有的诉讼权利之处分权。而这种处分权源于申请执行人的代位权。所谓代位权，是指债权人以自己的名义行使债务人权利之权利。当债务人享有对第三人的权利而又怠于行使，致使其财产应增加而未增加，危害债权的实现时，债权人可以代位行使属于债务人的权利，以增加债务人的财产，从而使债权得以实现。

第四，须由人民法院向第三人发出履行通知，且第三人在履行通知指定的期限内没有提出异议，而又不履行。

○ 执行法院如何向被执行人的债务人发出履行通知？

所谓履行通知，是指人民法院发出的，要求第三人在指定期限内，向申请执行人履行给付义务的通知。通知为人民法院的命令，违反通知将导致一定的强制措施。

根据《最高人民法院关于人民法院执行工作若干问题的规定(试行)》的规定，被执行人不能清偿债务，但对本案以外的第三人享有到期债权的，人民法院可以依申请执行人或被执行人的申请，向第三人发出履行到期债务的通知（以下简称履行通知）。履行通知必须直接送达第三人。

履行通知应当包含下列内容：（1）第三人直接向申请执行人履

行其对被执行人所负的债务，不得向被执行人清偿；(2) 第三人应当在收到履行通知后的15日内向申请执行人履行债务；(3) 第三人对履行到期债务有异议的，应当在收到履行通知后的15日内向执行法院提出；(4) 第三人违背上述义务的法律后果。

履行通知必须直接送达第三人。第三人对履行通知的异议一般应当以书面形式提出，口头提出的，执行人员应记入笔录，并由第三人签字或盖章。

○ 采取执行措施后，被执行人仍不能偿还债务的，怎么办？

在执行程序中，人民法院在采取查询、冻结、划拨被执行人的银行存款，扣留、提取被执行人的收入，查封、扣押、冻结、拍卖、变卖被执行人的财产等项执行措施后，被执行人仍不能履行法律文书确定的义务的，应当由其继续履行义务；债权人倘若发现被执行人还有其他财产的，可以随时请求人民法院执行，这就是继续执行制度。这项制度的实质，是被执行人债务的不豁免原则，即被执行人的债务不因清偿或分配而予豁免，只要债务人还有剩余债务存在，他就应当负责清偿，直至全部清偿完毕。法律规定，即便作为被执行人的公民死亡，作为被执行人的法人或者其他组织终止，其所负的债务也不能被免除，而应以其遗产偿还债务，或者由其权利义务承受人履行义务。《民事诉讼法》规定继续执行制度，目的是加重债务人履行法律文书确定的义务的责任，切实保护债权人的合法权利，解决目前严重存在的“执行难”问题。

○ 债权人发现被执行人有其他财产的，怎么办？

根据《民事诉讼法》第230条的规定，债权人发现被执行人有其他财产的，可以随时请求人民法院执行。这里的“其他财产”既包括采取强制执行时没有发现的财产，也包括被执行人后来取得的财产，同时还包括被执行人对第三债务人的请求权，即：被执行人虽然自己现有的财产不足以清偿全部债务，但他对其他人享有财产权利，例如，其他人对被执行人负有债务，此时，该其他人即代替被执行人向申请执行人清偿债务。尽管在正常情况下第三债务人与申请执行人并无法律上的关系，但在被执行人的财产不能清偿申请执行人的全部债权情况下，申请执行人对第三债务人的财产也可享有请求权，此即申请执行人的代位求偿权。在债权人发现被执行人有对第三债务人的财产请求权时，人民法院可依债权人的申请，通知第三债务人在一定期限内向债权人履行，或者提出异议。第三债务人提出异议的，可由申请执行人另行起诉，通过诉讼途径解决，但在诉讼期间，人民法院可依申请或依职权，对第三债务人的财产采取保全措施。

申请继续执行，有同志认为应当规定有申请执行期限。我们认为，申请继续执行，可以不适用诉讼时效的规定。因为实体法中规定诉讼时效期间的意义，是在于要求权利人尽早行使诉讼权利，使当事人之间的实体权利义务及早得到确定。而继续执行，是执行已经发生法律效力的法律文书，是对法律文书已确定义务的执行，因此，不存在因继续执行造成社会秩序不稳定的问题，也不能用诉讼时效来套用继续执行。只要法律文书不被终结执行，人民法院就应继续执行，直至全部实现法律文书确定的内容。

○ 哪些情况下，被执行人不再清偿债务？

有两种情形不适用继续执行：第一种情形，作为被执行人的企业法人被宣告破产还债，其财产在被各债权人分配后，剩余债务被豁免，没有得到清偿的债权，不再清偿。第二种情形，作为被执行人的公民因生活困难无力偿还借款，无收入来源，又丧失劳动能力，被人民法院裁定终结执行的。因为在这种情况下，被执行人尽管没有死亡，但他已永久地失去了偿还债务的能力，与其保留这部分债务使民事执行无法进行，还不如宣告终结执行程序，使双方当事人都得到解脱。在人民法院裁定终结执行后，执行程序不再恢复，被执行人不能偿还的债务即被豁免。

第八节 执行中止与执行终结

○ 哪些情况下，中止执行？

中止执行，是指在执行过程中，因出现某种特殊情形而暂时停止执行程序，待造成暂时停止执行程序的原因消除后，再恢复执行程序的一种法律制度。

正常情况下，执行程序开始后，应当连续进行下去，直到执行完毕。但是，在执行过程中，有时会遇到一些特殊情形，在这些情形下，执行工作无法进行下去，只好暂时停止执行。

根据《民事诉讼法》第232条和《最高人民法院关于人民法院执行工作若干问题的规定（试行）》第102条的规定，有下列情形之一的，人民法院应当裁定中止执行：(1）申请执行人表示可以延期执行的。(2）案外人对执行标的提出确有理由的异议的。(3）作为一方当事人的公民死亡，需要等待继承人继承权利或者承担义务的。(4）作为一方当事人的法人或者其他组织终止，尚未确定权利义务承受人的。(5）人民法院认为应当中止执行的其他情形。

除上述四种需要中止执行的情形外，司法实践中还会遇到其他一些需要中止执行的情形。

根据《最高人民法院关于人民法院执行工作若干问题的规定（试行）》第102条的规定，本项所称其他情形至少应包括：(1）人民法院已经受理以被执行人为债务人的破产申请的；(2）被执行人确无财产可供执行的；(3) 执行的标的物是其他法院或仲裁机构正在审理的案件争议标的物，需要等待该案件审理完毕确定权属的；(4) 一方当事人申请执行仲裁裁决，另一方当事人申请撤销仲裁裁决的；(5) 仲裁裁决的被申请执行人依据《民事诉讼法》第217条第2款的规定向人民法院提出不予执行请求，并提供适当担保的。

○ 中止执行裁定有何效力？

根据《民事诉讼法》第234条的规定，人民法院认定中止执行，应当制作裁定书。裁定书应当写明中止执行的原因，由执行员、书记员署名，加盖人民法院印章。裁定书送达当事人后立即生效，不得提起上诉。

中止执行的效力表现在以下几个方面：

第一，中止执行的裁定一经作出，人民法院应当停止一切强制执行活动。即中止执行事由发生于强制执行前的，不得开始强制执行；中止执行事由发生于开始强制执行后的，不得继续强制执行。

第二，中止执行的效力一般只及于本案的申请执行人和被执行人，在其他申请执行人和被执行人之间并不生效。

第三，中止执行后，并非禁行一切执行行为，如果执行行为不违背执行宗旨，例如中止执行后申请执行人撤回申请，人民法院仍可裁定准许。

○ 执行程序中止后，如何恢复？

中止执行是由于出现某种特殊情形而暂时停止执行程序，待造成中止执行的原因消除后，执行程序还应当恢复。根据《最高人民法院关于人民法院执行工作若干问题的规定（试行）》第104条的规定，执行程序的恢复可以由人民法院依职权进行，也可以由当事人提出申请。人民法院决定恢复执行程序，应当书面通知当事人。中止执行的裁定，自执行程序恢复时自行失效。恢复执行是原执行程序的继续，因此中止前的执行活动仍然有效。

○ 哪些情况下终结执行程序？

终结执行，是指在执行过程上，由于出现了某种特殊情况，使执行程序无法或无需继续进行，从而结束执行程序，以后也不再恢复。执行终结是为解决无法或无需继续执行的问题而设立的一项制度。

根据《民事诉讼法》第233条和《最高人民法院关于人民法院执行工作若干问题的规定（试行）》第105条的规定，具有下列情形之一的，人民法院裁定终结执行：（1）申请人撤销申请的；（2）据以执行的法律文书被撤销的；（3）作为被执行人的公民死亡，无遗产可供执行，又无义务承担人的；（4）追索赡养费、扶养费、抚育费案件的权利人死亡的；（5）作为被执行人的公民因生活困难无力偿还借款，无收入来源，又丧失劳动能力的；（6）人民法院认为应当终结执行的其他情形。

这是弹性条款，是指以上五项规定以外的情形，有利于人民法院正确处理实践中出现的特殊情形。只要是人民法院认为出现的情形使执行程序无法进行或者没有必要进行，就可作出终结执行的裁定。依《最高人民法院关于人民法院执行工作若干问题的规定（试行）》第105条的规定，在执行中，被执行人被人民法院裁定宣告破产的，执行法院应当依照《民事诉讼法》第233条第6项的规定，裁定终结执行。

○ 中止和终结执行的裁定，当事人是否可以上诉？

在执行过程中，执行员发现有中止和终结的情况发生，应作出执行中止和终结的书面裁定。中止和终结的书面裁定应写明中止和终结执行的原因。定期中止执行还应写明中止执行的期限和恢复执行的条件。对中止和终结执行的裁定，当事人不得上诉。裁定书一经送达当事人，即发生法律效力，执行程序即告中止或终结。

○ 哪些情况下执行结案？

所谓执行结案，指基于一个执行根据产生的执行程序，因执行完毕、裁定不予执行、裁定终结执行和双方当事人达成和解而完结。执行结案，执行程序不再恢复，执行员应当写出结案报告，并按规定整理卷宗，及时归档。

根据《最高人民法院关于人民法院执行工作若干问题的规定(试行)》第108条的规定，执行结案的方式为：(1) 生效法律文书确定的内容全部执行完毕；(2) 裁定终结执行；(3) 裁定不予执行；(4) 当事人之间达成执行和解协议并已履行完毕。由此可见，执行程序在下面几种情况下结案：

1. 全部执行完毕

执行完毕，指据以执行的法律文书确定的民事权利和执行费用，因获得完全实现而结束执行程序。司法实践中，绝大多数执行案件都是因执行完毕而结案的。

人民法院判决给付赡养费、扶养费、抚育费的案件，往往需要长期按月履行，如果全部履行完毕才能结案，必然造成执行庭积案如山，影响执行人员的积极性，因此，当落实了协助执行单位，并已开始执行后，执行员可报结案。

2. 裁定终结执行

即人民法院在出现本条情形之一时，作出终结执行裁定。

3. 裁定不予执行

作出执行根据的其他机关制作的法律文书被人民法院裁定不予执行后，执行程序完结，执行结束。根据《民事诉讼法》的规定和最高人民法院的有关司法解释，下面几种情形，人民法院裁定不予执行：

(1)作为执行根据的国内仲裁裁决有《民事诉讼法》第217条规定的6种情形之一，涉外仲裁裁决有《民事诉讼法》第260条规定的5种情形之一，经人民法院组成合议庭审查核实，裁定不予执行。

(2) 作为执行根据的公证债权文书确有错误，经人民法院组成合议庭合议，裁定不予执行。

(3) 作为执行根据的行政处罚决定书、行政处理决定书有重大明显违法，侵害被执行人的合法实体权益的情形，经人民法院组成合议庭审查核实，裁定不予执行。

4．当事人之间达成执行和解协议并已履行完毕

当事人就执行问题达成和解协议，是其行使处分权的表现。如该和解协议已履行完毕，则表明当事人的真实意思已经实现，无须执行回转或重新执行，因之，也是执行结案的方式之一。

第十四章　涉外民事诉讼程序的特别规定

第一节　一般原则

○ 外国人在我国法院进行民事诉讼，是否适用我国民事诉讼法？

《民事诉讼法》第4条规定："凡在中华人民共和国领域内进行民事诉讼，必须遵守本法。"因此，只要在我国人民法院进行民事诉讼活动的人，必须受我国《民事诉讼法》规范的调整。具体地讲，《民事诉讼法》对下列人有效：（1）中国公民、法人和其他组织；（2）居住在中国领域内的外国人、无国籍人，以及在中国的外国企业和组织；（3）申请在中国进行民事诉讼的外国人、无国籍人、外国企业和组织。

至于享有外交特权与豁免权的外国人、外国组织及国际组织提起的民事诉讼，应依照我国缔结或参加的国际条约的规定进行办理。这就是说，《民事诉讼法》对在我国人民法院进行诉讼活动的一切人有效。不论是中国的当事人还是外国或无国籍的当事人，只要在我国领域内进行民事诉讼，都必须受我国《民事诉讼法》的约束，遵守我国《民事诉讼法》的规定。

○外国人在我国进行民事诉讼，是否同我国公民有同样的诉讼权利和义务？

《民事诉讼法》第5条第1款规定，外国人、无国籍人、外国企业和组织在人民法院起诉、应诉同中华人民共和国公民、法人和其他组织有同等的诉讼权利义务。这就是涉外民事诉讼的同等原则。这个原则的基本思想，就是在涉外民事诉讼中的外国人与外国组织，享有和承担与我国公民、组织在民事诉讼中同样内容、范围与性质的诉讼权利与诉讼义务。既不能因为其外国人身份增设权利，也不能因此而减少或限制其权利。这当然也就导致了外国人与我国公民在民事诉讼上的平等法律地位。

首先，这一原则是我国宪法原则的体现。在我们社会主义法制国家，人人在法律面前平等，这当然也体现在诉讼中的外国人与中国公民之间。外国人在我国必须遵守我国的法律，同时，宪法也明确规定，中华人民共和国保护在中国境内的外国人的合法权益。而诉讼上的权利是为保护实体权益实现的必要手段。所以，外国人在我国民事诉讼中同样是权利主体。

其次，诉讼权利义务的同等原则，实质上是国际法上的“国民待遇”的规则的体现。这个规则所要求的，就是本国国民所享有的权利，也同等地赋予给在本国境内的外国人。它体现了国家之间的平等、友好的关系，是国际交往中的一个重要规则。

我国公民在法律上享有什么样实体权利，是根据有关实体法的规定而设定的，而外国人在我国实体法上享有什么样的实体权利也是根据有关实体法的规定而存在的，离开法律规定谈权利是不可能的。而在实体法上，中国公民与外国人的某些实体权益可能是不同的。尽管如此，他们在诉讼上的权利却是相同的，因为，作为一种保护手段是需要的。所以，这里同等原则是针对民事诉讼权利和诉讼义务而言的。

但是，应当注意的是，外国法院对中华人民共和国公民、法人和其他组织的民事诉讼权利加以限制的，中华人民共和国人民法院对该国公民、企业和组织的民事诉讼权利，实行对等原则。

这个原则适用于在外国对我国公民或组织民事诉讼权利加以限制方面，它不适用于权利赋予方面，即便根据外国法，我国公民在外国进行民事诉讼享有更广泛多样的权利，但也不能因此就对该国公民在我国进行民事诉讼也搞什么对等。对等是指诉讼权利的限制对等。

我国公民、组织在外国进行民事诉讼，其诉讼权利应与所在国公民、组织相同，即该国对我国公民、组织实行“国民待遇。”如果在诉讼权利方面，低于本国公民、组织的标准，即构成限制我国公民、组织的诉讼权利。如果外国法院所限制我国公民的内容，我国法律也有规定，则可以相同的内容限制之；如果外国法院限制我国公民的内容，在我国法律上根本就没有，则应当以相同性质、相近内容来限制，因为对等只是一个原则，实际上对限制的内容是要求相应，要根据具体情况加以分析决定。

○ 哪些案件是涉外案件？

涉外案件，是指当事人一方或双方是外国人、无国籍人、外国企业或组织，或者当事人之间民事关系的设立、变更、终止的法律事实发生在外国，或者诉讼标的物在外国的民事案件，它是公民、法人或其他社会组织在国际民事活动中所产生的民事纠纷。因此涉外民事案件必须具有某种涉外的或者叫国际的因素。这是它与国内普通民事案件的根本区别。一个涉外民事案件，至少要具有下列的涉外因素之一：

1. 当事人中有外国人

这里所说的外国人是指具有外国国籍的公民、法人和组织，也包括无国籍人。一个民事案件，只要当事人中有一人是外国人，这一案件就是涉外民事案件。

2. 当事人之间民事法律关系产生、变更、消灭的法律事实发生在外国

双方当事人中虽然没有外国人，但他们之间民事法律关系产生、变更、消灭的法律事实只要其中有一项是发生在外国的，就是涉外民事案件。例如，合同是在外国订立的或者侵权行为是在外国实施的等等。

3. 当事人争议的标的物在外国

虽然当事人中没有外国人，当事人之间的民事法律关系发生、变更、消灭的法律事实也不是发生在外国，但是他们所争议的标的物位于外国，这也是涉外民事案件。

涉外民事案件可以同时具有数个涉外因素，但至少要具有其中的一个涉外因素。

关于当事人是港、澳、台地区居民或组织的案件是否也属于涉外民事案件呢？根据最高人民法院1984年12月4日的解释，香港、澳门的居民，均为中国公民，不能承认他们具有英国或葡萄牙国籍。因此，由他们作为当事人的案件，不是涉外民事案件。台湾是中国领土不可分割的一部分，是我国的一个省区，台湾居民起诉的民事案件，当然在法律上不是涉外民事案件。这些都属于必须明确的法律界限，不容混淆。

○ 人民法院审理涉外案件，如何适用法律？

根据《民事诉讼法》第235条规定在我国领域内进行涉外民事诉讼必须适用我国《民事诉讼法》的原则，既是国家主权原则的体现，又是国家主权原则的重要内容之一。所谓在中华人民共和国领域内进行涉外民事诉讼，是指在我国领域内，人民法院在双方当事人参加下，审理和解决具有涉外因素的民事案件和经济纠纷案件的活动。在我国领域内进行涉外民事诉讼，应当适用《民事诉讼法》第四编

关于涉外民事诉讼程序的特别规定，如果没有特别规定的，则适用《民事诉讼法》的其他有关规定。

由于涉外民事法律关系往往有一个或一个以上的涉外因素，往往要涉及不同国家的利益，影响较大。并且在管辖、送达、期间、执行等方面具有与审理一般国内民事案件所不同的特点，所以《民事诉讼法》针对这种特殊情况规定了特别条款，这就是《民事诉讼法》第四编各章所作的特别规定。特别规定是相对于一般规定而言的，是对人民法院审理涉外案件的某些诉讼程序所作的不同于一般程序的规定。它仍然是法定的民事诉讼程序的组成部分，是对一般规定所作的补充或例外规定，而非独立完整的程序法，涉外民事诉讼程序特别规定和《民事诉讼法》其他各编的一般规定之间的关系是特别法和普通法的关系。根据特别法优于普通法的原则，涉外民事诉讼应适用《民事诉讼法》第四编的特别规定，该编没有规定的，适用《民事诉讼法》的一般规定。

○ 对非法出境居住国外的被告能否适用涉外诉讼程序？

法院在审理民事、经济纠纷案件时，发现被告属非法出境居住国外。对于此类案件的审理能否适用《民事诉讼法》有关涉外诉讼程序的特别规定，有人认为，被告虽居住国外，但属非法出境，其国内户籍亦未注销，应按普通诉讼程序处理。

我们认为，《民事诉讼法》第四编关于涉外诉讼程序的特别规定，是考虑到地域因素、交通条件、语言差异等，针对那些含有涉外因素的案件审理程序等问题所作的一些专门性规定，即与国内普通民事案件所适用的审理程序有所不同，目的是便利当事人诉讼，便利人民法院办案。值得注意的是，特别规定并不意味着特殊待遇，只要是具有涉外因素的民事案件，都要适用《民事诉讼法》有关涉外诉讼程序的特别规定。至于当事人是否合法出境居住国外，在人民法院审理有关民事案件适用程序法上没有实际意义，因为有关诉讼文书的送达期间，必须与法律规定的涉外案件送达期间相一致。因此，在审理程序上，应当与持合法护照出国留学或劳务人员平等对待，可以参照《民事诉讼法》涉外民事诉讼程序的特别规定处理。

○ 中华人民共和国缔结或者参加的国际条约同《民事诉讼法》有不同规定的，如何处理？

国际条约，是指国家间所缔结的以国际法为准则，明确相互间权利、义务的一种书面协议。国际条约是参加该条约的各成员国的共同约定，所以各缔约国或参加国都有信守条约的义务。我国一贯信守自己缔结或者参加的国际条约。这对于维护国家主权、加强国际间的司法协助，保护我国公民在国外的合法权益，具有重要的意义。凡我国缔结或参加的条约，法律都确认其效力。对国际间的条约，各主权国家有权根据自己国家的利益行事，可以参加也可以不参加，即使参加也不一定必须同意条约的全部内容，对条款中的某项或者某几项条款，有权声明保留自己的意见，对有保留意见的条款，只要在参加时有明确的声明，就可以不受约束，这是国际间对待条约的通例。

中华人民共和国是一个主权独立的社会主义国家。我国不是一般地去承认和接受国际条约，不是我国缔结或者参加的国际条约，对我国无任何约束力，在我国领域内当然也不发生任何效力，这个原则是坚定不移的。凡中华人民共和国缔结或者参加的国际条约，是以国家的名义缔结和承认的，我国法律确认其效力。如果国际条约同我国《民事诉讼法》有不同的规定，我国也有信守国际条约的义务，承认其效力，适用该国际条约的有关规范。至于我国在缔结或者参加国际条约时，明确声明保留的条款，是我国未承认和未接受的条款，我国没有信守的义务，在处理涉外案件中不予适用，在我国领域内不发生法律效力。

据此，《民事诉讼法》第236条规定，中华人民共和国缔结或参加的国际条约与我国民事诉讼法的规定不相同的，一律适用该国际条约的规定，即确认我国缔结或者参加的国际条约中有关民事诉讼的各项规定在国内的效力，但是，对于我国声明保留的条款不予适用。所谓声明保留的条款，是指虽然参加了某一条约，但对其中违背本国利益的若干条款表示保留，对于这些条款，自然没有信守的义务。我国在立法工作中既信守国际义务，又维护国家主权的高度原则性。

为了适应我国对外开放的需要，我国已先后与比利时、波兰、法国、蒙古、罗马尼亚、俄罗斯、意大利、白俄罗斯、乌克兰、哈萨克斯坦、古巴、西班牙、保加利亚、泰国、埃及、土耳其、希腊、塞浦路斯、匈牙利、摩洛哥、吉尔吉斯坦、塔吉克斯坦、乌兹别克斯坦等国签订了司法协助协定。自1980年以来，还先后与瑞典、挪威、丹麦、英国等20多个国家签订了双边保护投资协定。并且我国还参加了《船舶碰撞中有关民事管辖权方面若干规则的国际公约》、《统一船舶碰撞中有关民事管辖权、法律选择、判决的承认和执行方面若干规则的国际公约》、《国际油污损害民事责任公约》、《统一国际航空运输某些规则的公约》以及《国际铁路货物联运协定》、《联合国海洋法公约》、《维也纳外交公约》等国际公约。其中有关民事诉讼程序的规定，在涉外民事诉讼中都应予以遵守适用。

○ 对享有外交特权与豁免权的外国人提起民事诉讼应如何处理？

根据我国《民事诉讼法》第237条的规定，对享有外交特权与豁免的外国人、外国组织或者国际组织提起的民事诉讼，应当依照中华人民共和国有关法律和中华人民共和国缔结或者参加的国际条约的规定办理。

所谓司法豁免权原则，是指一个国家根据本国法律或者国际条约、国际惯例，按照主权原则，对他国的国家行为及财产，给予免受司法管辖的权利。国与国之间，一般根据对等原则，互相给予对方国家、国家代表、外交代表及其财产以豁免权。司法豁免权就是免除司法管辖的一种权力。它是外交特权的一个重要组成部分，也是从国家主权派生或者延伸出来的一个原则。

司法豁免权分刑事豁免权和民事豁免权两种。刑事豁免权是完全的，不受任何限制。也就是说，享有司法豁免权的外交官触犯了驻在国的刑律，驻在国的法院不能判处他的徒刑，但可以将该外交官驱逐出境。而民事豁免权是不完全的，有一定的限制。享受司法豁免权的外国人、外国组织、国际组织因执行职务而引起的民事纠纷，对方当事人不得提起民事诉讼，非因执行公务而发生的民事纠纷，是否享有司法豁免权，则应由有关的国际条约和国内立法作出规定。

根据我国于1986年和1990年分别颁布的《中华人民共和国外交特权和豁免条例》和《中华人民共和国领事特权与豁免条例》的规定，以及我国参加的《维也纳外交关系公约》和《维也纳领事关系公约》的规定，享有司法豁免权的人有：外交代表（使馆馆长、使馆外交人员）以及与外交代表共同生活的配偶及未成年子女（限非中国公民），享有民事管辖豁免权，来中国访问的外国国家元首、政府首脑、外交部长及其他具有同等身份的官员，来中国参加联合国及其专门机构召开的国际会议的外国代表、临时来中国的联合国及其专门机构的官员和专家、联合国及其专门机构驻中国的代表机构和人员，也享有民事管辖豁免权。

○ 哪些情况下，外交官不享有民事豁免权？

在下列情况中，外交官不能享有民事司法豁免权：

第一，享有司法豁免权的外交官被诉到我国人民法院，如其派遣国政府明确表示放弃司法豁免权的，人民法院可以受理对该外交官提起的民事诉讼。

第二，享有司法豁免权的外交官，因从事与外交职务无关的行为而引起的民事纠纷，不享有司法豁免权。

根据1961年的《维也纳外交关系公约》和1963年的《维也纳领事关系公约》的规定，享有司法豁免权的外交官从事下列活动，属于与外交职务无关的行为：

（1）外交官因自己的不动产与他人发生民事纠纷，不享有司法豁免权；

（2）外交官以私人身份作为遗嘱执行人、管理人，或者作为继承人而卷入继承纠纷的，不享有司法豁免权；

（3）外交官超出职务范围而从事商业性的活动，所引起民事纠纷，不享有司法豁免权；

（4）外交官在未表明身份情况下订立合同引起的纠纷，不享有司法豁免权；

（5）外交官因自己的车辆、船舶或航空交通工具在驻在国境内造成的事故，涉及损害赔偿的诉讼，不享有司法豁免权。

第三，享有司法豁免权的外交官，自己作为原告向人民法院起诉，因此而引起被告提出反诉的，不享有司法豁免权。

上述三个方面，是世界各国所公认的。另外，人民法院在审理涉外民事案件时，要按国际公约和条约的有关规定办理。我国是1946年《联合国特权及豁免公约》、1947年《联合国专门机构特权及豁免公约》、1961《维也纳外交关系公约》、1963年《维也纳领事关系公约》的参加国，同美国、捷克斯洛伐克、波兰、匈牙利、保加利亚、蒙古、墨西哥、南斯拉夫、朝鲜、意大利等国家签订领事条约，这些条约有关司法豁免的规定，在我国予以适用。

○ 人民法院审理涉外案件，使用哪国语言文字？

根据《民事诉讼法》第238条的规定，人民法院审理有外国当事人参加的民事案件，应当使用我国通用的语言、文字。这是维护我国国家主权的体现，也是我国独立行使司法权的体现。我国通用的语言即汉语普通话；通用的文字即汉字。这要求人民法院在审理涉外民事案件时，既不能使用外文和外语，也不能使用我国通用的语言、文字以外的方言、土语或文字；人民法院在审理涉外民事案件时，即使审判人员懂外语，也不得使用外语对外国当事人进行询问、审判等。另外，外国当事人提出的有关诉讼材料等，也必须附有中文译本。

同时，为了维护当事人的合法权益，方便外国当事人进行诉讼，也为了便利人民法院审理案件，《民事诉讼法》第240条还规定，若当事人要求为其提供翻译的，人民法院可以提供，但因此所支付的费用应由当事人负担。也就是说，人民法院在审理涉外民事案件的过程中，一方当事人或双方当事人若不懂或不通晓我国通用的语言、文字的，可以要求人民法院为其提供翻译，所需的翻译费用，应由申请人承担。

○ 外国人在我国进行民事诉讼，是否可以委托本国律师代理诉讼？

外国当事人在我国进行民事诉讼，有与中国当事人相同的委托代理人代为诉讼的权利。他们可以委托其亲属、朋友代为诉讼（必须是以个人名义），也可以委托律师。但是，如果外籍当事人需要委托律师代理诉讼的，必须委托我国的律师，而不能委托外国的律师。这是因为，律师制度是一个国家司法制度的组成部分，只能在本国领域内发生效力，不能够延伸到别的国家去。任何一个主权独立的国家，为了保证国家的司法独立，维护国家主权和民族尊严，都不允许外国的司法制度在本国司法活动中起作用。因而《民事诉讼法》第239条规定：“外国人、无国籍人、外国企业和组织在人民法院起诉、应诉，需要委托律师代理诉讼的，必须委托中华人民共和国的律师。”

但是，涉外民事诉讼中的外籍当事人，可以委托本国人为诉讼代理人，也可以委托本国律师以非律师身份担任诉讼代理人；外国驻华使、领馆官员，受本国公民的委托，可以以个人名义担任诉讼代理人，但在诉讼中不享有外交特权和豁免权。

外国驻华使、领馆授权其本馆官员，在作为当事人的本国国民不在我国领域内的情况下，可以以外交代表身份为其本国国民在我国聘请中国律师或中国公民代理民事诉讼。

○ 在我国领域内无住所的外国当事人如何委托我国律师代为诉讼？

在我国进行的涉外民事诉讼，如果当事人一方或双方是在中华人民共和国领域内没有住所的外国人、无国籍人、外国企业或者组织的，可以委托中华人民共和国律师或其他公民代理诉讼。根据《民事诉讼法》第242条规定，外国人、无国籍人、外国企业或者组织在我国领域外委托中华人民共和国律师或者其他人代理诉讼的，可以通过两种途径或方式办理委托：

第一，未与中华人民共和国订立有关条约（载有办理诉讼代理委托手续条款的条约）的非缔约国的公民、企业或者组织以及无国籍人在国外委托中华人民共和国的律师或者其他人代理诉讼的，其授权委托书首先应交由所在国的公证机关证明并出具公证文书，再由当事人将委托书及公证文书交由中华人民共和国驻该国使、领馆认证。如果当事人所在国与我国没有外交关系，授权委托书经所在国公证机关公证后，由所在国国家为我国代办领事事项的使、领馆认证，再给我国外交部同意或者驻外使领馆对第三国的认证进行再认证。居住在外国的中国公民从我国领域外寄给人民法院的授权委托书，须经我国驻该国使领馆证明，没有使领馆的，由当地的华侨团体证明，在办完上述手续后，当事人才可将授权委托书（附有公证和认证副本）邮寄或转交给中华人民共和国的律师或其他人，否则，该委托书不发生委托效力。

第二，与中华人民共和国订立有关条约的缔约国的公民、企业或者组织在国外委托中华人民共和国律师或者其他人代理诉讼的，其委托手续应按条约规定的程序办理。否则，人民法院将不予承认该委托书的效力。

第二节　管　　辖

○ 对我国领域内没有住所的被告提起的合同纠纷或其他财产权纠纷，如何确定管辖法院？

根据《民事诉讼法》第241条规定，因合同纠纷或者其他财产权益纠纷，对在中华人民共和国领域内没有住所的被告提起的诉讼，符合下述情形之一的，由人民法院行使管辖权：

1．合同签订地或履行地在中华人民共和国领域内

合同签订地即缔结合同的地点；合同履行地即履行合同义务的地点。如果涉外民事或经济合同的签订地或者履行地在中华人民共和国领域内的，因该合同引起的纠纷，可由该合同签订地或者履行地的人民法院行使管辖权；

2．涉外民事案件的诉讼标的物在中华人民共和国领域内的

“诉讼标的物”即诉讼权利和义务所指向的对象或发生争执的物质实体。如果该诉讼标的物在中华人民共和国领域内的，诉讼标的物所在地的人民法院可对该案行使管辖权；

3．被告可供扣押的财产在中华人民共和国领域内

“可供扣押的财产”即人民法院在采取财产保全措施或执行措施时能够实际控制或处置的财产。“可供扣押的财产”包括属被告所有

的动产或不动产。如果被告在中华人民共和国领域内拥有可供扣押的财产的，该可供扣押财产所在地的人民法院可对该案行使管辖权；

4. 侵权行为地在中华人民共和国领域内

侵权行为地包括侵权行为的发生地和侵权行为的结果地。凡由侵权行为引发的涉外民事纠纷，只要侵权行为地在中华人民共和国领域内，该侵权行为发生地或侵权行为结果地的人民法院可对该案行使管辖权；

5. 被告在中华人民共和国领域内设有代表机构的

这里的“代表机构”是指被告（一般是外国企业或者组织）在中华人民共和国领域内设立的商务代办机构、常设分支机构或分公司。如果被告涉讼并符合本项情形的，该代表机构所在地的人民法院对该案行使管辖权。

根据《最高人民法院关于适用〈中华人民共和国民事诉讼法〉若干问题的意见》第306条的规定，中华人民共和国人民法院和外国法院都有管辖权的案件，一方当事人向外国法院起诉，而另一方当事人向中华人民共和国人民法院起诉的，人民法院可予受理。判决后，外国法院申请或者当事人请求人民法院承认和执行外国法院对本案作出的判决、裁定的，不予准许；但双方共同参加或者签订的国际条约另有规定的除外。

○ 涉外合同或涉外财产权益纠纷的当事人，如何协议管辖法院？

涉外合同纠纷或者涉外财产权益纠纷的当事人在协议书中可以明确约定，将他们之间发生的纠纷向某国的法院提起诉讼。这种协议可以作为合同的一个条款载入合同，也可以独立于合同之外就管辖问题单独达成协议。根据《民事诉讼法》第242条规定，涉外合同纠纷案件或者涉外财产权益纠纷案件，双方当事人可以通过协议方式选择我国法院管辖，也可以选择外国法院管辖。但协议选择管辖法院，必须符合以下几个条件：

第一，当事人能够协议选择管辖法院的案件，仅限于因涉外合同或者涉外财产权益引起的纠纷。除此之外，其他民事纠纷不能协议选择管辖法院。例如，涉及身份关系的离婚纠纷，解除收养关系纠纷等，当事人只能向法律规定的管辖法院提起诉讼，不允许协议管辖。

第二，双方当事人在协议选择管辖法院时，必须采用书面形式，口头的协议不具有法律效力。这种书面协议，双方当事人可以在争议发生之前达成，也可以在争议发生之后达成。

第三，双方当事人通过书面协议选择的管辖法院，应当是与争议有实际联系的地点的法院，包括：合同签订地、合同履行地、诉讼标的物所在地、侵权行为地、被告住所地和代表机构住所地。

第四，选择我国人民法院管辖的，仅限于第一审法院，当事人对上诉审法院不能协议选择。

第五，双方当事人协议选择我国人民法院管辖时，不得违反《民事诉讼法》关于级别管辖和专属管辖的规定，否则，协议管辖无效。

有效的协议管辖，当事人和人民法院都必须遵守；无效的协议管辖，当事人只能按照有关法律规定，向有管辖权的人民法院提起诉讼。

○ 涉外民事诉讼的被告对人民法院的管辖不提出异议，并应诉答辩的，该人民法院是否有管辖权？

涉外民事诉讼的双方当事人在争议发生之前或者在争议发生之后，没有达成书面选择管辖法院的协议，原告选择法院起诉后，被告应诉答辩并未提出管辖异议，这就推定当事人承认我国受诉人民法院为有管辖权的法院，这称之为默示协议管辖。

默示管辖在国际上是一项公认的管辖原则，它体现了对双方当事人意愿的尊重。因此,《民事诉讼法》第243条规定:“涉外民事诉讼的被告对人民法院管辖不提出异议,并应诉答辩的,视为承认该人民法院为有管辖权的法院。”默示管辖的成立必须具备以下几个条件:

第一,双方当事人之间没有书面选择管辖法院的协议,由一方当事人向人民法院起诉的涉外民事案件,其他民事案件不适用默示管辖。

第二,受理原告起诉的人民法院根本没有管辖权,否则,不存在默示管辖问题。

第三,被告对受诉人民法院的管辖权不提出异议,并应诉答辩,必须同时具备,缺一不可。否则,默示管辖不成立。

第四,原告选择起诉的人民法院不得违反《民事诉讼法》有关级别管辖和专属管辖的规定。

默示管辖与协议管辖在某些方面有相同之处,都体现了当事人意志,但二者的区别在于:默示管辖是在一方当事人起诉后,对方当事人是以应诉的方式表示接受管辖法院的选择;协议管辖是双方当事人向人民法院提起诉讼之前,书面达成的管辖法院的明确协议。

○哪些涉外案件,由我国法院专属管辖?

涉外民事诉讼中的专属管辖,是指某些特定的涉外民事案件专属于某些人民法院管辖,既不允许其他法院管辖,也不允许双方当事人用协议的方式变更管辖法院。专属管辖具有排他性,一国已确定为专属管辖的涉外民事案件,其他国家法院均不得对该案主张或行使管辖权。

根据《民事诉讼法》第244条的规定,因在中华人民共和国履行中外合资经营企业合同、中外合作经营企业合同、中外合作勘探开发自然资源合同发生纠纷提起的诉讼,由中华人民共和国人民法院行使专属管辖权。中外合资经营企业合同纠纷,即中国的公司、企业或其他经济组织与外国的公司、企业、其他经济组织与个人，按照中外合资经营企业法的规定，因在中国境内共同投资、共同经营，并按投资比例分享利润、分担风险及亏损所产生的合同纠纷。

中外合作经营企业合同纠纷，即中国企业、其他经济组织与外国企业、其他经济组织或个人，根据我国有关法律在我国境内联合经营中所产生的合同纠纷。

中外合作勘探开发自然资源合同纠纷，即我国政府（或国家经济机构或国有企业）同外国投资者按约定比例投资，在共同勘探开发我国自然资源过程中形成的合同纠纷。

在中国境内设立的中外合资经营企业、中外合作经营企业是在中国依法成立的中国的企业法人，应受中国法律的保护。勘探开发我国自然资源的合同也必须受我国法律保护。因此，中外合资经营、中外合作经营、中外合作勘探开发自然资源等合同纠纷，应当由我国人民法院管辖。专属管辖具有排他性。凡专属管辖案件，我国法院概不承认外国法院对之行使管辖权，也不允许当事人书面协议由其他国家法院管辖，但允许当事人协议选择仲裁机构。

《最高人民法院关于适用〈中华人民共和国民事诉讼法〉若干问题的意见》第305条明确规定："依照民事诉讼法第三十四条和第二百四十六条规定，属于中华人民共和国人民法院专属管辖的案件，当事人不得用书面协议选择其他国家法院管辖。但协议选择仲裁裁决的除外。"

○ 外方当事人起诉后，外国法院已经受理，中方当事人又向我国法院起诉的，是否受理？

对于这一类案件，我国法院应予受理，而且不得承认和执行外国法院的判决。原则上，只要案件与我国存在法定连接点，凡是人民法院有权管辖的案件，均应积极行使管辖权。《最高人民法院关于适用〈中华人民共和国民事诉讼法〉若干问题的意见》第306条规定：

“中华人民共和国人民法院和外国法院都有管辖权的案件，一方当事人向外国法院起诉，而另一方当事人向中华人民共和国人民法院起诉的，人民法院可予受理。判决后，外国法院申请或者当事人请求人民法院承认和执行外国法院对本案作出的判决、裁定的，不予准许；但双方共同参加或者签订的国际条约另有规定的除外。”

○ 同一当事人就同一案件同时或先后在外国法院或中国法院提起诉讼的案件，我国法院应否行使管辖权？

对此我国法律未作规定。实践中，对于这类一事两诉案件的管辖权应严格掌握。但因涉外民事诉讼的特殊性，不宜一概采用国内民事诉讼中的一事不再理原则来处理，而应根据不同情况区别对待。一种情况是：对于涉外案件当事人已在境外法院起诉而正在审理中的案件，再行在我国法院起诉的，应按一事不再理原则不予受理。这样做虽无明文规定，也是理所当然的，因为受理这类案件有悖于司法公正原则。另一种情况是：原告在外国法院起诉后获得胜诉，但判决在该国得不到执行，再就同一案件和同一被告向有管辖权的我国法院起诉。这类案件发生的背景往往是两国间没有相互承认对方法院判决的条约关系，或者在我国无法申请承认和执行外国法院的判决，为了使判决得到执行，而采用一事两诉的方法。对于这类一事两诉的案件，我国法院不宜按一事不再理原则来处理，而应当允许当事人再行起诉。因为外国法院的判决未经我国承认，不具域外法律效力，而只能在我国诉讼中作为事实来看待。当然，如果我国与有关国家存在相互承认和执行判决内容的司法协定，对两国间发生的一事两诉案件则应按一事不再理原则处理。

第三节 送达与期间

○ 对在我国领域内没有住所的当事人采用哪些方式送达法律文书？

送达是指人民法院依照法定方式，将诉讼文书（含法律文书）送交当事人或者其他诉讼参与人的行为。在涉外民事诉讼中，涉外民事案件的特殊性，决定了有关诉讼文书送达的特殊性。涉外民事诉讼的送达包括涉外民事诉讼文书的域内送达和域外送达，送达的方式，依受送达人的住所地不同而有所区别。当事人住所在我国领域内的，按照《民事诉讼法》第七章一节规定的方式送达。对在我国领域内没有住所的当事人，不论其是否属于外国国籍，都必须依照《民事诉讼法》第245条规定的下列方式送达：

1. 依有关国际条约规定的方式送达

这是指依照受送达人所在国与我国缔结或者共同参加的国际条约中规定的方式送达。按国际条约优先适用原则，若受送达人所在国与我国订有或共同参加了某一国际条约，而该条约中又有关于诉讼文书送达的规定时，诉讼文书送达均按该条约规定办理。目前，我国已先后与法国、波兰、比利时、意大利、土耳其等国签订了司法协助协议。1991年我国又加入了于1965年11月在海牙订立的《关于向国外送达民事或商事司法文书和司法外文书公约》。这些协议和公约都规定，各有关国家要指定一个机关作为中央机关和有权接受外国通过领事途径转递的文书的机关，我国指定的中央机关为司法部。我国人民法院向缔约国当事人送达诉讼文书时，可依协议或公约规定，先将请求书（附上送达的文书或其副本）送交有关高级法院转最高人民法院，再转司法部，由司法部按照公约规定的格式制作请求书、被送达文书概要和空白证明书，与文书一并送交受送达人所在国的中央机关，再由该机关依本国法律安排送达。如在协议中规定其他官方机关也可以代为送达的，我国人民法院也可以直接委托其代为送达。

2. 通过外交途径送达

外交途径送达，是指受送达人所在国已与我国建交但尚未签署司法协助协议，也未共同加入有关国际条约，按互惠原则通过外交机关协助而实施的送达。按最高人民法院、外交部、司法部《关于我国法院和外国法院通过外交途径相互委托送达法律文书若干问题的通知》规定，我国人民法院通过外交途径向国外当事人送达诉讼文书时，应按下列程序办理：

一是送达的法律文书须经有关省、自治区、直辖市高级人民法院审查，由外交部领事司负责转递；

二是须注明受送达人姓名、性别、年龄、国籍及其在国外的详细外文地址，并将该案件的基本情况函告外交部领事司；

三是附有送达委托书和送达回证。如对方法院名称不明，可委托当事人所在地区主管法院。委托书和所送法律文书还须附有该国文字或该国同意使用的第三国文字译本。如该国对委托书及法律文书有公证、认证等特殊要求，将由外交部领事司逐案通知。

外交途径送达诉讼文书的收费，按对等原则办理。我国法院支付外国法院代为送达法律文书的费用，由有关高级人民法院外交部领事司转递。但应委托一方要求用特殊方式送达法律文书所引起的费用，由委托一方负担。

3. 委托我国驻外使、领馆代为送达

这种送达方式属国际惯例，也是1963年《维也纳领事关系公约》所承认的，我国已于1979年参加该公约。此送达方式主要适用于受送达人具有中华人民共和国国籍，但受送达人在我国境内又没有住所的情况。这时，可以由我驻该受送达人所在国使、领馆代为送达。由于这种送达方式涉及驻在国的法律和国家利益，通常应当符合三个条件：第一，只能向本国公民实施送达行为；第二，不得违反驻在国法律；第三，不得采取强制措施。

4. 向受送达人的诉讼代理人送达

向受送达人委托的代理人送达诉讼文书简便易行，是国际上通过的一种作法，其行为效力为多数国家所认可。受送达人的代理人应是有权接受送达的代理人，一般而言，只要代理的委托事项中没有排除地写明不得代受送达，即视为他是有权代受送达文书的代理人。

5. 向受送达人在我国领域内设立的代表机构或有权接受送达的分支机构、业务代办人送达

这种送达主要针对受送达人是外国企业或组织而言。外国企业或组织在我国境内无住所时，可通过他们设立的代表机构送达。代表机构既然可以代表受送达人处理业务，当然也应有权收受诉讼文书。没有代表机构但在我国境内有分支机构或业务代办人时，只要他们有接受诉讼文书的授权，也可向分支机构或业务代办人送达。所谓“有权接受送达”，是指这些分支机构、业务代办人有权代表外国企业、组织进行业务活动，其活动的结果由总部承受。这种送达方式无任何中间环节，故简便、迅速。

6. 邮寄送达

邮寄送达是一种简便易行的送达方式，现已为多数国家所采用。邮寄送达要遵守一个前提，即受送达人所在国的法律允许邮寄送达的，才能使用邮寄送达的方式送达。《民事诉讼法》第245条第1款第6项规定：“受送达人所在国的法律允许邮寄送达的，可以邮寄送达，自邮寄之日起满六个月，送达回证没有退回，但根据各种情况足以认定已经送达的，期间届满之日视为送达。”如果送达人所在国反对邮寄送达的，就不能使用这种方法送达，因此，必须查明受送达地国家是否反对邮寄送达，对反对邮寄送达的国家，不采用这种送达方法，以免引起不必要的抗议。

英美法系国家一般不反对邮寄送达，我国和德国、埃及、土耳

其等国对此则持否定态度。

7. 公告送达

公告送达是国际民事诉讼中通用的方法。它适用于前述六种送达方式无法或难以送达的情形。公告送达是将应送达的诉讼文书张贴于法院公告栏内，同时将公告送达事项公布在《人民法院报》或省级以上对外公开发行的报纸上、全国性报纸上，自公告之日起满6个月即视为送达。

采取这种方式，必须遵守以下两个条件：一是不能采用上述六种方式送达的，才能采用公告送达方式；二是自公告之日起，满6个月，即视为送达。

根据《最高人民法院关于适用〈中华人民共和国民事诉讼法〉若干问题的意见》第307条之规定，对不在我国领域内居住的被告，经用公告方式送达诉状或传唤，公告期满不应诉，人民法院缺席判决后，仍应将裁判文书公告送达。自公告送达裁判文书满6个月的次日起，经过30日的上诉期当事人没有上诉的，一审判决即发生法律效力。

上述七种送达方式，是对不在我国领域内居住的受送达人的送达。对居住在我国境内的受送达人的送达，一律按照我国《民事诉讼法》一般规定的送达方式送达。

○ 涉外民事诉讼中的被告或被上诉人的答辩期间是多长？

涉外民事诉讼中被告在国内没有住所，当事人在国外居住，诉讼文书的往来，办理委托诉讼、代理人代为诉讼等事项都需要较长的时间。同时，也便于当事人了解受诉法院国家的有关法律规定，便于进行诉讼。根据《民事诉讼法》第246、247条规定，人民法院应当将起诉状副本（上诉状副本）送达被告，并通知（被告被上诉人）在收到起诉状副本（上诉状副本）后30日内提出答辩状。向在我国领域内没有住所的被告（被上诉人）送达起诉状副本（上诉状副本）时，应同时附上“应诉需知”，将有关诉讼权利、答辩期限、委托代理人进行诉讼的有关事项和要求、应提交的有关材料以及其他有关诉讼文书的要求等告知被告，有把握的，也可以同时附上开庭审理的传票（预算的期间应当充裕）；这里的送达方式应依《民事诉讼法》第247条规定的方式送达。如遭遇特殊情况，被告（被上诉人）可申请推迟答辩期间。被告申请延长答辩期的，是否准许由人民法院视情况决定。延期的时间，由人民法院决定。

涉外民事诉讼被告（被上诉人）在我国领域内有住所的，人民法院应将起诉状副本（上诉状副本）送达给被告（被上诉人），送达方式依国内民事诉讼的送达方式进行。被告（被上诉人）的答辩期为15日，与国内民事诉讼的答辩期相同。15日答辩期为法定期间，不得变更，答辩期满未提交答辩状的，不影响诉讼的进行。一方当事人在国内有住所，而另一方当事人在国内没有住所时，应当区别对待，对国内当事人适用一般规定，对国外的当事人则适用有关涉外的特殊规定。

○ 涉外民事诉讼中的上诉期间是多长？

根据《民事诉讼法》第247条的规定，在中华人民共和国领域内没有住所的当事人，不服人民法院第一审判决、裁定的上诉期间均为30日。该上诉期间从当事人接到判决书或裁定书之日起计算。当事人只有在法定上诉期间内提起上诉，才能引起上诉程序的发生；当事人逾期不上诉的，即丧失上诉权，原审判决和裁定就发生法律效力。

这里应当注意的是，根据《民事诉讼法》第147条的规定，住所在国内一方当事人不服一审判决、裁定的上诉期分别是15天和10天；而国内没有住所的当事人，不服第一审人民法院的判决、裁定的上诉期均为30天，而且当事人还可以申请延期，这是考虑当事人所处地理位置以及他们长期居住在国外，对我国的法律不甚了解，需要时间而定的。因此，在当事人一方在国内没有住所时，应当注意区别他们各自的上诉期限。国内一方当事人在其上诉期内没有提起上诉的，即使居住在国外一方当事人的上诉期尚未届满，判决、裁定尚未生效，国内一方当事人也不得再提起上诉。应当注意，国内一方当事人的上诉期届满没有提起上诉，而国外一方当事人的上诉期未届满，即使其表示服判不上诉，该判决仍未发生法律效力，当事人不能申请人民法院强制执行。只有当双方当事人的上诉期均已届满，而又均没有提起上诉时，第一审人民法院的判决、裁定才具有法律效力。此外，由于居住在国外一方当事人向人民法院提交上诉状是需要一定时间的，因此，一般不要在判决一经生效便匆忙执行，尤其是判决离婚的案件，更应当向居住在国内一方当事人讲清楚，在未确定居住在国外一方当事人是否上诉的情况下，国内一方当事人不得另行结婚。

○ 涉外案件的审限有多长？

一般地说，人民法院审理涉外民事案件时，在调查取证、传唤当事人、送达诉讼文书等方面都具有一定难度和复杂性。它必然比审理国内民事案件花费更多的时间和精力。从立案到制作判决、宣告判决，很难事先框定一个时间表。为此，《民事诉讼法》第248条专门规定："人民法院审理涉外民事案件的期间，不受本法第一百三十五条、第一百五十九条规定的限制。"《民事诉讼法》第135条的规定是："人民法院适用普通程序审理的案件，应当在立案之日起六个月内审结。有特殊情况需要延长的，由本院院长批准，可以延长六个月；还需要延长的，报请上级人民法院批准。"第159条的规定是："人民法院审理对判决的上诉案件，应当在第二审立案之日起三个月内审结。有特殊情况需要延长的，由本院院长批准。人民法院审理对裁定的上诉案件，应当在第二审立案之日起三十日内作出终审裁定。”可见，人民法院审理涉外民事案件的期间，不受《民事诉讼法》所规定的普通程序和简易程序审理案件期限的限制。换句话说，《民事诉讼法》第135条、第159条规定的审结案件的期限，对审理涉外案件不适用。这就是说，人民法院适用普通程序审理第一审涉外民事案件的审结时间可以超过1年；审理涉外民事上诉案件的审结时间可以超过3个月。简言之，人民法院审理涉外民事案件不存在时间的限制。当然，这并不意味着人民法院审理涉外民事案件可以无休止地拖延。根据《民事诉讼法》的指导思想和两便原则，案件审结时间应力求最短。

第四节 财产保全

○ 涉外民事诉讼程序中如何申请财产保全？

涉外民事诉讼的财产保全，是指在可能因涉外民事诉讼当事人一方的行为或者其他原因，使将来法院的判决或者仲裁裁决不能执行或者难以执行时，人民法院根据申请人的申请，责令被申请人提供担保或者扣押财产的一种制度。

涉外民事诉讼的财产保全的申请，应适用《民事诉讼法》第92条和第93条的规定，但是第92条和第93条规定的内容并不全部适用，如第92条规定的“人民法院在必要时也可以裁定采取财产保全措施”，对涉外民事诉讼中的财产保全就不适用。

因此，涉外民事诉讼中财产保全程序的启动只能由当事人提出申请，人民法院无论在何种情况下均不得依职权裁定采取财产保全措施。因财产保全分为诉讼财产保全和诉前财产保全，二者的申请条件各不相同。

○ 涉外诉前财产保全如何解除？

诉前保全是基于利害关系人的申请，并由人民法院采取的财产保全措施。对于人民法院裁定准予采取保全措施的财产，也只有在案件作出实体处理以后才能处分。如果财产保全的申请人在人民法院作出准予诉前保全裁定后，长期不起诉，这势必影响被申请人对被保全的财产行使所有权，甚至会造成重大的损失。为了防止这种情况的发生，保护被申请人的合法权益，《民事诉讼法》第250条规定，如果申请人在人民法院作出准许诉前保全裁定后30日内不提起诉讼，人民法院应当解除财产保全。

这里与国内诉前保全不同。在国内诉前财产保全中，人民法院依利害关系的人申请裁定采取财产保全措施后，申请人应在15日内向人民法院起诉，15日期满不起诉的，人民法院应当解除财产保全措施，可见，涉外民事诉讼中的财产保全申请人起诉的期限要为长，这与涉外民事诉讼中答辩期间、上诉期间均比国内长是一致的。

○ 涉外财产保全中的财产如何进行监督和保管？

人民法院决定扣押的财产，需要监督的，应通知有关单位实行监督，这是涉外案件中财产保全的一个明显的特点。防止转移财产是实行监督的主要目的，也是维护人民法院命令的严肃性，以保证诉讼的顺序进行。有关单位按照人民法院的通知实行监督，仍属于保全措施的组成部分，是实施保全措施的法定程序。

人民法院决定采取财产保全而对被申请人的财产进行查封、扣押后，为了防止财产被转移或损坏，应当通知有关单位负责监督。

人民法院对保全的财产，可以分别情况采取三种保管方式：（1）由人民法院直接保管。（2）把财产保全在被申请人住所或所在地，由被申请人看管，禁止被申请人对财产作任何处理。(3) 把被保全的财产放在特定处保存，适用于被保全的财产较大且又能放在特定场所时。在这种情况下，为了防止决定保全的财产被转移、变卖或隐匿，保证决定保全的财产安全，保证财产保全裁定的执行和诉讼程序的进行，人民法院应当通知有关单位负责实行监督。这是人民法院采取财产保全措施的组成部分，是涉外财产保全法定程序的一项内容，而不是行政管理或行政措施。因而，有关单位在接到人民法院的通知后，就有义务按照人民法院的通知对决定保全的财产实行监督，因监督所支出的费用由被申请人负担。

第五节　仲　裁

○ 什么是涉外仲裁？

涉外仲裁，是指在国际经济贸易及海事活动中当事人通过事先或事后达成的仲裁协议，自愿将他们之间发生的争议提交双方都同意的仲裁机构进行审理，由其作出对双方当事人均有效的仲裁裁决的制度。

我国《仲裁法》第七章对涉外仲裁作了特别规定，根据规定，涉外仲裁是指涉外经济贸易、运输和海事中发生的纠纷的仲裁。但是对“涉外”的确切含义，法律未作明文规定，只是最高人民法院在《关于贯彻执行〈中华人民共和国民法通则〉若干问题的意见（试行）》中第178条作出这样的规定：“凡民事关系的一方或者双方当事人是外国人、无国籍人、外国法人的；民事关系的标的物在外国领域内的；产生、变更或者消灭民事权利义务关系的法律事实发生在外国的，均为涉外民事法律关系。”根据该解释，涉外民事关系的当事人发生财产权益纠纷，依据双方达成的仲裁协议申请仲裁的，即为涉外仲裁。

○ 仲裁协议的有效要件是什么？

1. 以书面形式订立

2. 双方当事人具有完全民事行为能力

当事人一方或双方在订立仲裁协议时无行为能力，则此协议无效，据此协议作出的裁决也得不到有关国家法院的承认和执行。

《最高人民法院关于贯彻执行〈中华人民共和国民法通则〉若干问题的意见（试行）》第179条规定："定居国外的我国公民的民事行为能力，如其行为是在我国境内所为，适用我国法律；在定居国所为，可以适用其定居国法律。"

法人的行为能力依法人属人法来确定。法人的属人法一般指法人国籍所属国的法律。《最高人民法院关于贯彻执行〈中华人民共和国民法通则〉若干问题的意见（试行）》第184条规定："外国法人以其注册登记地国家的法律为其本国法，法人的民事行为能力依其本国法确定。"

3. 涉外仲裁协议必须是双方当事人的真实意思表示

仲裁协议必须是双方当事人将争议提交仲裁的共同的、真实的意思表示，任何单方的或者不真实的意思表示都是无效的。我国《仲裁法》第4条规定："当事人采用仲裁方式解决纠纷，应当双方自愿，达成仲裁协议。"第17条又规定："一方采取胁迫手段，迫使对方订立仲裁协议的，仲裁协议无效。"

4. 争议事项的可仲裁性

当事人在仲裁协议中约定的争议事项，必须是有关国家立法所允许采用仲裁方式处理的事项，即仲裁协议标的具有可仲裁性。我国《仲裁法》第3条明确规定："下列纠纷不能仲裁：（一）婚姻、收养、监护、抚养、继承纠纷；（二）依法应由行政机关处理的行政争议。"在涉外仲裁领域，我国在加入《纽约公约》时作了如下声明：

“中华人民共和国只对根据中华人民共和国法律认定为属于契约性和非契约性商事法律关系所引起的争议适用该公约。”最高人民法院在《关于执行我国加入的〈承认与执行外国仲裁裁决公约〉(即《纽约公约》)的通知》中对所谓“契约性和非契约性商事法律关系”予以明确：“具体的是指由于合同、侵权或者根据有关法律规定而产生的经济上的权利义务关系，例如货物买卖、财产租赁、工程承包、加工承揽、技术转让、合资经营、合作经营、勘探开发自然资源、保险、信贷、劳务、代理、咨询服务和海上、民用航空、铁路、公路的客货运输以及产品责任、环境污染、海上事故和所有权争议等，但不包括外国投资者与东道国政府之间的争端。”可见，当事人拟定仲裁协议时，必须注意仲裁地国有无可仲裁性的法律规定，任何违反这类规定的仲裁协议都不可能得到实施。

上述四个要件，是一项合法有效的涉外仲裁协议的必备要件，否则，仲裁协议无效。

○ 涉外民事纠纷的当事人达成仲裁协议的，是否可以向法院起诉？

仲裁协议一旦有效成立，就会对有关主体产生一定的法律上的效力。我国《仲裁法》第5条规定：“当事人达成仲裁协议，一方向人民法院起诉的，人民法院不予受理，但仲裁协议无效的除外。”第26条规定：“当事人达成仲裁协议，一方向人民法院起诉未声明有仲裁协议，人民法院受理后，另一方在首次开庭前提交仲裁协议的，人民法院应当驳回起诉……”这样规定的原因在于，当事人既然协议选择了仲裁这一解决纠纷的方式，就意味着自愿放弃了诉权。他们都必须对自己的理性选择负责，任何一方不得再就同一争议向人民法院起诉，否则另一方可依双方达成的仲裁协议予以抗辩，请求撤销立案，或驳回起诉。根据最高人民法院的有关司法解释，凡起诉到人民法院的涉外、涉港澳和涉台经济、海事海商纠纷案件，如果当事人在合同中订有仲裁条款或者事后达成仲裁协议，人民法院认为该仲裁条款或者仲裁协议无效、失效或者内容不明确无法执行的，在决定受理一方当事人起诉之前，必须报请本辖区所属高级人民法院进行审查；如果高级人民法院同意受理，应将其审查意见报最高人民法院。在最高人民法院未作答复前，可暂不予受理。

○ 涉外仲裁中当事人如何申请财产保全？

仲裁中的财产保全，是指在仲裁过程中，一方当事人因另一方当事人的行为或者其他原因，使裁决不能执行或者难以执行时，根据当事人的申请，由仲裁机构提请人民法院，对争议的标的或当事人的裁定采取一定的强制措施，限制其对财产进行处分或转移的一项法律制度。《仲裁法》第38条规定：“一方当事人因另一方当事人的行为或者其他原因，可能使裁决不能执行，或者难以执行的，可以申请财产保全。当事人申请财产保全的，仲裁委员会应将当事人的申请依照《民事诉讼法》的有关规定提交人民法院。”实行财产保全措施，有利于保证仲裁活动顺利进行，保证仲裁裁决的实现，有利于解决执行难的问题，从而促使当事人依法履行义务，有效地保护当事人的合法权益。

○ 涉外仲裁财产保全应当履行什么程序？

第一，当事人申请财产保全的条件必须是存在着由于对方当事人的行为或者其他原因，有可能使裁决不能执行或者难以执行的客观情况。所谓“另一方当事人的行为”是指另一方当事人擅自将争议的标的物或自己的财产转移、隐匿、毁损、出卖、挥霍等逃避履行义务的恶意行为。所谓“其他原因”是指非人为的客观原因。例如，标的物因受自然环境影响而变质、风化、腐烂或降低价值。

第二，财产保全的申请应由当事人在仲裁过程中向仲裁委员会提出，由仲裁委员会将当事人的申请依照《民事诉讼法》的有关规定提交人民法院，而不能由当事人直接向人民法院提出。

第三，虽然当事人的财产保全申请是向仲裁委员会提出的，但仲裁委员会无权对公民、法人或者其他组织的财产采取强制措施。仲裁委员会只能将当事人的申请提交人民法院，由人民法院决定是否采取财产保全措施。

第四，对涉外仲裁中财产保全有管辖权的法院是被申请人住所地或财产所在地的中级人民法院。

第五，审查决定。对于当事人的财产保全申请，人民法院应当进行审查，并在48小时内作出裁定。但为了防止由于采取保全措施出现错误，致使被申请人的利益损失，人民法院可以责令申请人提供担保。申请人不提供担保的，可驳回其申请。

第六，采取保全措施。人民法院一旦裁定采取财产保全措施的，应当立即开始执行。财产保全采取查封、扣押、冻结或者法律规定的其他方法。人民法院在财产保全中采取查封、扣押财产措施时，应妥善保管被查封、扣押的财产。对于被人民法院查封、扣押、冻结的财产，任何单位、个人均不得擅自动用。

○ 如何申请执行我国涉外仲裁机构裁决？

在我国，涉外仲裁与纯国内仲裁具有不同性质，因此，涉外仲裁裁决和国内仲裁裁决在申请承认执行的条件下既有相关点也有区别，根据《民事诉讼法》的规定，申请承认执行涉外仲裁裁决的条件包括：

1. 仲裁裁决为我国涉外仲裁机构作出

根据目前我国国际经济贸易仲裁委员会及海事仲裁委员会仲裁规则的规定，我国两个涉外仲裁机构及其分支机构作出的仲裁裁决都是终局裁决，具有法律效力。

2. 该仲裁裁决需要并能够在中华人民共和国领域内执行

我国涉外仲裁机构作出的仲裁裁决，只有需要在中华人民共和国领域内执行时，当事人才能申请我国法院执行。根据《民事诉讼法》第266条第2款的规定，中华人民共和国涉外仲裁机构作出的发生法律效力的裁决，当事人请求执行的，如果被执行人或其财产不在我国境内，应当由当事人直接向有管辖权的外国法院申请承认执行。由此可见，涉外仲裁裁决，只有在被申请人在中国境内有居所或有财产的情况下，我国法院才能承认和执行。

3. 必须有一方当事人不履行裁决的行为存在

即仲裁裁决作出后，依照裁决负有一定给付义务的一方当事人在裁决确定的最后期限届满后，仍然不履行该仲裁裁决。

4. 必须有一方当事人在法定期间内向人民法院提出申请

裁决胜诉方在对方不履行义务时必须向人民法院提出申请，人民法院才能开始承认和执行程序。法院不得在当事人未提出申请的情况下依职权主动承认和执行，仲裁机关也不得在裁决作出后直接交法院执行。申请承认执行涉外仲裁裁决的期间与国内裁决相同。

5. 接受申请的法院应具有管辖权

对涉外仲裁裁决的承认和执行有管辖权的法院，是被申请人居所地或被执行财产所在地的中级人民法院。

凡符合以上条件的，人民法院对当事人的申请应予受理。

○ 我国涉外仲裁机构的仲裁裁决，何种情况下法院不予执行？

根据《民事诉讼法》第258条规定，在执行我国涉外仲裁机构的裁决前，如果被申请人提出证据证明仲裁裁决有以下几种情形之一的，经人民法院合议庭审查核实，裁定不予执行：

1. 当事人在合同中未订有仲裁条款或者事后没有达成书面仲裁协议的

本项所指的“仲裁条款”即双方当事人在合同中订立的，旨在通过我国涉外仲裁机构解决纠纷的条款（又叫解决争议的条款）。“仲裁协议”即当事人在纠纷发生前或纠纷发生以后达成的旨在将纠纷提交仲裁机构仲裁的书面意思表示。“仲裁条款”或“仲裁协议”是我国涉外仲裁机构行使仲裁权的依据，如果仲裁机构在本项所列情形下行使了仲裁权，则有悖于当事人自愿原则。

2. 被申请人没有得到指定仲裁员或者进行仲裁程序的通知，或者由于其他不属于被申请人负责的原因未能陈述意见的

根据我国涉外仲裁规则的规定，被申请人有权在仲裁委员会仲裁员名册中指定一名仲裁员或者委托仲裁委员会主任指定一名仲裁员，在收案后，仲裁委员会应通知被申请人指定仲裁员。涉外仲裁规则中还规定，被申请人有答辩的权利，仲裁委员会收到仲裁申请书及其附件后，经过审查认为申请人申请仲裁的手续完备，应即将申请人的仲裁申请书及其附件，连同仲裁委员会的仲裁规则和仲裁员名册各一份，寄送给被申请人，表明仲裁委员会已受理案件，被申请人可在法定期间内提出答辩。在仲裁过程中，被申请人有陈述意见和提供证据的权利。如果被申请人没有得到指定仲裁员或者进行仲裁程序的通知，或者由于其他不属于被申请人负责的原因未能陈述意见，仲裁程序就不合法，在此基础上作出的裁决人民法院应不予执行。

3. 仲裁庭的组成或者仲裁程序与仲裁规则不符的

4. 裁决的事项不属于仲裁协议范围或者仲裁机构无权仲裁的

仲裁协议是双方当事人在合同中订立的仲裁条款或事后达成的书面协议。涉外仲裁是依据双方当事人的合意，在仲裁协议中，确定了提交仲裁的内容和范围，如果超出了当事人提交仲裁的范围，则裁决对当事人无效，人民法院应裁定不予执行。如果涉外仲裁机构对其无权仲裁的经济纠纷案件作出了仲裁裁决，则其裁决不具有法律执行力，不应予以执行。

根据《最高人民法院关于人民法院处理与涉外仲裁及外国仲裁事项有关问题的通知》（法发〔1995〕18号）的规定，凡一方当事人

向人民法院申请执行我国涉外仲裁机构裁决，如果人民法院认为我国涉外仲裁机构裁决具有《民事诉讼法》第261条情形之一的，在裁定不予执行或者拒绝承认和执行之前，必须报请本辖区所属高级人民法院进行审查；如果高级人民法院同意不予执行或者拒绝承认和执行，应将其审查意见报最高人民法院。待最高人民法院答复后，方可裁定不予执行或者拒绝承认和执行。

○ 仲裁裁决被人民法院裁定不予执行的，当事人是否可以再起诉？

仲裁裁决，一经人民法院裁定不予执行，就不具有法律效力。但当事人的争议仍处于“未决”状态，因此当事人可以根据法律规定，重新申请仲裁机构仲裁或向人民法院起诉。应特别指出的是，重新申请仲裁的，需要由双方当事人对提交仲裁达成新的协议。理由如下：

第一，有些仲裁裁决之所以会被不予执行，是因为仲裁协议本身有缺陷，如仲裁协议选择的仲裁事项超越了仲裁机构的权限范围，仲裁庭错误地作出了裁决，后被人民法院裁定不予执行，如果再依据原协议申请仲裁，岂不“重蹈覆辙。”

第二，原仲裁协议是当事人双方根据当时的情况所作的共同意思表示，如在仲裁裁决被人民法院裁定不予执行后，情况已有改变，根据自愿、平等、不干涉原则，应允许当事人根据变化了的情况决定是否选择仲裁。

第三，法律既然规定仲裁裁决被不予执行后当事人也可以向人民法院起诉，这就意味着原仲裁协议已不再具有效力，因为仲裁协议对诉讼管辖具有排他性，如果原仲裁协议继续有效，就不应允许当事人向人民法院起诉。

第六节　司法协助

○ 司法协助的依据是什么？

按照国际法，一国并没有向他国提供司法协助的强制性义务。这首先是因为，各国主权一律平等，一国法律不能对外国发生效力，一国法院只能在本国境内行使司法管辖权，而不能将此项权力延伸到外国，更不能对外国法院发号施令；其次，在一国境内审理案件，属于该国司法机关的职权和责任，其目的主要是解决当事人提交其处理的争端，或制裁触犯其本国法律的犯罪或违法行为，从而维护本国的社会秩序和法律秩序，它虽然可能涉及另一国境内的人或物，或在某种程度上还可能涉及另一国的利益，而需要另一国提供司法协助，但是，另一国如果在今后的类似案件中得不到法院地国的协助，它单方面向法院地国提供协助也就失去了意义。因此，在提供司法协助过程中，有关国家所承担的义务与所享有的权利应该是一致的。再次，由于司法协助的后果毕竟要在最初受理案件的法院地国产生诉讼上的意义，提供协助的一方必然要顾及这种后果的合理性，因此，各国在协助时，还要考虑到相互间政治、经济、外交关系的现状以及对于对方法律制度和司法机关的信任程度。要求一国不分对象地向外国提供司法协助，是不符合当前国际政治现实的。综上所述，司法协助是平等的国际法主体之间在相互交往的过程中，在友好合作的前提下，在特定领域的一种互助行为，这种互助行为需要以相互之间存在条约或互惠关系为前提。

从各国诉讼立法和实践分析，司法协助的根据有两种：

1. 国家之间缔结的条约

通过签订双边协定或协议明确两国间的司法协助，是当今各国普遍采取的方式。双边协定或协议一旦生效，两国法院便有负有互为对方司法协助的义务。至于司法协议的范围途径，程序全由协议确定。条约毫无疑问是国家间开展司法协助的最可靠的依据。

2. 互惠关系

在国际实践中，司法协助双方未订立条约的情况也很常见。在这些情况下开展司法协助，就需要以互惠为基础，即有关国家在进行司法协助时，存在一项谅解：提供协助的一方今后在同类案件中也将会得到请求一方给予的类似协助。这种互惠关系的成立，无疑也要取决于有关国家的意思表示一致，即双方都认为确有在特定领域开展合作的需要，并相互同意给予对方协助。如果仅有一方表示这种愿望，另一方没有同意，还不能视为互惠关系已经存在。

总之，一旦两国就互惠问题取得谅解，也就构成相互间开展司法协助的一种约定，尽管这种约定的适用范围一般都比较狭窄，在解释上也比较容易引起歧义，而且不像条约那样具有无可置疑的约束力，但毕竟构成两国合作的共同基础，直接违背这种约定，至少是一种不友好的行为。

○ 司法协助的范围是什么？

根据《民事诉讼法》第261条规定，一般司法协助的基本范围如下：

1. 代为送达文书

根据中法、中波、中蒙等司法协助的协定要求，请求送达司法文书和司法外文书，应由请求一方的中央机关用请求书提出。被请求一方的中央机关应使该项文书送达给居住国领域内的当事人。送达请求的格式应与协定附录中的示范样本相符，空白部分用中、法或中、波或中、蒙两国文字填写。请求送达的司法文书和司法外文书应一式两份，并附有被请求一方文字的译本。

在接到请求书后，被请求一方的中央机关按照本国法律的规定，决定采用最适当的方式送达司法文书和司法外文书。缔约一方可以通过本国派驻缔约另一方的外交或领事代表机关向缔约另一方领域内的本国国民送达司法文书和司法外文书，但不得采取任何强制措施。

如果收件人地址不完全或者不确切，被请求一方的中央机关仍应努力满足向它提出的请求。为此，它可要求请求一方提供能使其查明和找到有关人员的补充材料。如果经过努力，仍无法确定地址，被请求一方的中央机关应通知请求一方，并退还请求送达的司法文书和司法外文书。

送达应使用送达回证。送达回证的格式应与协定附录中的示范样本相符，空白部分用中、法或中、波或中、蒙两国文字填写。收件人应在送达回证上记明收到的日期并签名。被请求一方的主管机关也应在送达回证上记明送达的方法、地点和日期。不能送达的，应注明妨碍送达的原因，收件人拒绝接收的，应注明拒收的理由。

2. 代为调查取证

在民事、商事方面，缔约双方法院可以相互请求代为进行其认为必要的调查取证，例如，代为询问当事人、证人、鉴定人，代为调取证据，以及代为进行鉴定和司法勘验。

调查取证请求书的格式应与协定附录中的示范样本相符，空白部分用中、法或中、波或中、蒙两国文字填写。调查取证请求书所附的文件必须有被请求一方文字的译本。

调查取证的执行方式：一是被请求一方的法院代为调查取证方式，适用本国法律，必要时可以实施本国法律规定的适当的强制措施。因此，我国法院在为被请求国一方法院代为调查取证的方式，就是依照我国《民事诉讼法》规定的调查取证方式，必要时可以适用我国民事诉讼规定的强制措施。二是缔约一方可以通过本国派驻缔约国另一方的外交或者领事代表机关，直接向另一方领域内的本国国民调查取证，但须遵守缔约另一方的法律，并不得采取任何强制措施。

被请求一方的法院如果无法按照请求一方指明的地址代为调查取证，应当主动采取必要的措施以确定地址，完成委托事项，必要时可以要求请求一方提供补充材料。如果经过努力，仍无法确定地址，被请求一方的法院应当通过其中央机关通知请求一方，并退还所附的一切文件。

在完成调查取证后，被请求一方的法院，应通过双方的中央机关转送调查取证所取得的证据材料，必要时还应转送有关调查取证的执行情况。

双方代为调查取证都不收取费用，但是有关鉴定人、翻译人员的报酬，应由请求一方负担。

○ 为什么对外国法院的裁判需要进行承认？

国际社会公认，一国法院只是该国的审判机关，它依法作出的判决是其行使国家审判权的结果。国家主权原则决定着任何一个国家法院的判决，在一般情况下均不具有域外效力。然而，由于涉外民事案件多发生在不同国家的当事人之间，争议的标的常常涉及到多个国家，下述两种情况的出现在涉外民事诉讼中也难以避免：1.由本国法院作出的判决，一方当事人或者诉讼标的物在法院国领域以外，而域外的当事人不执行判决。2.由外国法院作出的判决，受该判决约束的一方当事人或者诉讼标的物在本国，该当事人不执行外国法院的判决。上述两种情况无论哪一种出现，都会使一国法院对该涉外民事案件所作的判决变为一纸空文。随着现代科学技术的发展、现代化交通工具的出现，世界性经济、文化和人员的交流，使各国之间的关系越来越密切，国际性的民、商事案件大量增加，为了使这些民、商事案件得到妥善的解决，维护各国当事人合法权益和相互间交往的顺利进行，有必要通过法律手段维护一种良好的法律秩序。相互承认对方法院的裁判就是这种手段的一部分。各国在承认与执行对方法院裁判方面的需要是相互的，一国如果希望自己的裁判得到外国法院的承认与执行，那么它也要承认与执行外国法院所作的裁判。所以说，一般各国都是出于本身利益上的需要，根据相互原则，承认与执行外国法院的裁判。当然，各国在开展合作的同时，一定要防止给自己带来不利的后果，所以，通常各国既规定承认与执行的条件，同时规定了拒绝承认与执行的条件。

○ 承认与执行外国法院判决需具备什么条件？

承认与执行外国法院判决的条件，是指在什么情况下外国法院的判决才能在内国得到承认与执行。由于外国法院作出的判决毕竟不同于内国法院作出的判决，因此各国对于这种判决的承认与执行都附有一定的条件，如果外国法院的判决不符合内国所规定的这些条件，就不能得到承认与执行。我国法律和我国与外国缔结的司法协助条约对此也都作了规定。根据我国和外国的法律规定及有关国际条约的规定，这些条件大致包括：

第一，需予承认与执行的判决已经生效或具有执行力。

第二，作出判决的外国法院对案件具有管辖权。

第三，败诉一方当事人的诉讼权利得到了保障。在诉讼过程中保护当事人的诉讼权利是司法机关的职责，如果当事人的诉讼权利未能得到保障，法院所作出的判决就可能是不公正的，因此，在承认与执行外国法院判决制度中，有必要对此予以强调。作为败诉一方而言，其诉讼权利受到损害的情况主要有两种：一是未得到合法传唤，从而未能出庭陈述自己的诉讼主张；二是在没有诉讼行为能力时未得到适当代理。因此，我国与外国缔结的司法协助条约均规定，如果根据作出判决一方的法律，未出庭的败诉一方当事人未经合法传唤，或在没有诉讼行为能力时未得到适当代理，则被请求方有权拒绝承认与执行外国法院就有关案件作出的判决。在其他国家的法律和某些条约中也大都规定有类似条件。

第四，不存在“诉讼竞合”的情形。对于一国来说，对于相同当事人之间就同一标的的案件所作的判决只能有一个，这是维护法律关系的稳定性及法律的严肃性所必须的。

第五，作出判决的法院适用了被请求国冲突法规则规定的应予适用的法律。

第六，判决与被申请国的公共秩序不相抵触。如果外国法院的判决违背了被申请国的主权、安全和公共秩序，被请求法院有权拒绝承认与执行。这是各类司法协助的一项基本原则，当然也是承认与执行外国法院判决制度中的一项重要原则。

○ 如何申请承认与执行外国法院判决？

根据《民事诉讼法》第265条规定，申请承认和执行外国法院作出的生效裁判，有两种途径。一种是由当事人直接向我国有管辖权的中级人民法院申请承认和执行。所谓有管辖权，是指被执行人住所地或被执行人财产所在地中级人民法院。另一种是由外国法院请求我国人民法院承认和执行。这种程序的前提是该国与我国缔结或参加了国际条约，或者按照互惠原则。

可见，我国法律既允许当事人直接向被请求法院提出请求，也允许通过作出裁决的法院提出请求。在这两种途径中采用何种做法，一方面取决于当事人本人的选择，另一方面也取决于有关外国的法律规定。

在请求承认与执行外国法院判决的途径问题上，我国针对不同的国家在司法协助条约中作了不同的规定：

第一，我国与波兰、古巴、罗马尼亚等国缔结的司法协助条约规定，这类申请既可由当事人向裁决执行地缔约一方法院提出，亦可由当事人向作出该项裁决的缔约一方法院提出，由作出裁决的缔约一方法院通过中央机关向缔约另一方法院提出；

第二，我国与俄罗斯、蒙古等国缔结的司法协助条约规定，这类申请原则上应由申请人向作出裁决的缔约一方法院提出，由该法院通过中央机关向缔约另一方法院提出，但如果申请人在裁决执行地国境内有住所或居所，亦允许该申请人直接向被请求承认与执行的法院提出；

第三，我国与法国、意大利、西班牙等国缔结的司法协助条约规定,这类请求只能由当事人向被请求承认与执行的法院直接提出。为了便于上述请求的提出，这些条约中还规定，双方中央机关应相互提供必要的情况，例如有管辖权的法院名称以及请求方式等；

第四，我国与土耳其缔结的司法协助条约规定，这类请求应一律由作出裁决的法院通过中央机关向缔约另一方法院提出。

上述四种不同规定，都是考虑到对方法律制度的要求，在本法允许的范围内作出的，我国在与上述有关国家相互承认与执行对方法院判决时，应当按照各项条约的规定办理。

要求承认与执行外国法院判决的请求,无论通过什么途径提出，都必须采用书面方式，并须附有支持该项请求的必要的文件，这是各国法律和有关条约的共同要求。根据我国法律和我国与外国缔结的司法协助条约,请求承认与执行外国法院判决时,除请求书外,还需提供的文件通常包括：

1. 经法院证明无误的判决副本,如果副本中没有明确指出判决已生效和可以执行，还应附有法院为此出具的证明书；

2. 证明未出庭的当事人已经合法传唤或在其没有诉讼行为能力时已得到适当代理的证明书；

3. 请求书和第1项、第2项所指文件经证明无误的被请求方文字或双方认可的第三国文字（通常是英文或法文）的译本。

○ 我国法院如何对外国法院裁判进行审查?

我国法院接到当事人的申请书或外国法院的请求书，要登记编号立案，同时根据我国法律或者我国缔结、参加的国际条约的规定条件对之进行审查。

被请求法院对承认与执行外国法院判决的请求审查的范围，国际上主要有实质审查制度和形式审查制度之别。所谓实质审查，就是对需予承认与执行的外国法院的判决，从事实认定是否准确、法律适用是否得当等诸方面进行全面的审查，如认为该判决认定事实有错误或适用法律不当，它就有权根据本国的法律予以变更，或全部推翻，或不予承认或执行。这种实质性审查制度过分强调本国法律，而忽视了外国法律与本国法律存在的差异以及外国法院进行审判活动的权威性，因而一直受到人们的批判。目前，除普通法系国家将外国法院判决视为事实，在对案件的是非曲直进行全面的实质性审查后重新作出判决外，大多数国家对于需予承认与执行的外国法院判决都不进行实质性审查，而只进行形式审查，即被请求国法院不对原判决的事实认定和法律适用进行审查，而仅审查外国法院的判决是否符合本国法律或有关条约中规定的承认与执行外国法院判决的条件。

按照《民事诉讼法》和我国与外国缔结的司法协助条约，我国采取的是形式审查制度。例如我国与意大利缔结的司法协助条约规定："决定承认事宜的法院仅限于审查本条约所规定的条件是否具备"；我国与古巴缔结的司法协助条约规定："被请求的缔约一方法院对提出请求的缔约一方法院作出的请求承认与执行的裁决的实质不进行审查。"

○外国法院判决被我国法院承认与执行后有何效力？

如果我国法院对外国法院裁判进行审查后，认为其不符合我国法律或双方之间双边条约所规定的条件，则将申请书或请求书以及判决书退回请求国的当事人或法院。凡是经过审查后得到承认，需要在我国执行的外国法院裁判，以裁定承认外国裁判的效力，依照我国《民事诉讼法》第三编规定的执行程序予以切实执行。

外国法院判决一经内国法院承认或决定可予执行，即与内国法院作出的判决具有同等效力，该判决所确定的有关当事方的权利义务关系在内国得以肯定，有关当事方不得就同一标的再次向法院提起诉讼，而且在被执行人拒绝自动履行判决规定的义务时，另一方当事人有权请求法院强制执行。我国与外国缔结的司法协助条约对此都作了明确规定，例如《中华人民共和国与意大利共和国关于民事司法协助的条约》规定："裁决一经承认并被宣告可予执行，即在被请求承认的缔约一方境内与该缔约一方法院作出的裁决具有同等效力。"

当然，对于已经承认其效力的外国判决的执行也并非毫无限制，其中最突出的是，当执行判决需向国外汇出金钱或转移物品时，不得违反本国有关法律规定。例如我国明令禁止人民币、珍贵文物、麻醉品、濒危和珍贵的动植物等物品出境，我国在执行外国法院判决时，必须遵守我国法律的上述规定。我国与外国缔结的司法协助条约也大都规定了这一原则，例如《中华人民共和国和土耳其共和国关于民事、商事和刑事司法协助的协定》规定："本协定有关执行裁决的规定不得违反缔约双方有关资金转移和有价物品的出境方面的法律和法规。"实际上，执行中国法院作出的判决时也须遵守这一原则，因此，在条约中对此予以规定，并不影响外国法院判决的效力。

○ 人民法院如何受理承认外国法院离婚判决的申请？

根据《最高人民法院关于人民法院受理申请承认外国法院离婚判决案件有关问题的规定》及有关司法解释的规定：

第一，中国公民向人民法院申请承认外国法院离婚判决，人民法院不应以其未在国内缔结婚姻关系而拒绝受理；中国公民申请承认外国法院在其缺席情况下作出的离婚判决，应同时向人民法院提交作出该判决的外国法院已合法传唤其出庭的有关证明文件。

第二，外国公民向人民法院申请承认外国法院离婚判决，如果其离婚的原配偶是中国公民的，人民法院应予受理；如果其离婚的原配偶是外国公民的，人民法院不予受理，但可告知其直接向婚姻登记机关申请再婚登记。

第三，当事人向人民法院申请承认外国法院离婚调解书效力的，人民法院应予受理，并根据《关于中国公民申请承认外国法院离婚判决程序问题的规定》进行审查，作出承认或不予承认的裁定。

第四，中国当事人一方持外国法院作出的离婚判决书，向人民法院申请承认其效力的，应由中级人民法院受理。经审查，如该外国法院判决不违反我国法律的基本准则或我国国家、社会利益，裁定承认其效力；否则，裁定驳回申请。裁定后不得上诉。

○ 我国法院对外国仲裁裁决如何承认和执行？

第六届全国人民代表大会常务委员会第十八次会议于1986年12月2日决定我国加入《1958年纽约公约》，该公约已于1987年4月22日对我国生效。

根据1986年12月2日全国人民代表大会常务委员会《关于我国加入〈承认及执行外国仲裁裁决公约〉的决定》，1987年4月10日《最高人民法院关于执行我国加入的〈承认及执行外国仲裁裁决公约〉的通知》的规定以及《1958年纽约公约》的有关内容，我国承认和执行外国仲裁裁决的条件和程序是：

第一，我国在加入《1958年纽约公约》时作了互惠保留和商事保留的声明。根据前者，我国仅对在《1958年纽约公约》成员国的领土内作出的仲裁裁决的承认和执行适用该公约，对于在非该公约成员国领土内作出的仲裁裁决需要我国法院承认和执行的，仍按《民事诉讼法》第267条的规定办理。根据后者，我国仅对按照我国法律属于契约性和非契约性的商事法律关系所引起的争议适用该公约。所谓契约性和非契约性的商事法律关系，在我国是指因合同、侵权或根据有关法律规定而产生的经济上的权利义务关系，诸如货物买卖、财产租赁、工程承包、加工承揽、技术转让、合资和合作经营、勘探开发自然资源、保险、信贷、劳务、代理、咨询服务和海上、民用航空、铁路、公路的客货运输以及产品责任、环境污染、海上事故和所有权争议等。

第二，在《1958年纽约公约》成员国领土内作出的仲裁裁决需在我国承认和执行的，由仲裁裁决的一方当事人向我国下列地点的中级人民法院提出申请：

（1）被执行人为自然人的，为其住所地或其居所地；

（2）被执行人为法人的，为其主要办事机构所在地；

（3）被执行人在我国没有住所、居所或主要办事机构，但有财产在我国境内的，为其财产所在地的中级人民法院。

第三，我国有管辖权的人民法院接到外国仲裁裁决一方当事人的申请后，应对申请承认和执行的外国仲裁裁决进行审查。如果不具有《1958年纽约公约》规定的排除承认和执行的情况的，应裁定承认其效力，并按《民事诉讼法》规定的程序执行。否则，应裁定驳回申请，拒绝承认及执行。

第四，仲裁裁决一方当事人向我国法院申请承认和执行外国仲裁裁决，该项申请应当在《民事诉讼法》第219条规定的申请执行的期限内提出，即双方当事人或一方当事人为个人的，为1年；双方为法人或者其他组织的为6个月。从规定的履行期限的最后一日起计算，裁决规定分期履行的，从规定的每次履行期间最后一日起计算。

对于在非《1958年纽约公约》成员国作出的仲裁裁决需要在我国承认和执行的，应按《民事诉讼法》第269条规定的条件和程序办理，即与承认和执行外国法院判决的条件和程序相同。

第五，根据《最高人民法院关于承认和执行外国仲裁裁决收费及审查期限问题的规定》的规定，人民法院受理当事人申请承认外国仲裁裁决的，预收人民币500元。

人民法院受理当事人申请承认和执行外国仲裁裁决的，应按照

《诉讼费用交纳办法》的有关规定，依申请执行的金额或标的价额交纳申请费。

当事人申请承认和执行外国仲裁裁决，受理申请的人民法院决定予以承认和执行的，应在受理申请之日起2个月内作出裁定，如无特殊情况，应在裁定后6个月内执行完毕；决定不予承认和执行的，在裁定不予执行或者拒绝承认和执行之前，须报请本辖区所属高级人民法院进行审查；如果高级人民法院同意不予执行或者拒绝承认和执行后，应将其审查意见在受理申请之日起两个月内上报最高人民法院。最高人民法院答复后，方可裁定不予执行或者拒绝承认和执行。

○ 内地与香港特别行政区法院相互间如何认可和执行当事人协议管辖的民商事案件判决？

根据《中华人民共和国香港特别行政区基本法》第95条的规定，最高人民法院与香港特别行政区经协商，达成《关于内地与香港特别行政区法院相互认可和执行当事人协议管辖的民商事案件判决的安排》（以下简称《安排》），并于2008年7月3日发布。内地人民法院和香港特别行政区法院在具有书面管辖协议的民商事案件中作出的须支付款项的具有执行力的终审判决，当事人可以根据本安排向内地人民法院或者香港特别行政区法院申请认可和执行。所谓“具有执行力的终审判决”：在内地是指：（1）最高人民法院的判决；（2）高级人民法院、中级人民法院以及经授权管辖第一审涉外、涉港澳台民商事案件的基层人民法院（名单附后）依法不准上诉或者已经超过法定期限没有上诉的第一审判决，第二审判决和依照审判监督程序由上一级人民法院提审后作出的生效判决。在香港特别行政区是指终审法院、高等法院上诉法庭及原讼法庭和区域法院作出的生效判决。本安排所称判决，在内地包括判决书、裁定书、调解书、支付令；在香港特别行政区包括判决书、命令和诉讼费评定证明书。

1. 申请

当事人向香港特别行政区法院申请认可和执行判决后，内地人民法院对该案件依法再审的，由作出生效判决的上一级人民法院提审。所称“书面管辖协议”，是指当事人为解决与特定法律关系有关的已经发生或者可能发生的争议，自本安排生效之日起，以书面形式明确约定内地人民法院或者香港特别行政区法院具有唯一管辖权的协议。“特定法律关系”，是指当事人之间的民商事合同，不包括雇佣合同以及自然人因个人消费、家庭事宜或者其他非商业目的而作为协议一方的合同。“书面形式”是指合同书、信件和数据电文（包括电报、电传、传真、电子数据交换和电子邮件）等可以有形地表现所载内容、可以调取以备日后查用的形式。书面管辖协议可以由一份或者多份书面形式组成。除非合同另有规定，合同中的管辖协议条款独立存在，合同的变更、解除、终止或者无效，不影响管辖协议条款的效力。

申请认可和执行符合本安排规定的民商事判决，在内地向被申请人住所地、经常居住地或者财产所在地的中级人民法院提出，在香港特别行政区向香港特别行政区高等法院提出。被申请人住所地、经常居住地或者财产所在地在内地不同的中级人民法院辖区的，申请人应当选择向其中一个人民法院提出认可和执行的申请，不得分别向两个或者两个以上人民法院提出申请。被申请人的住所地、经常居住地或者财产所在地，既在内地又在香港特别行政区的，申请人可以同时分别向两地法院提出申请，两地法院分别执行判决的总额，不得超过判决确定的数额。已经部分或者全部执行判决的法院应当根据对方法院的要求提供已执行判决的情况。

申请人向有关法院申请认可和执行判决的，应当提交以下文件：(1) 请求认可和执行的申请书；(2) 经作出终审判决的法院盖章的判决书副本；(3) 作出终审判决的法院出具的证明书，证明该判决属于本安排第二条所指的终审判决，在判决作出地可以执行；(4) 身份证明材料：①申请人为自然人的，应当提交身份证或者经公证的身份证复印件；②申请人为法人或者其他组织的，应当提交经公证的法人或者其他组织注册登记证书的复印件；③申请人是外国籍法人或者其他组织的，应当提交相应的公证和认证材料。向内地人民法院提交的文件没有中文文本的，申请人应当提交证明无误的中文译本。执行地法院对于本条所规定的法院出具的证明书，无需另行要求公证。

请求认可和执行申请书应当载明下列事项：(1) 当事人为自然人的，其姓名、住所；当事人为法人或者其他组织的，法人或者其他组织的名称、住所以及法定代表人或者主要负责人的姓名、职务和住所；(2) 申请执行的理由与请求的内容，被申请人的财产所在地以及财产状况；(3) 判决是否在原审法院地申请执行以及已执行的情况。申请人申请认可和执行内地人民法院或者香港特别行政区法院判决的程序，依据执行地法律的规定。本安排另有规定的除外。

申请人申请认可和执行的期间为2年。前述规定的期间，内地判决到香港特别行政区申请执行的，从判决规定履行期间的最后1日起计算，判决规定分期履行的，从规定的每次履行期间的最后1日起计算，判决未规定履行期间的，从判决生效之日起计算；香港特别行政区判决到内地申请执行的，从判决可强制执行之日起计算，该日为判决上注明的判决日期，判决对履行期间另有规定的，从规定的履行期间届满后开始计算。

2. 裁定

对申请认可和执行的判决，原审判决中的债务人提供证据证明有下列情形之一的，受理申请的法院经审查核实，应当裁定不予认可和执行：(1)根据当事人协议选择的原审法院地的法律，管辖协议属于无效。但选择法院已经判定该管辖协议为有效的除外；(2) 判决已获完全履行；(3) 根据执行地的法律，执行地法院对该案享有专属管辖权；(4) 根据原审法院地的法律，未曾出庭的败诉一方当事人未经合法传唤或者虽经合法传唤但未获依法律规定的答辩时间。但原审法院根据其法律或者有关规定公告送达的，不属于上述情形；（5）判决是以欺诈方法取得的；（6）执行地法院就相同诉讼请求作出判决，或者外国、境外地区法院就相同诉讼请求作出判决，或者有关仲裁机构作出仲裁裁决，已经为执行地法院所认可或者执行的。

内地人民法院认为在内地执行香港特别行政区法院判决违反内地社会公共利益，或者香港特别行政区法院认为在香港特别行政区执行内地人民法院判决违反香港特别行政区公共政策的，不予认可和执行。

对于香港特别行政区法院作出的判决，判决确定的债务人已经提出上诉，或者上诉程序尚未完结的，内地人民法院审查核实后，可以中止认可和执行程序。经上诉，维持全部或者部分原判决的，恢复认可和执行程序；完全改变原判决的，终止认可和执行程序。内地地方人民法院就已经作出的判决按照审判监督程序作出提审裁定，或者最高人民法院作出提起再审裁定的，香港特别行政区法院审查核实后，可以中止认可和执行程序。再审判决维持全部或者部分原判决的，恢复认可和执行程序；再审判决完全改变原判决的，终止认可和执行程序。根据本安排而获认可的判决与执行地法院的判决效力相同。

当事人对认可和执行与否的裁定不服的，在内地可以向上一级人民法院申请复议，在香港特别行政区可以根据其法律规定提出上诉。

在法院受理当事人申请认可和执行判决期间，当事人依相同事实再行提起诉讼的，法院不予受理。已获认可和执行的判决，当事人依相同事实再行提起诉讼的，法院不予受理。对于不予认可和执行的判决，申请人不得再行提起认可和执行的申请，但是可以按照执行地的法律依相同案件事实向执行地法院提起诉讼。

法院受理认可和执行判决的申请之前或者之后，可以按照执行地法律关于财产保全或者禁制资产转移的规定，根据申请人的申请，对被申请人的财产采取保全或强制措施。当事人向有关法院申请执行判决，应当根据执行地有关诉讼收费的法律和规定交纳执行费或者法院费用。

内地与香港特别行政区法院相互认可和执行的标的范围，除判决确定的数额外，还包括根据该判决须支付的利息、经法院核定的律师费以及诉讼费，但不包括税收和罚款。在香港特别行政区诉讼费是指经法官或者司法常务官在诉讼费评定证明书中核定或者命令支付的诉讼费用。

○ 内地经授权管辖第一审涉外涉港澳台民商事案件的基层人民法院有哪些？

截止2006年5月31日，内地经授权管辖第一审涉外涉港澳台民商事案件的基层人民法院有：

广东省：广州市越秀区人民法院、广州市海珠区人民法院、广州市天河区人民法院、广州市番禺区人民法院、广州市萝岗区人民法院、广州市南沙区人民法院、深圳市福田区人民法院、深圳市罗湖区人民法院、深圳市宝安区人民法院、深圳市龙岗区人民法院、深圳市南山区人民法院、深圳市盐田区人民法院、佛山市禅城区人民法院、东莞市人民法院、湛江经济技术开发区人民法院、惠州市大亚湾经济技术开发区人民法院。

山东省：济南高新技术产业开发区人民法院、淄博高新技术产业开发区人民法院、泰安高新技术产业开发区人民法院、烟台经济技术开发区人民法院、日照经济开发区人民法院。

河北省：石家庄高新技术产业开发区人民法院、廊坊经济技术开发区人民法院、秦皇岛市经济技术开发区人民法院、湖北省：武汉市经济技术开发区人民法院、武汉东湖新技术开发区人民法院、襄樊高新技术开发区人民法院。

辽宁省：沈阳经济技术开发区人民法院、沈阳高新技术产业开发区人民法院、大连经济技术开发区人民法院。

江苏省：苏州市工业园区人民法院、无锡市高新技术产业开发区人民法院、常州高新技术产业开发区人民法院、南通经济技术开发区人民法院。

上海市：浦东新区人民法院、黄浦区人民法院。

吉林省：长春市经济技术开发区人民法院、吉林高新技术产业开发区人民法院。

天津市：天津市经济技术开发区人民法院。

浙江省：义乌市人民法院。

河南省：郑州高新技术产业开发区人民法院、洛阳市高新技术开发区人民法院。

四川省：成都高新技术产业开发区人民法院、绵阳高新技术产业开发区人民法院。

海南省：洋浦开发区人民法院。

内蒙古自治区：包头稀土高新技术产业开发区人民法院。

安徽省：合肥高新技术产业开发区人民法院。

最高人民法院根据审判工作的需要，对授权管辖第一审涉外、涉港澳台民商事案件的基层人民法院进行增减的，在通报香港特别行政区政府后，列入附件。

○ 内地与香港特别行政区法院如何相互委托送达民商事司法文书？

根据《最高人民法院关于内地与香港特别行政区法院相互委托送达民商事司法文书的安排》，内地与香港特别行政区法院相互委托送达民商事司法文书的程序如下：

内地法院和香港特别行政区法院可以相互委托送达民商事司法文书。这些司法文书在内地包括：起诉状副本、上诉状副本、授权委托书、传票、判决书、调解书、裁定书、决定书、通知书、证明书、送达回证；在香港特别行政区包括：起诉状副本、上诉状副本、传票、状词、誓章、判案书、判决书、裁决书、通知书、法庭命令、送达证明。上述委托送达的司法文书以互换司法文书样本为准。双方委托送达司法文书，均须通过各高级人民法院和香港特别行政区高等法院进行。最高人民法院司法文书可以直接委托香港特别行政区高等法院送达。

委托方请求送达司法文书，须出具盖有其印章的委托书，并须在委托书中说明委托机关的名称、受送达人的姓名或者名称、详细地址及案件的性质。委托书应当以中文文本提出。所附司法文书没有中文文本的，应当提供中文译本。以上文件一式两份。受送达人为两人以上的，每人一式两份。受委托方如果认为委托书与本安排的规定不符，应当通知委托方，并说明对委托书的异议。必要时可以要求委托方补充材料。

不论司法文书中确定的出庭日期或者期限是否已过，受委托方均应送达。委托方应当尽量在合理期限内提出委托请求。受委托方接到委托书后，应当及时完成送达，最迟不得超过自收到委托书之日起2个月。

送达司法文书后，内地人民法院应当出具送达回证；香港特别行政区法院应当出具送达证明书。出具送达回证和证明书，应当加盖法院印章。受委托方无法送达的，应当在送达回证或者证明书上注明妨碍送达的原因、拒收事由和日期，并及时退回委托书及所附全部文书。

送达司法文书,应当依照受委托方所在地法律规定的程序进行。受委托方对委托方委托送达的司法文书的内容和后果不负法律责任。委托送达司法文书费用互免。但委托方在委托书中请求以特定送达方式送达所产生的费用，由委托方负担。

○ 内地与澳门特别行政区法院如何相互委托送达司法文书和调取证据？

根据《最高人民法院关于内地与澳门特别行政区法院就民商事案件相互委托送达司法文书和调取证据的安排》的规定，内地人民法院与澳门特别行政区法院就民商事案件（在内地包括劳动争议案件，在澳门特别行政区包括民事劳工案件）可以相互委托送达司法文书和调取证据。

双方相互委托送达司法文书和调取证据，均须通过各高级人民法院和澳门特别行政区终审法院进行。这些司法文书在内地包括：起诉状副本、上诉状副本、反诉状副本、答辩状副本、授权委托书、传票、判决书、调解书、裁定书、支付令、决定书、通知书、证明书、送达回证以及其他司法文书和所附相关文件；在澳门特别行政区包括：起诉状复本、答辩状复本、反诉状复本、上诉状复本、陈述书、申辩书、声明异议书、反驳书、申请书、撤诉书、认诺书、和解书、财产目录、财产分割表、和解建议书、债权人协议书、传唤书、通知书、法官批示、命令状、法庭许可令状、判决书、合议庭裁判书、送达证明书以及其他司法文书和所附相关文件。最高人民法院与澳门特别行政区终审法院可以直接相互委托送达和调取证据。

各高级人民法院和澳门特别行政区终审法院相互收到对方法院的委托书后，应当立即将委托书及所附司法文书和相关文件转送根据其本辖区法律规定有权完成该受托事项的法院。如果受委托方法院认为委托书不符合本安排规定，影响其完成受托事项时，应当及时通知委托方法院，并说明对委托书的异议。必要时可以要求委托方法院补充材料。委托书应当以中文文本提出。所附司法文书及其他相关文件没有中文文本的，应当提供中文译本。

委托方法院应当在合理的期限内提出委托请求，以保证受委托方法院收到委托书后，及时完成受托事项。受委托方法院应优先处理受托事项。完成受托事项的期限，送达文书最迟不得超过自收到委托书之日起2个月，调取证据最迟不得超过自收到委托书之日起3个月。受委托方法院应当根据本辖区法律规定执行受托事项。委托方法院请求按照特殊方式执行委托事项的，如果受委托方法院认为不违反本辖区的法律规定，可以按照其特殊方式执行。

委托方法院无须支付受委托方法院在送达司法文书或调取证据时发生的费用或税项。但受委托方法院根据其本辖区法律规定，有权在调取证据时，要求委托方法院预付鉴定人、证人、翻译人员的费用，以及因采用委托方法院在委托书中请求以特殊方式送达司法文书或调取证据所产生的费用。

受委托方法院收到委托书后，不得以其本辖区法律规定对委托方法院审理的该民商事案件享有专属管辖权或不承认对该请求事项提起诉讼的权利为由，不予执行受托事项。受委托方法院在执行受托事项时，如果该事项不属于法院职权范围，或者内地人民法院认为在内地执行该受托事项将违反其基本法律原则或社会公共利益，或者澳门特别行政区法院认为在澳门特别行政区执行该受托事项将违反其基本法律原则或公共秩序的，可以不予执行，但应当及时向委托方法院书面说明不予执行的原因。

1. 司法文书的送达

委托方法院请求送达司法文书，须出具盖有其印章的委托书，并在委托书中说明委托机关的名称、受送达人的姓名或者名称、详细地址及案件性质。如果执行方法院请求按特殊方式送达或者有特别注意的事项的，应当在委托书中注明。委托书及所附司法文书和其他相关文件一式两份，受送达人为两人以上的，每人一式两份。

完成司法文书送达事项后，内地人民法院应当出具送达回证；澳门特别行政区法院应当出具送达证明书。出具的送达回证和送达证明书，应当注明送达的方法、地点和日期，及司法文书接收人的身份，并加盖法院印章。受委托方法院无法送达的，应当在送达回证或者送达证明书上注明妨碍送达的原因、拒收事由和日期，并及时退回委托书及所附全部文件。

不论委托方法院司法文书中确定的出庭日期或者期限是否已过，受委托方法院均应送达。受委托方法院对委托方法院委托送达的司法文书和所附相关文件的内容和后果不负法律责任。

2. 调取证据

委托方法院请求调取的证据只能是用于与诉讼有关的证据。双方相互委托代为调取证据的委托书应当写明：(1) 委托法院的名称；(2) 当事人及其诉讼代理人的姓名、地址及其他一切有助于辨别其身份的情况；(3)委托调取证据的原因，以及委托调取证据的具体事项；(4) 被调查人的姓名、地址，及其他一切有助于辨别其身份的情况，以及需要向其提出的问题；(5) 调取证据需采用的特殊方式；(6) 有助于执行该委托的其他一切情况。

代为调取证据的范围包括：代为询问当事人、证人和鉴定人，代为进行鉴定和司法勘验，调取其他与诉讼有关的证据。

如委托方法院提出要求，受委托方法院应当将取证的时间、地点通知委托方法院，以便有关当事人及其诉讼代理人能够出席。受委托方法院在执行委托调取证据时，根据委托方法院的请求，可以允许委托方法院派司法人员出席。必要时，经受委托方允许，委托方法院的司法人员可以向证人、鉴定人等发问。

受委托方法院完成委托调取证据的事项后，应当向委托方法院书面说明。如果未能按委托方法院的请求全部或部分完成调取证据事项，受委托方法院应当向委托方法院书面说明妨碍调取证据的原因，并及时退回委托书及所附全部文件。如果当事人、证人根据受委托方的法律规定，拒绝作证或推辞提供证言时，受委托方法院应当书面通知委托方法院，并退回委托书及所附全部文件。

受委托方法院可以根据委托方法院的请求，并经证人、鉴定人同意，协助安排其辖区的证人、鉴定人到对方辖区出庭作证。证人、鉴定人在委托方地域内逗留期间，不得因在其离开受委托方地域之前，在委托方境内所实施的行为或针对他所作的裁决而被刑事起诉、羁押，或者为履行刑罚或者其他处罚而被剥夺财产或者扣留身份证件，或者以任何方式对其人身自由加以限制。证人、鉴定人完成所需诉讼行为，且可自由离开委托方地域后，在委托方境内逗留超过7天，或者已离开委托方地域又自行返回时，前述所指的豁免即行终止。证人、鉴定人到委托方法院出庭而导致的费用及补偿，由委托方法院预付。这里所指出庭作证人员，在澳门特别行政区还包括当事人。

受委托方法院取证时，被调查的当事人、证人、鉴定人等的代理人可以出席。

受委托方法院可以根据委托方法院的请求代为查询并提供本辖区的有关法律。

○ 司法协助通过哪些途径进行？

根据《民事诉讼法》第261条规定，司法协助的途径主要有以下三种：

1. 国际条约或协议规定的途径

对于已经与我国签订司法协助协定的国家，或者与我国共同参加涉及司法协助内容的国际条约的国家，无论是我国人民法院请求外国法院给予司法协助，还是外国法院请求我国人民法院给予司法协助，均应按条约规定的途径进行。例如，1988年2月8日生效的《中华人民共和国和法兰西共和国关于民事、商事司法协助的协定》中便规定：提供司法协助，除本协定另有规定外，应当通过缔约双方各自指定或建立的中央机关进行。我国指定的中央机关为司法部。

（1）公约成员国间司法协助程序。凡公约成员国驻华使、领馆转送该国法院或其他机关请求我国送达的民事或商事司法文书，应直接送交我国司法部，由司法部转递给最高人民法院，再由最高人民法院交有关人民法院送达给当事人。送达证明由有关人民法院交最高人民法院退司法部，再由司法部送交该国驻华使领馆或该国主管当局或司法助理人员。

我国法院欲请求公约成员国向该国公民或第三国公民或无国籍人送达民事、商事司法文书，有关中级人民法院或专门法院应将请求书和所送司法文书送有关高级人民法院转最高人民法院。由最高人民法院送司法部转送给该国指定的中央机关；必要时，也可由最高人民法院送我国驻该国使馆转送给该国指定的中央机关。

我国与公约成员国签订有司法协助协定的，按协定的规定办理。

（2）订有司法协助协议时进行一般司法协助的程序。外国一方法院请求我国协助时，首先，应通过我国司法部递交申请我国法院提供司法协助的请求和有关文件，再由司法部将请求书和有关文件转交最高人民法院，经审查后送交有关高级人民法院指定的中级人民法院或专门人民法院办理；最后，办理结果由承办法院交有关高级人民法院，由高级人民法院审核后报最高人民法院，并由其译成外文连同原文书一并送司法部，再由司法部转递提出申请的外国一方。

如系我国法院委托外国一方法院予以司法协助的，亦应按司法协助协定提出请求文书和附件，经所属高级人民法院审核后报最高人民法院，最高人民法院审核后译成外文，连同中文的请求文书和所附文件一并转司法部，由司法部转递给缔约的外国一方。

2. 外交途径

适用外交途径，限于两国尚未签订司法协助协定或双方均未参加有关国际条约，但双方业已建立外交关系。当需要司法协助时，只有按互惠原则通过外交途径解决，这也是国际惯例。通过外交途径时，一般由外交机关作中介，最终还是由协助国司法机关实施协助，这是它与使领馆途径的区别。在我国与外国尚未缔结或参加国际条约但已建立外交关系的情况下，司法协助通过外交途径进行。我国目前缔结或参加的有关司法协助的国际条约还不多，但已与世界绝大多数国家建立了外交关系。因此，通过外交途径进行司法协助仍占主要地位。

外方要求我国协助时，先由该国驻华使馆将委托事项和有关文件交我国外交部领事司审查后转递给有关高级人民法院，再由该高级人民法院指定有关中级人民法院代为完成诉讼行为，完成结果连同原有关文件再按上述程序交外交部领事司转交给对方。

我国要求外方提供一般司法协助的，先将请求书及有关文件报经有关高级人民法院审查，再转由外交部领事司向外方转递。

进行一般司法协助所需费用按对等原则办理。但应委托方要求用特殊方式送达法律文书所引起的费用以及有关证人、鉴定人、翻译人员的旅费、食宿费和报酬，应由委托方负担。

3. 使领馆途径

本国驻外国使领馆代为完成某种诉讼行为是司法协助的又一途径。当文书的受送达人或被调查取证者为在外国的本国公民时，一般司法协助可以通过本国驻外国的使领馆进行，这种方式已为大多数国家所承认。《民事诉讼法》第263条规定：外国驻中国的使领馆可以向该国公民送达诉讼文书和调查取证，但不得违反中国的法律，并不得采取强制措施。除外国使领馆外，任何外国机关和个人不得在中国领域内送达文书、调查取证。由于该途径是本国机关在他国实施诉讼行为，涉及驻在国的法律和利益，故必须严守下述条件：第一，采用这种途径只能向本国公民实施诉讼行为，不能向外国公民实施诉讼行为；第二，不得违反驻在国的法律；第三，不得采取强制措施。

○ 司法协助请求书应使用哪国文字？

关于请求书所使用的文字，《民事诉讼法》第262条规定："外国法院请求人民法院提供司法协助的请求书及其所附文件，应当附有中文译本或者国际条约规定的其他文字文本。人民法院请求外国法院提供司法协助的请求书及其所附文件，应当附有该国文字译本或者国际条约规定的其他文字文本。"适用本国的语言、文字进行诉讼活动，是国家主权的要求。请求司法协助，实质上是在被请求国进行诉讼活动，所以，请求司法协助的请求书及其所附文件必须附有被请求国通用的文字译本，以尊重被请求国的国家主权。同时，这也有利于被请求国及时、准确地完成协助任务。《海牙公约》第7条规定，公约附表（即请求书、送达证明、被送达文书概要）均应用被请求国文字或法文或英文填写。公约第5条第3款还规定，如果依正式方式送达文书，被请求国中央机关可要求该公约以该国的文字填写或附有该国文字的译文。由于公约对此仅作选择性规定，各国在实践中对译文的要求也就各有不同。如一些国家声明，该国中央机关只接受用该国文字制作或译为该国文字的文书，另外一些国家则除对“被送达文书概要”有一定文字要求外，并不要求附有译文，还有一些国家将是否需要译文的确定建立在逐案的基础上。我国在加入海牙送达公约时，未就文字问题作任何声明或保留。

○ 人民法院提供司法协助，依照什么程序进行？

《民事诉讼法》第263条规定：“人民法院提供司法协助，依照中华人民共和国法律规定的程序进行”；《中华人民共和国和波兰人民共和国关于民事和刑事司法协助的协定》第11条规定：“被请求机关提供司法协助，适用本国法律”；《关于向国外送达民事或商事司法文书和司法外文书公约》也在第5条规定，被请求方在进行送达时，应“按照其国内法规定的在国内诉讼中对在其境内的人员送达文书的方法”进行。

但是，适用被请求国法律也不是绝对的。在一定情况下，被请求一方司法机关也可根据请求一方的请求，适用请求一方的某些诉讼程序规则。这是因为，有时一国法律往往可能对某些诉讼程序规定有特殊要求，例如在取证程序中，有的国家要求证人宣誓，有的国家要求原被告当面对质，有的国家还要求对取证过程进行录音、录像等。如果这些要求得不到满足，可能会影响到证据的有效性。因此，各国允许在一定情况下适用请求国法律。因而《民事诉讼法》第263条又规定："外国法院请求采用特殊方式的，也可以按照其请求的特殊方式进行，但请求采用的特殊方式不得违反中华人民共和国法律。"这里的"特殊方式"一般就是指请求国法律规定的与我国法律规定所不同的方式。我国对外签订的司法协助条约对这一问题也都作了规定，其中对于请求国法律，有的表述为"提出请求一方的法律"，有的表述为"提出请求一方的诉讼程序规则"，也有的表述为"特殊方式。"采取上述不同的表述方法，主要是因为在谈判中照顾到缔约对方的法律规定和用词习惯而作的一种灵活处理，我们理解，虽然表述方法不同，但其基本含义是一致的。

无论如何，一国司法机关提供司法协助时原则上应适用其本国法律，而适用请求国法律中规定的程序，则是例外，它一般只涉及一些具体的做法和形式方面的要求，且不得与被请求国法律的基本原则相抵触，否则，被请求一方的司法机关有权拒绝适用。

○ 我国人民法院的裁判如何在外国得到承认与执行？

根据我国《民事诉讼法》第264条第1款的规定，我国法院的判决、裁定请求外国法院的承认和执行，必须符合下述基本条件：(1) 必须是已经发生法律效力的终审裁判，而且是具有强制执行的裁判力；(2) 被执行人或其财产不在我国领域内；(3) 必须由要求强制执行的一方当事人直接向有管辖权的外国法院申请承认和执行，也可以向我国人民法院申请，然后由我国人民法院依照我国缔结或者参加的国际条约的规定，或者按照互惠原则，请求外国法院承认和执行；(4) 被请求执行国必须与我国有相互承认和执行法院裁判的条约关系或互惠关系。

请求在外国法院承认和执行我国人民法院裁决，其程序分为两种：

一种是由当事人直接向有管辖权的外国法院申请承认和执行。申请承认和执行请求书要写明作出裁判的人民法院的名称，判决书裁定书的编号，请求事项，被请求执行国的名称，被执行人的姓名、年龄、国籍和住所、职业等内容。

一种是当事人向我国法院提出申请，由我国法院请求外国法院承认和执行。其程序可由申请人向所在地的中级人民法院提出请求外国承认和执行我国法院裁判的申请，申请书应写明作出裁判的我国人民法院的名称，判决书裁定书的编号，请求事项，被请求执行的国家名称，被执行义务人的姓名、年龄、国籍和住所、职业等内容。对于申请人提出的申请，由我国人民法院根据前述条件进行审查，合格者依我国与被请求执行国存在的条约规定或互惠原则以及双方同意的格式，制作请求承认和执行请求书。

上述两种请求承认和执行请求书，都要译成该国文字，并且按照应该送达的方式送达。由该国法院按照其本国法或与我国共同缔结或参加的国际条约规定的承认和执行外国法院裁判的条件和程序对之进行处理。

○ 我国涉外仲裁机构的仲裁裁决如何在外国得到承认与执行？

我国涉外仲裁机构作出的发生法律效力的仲裁裁决，如果败诉方是外国公司或在我国境外有财产，外方当事人又不自动履行的，就需要到境外申请强制执行。这就涉及到外国承认与执行我国仲裁裁决问题。

《民事诉讼法》第264条规定，涉外仲裁机构作出的发生法律效力的仲裁裁决，当事人请求执行的，如果被执行人或者其财产不在中国领域内，应当由当事人直接向有管辖权的外国法院申请承认和执行。

向中国境外申请强制执行，除必须具备在我国境内申请执行的条件如裁决的终局性、裁决的可执行性，当事人要履行必要的手续外，还必须具备特殊的条件，即由有管辖权的外国法院决定是否承认和执行。所谓承认，是指被申请国对我国的裁决予以认可，允许其在该国生效，由当事人在该国境内自动履行；所谓执行，是指被申请国用其本国法律所规定的强制执行措施，扣押、冻结、变卖被执行人的财产，而使执行申请人实现裁决所确定的内容。

目前加入纽约公约的国家和地区已有100多个，这就意味着中国涉外仲裁机构作出的裁决可以在100多个国家或地区得到顺利地承认和执行。在执行程序上，有些国家对执行外国裁决规定了特别程序，但共同的特点是都允许当事人凭仲裁裁决书和仲裁协议，不通过本国法院而直接到被请求执行地国家的法院申请执行。同时，各国在实际上不轻易援引公共秩序条款去拒绝承认和执行外国裁决，这样有利于及时解决国际商事纠纷促进国际贸易的发展。

实践中的作法是：被申请承认和执行的国家是公约的缔约国，中国一方当事人就应按公约规定，向对方有管辖权的法院提交仲裁裁决书正本或经认证的副本，以及仲裁条款或仲裁协议的正本。这些文件要译成执行国文字，有些国家还要求经其领事馆或公证机关对翻译文本认证后才为有效。

关于在外国申请强制执行的期限问题，纽约公约未作统一规定，一般取决于执行国的法律规定，如美国规定的期限是3年，英国是6年，泰国是1年。超过期限的，外国法院将不再受理申请。

如果被申请人所属的国家不是纽约公约缔约国，则根据双边条约或协定中订立的执行仲裁裁决的内容予以办理。我国曾在60年代与朝鲜、蒙古、前苏联等国订立双边通商航海条约，其中关于承认与执行仲裁裁决的内容基本一致，都规定：缔约双方的法人或机关间订立的与贸易有关的契约发生争议时，如果当事人已通过适当方式，同意由为此目的而专门设立的或常设的仲裁法庭审理该项争议，则该项争议的仲裁裁决缔约双方应当保证执行。我国于1979年曾与美国签订双边贸易合作协定，该协定与规定互相承认和执行对方作出的仲裁裁决。此外，我国自1986年开始，先后与法国、波兰、比利时等国签订了司法协助协定，其中有的协定列专条规定缔约双方相互承认和执行在对方境内作出的仲裁裁决。这些形式的双边协定都体现了互惠原则。

裁决需要在与我国无纽约公约成员国关系、又无司法协助及互惠关系的国家申请执行的，根据我国《民事诉讼法》的规定，应当通过外交途径，向对方国家法院申请承认和执行。

○ 内地与香港特别行政区相互间如何执行仲裁裁决？

《最高人民法院关于内地与香港特别行政区相互执行仲裁裁决的安排》对内地与香港特别行政区之间相互执行仲裁裁决做了具体规定。根据该规定，香港特区法院同意执行内地仲裁机构（名单由国务院法制办公室经国务院港澳事务办公室提供）依据《中华人民共和国仲裁法》所作出的裁决，内地人民法院同意执行在香港特区按香港特区《仲裁条例》所作出的裁决。即在内地或者香港特区作出的仲裁裁决，一方当事人不履行仲裁裁决的，另一方当事人可以向被申请人住所地或者财产所在地的有关法院申请执行。所谓有关法院，在内地指被申请人住所地或者财产所在地的中级人民法院，在香港特区指香港特区高等法院。被申请人住所地或者财产所在地在内地不同的中级人民法院辖区内的，申请人可以选择其中一个人民法院申请执行裁决，不得分别向两个或者两个以上人民法院提出申请。被申请人的住所地或者财产所在地，既在内地又在香港特区的，申请人不得同时分别向两地有关法院提出申请。只有一地法院执行不足以偿还其债务时，才可就不足部分向另一地法院申请执行。两地法院先后执行仲裁裁决的总额，不得超过裁决数额。

申请人向有关法院申请执行在内地或者香港特区作出的仲裁裁决的，应当提交以下文书：执行申请书；仲裁裁决书；仲裁协议。执行申请书的内容应当载明下列事项：(1) 申请人为自然人的情况下，该人的姓名、地址；申请人为法人或者其他组织的情况下，该法人或其他组织的名称、地址及法定代表人姓名；(2) 被申请人为自然人的情况下，该人的姓名、地址；被申请人为法人或者其他组织的情况下，该法人或其他组织的名称、地址及法定代表人姓名；(3) 申请人为法人或者其他组织的，应当提交企业注册登记的副本。申请人是外国籍法人或者其他组织的，应当提交相应的公证和认证材料；(4) 申请执行的理由与请求的内容，被申请人的财产所在地及财产状况。执行申请书应当以中文文本提出，裁决书或者仲裁协议没有中文文本的，申请人应当提交正式证明的中文译本。申请人向有关法院申请执行内地或者香港特区仲裁裁决的期限依据执行地法律有关时限的规定。有关法院接到申请人申请后，应当按执行地法律程序处理及执行。

在内地或者香港特区申请执行的仲裁裁决，被申请人接到通知后，提出证据证明有下列情形之一的，经审查核实，有关法院可裁定不予执行：(1) 仲裁协议当事人依对其适用的法律属于某种无行为能力的情形；或者该项仲裁协议依约定的准据法无效；或者未指明以何种法律为准时，依仲裁裁决地的法律是无效的；(2) 被申请人未接到指派仲裁员的适当通知，或者因他故未能陈述意见的；(3) 裁决所处理的争议不是交付仲裁的标的或者不在仲裁协议条款之内，或者裁决载有关于交付仲裁范围以外事项的决定的；但交付仲裁事项的决定可与未交付仲裁的事项划分时，裁决中关于交付仲裁事项的决定部分应当予以执行；(4) 仲裁庭的组成或者仲裁庭程序与当事人之间的协议不符，或者在有关当事人没有这种协议时与仲裁地的法律不符的；(5) 裁决对当事人尚无约束力，或者业经仲裁地的法院或者按仲裁地的法律撤销或者停止执行的。有关法院认定依执行地法律，争议事项不能以仲裁解决的，则可不予执行该裁决。内地法院认定在内地执行该仲裁裁决违反内地社会公共利益，或者香港特区法院决定在香港特区执行该仲裁裁决违反香港特区的公共政策，则可不予执行该裁决。

申请人向有关法院申请执行在内地或者香港特区作出的仲裁裁决，应当根据执行地法院有关诉讼收费的办法交纳执行费用。

1997 年 7 月 1 日以后申请执行在内地或者香港特区作出的仲裁裁决按该规定执行。1997 年 7 月 1 日至该规定生效之日因故未能向内地或者香港特区法院申请执行，申请人为法人或者其他组织的，可以在该规定生效后6 个月内提出；如申请人为自然人的，可以在该规定生效后1 年内提出。对于内地或香港特区法院在1997 年 7 月 1 日至该规定生效之日拒绝受理或者拒绝执行仲裁裁决的案件，应允许当事人重新申请。

○ 在香港特别行政区做出的临时仲裁裁决、国际商会仲裁院在香港作出的仲裁裁决，能否在内地得到执行？

当事人向人民法院申请执行在香港特别行政区做出的临时仲裁裁决、国际商会仲裁院等国外仲裁机构在香港特别行政区作出的仲裁裁决的，人民法院应当按照《关于内地与香港特别行政区相互执行仲裁裁决的安排》（以下简称《安排》）的规定进行审查。不存在《安排》第 7 条规定的情形的，该仲裁裁决可以在内地得到执行。

○ 内地与澳门特别行政区如何相互认可和执行民商事判决？

根据《中华人民共和国澳门特别行政区基本法》第93 条的规定，最高人民法院与澳门特别行政区经协商，达成《内内地与澳门特别行政区关于相互认可和执行民商事判决的安排》(以下简称《安排》)，并于2006 年2 月13 日公布。内地与澳门特别行政区民商事案件（在内地包括劳动争议案件，在澳门特别行政区包括劳动民事案件）判决的相互认可和执行，适用本安排。本安排亦适用于刑事案件中有关民事损害赔偿的判决、裁定。本安排不适用于行政案件。本安排所称“判决”，在内地包括：判决、裁定、决定、调解书、支付令；在澳门特别行政区包括：裁判、判决、确认和解的裁定、法官的决定或者批示。所称“被请求方”，指内地或者澳门特别行政区双方中，受理认可和执行判决申请的一方。

1. 申请

一方法院作出的具有给付内容的生效判决，当事人可以向对方有管辖权的法院申请认可和执行。没有给付内容，或者不需要执行，但需要通过司法程序予以认可的判决，当事人可以向对方法院单独申请认可，也可以直接以该判决作为证据在对方法院的诉讼程序中使用。

内地有权受理认可和执行判决申请的法院为被申请人住所地、经常居住地或者财产所在地的中级人民法院。两个或者两个以上中级人民法院均有管辖权的，申请人应当选择向其中一个中级人民法院提出申请。澳门特别行政区有权受理认可判决申请的法院为中级法院，有权执行的法院为初级法院。被申请人在内地和澳门特别行政区均有可供执行财产的，申请人可以向一地法院提出执行申请。申请人向一地法院提出执行申请的同时，可以向另一地法院申请查封、扣押或者冻结被执行人的财产。待一地法院执行完毕后，可以根据该地法院出具的执行情况证明，就不足部分向另一地法院申请采取处分财产的执行措施。两地法院执行财产的总额，不得超过依据判决和法律规定所确定的数额。

请求认可和执行判决的申请书，应当载明下列事项：(1)申请人或者被申请人为自然人的，应当载明其姓名及住所；为法人或者其他组织的，应当载明其名称及住所，以及其法定代表人或者主要负责人的姓名、职务和住所；(2)请求认可和执行的判决的案号和判决日期；(3)请求认可和执行判决的理由、标的，以及该判决在判决作出地法院的执行情况。申请书应当附生效判决书副本，或者经作出生效判决的法院盖章的证明书，同时应当附作出生效判决的法院或者有权限机构出具的证明下列事项的相关文件：(1) 传唤属依法作出，但判决书已经证明的除外；(2)无诉讼行为能力人依法得到代理，但判决书已经证明的除外；(3) 根据判决作出地的法律，判决已经送达当事人，并已生效；(4) 申请人为法人的，应当提供法人营业执照副本或者法人登记证明书；(5) 判决作出地法院发出的执行情况证明。如被请求方法院认为已充分了解有关事项时，可以免除提交相关文件。被请求方法院对当事人提供的判决书的真实性有疑问时，可以请求作出生效判决的法院予以确认。申请书应当用中文制作。所附司法文书及其相关文件未用中文制作的，应当提供中文译本。其中法院判决书未用中文制作的，应当提供由法院出具的中文译本。

2. 裁定

法院收到申请人请求认可和执行判决的申请后，应当将申请书送达被申请人。被申请人有权提出答辩。被请求方法院应当尽快审查认可和执行的请求，并作出裁定。被请求方法院经审查核实存在下列情形之一的，裁定不予认可：(1) 根据被请求方的法律，判决所确认的事项属被请求方法院专属管辖；(2) 在被请求方法院已存在相同诉讼，该诉讼先于待认可判决的诉讼提起，且被请求方法院具有管辖权；(3) 被请求方法院已认可或者执行被请求方法院以外的法院或仲裁机构就相同诉讼作出的判决或仲裁裁决；(4) 根据判决作出地的法律规定，败诉的当事人未得到合法传唤，或者无诉讼行为能力人未依法得到代理；(5) 根据判决作出地的法律规定，申请认可和执行的判决尚未发生法律效力，或者因再审被裁定中止执行；(6) 在内地认可和执行判决将违反内地法律的基本原则或者社会公共利益；在澳门特别行政区认可和执行判决将违反澳门特别行政区法律的基本原则或者公共秩序。法院就认可和执行判决的请求作出裁定后，应当及时送达。

当事人对认可与否的裁定不服的，在内地可以向上一级人民法院提请复议，在澳门特别行政区可以根据其法律规定提起上诉；对执行中作出的裁定不服的，可以根据被请求方法律的规定，向上级法院寻求救济。经裁定予以认可的判决，与被请求方法院的判决具有同等效力。判决有给付内容的，当事人可以向该方有管辖权的法院申请执行。被请求方法院不能对判决所确认的所有请求予以认可和执行时，可以认可和执行其中的部分请求。

法院受理认可和执行判决的申请之前或者之后，可以按照被请求方法律关于财产保全的规定，根据申请人的申请，对被申请人的财产采取保全措施。在被请求方法院受理认可和执行判决的申请期间，或者判决已获认可和执行，当事人再行提起相同诉讼的，被请求方法院不予受理。对于根据该安排第11条（1）、（4）、（6）项不予认可的判决，申请人不得再行提起认可和执行的申请。但根据被请求方的法律，被请求方法院有管辖权的，当事人可以就相同案件事实向当地法院另行提起诉讼。该安排第11条（5）项所指的判决，在不予认可的情形消除后，申请人可以再行提起认可和执行的申请。

为适用本安排，由一方有权限公共机构（包括公证员）作成或者公证的文书正本、副本及译本，免除任何认证手续而可以在对方使用。申请人依据本安排申请认可和执行判决，应当根据被请求方法律规定，交纳诉讼费用、执行费用。申请人在生效判决作出地获准缓交、减交、免交诉讼费用的，在被请求方法院申请认可和执行判决时，应当享有同等待遇。对民商事判决的认可和执行，除本安排有规定的以外，适用被请求方的法律规定。

○ 内地与澳门间如何相互认可和执行仲裁裁决安排？

根据《关于内地与澳门特别行政区相互认可和执行仲裁裁决的安排》（以下简称《安排》的规定，内地人民法院认可和执行澳门特别行政区仲裁机构及仲裁员按照澳门特别行政区仲裁法规在澳门作出的民商事仲裁裁决，澳门特别行政区法院认可和执行内地仲裁机构依据《中华人民共和国仲裁法》在内地作出的民商事仲裁裁决，适用本安排。该安排没有规定的，适用认可和执行地的程序法律规定。

1．．申请

在内地或者澳门特别行政区作出的仲裁裁决，一方当事人不履行的，另一方当事人可以向被申请人住所地、经常居住地或者财产所在地的有关法院申请认可和执行。内地有权受理认可和执行仲裁裁决申请的法院为中级人民法院。两个或者两个以上中级人民法院均有管辖权的，当事人应当选择向其中一个中级人民法院提出申请。澳门特别行政区有权受理认可仲裁裁决申请的法院为中级法院，有权执行的法院为初级法院。被申请人的住所地、经常居住地或者财产所在地分别在内地和澳门特别行政区的，申请人可以向一地法院提出认可和执行申请，也可以分别向两地法院提出申请。

当事人分别向两地法院提出申请的，两地法院都应当依法进行审查。予以认可的，采取查封、扣押或者冻结被执行人财产等执行措施。仲裁地法院应当先进行执行清偿；另一地法院在收到仲裁地法院关于经执行债权未获清偿情况的证明后，可以对申请人未获清偿的部分进行执行清偿。两地法院执行财产的总额，不得超过依据裁决和法律规定所确定的数额。申请人向有关法院申请认可和执行仲裁裁决的，应当提交以下文件或者经公证的副本：(1）申请书；(2）申请人身份证明；(3）仲裁协议；(4）仲裁裁决书或者仲裁调解书。上述文件没有中文文本的，申请人应当提交经正式证明的中文译本。申请书应当包括下列内容：(1)申请人或者被申请人为自然人的，应当载明其姓名及住所；为法人或者其他组织的，应当载明其名称及住所，以及其法定代表人或者主要负责人的姓名、职务和住所；申请人是外国籍法人或者其他组织的，应当提交相应的公证和认证材料；(2）请求认可和执行的仲裁裁决书或者仲裁调解书的案号或识别资料和生效日期；(3）申请认可和执行仲裁裁决的理由及具体请求，以及被申请人财产所在地、财产状况及该仲裁裁决的执行情况。申请人向有关法院申请认可和执行内地或者澳门特别行政区仲裁裁决的期限，依据认可和执行地的法律确定。

2. 裁定

对申请认可和执行的仲裁裁决，被申请人提出证据证明有下列情形之一的，经审查核实，有关法院可以裁定不予认可：(1) 仲裁协议一方当事人依对其适用的法律在订立仲裁协议时属于无行为能力的；或者依当事人约定的准据法，或当事人没有约定适用的准据法而依仲裁地法律，该仲裁协议无效的；(2) 被申请人未接到选任仲裁员或者进行仲裁程序的适当通知，或者因他故未能陈述意见的；(3) 裁决所处理的争议不是提交仲裁的争议，或者不在仲裁协议范围之内；或者裁决载有超出当事人提交仲裁范围的事项的决定，但裁决中超出提交仲裁范围的事项的决定与提交仲裁事项的决定可以分开的，裁决中关于提交仲裁事项的决定部分可以予以认可；(4) 仲裁庭的组成或者仲裁程序违反了当事人的约定，或者在当事人没有约定时与仲裁地的法律不符的；(5) 裁决对当事人尚无约束力，或者业经仲裁地的法院撤销或者拒绝执行的。有关法院认定，依执行地法律，争议事项不能以仲裁解决的，不予认可和执行该裁决。内地法院认定在内地认可和执行该仲裁裁决违反内地法律的基本原则或者社会公共利益，澳门特别行政区法院认定在澳门特别行政区认可和执行该仲裁裁决违反澳门特别行政区法律的基本原则或者公共秩序，不予认可和执行该裁决。

申请人依据本安排申请认可和执行仲裁裁决的，应当根据执行地法律的规定，交纳诉讼费用。一方当事人向一地法院申请执行仲裁裁决，另一方当事人向另一地法院申请撤销该仲裁裁决，被执行人申请中止执行且提供充分担保的，执行法院应当中止执行。根据经认可的撤销仲裁裁决的判决、裁定，执行法院应当终结执行程序；撤销仲裁裁决申请被驳回的，执行法院应当恢复执行。当事人申请中止执行的，应当向执行法院提供其他法院已经受理申请撤销仲裁裁决案件的法律文书。受理申请的法院应当尽快审查认可和执行的请求，并作出裁定。法院在受理认可和执行仲裁裁决申请之前或者之后，可以依当事人的申请，按照法院地法律规定，对被申请人的财产采取保全措施。

条由一方有权限公共机构（包括公证员）作成的文书正本或者经公证的文书副本及译本，在适用本安排时，可以免除认证手续在对方使用。

○ 我国法院如何认可台湾地区有关法院民事判决？

根据《最高人民法院关于人民法院认可台湾地区有关法院民事判决的规定》(法释〔1998〕11 号）的规定，台湾地区有关法院的民事判决，当事人的住所地、经常居住地或者被执行财产所在地在其他省、自治区、直辖市的，当事人可以向人民法院申请认可。

申请由申请人住所地、经常居住地或者被执行财产所在地中级人民法院受理。

申请人应提交申请书，并须附有不违反一个中国原则的台湾地区有关法院民事判决书正本或经证明无误的副本、证明文件。申请书应记明以下事项：(1）申请人姓名、性别、年龄、职业、身份证件号码、申请时间和住址（申请人为法人或者其他组织的，应记明法人或者其他组织的名称、地址、法定代表人姓名、职务)；(2）当事人受传唤和应诉情况及证明文件；(3）请求和理由；(4）其他需要说明的情况。

人民法院收到申请书，经审查，申请书符合条件的，应当在7日内受理；申请书不符合条件的，不予受理，并在7日内通知申请人，同时说明不受理的理由。

人民法院审查认可台湾地区有关法院民事判决的申请，由审判员组成合议庭进行。

人民法院受理申请后，对于台湾地区有关法院民事判决是否生效不能确定的，应告知申请人提交作出判决的法院出具的证明文件。

台湾地区有关法院的民事判决具有下列情形之一的，裁定不予认可：（1）申请认可的民事判决的效力未确定的；（2）申请认可的民事判决，是在被告缺席又未经合法传唤或者在被告无诉讼行为能力又未得到适当代理的情况下作出的；（3）案件系人民法院专属管辖的；（4）案件的双方当事人订有仲裁协议的；（5）案件系人民法院已作出判决，或者外国、境外地区法院作出判决或境外仲裁机构作出仲裁裁决已为人民法院所承认的；（6）申请认可的民事判决具有违反国家法律的基本原则，或者损害社会公共利益情形的。

人民法院审查申请后，对于台湾地区有关法院民事判决不具有上述所列情形的，裁定认可其效力。

申请人委托他人代理申请认可台湾地区有关法院民事判决的，应当向人民法院提交由委托人签名或盖章并经当地公证机关公证的授权委托书。

人民法院受理认可台湾地区有关法院民事判决的申请后，对当事人就同一案件事实起诉的，不予受理。案件虽经台湾地区有关法院判决，但当事人未申请认可，而是就同一案件事实向人民法院提起诉讼的，应予受理。人民法院受理认可申请后，作出裁定前，申请人要求撤回申请的，应当允许。

对人民法院不予认可的民事判决，申请人不得再提出申请，但可以就同一案件事实向人民法院提起诉讼。

人民法院作出民事判决前，一方当事人申请认可台湾地区有关法院就同一案件事实作出的判决的，应当中止诉讼，对申请进行审查。经审查，对符合认可条件的申请，予以认可，并终结诉讼；对不符合认可条件的，则恢复诉讼。

申请认可台湾地区有关法院民事判决的，应当在该判决发生效力后1年内提出。

被认可的台湾地区有关法院民事判决需要执行的，依照《中华人民共和国民事诉讼法》规定的程序办理。

申请认可台湾地区有关法院民事裁定和台湾地区仲裁机构裁决

的，适用上述规定。

此外，台湾地区有关法院出具的民事调解书，是在法院主持下双方当事人达成的协议，应视为与法院民事判决书具有同等效力。当事人向人民法院申请认可的，人民法院应比照《关于人民法院认可台湾地区有关法院民事判决的规定》予以受理。但对台湾地区有关机构（包括民间调解机构）出具或确认的调解协议书，当事人向人民法院申请认可的，人民法院不应予以受理。

人民法院对当事人持台湾地区有关法院支付命令及其确定证明书申请其认可的，可比照《关于人民法院认可台湾地区有关法院民事判决的规定》予以受理。

应当注意的是，人民法院在制作受理申请认可通知书和认可或者不予认可的裁定书时，不得在该通知书和裁定书中出现“中华民国”的称谓、纪年等一类的文字。对于当事人申请认可的台湾地区有关法院的民事判决书（含民事裁定书和台湾地区仲裁机构的裁决书，下同），如有“中华民国”的称谓、纪年等与“一个中国”相违背的文字，应当更正或做技术性处理，如将“中华民国”改写为“台湾地区”，将“中华民国八十七年”改写为“公元1998年”等。

人民法院在制作认可或者不予认可台湾地区有关法院民事判决的裁定书时，应参照最高人民法院制定的《认可台湾地区有关法院民事判决的裁定书样式》办理。

当事人申请认可台湾地区有关法院的民事判决，人民法院在裁定认可或者不予认可之前，应当报请本辖区所属高级人民法院进行审查。高级人民法院经审查同意或不同意认可，均应当及时予以答复，并报最高人民法院备案。

向人民法院申请认可台湾地区有关法院民事判决的，不收取案件受理费。

○人民法院认可台湾地区有关法院民事判决需遵守哪些？

根据《最高人民法院关于人民法院认可台湾地区有关法院民事判决的补充规定》的规定，申请人同时提出认可和执行台湾地区有关法院民事判决申请的，人民法院应按规定对认可申请进行审查。经人民法院裁定认可的台湾地区有关法院民事判决，与人民法院作出的生效判决具有同等效力。申请人依裁定向人民法院申请执行的，人民法院应予受理。

申请认可的台湾地区有关法院民事判决，包括对商事、知识产权、海事等民事纠纷案件作出的判决。申请认可台湾地区有关法院民事裁定、调解书、支付令，以及台湾地区仲裁机构裁决的，适用《最高人民法院关于人民法院认可台湾地区有关法院民事判决的规定》和本补充规定。

1. 申请期限及管辖

申请认可台湾地区有关法院民事判决的，应当在该判决效力确定后2年内提出。当事人因不可抗拒的事由或者其他正当理由耽误期限而不能提出认可申请的，在障碍消除后的10日内，可以申请顺延期限。

申请人向两个以上有管辖权的中级人民法院申请认可的，由最先立案的中级人民法院管辖。申请人向被执行财产所在地中级人民法院申请认可的，应当提供被执行财产存在的相关证据。

申请人申请认可台湾地区有关法院民事判决，应当提供相关证据，以证明该判决真实并且效力已确定。

2. 财产保全

申请人提出认可台湾地区有关法院民事判决的申请时，或者在案件受理后、人民法院作出裁定前，可以提出财产保全申请。申请人申请财产保全的，应当向人民法院提供有效的担保。申请人不提供担保或者提供的担保不符合条件的，驳回其申请。具有下列情形之一的，人民法院应当及时解除财产保全：(1) 人民法院作出准予财产保全的裁定后，被申请人提供有效担保的；(2) 人民法院作出认可裁定后，申请人在申请执行期限内不申请执行的；(3)人民法院裁定不予认可台湾地区有关法院民事判决的；(4) 申请人撤回保全申请的。申请财产保全的其他程序，适用民事诉讼法及相关司法解释的规定。

3. 审查结果

申请认可台湾地区有关法院民事判决的案件，应根据案件的不同类型，由相关民事审判庭的审判人员组成合议庭进行审理。人民法院经审查能够确认该判决真实并且效力已确定，且不具有《规定》第9条所列情形的，裁定认可其效力；不能确认的，裁定驳回申请人的申请。人民法院受理申请人申请后，应当在6个月内审结。

○ 当事人持台湾地区有关法院民事调解书或者有关机构出具或确认的调解协议书向人民法院申请认可人民法院应否受理？

台湾地区有关法院出具的民事调解书，是在法院主持下双方当事人达成的协议，应视为与法院民事判决书具有同等效力。当事人向人民法院申请认可的，人民法院应比照我院《关于人民法院认可台湾地区有关法院民事判决的规定》予以受理。但对台湾地区有关机构（包括民间调解机构）出具或确认的调解协议书，当事人向人民法院申请认可的，人民法院不应予以受理。

当事人持台湾地区有关法院支付命令向人民法院申请认可人民法院应否受理根据《最高人民法院关于当事人持台湾地区有关法院支付命令向人民法院申请认可人民法院应否受理的批复》的规定，人民法院对当事人持台湾地区有关法院支付命令及其确定证明书申请其认可的，可比照我院《关于人民法院认可台湾地区有关法院民事判决的规定》予以受理。

○ 涉台民事诉讼文书如何送达？

最高人民法院《关于涉台民事诉讼文书送达的若干规定》对涉台民事诉讼文书的送达做出了规定。人民法院审理涉台民事案件向住所地在台湾地区的当事人送达民事诉讼文书，以及人民法院接受台湾地区有关法院的委托代为向住所地在大陆的当事人送达民事诉讼文书，适用该规定。涉台民事诉讼文书送达事务的处理，应当遵守一个中国原则和法律的基本原则，不违反社会公共利益。

人民法院送达或者代为送达的民事诉讼文书包括:起诉状副本、上诉状副本、反诉状副本、答辩状副本、授权委托书、传票、判决书、调解书、裁定书、支付令、决定书、通知书、证明书、送达回证以及与民事诉讼有关的其他文书。

人民法院向住所地在台湾地区的当事人送达民事诉讼文书，可以采用下列方式:(1) 受送达人居住在大陆的，直接送达。受送达人是自然人，本人不在的，可以交其同住成年家属签收；受送达人是法人或者其他组织的，应当由法人的法定代表人、其他组织的主要负责人或者该法人、组织负责收件的人签收；受送达人不在大陆居住，但送达时在大陆的，可以直接送达；

(2) 受送达人在大陆有诉讼代理人的，向诉讼代理人送达。受送达人在授权委托书中明确表明其诉讼代理人无权代为接收的除外；

(3) 受送达人有指定代收人的，向代收人送达；

采用上述第 (1)、(2)、(3)、(4) 项方式送达的，由受送达人、诉讼代理人或者有权接受送达的人在送达回证上签收或者盖章，即为送达；拒绝签收或者盖章的，可以依法留置送达。

(4) 受送达人在大陆有代表机构、分支机构、业务代办人的，向其代表机构或者经受送达人明确授权接受送达的分支机构、业务代办人送达；

（5）受送达人在台湾地区的地址明确的，可以邮寄送达；采用这种方式送达的，应当附有送达回证。受送达人未在送达回证上签收但在邮件回执上签收的，视为送达，签收日期为送达日期。自邮寄之日起满3个月，如果未能收到送达与否的证明文件，且根据各种情况不足以认定已经送达的，视为未送达。

（6）有明确的传真号码、电子信箱地址的，可以通过传真、电子邮件方式向受送达人送达；采用这种方式送达的，应当注明人民法院的传真号码或者电子信箱地址，并要求受送达人在收到传真件或者电子邮件后及时予以回复。以能够确认受送达人收悉的日期为送达日期。

（7）按照两岸认可的其他途径送达。采用这种方式送达的，应当由有关的高级人民法院出具盖有本院印章的委托函。委托函应当写明案件各方当事人的姓名或者名称、案由、案号；受送达人姓名或者名称、受送达人的详细地址以及需送达的文书种类。

采用上述方式不能送达或者台湾地区的当事人下落不明的，公告送达。采用公告方式送达的，公告内容应当在境内外公开发行的报刊或者权威网站上刊登。公告送达的，自公告之日起满3个月，即视为送达。

人民法院按照两岸认可的有关途径代为送达台湾地区法院的民事诉讼文书的，应当有台湾地区有关法院的委托函。人民法院收到台湾地区有关法院的委托函后，经审查符合条件的，应当在收到委托函之日起两个月内完成送达。民事诉讼文书中确定的出庭日期或者其他期限逾期的，受委托的人民法院亦应予送达。

人民法院按照委托函中的受送达人姓名或者名称、地址不能送达的，应当附函写明情况，将委托送达的民事诉讼文书退回。完成送达的送达回证以及未完成送达的委托材料，可以按照原途径退回。受委托的人民法院对台湾地区有关法院委托送达的民事诉讼文书的内容和后果不负法律责任。

后　记

民事诉讼法是审理民事案件的基本法律。随着我国社会主义商品经济的发展，社会主义市场经济的认同，大量别异于先前的社会矛盾与社会冲突充斥于社会生活之中。如果说，诸多民事实体法的施行为解决这些矛盾和冲突提供了实体上的途径，那么，民事诉讼法的公布和施行，则提供了司法程序上的保障。

2007年10月28日十届全国人大常委会第三十次会议针对民事诉讼法施行过程中的“申诉难”、“执行难”的问题，对现行民事诉讼法作了重大修改。

随着人们权利意识的觉醒，到法院打官司已不再是那么遥远，如何正确理解和准确适用民事诉讼法，关乎诉讼参加人的诉讼权利的保护，深入学习和广泛宣传民事诉讼法及其配套司法解释已日益重要。

本书的内容结合了新民事诉讼法及其他与之相关的法律、法规、规章和司法解释。全书力求反映最新的立法成果和司法实践，力求体现法律规范的立法原意和实务运用。

参加本书编写工作的除主编、副主编外，还有（排名不分先后）：左四平、杨文军、李秋雨、朱天荣、鄢金灼、刘万发、彭能源、金泽学、张启荣、郑宝林、曹辉凡、王必章、丁卫国、付军华、高平、杨华清、彭再威、陈支武、丁华忠等。

编　著　者

二〇一〇年十月